Franziska Augstein

Winston Churchill

Biographie

Franziska Augstein

WINSTON CHURCHILL

Biographie

dtv

To the memory of Professor John Burrow

Satz: Gaby Michel, Hamburg
Gesetzt aus der Minion
Alle Abbildungen: picture alliance
Druck und Bindung: CPI books GmbH, Leck
Printed in Germany · ISBN 978-3-423-28410-3

INHALT

Abb. nächste Seite:

Winston Churchill mit 24, in der Uniform eines Offiziers des South African Light Horse Regiments, 1899. Den Draufgänger sieht man dem jungen Mann auf diesem Bild gar nicht an.

Vorwort

Winston Churchill war großartig. Er war großartig darin, seine Meinung zu ändern. Er war großartig in seiner Sprunghaftigkeit, in seiner Ungeduld und in seinem Opportunismus. Er war großartig in der Art und Weise, seinen persönlichen politischen Vorteil zu suchen und zu finden. Er war ein guter und ein mutiger Reiter, und eine Partei war für ihn wie ein Pferd, das ihn zu seinen Posten und Positionen trug. Daher sprang er aus dem Sattel der Konservativen in den der Liberalen und wieder zurück in den der Konservativen. So kam er, der opportunistische Karrierist, in fast alle Regierungsämter, die sein Land zu vergeben hatte. Und ausgerechnet dieser Mann war es, der sich als britischer Premierminister im Zweiten Weltkrieg den Ruf erwarb, Tugenden zu personifizieren, die ein Durchhalten seines Landes möglich machten: Beständigkeit, Unbeirrbarkeit, Stehvermögen, Zielstrebigkeit, Entschlossenheit, mit einem Wort: Verlässlichkeit.

Amt und Würden waren Churchill wichtig, sie verschafften ihm Einfluss und Diäten. Er lebte immer über seine Verhältnisse. Anstatt zu sparen, entwickelte er sich zu einem der produktivsten und bestbezahlten Journalisten und Schriftsteller seiner Zeit. Darauf war er stolz. Gegenüber den verhassten Sozialisten gab er gern damit an, dass er kein Ausbeuter sei, sondern sein Auskommen mit der eigenen Arbeit verdiene.

Geld verdienen: Das war nötig. Obgleich Churchill einem Herzogsgeschlecht entstammte, hatte sein Vater nichts zu vererben. Randolph Churchill war der zweitgeborene Sohn des 7. Herzogs von Marlborough. Die britischen Erbfolgeregeln wollten es, dass er kein Schloss, keine Ländereien und keinen Titel besaß. Deshalb musste sein Sohn Winston selbst für sich sorgen. Er besaß nicht viel mehr als eine hohe Meinung von seiner Familie. Als er im Internat regelmäßig blutig geprügelt wurde, blieb er standhaft, weil er sich seiner Abkunft von dem seinerzeit berühmten Feldherrn John Churchill bewusst war, der für seine Verdienste zum 1. Herzog von Marlborough erhoben wurde. Mit diesem Selbstbewusstsein versehen, reüssierte der junge Winston Churchill beim Militär und im Journalismus. Einmal sagte er: »Als ich 25 Jahre alt war, hatte ich schon so viele Bücher geschrieben wie Moses [fünf im Alten Testament], und seither bemühe ich mich, nicht nachzulassen.«[1]

So bemerkenswert sein Selbstwertgefühl, so gut bestückt war das Sortiment seiner Unarten: sein aufbrausendes Temperament, sein bärbeißiges, nicht selten ordinäres Gehabe, seine Freude daran, nur sich selbst reden zu hören, und sein unerschütterlicher Glaube, das meiste am besten zu wissen. Mit diesen Eigenarten war er mehr als sechzig Jahre lang Mitglied des britischen Unterhauses, von 1901 bis 1964 – egozentrisch und wortgewaltig. Mit seiner Rhetorik berauschte er sein Publikum ebenso wie sich selbst.

Er war ein Arbeitstier und ein Genießer, Zigarren und dem Alkohol war er mit Gusto zugetan. Ein Frauenheld war er nicht. Clementine Hozier, die er 1908 heiratete, blieb er treu bis ans Ende seines Lebens. Befriedigende Erregung fand er im Krieg, sei es in Kolonialkriegen, sei es im Ersten, sei es im Zweiten Weltkrieg. Einer Freundin erzählte er im Jahr 1915, als er Marineminister war: »Ich glaube, ein Fluch muss auf mir liegen – denn ich liebe diesen Krieg. Ich weiß, es ist ungeheuerlich & scheußlich, Tausende von einer Stunde auf die nächste in den Tod zu schicken – & ich kann mir nicht helfen – ich genieße jede Sekunde.«[2] Churchill wusste, wie monströs das war. Und doch: Einerlei wie er an einem Krieg beteiligt war, es gefiel ihm. In seinen jüngeren Jahren ritt er zu Pferd in die Schlacht. Später drängte er dem Kabinett, den Generalen und Admiralen seine strategischen Vorstellungen auf. Und er hielt sich für einen ausgezeichneten Strategen – hatte er doch als Junge die Schlachten seines Vorfahren, des 1. Herzogs von Marlborough, mit Heerscharen von Zinnsoldaten nachgestellt. Die meiste Zeit seines Lebens verbrachte er als Politiker, in seiner Phantasie aber sah er sich als General, als Anführer einer stolzen Kavallerie. Zu seinem großen Leidwesen kam er im Feld nicht über die Position eines Bataillonskommandeurs hinaus. Wenn er den Obstsalat von Orden an seiner Brust betrachtete, fiel ihm vor allem die gähnende Lücke auf: Das Victoria-Kreuz für herausragende Tapferkeit hat er nie erhalten.

Nicht nur hielt er sich für einen exzellenten Strategen, zudem meinte er der Einzige zu sein, der jeweils das große Ganze im Blick hatte. Bezogen auf das globale Große war das nicht ganz falsch, allerdings war das Große für ihn auch das Kleine: Als Marineminister und als Kriegspremier legte er etwas nachgerade Hausfrauliches an den Tag und beschäftigte sich mit kleinsten Details zum Beispiel bei der Beschaffung; er verzettelte sich in Fragen, die wahrlich nicht von London aus entschieden werden konnten. Wenn seine Strategien scheiterten, und sie scheiterten oft, suchte er die Schuld daran bei allen anderen, nur nicht bei sich selbst. Ein Hasardeur war er freilich nicht, denn nicht dem günstigen Schicksal vertraute der selbstgewisse Mann, sondern dem eigenen Können.

Beliebt war er zu fast allen Zeiten bei den wenigsten seiner Parlamentskollegen. Aber an seiner überragenden rhetorischen Begabung kamen weder die Fraktionschefs noch die Premierminister vorbei. Wenn Churchill im Unterhaus jemanden aufs Korn nahm, dann fand er oftmals Worte, die das ganze Haus zum Lachen brachten – das Opfer mochte noch so gute Argumente haben, es war entwaffnet. Diese Gabe half ihm übrigens auch dabei, die Moral der Briten im Kampf gegen Nazi-Deutschland zu bestärken. Wenn er in der BBC gegen Hitler polemisierte, lachte die Nation. Zwar hatte er Wutanfälle ohne Zahl und las seinen Mitarbeitern, die gar nicht wussten, wie ihnen geschah, lautstark die Leviten. Eines aber tat er nur selten: fluchen.[3] Er hatte es nicht nötig. Wozu ein Schimpfwort bellen, wenn man dem Ärger in gehobenem Englisch – viel effektiver, weil viel langwieriger – Luft machen kann!

Neville Chamberlain, Churchills Vorgänger im Amt des Premierministers, stellte fest: »Winston ist ein sehr interessanter, aber sehr unangenehmer Partner. Mit ihm hat man keinen Moment der Ruhe, und man weiß nie, wann er explodieren wird […] Seine Entscheidungen beruhen nie auf genauen Kenntnissen oder der Abwägung des Für und Wider. Instinktiv wählt er immer die große und bevorzugt die neue Idee.«[4] Harold Macmillan, der später selbst Premier wurde, sagte über Churchill: »Er ist ein wirklich herausragender Mann, obgleich er so nervenaufreibend und halsstarrig sein kann. Seine Hingabe an die Arbeit und die Pflicht ist bemerkenswert.«[5] Herbert Asquith, der Anfang des 20. Jahrhunderts Premierminister war, urteilte: »Winston denkt mit seinem Mund«, womit Asquith meinte, dass Churchill seine Politik danach ausrichtete, ob sie rhetorisch gut ankomme.[6]

Als Churchill 1940 zum Premierminister ernannt wurde, war Großbritannien in existenzieller Bedrängnis. Das Commonwealth stand allein gegen Nazi-Deutschland. Stalin und Hitler hatten einen Pakt geschlossen; die USA wollten sich in den europäischen Krieg nicht einmischen. Die britische Aufrüstung war unvollkommen. Die Invasion der britischen Inseln schien absehbar. Die Aussichten waren denkbar schlecht. Und genau deshalb hatte Churchill das Gefühl, vor der Herausforderung zu stehen, für die er gemacht war. Es war ihm, als sei sein gesamtes bisheriges Leben auf die Aufgabe zugelaufen, die er nun hatte: Großbritannien siegreich durch den Krieg zu bringen. In dieser schier aussichtslosen Lage dachten manche Kabinettskollegen darüber nach, ob man nicht einen Ausgleich mit Hitler suchen solle, damit die britischen Inseln verschont blieben – Churchill jedoch blieb stur. Viele Bürger drohten zu verzagen – Churchill fand Mut machende Worte.

Churchill, der anfänglich Hitler als energischen Führer bewundert hatte, wurde als Premierminister zur Personifikation des britischen Widerstands und er ließ keinen Zweifel daran zu, dass dieser Widerstand gegen die Nazis erfolgreich sein werde. Mit differenzierten Kriegszielen gab er sich nicht ab, er proklamierte nur ein einziges: Sieg. Er war ein Genie der nationalen Selbstbehauptung. Ohne ihn wäre Großbritannien vielleicht an die Nazis gefallen, ohne ihn wäre der Zweite Weltkrieg anders verlaufen.

1953 erhielt er den Literaturnobelpreis. Von seinen 43 Büchern wurden sieben vom Zeremonienmeister eigens erwähnt, darunter seine Geschichte des Ersten Weltkriegs, sein autobiographisches – das eigene Wirken beschönigendes – Werk »Der Zweite Weltkrieg«, seine Biographie des 1. Herzogs von Marlborough und seine Erinnerungen »My Early Life«. Er selbst konnte bei der Preisverleihung in Oslo nicht anwesend sein: Seine unermüdlichen diplomatischen Bemühungen führten ihn, den Freund des persönlichen Austauschs unter Staatslenkern, nach Bermuda zu einem Treffen mit dem amerikanischen Präsidenten Eisenhower. Für seine Standhaftigkeit während des Zweiten Weltkriegs hätte er noch mehr als den Literaturnobelpreis den Friedensnobelpreis verdient. Unter seiner Führung hat Großbritanniens beharrlicher, unbeugsamer Widerstand das Ende des Nationalsozialismus vorbereitet.

Auf dem Gebiet der Sozialpolitik war Churchill unbegabt. Als traditioneller Konservativer brachte er dafür kein Interesse auf und witterte hinter allem, was in Richtung eines Wohlfahrtsstaats lief, linksradikales Gedankengut. So war es kein Wunder, dass er gleich nach Kriegsende abgewählt wurde. Der marxistische Historiker Eric Hobsbawm hat gesagt: Alles, was Churchill in seiner politischen Karriere und auf seinen vielen Ministerposten angestellt habe, sei schlecht gewesen. Nur eines habe er ordentlich gemacht: Er habe die Nation gut durch den Zweiten Weltkrieg geführt.

Diesem harten Urteil kann ich nicht ganz zustimmen: Es war für mich ein Stimulans, vor allem nach Churchills Stärken Ausschau zu halten. Mit seiner rechtzeitigen Ablehnung der Appeasementpolitik und seinem Widerstand gegen Hitler wurde Churchill jedenfalls zum Superstar der britischen Geschichte. So apodiktisch gegen jede Besänftigungspolitik war Churchill im Übrigen nur im Hinblick auf den Faschisten Hitler; mit Spaniens faschistischem Diktator Franco ging er ganz anders um, den umgarnte er geradezu. Aber das ist wenig bekannt. Wer der größte Brite aller Zeiten sei, fragte die BBC im Winter 2002. Damals wählte eine Mehrheit von fast fünfhunderttausend Zuschauern Churchill auf den ersten Rang und pries ihn so für seinen »Mut und seine Entschlossenheit«. Die Briten gaben ihm den Vorzug vor Shakespeare, Queen Elizabeth I. und Admiral Nelson.[7]

Seither hat sich das hehre Bild eingetrübt. Viele halten den zweimaligen britischen Premierminister für einen Rassisten, Kolonialisten und Imperialisten. Das war er auch. Er war das als ein Kind seiner Zeit, und er hat seine Zeit unter anderem damit verbracht, die Zeit aufzuhalten. Besonders deutlich zeigte sich das in seiner Indienpolitik und in seinem Urteil über Gandhi. Als die britische Regierung, es war in den 1930er Jahren während Churchills Hinterbänklerzeit, Indien ein gewisses Maß an Selbstbestimmung einräumen wollte, hielt er das für einen gedankenlosen Verrat am Empire. Gandhi war für ihn ein »halbnackter Fakir«, der quasi »gottgleiche Fürsprecher all jener Kräfte, die daran arbeiten, uns aus Indien zu vertreiben«.[8] Jawaharlal Nehru, der dann der erste Premierminister Indiens wurde, war Churchill weniger fremd, mit ihm kam er am Ende sogar ganz gut zurecht; Nehru hatte, das stimmte Churchill versöhnlich, in Cambridge und in London studiert.

Churchill war ein Mann des 19. Jahrhunderts, der die Geschichte des 20. Jahrhunderts prägte. Er war ein politischer Romantiker. Er hielt an der Idee des Empire fest, als er schon ahnte, dass das Empire nicht mehr zu halten war. Er hat diesen Gedanken aber nicht an sich herangelassen und ist der Herr geblieben, als die imperiale Herrlichkeit schon verblasste. Als Queen Elizabeth II. 1952 im Alter von 25 Jahren Königin wurde, war er 77 Jahre alt und zum zweiten Mal Premierminister. Seine Lebensspanne war lang, mehr als ereignisreich und epochenumfassend. Er kam 1874 zur Welt, erlebte fünf britische Könige und starb 1965 als ergebener Verehrer von Queen Elizabeth II. In seiner Jugend wurden die ersten Flugmaschinen konstruiert, als er das Zeitliche segnete, war die Passagierluftfahrt mit Düsenflugzeugen zur Normalität geworden. Er wuchs auf mit Kutschen, dann kamen die Autos, zu spät für ihn. Fliegen wollte er lernen, aber den Führerschein hat er nicht gemacht.

Bis zum Ersten Weltkrieg war die gesellschaftliche Ordnung in England stabil. Zum herrschenden, noch feudalistisch geprägten Patriarchalismus gehörte die Mildtätigkeit, nicht aber das Anrecht auf ein menschenwürdiges Auskommen. Die Töchter und Söhne armer Eltern hatten nur die Wahl, sich mit der Obrigkeit anzulegen, worunter diese auch Streiks in den Bergwerken und Fabriken verstand – oder sich ihrer Klasse gemäß unterzuordnen. Die meisten fügten sich. Das war die Welt, aus der Churchill kam.

Eine junge Dame, um die Churchill Anfang des 20. Jahrhunderts auf der Suche nach einer Ehefrau vergeblich geworben hatte, sagte über ihn: »Wenn man Winston das erste Mal trifft, sieht man nur seine Fehler, den Rest des Lebens verbringt man damit, seine Tugenden zu entdecken.«[9] So erging es auch mir bei meiner Arbeit an der Biographie über Churchill. Ich habe entdeckt, wie harmoniebedürftig dieser

Winston Churchill bei all seiner Rabauzigkeit war. Ich habe entdeckt, wie sehr er litt unter seiner geprügelten Jugend im Internat und an der Einsamkeit der frühen Jahre. Ich habe entdeckt, wie er um Freundschaft und um Anerkennung warb und welchen liebevollen Respekt er seiner Frau entgegenbrachte, mit der er mehr als ein halbes Jahrhundert lang verheiratet war. Ich habe mich amüsiert über seine skurrilen Angewohnheiten, über seine Baderituale, über seine Nachmittage im seidenen Drachenbademantel, darüber, wie er als alter Herr mit seinen Pantoffeln spielte, und darüber, wie er mit seinen Katzen, Hunden und Vögelchen sprach.

Als Frau habe ich über einen Mann aus einer patriarchalen Welt geschrieben, über einen Gentleman, der erst im Jahr 1927 akzeptierte, dass auch Frauen wählen dürfen, obwohl er kluge Frauen als Gesprächspartnerinnen außerordentlich schätzte. Mit der Zeit habe ich ein fast töchterliches Verhältnis zu ihm entwickelt. Und ich habe ihn studiert, wie eine jüngere Sekretärin ihren Chef beobachtet, den Politiker Winston Churchill, der schnell einmal explodiert, aber kurz darauf um Entschuldigung bittet. Die historiographische Formel dafür ist »einfühlendes Verstehen«. Und so habe ich ihn verstanden: Ein phantasievoller Mann wie Churchill war nicht in der Lage, einen »-ismus« konstant beizubehalten, nicht den Kolonialismus, nicht den Rassismus; ja das galt sogar für seinen Antibolschewismus beziehungsweise Antikommunismus.

Rudolf Augstein hat einst in seinem Buch »Jesus Menschensohn« die Frage gestellt, wer Jesus wirklich war und wie sich die historische Figur von dem Bild unterscheidet, das die Christen von ihm zeichnen. In den Himmel habe ich nicht gegriffen; der liegt mir eher fern. Es genügte, auf der Erde zu bleiben: Die Annäherung an Churchill fiel mir umso leichter, als ich einige Jahre in England gelebt habe, einem Land, das ich auch für viele der Dinge mag, die nicht funktionieren. Ich habe mich mit einem Politiker befasst, der mit Gott nicht viel am Hut hatte, dessen Überzeugungen weltzugewandt waren und auf drei Säulen ruhten: dem Empire, der Krone und dem Parlamentarismus. In diesem Buch wird erzählt, wie Churchill auf die Welt sah und wie die Welt auf ihn. Ob mir das gut gelungen ist, mögen die Leserinnen und die Leser entscheiden.

1. Kapitel

EINE FAMILIE, IHR HAUS UND IHR LAND

2

3

5

1 Blenheim Palace: Churchills Urahn, John Churchill, gewann 1703 die Schlacht bei Höchstädt. Zum Dank ernannte Queen Ann ihn zum Herzog und ließ ihm das Schloss erbauen.
2 John Churchill, 1. Herzog von Marlborough (1650 bis 1722)
3 Lord Randolph Spencer-Churchill, trotz Titel ein Bürgerlicher
4 Winston Churchill. Biograph seines Vaters und des Herzogs
5 Jennie Churchill und ihre zwei Söhne. Jack war fünf Jahre jünger als Winston. Wenn die Eltern diesen tadelten, betonten sie, wie aufmerksam und brav der Bruder sei, ganz anders als er. Obwohl Winston stets das Risiko suchte, während Jack nach einem geordneten Leben strebte, waren die beiden einander innig zugetan.

Kein Baldachin wölbte sich über dem Bett in Schloss Blenheim, in dem Winston Leonard Spencer-Churchill am 30. November 1874 zur Welt kam. Das Zimmer war nicht herrschaftlich groß, es war im Gegenteil verblüffend bescheiden: Darin befanden sich ein Messingbett mit Pfosten, ein paar Möbel und der zu viktorianischen Zeiten übliche Schnickschnack. Hätte Churchills Mutter sich weit aus dem Fenster gelehnt, was hochmögende Damen jener Zeit nicht machten, wäre ihr Blick auf ein paar hundert Quadratmeter Fassade gefallen, auf Erker und Türme, und dann hinaus ins Weite, in einen englischen Landschaftsgarten.

Die Eltern: Sturm der Liebe

Churchills Mutter kam aus New York. Reiche Amerikanerinnen waren im 19. Jahrhundert beliebt bei englischen Aristokraten, die um den Erhalt ihrer Schlösser besorgt waren. Geldmangel brachte damals etliche britische Adelshäuser in Unruhe. Die Rettung, gleichsam eine *dea ex machina*, war die Braut aus Amerika. In den Vereinigten Staaten gab es viele Mädchen, deren Väter als Industrielle oder an der Wall Street zu großem Reichtum gekommen waren. Ihren Status als Neureiche wollten diese Amerikaner verbessern, indem sie ihre Töchter auf die britischen Inseln in ein adeliges Geschlecht vermittelten, eine exorbitante Mitgift im Gepäck. Bei Winston Churchills Eltern war echte Romantik im Spiel: Kaum, dass Lord Randolph sein Auge auf die schöne Amerikanerin Jennie geworfen hatte, war er verliebt.

Jeanette Jerome (1854 bis 1921) stammte aus Brooklyn. Die Fortune ihres Vaters folgte dem Auf und Ab der New Yorker Börse. Im Großen und Ganzen war Leonard Jerome so erfolgreich, dass er sich seiner

Leidenschaft, dem Pferdesport, ausführlich widmen konnte: Er gründete den New Yorker Jockey Club, und die Eröffnung der »Jerome Park«-Rennbahn im September 1886 machte Schlagzeilen.[1] Er schätzte seine drei Töchter und ließ ihnen eine mindestens so gute Erziehung angedeihen wie seinen Vollblütern. Was die Mädchen anging, gehörte dazu ein monatelanger Aufenthalt in Paris. Jennie erlernte das Französische. Ihr liebender Sohn Winston hat sich späterhin gern in dieser Sprache versucht – das allerdings vor allem zum Amüsement seiner Zeitgenossen, die Churchills Franglais recht komisch fanden.

Jennie war, was auf Englisch »a stunner« genannt wird: zum Staunen anziehend. Sie hatte ein hübsches Gesicht, ihre Haare waren üppig und ihre Lippen von natürlichem Rot,[2] was ihr umso besser stand, da damals lediglich Frauen von Halbwelt sich schminkten. Spröde war sie nicht, sondern *une femme à homme*: für Flirts mit Männern wie gemacht. Als das Mädchen 1873 mit ihren 19 Jahren, geschmückt mit frischen Blumen am Tüllkleid, dem Prince of Wales, dem späteren König Edward VII., vorgestellt wurde, war dieser sogleich von ihr eingenommen. Lord Randolph lernte Jennie kurz darauf anlässlich der königlichen Segelregatta in Cowes kennen. Drei Tage später trug er ihr die Ehe an.

Randolphs Mutter, Herzogin Frances (1822 bis 1899), liebte ihren zweiten Sohn zwar sehr, brachte aber deshalb erst recht nicht die Weichherzigkeit auf, ihm zu seiner Wahl zu gratulieren, ganz im Gegenteil.[3] Dass ihre zukünftige Schwiegertochter gerüchteweise eine Irokesin zu ihren Vorfahren zählte, machte die Sache nicht besser. Randolphs Vater John, der 7. Herzog von Marlborough (1822 bis 1883), seinem Stand entsprechend und weil er ein frommer Mann war, hatte etwas gegen Börsenspekulanten, zumal gegen amerikanische. Außerdem hielten Herzogin und Herzog diese Art der Heiratsplanung der jungen Leute für, gelinde gesagt, überstürzt. Darin immerhin waren sie mit Jennies Eltern einig.[4]

Zwei Theorien gibt es, warum Randolphs Eltern in die Ehe einwilligten: Der einen zufolge war Jennie schon mit Winston schwanger, weshalb die Eheschließung zur moralischen Flurbereinigung nötig gewesen sei. Der anderen zufolge soll der Sohn sich nun bereit erklärt haben, dem väterlichen Wunsch gemäß in des Herzogs Fußstapfen zu treten und auch in die Politik zu gehen. Keiner von beiden Vermutungen müssen wir folgen: Winston kam zwar bereits sieben Monate nach der Hochzeit zur Welt; aber sein Bruder John Strange Spencer-Churchill (1880 bis 1947), genannt Jack, war auch ein Frühchen.[5]

Vater Randolph konnte ewige Freizeit im Kreis von Freunden genießen, womit gesagt sein soll, dass er als junger Mann, Absolvent von Eton und Oxford, keine besonderen beruflichen Ambitionen hegte. »Sein Instinkt«, so schrieb Winston Churchill in seiner Biographie des Vaters von 1906, »warnte ihn vor den Gefahren, die ihm in einem arbeitsreichen Leben drohten.«[6] Das war übrigens nicht ironisch gemeint. Churchill hielt das Archiv seines Vaters unter Verschluss und flöhte die Papiere, bevor er sie der Öffentlichkeit zugänglich machte.[7] Seine Biographie Lord Randolphs ist Hagiographie vom Feinsten.

Allerdings sah Randolph Churchill ein, dass er einen Beruf ergreifen musste, und sei es um des schnöden Mammons willen. Die anderen für jüngere Söhne aus hohem Hause üblichen Entfaltungswege – Kirche und Militär – kamen für ihn, der für Gehorsam vor Gott oder einem General nichts übrighatte, nicht in Frage. Hingegen reüssierte Randolph als überzeugender Redner. Nicht beim Tanzen, sondern mit seiner charmanten Konversation hatte er Jennie Jeromes Herz erobert.[8] Also ging er in die Politik.

So konnte denn die Hochzeit mit Jennie in der britischen Botschaft in Paris am 15. April 1874 begangen werden. Die Ankunft auf Schloss Blenheim ging einer alten Tradition gemäß vonstatten: An der Einfahrt spannten Bedienstete die Pferde aus und zogen das Hochzeitspaar selbst vors Portal. So gehörte es sich, so war es seit Jahrhunderten üblich gewesen.

Unter den vielen Schlössern Britanniens ist Blenheim Palace fast das größte.* Nur das britische Königshaus ist mit Großbauten besser versehen. John Churchill (1650 bis 1722), von Beruf Soldat, Feldherr und Diplomat, hatte 1704 im Spanischen Erbfolgekrieg einen so gro-

* Im Englischen ist es üblich, Great Britain auch einfach Britain zu nennen. In diesem Buch wird der Staat in einem internationalen Kontext meistens Großbritannien genannt, oft aber auch, der englischen Gewohnheit folgend, schlicht Britannien. Geht es um vornehmlich innenpolitische Umstände aller Art, ist sehr oft von Britannien die Rede.

ßen Sieg errungen, dass Queen Anne ihm – auf Kosten der Steuerzahler – ein Anwesen von rund elfhundert Hektar Land samt Geld für den Bau eines Schlosses spendierte und ihn zum Herzog von Marlborough machte.

Queen Anne (1665 bis 1714) fühlte sich dem Feldherrn nahe – seine Gemahlin Sarah war ihre innige Vertraute – und belohnte reichlich den Triumph, den John Churchill mit seinen Truppen gegen die Franzosen und die Bayern errang. Die Schlacht wurde ausgetragen bei einer Ortschaft namens Blindheim nahe der Donau.[9] Damit englische Zungen bei der Aussprache nicht stolperten, wurde das Schloss als »Blenheim Palace« errichtet. Der Architekt John Vanbrugh legte das Gebäude grandioser an als alles, womit andere Aristokraten in jenen Tagen protzten.[10] Winston Churchill nannte es »ein italienisches Schloss«,[11] Spötter nannten es das »größte Kriegerdenkmal aller Zeiten«.[12]

Die Wohnfläche von Schloss Blenheim umfasst 28 000 Quadratmeter, unterteilt in 187 Zimmer.[13] Die Dachflächen sind noch viel ausschweifender. Auf die genaue Größe der Dächer kommt es im Übrigen weniger an denn auf die Zahl der Löcher darin, die seit jeher Wind und Regen einladen, sich im Gebäude geltend zu machen.

Den Park schuf, in englischer Manier, ohne die phantasiefremde Akkuratesse der französischen Gärten, der berühmte Landschaftsarchitekt Capability Brown. Winston Churchill kannte sich in Blenheim aus und liebte es. Er, seine Eltern und sein kleiner Bruder waren dort lediglich auf Besuch. Der Schlossherr war zunächst Winstons Großvater, der 7. Herzog von Marlborough, und nach dessen Tod 1883 sein Onkel, der 8. Herzog von Marlborough, George Spencer-Churchill (1844 bis 1892). Zu dem Bindestrichnamen, nebenbei gesagt, war die Familie gekommen, weil ein Spencer eine Tochter des ersten Herzogs von Marlborough heiratete und den Herzogstitel übernahm, womit der Name der Familie fürderhin Spencer-Churchill lautete.

Die idyllische Aura dieses Parks, der scheinbare Wildwuchs prägten Winston Churchill. Sein Leben lang war er ein Gartenfreund im Sinne Capability Browns. Mochten Kinder auf der Schule gequält werden, mochten Politiker der normativen Kraft des Faktischen unterliegen, so sollten Bäume und Büsche ihrer Natur gemäß blühen. »Grüner

Rasen und funkelndes Wasser, Lorbeerböschungen und Farn, Grüppchen von Eichen und Zedern, Brunnen und Inselchen kommen zusammen in kunstvoller Unordnung und bieten allenthalben schattige Orte zum Verweilen«,[14] mit dieser Schilderung der Parkanlagen von Blenheim beginnt Churchills Biographie seines Vaters.

So wenig Winston Churchill darauf gab, selbst ein Herzog zu sein, so wichtig waren ihm seine Vorfahren: An ihnen rankte sein Selbstbewusstsein sich empor. Wenn es Schläge hagelte, sei es im wörtlichen Sinn auf seinen Schulen, sei es später während seiner Laufbahn als Politiker und Kriegsherr, dann half der Stolz auf seine Vorväter ihm durch die Unbill.

Der einigermaßen vergessene schottische Aufklärungsphilosoph James Dunbar (1742 bis 1798) gehörte zu jenen, die zur Zeit des Feudalismus nicht mehr so recht glaubten, dass ein Mensch bloß wegen seiner hohen Geburt anderen überlegen sei. Als Mann des 18. Jahrhunderts, der die Gegebenheiten zu begründen suchte, fand er eine für seine Zeit pfiffige Erklärung, warum Aristokraten ihren Status letztlich verdienten: Das Umfeld, in dem junge Männer heranwachsen, gebe ihnen ein Gespür für ihre späteren Aufgaben. Indem sie aufgezogen würden in der Erinnerung daran, was ihre Vorfahren taten, so Dunbar, »werden sie, was sie zuvor nicht waren«.[15] Kriegshelden zum Beispiel. Als Churchill schon lange erwachsen war, hat er in einer Rede, ohne es zu wissen, den Kern von Dunbars Gedanken aufgegriffen. Bezogen auf Schloss Blenheim sagte er: »Wir gestalten uns unsere Häuser, und später gestalten unsere Häuser uns.«[16]

Blenheims Grandiosität, die Gloria, die ausgedehnten, von Pächtern bewirtschafteten Ländereien boten Winston eine kleine Welt, bestens geeignet zur Ausbildung eines kindlichen Super-Egos. Von Onkel George frühzeitig mit elektrischem Licht versehen, war das Schloss kein Dunkellabyrinth mehr: Bewohner und Gäste konnten des späten Abends durch die langen Korridore laufen, ohne mit einem Möbelstück zu kollidieren, oder, wenn sie torkelten, mit einer porträtierten Dame an der Wand in unziemlichen Kontakt zu treten.

Churchills Onkel George, der 8. Herzog von Marlborough, wird als ein freudloses, mit allem unzufriedenes Kind geschildert, was er als Mann auslebte, indem er für heller gestimmte und auf Spaß erpichte

Gemüter ungenießbar war.[17] Er fummelte gern an elektrischen Apparaten, erfand für Blenheim eine Telefonanlage und bedrängte die Dienstmägde auf verschiedene Weise, nicht zuletzt mit meterlangen Kabeln auf den Fußböden, um die sie herumputzen mussten. Auch ließ er installieren, was er sich als Zentralheizung vorstellte. Nicht dass sie funktioniert hätte. Finanziert wurde das mit dem Geld seiner zweiten Ehefrau, einer reichen Erbin aus den USA. Churchills Mutter Jennie war nicht die erste Amerikanerin, die auf Blenheim ankam.[18]

Die meisten Nachfahren des 1. Herzogs von Marlborough, den 7. Herzog ausgenommen, hatten ein legeres Verhältnis zum Geld: Sie wollten genussreich leben. Der Premierminister William Gladstone (1809 bis 1898) fasste 1882 zusammen, was er von diesem Geschlecht hielt: »Seit John von Marlborough hat es keinen einzigen Churchill gegeben, der Moral oder Prinzipien besessen hätte.«[19] Auf die Worte des als Moralapostel bekannten liberalen Politikers Gladstone gab man auf Blenheim nichts. Die Gäste waren zu allen Zeiten immer gern gekommen. Aus Sicht mancher war Schloss Blenheim allerdings so vollgerammelt mit Kunstwerken, dass man sich kaum mehr durchfand.[20] Dieser Kalamität, falls man sie als solche bezeichnen will, wurde abgeholfen: Das allmähliche Abflauen feudalistischer Verhältnisse, die anhebende Industrialisierung und die mit beidem einhergehende Minderung der Einkünfte aus der Landwirtschaft, zusammen mit ungeminderter Freude am Geldausgeben, führten dazu, dass viele Kunstwerke verkauft werden mussten. Die beste Partie der Bibliothek wurde veräußert sowie eine Sammlung herrlicher Edelsteine. Onkel George verscherbelte Ölbilder von Anton van Dyck, von Raffael, Rembrandt, Gainsborough, Watteau, Stubbs und Reynolds.[21]

Als im 19. Jahrhundert der Tourismus in Schwung kam, mussten die um Liquidität verlegenen Schlossherren ihre Empfangsräume fremden Besuchern öffnen. Lord Alfred Spencer-Churchill, zu Gast auf Blenheim, beschwerte sich: Dreimal pro Woche für zwei Stunden müsse er sich nach oben in sein Schlafzimmer zurückziehen, während Ungebetene unten herumliefen. Es versteht sich, dass Dienstboten die Möbel abdeckten, wenn Touristen angesagt waren. Damit war Lord Alfreds Abscheu gegenüber den schausüchtigen Eindringlingen natürlich nicht besänftigt.[22]

Die oligarchische Demokratie

Zu Lord Randolphs Zeiten wurden Nachrichten per Postkutsche oder Telegraphie übermittelt, Letztere benötigte Kabel zur Übersendung der Morsezeichen. Die drahtlose Telegraphie wurde erst 1896 erfunden. Die Wahlen zum britischen Unterhaus fanden damals nicht an einem Tag statt; sie zogen sich über sechs Wochen hin. Die Politiker reisten von Ort zu Ort; in Zeitungen, auf Plakaten und in Vereinsversammlungen war ihre Ankunft angekündigt worden. Und nun mussten sie aus der Leibeskraft ihrer Stimme, oftmals im Freien – von Podesten oder einem herbeigeschafften Karren aus – den Leuten erklären, warum ihre Partei die richtige sei.

Zu Beginn des Jahres 1874 war Lord Randolph erstmals ins Unterhaus gewählt worden, als Vertreter der konservativen Partei für den Wahlbezirk Woodstock in Oxfordshire. Dortselbst liegt Blenheim Palace. Trotz der Ausweitung des britischen Wahlrechts im 19. Jahrhundert war die Zahl der Wahlberechtigten relativ gering; nicht bloß Frauen waren ausgeschlossen, sondern auch viele Bauern, Arbeiter und Angestellte. Wahlberechtigt waren männliche Haushaltsvorstände, die Steuern entrichteten. Wer noch bei den Eltern wohnte, was recht üblich war, durfte nicht wählen. Die Marlboroughs standen in hohem Ansehen: Sie gängelten die Pächter nicht über Gebühr; die einfachen Leute waren noch darin geübt, den Herrschaften mit der vom Feudalismus gewohnten Unterwürfigkeit zu begegnen; und viele Wahlberechtigte wünschten keine Veränderung der gegebenen Verhältnisse.

Der Tory-Kandidat Lord Randolph gewann die Wahl gegen den Kandidaten von William Gladstones Liberal Party, 512 Stimmen genügten.[23] Die Wähler waren es gewohnt, dass Ämter vom Vater auf den Sohn übergingen. »Die paar Hundert großen Familien«, schrieb Churchill, »die England seit Generationen geführt und seinen Aufstieg bis zum Gipfel seiner Glorie begleitet hatten, waren per Heiraten vielfältig miteinander verwandt.«[24] In der Tat waren Ende des 19. Jahrhunderts viele Mitglieder des Unterhauses mit Angehörigen des Oberhauses verbrüdert oder verschwägert, eine übliche briefliche Anrede war »lieber Cousin«. Eine kleine Oberschicht hatte das Parlament im

Griff.[25] Im politischen Gefüge wurde es bis ins 20. Jahrhundert hinein als ein bisschen ungewöhnlich wahrgenommen, wenn Außenseiter ohne verwandtschaftliche Beziehungen und die damit einhergehende Protektion ein hohes Amt erlangten.

Der Historiker David Thomson hat in den 1960er Jahren ein Standardwerk über »England im 20. Jahrhundert« geschrieben; es wurde noch in den 1980er Jahren jungen Studenten zur Lektüre empfohlen.[26] Darin stellte er dar, was auch Winston Churchills Auffassung war: Britannien stehe in der Welt als Garant für »die Fortführung und Ausweitung des großen demokratischen Experiments des 19. Jahrhunderts«. Bei diesem Unterfangen seien das Mutterland und seine Dominions »bemerkenswert erfolgreich« gewesen: »Die besondere Errungenschaft bestand darin, im Einklang mit den Institutionen der verfassungsmäßigen repräsentativen Demokratie eine Form von Staatsführung einzurichten, die Willkürherrschaft nicht zulässt, rechtsstaatliche Einrichtungen samt unabhängiger Gerichtsbarkeit respektiert und eine starke Regierung ermöglicht, die der öffentlichen Meinung über ihr Tun Rechenschaft ablegen muss.«[27]

Das alles ist ganz richtig und ist trotzdem falsch. Nicht bloß, dass diese hehren Ideen in der imperialen Praxis gegenüber beherrschten Völkern vielfach grausam ignoriert wurden, sie leiteten auch nicht das politische Ethos der Machthabenden in Britannien.

Im Vereinigten Königreich verloren die Könige ihren Einfluss im Lauf der Zeiten allmählich, langsam und unaufhaltsam. 1649 war als Ergebnis eines Bürgerkriegs König Charles I. enthauptet worden. Ein zweiter König – James II. – war in der Glorreichen Revolution von 1688/89 aus dem Weg geschafft worden. Die starke Stellung des britischen Parlaments erwuchs in der Frühen Neuzeit aus einem Machtkampf der Aristokraten gegen die Monarchie. Die Krone unterlag, womit England sich zu einer konstitutionellen Monarchie entwickelte. Anders als in vergleichbaren europäischen Staaten gab es keine festgeschriebene Verfassung, weshalb das Parlament mit seiner gewieften Auslegung alter Statuten sich langsam und allmählich immer mehr Rechte zusprechen konnte. Die friedliche Übernahme Schottlands 1707 half: Ein neuer Bürgerkrieg war so schnell nicht zu erwarten. Die Obrigkeiten erstickten jegliche Versuche hungernder, revoltierender

Arbeiter, an ihrer miserablen Lage etwas zu ändern, zur Not mit Waffengewalt. Die übrige Bevölkerung nahm es hin, zumeist billigend. Allmählich wurde das Wahlrecht erweitert, das aber nicht, weil die Herrschenden ihren Sinn für Demokratie entdeckten, sondern aus parteitaktischen Gründen.

Das britische Wahlrecht im 19. Jahrhundert war simpel im Hinblick auf Frauen: Sie durften *natürlich* nicht wählen: Es lag an ihrer Natur. Sie galten als zum Gebären geboren, zentriert auf ihren Bauch, für Arbeit mit dem Kopf ungeeignet. Sie galten als emotionale Wesen, leicht beeinflussbar und folglich zum unabhängigen Denken nicht in der Lage. Aus heutiger Sicht besonders perfide war das Argument, Frauen seien zu verehren, seien hochzuhalten, zu schade für die matschigen Niederungen des politischen Lebens und benötigten deshalb das Wahlrecht nicht. Nebenbei: Letzteres entsprach Winston Churchills Ansicht. Als er in den 1920er Jahren seine Meinung änderte, lag es an der Argumentation seiner Tochter Sarah, die ihm zuredete: Er sei beliebt bei Frauen.[28] Dieser Konzession an den Zeitgeist ungeachtet, plädierte er noch in den 1930er Jahren in einigen Zeitungsartikeln für Britanniens teilweise Rückkehr zum traditionellen Wahlrecht, das Haushaltsvorständen und Vätern, den »verantwortlicheren Elementen« der Gesellschaft, mehrere Stimmen zubilligte.[29]

Im Übrigen war das britische Wahlrecht im 19. Jahrhundert äußerst komplex. Erst in jüngster Zeit ist man sich in der historischen Zunft einigermaßen einig geworden, wer mitstimmen durfte: Nach den Wahlrechtsreformen von 1867 und 1884/85 waren immer noch vierzig Prozent der Männer nicht wahlberechtigt. Laut einer zeitgenössischen, nicht ganz zuverlässigen statistischen Erhebung gaben knapp 2,5 Millionen Wähler 1874 ihre Stimme ab, als Randolph Churchill erstmals ins Unterhaus gewählt wurde.[30] Die Bevölkerung der britischen Inseln wurde damals auf ungefähr 31 Millionen Menschen geschätzt.

Ende des 19. Jahrhunderts war das britische Parlament eine oligarchische Versammlung. Politische Kommentatoren verglichen Britannien gern mit dem antiken Athen, übersahen dabei aber, dass es in Athen mehr Basisdemokratie gab als bei ihnen. Rücksicht nehmen mussten die Politiker auf die Meinungen von Königin Victoria und – mehr noch – die Meinungen der Presse.

Anders als ihre Nachfahren hatten Queen Victoria (1819 bis 1901) und – schon schwächer – Edward VII. (1841 bis 1910) ein bisschen Einfluss auf die Staatsführung. Anders als zuvor war es zu deren Zeiten den Vorsitzenden der Parteien überlassen, ihren Anhängern Posten in der Politik zuzuschanzen.[31] Jeder Abgeordnete konnte seine Stimme abgeben, wie ihm der Sinn stand. Die Meinung der Wähler spielte kaum eine Rolle. Die führenden Köpfe beider Parteien – Tories und Liberale – kungelten miteinander aus, wer der nächste Premierminister werden solle, wobei die Königin miteinbezogen wurde. Wenn eine Regierungspartei eine wichtige Abstimmung gar nicht oder lediglich knapp gewann, trat der Premierminister zurück, und die wichtigen Vertreter der beiden Parteien bestimmten in Absprache mit Queen Victoria, wer der neue Premierminister werde.

In dem Maße, wie der Einfluss der Parteien stieg, verloren die Monarchen an politischer Bedeutung. Mittels der Geschäftsordnung des Parlaments wurden die Abgeordneten Ende des 19. Jahrhunderts zunehmend domestiziert: Die Regierung gewann immer mehr Einfluss, die Fraktionsdisziplin kam auf.

Der Politbetrieb war damals nicht über Gebühr anstrengend: Die Premierminister verzogen sich am Wochenende auf ihre Landsitze; sie verbrachten zwei freie Tage bei der Jagd oder beim Fischen, beim Krocket und bei Kartenspielen wie Bézique (ein Spiel für zwei Personen, das Winston Churchill besonders mochte)[32] im Kreis von Familie, Freunden und Bekannten, sorgsam umhegt von Bediensteten, die an Zahl einer militärischen Kompanie entsprachen. Je nach Größe des Anwesens waren es mitunter mehr als hundertfünfzig Angestellte, die im Großen Haus auch wohnten. Butler, Hausdamen, Valets, *Footmen* und Unterdiener, Dienstmägde, Köchinnen und deren Gehilfinnen, Kutscher, Stallburschen, Gärtner und Förster taten ihre Arbeit zum Wohl der Herrschaft. Die Butler (zuständig unter anderem für die Kleidung der Herren) und die *Ladies-in-waiting* (zuständig für das Ankleiden der Damen) sorgten dafür, dass dreimal am Tag Herren und Damen in ihre komplizierte Kleidung kamen: zum Frühstück, zum Tee und in voller Abendgarderobe zum Dinner. Ging es zur Jagd, kam ein weiterer Wechsel der Kleidung hinzu.

Diesen Lebensgewohnheiten entsprechend wurden die Sitzungszeiten im Londoner Unterhaus im 19. Jahrhundert anberaumt: Man begann spät am Morgen; am Nachmittag gab es eine lange Pause, damit die Abgeordneten sich stärken konnten mit Essen und, wenn gewünscht, dem je nötigen Quantum an Gin, Wein, Brandy oder Whisky; dann wurde, kleine Abendessen nicht ausgeschlossen, bis spät in die Nacht hinein palavert. Anschließend gingen alle erschöpft zu Bett, weshalb es durchaus vernünftig war, den Beginn der Parlamentssitzungen nicht frühmorgens anzuberaumen.

Von den 1880er Jahren an brachten irisch-patriotische Abgeordnete dieses eingespielte Gefüge in Unruhe: Sie konterkarierten den normalen Verlauf der Unterhaussitzungen, indem sie über völlig unwesentliche Themen stundenlang und ohne Ende monologisierten – bis alle anderen Parlamentarier in ihrer Aufregung über diese Frechheit allein im Wegdösen Ruhe fanden. Die Vertreter der Irish Parliamentary Party, der dritten Partei im Parlament, unter ihrem Führer Charles Stewart Parnell (1846 bis 1891), machten den englischen Polit-Oligarchen das Leben schwer. Das beförderte auf Seiten der jeweiligen Regierung das Verlangen nach Fraktionsdisziplin im Parlament. Wenn schon die Iren – eigensinnig auf Selbstbestimmung erpicht – das eingeübte Gefüge störten, sollten wenigstens die eigenen Leute bei den Abstimmungen im Parlament nicht auf Abwege gehen. Die Position des »Whip« wurde geschaffen, der die Abgeordneten seiner Partei im Sinne der Parteiführung zur Raison ruft – so wie bei Fuchsjagden der *whip* die Hundemeute zusammenhält. Damit einher ging »die Konzentration der tatsächlichen und rechtlichen Staatsmacht in einem und demselben Organ: im Kabinett«.[33] Alles zusammen war es, was Winston Churchills Verständnis von Parlamentarismus prägte. Hinzu kam, was er sich von seinem Vater abschaute.

Lord Randolph Churchill, der Papa

Noch in den 1960er Jahren hatte der überragend kluge und freidenkende deutsche Journalist Sebastian Haffner (1907 bis 1999) Gutes über Lord Randolph zu sagen. Er dürfte einer der Letzten gewesen sein. Haffner kannte sich aus in England: Der promovierte Jurist war in den 1930er Jahren nach London emigriert; sein Englisch war ausgezeichnet, die angesehene Zeitung »Observer« nahm ihn gern als Mitarbeiter an. Einige Jahre nach dem Krieg kehrte er nach Deutschland zurück und machte sich in den Medien einen großen Namen. Er hatte Nazi-Deutschland als konservativ Denkender verlassen und fand sich in England auf Seiten der Tories. Seine englische Prägung machte ihn zu einem Verehrer des konservativen Premierministers Winston Churchill.

In der Biographie Churchills, die Haffner 1967, drei Jahre nach dessen Tod, publizierte, schrieb er über Lord Randolph, der sei »weitblickend« gewesen: »Er sah, was heute jeder sieht (…), dass die proletarischen, ungeschulten, ausgelieferten Massen, denen er das Wahlrecht gab, in Wahrheit leicht zum Wählerreservoir einer selbstbewussten Herrenpartei zu machen waren.« Bestenfalls kurios ist es, wie Haffner jenen beipflichtete, die Ende des 19. Jahrhunderts die Idee des allgemeinen freien Wahlrechts für abwegig hielten. Haffner lobte Randolph über die Maßen: »In nur sechs Jahren, zwischen 1880 und 1886, seinem eigenen dreißigsten und 36. Lebensjahr, machte Lord Randolph Churchill die Konservativen wieder zur Regierungspartei (…) und sich selbst zum berühmtesten, populärsten, meistkarikierten und bestgehassten Politiker Englands.« Haffner krönte seine Eloge mit der Bemerkung, Lord Randolph sei ein besserer Politiker gewesen als Bismarck.[34]

Winston Churchill wäre mehr als erfreut gewesen, hätte er das noch lesen können. In Wirklichkeit war sein Vater mehr ein Selbstdarsteller denn ein Bismarck. Er trat auf mit dem Gestus des Harlekins: Da bin ich! Und spielerisch war auch seine Politik. Ihm kam es darauf an, sich selbst in Szene zu setzen. Das machte er besser als andere, mit Aplomb und Eifer: Die Schriften, die ihm für die Ausübung seiner wechselnden Posten zugereicht wurden, hat er studiert. Fleißig war er, aber unstet. »Das wahre Problem mit Randolph Churchill«, schrieb der Politiker Roy Jenkins (1920 bis 2003) in seiner Biographie Winston Churchills, »bestand darin, dass fast alle seine politischen Ansichten dem Opportunismus entsprangen, nicht irgendwelchen festen Überzeugungen.«[35]

Weil Randolph Churchills Phantasie und Tatendrang in der Politik nicht ausgelastet waren, mischte er sich in private Angelegenheiten. Zu seiner Zeit pflegte die britische Oberschicht ein ausschweifendes Sexualleben, über das getuschelt, aber nicht geredet wurde. Die folgende Geschichte könnte man in einem Kostümfilm erzählen, wir machen es kurz: Eine Lady Aylesford hatte eine Liaison mit Randolphs Bruder, dem 8. Herzog von Marlborough. In der Hitze der Verliebtheit wollten die beiden sich stehenden Fußes von ihren Gesponsen scheiden lassen: Ein gesellschaftliches Desaster wäre das geworden. Lord Randolph war ziemlich unfähig zu Empathie und auf sich selbst zentriert, ein wenig Familiensinn hatte er freilich und bemühte sich deshalb, diese Eskapade zu verhindern. Die Art, wie er sich einmischte, war leider ihm gemäß und also völlig unpassend: Lady Edith Aylesford hatte weniges zuvor eine Liaison mit dem Kronprinzen Edward gehabt. Die Liebesbriefe des Prinzen hatte sie Lord Randolph gegeben, der nun den Prince of Wales wissen ließ, der müsse die Heirat von Lady Aylesford mit seinem Bruder verhindern, anderenfalls er die Briefe veröffentlichen werde.[36]

Es dauerte Jahre, bis Edward diese Unverschämtheit verziehen hatte. 1876 wurde Lord Randolph als Vizekönig nach Irland entsandt: Mit Irland mochte das Kabinett in London sich nicht gern beschäftigen, mit dem ebenso wortgewaltigen wie unberechenbaren Churchill auch nicht, weshalb er in Irland gut aufgehoben schien. Winstons früheste Erinnerungen datieren aus der Zeit in Dublin.

Zurück in London war Randolph Churchill vom Parlamentsgesums immer noch oder schon wieder gelangweilt, sofern er selbst nicht im Vordergrund stand. 1880 gründete er zusammen mit drei anderen die als satirische Kleinteufelei angelegte »Fourth Party«. Diese »vierte Partei« – nach den Konservativen, den Liberalen und der Irish Paliamentary Party – machte sich einen Spaß daraus, die Parlamentssitzungen mit Fragen und Eingaben aufzuhalten, die zum Stand der jeweiligen Debatte nicht passten. Erstaunlicherweise war der spätere konservative Premierminister Arthur Balfour (das Amt übernahm er 1902 von seinem Onkel Robert Salisbury) einer von diesen vier spätpubertären Angebern. Zurückblickend sagte Balfour über Randolph Churchill: »Er hatte die Manieren eines Piraten und die Durchsetzungskraft einer Gouvernante.«[37]

Winston Churchills Vater suchte sich seine Themen ohne Rücksicht auf eigene politische Überzeugungen, wobei ihm half, dass er – wie so viele seiner Parlamentskollegen – dergleichen in der Tat nicht hatte: Seine Meinung bildete er sich nach Taxierung der Frage, was ihm am meisten Publizität verschaffen würde. 1880 knöpfte er sich den Liberalen Charles Bradlaugh vor, der frisch ins Parlament gewählt worden war. Bradlaugh war ein Antimonarchist, ein Sozialist und zudem ein Atheist, weshalb er sich weigerte, bei der Vereidigung auf die Bibel zu schwören. Lord Randolph machte das Beste daraus: Seine fulminanten Reden fanden größten Anklang.

Nachdem dieser Skandal die Presse nicht mehr elektrisierte, wandte er sich Irland zu. Die nordirischen Protestanten wollten von London aus regiert werden. Die Katholiken im Rest des Landes, im Unterhaus vertreten von der Irish Parliamentary Party, strebten nach partieller Selbstbestimmung: »Home Rule«. Gladstone und ein Teil seiner Parteifreunde waren dafür. Randolph Churchill sprach dagegen. Als er aber merkte, dass er damit bei den Konservativen offene Türen einrannte, lief er sofort aus diesen Türen hastig wieder hinaus und gab sich fortan als Fürsprecher von Home Rule. Auch an Ägypten versuchte er sich: Gladstones Liberale würden dort bloß Unfug anrichten. 1882 hatte die britische Regierung nach einem kleinen, zu diesem Zweck anberaumten Krieg Ägypten einer vorgeblich befristeten Besatzung unterworfen. Regierung und Admiralität in London wollten sicherstellen, dass der 1869 eröffnete Suezkanal, der schnelle Weg nach Indien, für die Schiffe unter der Flagge des Union Jack passierbar bleibt, einerlei wie die Zerwürfnisse zwischen ägyptischen Machthabern sich entwickeln mochten. Englische Spekulanten, die in Ägypten investiert hatten, konnten nunmehr gut schlafen. Lord Randolph regte sich mächtig auf – als Konservativer und Imperialist hätte er das Vorgehen an sich gutheißen können.[38]

1883 gründete Randolph die »Primrose League«, eine Lobbygruppe für die Tories. Den Namen gab die Lieblingsblume des bedeutenden Premierministers Benjamin Disraeli, der 1881 gestorben war: die Primel.[39] Der Primel-Bund gewann viele Wähler für die Tories; noch nützlicher war für sie indes, dass sich die Liberalen wegen der Home Rule in innerparteilichen Kämpfen verausgabten. Überraschend für alle, plädierte Lord Randolph nun – entgegen vorherigen Einlassungen – für die Ausweitung des Wahlrechts,[40] wie sie ja dann 1884/85 auch stattfand, allerdings unter dem liberalen Premierminister Gladstone. Der Primel-Bund verbreitete Lord Randolphs Slogan »Tory Democracy«. Was damit gemeint war, hat kein Zeitgenosse und kein Historiker je verstanden, auch er selbst hatte keine Ahnung; einmal versuchte er sich an einer Definition: Es gehe um »Demokratie auf Seiten der Tories«.[41] Allein der Slogan war wichtig, und der wirkte.

1884 wurde Lord Randolph Führer der Konservativen im Unterhaus. 1885 gelang es den Tories, die Liberalen bei den Wahlen auszustechen. Der unberechenbare Politiker wurde Staatssekretär für Indien. Nachdem Gladstone – wie gesagt: Wer Premierminister war, wurde zwischen den Parteien ausgehandelt – 1886 nochmals für einige Monate das Amt übernommen hatte, gab es an Lord Randolph kein Vorbeikommen mehr: Seine Auftritte im Unterhaus, seine provokanten Reden, die in den Zeitungen abgedruckt wurden, bewogen, ja zwangen den Premierminister Robert Salisbury, ihn zum Finanzminister zu ernennen, dem wichtigsten Mitglied des Kabinetts neben dem Außenminister und nach dem Premierminister. Damals war Randolph 37 Jahre alt. Nur der Stern von William Pitt (1759 bis 1806), der mit 24 Jahren Finanzminister *und* Premierminister wurde, stieg schneller. Queen Victoria, altersweise, hielt nichts von diesem Churchill. Salisbury meinte, das »mentale Alter« seines neuen Chancellor of the Exchequer liege deutlich unter dem, was dessen Geburtsurkunde ausweise.[42]

Lord Randolphs politischem Tod ging eine Rücktrittsdrohung voraus. Dergleichen war bis weit ins 20. Jahrhundert hinein üblich. Der Finanzminister Churchill wollte möglichst wenig ausgeben. Damit stand er in alter Tradition: Seit den napoleonischen Kriegen, die Britanniens Steuerzahler teuer zu stehen kamen, forderten die Einflussreichen, die Besitzenden und ihre Vertreter im Parlament, der staatliche Leviathan möge nicht zu beleibt werden – sie wünschten sich, was heute als »schlanker Staat« bezeichnet wird. Je mehr er dem britischen Haushalt erspare, dachte Lord Randolph, desto besser werde er dastehen. Wie üblich überschätzte er seine Bedeutung und stellte ein Ultimatum: Sofern seine Vorschläge für die Kürzung des Militärbudgets nicht angenommen würden, müsse er zurücktreten.[43] Bei der Lektüre dieses Schreibens Ende 1886 mag der Premierminister Salisbury sich zufrieden den üppigen Bart gekrault haben, bevor er ohne Zaudern das Rücktrittsgesuch unterschrieb. Von da an hatte Winston Churchills Vater nie mehr eine Position im Kabinett. Er starb schleichend, zum Grausen aller, die ihn miterlebten: Der Tod saß Lord Randolph im Nacken, während er im Unterhaus darbot, was nur mehr er allein für durchschlagende Reden hielt.

School Days: Früchtchen für das Empire

Winston Churchill hatte als Kleinkind schon begriffen, wer er war; dass er zum Führen bestimmt war, lernte er spielend. Damit einher ging, dass er sein Aufgebot an Zinnsoldaten, die er mit steten Betteleien bei den Erwachsenen rekrutierte, zu eindrucksvoller Stärke brachte. In der Beharrlichkeit liegt die Kraft: Winston gebot über 1500 Mann und starke Kavallerie. Munition war ausreichend vorhanden: Die Nachschublinien für Erbsen und Kieselsteinchen waren gesichert.[44] Im Alter von sieben Jahren wurde er auf ein Internat expediert. Von nun an lebte er in Schmerz und Unglück: unter der Fuchtel der Lehrer, gegen die Lehrer und gegen das ganze Schulsystem.

Der gefeierte englische Schriftsteller und Dichter Wystan Hugh Auden (1907 bis 1973) lehnte den Faschismus »schon deshalb« ab, »weil ich auf der Schule in einem faschistischen Staat lebte«. Diese unpatriotische Äußerung konnte Auden sich erlauben, weil er 1939 in die Vereinigten Staaten übersiedelte, was in den Augen mancher Landsleute wohl erst recht vaterlandsvergessen war. Der zu seiner Zeit vor allem mit Reisebeschreibungen bekannt gewordene Schriftsteller Augustus Hare (1834 bis 1903) erklärte: »Ich kann ehrlich sagen, nichts Nützliches in Harrow gelernt zu haben.« Ebendiese Schule sollte als Teenager auch Winston Churchill besuchen; und auch er hegte Zweifel an der Sinnhaftigkeit des ihm verabreichten Unterrichts.[45]

Die Angehörigen der englischen Oberschicht betrachteten ihre männlichen Kinder als kostbares lebendes Inventar des Hauses, so wertvoll, dass die Eltern beim Verfolg ihrer gesellschaftlichen und amüsierlichen Verpflichtungen es sich geraten sein ließen, den Nachwuchs in erfahrene Hände zu geben. Für die Mädchen wurde Hausunterricht meistens als ausreichend erachtet; erwartet wurde, dass sie musizieren oder singen lernten, ja sogar fremde Sprachen, womit sie für Gäste und mögliche Ehegatten präsentabel waren. »Das war das britische Pendant zu der chinesischen Sitte des Füßebindens.« Queen Elizabeth II. zum Beispiel hat in ihrer frühen Kindheit nicht mehr als siebeneinhalb Unterrichtsstunden pro Woche genossen. Ihre erste Reitstunde hingegen hatte Elizabeth, als sie gerade einmal dreieinhalb Jahre alt war. Reiten können war wichtig, weil Ausritte in Gesellschaft zur Heiratsanbahnung dienten. Bildung wurde Elizabeth nicht zuteil, weil das Mädchen (das bis zur Abdankung ihres Onkels, Edward VIII., im Jahr 1936 als Thronfolgerin nicht vorgesehen war) gar nicht erst die intellektuelle Fähigkeit bekommen sollte, einem Mann zu widersprechen.[46] Für die spätere Queen war Heimunterricht gut genug. Ganz anders verfuhr man mit Buben: Die waren für Größeres bestimmt, sie sollten das Empire am Laufen halten. Jungen kamen auf Privatschulen.

Diese »public schools« waren die Schmieden, wo der Stahl gehärtet wurde, bis ins 20. Jahrhundert hinein in ziemlich grässlicher Manier. Es gab viele verschiedene phantasievolle Initiationsrituale. Der Schriftsteller Denton Welch (1915 bis 1948) hat eines beschrieben: Die Decke des Schlafsaals war von Balken gestützt, auf einen war ein Paar Lippen gemalt. Rote Lippen muss man küssen: Die Neulinge mussten per Klimmzug mit dem Mund an die Malerei gelangen. Wenn sie nicht die Kraft hatten, wurden sie von den älteren Schülern zur »Aufmunterung« mit nassen Handtüchern geschlagen, bis sie fielen und zusammengekrümmt am Boden lagen.[47] Damit waren sie reif für das System des *Fagging*: Ein junger Schüler musste einem älteren zu Diensten sein: ihm die Schuhe putzen, seine Kleidung in Ordnung halten, ihm das Frühstück servieren und anderes erledigen, was dem Unterdrücker gerade einfiel. Aus Sicht der Schulleiter, die bei der Züchtigung der Brut ihre Lehrer nicht über die Maßen beanspruchen wollten, war das in rechter Ordnung, schließlich galt es, aus den von Nannys im Zweifelsfall verzärtelten Früchtchen Männer zu machen.

Winston Churchill hat das Fagging-System durchgemacht, mochte davon indes nicht viel erzählen. Zum einen hätte er seinen Lesern wenig Neues gesagt. Zum anderen stopfen sehr viele Menschen Erfahrungen von Demütigung, die sie erdulden und einigermaßen überstehen, ganz nach hinten auf den Dachboden ihres Gedächtnisses, auf dass wie unter Spinnweben das Leid zu ein paar Anekdoten eintrockne. Das ist heutzutage nicht mehr üblich, im 19. Jahrhundert gehörte es zum Komment. In seinen 1930 publizierten Erinnerungen »Meine frühen Jahre« hat Churchill verbucht, dass er nach drei Jahren auf Harrow nicht mehr *fag* für einen älteren Schüler habe sein müssen.[48] Der *head boy*, dem er zu Diensten war, erteilte ihm Hiebe, wenn er seine Aufträge nicht zufriedenstellend erledigte. Einmal begehrte Winston auf: Eines Tages werde er viel wichtiger sein als der Ältere. Die Replik des anderen: »Dafür gibt's zwei weitere Hiebe mehr.«[49]

Einige meinen, das britische Internatssystem habe auf Konformismus abgezielt: Der Sinn für Hierarchie habe den Jungs eingeprügelt werden sollen, sodass sie später gute Offiziere, Verwaltungsbeamte des Empire oder Politiker abgäben.[50] Mag sein. Allerdings kam es den besten Schulen, Eton, Winchester, Harrow, auf die Bildung von Charakterstärke an. Wie der Widerspruch zwischen zwei unvereinbaren Vorstellungen von Erziehung – konformes Männermaterial fabrizieren und gleichzeitig Persönlichkeiten heranbilden – aufgelöst wurde, lässt sich mit einem Wort Friedrich Nietzsches beschreiben: »Was mich nicht umbringt, macht mich stärker.«[51] Es lag an den Zöglingen, wie gut sie ihre Schule überstanden.

So war die furchteinflößende Welt beschaffen, die Winston erwartete, als er kurz vor seinem achten Geburtstag der Fürsorge seiner Nanny, Mrs. Everest, entrissen und am 3. November 1882 in ein teures Internat verfrachtet wurde: St George's School, Ascot, in der südwestlich von London gelegenen Grafschaft Berkshire gelegen.[52] Wie es da zuging, hat Churchill in »Meine frühen Jahre« geschildert. Die damaligen Lehrmethoden luden nicht eben zum Lernen ein. Nachdem Winston brav die Deklination des Wortes Tisch – mensa – auswendig gelernt hatte und der Lehrer zufrieden schien, fragte der Kleine: »Aber was soll das heißen, Sir?« Er meinte den Vokativ »O Tisch«, lateinisch »mensa«. Der Lehrer verstand nicht. Winston erklärte ihm, dass man doch mit einem Tisch nicht spreche. Der Lehrer beschied ihn, »mensa« sei die Anrede für einen Tisch, wenn man mit ihm sprechen würde.

Winston darauf: »Aber das mache ich doch nie!« Nun war der Lehrer mit seinem Latein am Ende und griff auf das bewährte Argument zurück: Wenn der Junge weiterhin so widerspenstig sein wolle, werde es Prügel setzen.[53]

In »Meine frühen Jahre« hat Churchill manches aufgezeichnet, was sich vermutlich anders zugetragen hat. Das 1930 publizierte Buch schrieb er, immer in Geldnot, damit es sich gut verkaufe. Ob jede einzelne auf die Pointe hin verfasste Reminiszenz sich tatsächlich so zugetragen hat, spielt keine Rolle: In diesem von Zutraulichkeit zu den Lesern durchdrungenen Buch schilderte er, wie er sich Jahrzehnte zuvor gefühlt hatte.

Verbürgt ist: Der Schulleiter von St George's war ein Sadist, der den Jungen wegen geringfügiger Vergehen den nackten Hintern blutig schlug. Ja, mitunter schlug er so ausführlich, dass ein Kind unter dem Schmerz und der Angst seinen Schließmuskel nicht mehr unter Kontrolle hatte. Die infernalische Behandlung überstand Winston, weil er sich sowieso am falschen Ort fühlte und folglich nicht die geringste Absicht hatte, den Lehrstunden mit Eifer zu folgen, womit aus Sicht seiner Lehrer die Schule und er einigermaßen quitt gewesen sein dürften. Der Schulleiter verstand sein neu gegründetes Etablissement als eine Vorbereitungsschule für Eton. In einer Hinsicht hatte er Erfolg: Die Auspeitschungen in St George's, so Churchill, hätten überboten, was in Eton oder Harrow üblich gewesen sei: »Zwei- oder dreimal pro Monat waren alle Schüler in die Bibliothek beraumt; ein oder mehr Delinquenten wurden von den *head boys* in einen Nebenraum geführt und dort geschlagen, bis das Blut nur so floss, während alle übrigen bibbernd dasaßen und die Schreie anhörten.«[54]

Weil Winston sich nicht kleinmachen lassen wollte, nahm er die Schläge hin. Erschütternd sind die Briefe, die er seiner Mutter sandte. Die begannen – wie es sich gehört – mit der Frage, ob es der Mutter gut gehe. Niemals schrieb er – das hätte sich nicht gehört –, dass er nur unter Schmerzen sitzen könne, weil er verdroschen worden war. Er sprach sie an als »Mama« oder »Mamma«. Die Betonung – Freunde britischer Kostümfilme wissen das – liegt auf dem zweiten »a«. »Meine liebe Mamma … vergiss nicht, mich zu besuchen …« (Dezember 1882, da war Churchill eben acht Jahre alt geworden). So ging es weiter,

Woche um Woche, Monat um Monat. »Komm mich bald besuchen, liebe Mamma«; »Warum bist Du nicht gekommen?«; »Bitte erlaube Everest, mich zu besuchen«. Zwischen 1885 und 1892 schrieb Churchill an seine Eltern 76 Briefe. Von seinen Eltern erhielt er in derselben Zeit sechs.[55]

Als 1884 Winston in den Ferien im Haushalt der Eltern weilte, gewann »Womanny«, Mrs. Everest, den Eindruck, dass der Kleine von Prügeln über das akzeptable Maß lädiert war. Die Eltern gaben ihn daraufhin in eine andere Schule: auf ein Internat in Hove nahe Brighton, von zwei Schwestern geführt, die keine heimlichen homosexuellen Lüste hegten. Als Winston Churchill ein alter Mann war, hat seine Großcousine Anita Leslie (1914 bis 1985) ihn zusammen mit ihrem acht Jahre alten Sohn besucht. Da das Kind dabei war, drehte sich die Unterhaltung auch um Schulen. Churchill erinnerte sich an die Zeit, als er selbst klein gewesen war, und sagte laut Leslie: »Wenn meine Mutter nicht auf Mrs. Everest gehört und mich von dieser Schule genommen hätte, wäre ich gebrochen worden. Kannst du dir das vorstellen: ein Kind, das komplett gebrochen wird?«[56]

Auf der Schule bei Brighton wurde die körperliche Züchtigung der Schüler natürlich ebenfalls praktiziert, wenngleich viel weniger brutal. Auch auf dieser Schule hatte Winston keine rechte Lust auf Dinge, die Lehrer ihm vermitteln sollten: Latein, Griechisch, Algebra, Geometrie und dergleichen. Dass er den richtigen Geschmack hatte, wurde ihm mehr als ein Jahrhundert später attestiert: Der Historiker Arthur Herman, Spezialist für das britisch-indische Verhältnis, bemerkte maliziös: Eton, Harrow und andere Schulen hätten Massen von Absolventen produziert, »die sich gut auf Latein und Griechisch verstanden, nutzlos waren für jede Arbeit in der modernen Gesellschaft«, aber bereit, auf irgendeinem entlegenen Posten auf dem indischen Subkontinent stationiert zu werden.[57] Hätte der junge Churchill dieses herabwürdigende Urteil gehört, es wäre ihm vielleicht ein Ansporn gewesen zu beweisen, dass auch gute Latein- und Griechischkenntnisse das Empire stützten. In seiner Jugend schien das Erlernen dieser Sprachen Churchill tatsächlich nicht mehr zu sein als eine für das Leben sinnlose Übung. Geschichte hingegen interessierte ihn, in dem Fach war er meistens gut. Seine Beherrschung des Englischen wurde in Brighton sowie später auf Harrow vielfach bemängelt. Lesern seiner Kinderbriefe muss das Urteil unverständlich erscheinen; wie dem auch sei, das Englische wurde ihm ganz genau beigebracht: »Mr. Somervell – ein wunderbarer Mann, dem ich zu großem Dank verpflichtet bin – hatte die Aufgabe, den dümmsten Jungs das unbedeutendste von allem beizubringen: Englisch schreiben [...] Das lernte ich ausführlich. Seither sitzt die Grundstruktur normaler britischer Sätze mir in den Knochen – was eine feine Sache ist.«[58]

Winstons Fortschritte beim Schreiben »normaler« Sätze zeigten sich auch in seiner Übung darin, die Briefe an seine Eltern konventionellen Standards gemäß abzufassen. Nachdem er steif seine Hoffnung zum Ausdruck gebracht hatte, Vater oder Mutter möge es wohl ergehen, gab er einen kurzen Bericht über die Wetterverhältnisse. Im Mai 1887, da war er zwölf Jahre alt, schrieb er seiner Mutter, weil er »bösen Husten« gehabt habe, sei er nicht im Freien gewesen und könne deshalb über die Wetterverhältnisse nichts sagen.[59]

Das Wetter ist seit jeher von großer Bedeutung: Das Gespräch über das Wetter erlaubt die kurze, unverbindliche Unterhaltung auf der Straße, dies umso mehr, als es in England grundsätzlich »wenig Wetter« gibt: Orkane, Hurrikane, wilde Überflutungen und Schneestürme kommen »auf den britischen Inseln so gut wie nicht vor«.[60] Freilich und obgleich man daran nicht immer dachte: Das Wetter hat England oftmals beigestanden: Bei der großen Schlacht von Azincourt 1415 siegten die Bogenschützen unter Henry V. über die Franzosen, weil deren schwer gerüstete Ritter und Pferde in dem von Regen matschig gewordenen Boden einsackten. Als Philipp II. von Spanien 1588 Britannien erobern wollte, unterlag seine hundertdreißig Galeonen starke Armada den Verteidigern. Warum? Es war der Wind! Der kam für die spanischen Segelschiffe aus der falschen Richtung und ging in die Folklore ein als der »englische Wind«. Diese und andere Geschichten sind es, die den britischen Smalltalk über das Wetter unterfüttern und junge Leute wie Winston Churchill prägten.

Auch noch als er älter wurde, bat der Schüler Churchill in seinen Briefen immer wieder: »liebste Mutter«, komm mich bitte besuchen! Das war umso nötiger, als er lediglich einen einzigen anderen Schulkameraden seinen Freund nannte.[61] Der junge Winston fühlte auf der

Schule, was Goethe dem Titanen Prometheus in den Mund gelegt hat: »Ich kenne nichts Ärmeres unter der Sonn als euch Götter.« Setze für die Götter Churchills Lehrer. Winston hatte von Kindesbeinen an das Gefühl, für Höheres bestimmt zu sein. Er hatte, wie er erzählte, sein »eigenes Glaubenssystem«: Er glaubte, »was ich glauben wollte«.[62]

Hinderlich war freilich, dass er sich nicht genug mit seinen gegenwärtigen Aufgaben beschäftigen mochte, um die ersten Hürden auf dem Weg zur Bedeutsamkeit zu nehmen. Mit Ach und Krach bestand er im März 1888 den Eingangstest für Harrow.

Dort aufgenommen, ging er seinen üblichen Beschäftigungen nach: die Lehrer gegen sich aufbringen, Prügel beziehen und einsam sein.[63] Er schaffte sich eine Bulldogge an, was der Hausordnung zuwiderlief, aber sein Vater hatte auch eine, deshalb brauchte er diesen Hund.[64] Manche Biographen wollen ihren Helden rückwirkend zu einem guten Schüler stilisieren. Die Dokumente sprechen dagegen. Winston versprach seinen Eltern oft, fleißig zu lernen und »hart zu arbeiten«. Ihm selbst war es einerlei, allerdings musste er die Eintrittsprüfungen für weiterführende Schulen bestehen und jede Menge Klassenarbeiten. Seine Examinatoren »legten es immer darauf an, abzufragen, was ich nicht wusste. Während ich mein Wissen gern gezeigt hätte, suchten sie bloß mein Nichtwissen zu entlarven. Das Resultat dieser Art des Umgangs konnte nur eines sein: Ich war nicht gut bei Prüfungen.«[65]

Mitunter zeigte Winston, der um sein Ego strampelnde Junge, der spätere Journalist, sich schulisch aufgeweckt in den Fächern Geschichte und Erdkunde, gelegentlich sogar in Algebra sowie beim Verfassen von Aufsätzen. Faul war er nicht, er nahm schlicht und allein bloß das für nennenswert, was ihn interessierte. Kenntnisse in Geographie betrachtete er als relevant: Immerhin besaß Großbritannien ein Fünftel des Festlandes auf dem Globus. Für einen Schulwettbewerb lernte Winston etliche Szenen aus Theaterstücken von Shakespeare auswendig, für einen anderen Wettbewerb zwölfhundert Zeilen aus »Lays of Ancient Rome« des damals verehrten Historikers Thomas Babington Macaulay (1800 bis 1859). Für dieses Buch hatte Macaulay sich in die Schuhe eines vormodernen Epikers hineinversetzt, der von einstigen Helden singt.[66] Das war der Stoff, aus dem angehenden Flügellöwen im 19. Jahrhundert ihre Schwingen bastelten. Lernen um des

Lernens willen hingegen dünkte den Nachfahren des ersten Herzogs von Marlborough unnötig. Von Macaulay, Shakespeare und anderen schaute er sich die Diktion ab. Mit Macaulay hatte er, wie er feststellen musste, allerdings ein Hühnchen zu rupfen: Der hatte nämlich das Andenken des 1. Herzogs von Marlborough schlechtgemacht. Erst ein paar Jahre später, da er als Unteroffizier in Indien stationiert war, sollte Winston auffallen, dass umfassende Bildung nicht schadet.

Dem Lernen gegenüber zickig, tat Churchill sich beim Sport hervor. Körperliche Fitness war wichtig für Krieger und Verteidiger des Empire. Der Sieg der Briten und Preußen über Napoleons Truppen bei Waterloo 1815 wurde einem alten Spruch zufolge auf den Spielfeldern von Eton errungen. Dass die meisten Rotröcke den unteren Schichten entstammten, spielte bei der Formulierung keine Rolle: »The playing fields of Eton« lagen quasi nachbarschaftlich bei den ebenso weltfernen Eleusischen Feldern der antiken Mythologie. Gleichwohl, der britische Sportsgeist war so ausgeprägt, dass, sagen wir, die Erschießung eines Unbewaffneten mit »that's not cricket« abgetan wurde. Der politische Philosoph John Stuart Mill (1806 bis 1873) bezeichnete in einer Aufwallung von Sarkasmus das Britische Empire als »eine große Einrichtung zur Beschäftigung im Freien für die oberen Klassen«.[67] Heutige Faulpelze, die große Müdigkeit überkommt, wenn sie bloß daran denken, sich zur Ertüchtigung des Körpers zu bewegen, berufen sich gern auf Winston Churchill: »no sports!« Tatsächlich hat er das vermutlich nie gesagt.[68] Es hätte ihm auch nicht ähnlich gesehen.

Über Jahrhunderte hin, aufgrund ausgeklügelter Heiratspolitik und guter Ernährung, hat es sich ergeben, dass britische Aristokraten im Mittelmaß deutlich höher gewachsen sind als der Rest der Bevölkerung. Churchill gehörte zu denen nicht. Er maß lediglich 173 Zentimeter. Der Brustumfang des jungen Mannes betrug vergleichsweise magere 78 Zentimeter. Sein Gesicht war zart, sein Körper fast haarlos, die Haut empfindlich, wenn er sich aufregte, färbte sie sich rosarot. Auffällig attraktiv war an ihm nur eines: »Er hatte schmale, schöne Hände.«[69] Seine Lungen waren deutlich weniger kräftig als sein Ego. Von Kindheit an wurde er immer mal wieder von einer Lungenentzündung heimgesucht.

Manche meinen, er habe sich auch wegen seiner unbefriedigenden

Körpergröße bei Leibesübungen besonders ins Zeug gelegt. Das ist eine belanglose Feststellung: So schmächtig war er auch wieder nicht. Sport machte Churchill Spaß. Fechtübungen auf dem Paukboden waren kurzweiliger, als Vokabeln zu pauken. Reiten können war so wichtig wie Zähneputzen. Churchill eigen ist allenfalls, dass er immer militärisch dachte: Zu Pferd in Formation mit gezücktem Säbel gegen einen Feind anpreschen war die Vorstellung des Nachfahren des 1. Herzogs von Marlborough, seitdem er dergleichen mit seinen Zinnkavalleristen durchgespielt hatte. Winston wurde ein guter Reiter und ein guter Polospieler. Im Fechten errang er einen Schulpreis, eine Auszeichnung, die seine Eltern ebenso wenig interessierte wie alles Übrige, was dem Jungen gelang.

2. Kapitel

EHRGEIZ UND VORLIEBEN: DAS KRIEGSHANDWERK

1 Die Schlacht von Omdurman am 2. September 1898, malerisch in Szene gesetzt von Henri-Louis Dupray. Zum Missfallen des Oberkommandierenden Herbert Kitchener durfte Churchill in Personalunion Soldat und Kriegsberichterstatter sein.

2 Buren in einem Schützengraben. Der Krieg gegen Großbritannien begann 1899 und endete 1902 mit der Niederlage der Buren. Churchill war beeindruckt: Viele Reiter führten neben ihren Waffen auch einen Regenschirm mit sich.

3

3 Als Reporter für die »Morning Post« in Südafrika unterwegs. Die Zeitung zahlte Churchill für vier Monate nach heutigem Wert an die hunderttausend Pfund und übernahm die Reisespesen. Nicht nur beim Polospielen, auch im Krieg waren Ponys praktischer als Großpferde. Churchill war ein gewandter Reiter.

Alle, die von Eton oder Harrow gekommen sind«, schrieb Churchill 1896 über die Königliche Militärakademie, »erfahren das Leben auf Sandhurst als erfrischende Befreiung.«[1] Was ihn angeht: Er kam zwar von der Kaderschmiede Harrow, aber er kam nicht ohne Weiteres nach Sandhurst – vielmehr schlüpfte er mit Ach und Krach eben noch hinein. Erst beim dritten Anlauf bestand er 1893 die Prüfungen, und das auch nur dank eines pensionierten Offiziers, der in London ein Büro für Nachhilfeunterricht betrieb.

Militärische Schulung

Der Vater hielt seinen Sohn für einen geborenen Versager, zu unbedarft für die Jurisprudenz, allenfalls geeignet für das Militär. Seiner Mutter schrieb Randolph 1893 über seinen Erstgeborenen: »Oft habe ich es Dir gesagt und Du hast es nie glauben wollen, dass man von ihm nicht behaupten kann, er sei intelligent oder klug oder fähig zu irgendeiner Arbeit, die Ausdauer erfordert.«[2] Winston hatte bei der Eintrittsprüfung für Sandhurst so schlecht abgeschnitten, dass er lediglich für die Kavallerie in Frage kam. Gute Schüler wurden Infanteristen, aus den schlechten machte man Kavalleristen, die für ihre Wissensmängel mit barer Münze zu zahlen hatten. Vater Randolph war erbost, weil er zweihundert Pfund aufs Jahr für Winstons Ausbildung blechen musste. Zweihundert damalige Pfund Sterling sind heute ungefähr zwanzigtausend Pfund. Selbst wenn sie im Feld standen, war der Sold von Kavalleristen nicht hoch genug, als dass sie nach den Ausgaben für ihre Pferde, ihre schmucken Uniformen und ihre Ausrüstung noch große Sprünge hätten machen können.

Winstons Mutter machte ihrem Sohn die Hölle heiß: 1890 schrieb sie an den damals 15-jährigen: »Ich hatte so große Hoffnungen für Dich & war so stolz auf Dich – & jetzt ist das alles dahin. Mein einziger Trost ist, dass Du Dich ordentlich benimmst & ein liebevoller Sohn bist – aber Deine Leistungen sind eine Beleidigung Deiner Intelligenz.« Sodann sprach sie für den Vater und die Finanzierung von Churchills Ausbildung: »Ich muss sagen, dass Du ihm seine Großzügigkeit sehr schlecht vergiltst. Ganz anders als Jack.«[3]

Der jüngere Bruder Jack war immer gut und brav auf der Schule. Beide Eltern hielten dem Älteren seinen Bruder häufig als Vorbild vor: Jack war in jeder Hinsicht besser als Winston – und liebenswerter. Das einem Sohn zu schreiben, der in seinen Briefen um elterliche Liebe fleht! Ein Wunder ist es, dass Winstons Zuneigung zu seinem Bruder nicht zermürbt wurde, erklärlich allein aus seinem speziellen Charakter: Er hatte in sich einen fast unzerstörbaren Kern, so hart wie Dolerit, der Stein, mit dem die alten Ägypter ihre Granitstatuen behauten, bis der Pharao in Form gebracht war. Mit seinem Dolerit-starken Selbstgefühl überstand Churchill alle Anfechtungen. Vater und Mutter wussten nicht, mit wem sie es zu tun hatten.

1893 schrieb Lord Randolph an den 18 Jahre alten Sohn: Alle Möglichkeit habe er gehabt, aber er mache nichts daraus; »dümmlich«, wie er sei, verlege er sich auf Wichtigtuerei: »Ich werde nicht mehr das geringste darauf geben, was Du von Deinen Taten und Erfolgen erzählst.« Wenn er in Sandhurst genauso miserabel abschneide wie auf seinen Schulen, »dann wirst Du sozialer Ausschuss«, bestimmt zu einem »liederlichen, unglücklichen & nutzlosen Leben«.[4]

Freilich, auf der Militärakademie Sandhurst florierte Churchill: Dort konnte er Latein und Altgriechisch im Mantelsack verduften lassen. Klassische Bildung stand nicht auf dem Stundenplan, sondern das Studium geographischer und topographischer Karten, militärische Taktik, physische Ertüchtigung jeder Art, vor allem Reiten. Auch den militärischen Drill, der ihm eigentlich zuwider war, akzeptierte er als Teil seiner Ausbildung zum Kriegshelden. Und nun, endlich, fand er Freunde, genauer gesagt – was nicht dasselbe ist – Kumpane.[5] Zur Fortbildung privater Freuden hat er die 15 Monate in Sandhurst weidlich genutzt.

In dem moralisch an sich properen Londoner Empire Theatre boten unschicklich gekleidete Hübsche aus der Halbwelt ihre Dienste an. Das fand eine Lokalpolitikerin namens Laura Ormiston Chant ungeheuerlich und ließ eine Trennwand errichten, sodass diese losen Frauenzimmer das Publikum nicht mehr vom Bühnengeschehen ablenkten. Das nun wiederum fanden Winston und seine Kumpane ungeheuerlich: Gut gestimmt, ein paar Gläser aufmunternder Getränke mögen geholfen haben, rissen sie die Trennwand ein.[6] Huren und Husaren passten aus Sicht der Kadetten zusammen wie Nut und Feder. Wann Churchill erstmals einer Frau beiwohnte, hat er der Nachwelt nicht mitgeteilt. Seine Mutter meinte, vermutlich zu Recht, ihn 1909 anlässlich seiner Heirat mit nötigen Kenntnissen vertraut machen zu müssen.[7] Zu seiner Zeit in Sandhurst war eines der größten jährlichen Ereignisse der Besuch des Herzogs von Cambridge. In einer Ansprache warnte dieser unmissverständlich vor Geschlechtskrankheiten: »Wie ich höre, steckt ihr Jungs euer bestes Teil dorthin, wohin ich nicht mal meinen Regenschirm stecken würde.«[8] Übrigens: Laura Ormiston Chant (1848 bis 1923) war eine Frauenrechtlerin; nicht ganz geklärt ist, wen sie mit der Trennwand vor wem schützen wollte.

Der triste Briefwechsel zwischen Winston und seinen Eltern veränderte sich insofern, als Churchill zunehmend desillusioniert war. 1893 schrieb er seiner Mutter: »Es tut mir schrecklich leid, dass Vater meine Briefe für schlecht hält: Ich bemühe mich sehr und schreibe oftmals ganze Seiten neu. Wenn ich ausführlich darstelle, wie es hier zugeht, teilst Du mir mit, dass ich zu ausschweifend bin. Wenn ich, andererseits, einen knappen Brief formuliere, wird der als schlampig wahrgenommen. Nie kann ich etwas richtig machen.«[9]

Wer so formuliert, hat die Hoffnung fahren lassen. In Sandhurst gab Winston die Vorstellung auf, seinen Eltern gefallen zu können. Er behalf sich, indem er sie idealisierte. Die Mutter »leuchtete für mich wie der Abendstern. Ich liebte sie sehr – wenn auch aus der Ferne.«[10] Das Wort »Abendstern« trifft die Verhältnisse: Jennie ging so oft aus, gern bis fünf Uhr morgens, dass sie jene Tage eigens notierte, an denen sie nicht ausging.[11] Für ihre Söhne hatte sie wirklich keine Zeit. Ihr lag daran, sich in Samt und Seide – und gern auch ganz ohne dergleichen – zu präsentieren. Ihre Kinder daneben waren überflüssig, wie Besen in der Wüste.

Von den frühen 1880er Jahren an teilten die Eheleute nicht mehr das Bett. Eine ominöse Krankheit hatte Lord Randolph geschlagen, die auch Winston für die Syphilis hielt.[12] Nicht allein rücksichtsvolle Enthaltung mag es gewesen sein, was Winstons Vater vom Ehelager fernhielt: Er reiste oft nach Paris,[13] während seine Frau sich in London vergnügte. Zahlenfreunde kolportierten, Jennie habe mehr als zweihundert Liebhaber gehabt.[14] Lebenslust und Geltungssucht ergänzten einander. Lady Randolph unterhielt beste Beziehungen zu vermögenden Aristokraten und Politikern. Für Edward, den Prince of Wales, ließ sie in dem neu erworbenen siebenstöckigen Londoner Haus am Great Cumberland Place diskret versteckt einen Fahrstuhl einbauen,[15] damit der übergewichtige Thronfolger unbeobachtet und nicht schon vorab im Zustand der Erschöpfung in ihren privaten Räumen ankomme.

Bereits auf der Schule in Brighton hatte Winston begonnen, in den Zeitungen der politischen Karriere seines Vaters nachzuspüren, ja sie mitzuempfinden. Hatte er in London Gelegenheit, von der Galerie aus den Sitzungen des Unterhauses beizuwohnen, fieberte er für seinen Erzeuger. Dieser für sein Teil hielt Winstons Bemühungen um ein professionell-vertrauliches Verhältnis für deplatziert, wenn nicht nachgerade frech. Hier und da durfte Winston dabei sein, als er dann aber »einmal vorschlug, ich könne seinem Sekretär beim Abfassen seiner Briefe helfen«, erzählte Churchill, »schaute er mich an mit versteinertem Blick.«[16] Seine Jugend betrachtend, bemerkte Churchill: Anstatt die Schule zu besuchen, wäre er »lieber Maurerlehrling« bei seinem Vater gewesen oder »Dienstjunge, der Besorgungen erledigt«, oder »Handlanger bei der Schaufensterdekoration« eines väterlichen Lebensmittelladens: »Das wäre echt gewesen, das wäre normal gewesen, dabei hätte ich mehr gelernt, und ich hätte es viel besser gemacht.«[17]

In dieser Phantasie verband Churchill den Hass auf die Schule mit seiner Vaterliebe. Völlig aus der Luft gegriffen ist sie nicht: Früh vertraut mit den grundlegenden Erfordernissen des angenehmen Lebens, wäre es dem Marlborough-Nachfahren und Maurergesellen Churchill wohl gelungen, für unangenehme Aufgaben andere einzuspannen. (Weiteren Träumen von den Vorzügen einer Mittelklasseexistenz hat Churchill sich nicht hingegeben.)

Tatsächlich vermochte der talentierte Mister Churchill schon auf der Militärakademie von Sandhurst andere nach seiner Pfeife tanzen zu lassen. Später waren es seine Sekretäre, sein Kabinett, seine Generale. Zu Beginn der 1890er Jahre war es ein Freund, der sich willig Briefe diktieren ließ, während Winston ein Bad nahm.[18] Weniger harmonisch ging es zu, als nicht Churchill im Wasser lag, sondern seine Taschenuhr. Diese Uhr, das Geschenk seines Vaters, war in einen Bach gefallen. Das Eingeständnis, er habe die schöne Uhr verloren, brachte Winston nicht über sich. Um Schmach und Schande abzuwenden, heuerte er mit Erlaubnis der Direktion von Sandhurst 23 Infanteristen mit Schaufeln an. Dazu kam die Feuerwehr mit einer großen Pumpe. Der Zufluss des Baches wurde umgeleitet, das stehen gebliebene Wasser abgepumpt. Und siehe: Die Uhrenrettungsexpedition war erfolgreich. Die Entlohnung all der Männer sowie die Reparatur der Uhr kamen Winston teuer: Seine Ausgaben waren hoch; und der Vater, als er davon erfuhr, fand wieder einmal Gelegenheit, ihn zum dümmsten aller verantwortungslosen Nichtskönner zu erklären.[19]

In jenem Jahr, 1894, war Lord Randolph selbst schon lange nicht mehr auf der Höhe seines Könnens. Seine Krankheit immobilisierte ihn zunehmend, verlieh ihm das Aussehen eines hageren Gespenstes mit Froschaugen und zerfraß sein Denkvermögen. Am 24. Januar 1895 hatte das Elend ein Ende, Lord Randolph starb in seinem 45. Jahr. Seine bis zur Unverständlichkeit hingestotterten Parlamentsreden der vergangenen Zeit behielten die Mitglieder des Unterhauses in schauerlicher Erinnerung.[20] Selbst Winston hatte allmählich den Eindruck gewonnen, dass die Reden seines Vaters nicht mehr so gut waren. Zu seinem Glück hat er nicht aus der Nähe miterlebt, wie Lord Randolph zunehmend von der Krankheit verzehrt wurde, wie er sich in der Öffentlichkeit blamierte und privat in Jähzorn entflammte, der sich bloß mit Fesseln bändigen ließ. Das Idol blieb heil. Violet Bonham Carter, die Tochter von Herbert Henry Asquith (Premierminister von 1908 bis 1916), fand dafür 1965 in der Biographie ihres geschätzten Freundes Winston die Formulierung: »Er kniete vor dem Altar des Vaters, den er nie kennengelernt hatte.«[21] Churchill selbst stellte Jahrzehnte später traurig fest, mehr als drei oder vier längere Unterhaltungen mit dem Vater habe es nicht gegeben: »Mir blieb bloß, in seinem Sinn weiterzumachen und sein Andenken zu verteidigen.« Bis ins Detail machte er Lord Randolph nach. So trug er zum Beispiel gern eine gepunktete Fliege: Sein Vater hatte gepunktete Fliegen einer Krawatte vorgezogen.[22]

Lord Randolphs wichtigste Hinterlassenschaften: Kapitalvermögen im heutigen Wert von 5,5 Millionen Pfund und Winstons Ehrgeiz, die Politik des Vaters fortzuführen. Bevor das möglich war, musste der Sohn freilich zu Geld kommen: Das Politikerdasein war noch kostspieliger als die Aufwendungen eines Kavallerieoffiziers. Die Erträge aus dem väterlichen Vermögen waren nun aber für Jennie vorgesehen, während Winston und sein Bruder Jack lediglich eine bescheidene Apanage erhielten.[23] Was Jack anging, so konnte der sich damit einrichten. Von ihm ist nicht bekannt, dass jemals irgendwem seinetwegen die Galle hochgestiegen wäre. Er war brav, auch als Soldat. 1900 meldete er sich freiwillig zum Krieg gegen die Buren in Südafrika. Er diente in demselben Regiment wie sein Bruder; Winston Churchill war dabei, als Jack kurz nach seiner Ankunft bei einer Aufklärungsoperation zu Pferd angeschossen wurde. Und so kam er zu einer unverhofften Begegnung mit seiner Mutter, denn Lady Randolph hatte bei ihren vermögenden Freunden das Geld für ein Hospitalschiff zusammengeschnorrt, auf dem sie selbst mitreiste. Ihr Sohn war einer der ersten Verwundeten, die dort aufgenommen wurden.[24]

Während des Ersten Weltkriegs kämpfte Jack Churchill in der enorm verlustreichen Schlacht bei Gallipoli, in deren Folge Winstons bis dahin aufstrebende politische Karriere in den Keller ging.[25] 1917 kam Major Jack an die Westfront, wo er als Stabsoffizier im Hauptquartier der australischen und neuseeländischen Truppen Verwendung fand.[26] Nachdem er auch das überlebt hatte, wurde er Börsenmakler. Auf Abenteuer war er nicht erpicht und gab – anders als sein Bruder – nur so viel aus, wie er einnahm.[27] Jack und Winston waren einander ihr Leben lang zugetan. Der Jüngere heiratete im August 1908 eines der neun Kinder des 7. Earls of Abingdon: Gwendoline Theresa Mary Bertie, genannt Goonie (1885 bis 1941). Winston heiratete einen Monat später Clementine Ogilvy Hozier, genannt Clemmie (1885 bis 1977), die zweite Tochter von Sir Henry Montague Hozier, dessen Vermögen weit hinter seinem wohlklingenden Namen zurückstand, und

Lady Henrietta Blanche Ogilvy. Die Ehe von Goonie und Jack war von inniger Zuneigung getragen, bis der Tod sie schied. Allen Widrigkeiten zum Trotz, die Winston und Clementine zu meistern hatten, waren auch sie ein glückliches Paar. Beide Familien besuchten einander, verreisten miteinander, freuten sich aneinander. Als Jacks Haus – kurz nach Goonies Ableben – im Zweiten Weltkrieg zerbombt wurde, nahm der Premierminister Winston ihn herzlich in 10 Downing Street auf.

Bis in dieses Haus war es freilich ein weiter Weg: Für Churchill, wie gesagt, begann er damit, dass er Geld benötigte. Mit seiner Mutter teilte er den Hang zur Verschwendung. Lady Randolph hielt ihre exorbitanten Ausgaben für notwendig, unabdingbar, gerechtfertigt. Umso schärfer ging sie mit Winston ins Gericht, wenn er um einen Zuschuss zum Begleichen seiner Schulden bat. Dem Sohn wurde alsbald klar: Dieser Acker war nicht fruchtbar, er musste selbst die für seinen Lebensstil und seine Ambitionen nötigen Mittel beschaffen. Da er das Kriegshandwerk erlernt hatte und um Worte nicht verlegen war, galt es das nun lukrativ zu nutzen: Die journalistische Kriegsberichterstattung bot sich an.

Im Januar 1895 wurde er den 4th Queen's Own Hussars zugeteilt, einem 1685 gegründeten Kavallerieregiment. Damals, schrieb er, habe »so gut wie kein Hauptmann, kaum ein Unteroffizier der Streitkräfte Ihrer Majestät auch nur das winzigste Fitzelchen von Krieg erlebt«. Das fand er einerseits beachtlich, es untermauerte seinen Glauben an die friedenstiftende Autorität des Empire in der zweiten Hälfte der Viktorianischen Ära. Andererseits aber machte die Abwesenheit von Krieg diesen zu einem »raren und daher umso begehrteren Gut [...] Nie zuvor sehnten Offiziere aller Ränge« sich nach Bewährung in der Schlacht so sehr wie damals: »Ein Krieg war der schnellste Weg zur Beförderung und zum Vorankommen.«[28]

Ausflug ins Gefecht – Kuba

Winstons Kalkül war schlicht: Er musste einen Krieg finden, egal wie, in dem er militärische Ehren erringen konnte; sofern das nicht gegeben war, wollte er sich zumindest als Kriegsberichterstatter bekannt machen und seine Finanzen aufbessern. Er gedachte, die Winterzeit zu nutzen, während der britische Offiziere zweieinhalb Monate Urlaub hatten.[29] Eifrig studierte er die neuesten Nachrichten und wurde fündig: Auf Kuba ging es hoch her. Einheimische Rebellen strebten mit Waffengewalt nach der Befreiung von der spanischen Herrschaft. Erst beschwatzte Churchill einen Regimentskameraden, ihn zu begleiten; dann bewog er den britischen Botschafter in Madrid, einen alten Freund seines Vaters, die nötige Eingliederung in die spanischen Truppen auf Kuba zu erwirken. Damals durften Offiziere – auch wenn es nicht gern gesehen war – sich nebenbei als Journalisten betätigen: Die Londoner Zeitung »Daily Graphic«, für die auch Lord Randolph geschrieben hatte, nahm sein Angebot an, Artikel und Zeichnungen aus dem kubanischen Guerillakrieg zu senden. Wie sich erweisen sollte, gerieten Churchills Skizzen (die in der Redaktion vollendet wurden) recht gut. Das war ein Nebeneffekt seiner Liebe zur Mutter: Jennie malte gern, also hatte ihr Sohn sich schon früh in dieser Kunst geübt.

Anfang November 1895 stachen der noch nicht ganz volljährige Churchill und sein Regimentskamerad in See. Winstons Reisekosten nach Kuba übernahm Lady Randolph. Mehr noch, sie vermittelte die Bekanntschaft mit einem früheren Verehrer: Auf Zwischenstation in New York wurden die beiden Abenteurer von einem ebenso wohlhabenden wie illustren Politiker namens Bourke Cockran ein paar Tage lang in dessen Appartement an der Fifth Avenue beherbergt.

Cockran, Parteigänger der Republikaner, vertrat den Bundesstaat New York im Repräsentantenhaus und galt als ein mitreißender Redner. Zu ihrem Leidwesen mussten auch seine politischen Gegner einräumen, wie geistreich seine Repliken waren und wie meisterlich seine rhetorischen Feldzüge. Bourke Cockran (1854 bis 1923) nahm Churchill unter seine Fittiche, in ihm fand der junge Mann einen väterlichen Freund und Ratgeber, was sich umso besser fügte, als der Amerikaner eine Devise hochhielt, die zu den wenigen gehörte, die Churchill zeitlebens einigermaßen konsistent vertrat: Er war für den Freihandel. Jahre nach dem Tod des verehrten Mannes schrieb Churchill: »Einen von seiner Art habe ich nie mehr getroffen.«[30] Er las Cockrans veröffentlichte Reden samt und sonders und konnte noch in den 1950er Jahren ganze Passagen auswendig hersagen. Die eigene Rhetorik schulte er an diesem Vorbild. Das Home-Rule-Gesetz für Irland von 1886 zum Beispiel hatte Cockran mit dem Kommentar gepriesen: »Niemals in der Geschichte der englischsprachigen Völker hat es einen größeren Sieg gegeben als den Triumph, den Mr. Gladstone errungen hat.«[31] Der Anfang dieses Satzes mag die Leser an eine der berühmtesten Churchill-Sentenzen erinnern, die da beginnt mit den Worten: »Never in the field of human conflict ...«.

Von New York reisten Churchill und sein Freund über Tampa nach Havanna, wo sie am 18. November 1895 eintrafen und ihre 18 Tage soldatischer Sightseeingtour im Krieg antraten. Begaben sie sich in Gefahr? O ja! Das hatte Churchill nicht bloß einkalkuliert, das war sein ganzes Sinnen und Trachten.

Nicht nur im Krieg spielte er mit seinem Leben wie andere mit Bällen. Für Harrow hatte er sich ein Fahrrad angeschafft und trieb es damit toll, bis es ihn abwarf und er eine Weile nicht gut gehen konnte. Als er 18 Jahre alt war, lieferte er sich mit zwei Vettern ein Fangmichspiel: Von einer kleinen Brücke – an beiden Seiten warteten die Verfolger – sprang er in einen Baum. Irgendein Ast, meinte er, würde ihn schon auffangen. Die Äste aber wollten nicht. Winston fiel fast zehn Meter tief und verschwand für fast drei Monate im Bett.[32] Warum war ausgerechnet er der Gejagte und nicht einer seiner Vettern? Winston war ungestüm, er ließ es drauf ankommen, er wollte sich selbst erleben, und vor allem wollte er sich beweisen.

Auch später siegte der Übermut über die Vernunft. Am Ende seiner ersten Reise nach Indien konnte er nicht schnell genug an Land kommen: Einen Ring an der Kaimauer hatte er schon mit fester Hand gepackt, da wurde das Boot vom Wellengang ruckartig fortgezogen. Churchills Rat, den er 1930 in seinen Jugenderinnerungen »meinen jungen Lesern« erteilte: »Nehmt euch in Acht vor ausgerenkten Schultern. Wie bei so vielen anderen Dingen im Leben ist es der erste Schritt, der zählt.«[33] In seinem Fall war es wohl eher der erste Griff, aber diese korrekte Formulierung hätte seinem kleinen Sprachspiel die Pointe genommen. Von der Verletzung, die er sich bei seinem Landgang zuzog, hat seine Schulter sich nie erholt, was ihm später, wie wir sehen werden, vermutlich das Leben gerettet hat.

Auf Kuba war es heiß, im Dschungel tagelang zu Pferd auf Patrouille unterwegs zu sein war mühselig. Einmal ging es sogar gefährlich zu: An seinem 21. Geburtstag, so erzählte Churchill, erlebte der Kriegshungrige, wie es sich anfühlt, selbst beschossen zu werden: »An dem Tag hörte ich zum allerersten Mal Schüsse, die in böser Absicht abgefeuert wurden, hörte Kugeln, die ins Fleisch gingen oder einfach durch die Gegend pfiffen.« Er kam unbehelligt davon und resümierte später nüchtern stolz: »Immerhin, ich war unter Feuer.«[34] Das Gefecht fand einen Tag nach seinem Geburtstag statt.[35] Freilich, was schreibt man nicht alles der Pointe halber?

Rückblickend, nach dem Ersten Weltkrieg, erklärte Churchill seine Kriegslüsternheit in den 1890er Jahren so: »Die heutige Generation, erschöpft, verroht, verstümmelt und gelangweilt vom Krieg, wird vielleicht keinen Sinn haben für die köstliche und dabei furchtsame Erregung, mit der ein junger britischer Offizier, aufgewachsen in Friedenszeiten, zum ersten Mal einen echten Kriegsschauplatz erlebte.« Etwas saloppер beschrieb er seinen Drang zu den Waffen als »die Lust am Abenteuer, Abenteuer um des Abenteuers willen. Man könnte es Kinderei nennen.«[36]

Churchills langwierig per Schiff transportierten »Briefe von der Front« aus Kuba kamen Wochen nach der Niederschrift in doppelter Hinsicht gut in London an. Er begann, sich einen Namen zu machen. Von der spanischen Kolonialregierung auf Kuba hielt er gar nichts, war als viktorianischer Imperialist aber überzeugt, eine schlechte europäische Regierung sei allemal besser, als wenn aus seiner Sicht unkultivierte Leute wie die einheimischen Kubaner sich an der Selbstherrschaft versuchten.[37]

Spätestens mit der Kuba-Expedition 1895 änderte sich das Verhältnis zwischen dem Sohn und seiner Mutter. Jennie fand zunehmend Gefallen an Winston, weil der sein eigenes Geld verdiente und begann, berühmt zu werden. Winston für sein Teil nahm es seiner Mutter nicht krumm, dass sie verschiedene intime Beziehungen unterhielt. Ganz im Gegenteil: Er machte Jennie zu seiner Diplomatin. Und nun, anders als früher, half sie ihm. Wenn er, auf der Suche nach dem nächsten militärischen Abenteuer, bat, sie möge ein Wort bei ihren Freunden für ihn einlegen, tat sie ihr Bestes.[38]

In ihrer Jugendblüte erschien Jennie Jerome als ein schönes, in Spitzen und Tüll gewandetes Geschöpf. Spätere Photographien zeigen sie als eine Person mit harten Gesichtszügen. Ihre Attraktivität war von der Art, die sich der Kamera entzieht. Sie war lebenshungrig, erotisch bewandert und dürfte mit diesen Vorzügen auf platonischem Niveau Otto von Bismarck angezogen haben, dem sie bei der Kur in Bad Kissingen begegnete, und in der Praxis jüngere Männer, die selig waren, beim Tête-à-Tête von Schüchternheit und Steifheit befreit zu werden. 1900, sie war Mitte vierzig, heiratete sie einen Offizier der Scots Guards, George Cornwallis-West, der gerade einmal zwei Wochen älter war als Winston. In der guten Gesellschaft fand man das unmöglich.

Mit Tante Agatha, der berühmten Romanfigur von P. G. Wodehouse, teilte Churchills Mutter eine Neigung zur wohlwollenden Herrschsucht. Anders als Tante Agatha schrieb sie ein Theaterstück, während dessen Aufführungen sie ihren Ehemann Cornwallis-West an die Hauptdarstellerin verlor. Ebenso wie Tante Agatha gründete sie ein literarisches Magazin. Dergleichen war bei der Hautevolee beliebt, andernfalls der Gesellschaftssatiriker Wodehouse es nicht erwähnt hätte. Weniger absurd gewesen wäre das Unterfangen, wenn Jennie und Winston damit nicht die Hoffnung verbunden hätten, Profit zu machen. Die »Anglo-Saxon Review« wurde 1899 auf den Markt gebracht, versprach auf Churchills Anraten hin »dilettierend Besonderes«,[39] kostete mehr, als sie einbrachte, und ging nach zehn Ausgaben ein. Die Ehe mit Cornwallis-West ging auch ein und wurde 1914 geschieden. Danach heiratete Jennie einen gut situierten Kolonialbeamten, Montagu Phippen Porch; der war drei Jahre jünger als Winston. In Anbetracht der respektablen Dauer von Jennies zwei Ehen nach dem Tod Lord Randolphs – die zweite endete mit ihrem eigenen Tod 1921 –, war die »Anglo-Saxon Review« vielleicht die frivolste der Eskapaden der lustigen Witwe. Jennies Hinscheiden erschütterte Churchill. Ihre Unvollkommenheiten wurden mit ihr begraben, völlig ungestört gab Winston sich ihrer Idealisierung hin.

Bei aller Vergötterung seiner Mutter wusste Churchill jedoch zu unterscheiden. Seine Kinderfrau, Elizabeth Everest, die er als kleiner Junge *Woomany* oder *Woom* nannte, starb 1895. »Der Tod kam sanft zu ihr«, schrieb er, »lauter und voll der Liebe«, wie sie gewesen sei: »Während der ganzen zwanzig Jahre, die ich bis dahin erlebt hatte, war sie mir die liebste und vertrauteste Freundin.«[40] Das waren nicht bloß schöne Worte: Churchill hatte für Woomanys Auskommen gesorgt, nachdem Lady Randolph sie entlassen hatte. Er besorgte medizinische Spezialisten, die sie sich nicht hätte leisten können, und reiste zu ihr, um Abschied zu nehmen. Noch während ihrer letzten Krankheit fürchtete sie nicht für sich, sondern für das längst zum Mann gewordene Ziehkind, dessen Jacke im Regen nass geworden war: Winston müsse aufpassen, sich nicht zu erkälten. Bis er selbst auf dem Totenbett lag, hegte Churchill eine tiefe Liebe zu dieser Frau, die ihn einst mütterlich umhegt hatte.

Beschäftigungen in Indien

Zurück von seinem Ausflug nach Kuba verbrachte Churchill 1896 ein halbes Jahr in England, das er ausschließlich gesellschaftlichen und sportlichen Vergnügungen widmete. »Damals«, schrieb er später, »bestand die Englische Gesellschaft noch in ihrer alten Form. Sie war ein glanzvolles und mächtiges Ensemble, mit Benimmregeln und den Möglichkeiten, sie durchzusetzen.«[41] Zu denen, die zur Strahlkraft des Establishments beitrugen, gehörte der Brigadegeneral Bindon Blood (1842 bis 1940). Die Abkürzungen seiner Auszeichnungen und Ehrentitel umfassen Dutzende Buchstaben, und auch aus anderen Gründen war Blood ein gern gesehener Gast. Eingeladen nach Deepdene, einem Landsitz in der Grafschaft Dorking, traf Churchill auf den hervorragenden Mann. Er hatte sich vorgenommen, eine gute Figur zu machen, was für ihn hieß, möglichst wenig Anstoß zu erregen: »Ich musste mich gut benehmen: pünktlich sein, respektvoll, zurückhaltend; kurz, ich musste alles aufbieten, was ich an Vorzügen nicht habe.«[42]

Nun war Churchill aber notorisch unpünktlich. Sein Kammerdiener trat innerlich von einem Fuß auf den andern, wenn der Herr, einen Termin in Aussicht, nicht in die Kleider kommen wollte. Das focht Churchill jedoch nicht an, der ein ausgezeichnetes Verhältnis zu seinen Schwächen pflegte. Vor Publikum, seien es Leser, seien es Untergebene, kokettierte er sogar damit. In »My Early Life« erzählte er, wie er seine Ankunft auf Deepdene allen guten Vorsätzen zum Trotz vermasselte: Dem Thronfolger Prince Edward zu Ehren war die Soirée für 14 Personen arrangiert worden. Churchill kam zu spät. Die Schuld dafür trug nicht er, sondern die Eisenbahn, die sich unterstand, auf dem Weg an jeder Station zu halten. Es war die Eisenbahn, genauer gesagt der Fahrplan, der für die Gastgeber von Deepdene einen Albtraum Wirklichkeit werden ließ: Der Thronfolger stand vor dem Hausportal sich die Füße in den Leib. – Wie das?

Die königliche Familie, erinnerte sich Churchill, sei in jener Zeit für ihren Aberglauben bekannt gewesen. 13 Personen bei Tisch: für Edward ausgeschlossen. Während der 14. Gast auf sich warten ließ, »weigerte der Prince of Wales sich standhaft«, das Haus zu betreten. Den Vorschlag, man könne die Gesellschaft auf zwei Tische verteilen, tat er ab; das Ansinnen erschien ihm als tumber Versuch, das Schicksal zu übertölpeln. Die Gastgeber waren pikiert ob der peinlichen Lage, in die Winston sie gebracht hatte. Bindon Blood hingegen blieb ungerührt, ja er war angetan von dem jungen Offizier und versprach, ihn bei der nächsten größeren militärischen Aktion an Indiens Grenze in Betracht zu ziehen.[43]

Vorerst waren die 4th Hussars für die Garnison von Bangalore bestimmt. Im September 1896 wurden sie eingeschifft. In Indien angekommen, zog Churchill sich die schon erwähnte Schulterverletzung zu. Er und einige Kameraden sorgten zuallererst dafür, dass man komfortabel wohnte, indische Dienerschaft inklusive. Außerdem galt es, Ponys für das Polospiel zu beschaffen. Der Alltag in der Garnison war bequem und bestätigte den Offizieren, wie gut die Mechanik des Empire geölt war. Morgens wurde ein wenig exerziert, um die heiße Mittagszeit zog man sich für Stunden zurück, um sich am späten Nachmittag dem Polo zu widmen.[44] Weil Churchill sich von der Verletzung seiner Schulter davon nicht abhalten lassen wollte, band er seinen rechten Oberarm am Körper fest und schlug die Bälle aus dem Ellenbogen. Er vervollkommnete sein Polospiel und wurde ein guter Torschütze.[45]

Churchills Tatendrang war nicht befriedigt, und so bemerkte er in jenen Tagen, dass es ihm an Bildung mangelte. Da war zum Beispiel von »Ethik« die Rede. Moral hatte Churchill. Aber mit dem philosophischen Begriff »Ethik« konnte er nichts anfangen (das sollte übrigens so bleiben, auch als er den Sinn des Begriffs erfasst hatte). Die Mutter wurde beauftragt, ihm Bücher zustellen zu lassen. In den langen Pausen unter Indiens heißer Sonne las er nun Edward Gibbons »Verfall und Untergang des römischen Imperiums« und Gibbons Autobiographie. Er las die mehrbändige »Geschichte Englands« von Thomas Babington Macaulay sowie Werke von Platon, Schopenhauer und Adam Smith. Besonders beeindruckte ihn »The Martyrdom of Man« des heute vergessenen Winwood Reade (1838 bis 1875): Der bestätigte die Lektionen von Macaulay. Der Geschichtslauf war zu sehen als »der Triumph des Fortschritts und moderner Wissenschaft über unkultivierte Grausamkeit und Aberglauben«.[46]

Vieles und noch mehr ließ Churchill sich von seiner Mutter zusenden, unter anderem auch, was Thomas Malthus und Charles Darwin über die Entwicklung der Menschheit geschrieben hatten.[47] Ende des 19. Jahrhunderts und zu Beginn des 20. gedieh das sozialdarwinistische Denken: Die Schwachen würden von der Natur ausgemerzt, woraus sich folgern ließ, dass sie es nicht anders verdienten. Churchill leuchtete das ein. Für kriegerische Einsätze und die politische Praxis nützten Theorien ihm allerdings wenig und wurden deshalb mal angeführt, mal nicht, je nach den Opportunitäten des Tages. Auch konnte er auf das Herumnagen an philosophischen Knochen gut verzichten: Worauf es ankam, wusste er, der traditionsbewusste Autodidakt, selbst am besten.

Während seiner langen Sommerferien in London 1897 tat sich endlich etwas in Indien. Nach dem Prinzip »Teile und herrsche« war es den Briten im 19. Jahrhundert gelungen, Fürsten und deren Gefolgschaften gegeneinander auszuspielen, Scharen von Einheimischen zu rekrutieren und so mit ungefähr hundertfünfzigtausend eigenen Soldaten zwei- bis dreihundert Millionen Inder an die Kandare zu nehmen. Allein, afghanische Stämme in den Grenzregionen – ohne Sinn für die Ideen der Briten von den zivilisatorischen Segnungen ihrer Herrschaft – störten von Zeit zu Zeit.

Die Briten verhielten sich in Indien nicht nur als Ausbeuter und Unterdrücker. Der Bau von Abwasserkanälen, Eisenbahnen, Straßen und Brücken, der Aufbau eines Schul- und Verwaltungswesens, die Gründung von Universitäten und die Einführung einer Rechtsprechung, die avancierter war als die in Britannien (Frauen durften nach der Heirat ihr Vermögen behalten), nützten auch der Bevölkerung.[48]

Nomadisch lebende afghanische Stämme an Indiens nordwestlicher Grenze ging das alles nichts an. Wenn sie kämpften, was sie gern taten, dann lieber unter sich. Dabei und überhaupt fühlten sie sich von den Briten massiv gestört. Die Briten ihrerseits, waffentechnisch weit überlegen, hätten afghanische Aufständische mit milder Kraft im Zaum halten können, sofern da nicht in London die mit Verve unterhaltene Furcht gewesen wäre, Afghanistan könne für das expansive Russische Reich das Einfallstor nach Indien sein.[49] In London hielt man es für nötig, Aufruhr afghanischer Stämme an der Grenze zu Indien so niederzuschlagen, dass anschließend selbst das Gras nicht mehr aufstand.

1897 war es wieder so weit. Churchill in London las davon in der Zeitung. Sofort meldete er sich bei Bindon Blood: ob es für ihn Verwendung gebe. Jener schrieb zuvorkommend zurück: Einen weiteren Offizier könne er gerade nicht brauchen, auf eigene Kosten dürfe Churchill aber gern kommen und auch als Kriegsberichterstatter wirken. Churchill machte Verabredungen mit dem Londoner »Daily Telegraph« sowie mit dem in Indien publizierten »Pioneer« und begab sich, der 31st Punjab Infantry zugeordnet, in Richtung Getümmel. Bevor es losging, saß er auf dem Stützpunkt in Bangalore eine Weile herum und lernte, Whisky zu trinken. Schon dessen Geruch mochte er nicht, aber vor die Wahl gestellt zwischen Tee und »lauwarmem Wasser oder lauwarmem Wasser mit Zitronensaft oder lauwarmem Wasser mit Whisky« wählte er das Dritte. Außerdem besorgte er sich seine Ausstattung: Er kaufte zwei Pferde, ersteigerte übrig gebliebene Uniformen von gefallenen Offizieren und verdingte einen Diener.[50]

In »My Early Life« hat Churchill seine Erfahrungen im September 1897 beim Einsatz der »Malakand Field Force« sarkastisch zusammengefasst. Seinen Lesern von 1930 war die Erinnerung an die Grausamkeiten des Ersten Weltkriegs, war der Verlust von Freunden und Verwandten lebhaft gegenwärtig. Was Churchill im 19. Jahrhundert im Mohmand-Tal erlebte, war dagegen marginal, konnte also amüsant geschildert werden, mit »Ji! Ji! Ji!« (so hörte er die Kriegsrufe der Gegner) und »Peng! Peng! Peng!«[51]

Nachdem die Malakand Field Force unter Bindon Blood die Aufständischen besiegt hatte, räumte sie auf. Drei Jahrzehnte später beschrieb Churchill das so: »Wir gingen systematisch vor bei dem strafenden Vernichtungswerk, Dorf für Dorf, wir zerstörten die Häuser, schütteten die Brunnen zu, sprengten die Türme [der Familienhäuser], hackten die großen, schattenspendenden Bäume ab, verbrannten die Ernte und demolierten die Vorratsbehältnisse.« Während die Strafaktion im Tal im Gange war, so Churchill, »saßen die Stammeskrieger in den Bergen und sahen missmutig zu, wie ihre Anwesen und ihre Lebensgrundlage zerstört wurden«. Erst als die Briten darangingen, auch die Bergdörfer niederzumachen, kam es erneut zu schweren Gefechten. Viele Briten und noch mehr Sepoys, indische Soldaten in der britischen Armee, kamen ums Leben. Churchills Fazit klingt für einen Imperialisten bitter. Er stellte die rhetorische Frage, ob die Strafaktion der verbrannten Erde es wert gewesen sei: »Ich weiß es nicht. Jedenfalls war das Tal nach 14 Tagen eine Wüste, und der Ehre war Genüge getan.«[52]

Dreißig Jahre vor dieser Beobachtung, unmittelbar nach seinem Einsatz an der Grenze zum heutigen Afghanistan, veröffentlichte Churchill sein erstes Buch, »The Story of the Malakand Field Force« (1898), eine von Patriotismus getragene Abenteuergeschichte aus der Wirklichkeit, die in der Heimat auf Zuspruch stieß. Die grauenhaften Auswirkungen der britischen Dumdum-Geschosse, die das Fleisch der Gegner zerfetzten, schilderte er in dem Buch nicht. Lediglich seiner Großmutter in England schrieb er: »Es sieht fürchterlich aus.« Dergleichen Darstellungen seien für den Druck natürlich nicht geeignet.[53]

Auch die Lehre, die er aus der Expedition im Mohmand-Tal gezogen hatte, brachte er, auf Ruhm und Auflage erpicht, in seiner Geschichte von der Malakand Field Force 1898 seinen Lesern nicht dringlich nahe: Einen besiegten Feind solle man überleben lassen. 1906 hingegen sagte er: »Weil wir triumphiert haben, dürfen wir gnädig sein; weil wir stark sind, können wir uns Großzügigkeit leisten.«[54] Daraus wurde, als er Ende der 1920er Jahre »My Early Life« schrieb, seine berühmte Bemerkung: »In war, Resolution. In defeat, Defiance. In victory, Magnanimity. In peace, Goodwill.«[55] (Im Krieg Entschlusskraft. Nach der Niederlage Widerstand. Nach dem Sieg Großmütigkeit. Im Frieden guter Wille.) An dieser Devise hielt er auch im Krieg gegen Nazi-Deutschland fest. Allein schon darum darf man Churchill einen bedeutenden Staatsmann nennen.

Religionsfragen

Gegen den Hinduismus hatte Churchill wenig einzuwenden. Diese Religion stand Britannien nicht im Weg bei der Ausübung seiner Herrschaft. Vom Islam hingegen hatte er keinen guten Eindruck. Seine Erfahrungen an der Grenze von Indien zu Afghanistan ließen ihn denken: Der dort vorherrschende Glaube an eine rigide Form des Islam halte die Afghanen »in den Fängen traurigen Aberglaubens«. Überhaupt war der Islam nach seinen vor allem auf dem Schlachtfeld gemachten Beobachtungen eine eher gefährliche Religion: Sie »gründete auf dem Schwert«, sie nährte »wilden und gnadenlosen Fanatismus«.[56] Mit dem Islam, auch in seiner friedfertigen Form, hat Churchill sich nie angefreundet. Schon mit dem Christentum, dessen Tugenden er nicht bezweifelte, hatte er seine Mühe.

Bis weit ins 20. Jahrhundert hinein waren Agnostiker und Sozialisten unter den Herrschaften in Britannien gleichermaßen verpönt. Den Teufel hätte Churchill getan, sich gegen die anglikanische Kirche zu stellen. Auch gab es dazu keinen Anlass: Die anglikanische Kirche, als Staatskirche, ist bekannt dafür, dass sie es mit dem wahren Glauben nicht allzu ernst nimmt. Churchills Privatsekretär John Colville, der von Beginn der 1940er Jahre an für ihn arbeitete, meinte in dem alternden Mann Funken von Frömmigkeit wahrzunehmen. Das muss man nicht glauben. Ein Churchill-Biograph konstatiert: Die »Hauptaufgabe« des Allmächtigen »scheint gewesen zu sein, Churchill zu beschützen«.[57] Ein offensichtlich gutes Verhältnis zum Herrn hatte Churchill insofern, als dessen Sprachrohr, die »King-James-Bibel« (die großartige Übersetzung ins Englische von 1611), zur rhetorischen Aufladung wichtiger Reden bestens geeignet war. Gott kommt auf den Fittichen des Windes; Churchill wurde beflügelt von widerhallenden Zitaten aus der Bibel.

Seine Kommentare zur christlichen Religion zeigen, wes Heiligen

Geistes Kind er vermutlich nicht war. So schrieb er zum Beispiel im Alter von Mitte fünfzig: »Immer habe ich mich gewundert, warum Bischöfe und Geistliche sich solche Mühe geben, die Bibel mit modernen wissenschaftlichen Erkenntnissen in Einklang zu bringen. Wozu beides miteinander vereinbaren? Wenn man eine Botschaft erhält, die das Herz erfreut und die Seele erstarkt, die einem verspricht, eines Tages geliebte Menschen wiederzutreffen, in einer Welt, die viel mehr Möglichkeiten und Mitfühlen bietet, warum sollte man sich da Gedanken machen über Format und Farbe des Reisebriefes; ob der nun richtig frankiert ist und ob das Datum auf dem Poststempel stimmt?«[58] 1954 bemerkte er: »Ich bin keine Säule der Kirche, sondern ihr Strebepfeiler: Ich unterstütze sie von außen.«[59]

Als Freund und Miterfinder von neuen Waffensystemen, wie noch zu zeigen ist, stand Churchill eher auf Seiten der »modernen wissenschaftlichen Erkenntnisse«. Er flirtete mit der Vorstellung vom Paradies besser als mit Frauen. Um 1946 sagte er: »Die meisten werden ziemlich überrascht sein, wenn sie in den Himmel kommen. Die freuen sich darauf, faszinierende Persönlichkeiten kennenzulernen, Napoleon oder Julius Cäsar. Aber die werden sie vermutlich nie treffen, weil da so viele Millionen andere sind – Inder und Chinesen und dergleichen Leute.«[60] Churchill hatte nichts gegen den Herrgott; er berief sich auf ihn, wenn das opportun erschien. Von Kindesbeinen an war er gewöhnt, sich um das gute Leben selbst zu sorgen. Immer, zumal im Alter, hielt er sich mit seinen eigenen prägnanten Formulierungen bei Laune: Seinem Leibarzt Charles Wilson, der zu Lord Moran ernannt wurde, sagte er 1953, was der Tod ist: »black velvet«. Moran notierte: »Winston sprach vom Tod. Er glaubte nicht an eine andere Welt, bloß an ›schwarzen Samt‹ – ewigen Schlaf.«[61]

Ausgeschlafen war der junge Churchill, als es an die Frage ging, wie er seine Reputation verbessern könne, nachdem an Indiens Grenzregionen auf die Schnelle keine für die Presse interessanten Gefechte mehr in Aussicht standen. Eine Expedition gegen Angehörige des Afridi-Clans in der Gegend von Tirah, nahe dem für britische Niederlagen berühmten Khaiberpass an der Grenze zwischen Indien und dem heutigen Pakistan, wurde zu Churchills Bedauern vorzeitig abgeblasen, weil die Parteien sich geeinigt hatten.[62]

Um etwas zu unternehmen, begann er in Indien mit der Abfassung seines ersten und einzigen Romans, der 1900 publiziert wurde. »Savrola«, ein typisches Erstlingswerk, ambitioniert und ziemlich seicht, ist angesiedelt in einem fiktiven Staat namens Laurania mit Zugang zum Meer und einer stolzen Flotte. Die Geschichte handelt von dem Volkstribun Savrola, der sein Land nach einem Bürgerkrieg aus den Fängen eines Usurpators rettet. Der Bürgerkrieg in diesem Roman erinnert an den englischen Bürgerkrieg im 17. Jahrhundert. Die staatlichen Verhältnisse ähneln Edward Gibbons Beschreibung des kaiserzeitlichen Roms. Die Heldin schilderte Churchill so, wie er sich seine Mutter vorstellte. Bedeutung und Haltung des Helden Savrola sind inspiriert von dem Premierminister William Pitt dem Älteren (1708 bis 1778), in dessen Vita Churchill sich und seine eigene Zukunft zu erblicken meinte – angefangen mit Pitts Leiden als Zögling von Eton, was für ihn so schlimm war, dass er keines seiner Kinder auf eine Schule schickte.[63] Im Übrigen ist Savrola das Alter Ego Churchills: Er spielt Polo und unterhält sozialdarwinistische Ansichten: »Die Natur interessiert sich nicht für Individuen; sie schaut bloß auf die durchschnittliche Überlebenskraft der Spezies.« Anhänger der Evolutionstheorie würden »ohne Zaudern bestätigen, dass die Nation mit den besten Idealen« überleben werde. Savrolas geliebte Lucile antwortet, das möge gelten, sofern nicht »eine Nation von niedriger Moral, aber mit stärkeren Waffen dazwischenkommt«. Gegen Ende des Romans sagt der allwissende Erzähler: »Oftmals, wenn Männer ihres nahen Todes sicher sind, setzen sie alles daran, ihm mit Anstand zu begegnen; der Drang, die Bühne des Lebens würdevoll zu verlassen, trumpft sämtliche übrigen Wahrnehmungen.«[64]

Omdurman – Die letzte große britische Kavallerieattacke

Eine neue Kriegsbühne fand sich schon vor der Fertigstellung von »Savrola«. 1896 hielt die durch einen Beistandspakt verpflichtete britische Regierung es für geboten, der schwachen Regierung von Ägypten gegen die islamischen Derwische im Sudan beizustehen. Dieser Krieg war von langer Hand geplant: 1885 hatten die Krieger des religiös vergötterten Mahdi, Muhammad Ahmad ibn as-Sayyid Abdallah (1844 bis 1885), den dann in England lautstark beklagten Truppenführer Charles George »Pascha« Gordon getötet. Der konservative Premierminister Robert Salisbury und sein Kabinett in London befanden, von den Derwischen dürfe man sich nichts weiter bieten lassen; außerdem hatte die französische Regierung dort koloniale Ambitionen, denen man einen Riegel vorschieben wollte. Der Einsatz begann mit dem Aufbau einer ägyptischen Armee unter britischem Oberbefehl.

1898 war die Zeit zum Losschlagen gekommen. Das war eine gute Nachricht für Churchill. Die Frage war nur: wie sich in diese Kampagne einfädeln? Es kam auf die Stimme des Sirdar an, des Oberbefehlshabers in Ägypten: Herbert Kitchener. Im Auftrag ihres Sohnes antichambrierte Lady Randolph bei ihm ebenso ausführlich wie vergeblich. Horatio Herbert Kitchener (1850 bis 1916) war erfahren. Seine Brust war breit genug für viele Orden. 1874, in Churchills Geburtsjahr, hatte er an einer Expedition britischer Landvermesser in Palästina teilgenommen. Er kämpfte in etlichen militärischen Unternehmungen. Sein Arabisch war so gut, dass er als Spion einsetzbar war. Als Truppen ausgesandt wurden, Gordon und seine Soldaten zu entsetzen, war er in führender Position dabei. Die Mission scheiterte, und Gordon wurde umgebracht, was eine gewisse Rachsucht in Kitchener geweckt haben dürfte.

1898 erhielt Kitchener den Befehl für den Einsatz im Sudan. Einen ehrgeizigen Jungspund, wie er selbst einer gewesen war, konnte er nicht brauchen; einen Offizier, der auch Journalist war, schon gar nicht; und erst recht nicht einen, der anscheinend bloß ins Feld zog, um sich selbst als Autor in Szene zu setzen. Der Sirdar sagte nein! Lieutenant Churchill wurde ihm dann doch attachiert, Protektion tat ihre Wirkung: Der Premierminister Salisbury selbst legte beim Kriegsministerium ein Wort ein, weil er Churchills Buch über die Malakand Field Force großartig fand.[65] Als dann ein britischer Offizier das Leben verlor, war ein Platz frei. Churchill hatte wieder einen Waffengang in Aussicht. Er wurde den 21st Lancers zugeteilt und erhielt die Befehlsgewalt über eine für ihn enttäuschend kleine Reiterbrigade von rund zwei Dutzend Mann. Wie gewohnt, zahlte er selbst für Anreise und Ausstattung. Das konnte er sich nun leisten: Sein Arrangement mit der Londoner »Morning Post« war komfortabel.[66] Kitcheners Verhältnis zu ihm beschrieb Churchill als »Abneigung vor dem ersten Blick«.[67]

Um Truppen und Gerät von der Mittelmeerküste nach Süden zu schaffen, hatten die Briten eigens eine Eisenbahnlinie gebaut.[68] Sie endete jedoch weit vom Einsatzort entfernt. Auf dem Weg zum Feldlager verlor Churchill – ein echtes Kunststück – seine Einheit aus den Augen und verirrte sich in der Wüste. Ohne jeglichen Proviant lief er angeblich mehr als hundert Kilometer. Die Sterne des Orion dienten ihm als Wegweiser zum Nil, wo er seinen Durst löschen konnte, bevor er weiterlief.[69] Heil bei den Truppen angekommen, fand er genügend Champagner und gute Laune vor, sich wieder in seinem Element zu fühlen.

Die Schlacht von Omdurman am 2. September 1898 war die letzte große Kavallerieattacke in der britischen Geschichte. Churchills »The River War« erschien 1899 und geriet noch umfänglicher als sein Buch über die Malakand Field Force. Mit an die 950 Druckseiten bedachte er den Einsatz von 8200 Briten sowie 17 600 Ägyptern und Sudanesen und knapp der doppelten Mannesstärke auf Seiten des Kalifen Abdallah ibn Muhammad. Die Schlacht hat Churchill anschaulich farbig geschildert.

Die Briten und ihre Hilfskräfte hatten sich, den Nil im Rücken, erwartungsvoll bereit gemacht. Die britisch-ägyptische Armee verteilte sich über ein ausgedehntes Areal: Von der Kavallerie bis zum Hauptteil der Infanterie waren es laut Churchill fast zehn Kilometer. Die Soldaten blickten mit Feldstechern in die Ferne und sahen nichts als dorniges Gestrüpp. Dann erfüllte plötzlich ein ungeheures Heulen die Luft. Das waren die Kriegsrufe der Feinde. Und auf einmal schien die Landschaft sich in Bewegung zu setzen.[70] Das waren die Scharen der Derwische. Wohl nicht zufällig hat Churchill die Szenerie so dargestellt, wie sie in Shakespeares »Macbeth« vorkommt. In Schlegels Übersetzung berichtet ein Bote: »Ich schau nach Birnam zu, und, sieh, mir deucht, der Wald fängt an zu geh'n.« Die Derwische und die britisch-ägyptischen Kavalleristen ritten mit gezückten Säbeln gegeneinander an. Mittendrin befand sich Churchill. Weil sein rechtes Schultergelenk seit der misslungenen Ausschiffung in Bombay bei abrupten Bewegungen immer mal wieder auskugelte, konnte er einen Säbel zwar schwingen, aber nicht ernstlich damit kämpfen. Als zusätzliche Bewaffnung hatte er eine Mauser-Pistole angeschnallt, mit der sich zehn Schüsse ohne Nachladen abfeuern ließen. Plötzlich sah er sich einigen Derwischen gegenüber. »Wenn es an den Nahkampf käme, so hatte ich beschlossen, musste ich eine Pistole benutzen.« Dafür, fuhr er fort, »musste ich zunächst den Säbel in die Scheide stecken, was nicht so ganz einfach ist in vollem Galopp.« Dann erst habe er die Pistole ziehen können. Es gelang. Churchill schoss. Die Gegner fielen. Churchills Leben war gerettet. So hat er es jedenfalls erzählt.[71]

Den Einsatz der Kavallerie feierte Churchill als ehrenhafte Kriegführung alten Stils. In »The River War« schrieb er: »Wir hatten ›Feindkontakt‹; das ist wundervoll, weil dabei das ganze Leben in einen gleißenden Strahl aufgeregten Rauschs getaucht ist.« Und weiter: »Der Genuss der Jagd, der Kunst, des Verstands, der Liebe« könne »nie übertreffen und kaum je dem gleichkommen«, was man bei einer Schlacht empfinde.[72] Dabei war es Churchill völlig klar, dass nicht die Reiter den Ausschlag gaben. Die Muslime, mit veralteten Gewehren, Speeren und Säbeln bewaffnet, wurden von modernen Waffen niedergemäht. Besonders effektiv waren die neuen aufgebockten Maxime-Maschinengewehre, die in wenigen Sekunden so viele Patronen abfeuerten, dass die Schützen gar nicht mehr zielen mussten. Einfach in die anrückende Menge zu schießen genügte.

In einer Reportage für die »Morning Post« beschrieb Churchill das Bild, das sich ihm nach dem Gemetzel bot: »Die toten Derwische hatten nichts von *dulce et decorum*. Da war nichts von unbezwinglicher Männlichkeit. Es war alles widerliche Fäulnis. Und dabei waren es die tapfersten Männer gewesen, die die Welt je gesehen hat.«[73] Dem Oberbefehlshaber Herbert Kitchener nahm Churchill es mehr als übel, dass dieser verletzte Derwische hatte verbluten lassen und nach der Einnahme Omdurmans das Grab des Mahdi schänden ließ: Solch ein Verhalten gegenüber einem besiegten Feind war würdelos, ein Verrat am Empire und seinen Sitten. (Auch einige Abgeordnete im Britischen Unterhaus prangerten Kitcheners Verhalten an.) In der ersten Ausgabe von »The River War« ließ Churchill den Oberbefehlshaber sehr schlecht wegkommen, was diesen in seiner Ansicht bestätigte:

bloß keine Journalisten im Feld, und wenn schon welche, dann nicht Churchill.[74]

Dessen ungeachtet, behielt Churchill die Kampagne in bester Erinnerung. Gelegentlich, beim Dinner, demonstrierte er mit Hilfe von Besteck, Zuckerstückchen und Zigarrenstumpen Taktik und Ziele der 21. Lancers.[75] »Es war nicht wie im Großen Krieg. Niemand rechnete damit, getötet zu werden«, schrieb er. Sicher, jedes Regiment habe Verluste zu beklagen gehabt, »aber für die große Menge aller, die in jenen vergangenen unbeschwerten Tagen an Britanniens kleinen Kriegen teilnahmen, war das bloß ein sportlicher Part in einem splendiden Spiel.«[76]

Zu dieser Art von Unterhaltung gehörte für Churchill, dass er sich ohne Zögern zur Verfügung stellte, als ein anderer Offizier dringend eine Hauttransplantation benötigte: Ein münzgroßes Läppchen Haut ließ er sich – ohne Betäubung – aus dem linken Unterarm schneiden. Als der Empfänger, Richard Molyneux, 1954 hingeschieden war, bemerkte der Spender: Das Stückchen von sich, das er gegeben hatte, sei »gewissermaßen die Vorhut« auf seinem Weg »in die nächste Welt«.[77]

Kritische Publizisten, Spielverderber von Beruf, haben die Schlacht vor Omdurman anders zusammengefasst als der Kriegsromantiker Churchill. Die Kämpfer des Kalifen Abdallahi ibn Muhammad kamen bei Tag und in dichten Pulks: leichte Beute für Gewehrkugeln und Artillerie. Anstatt dass sie bei Dämmerung in den über Kilometer hin verteilten Truppen ihres Feindes mit Angriffen von den Flanken her Unruhe gestiftet hätten! Dümmer geht's nicht. In Sachen Fehlplanung erwies freilich auch Kitchener sich als begabt: Anstatt sich mit der Wirkung moderner Schusswaffen zu bescheiden, sandte er die Kavallerie ins Feld. Das war eine taktische Fehlkalkulation, eine völlig überflüssige, desaströse Entscheidung. Nachdem ein Großteil der muslimischen Kavallerie minutenschnell niedergemäht worden war, verblieb dem Kalifen eine potente Infanterie, Massen von Fußsoldaten, die weder Tod noch Pferde scheuten. Viele Reiter auf britischer Seite wurden erschossen, aufgespießt oder erstochen. Der Kriegskorrespondent der Londoner »Daily Mail«, George Steevens, berichtete, die Attacke sei Stümperei gewesen: »a gross blunder«.[78]

Diese Formulierung hatte Steevens zweifellos mit Bedacht gewählt:

Die damals schon und bis heute berühmteste Kavallerieattacke in der britischen Geschichte war der Angriff einer Einheit von rund sechshundert Mann, die 1854 während des Krimkriegs gegen Russland aus Versehen in die falsche Richtung ritt, nicht auf die erwartete simple Verteidigung traf, sondern auf wehrhafte Gegner, was die für viele Reiter und ihre Hinterbliebenen betrübliche Folge hatte, dass die Brigade aufgerieben wurde. Der Poet Laureate Alfred Lord Tennyson (1809 bis 1892) verewigte die Katastrophe in Versen: »The Charge of the Light Brigade«. Die elegische Ballade pries den soldatischen Aufopferungswillen, wurde aber wegen einer einzigen Zeile zunehmend als komisch wahrgenommen, weshalb das Werk und mit ihm die fatale Attacke unsterblichen Ruhm erlangten. Die Zeile lautet: »Someone had blunder'd«. Im Englischen wird darunter verstanden: Jemand hatte gepfuscht. Der Satz konnte damals gelesen werden wie der umgangssprachliche deutsche Satz »jemand hatte Mist gebaut«. Eine so saloppe Ausdrucksweise in einem patriotischen Gedicht ließ aufmerken.[79]

Churchill hatte für Rhythmus und Reim von Wörtern sehr viel übrig, zumal wenn sie, glücklich mit einer Melodie vermählt, zu einem Song wurden. Er sang gern, er summte gern vor sich hin. Im Übrigen dachte er zu praktisch, als dass Poesie ihm Tieferes von der Welt hätte erschließen können. Seine Sprache schulte er nach eigener Aussage an den »im Stakkato« präsentierten »antithetischen« Argumentationen von Macaulay und an Edward Gibbons harmonisch »dahinlaufenden« Sätzen samt »ihren Genitiv-Endungen«.[80]

Vom Militär hatte Churchill fürs Erste seinen Abschied genommen. Abgesehen von einer letzten Reise nach Indien im Winter 1898/99, die er als regulärer Offizier zum Polospielen nutzte, war er im Herbst 1898 und im Frühjahr 1899 in England hochbeschäftigt. »The River War« kam im November auf den Markt. Churchill stellte der auch von anderen begehrten jungen Pamela Plowden nach und sich zur Wahl für das Unterhaus. Beides misslang. Im Feld fühlte er sich sicherer. Außerdem wusste er, dass er bloß als Kriegsheld zu der nötigen Reputation und als arrivierter Kriegsreporter zu dem nötigen Geld kommen würde, um Politiker zu werden.

Das »splendide Spiel« geht weiter: Südafrika

Ganz im Süden Afrikas waren niederländische und britische Kolonialisten in verschiedenen Territorien in friedlicher Koexistenz ihren Geschäften auf dem Rücken der Einheimischen lange Zeit nachgegangen. Die niederländischen Buren hatten sich Mitte des 19. Jahrhunderts von der britischen Herrschaft emanzipiert und den Oranje-Freistaat gegründet sowie die Südafrikanische Republik Transvaal mit der Hauptstadt Pretoria. Im geokolonialistischen Gefüge störte das nicht weiter. Dann aber wurden in den 1860er und in den 1880er Jahren auf dem Land der Buren Gold- und Diamantminen entdeckt. Von da an residierte Gott Mammon in Südafrika. Etliche Schürfrechte wurden an britische Unternehmen vergeben. Ein guter Teil von Randolph Churchills beachtlicher Hinterlassenschaft resultierte aus seiner Investition in britische Minen.

Paul Kruger (1825 bis 1904), der Präsident der Südafrikanischen Republik, mochte Großbritannien nicht und gängelte britische Bürger in seinem Herrschaftsbereich. Die Regierung in London mochte Kruger nicht und meinte, es gelte unbedingt, die britischen Investitionen zu schützen; es wäre freilich indezent gewesen, so schnöde-eigensüchtig zu argumentieren, Vorwände wurden gefunden, einer davon: Die britischen Einwohner müssten das gleiche Wahlrecht haben wie die Buren. Es kam zu Scharmützeln mit den Buren und für Britannien demütigende Niederlagen. Am 9. Oktober 1899 stellte Kruger ein Ultimatum: Binnen 48 Stunden sollten die britischen Truppen von den Grenzen zu Transvaal abziehen, ihr Verbleiben über diesen Zeitraum hinaus würde er als Kriegserklärung auffassen. Dem Kolonialminister Joseph Chamberlain (1836 bis 1914) kam das gelegen: Der Schwarze Peter lag nun bei Kruger. Chamberlain war erpicht darauf, die Burenrepubliken dem Empire wieder einzugliedern. Seine Kollegen in Salisburys Kabinett und der Hochkommissar für Südafrika pflichteten ihm bei. Also kam es zum Krieg gegen die Buren von Transvaal sowie den Oranje-Freistaat.

Sowie die Nachricht vom Krieg London erreicht hatte, meldete die »Morning Post« sich bei Churchill. Dieser hatte, auch mit Hilfe seiner Mutter, neue Kontakte geknüpft und konnte also die »Daily Mail« gegen die »Morning Post« ausspielen. Schließlich erhielt er für vier Monate von der »Morning Post« 250 Pfund pro Monat (insgesamt in heutiger Währung ungefähr hunderttausend Pfund)[81] plus die Erstattung sämtlicher Reisespesen.

Am 14. Oktober 1899 wurde Churchill eingeschifft. Dutzende Kisten Champagner, Rotwein, Portwein, Wermut, schottischen Whisky und alte Obstler ließ er an Bord bringen. Auch die Ausgaben für das Alkoholkontingent liefen unter »Reisekosten«.[82] Offiziere und Unteroffiziere durften gegenüber den Kameraden mit ihren Vorräten nicht allzu sehr geizen. Churchill war großzügig; sein alkoholisches Gepäck war angemessen.

Der Kolonialminister Joseph Chamberlain hatte sich bei dem Hochkommissar für Südafrika, Alfred Milner, für Churchill verwendet (»der Sohn meines alten Freundes …«). Obwohl das Kriegsministerium es mittlerweile verboten hatte, durfte Churchill gleichzeitig Kriegskorrespondent und Soldat sein.[83] In Südafrika war er zunächst bei den Lancashire Hussars. Der schnelle Wechsel der Regimenter erforderte immer neue Ausstattung mit immer neuen Uniformen. Churchill gefiel sich in militärisch schicker Kleidung, gern auch mit Feder am Hut. Das hatte er mit Kaiser Wilhelm II. gemein, nur dass dessen Uniformen eher anmaßende Verkleidung waren. Churchills Schneider verdiente gut, musste auf die Bezahlung aber manchmal ziemlich lange warten.[84] Violet Bonham Carter schrieb: »Bei der Betrachtung seines Lebens schien mir wieder und wieder, dass Winston seinen ganz privaten Draht zum Schicksal hatte.«[85] In Südafrika war es auf jeden Fall so. Wenigen ist es gegeben, knapp mit dem Leben davonzukommen und damit auch noch weltberühmt zu werden.

An Bord des Schiffes, das nach Südafrika unterwegs war, gab es keine Möglichkeit, Neuigkeiten vom Verlauf der Feindseligkeiten in Südafrika zu erhalten. Zufällig begegnete man auf dem weiten Ozean einem von Süden herankommenden britischen Schiff und erkundigte sich per Flaggensignal, wie die Dinge stünden. Praktisch denkend, malte die Besatzung des anderen Schiffs große Buchstaben auf eine Tafel, die sie den Neugierigen von Deck aus entgegenhielt. Zu lesen war darauf unter anderem: »BUREN GESCHLAGEN«.[86] Wie sich zeigen sollte, waren die Kollegen schlecht informiert.

Die Briten wähnten, die Buren seien wie die üblichen Aufständischen in anderen Weltregionen zu behandeln und würden von der Überredungsgewalt der Waffen alsbald überzeugt sein. Diese Annahme, Ausgeburt imperialer Überheblichkeit, sollte sich als Irrtum erweisen. Die Buren machten den Briten das Siegen schwer. Traditionelle Feldschlachten vermieden sie. Sie waren mit moderner Bewaffnung ausgestattet, kannten sich im Gelände aus, konnten aus dem Sattel schießen und tauchten immer da auf, wo man sie gar nicht vermutet hätte.

So geschah es auch, als eine kugelsicher armierte Eisenbahn auf Patrouille fuhr. Wozu das nötig war, wusste selbst der Befehlshaber Aylmer Haldane nicht so recht und erwog umzukehren; Churchill votierte fürs Weiterfahren und war für das Kommende also »ein wenig mitverantwortlich«.[87] Auf dem Rückweg der Eisenbahn hatten die Buren hinter einer Kurve die Geleise mit Steinbrocken versperrt. Ein paar Waggons, die vorn von der Lokomotive geschoben wurden, entgleisten. Die Kupplung zu den hinteren Waggons brach. Dann begann der Angriff: zielsicherer Beschuss aus der Distanz. Der Lokführer, ein Zivilist, blutete heftig im Gesicht und wollte bei dem Weiteren nicht mehr mitmachen. Churchill bewog ihn zum Bleiben, unter anderem mit dem zweifelhaften Argument, zweimal an demselben Tag könne man so viel Pech nicht haben. Er und Aylmer Haldane teilten sich dann in die Befehlsgewalt: Haldane gab die Kommandos zur Verteidigung; Churchill rief die Soldaten auf, die Gleise freizuräumen, sodass wenigstens die Lok samt Kohletender, beladen mit den Verwundeten, in Sicherheit dampfen konnte. An sich hätten in ihrem Schutz alle Übrigen nebenherlaufen sollen. Doch während die Briten beschäftigt waren, die Gleise zu räumen, näherten sich die Buren. Der Lokführer trieb die Maschine an. Die zurückgebliebenen Infanteristen wurden gefangen genommen. Churchill erblickte Aberdutzende berittener Buren, von denen viele nun – starker Regen hatte eingesetzt – einen Regenschirm über den Kopf hielten.[88] Er war beeindruckt.

Seit dem Krimkrieg, zwei Dekaden vor seiner Geburt, hatten Briten nicht gegen »zivilisierte«, also weißhäutige Truppen gekämpft. Gefangene einfache Soldaten wurden in Pretoria auf einem Sportplatz hinter Stacheldraht interniert. Die Offiziere kamen in ein Schulgebäude und erfuhren zu Churchills Überraschung zuvorkommende Bewirtung. Das Essen war schmackhaft; ein Barbier machte »Hausbesuche«; es gab Lektüre. Sogar seine Artikel für die »Morning Post« durfte er übermitteln.[89]

Trotzdem fühlte Churchill sich miserabel. Violet Bonham Carter erinnerte sich: Viele Male habe er erzählt, Schlimmeres als die Internierung in Pretoria sei ihm nie widerfahren, nicht einmal während seiner grauenhaften Schulzeit.[90] Im Internat konnte er sich ein gewisses Maß an Autonomie bewahren. In Pretoria war das anders. Unter den Bedingungen des Eingesperrtseins verkümmerten seine Lebensgeister. Er hatte nur ein Ziel: entkommen.

Er und zwei andere Offiziere schmiedeten einen Plan. Über eine Mauer hinter den abseits gelegenen Latrinen wollten sie in die Freiheit gelangen. Von dieser Aussicht gestärkt, war Churchill schon wieder ganz fidel und erklärte großspurig, dem Schulhaus entronnen, würden die drei die einfachen Soldaten auf dem Sportplatz befreien, um sodann an ihrer Spitze Pretoria einzunehmen. Seine zwei Kameraden trieb eine ganz andere Sorge um: Winston werde bei der Flucht ein Hindernis sein. Wegen seiner Berühmtheit sei er eine Bürde; mit ihm zusammen könne man nicht verschwinden, ohne dass eine große Suchaktion in Gang gesetzt werde. Am Ende war es nur Churchill, der entkam. Er hatte die Gelegenheit, er nahm sie wahr. Den Zurückgebliebenen hinterließ er das Gefühl, die Aktion sei auf ihre Kosten gegangen: Von nun an war mit einer besseren Bewachung des Schulareals zu rechnen.[91]

Churchills mutiges Entkommen war an sich gar nicht nötig. Anfangs schien es ihm opportun, sich kleinzumachen: Er sei lediglich Journalist, weshalb man ihn nicht internieren dürfe. Er schrieb etliche Briefe an einflussreiche Leute in London. Dann bekam er Wind von einem geplanten Austausch britischer und burischer Offiziere: Sofort gab er an, Offizier zu sein. Auch versprach er, nie wieder gegen die Buren zu kämpfen und keinerlei nähere militärische Kenntnisse an seine Regierung weiterzugeben. Schließlich beschloss der südafrikanische Oberbefehlshaber, General Joubert, den extravaganten Kriegsgefangenen freizulassen. Die Anweisung kam zu spät: Einen Tag zuvor war der 25-Jährige getürmt.[92]

Churchill musste aus den von den Buren dominierten Territorien auf portugiesisches Kolonialland gelangen, die Eisenbahnstation von Lourenço Marques (heute Maputo, die Hauptstadt von Mosambik). Er fand einen Zug, in dem er sich unter leeren Kohlesäcken versteckte. Dann lief er einige Stunden lang durch die Gegend, mit Geld, Schokolade und Keksen versehen, bis er zu einer Kohlemine kam, die von britischen Arbeitern aufrechterhalten werden durfte, damit sie nicht verfiel. Die Landsleute senkten den steckbrieflich Gesuchten in einen Grubenschacht hinab. Speisen, Zigarren und Whisky gaben sie ihm mit. Unten, in der Gesellschaft von Ratten, verbrachte er ein paar Tage, bis man ihn, in einem Karren unter Handelsgütern verborgen, zu einem anderen Zug fuhr, der ihn nach Lourenço Marques brachte. Dortselbst präsentierte Churchill sich dem britischen Konsul, der ihn amselben Tag per Boot nach Durban in der britischen Provinz Natal bringen ließ, wo er am 23. Dezember 1899 anlangte und fürstlich bewirtet wurde. Zeitungen in aller Welt berichteten von seiner Flucht. Sein Buch über seine Rolle im Burenkrieg (»London to Ladysmith via Pretoria«) erschien im Mai 1900, die erste Auflage von zehntausend Exemplaren war sofort ausverkauft.[93]

Ohne Churchill nahm der Krieg seinen Fortgang. Da der schnelle Sieg ausblieb, tat sich Kitchener, gedeckt von Chamberlain, wieder einmal mit beispielloser Brutalität hervor: Seine Soldaten praktizierten die Politik der verbrannten Erde. Kitchener ließ Konzentrationslager errichten, in denen Zivilisten – darunter ungezählte Frauen und Kinder – schlecht ernährt und unter miserablen hygienischen Bedingungen vegetierend, in großer Zahl ansteckenden Krankheiten erlagen. In seiner Jungfernrede im Unterhaus 1901 verteidigte Churchill die Einrichtung der Lager.[94] Er gehörte zu denen, die Mitleid nur für jene aufbringen, deren Leid sie mit eigenen Augen sehen oder in deren Leid sie sich hineinversetzen können, weil sie Vergleichbares erlebt haben.

Bis ins Jahr 1902 wurde in Südafrika gekämpft. Nur aus Churchills Sicht war der Krieg schon 1899 gewonnen: Er war nun weltberühmt und zu Hause ein Nationalheld.

3. Kapitel

DAS GROSSE PFAUENRAD: EINSTIEG IN DIE POLITIK

1

1 Schon als junger Mann hatte Churchill etwas Behäbiges. Seine Haut war hell und empfindlich; wenn er sich aufregte, färbte sie sich rosarot. Allein von seinen Händen heißt es, sie seien ausgesprochen schön gewesen.

2 Der Tempel des Parlamentarismus: der neogotische Sitzungssaal des Unterhauses, bevor es im »Blitz« 1941 zerstört wurde.

3 Im Wahlkampf 1908 hält Churchill eine Ansprache in Manchester. Er hatte keine tragende Stimme. Wie Redner sich ohne elektrische Hilfsmittel im Freien verständlich machen konnten, ist noch nicht wirklich geklärt. Die Mancunians verstanden jedenfalls genug, um Churchill ins Unterhaus zu wählen.

2

Cafe

In Großbritannien und den Vereinigten Staaten wurde der Kriegsheld Churchill nicht von allen verehrt. Mit seiner Berichterstattung über den Burenkrieg hatte er sich zwischen die Stühle gesetzt. Seine Artikel in der »Morning Post« waren teils in Hau-drauf-Manier verfasst: Im Krieg gegen die Buren gebe es »genug zu tun für eine Viertelmillion Männer, in Südafrika lohnen sich alle Ausgaben an Blut und Geld«. Maliziös erkundigte er sich: »Sind die englischen Gentlemen alle auf der Fuchsjagd?« Es gelte, die Buren bis auf den letzten Mann zu schlagen. Dann wieder schrieb er, wer sich ergebe, verdiene Milde, ja »Freundschaft«. Die Buren seien großartige Kämpfer, ein Bure sei so gut wie »drei bis fünf« britische Soldaten.[1]

Über Letzteres empörten sich die britischen »Jingoisten«, überhebliche Nationalisten. In den Music Halls wurde damals ein Schlager zum Besten gegeben: »We didn't want to fight. But, by Jingo, now we do. We've got the ships, we've got the men, and we've got the money too.«[2] Schiffe, Männer, Geld: Britannien hatte alles und war allen anderen Ländern und Völkern überlegen. Dass Churchill den soldatischen Mut der Buren lobte und für Großmut gegenüber dem – noch längst nicht geschlagenen – Feind plädierte, passte nicht zum nationalistischen Eigenbild. Andere Kritiker, einige in London und viele auf der anderen Seite des Atlantiks, fanden seine patriotischen Zeitungsartikel unerträglich imperialistisch. Aus amerikanischer Sicht waren die Buren ein stolzes republikanisches Volk, tapfer bemüht, so wie im 18. Jahrhundert sie selbst, sich von der britischen Hegemonie zu befreien.

Das focht Churchill nicht an. Guten Mutes begab er sich auf mehrmonatige Vortragsreise durch die Vereinigten Staaten. Sein befriedigtes Glucksen klingt aus den Zeilen heraus, in denen er später beschrieb, wie gekonnt er seine Kritiker zum Schweigen brachte: »Nachdem ich ein paar Scherze auf meine Kosten gemacht, nachdem ich die Tapferkeit und Anständigkeit der Buren herausgestrichen hatte, waren sie besänftigt.«[3] Er kehrte um viele Dollar reicher nach England zurück, die er dem Bankier Sir Ernest Cassel, einem engen Freund von König Edward VII., anvertraute, damit dieser »die Schäfchen« vermehre. Churchill war stolz auf seine hohen Einnahmen. Oft hat er damit angegeben, dass er mit seinen Büchern und Artikeln selbst für sich sorge. Gegenüber Stalin brüstete er sich viele Jahre später: *Er* sei kein kapitalistischer Ausbeuter; was er zum Leben brauche, habe er noch immer selbst verdient.[4]

Wahlkämpfe und Wahlversprechen

Beim ersten Versuch, in die Politik zu kommen, im Sommer 1899 in dem von vielen Arbeitern bewohnten Oldham in Lancashire, war Churchill nicht gewählt worden. Salisburys Politik hatte es ihm auch nicht eben einfach gemacht: Das Kabinett war dabei, eine neue Kirchensteuer einzuführen, deren Erträge Komfort und Moral des anglikanischen Klerus heben sollten. Methodisten und Nonkonformisten, deren es in Oldham viele gab, gingen leer aus. Für diese Steuer musste Churchill sich im Namen seiner Partei einsetzen.[5] Seine noch nicht voll ausgebildeten rhetorischen Fähigkeiten reichten nicht hin, den Wählern die reaktionäre Idee schmackhaft zu machen.

Viel ersprießlicher gestalteten sich die Wahlen für Churchill im September 1900. Dass damals 1899 Unterhauswahlen stattfanden und im Jahr 1900 schon wieder, war zur Abwechslung kein Anzeichen einer kleinen Regierungskrise. Salisbury wollte vielmehr die patriotisch-nationalistische Stimmung nach der Befreiung der lange belagerten südafrikanischen Stadt Ladysmith in die Währung von Wählerstimmen ummünzen.

Davon abgesehen, war – allen gegenseitigen boshaften öffentlichen Anfeindungen zum Trotz – der Kuhhandel quasi die Geschäftsgrundlage von Konservativen und Liberalen. Mehr noch: Man legte Wert darauf, über alle politischen Streitigkeiten hinweg freundschaftlich miteinander zu verkehren.[6] Die Gentlemen Clubs waren die Orte, wo die britischen Politoligarchen vorbereiteten, was sie dann im Unterhaus umsetzten; dazu gehörten von Fall zu Fall Allianzen mit politischen Gegnern. So schickten die im Carlton Club versammelten Konservativen Abgesandte zu den Liberalen, sie sollten vorfühlen, wie die Stimmung war; umgekehrt hielten die Liberalen es ebenso. In »Clubland« wurde viel über Churchill geredet. Der konservative Politiker David Lindsay vermerkte Mitte der 1890er Jahre in seinem Tagebuch: »Ein kommender Mann: streitsüchtig, eigensinnig und erregbar. – Er kann nicht stillsitzen. Ein seltsames Schlurren in seiner Stimme, was es dem Publikum schwer machen dürfte, ihn zu verstehen [...] Aufgeblasenheit, die sich aber bald legen wird [...] Wenn er es fertig bringt, sich ein paar Jahre lang zurückzunehmen und außer Sicht zu sein, gibt es keinen Grund, warum er nicht ein Faktor im Land werden sollte. Auf manche Weise erinnert er sehr an seinen Vater.«[7]

Lord Randolphs Sohn lag es fern, aus dem Schatten des Vaters heraustreten zu wollen: Er wollte sich den Schatten zunutze und ihn überlebensgroß machen. Die treue Bewahrung der politischen Überzeugungen Lord Randolphs war nicht schwierig, da er so gut wie keine hatte. Indem der Sohn sich mühelos den Leumund erwarb, unberechenbar zu sein wie sein Vater, ein willkürlicher Knüppel in den Speichen konsequenter Parteipolitik, ging er wahrlich in den Fußstapfen Lord Randolphs.

Als Nationalheld war Churchill bei den Wahlen zum Unterhaus im Spätsommer 1900 in etlichen Wahlkreisen gefragt. Sein Cousin, Charles Richard John Spencer-Churchill, der 9. Herzog von Marlborough (1871 bis 1934), mit dem er gut befreundet war, kam für die Kosten seiner Wahlkampagne auf. Denn während des Wahlkampfs war Churchills oben erwähnte lukrative Lesereise erst in der Planung. Er entschied sich, abermals in Oldham zu kandidieren. Lag es daran, dass er die erste Schlappe nicht auf sich sitzen lassen wollte? Oder lag es daran, dass einer der englischen Bergleute, die ihn in Südafrika in ihrer Mine versteckt hatten, aus Oldham stammte? In einer Rede in seinem Wahlkreis erwähnte er diesen Mann, Dan Dewsnap, worauf der Ruf erscholl: »Seine Frau sitzt auf der Tribüne!« Das gab ein Hallo!

Churchill gewann die Wahl am 1. Oktober 1900, wenn auch knapp, und war fortan – eine ganz kurze Zeitspanne sowie die beiden Jahre von 1922 bis 1924 ausgenommen – bis zu seinem Tod Mitglied des Unterhauses: Von Blenheim Palace hatte er es geschafft nach Westminster Palace.[8] Schon in einem 1931 publizierten Artikel renommierte er mit seinen gesammelten Erfahrungen: »Bedenken Sie: Seitdem ich volljährig bin, habe ich 35 Jahre hinter mir«, während welcher Zeit »ich mehr Parlamentswahlen durchgestanden habe als jedes andere Mitglied des Unterhauses: 15. Stellen Sie sich das vor: 15 Wahlkämpfe, jeder mindestens drei Wochen lang, dazu eine Woche vorab, in der man mit den nervenzehrenden Vorbereitungen beschäftigt ist, und mindestens eine Woche anschließend, in der man sich erholt und die Rechnungen zahlt.« Als Freund von Statistiken, zumal wenn sie ihn selbst betrafen, hatte Churchill ausgerechnet: In seinem »gesamten Leben als Erwachsener« habe er sich »mindestens an einem von dreißig Tagen« mit Wahlkämpfen herumgeschlagen.[9]

Zunächst war er vornehmlich damit befasst, sich mittels seiner Reden von den Hinterbänken des Unterhauses in den Vordergrund zu spielen. Damals druckten die Zeitungen lange Auszüge aus den Parlamentsreden ab. Viele Politiker sandten ihre Manuskripte vorab in ausgesuchte Redaktionen, damit die Suada gleich am Folgetag bei der breiten Öffentlichkeit ankam. Üblich war es auch, spezielle Beziehungen zu wichtigen Redakteuren zu unterhalten sowie zu Zeitungsbesitzern. Zu Alfred und Harold Harmsworth zum Beispiel. Die beiden gründeten 1896 die »Daily Mail« und 1903 den »Daily Mirror«. Diese Zeitungen zielten auf ein Massenpublikum, waren entsprechend mühelos zu konsumieren und fanden die größte Leserschaft im Land. Zum besseren gegenseitigen Verständnis zwischen den jeweils amtierenden Premierministern und der Presse ließen Erstere die beiden Brüder in den Adelsstand erheben. Alfred Harmsworth wurde 1905 der 1. Viscount Northcliffe. Sein Bruder Harold erhielt 1910 den Titel Baronet, 1914 wurde er 1. Viscount Rothermere. Kurz nach der Gründung der »Daily Mail« 1896 erklärte Churchill die Zeitung für »sensationell«.[10]

Sensationslüstern war sie auf jeden Fall. Nachdem er ins Parlament gewählt worden war, schrieb Churchill – kein Kostverächter – ein paar Artikel für die »Daily Mail«, kümmerte sich aber eigentlich eher darum, die Kommentatoren anderer Zeitungen für sich einzunehmen.[11] Selbst ein erfolgreicher Journalist, wusste er die Medien für sich zu nutzen. 1908 und 1909 zum Beispiel ging er regelmäßig mit George Riddell, dem Besitzer der Boulevardzeitung »News of the World« (er wurde 1909 zum Ritter geschlagen), Golf spielen. Seine Begeisterung, kleinen Bällen hinterherzulaufen, hielt sich in Grenzen: »Es ist«, mokierte er sich, »wie wenn man eine Chininkugel über eine Kuhkoppel jagt.«[12] Roy Jenkins hat doppeldeutig angemerkt: Polo ausgenommen, sei Churchill an Bällen, »ob rollend oder hängend« nicht interessiert gewesen.

Als Oscar Wilde wegen seiner Homosexualität 1895 der Prozess gemacht wurde, stürzte die Presse sich auf die Sensation. Zu den Ausnahmen gehörte die »Times«, die ihrem Publikum eine zurückhaltende Berichterstattung schuldig war. Für Politiker waren auch Regionalzeitungen wichtig, vor allem natürlich die ihrer Wahlkreise, denen sie entnehmen konnten, wen sie im Parlament vertraten. Die »Times« aber war besonders, sie war »the paper of record«, die tonangebende Zeitung des Establishments, die registrierte, was für die höherstehenden Kreise von Belang war. Eine Annonce von Churchills Geburt war 1874 in der »Times« erschienen, die damals Geburtsanzeigen auf der Titelseite druckte.

Churchill legte Wert darauf, dass lange Auszüge seiner Reden in der »Times« erschienen. Dieses politprofessionelle Ansinnen betrieb er so ausdauernd, wie ein Verliebter um seine Flamme wirbt. Als er ein oder zwei Jahre nach seinem Eintritt ins Parlament nicht von allen Zeitungen umschmeichelt wurde, ärgerte er sich und schimpfte über monopolistische »mammuthafte Zeitungskonzerne«, deren Blätter völlig wahllos jede beliebige Meinung verträten, ohne Sinn für Politik und die Bedürfnisse der Leser. Das war besonders gegen den Besitzer des 1900 gegründeten »Daily Express« gerichtet. Ebendieser, Arthur Pearson, fühlte sich nun seinerseits beleidigt. Ihren Zwist fochten die beiden wo aus? Natürlich in den Leserbriefspalten der »Times«.[13]

Lord Randolph hatte gern Zigarren geraucht. Churchill, dem Papa immer auf den Fersen, übernahm diese Gewohnheit. Die Zigarre machte er, Pressephotos und Karikaturen stets im Blick, zu seinem Markenzeichen. Da kamen Gusto und politisches Kalkül zusammen. Gleich nach seinem Einzug ins Unterhaus brachte Churchill ein Pendant zu der im ersten Kapitel erwähnten Fourth Party seines Vaters zustande. Die Combo der vier ausgesprochen konservativen Parlamentsabgeordneten plus Churchill war bekannt als »Hooligans« oder »Hughligans«. Der Begriff Hooligans wurde, vielleicht war es ein Schreibfehler, erstmals 1898 in einem Polizeibericht erwähnt.[14] Der Neologismus nahm sich lustig aus, kam sofort in einem Music-Hall-Song vor und damit unter die Leute. Abgeleitet von Hooligans hieß die Gruppe Hughligans, weil der zweite Anführer Lord Hugh Cecil war, ein Sohn des Premierministers Salisbury. Die Combo gefiel sich in der Vorstellung, wider den Stachel zu löcken. Weil aber die vier arrivierten, etwas mehr als dreißig Jahre alten Männer das Establishment nicht vergrätzen mochten, waren die Hughligans vor allem gut darin, in den privaten Gasträumen im Keller von Westminster Palace anregende Abendessen zu arrangieren, die auch Minister gern besuchten.[15] Das war angenehm und nützlich für Churchill, wenngleich nicht ganz zufriedenstellend: Mit politischer Harmonielehre, das wusste er, würde er nicht weiterkommen. Er arbeitete also daran, sich Arthur Balfours Kommentar zu erwerben: »Ich dachte, er sei ein junger vielversprechender Mann; offenbar ist er ein junger Mann, der viel verspricht.«[16]

Jahre später erklärte Churchill seiner Vertrauten Violet Bonham Carter, wie ein Hinterbänkler sich in der Öffentlichkeit bekannt macht. Es gebe da zwei Wege: »Der eine ist: die aussichtslose Sache eines Ministers deiner eigenen Seite zu verteidigen. Der andere: deine eigene Seite zu attackieren.« Das Erste erlebte er, als im Unterhaus am 12. März 1901 über einen General debattiert wurde, der im Burenkrieg Kriegsverbrechen begangen hatte und deswegen ein Jahr später seines neuen Kommandos auf Gibraltar enthoben wurde. Die Opposition empörte sich über die Absetzung und konnte auf die Zustimmung der Öffentlichkeit setzen: Die Briten waren jingoistisch gestimmt. »Damals wurde es ernst für die Regierung, selbst wenn sie eine große Mehrheit hatte, wenn sie in einer Debatte zerfetzt wurde«, sagte Churchill, »ich habe die Regierung verteidigt« und das sogar »mit Argumenten, die auch bei der Opposition ankamen«.[17]

Das große Pfauenrad schlug Churchill bei der Kritik an seiner eigenen Partei. Und dies bei gleich zwei zentralen Punkten der konservativen Regierungspolitik. Von seinem Vater hatte er die Devise übernommen, dass der Freihandel dem Empire nütze. Anfang der 1830er Jahre war über das Thema heftig gestritten worden, damals ging es um Einfuhrzölle für Getreide. Zollerhebungen brachten dem Staat Geld, machten aber das Brot zu teuer für jene Menschen, die Marx und Engels dann Proletarier nannten. Die Debatten von 1832 über die Zollpolitik waren siebzig Jahre später noch aktuell. Joseph Chamberlain, der einflussreiche Kolonialminister (der Vater des späteren Premierministers Neville Chamberlain), votierte für die Einführung von Steuern auf Waren aus Ländern, die nicht zum Empire gehörten. Churchill tat entgeistert, war aber begeistert: Er nutzte die Steilvorlage, um dem Unterhaus darzustellen, warum es beim Freihandel bleiben müsse.[18]

Dass er dem Parteifreund Chamberlain, der ihm an sich gewogen war, in die Parade fuhr, hinderte ihn nicht daran, diesem einen Brief zu schreiben: Ob er nicht für seine tragende Rolle bei der Rettung des Eisenbahnzuges in Südafrika eine militärische Auszeichnung bekommen könne – »wie alle anderen Parlamentsmitglieder gebe ich selbstverständlich *für mich selbst* nichts auf Ehren-Glitzerkram: Aber wie andere auch, wie Sie wissen, muss ich ›an meine Wähler denken‹.«[19] Churchill dürfte kalkuliert haben: Dem alten Mann wird es gefallen, dass er selbstironisch schrieb. Der Brief war trotzdem peinlich. Einen Orden bekam er nicht.

Auf Provokation erpicht, gelang es Churchill, mit seiner Kritik an der Haushaltsplanung Anstoß bei seiner Partei zu erregen. Im März 1901 annoncierte der Kriegsminister John Brodrick eine Ausweitung der Militärausgaben um fünfzig Prozent. Gegen dergleichen hatte schon Lord Randolph votiert. Churchill nahm einen Crashkurs in Ökonomie und hielt am 13. Mai 1901 eine Rede im Unterhaus, die sich gewaschen hatte. Die Einkommensteuer von 5,8 Prozent sei viel zu hoch. Sie müsse gekürzt werden. Das könne finanziert werden mittels Einsparungen bei den Militärausgaben. Den Konservativen sträubten sich die Bärte, als sie das hörten.[20]

Damals durchlief Churchill, was man seine sozialpolitisch progressive Phase nennen könnte. Der 27-Jährige, von Herkunft konservativ, liebäugelte mit Sozialreformen. Balfours Partei hatte damit wenig im Sinn, die Liberalen schon eher. Roy Jenkins schrieb: Das sei für Churchill die Zeit gewesen, »in der die grünen Weiden anderswo lagen und der Tee bei den Nachbarn besser schmeckte als zu Haus bei den Eltern.« Im Dezember 1901 las Churchill das soeben publizierte aufrüttelnde Werk »Armut: Eine Studie städtischen Lebens« des Soziologen und Industriellen Benjamin Seebohm Rowntree (1871 bis 1954). Anhand der Stadt York schilderte Seebohm Rowntree das Elend der Arbeiter. Ein von Churchill geschätzter Mann, der Liberale John Morley, hatte ihm das Buch empfohlen. Auf der Parteikonferenz der Konservativen in Blackpool Anfang 1902 sagte er: »Ich habe ein Buch gelesen«, das sei verfasst von einem Herrn Rowntree, der ermittelt habe, dass ein Fünftel der Bewohner Yorks in Armut lebe: »Das nenne ich schreckliche und schockierende Verhältnisse: Menschen, die ihre Lebenslage bloß insoweit verändern können, als sie im Armenhaus landen oder im Gefängnis.«[21]

Die Mobilisierung der englischen Sprache

Viele Zeitgenossen vermerkten, dass Churchill oft schwer zu verstehen sei. Manche, die ihn nicht näher kannten, glaubten, er lalle wegen Trunkenheit, was zwar vorgekommen ist, aber eher selten. Seine in der Zeit vor der Installation von Lautsprecheranlagen in den hinteren Reihen tatsächlich oft schwer verständliche Artikulation rührte von einem Sprachfehler, den er mit Hilfe eines Logopäden zu lindern suchte: Er neigte dazu, »s« wie »sch« auszusprechen. 1905 bat er einen Arzt, ihm zur Abhilfe ein seiner Ansicht nach überständiges Stückchen Zunge wegzuschneiden. Der Arzt, offenbar ein vernünftiger Mann, sah keinen Anlass zu einer Operation und schickte den Patienten heim.[22]

Churchill liebte seine Muttersprache, er bemühte sich um sie, bis gleichsam die Sprache ihn zu lieben begann: Das treffende Wort fiel ihm allzeit ein. Seine Mitarbeiter haben beschrieben, wie er als Premierminister Reden vorbereitete: Den Kopf zwischen die Schultern gezogen, leicht vorgebeugt, tigerte er durch den Raum und murmelte Formulierungen vor sich hin. Wenn ein Satz zur Perfektion gediehen war, sprach er ihn laut aus, damit die Sekretärin ihn aufnehme. Mit der Feder und dann mit Füllfederhaltern aufgewachsen, haderte er mit Schreibmaschinen: Diese Geräte mit ihrem lauten tack tack tack waren Churchill unerträglich; ans Diktieren gewohnt, machte er sich mit den Ungeheuern gar nicht erst vertraut. Für ihn wurde eine lautlose Schreibmaschine konstruiert.[23]

Seine Rhetorik schulte er an seiner Lektüre. Wie schon erwähnt, gehörten die »King-James-Bibel«, Thomas Macaulay und Edward Gibbon zu seinen Favoriten. Hinzu kamen Dichter wie etwa William Blake und natürlich Shakespeare. Er hatte ein Faible für alte Wörter, die nicht in täglichem Gebrauch waren: Sie halfen bei der Erzeugung von Dramatik und evozierten vergangene, in der Rückschau große Epochen. Beim Entwerfen seiner Reden bezog er meistens Quartier auf der Insel Pathos.[24] In Superlativen badete er wie sonst in der Wanne. Immer wieder bot sich etwas Neues, was das Größte, das Unerhörteste, das Grauenvollste, das Eindrucksvollste war, und das am liebsten in der gesamten Geschichte Großbritanniens, wenn nicht auf dem Erdball seit Menschengedenken.

Damit kein Zuhörer sich abgehängt fühlte, benutzte er gern umgangssprachliche Wörter. Er vermied Begriffe mit allzu vielen Silben. Von denen hieß es damals, sie seien ungebildeten Menschen nicht zumutbar. In der Tat gehen viele englische Wörter mit mehr als drei Silben auf das Lateinische zurück, sind also letztlich Fremdwörter. Die Schönheit der englischen Sprache liegt auch darin, dass sie aus einer Fülle von kurzen Wörtern besteht. Entscheidend für Churchills Reden waren Rhythmus und Kadenzierung. Seine guten Sätze fließen wie Wellen, die an einem Strand auslaufen. Und wenn es darauf ankam, saß die Pointe so, dass die Wogen zu Brechern wurden. Ein guter Redner, schrieb er, müsse witzige, überraschende Vergleiche und Analogien in seinen Vortrag einbauen.

Reine Prosa war für Churchill nicht gut genug, seine Reden entwarf er gern in Blankversen. Ein wichtiges Argument, glaubte er, müsse in verschiedenen Varianten drei Mal vorgetragen werden. Ungefähr so: Das erste Mal wird das Argument noch nicht ganz verstanden, das zweite Mal sinkt es ein, beim dritten Mal geht die Stimme des Redners unter im Applaus. Mit Wiederholungen immer derselben Satzkonstruktion hämmerte er seinen Zuhörern ein, was sie begreifen sollten. Ein berühmtes Beispiel ist seine Rede vom 4. Juni 1940: »Wir werden ausharren, wir werden in Frankreich kämpfen, wir werden auf den

Meeren und Ozeanen kämpfen, wir werden mit wachsender Zuversicht und zunehmender Stärke in der Luft kämpfen [etc.].«[25]

1897 verfasste Churchill einen Aufsatz: »The Scaffolding of Rhetoric«. Mit seinen 23 Jahren fühlte er sich berufen, die Grundlagen der Redekunst darzulegen. Temperament und Talent müssten dem guten Redner »von Natur eigen sein, deren Entwicklung ergibt sich in der Praxis. Der Redner ist wirklich. Die Rhetorik ist teils künstlich [...] Der Redner verkörpert die Leidenschaften der Masse [...] Bevor er sie zu Tränen rührt, müssen seine eigenen fließen.« Und weiter: Um die Masse zu überzeugen, müsse der Redner »selbst glauben«, was er darlegt. Oft komme es vor, dass er »inkonsistent« sei, mal dies sage, mal das Gegenteil. Wichtig sei: Der gute Redner »ist niemals bewusst unehrlich«. Der Churchill-Biograph Andrew Roberts schloss: Ganz genau habe Churchill 1897 vorhergesagt, wie er in den kommenden Jahrzehnten seine Reden halten würde. Ein Glück habe er gehabt, dass dieser Artikel nicht publiziert wurde. Es hätte seine Glaubwürdigkeit für alle Zeit unterminiert.[26]

Churchill konnte sich nicht daran gewöhnen, dass ihm opportunistische Wankelmütigkeit vorgehalten wurde. Er fühlte sich unverstanden. 1927 publizierte er einen belehrenden Artikel über »Consistency in Politics«: Ein Politiker könne in seinen Meinungen nicht immer konsistent sein, ja er dürfe es nicht. »Neue Erkenntnisse kommen zutage, neue Umstände ergeben sich«: Was heiße da, sich selbst treu zu bleiben? »Ein Staatsmann, der wechselnden Strömungen von Ereignissen gewahr, darauf bedacht, das Boot auf ebenem Kiel zu halten und einen sicheren Kurs zu steuern, wird sich mal mit dem ganzen Gewicht auf die eine Seite lehnen und mal auf die andere.« Auch die Anschauungen der Wähler seien nicht immer dieselben, ihnen müsse ein Politiker sich anschmiegen. Schon Napoleon habe gesagt: »Ich bin immer mit den Überzeugungen von vier oder fünf Millionen Männern marschiert.« Um ganz deutlich zu machen, was er meinte, fügte Churchill an, es gebe einen Spruch: »Ich bin ihr Führer, ich folge ihnen.«[27] Er betonte, das sei nicht zynisch; er hielt es für demokratisch; tatsächlich offenbarte er damit, dass er sich durchaus anpassen konnte.

Im britischen Unterhaus ist es bis heute üblich, dass die Politiker frei sprechen müssen, wenn sie ernst genommen werden wollen: Politiker, die nicht im Kopf haben, was zu sagen ist, glauben in Wahrheit nicht daran, wofür sie einstehen. Aus gutem Grund wird auf der Knabenschule Eton seit jeher schon den Zehnjährigen beigebracht, wie sie in Debatten ihren Mann stehen. Freilich, eine ganze Stunde lang reden, zumal wenn man auch die Opposition überzeugen will, erfordert eine Menge Vorbereitung. Zahlen und Argumente müssen zusammengeklaubt, witzige Pointen, kleine Attacken müssen geplant werden. Sehr schnell gewöhnte der junge Churchill sich an, wichtige Reden vorab auswendig zu lernen. Das machte ihm keine Mühe.

Wenn Churchills Gedächtnis nicht zuverlässig funktioniert hätte, wenn er seine Reden nicht geschwind hätte memorieren können, wäre er wohl nicht Premierminister geworden. In Bezug auf seine Jungfernrede im Unterhaus schrieb er: »Den enormen Aufwand bei der Vorbereitung muss ich nicht schildern und auch nicht die Mühe, die es mir machte, meine Vorbereitungsarbeit zu verhehlen.«[28] Seine in Jahrzehnten autodidaktisch geschulte Rhetorik war während des Zweiten Weltkriegs mehr wert als Schlachtschiffe. Mit dem englischen Romancier und Dramatiker Beverley Nichols gesagt, hatte er »die englische Sprache mobilisiert und in den Kampf geschickt«.[29] Ohne seine Reden hätten die Briten nicht gewusst, was sie denken sollen. Ohne seine Reden hätte angesichts der Luftangriffe auf Britannien, die im Sommer 1940 begannen, Kleinmut sich breitgemacht in Londons Straßen, wo die roten Doppeldeckerbusse ziemlich korrekt nach Fahrplan sich ihren Weg durch die Trümmer bahnten, wo Anrainer und Bedienstete die Reste der zerstörten Häuser beiseiteräumten, damit die Busse halbwegs freie Fahrt hatten und das städtische Leben bestehen blieb.

Kaum jemals konnte Churchill eine öffentliche Rede so gelöst halten, wie er Zigarren rauchte, Bézique spielte, mit Wasser verdünnten Whisky trank oder den eigenen Monologen beim Dinner lauschte. Es bedrückte ihn, was jeweils auf dem Spiel stand; er war von Lampenfieber gepackt, das sich erst legte, wenn das Publikum mitging und er sich von der eigenen Rhetorik forttragen lassen konnte.

Churchill verlässt das sinkende Schiff

Im März 1901 wollte der Kriegsminister, wie schon gesagt, das Militärbudget um die Hälfte erhöhen. Churchills Gegenrede im Mai hatte Erfolg bei der Opposition. Den Freihandel verteidigte er damals in einem Brief an einen Wähler mit dem Argument: »Im Vergleich zu anderen Himmelskörpern ist unser Planet nicht besonders groß. Ich sehe keinen besonderen Grund, warum wir auf unserem Planeten noch einen kleineren Planeten namens ›Britisches Imperium‹ gründen sollten, abgeschnitten durch unüberwindliche Weiten von allem anderen.«[30] Dem Premierminister Arthur Balfour schrieb er: Jegliche Art des Protektionismus würde zu einer »Amerikanisierung« britischer Politik führen, worunter er die faktische Übergabe der Industriepolitik an mächtige Konzerne verstand.[31]

Seine sozialen Ambitionen brachten ihn in Kontakt mit der sozialistisch denkenden Beatrice Webb, Baroness Passfield (1858 bis 1943), die zu den Gründern der London School of Economics gehörte. In ihrem Tagebuch beschrieb sie im Juli 1903 ihren »ersten Eindruck« von dem 28 Jahre alten Churchill: »Aufgeregt fast bis zur Unerträglichkeit, nicht fähig, eine Sache kontinuierlich und ruhig zu vertreten, egozentrisch, angeberisch, seicht im Denken und reaktionär, aber mit persönlicher Anziehungskraft, Schneid und Originalität.« An »Intellekt« konnte Beatrice Webb nicht viel entdecken, dafür aber »Charakter«. Winston habe »lediglich über sich selbst und seine Pläne für die Zukunft« gesprochen. Die ihm bekannte Kritik an seiner Person wie ein Schild aus Samt vor sich hertragend, führte Churchill sich bei der viel älteren Beatrice Webb mit dem selbstironischen Satz ein: »Nachdenken tue ich nur, wenn kein anderer das für mich macht.« Webb war eine skeptische Beobachterin. Weiterhin notierte sie nach der ersten Begegnung mit dem aufgeregten jungen Mann: »Nicht wahrnehmbar: Verständnis für Wissenschaft, Philosophie, Literatur oder Kunst, für Religion schon gar nicht.« Aber mit seiner Selbstgewissheit zusammen mit seinem Gefühl für Tradition könne er weit kommen.[32] Die somit angebahnte freundschaftliche Bekanntschaft zwischen den beiden sollte viele Jahre anhalten: Sie plauderten gern miteinander.

Weniger gut verliefen Churchills Unterhaltungen mit seinen Parteifreunden. Im Dezember 1903 schlug Arthur Balfour im Unterhaus vor, eine Kommission möge eingesetzt werden, um eine Reform der Steuertarife zu erarbeiten. Damals so wie heute war die Einrichtung einer Kommission das probate britische Mittel, wenn man erst einmal nichts entscheiden wollte. Anstatt das als gutes Zeichen hinzunehmen, posaunte Churchill anlässlich einer öffentlichen Rede in Halifax: »Wird die Kommission vom Premierminister eingesetzt? Haben wir einen Premierminister?« Das Gelächter des Publikums schallte bis nach London und in seinen Wahlkreis in Oldham. Zwei Tage später entzog die »Oldham Conservative Association« ihm das Vertrauen. Im Februar 1904 attackierte Churchill den Kolonialminister Joseph Chamberlain in der Industriestadt Manchester. Er polemisierte ohne Rücksicht auf seinen alten Gönner: Die Anhänger des Protektionismus würden Chamberlains Vorschläge angeblich aus »Liebe zum einfachen Arbeiter« für gut halten: »Sie lieben den einfachen Arbeiter; sie lieben es, ihn arbeiten zu sehen.« Schon zuvor hatte seine Partei ihm mitgeteilt, dass er künftig nicht mehr unter »Tory whip« stehe, was bedeutete, dass er aus der engeren Fraktionsarbeit ausgeschlossen war.[33] Als Churchill sich im März 1904 von seinem Sitz im Unterhaus erhob, um zu reden, verließ der Premierminister Balfour ostentativ den Saal. Damit war das Kommende besiegelt.[34]

Weil die britische konstitutionelle Monarchie vom späten 17. Jahrhundert an nicht von Putschen gestört wurde, haben viele uralte Gepflogenheiten in Westminster sich gehalten. Eine davon: »Crossing the Floor«, umgangssprachlich »ratting«. Wenn während einer Parlamentssitzung ein Mitglied des Unterhauses aufsteht und auf die gegenüberliegenden Sitzbänke wechselt, dann ist damit der Parteiwechsel vollzogen. Als Churchill am 31. Mai 1904 sogleich nach einer Verbeugung vor dem Sprecher des Unterhauses auf die Bänke der Liberalen zulief, stand der Stern der Konservativen bei den Wählern nicht gut. Das Wort »ratting« meint Sabotage; im übertragenen Sinn darf man sich darunter die Ratte vorstellen, die das sinkende Schiff verlässt. Was diese »Ratte« angeht: Sie bekam einen sehr guten, den gewünschten Platz: Genau den Sitz am Rand in der vordersten Reihe der Oppositionsbänke, auf dem Churchills Vater gesessen hatte.[35]

Im Dezember 1905 hatte Arthur Balfours Regierung abgewirtschaftet und trat zurück. Bei den Unterhauswahlen 1906 gewann Churchill einen Bezirk in Manchester. Nach wie vor plädierte er für den Freihandel, was sich gut fügte, war Manchester doch die Stadt international tätiger Tuchhändler, etliche unter ihnen Juden. Vielleicht auch deshalb fanden die Zionisten, als sie ein Heimatland in Palästina einzurichten suchten, in Churchill einen Fürsprecher: Die Juden von Manchester hatte er als hochrespektabel und ihm gewogen kennengelernt.[36]

Nun konnten die »linken« Liberalen ihre Vorstellung von Politik verwirklichen, zunächst unter Henry Campbell-Bannerman (1836 bis 1908). Der war durchsetzungsstark und reformfreudig, allerdings mittlerweile gesundheitlich angeschlagen. Er lud Churchill ein, gleich unter dem Finanzminister als Staatsminister für Finanzen zu wirken. Diese hohe Stellung lehnte der Geladene ab: Da wäre er weisungsgebunden gewesen. Viel besser gefiel ihm die weniger bedeutende Position des Junior-Ministers für die Kolonien. Über ihm stand der Kolonialminister Victor Bruce, der 9. Earl of Elgin (1849 bis 1917). Der hatte sich in Indien und Südafrika Meriten erworben. Churchill schätzte an diesem Vorgesetzten vor allem, dass er als Earl im Oberhaus saß und viel Zeit bei seiner kranken Ehefrau in Schottland verbrachte.[37] Im Unterhaus hatte er selbst also freie Bahn – mehr oder minder, wie sich zeigen wird.

Rassefragen

Der Junior-Minister für die Kolonien hatte viel mit Afrika zu tun. Als 1905 aus belanglosen Gründen eine militärische Strafexpedition gegen einen Stamm in Nigeria anberaumt werden sollte, riet er in einem Brief an Lord Elgin davon ab. Seit seinem Einsatz an Indiens Nordwestgrenze hielt er die Politik der verbrannten Erde für barbarisch: Nur einen einzigen Maßstab solle es geben »für Völker unter unserer Herrschaft: Recht und Gerechtigkeit«. Dem dürften »juristische und verfahrenstechnische Einwände nicht im Wege stehen«. Sarkastisch fügte er an: Leute, die mit der Fachterminologie des Empire nicht vertraut seien, könnten die geplanten Maßnahmen in Nigeria als »Mord an den Einheimischen und Raub ihres Landes« betrachten.[38]

Umso überraschender waren seine Einlassungen im Parlament, als über die chinesischen Kulis debattiert wurde. So wie heute viele Filipinos auf der arabischen Halbinsel Arbeit finden, kamen damals Chinesen nach Südafrika. Einige liberale Politiker prangerten an, was sie als »Versklavung« wahrnahmen: Die chinesischen Arbeiter wurden geschunden, sie durften sich nicht frei bewegen, Auspeitschungen gehörten zu ihrem Alltag. Diese Praxis hatte der 1. Viscount Milner gestattet, ehemaliger Hochkommissar für Südafrika, der demnächst ins Oberhaus einziehen sollte. Campbell-Bannermans Regierung wollte den Mann halten. Außerdem wollte man die britischen Einwohner in Transvaal nicht verletzen, deren maßgeblichen Vertretern ziemlich einerlei war, wie die chinesischen Arbeiter behandelt wurden, Hauptsache, sie blieben.[39] Churchill fiel es zu, Alfred Milner im Unterhaus zu verteidigen. Mangels stichhaltiger Argumente verlegte er sich auf Wortklauberei, auf genau die Art von Schönsprecherei, die er im Fall Nigerias verspottet hatte: Als Versklavung könne dieser Umgang mit den chinesischen Arbeitern »nach Meinung der Regierung Seiner Majestät nicht im vollständigen Sinn des Wortes klassifiziert werden, ohne das Risiko terminologischer Ungenauigkeit einzugehen«. Das war korrekt, denn Chinesen waren keine verkäufliche Ware, brachte Churchill aber in Teufels Küche: Er bezog Schelte von allen Seiten.[40] Sein Satz war eine politisch feige und sprachlich hässliche Rechtfertigung eines himmelschreienden Missstands.

Die anstößige Rede konnte Churchill im Juli 1906 ausbügeln, indem er das Unterhaus von der neuen Verfassung für die britische Herrschaft in Südafrika überzeugte. Getreu seinem Motto »nach dem Sieg großmütig« sollten Transvaal und der Oranje-Freistaat mehr Autonomie bekommen, als viele für weise hielten. Doch siehe: Nach seiner fulminanten Rede stimmte eine überwältigende Mehrheit von 316 Parlamentariern dafür und nur 83 dagegen.

Die glückliche Übereinkunft ging auf Kosten der »Eingeborenen« respektive der »Farbigen«: Der Friedensvertrag mit den Buren sah vor, dass jene nicht das Wahlrecht erhielten. Diese Klausel widersprach zwar den Idealen britischer imperialer Doktrin, entsprach aber durchaus britischen Vorurteilen. Churchill kommentierte denn auch: »Die Briten in Johannisburg sind die Repräsentanten und Verfechter britischer Führerschaft in Südafrika. Die Buren von Transvaal sind die Repräsentanten und Fürsprecher der Niederländer. Was immer unternommen wird für oder gegen die eine oder die andere Seite, ist für oder gegen die ganze Rasse auf dem Subkontinent.«[41] Churchill war »gefangen in der europaweit gängigen Überzeugung, dass Schwarze aufgrund ihrer niederen Stellung in der evolutionären Entwicklung der Lenkung durch die Weißen bedurften«. In »My African Journey«, einer Sammlung von Reisebeschreibungen, die er nach einer ausgedehnten Tour 1908 publizierte, schilderte er Schwarzafrikaner insgesamt als »unbeschwerte, fügsame, wenn auch wilde Kinder«, die mittels der »Verwaltung der Krone […] erzogen und aus ihrer bestehenden Verkommenheit herausgeholt werden« könnten.[42]

Lediglich der Vollständigkeit halber sei angefügt, dass Rassismus aufgrund der Hautfarbe nicht nur unter Europäern verbreitet war: Auf dem indischen Subkontinent zum Beispiel hatten Menschen dunklerer Haut seit jeher weniger gegolten als hellere Typen. Churchill unterschied zwischen verschiedenen indischen Ethnien natürlich nicht. So schwärmte er Ende der 1920er Jahre von »Englands großer Mission«, die darin bestehe, die »primitiven, aber harmlosen Rassen« Indiens zu beherrschen, »zu ihrem Wohl und dem unseren«.[43]

Churchill war nicht nur borniert; einzelne Angehörige fremder »Rassen« nahm er für voll. So erlebte es etwa Jawaharlal Nehru, von 1929 an der Präsident des Indian National Congress, der für Indiens Unabhängigkeit vom Empire agitierte. Indien freigeben? Das auch nur zu erwägen, wäre für Churchill Matthäi am Letzten gewesen. In seinen Augen war der Indian National Congress eine üble Organisation und Nehru eine gefährliche Figur. Ende der 1940er Jahre freilich öffnete er sich dessen Intelligenz und diplomatischem Charme.[44] Geholfen haben dürfte, dass Nehru ebenso wie er in Harrow zur Schule gegangen war. Noch mehr dürfte ins Gewicht gefallen sein, dass Nehru mittlerweile Premierminister eines unabhängigen Indien war und Churchill allmählich bereit, sich mit dem Verlust »des schönsten Edelsteins in der imperialen Krone« abzufinden.[45] *

* In jüngerer Zeit wird Churchill ein fürchterlicher Vorwurf gemacht: Er habe 1943/44 während der großen Hungersnot in der indischen Provinz Bengalen aus-

Churchills Rassismus war von vulgär-darwinistischem Denken bestimmt, ohne dass er, der politische Pragmatiker, in Gefahr geraten wäre, sich in Theorien zu verlieren. Sein Rassismus fußte auf seinem Glauben an die Errungenschaften des Empire mit seiner abendländischen Zivilisation, die es in allen britischen Territorien zu verbreiten gelte, zum Wohle aller. Mit einem Wort: Churchill war vor allem ein Imperialist; sein Rassismus kam ergänzend hinzu, er unterfütterte seinen Imperialismus. Zu unterscheiden ist gleichwohl zwischen dem rassistischen Imperialisten Churchill, der für die Einheimischen in Nigeria eintrat, und jenen, nennen wir sie reinrassige Rassisten, die dergleichen Fürsprache nicht in Betracht gezogen hätten.

Dem Denken seiner Zeit gemäß – seine Freundin, die Sozialistin Beatrice Webb, warb dafür – schlug Churchill im Dezember 1910 im Unterhaus vor, die »geistig Minderbemittelten« sollten sterilisiert werden, damit ihre Nachkommenschaft nicht »die britische Rasse« verderbe.[47] Der Premierminister Herbert Asquith, ein Mann von Urteilskraft, ist über diesen Unsinn wortlos hinweggegangen.

Churchill gilt als Erzkolonialist, der nach dem Zweiten Weltkrieg die Zeichen der Zeit nicht erkannt habe. Darin standen andere britische Politiker ihm freilich nicht nach, die meisten waren noch in den 1950er Jahren der festen Überzeugung, afrikanische Länder seien für die Unabhängigkeit nicht reif.[48] Der Unterschied zu Churchill bestand lediglich darin, dass dieser bildhaft formulierte und damit anstößiger wirkte. So sagte er 1954 mit achtzig Jahren in einer Rede: »Im Hinblick auf das allgemeine Wahlrecht für Hottentotten bin ich ein bisschen skeptisch, selbst wenn das mittels der repräsentativen Demokratie eingehegt werden kann. Die Entwicklung der Demokratien Britanniens und Amerikas war ein langsamer, schmerzhafter Prozess, und selbst die sind noch nicht perfekt.«[49] Mit dem letzten Satz hatte er immerhin recht. Dass er allerdings beharrlich Begriffe wie »Nigger« und »Blackamoors« im Munde führte, als die schon nicht mehr Usus waren, kann sein Biograph Piers Brendon nur mit dessen Abneigung ge-

drücklich befohlen, »den zu Zehntausenden sterbenden Zivilisten die Nahrung zu entziehen«. Würde das zutreffen, es wäre ein ungeheuerliches Verbrechen gewesen. Die Behauptung ist jedoch nicht stichhaltig.[46]

gen nach dem Zweiten Weltkrieg aufkommende sozial-egalitäre Phrasen erklären.[50]

Bevor Leser dieses Buches die Entfernung aller Statuen, Büsten und Porträts von Churchill aus öffentlichen Räumen fordern, sollten sie für sich die Frage beantworten, was mehr wiegt, sein Rassismus, den er mit Generationen seiner Zeitgenossen teilte, oder seine einzigartige Rolle während des Zweiten Weltkriegs. Wer dem Ersteren zuneigt, müsste dann konsequenterweise auch mit dem ehrenden Angedenken an Mahatma Gandhi aufräumen. Der große Mann des friedlichen Widerstands vertrat nämlich ebenfalls rassistisches Denken, so unwahrscheinlich es klingt. Schon 1982 hat eine Historikerin festgestellt, Gandhi habe Ideen von der »reinen Rasse« angehangen »und war stolz darauf«. Ein Kollege ergänzt: »Südafrikas Schwarzen« brachte er »wenig oder gar keinen Respekt« entgegen. Sein Ziel sei nicht »die Überwindung der Schranken« zwischen den nach ihrer Hautfarbe klassifizierten Menschen gewesen, vielmehr habe er »die Weißen« dazu bewegen wollen, »die Inder auf ihrer Seite der Trennlinie zu akzeptieren«. Denn »nicht an der Rassentrennung per se nahm er Anstoß, sondern an der ›Beleidigung‹, die darin bestand, dass er selbst de jure auf den Level der schwarzen Mehrheit herabgestuft wurde.«[51] Seine Enttäuschung war umso größer, als er, *der* Meinungsführer der Inder in Südafrika, sich während des Burenkriegs auf die Seite des britischen Empire gestellt hatte.[52]

Zu dieser Thematik noch eine ernüchternde Anmerkung: Als 1919 der Völkerbund, Woodrow Wilsons menschenfreundlich gemeintes Lieblingsprojekt, sich formierte, waren die Gründer »stolz, nur ›zivilisierte‹ Nationen einzuladen, und betrachteten es als eine ihrer Aufgaben, dem Rest der Welt die Zivilisation zu vermitteln.«[53]

Whitehall, der Maschinenraum des Empire & Churchills Sozialpolitik

Wie immer man Churchills rassistische Bemerkungen einstufen mag, sie waren es nicht, die den erfahrenen Beamten des Kolonialministeriums, Sir Francis Hopwood, auf die Palme brachten: »Es ist eine Plage, mit ihm zu tun zu haben«, schrieb er an Lord Elgin, »er wird vermutlich in jeder denkbaren Stellung Ärger machen – wie sein Vater. Die haltlose Energie, die völlig unkontrollierbare Gier nach Prominenz und der Mangel an moralischer Urteilskraft geben Anlass zur Sorge.«[54]

Das war sehr offenherzig formuliert. Wie kam der distinguierte Beamte dazu, derart unvorsichtig seine Meinung zu äußern? »Whitehall«, je nach Interessenlage der Beobachter, bezeichnet vieles: ein ominöses Konglomerat von Leuten, die sich hinter den Kulissen zu schaffen machen; die Versammlung von Ministerialbeamten, die uneigennützig zum Besten des Landes ihren Dienst versehen; eine Horde von besserwisserischen Schleichern, die Politiker in ihrem Tatendrang behindern.

Auch architektonisch ist Whitehall ziemlich diffus: Es besteht aus einigen Gebäuden an der Straße, die von Westminster Palace zur City of London, dem Finanzdistrikt, führt. In diesen Häusern residieren die Beamten des »Civil Service«. Als im 18. Jahrhundert die private, von der Krone protegierte bewaffnete »East India Company« den indischen Subkontinent den Hegemonie- und Handelsvorstellungen des Vereinigten Königreichs zugänglich machte, ergaben sich bald neue Erfordernisse. So benötigte man zum Beispiel halbwegs solide Straßen, um indische Güter zu den nächsten Hafenstädten zu transportieren. Deren Bau musste organisiert werden. Für dieses und anderes wurde also eine zivile Abteilung eingerichtet. Nach der blutigen und für alle Beteiligten traumatisierenden Niederschlagung des großen indischen Aufstands 1857 wurden die Besitzungen der privaten East India Company in die Kronkolonie Britisch-Indien umgewandelt. Damit einher ging die volle Verstaatlichung des Civil Service.

Allzu kurzfristig denkt man in Britannien nicht. Wer mag, kann die Tradition des Civil Service bis zur Eroberung Britanniens durch die Normannen im Jahr 1066 zurückverfolgen und ganz konkret bis ins 17. Jahrhundert. Damals beschäftigte die Krone einen Finanzkanzler namens George Downing (1623 bis 1684), der es verstand, das Geld zusammenzuhalten, das des Staates und sein eigenes. Er ließ Häuser bauen an einer Gasse, die nach ihm Downing Street genannt wurde. Auch brachte er es zuwege, dass seither der Finanzminister, Chancellor of the Exchequer, in der Regel gleich nach dem Premier das wichtigste Kabinettsmitglied ist.

Als im 19. Jahrhundert der Civil Service, von der East India Company unabhängig, in Whitehall residierte, erstand »zum ersten Mal in der Landesgeschichte eine wahre Meritokratie, eine Aristokratie der Fähigen«. Es versteht sich, dass die meisten Beamten von Oxford oder Cambridge kamen; anders als die adeligen Schwerenöter mit dem Hang zur Depression, die Evelyn Waugh in seinen Romanen schildert, hatten sie auf der Universität weniger gesoffen als gelernt. Der verschiedenen deutschen Ministerialbeamten zugeschriebene Spruch »Mir doch egal, wer unter mir Minister ist« galt damals in Whitehall erst recht. Vergnüglich war die Arbeit der Beamten nicht: »Ich habe einen Traum«, so der Experte Peter Hennessy, hätte keiner dieser Leute je gesagt, allenfalls: »Ich habe einen Albtraum.« Loyalität zur jeweiligen Regierung und technokratische Phantasie kamen bei ihrer Arbeit zusammen. Beamte waren es, die frühzeitig warnend die Finger hoben, als sie bemerkten, dass die Vereinigten Staaten von Amerika allmählich das Empire an Wirtschaftskraft überflügelten. Ein Beamter war es, Hubert Llewellyn Smith, der im 1893 neu geschaffenen »Labour Department« unter anderem mittels Statistiken die Ursachen von Arbeitslosigkeit zu ergründen suchte, damit die Politik Abhilfe schaffen könne.[55]

Whitehall hatte die künftige Politik der Liberal Party schon vorbereitet, als Henry Campbell-Bannerman 1906 Premierminister wurde. Wegen seines schwachen Herzens blieb er nicht lange im Amt. Auf ihn folgte Herbert Henry Asquith im April 1908. Aus einfachen Verhältnissen stammend, hatte er ein Stipendium für das Balliol College in Oxford errungen, womit seine Herkunft einer glänzenden Karriere nicht mehr im Weg stand. In der gespaltenen Liberal Party gehörte Asquith (1852 bis 1928) seinem Denken nach der konservativen Seite an, die es mit dem Überkommenen und also mit den Besitzenden hielt. Er war kein schwacher Premierminister, aber ein Mann, der sich seiner Schwächen bewusst war und ihnen nachgab. So erlaubte er Jüngeren, eine neue Sozialpolitik vorzubereiten: David Lloyd George, der Asquith auf den Posten des Finanzministers nachfolgte, und Winston Churchill, der Lloyd George auf dem Posten als Präsident des »Board of Trade« ablöste, das in sich Aufgaben der heutigen bundesdeutschen Ministerien für Wirtschaft und Arbeit vereinte.

Schon zu Lebzeiten wurde Herbert Asquith allgemein geschätzt. Churchill jedenfalls fand nichts Spöttisches über ihn zu sagen, was den Weg in einschlägige Anthologien gefunden hätte. Allenfalls befremdlich fand er Asquiths Freude daran, in der prallen Sonne zu sitzen (was Churchill nicht mochte) und griechische Epen zu übersetzen (was er nicht konnte). Churchill trocken: »Ich konnte da nicht viel beitragen.«[56] Viel mehr als alte Sprachen liebte Herbert Asquith das Gespräch mit amüsanten, gebildeten Frauen. In diesem Sinn erzog er seine Tochter Violet (die Mutter war 1898 gestorben). In Anspielung auf Winstons Hang zu langen Séancen in der Badewanne verglich Asquith den mehr als zwanzig Jahre Jüngeren mit Aphrodite: »Schaumgeboren aus Frottee«.[57]

Churchill war – zumindest in den ersten Minuten einer Bekanntschaft – stets bereit, das Alter zu ehren. Von Asquith war er angetan, besonders von dessen Sinn für Machtpolitik. Gleich bei Amtsantritt habe dieser in einer privaten Unterhaltung einen Leitsatz Gladstones zitiert: »Ein Premierminister muss zuallererst ein guter Metzger sein«, um anzufügen: »Und da gibt es einige, die jetzt geschlachtet werden müssen.«[58] Das hörte Churchill umso lieber, als Asquith ihm in derselben Unterredung die Führung des Board of Trade anbot. Die Briefe, in denen er sich dem designierten Premierminister empfohlen hatte, waren auf fruchtbaren Boden gefallen. Seit Langem, hatte er im Dezember 1907 geschrieben, habe er über Sozialpolitik nachgedacht: »Es ist dringend, und die Zeit ist reif.« Britannien müsse sich das Deutsche Reich als Vorbild nehmen: »Deutschland mit seinem härteren Wetter und viel weniger Volksvermögen ist es gelungen, annehmbare Lebensgrundlagen für das Volk zu schaffen. Es ist nicht bloß für den Krieg aufgestellt, sondern auch für den Frieden.« In England hingegen drehe sich zu viel um Parteipolitik und zu wenig um Reformen. »Die Ausgabe von weniger als zehn Millionen pro Jahr, nicht für Wohlfahrt, sondern für Fabrikeinrichtungen & Wirtschaftsförderung würde England für die Armen zu einem ganz anderen Land machen.«[59]

Die Sage vom schlechteren »deutschen« Wetter ergab sich zum einen aus dem alten englischen Irrglauben, selbst in ausgesucht milden Gefilden zu leben, zum anderen meinte Churchill sehr oft Preußen, wenn er von Deutschland redete. Davon abgesehen, irrte er sich nicht:

Die von Bismarck für das Deutsche Reich anberaumte Sozialgesetzgebung war der in anderen Ländern weit voraus. Bis in die 1860er Jahre waren zwanzig bis fünfzig Prozent der Bevölkerung preußischer Städte von der Armenfürsorge abhängig. Im Bemühen, die verschiedenen deutschen Länder im 1871 gegründeten Kaiserreich zu einen und um der erstarkenden SPD den Wind aus den Segeln zu nehmen, setzte Bismarck auf zwei Säulen: das weitgehend unter preußischer Führung stehende Militär (es herrschte Wehrpflicht) und die Sozialpolitik in Form der allgemeinen Renten-, Kranken- und Unfallversicherung. Ursprünglich war seine Idee gewesen, der Staat solle für die Beiträge aufkommen. Dafür aber hatte er nicht das Geld. So mussten denn Arbeitgeber und Arbeiter die Abgaben an die staatlichen Versicherungen anteilig berappen. Einzahlungen und Auszahlungen waren vernünftigerweise nach Vermögen respektive Einkommen gestaffelt. Das, sagt der Sozialhistoriker Jürgen Kocka, sei ein großer Unterschied zu dem System gewesen, das später in Britannien eingerichtet wurde, wo es eine Staffelung nicht gab: Eine Vermögensumverteilung war damit schon im Ansatz ausgeschlossen.[60]

Im Rahmen des Möglichen leisteten Asquith, Lloyd George und Churchill ganze Arbeit. Churchills erste Tat als Präsident des Board of Trade war es, ein Gesetz Lloyd Georges umzusetzen, demzufolge die Hafenverwaltungen an der Themse im Londoner Einzugsbereich zentral gebündelt werden sollten.[61] Man kann sich lebhaft vorstellen, wie die kleinen Hafenfürsten auf ihre Teilentmachtung reagierten. Man kann sich auch vorstellen, mit welchen Adjektiven Churchill gegenüber seinen Mitarbeitern diese Leute bedachte. Ihm zur Seite stand der schon erwähnte hervorragende Hubert Llewellyn Smith. Churchill selbst rekrutierte unter anderen William Beveridge (1879 bis 1963), dessen Vorschläge von 1942 für eine sozial gerechte Nachkriegsordnung, als der Zweite Weltkrieg noch lange nicht gewonnen war, 1945 Grundlage der britischen Politik werden sollten. Wenn Churchill zum Abendessen bei Beatrice Webb und ihrem Mann Sydney eingeladen war, pickte er aus deren sozialistischen Reden auf, was er brauchen konnte. Mehr als Picken war für ihn übrigens auch sonst nicht drin. Bei Mrs. Webb kamen prinzipiell nicht auf den Tisch: Fisch, Fleisch, Eier, Alkohol, Kaffee und Süßspeisen. (Man erzählte, ihr Mann habe nur dann »etwas Ordentliches« zu essen bekommen, wenn sein Teller hinter einer Blumenvase versteckt werden konnte.[62])

Das Board of Trade unter Churchill arbeitete an der Umstülpung der Verhältnisse. Er trachtete nach der Einführung eines Mindestlohns, einer Arbeitslosen- und Gesundheitsversicherung und der Schulpflicht für alle Kinder bis zum Alter von 17 Jahren. Er sann auf die Verbesserung der Arbeitsbedingungen in den Minen und Fabriken, die Verstaatlichung der Eisenbahnlinien, die Etablierung eines Rentensystems sowie die Ausweitung des Straßenbaus als Arbeitsbeschaffungsmaßnahmen.[63] Vieles davon lag jenseits seines Aufgabenbereichs, zu dessen Kern langweilige Themen gehörten wie die Registrierung und Regulierung von Unternehmen, Standards der Fabrikation oder Handels- und Arbeitsstatistiken. Deshalb naschte Churchill gern politisch von anderer Leute Tellern.

Nicht alles, was Asquiths Kabinett plante, konnte realisiert werden und manches nur mit großen Abstrichen. Churchill besonders am Herzen lag die Einrichtung von Arbeitsämtern: Dass die Arbeitsuchenden von Geschäft zu Geschäft, von Fabrik zu Fabrik laufen mussten, war eine entwürdigende Zeitverschwendung. Unter seiner Ägide wurden landesweit 430 Arbeitsämter aufgebaut und dazu tausend kleine Filialen in abgelegenen Gegenden. Verwirklicht wurde, worauf Asquith größten Wert legte, das Konzept eines staatlichen Rentensystems. Kritik an der Geringfügigkeit der Pensionszahlungen parierte Churchill: Fünf Schilling (ein Viertel von einem Pfund Sterling) pro Woche seien »nicht viel, es sei denn, man hat sie nicht«.[64] Dem Finanzminister Lloyd George gelang es, eine staatliche Gesundheits- und Arbeitslosenversicherung zu gründen. Damit kam er Churchill zuvor, der das auch auf seiner prallen Agenda hatte.

David Lloyd George (1863 bis 1945) war rund zehn Jahre älter als Churchill und wie dieser ein Politiker, der sich nicht die Butter vom Brot nehmen ließ. Nach dem frühen Tod des Vaters zogen der Junge und seine Mutter nach Wales in den Haushalt seines Onkels. Dessen Schuhmachergeschäft lief so gut, dass er dem Neffen ein Studium der Jurisprudenz finanzieren konnte. Ebenso wie Asquith gehörte auch Lloyd George in Westminster – wo das Anrecht auf ein hohes politisches Amt quasi vererbt wurde – gewissermaßen zu den Quereinsteigern, den »new men«.[65] Lloyd George war scharfsinnig und scharf in seinen Reden. Asquiths zweite Ehefrau Margot sagte über ihn: »Er konnte keinen Gürtel sehen, ohne unten drunter zuzuschlagen.«[66]

Beim ersten Treffen war Churchill wenig begeistert: »ein vulgärer, geschwätziger kleiner Flegel«. Das sollte sich jedoch bald ändern. Schon im Sommer 1903 lud er Lloyd George zu seinem Cousin nach Schloss Blenheim ein. Im Oktober desselben Jahres waren die beiden gute Freunde, jedenfalls was Churchill anging.[67] Es gehört zu den Eigenheiten Churchills, dass er die Freundschaft mit wichtigen Männern suchte, sie fand und nicht wahrnahm, wenn sie mit weniger Wärme erwidert wurde, als ihm vorschwebte. Diesem Phänomen werden wir wieder begegnen, wenn Franklin Delano Roosevelt und Stalin ins Bild kommen.

Lloyd George befand, Churchill sei »sehr ehrgeizig, sehr clever«. Seinem Bruder schrieb er: Churchill sei »wie ein Schauspieler. Er liebt das Rampenlicht und den Applaus von den niederen Rängen.«[68] Das war noch freundlich formuliert. Tatsächlich mochte Lloyd George diesen Heißsporn, einerseits. Andererseits meinte er, Churchill verzehre sich »in Egotismus und Eitelkeit«, zu viel Lektüre über Napoleon habe ihn ruiniert: Er würde »aus der Haut seiner Mutter eine Trommel machen, wenn er darauf das eigene Loblied schlagen könnte«.[69] Lloyd George machte sich über Churchill lustig, was dieser mit angehaltenem Atem ertrug: Er hatte gemerkt, dass jener ihm an Bedeutung und Erfahrung und sogar rhetorisch überlegen war.[70] *Noch* überlegen war! 1931, nachdem beide untereinander Scharmützel ausgetragen und sich wieder vertragen hatten und als Lloyd Georges Karriere ihrem Ende zuging, sollte Churchill ihn mit einem zweifelhaften Kompliment bedenken: »Ich habe erlebt, wie er das Kabinett binnen weniger als zehn Minuten umdrehte; wenn dann alles beschlossen war, konnte niemand sich an ein einziges der Argumente erinnern, mit denen er den Meinungswechsel bewirkt hatte.«[71]

Von 1906 an arbeiteten die beiden liberalen Radikalinskis gut zusammen. Churchill verschaffte es Genugtuung, sich an den Konservativen abzuarbeiten, die ihn seit seinem Wechsel zu den Liberalen nachgerade hassten. Mitunter war ihm allerdings ein wenig unwohl zumute bei der Vorstellung, auch gegen den Vetter »Sunny« Marlborough anzugehen, den 9. Herzog von Marlborough, den er mochte.[72] Der psychologisch gewiefte Lloyd George wusste die Anflüge von Zögerlichkeit zu beheben. Er ermunterte Churchill: Jetzt habe dieser die Gelegenheit, wie ein zweiter Napoleon Bonaparte zu agieren.[73] So aufs Ross gesetzt, preschte der Mitstreiter rhetorisch voran. Im Juni 1908 erklärte er, die Mitglieder des Oberhauses seien in ihren Eigeninteressen »befangen«, seien bloß »Erben, unbelehrbar, unrepräsentativ, verantwortungslos, abwesend«. Im Januar 1909 legte er nach: Das Oberhaus habe »den Klassenkrieg« begonnen, es solle »sich vorsehen«.[74]

Am 30. Januar 1909 hielt er in Nottingham eine Rede, an die er von den Linken in den folgenden Jahrzehnten, als er längst wieder zur Tory Party konvertiert war, immer wieder mahnend erinnert wurde: Die Konservativen, trompetete er, stünden für »die Partei der Reichen gegen die Armen; der höheren Klassen und ihrer Mitgänger gegen die Massen; der Privilegierten, Reichen, Glücklichen und Starken gegen die Abgehängten und die abgetanen Millionen der Schwachen und Armen«.[75] Bei anderer Gelegenheit zählte er auf, welch unseriöse Typen bei den Konservativen zusammenfanden: »alte vor sich hin tapernde Peers, durchtriebene Finanzmagnaten, clevere Strippenzieher, dicke Brauer mit ihren Kartoffelnasen«.[76] Das saß: Churchills aristokratische Verwandtschaft war entgeistert; und die Bierfabrikanten, die traditionell den Tories anhingen, fühlten sich zutiefst beleidigt.

Lloyd Georges Haushaltsplan von 1909 sah vor, die Reichen deutlich höher zu besteuern. Mit dem konservativ geprägten Oberhaus, das bei Gesetzesvorlagen das Vetorecht hatte, war das nicht zu machen. Lloyd George verfiel auf eine trickreiche Strategie zur Teilentmachtung des House of Lords. Wie Schachspieler im Namen eines höheren Ziels Läufer oder Pferdchen opfern, verfuhr der Finanzminister. Das Oberhaus lehnte Lloyd Georges »Volkshaushalt« ab, plangemäß. Auch die Wiedervorlage des Budgets verwarf es. Also wurden Neuwahlen anberaumt, deren Ausgang vorhersehbar war. Nicht ein Mal, sondern gleich zwei Mal im Jahr 1910 bestätigten die Wähler die liberale Regierung. Darüber konnte das Oberhaus nicht hinweggehen. Im Jahr 1911 folgte das Schachmatt: Per Act of Parliament wurde das Vetorecht des Oberhauses im Hinblick auf Geldfragen von einem absoluten zu einem aufschiebenden Veto.

Störende Elemente: Die Iren und die Suffragetten

Die Iren waren auf Selbstverwaltung aus. Als ob Asquiths Kabinett nicht auf fernen Kontinenten genug zu tun gehabt hätte, gab es zu Hause Ärger mit den aus Londoner Sicht eigensinnigen katholischen Iren. Die hatten sehr gut in Erinnerung, wie die Kartoffelpest 1845 bis 1849 eine Hungersnot über das Land gebracht hatte. Damals waren die Ernten ausgeblieben, Jahr um Jahr. Nachdem sie allen Besitz verkauft hatten, gingen die zum Laufen zu schwachen Menschen elend auf dem Fußboden ihrer kahlen Behausungen zugrunde. Sei es, dass sie verhungerten, sei es, dass sie an Ruhr oder Typhus starben – insgesamt ungefähr eine Million Menschen, fast ein Achtel der Bevölkerung. Die Regierung in London kam nicht zu Hilfe, sie kaufte kein Getreide von den USA, um die Not in Irland zu lindern: »Die herrschende Ideologie des *Laisser-faire* schloss jedes Eingreifen in das ›freie Spiel‹ der Marktkräfte aus.«[77]

Das alles spielte sich ein halbes Jahrhundert, bevor die Liberal Party 1906 unter Campbell-Bannerman ans Ruder kam, ab. In Irland hatte man es nicht vergessen. Hinzu kam, dass die nordirischen Protestanten gegenüber den Katholiken im übrigen Land von London bevorzugt wurden. Die hundert von Irland entsandten Abgeordneten im Unterhaus gingen den englischen Parlamentariern mit ihrer Obstruktionspolitik auf die Nerven. Die Iren waren zunächst bescheiden, sie wollten bloß eine Art von autonomer Selbstregierung gewährt bekommen: »Home Rule«. Premierminister Gladstone hatte sich dafür ausgesprochen, war aber gescheitert. Asquiths Regierung hatte es nun zusätzlich mit der 1905 gegründeten radikalen Partei Sinn Féin zu tun. (1912 einigte man sich endlich auf Home Rule, dann aber begann der Erste Weltkrieg, und das schon beschlossene Gesetz wurde auf Eis gelegt.)

Mit seinem Übertritt zu den Liberalen 1904 wechselte Churchill nicht wenige seiner Meinungen. So warb er nun in seinen öffentlichen Reden für die staatliche Beschränkung des allgemeinen Alkoholkonsums. Und Home Rule für Irland erschien ihm plötzlich auch als eine gute Idee.[78] Eine irische Frauenrechtlerin war davon wenig beeindruckt: Sie folgte seinen Veranstaltungen von Ort zu Ort und suchte seine Reden mit einer lauten Glocke zu übertönen.

Zu Beginn des 20. Jahrhunderts stifteten die Suffragetten Unruhe in England. Emmeline Pankhurst (1858 bis 1928) war die wortmächtige Anführerin, ihre Töchter Christabel und Sylvia standen ihr bei. Weil Argumentieren nichts geholfen hatte, wollten die Suffragetten[79] das Wahlrecht, »suffrage«, laut und gewaltsam durchsetzen. Sie randalierten auf allerlei Weise, schmissen mit allerlei Gegenständen, drängelten und wurden sogar handgreiflich. Das war nicht zuletzt aus sportlicher Sicht bemerkenswert, weil Damen der besseren Gesellschaft damals noch in knöchellange Gewänder, eng sitzende Blusen und Korsetts gezwängt waren, hochgetürmte Frisuren und komplizierte Hüte trugen.

Weil die Frauen die Regeln des parlamentarischen Fair Play bewusst verletzten, war der britische Sportsgeist überfordert: Suffragetten kamen ins Gefängnis. Darauf legten sie es an; wenn ein Bobby eine Dame partout nicht festnehmen wollte, bespuckte sie ihn: Das zeitigte meistens den gewünschten Erfolg. Keinen Erfolg hatten die Suffragetten jedoch mit ihrem Anliegen. Erst nach dem Ersten Weltkrieg bekamen auch Frauen das Wahlrecht. Das war nicht, wie weithin angenommen wird, quasi die Belohnung dafür, dass sie in Fabriken und anderswo während des Kriegs »ihren Mann« gestanden hatten. Es ergab sich vielmehr aus dem komplizierten britischen Wahlrecht und der guten Lobbyarbeit friedlicher Feministinnen. Die Suffragetten hatten das Wahlrecht im Rahmen des *bestehenden* Rechts gefordert. Demzufolge waren männliche Haushaltsvorstände wahlberechtigt. Wäre das auf Frauen ausgedehnt worden, hätten nur unverheiratete Frauen mit eigener Adresse wählen dürfen. Und was wäre mit den Männern gewesen, die ein Einkommen hatten, aber keinen eigenen Haushalt? Dem Parlament wurden diese kniffligen Fragen zu kompliziert. Nicht zuletzt zur Vereinfachung der Dinge gab es den Frauen das aktive und passive Wahlrecht. 1919 wurde erstmals eine Frau ins Unterhaus gewählt.[80]

Dem weiblichen Geschlecht gegenüber auf jeden Fall insofern aufgeschlossen, als er oftmals beim Dinner seine Ohren verschloss, in sich zusammensackte und seinen Tischdamen alle Freiheit ließ, vor sich hinzuplappern, tat Churchill die Attacken der Suffragetten anfangs als Albernheiten ab und äußerte sich wohlwollend über das Frauenwahlrecht.[81] Als es jedoch allgemein üblich wurde, dass Frauen auf der Galerie Politikerreden unterbrachen, ging es mit seiner Geduld zu Ende.

Nachdem er 1908 zum Präsidenten des Board of Trade ernannt worden war, musste er – damaligem Brauch gemäß – sich von seinem Wahlkreis bestätigen lassen, bevor er das neue Amt antreten konnte. Ein Auftritt im Rathaus von Manchester geriet zum vollendeten Desaster. Wie Christabel Pankhurst ihm die Schau stahl, beschrieb er so: »Verständlicherweise widerstrebte allen die Idee, eine Frau aus einer öffentlichen Veranstaltung rauszuschmeißen oder sie grob anzufassen.« Grässliche Szenen hätten sich abgespielt, als Miss Pankhurst mit ihren dauernden Störereien einen »Riesentumult« provozierte, bevor sie endlich »mit völlig aufgelöster Frisur« aus dem Saal habe entfernt werden können. In Manchester verlor er 1908, wurde wenige Monate später aber in einem »sicheren« konservativen Wahlkreis der schottischen Stadt Dundee ins Parlament gewählt. Dass dort viele Kinder Hunger litten und Männer barfuß liefen, schockierte ihn, als er davon hörte – er hatte trotz seines Einsatzes für die Sozialpolitik keine realistische Vorstellung von den Lebensverhältnissen der Arbeiter.[82]

Die Suffragetten lernte Churchill notgedrungen kennen und ärgerte sich darüber, wie sie das politische Personal bei der Ausübung seiner Redekunst behinderten, indem sie aus voller Kraft mit Tischglocken lärmten oder kreischten: »Und wo bleiben die Frauen?«[83] In Bristol ging eine Suffragette mit der Peitsche auf ihn los: »Nimm das, du Vieh. Ich werd' dir zeigen, wozu englische Frauen fähig sind!«[84] Churchill hielt am Ende an der ihm vom Herkommen gemäßen Vorstellung fest, es gebe ohnedies schon zu viele Wähler, die von Regierungsdingen und demokratischen Gepflogenheiten nichts verstehen.

Von all dem abgesehen, war er 1908 mit einer ganz anderen Frauenfrage beschäftigt. Er warb um Clementine Hozier. Er war 33 Jahre alt, es war Zeit zum Heiraten. Er fand eine gute Gefährtin.

4. Kapitel

DIE FAMILIE: PUG UND CAT UND IHRE KINDER

1

2

3

4

1 Mai 1947: Der Krieg ist gewonnen. Clementine hat einen ausgelassenen Moment.

2 Familienstolz 1915. Die Erwachsenen (von links nach rechts): Churchill, Clementine, Jacks Frau Goonie, Jack; die Kinder: Diana, Baby Sarah, Randolph, Goonies Jungs.

3 Winston und Clementine. Zärtlich nannten sie einander Pug und Cat: Mops und Katze.

4 Aufstrebende Politiker sollten zum Ausweis ihrer sittlichen Reife verheiratet sein. Dreimal bekam Churchill einen Korb. Bei einer Soirée im März 1908 fanden er und Clementine Hozier zueinander. Er war 33, sie knapp 23 Jahre alt. Im September feierten sie Hochzeit.

Und sie lebten glücklich bis in alle Zeit.« So endet Churchills Buch »My Early Life«, das er 1930 veröffentlichte. Auf Deutsch lautet der klassische Märchenschluss: »Und wenn sie nicht gestorben sind, dann leben sie noch heute.« In gewisser Weise, in den Augen der Nachwelt nämlich, ist es tatsächlich so: Winston und Clementine gehören zu den reizenden Liebespaaren des 20. Jahrhunderts und belegen beispielhaft die These, dass eine Ehe umso glücklicher ist, je weniger die Beteiligten einander sehen.

Clementine

Zu jenen Zeiten konnten aufstrebende Politiker sich nicht erlauben, in liederlichen Verhältnissen zu leben: Im zeitgenössischen Sittengefüge galten standhafte Junggesellen als eine Art gesellschaftliche Raubritter. So drängte es denn Churchill, sich zu binden: Dreimal hat er einer Frau die Ehe angetragen, dreimal vergeblich. Die erste fühlte sich Ende der 1890er Jahre mit einem anderen Mann besser aufgehoben (Pamela Plowden); die zweite (die Reederstochter Muriel Wilson) befand 1906, Winston sei finanziell keine gute Partie. Eine elegantere Entschuldigung fand die amerikanische Schauspielerin Ethel Barrymore (die Großtante von Drew Barrymore): Für »die große Welt der Politik« sei sie nicht gemacht. Ebenso wie Churchill, wenn auch aus anderem Grund, war Clementine Hozier auf der Suche: Weil ihre Familie alles andere als wohlhabend war, brauchte sie für ihren Lebensunterhalt einen Ehemann. Zweimal war sie verlobt, bevor sie sich auf Winston einließ. Sowohl dem dritten Sohn eines Viscount als auch einem reputierlichen Beamten, doppelt so alt wie sie, hatte sie in schreckensvoller Vorahnung der Zukunft den Laufpass erteilt.[1]

1904 war der 29-jährige Winston der zehn Jahre jüngeren Clementine erstmals begegnet. Anlässlich einer Soiree erblickte er die junge Frau, bat seine Mutter, sie ihm vorzustellen, war dann von ihrer Schönheit und Präsenz wie erschlagen und brachte kein Wort heraus.[2] Das entsprach seinem Wesen: In Minnedingen gingen Passion und Pathos ihm leichter aus der Feder als über die Lippen. Ob er eine politische Rede aufsetzte oder einen Liebesbrief: Die Arbeit war die gleiche. Auf seine Künste als Tänzer gab er nicht viel.[3] Zusammenfassend kann man mit seiner Tochter Mary sagen: Winston war nie »a ladies man«.[4]

Die Reederstochter war 1906 davongesegelt und auch die Amerikanerin außer Sicht. Geblieben war die Notwendigkeit, dem Junggesellendasein abzuhelfen. Da ergab es sich, dass Churchill im März 1908 abermals mit Clementine zusammenkam. Es war ein Zufall, ein Glück, das an seidenen Fäden hing: An jenem Tag hatte Clementine zur Aufbesserung ihres Auskommens Nachhilfeunterricht im Französischen gegeben, war entsprechend angestrengt und ließ ausrichten, ihre weißen Handschuhe seien verschmutzt, sie könne deshalb der Einladung leider nicht Folge leisten. Ohne weiße Seidenhandschuhe ging eine Dame nicht zu einem Abendessen. Gleichwohl, diese Entschuldigung erschien ihrer Tante, der Gastgeberin, als hochgradig fadenscheinig. Sie ließ ihre Nichte also wissen: Zum einen benötige sie, um die unheilvolle Zahl 13 zu vermeiden, eine 14. Person bei Tisch, und außerdem schulde Clementine ihrer ebenfalls geladenen Großtante Respekt und müsse deshalb kommen. Gegen die doppelte Tantenmacht kam die Nichte nicht an.

Was Winston angeht: Der lag kurz vor Beginn des angesetzten Dinners in der Badewanne und fühlte sich darin viel zu wohl – so befand jedenfalls sein enger Vertrauter und Privatsekretär Eddie Marsh, der ihm seit 1905 freundschaftlich zur Seite stand. Er rief dem Chef ins Gedächtnis, wie großzügig die Gastgeberin ihn zu seiner Soldatenzeit unterstützt habe. Die zündende Mahnung trieb Churchill in Rock und Hosen und auf den Weg.[5]

So kamen Clementine und Winston zusammen. Und dieses Mal sprang der Funke über. Winston fand in ihr eine attraktive Frau, die gut argumentierte. Clementine fand einen Mann, der sie nicht langweilte. Die Hochzeit fand statt, kein halbes Jahr später, am 2. September 1908 in St Margaret's Church, der Pfarrkirche des britischen Parlaments.

Auf ihre Umwelt wirkte Clementine Hozier wie die sprichwörtliche »kühle englische Schönheit«.[6] Ein Korsett benötigte die hochgewachsene, schlanke Frau nicht, jedenfalls nicht am Leib, innerlich aber wohl. Es galt, die jüngsten Fehlkrümmungen im Stammbaum der Familie zu kaschieren. Die Wurzeln der schottischen Ogilvys, denen ihre Mutter entstammte, reichen bis ins 12. Jahrhundert. Das Ansehen der Sippe beruhte seit Menschengedenken auf ihren großen Ländereien, die freilich im Lauf des 19. Jahrhunderts immer weniger Gewinn abwarfen. Montague Henry Hozier (1838 bis 1907), ein erfolgreicher Offizier, der anschließend in der Londoner City bei dem Rückversicherungsunternehmen Lloyds reüssierte, hielt es für nützlich, sich 1873 mit einer Frau aus einem alten Geschlecht zu vermählen: Seine Wahl fiel auf Lady Henrietta Blanche Ogilvy (1852 bis 1925).

So weit, so normal. Clementines Weg indes verlief jenseits des Üblichen – damit angefangen, dass Henry Hozier aller Wahrscheinlichkeit nach nicht ihr Vater war.[7] Über dergleichen Ungeheuerlichkeiten wurde damals nicht offen geplaudert. Weil aber viele Kinder feine Ohren haben, hören sie Anspielungen in den Unterhaltungen, von denen Gouvernanten, Diener und andere Erwachsene meinen, sie seien jenseits des kindlichen Verständnisses.

Ob Clementine ahnte oder nicht, dass sie nicht ehelich war: Sir Henry hatte das Mädchen als das seine angenommen, sie war immerhin *in* der Ehe zur Welt gekommen. Der Fehltritt der Mutter hätte unter den Teppich gekehrt werden können, wäre nicht Hoziers Zuneigung zu seiner Frau, sofern sie je bestand, erkaltet und hätte er sie nicht 1891 in flagranti mit einem anderen Mann ertappt. Lady Blanche Hozier, weit davon entfernt, in Reue aufzugehen, erinnerte Sir Henry daran, dass er selbst noch nichts hatte anbrennen lassen. Daraufhin wurde vereinbart, dass man das Risiko einer von der Presse spektakulär ausgeschlachteten Scheidung vermeiden, wohl aber für das weitere gedeihliche Nichtmiteinander künftig getrennte Haushalte führen werde.[8]

So versäumte Clementine, die damals sechs Jahre alt war, ein halbwegs heiles Familienleben. Der Vater war fort. Die Unterhaltszahlungen reichten nicht aus. Die Mutter zog mit ihren Kindern für einige Zeit nach Dieppe, weil das Leben dort billiger war. Clementine lernte Französisch (auch das Deutsche soll sie perfekt beherrscht haben)[9], fand aber kein wirkliches Zuhause, keinen Rückhalt, keine Geborgenheit. Die Mutter war vielfach amourös involviert. Die gelegentlichen Begegnungen mit dem fremd gewordenen Vater waren Clementine eine Qual; einmal versuchte er, sie zu entführen. Und immer fürchtete sie, in welche Spielerei ihre Mutter sich als Nächstes stürzen würde. Wenn Lady Blanche sich ihren Kindern zuwandte, dann vor allem der Tochter Kitty, die ihr an Lebenslust nachkam. Kitty wurde zuteil, was Clementine versagt blieb: Lob und Liebe der Mutter. In einer Notiz, die sich in ihrem Nachlass gefunden hat, schrieb Clementine: »Seltsamerweise« habe es sie nicht gestört, dass die große Schwester bevorzugt wurde, »das schien mir ganz normal. Ich bewunderte Kitty, war hingerissen von ihrem Aussehen und ihrer fröhlichen Frechheit.«[10] Das Mädchen starb mit 14 Jahren an Typhus. Sofern Geschwister eine »Arbeitsteilung« unter sich vornehmen, indem – mehr oder minder unbewusst – jedes für sich herausfindet, was seine Rolle gegenüber den Erwachsenen ist, war zum Zeitpunkt von Kittys Tod für die kleinere Schwester alles entschieden.

Clementine wäre gern auf die Universität gegangen, das aber gestattete die Mutter nicht.[11] Nach deren Moral waren viele Liebhaber erlaubt; wissenschaftliche Kenntnisse hingegen hielt Lady Blanche für unangebracht. Clementine sollte genügend Wissen erwerben, um charmant und klug Konversation zu machen, mehr aber bitte nicht: Keinesfalls durfte sie – Stichwort »Blaustrumpf« – in einem Gespräch mit Männern bestehen können, deren einer doch (hoffentlich) ziemlich bald für ihren Lebensunterhalt aufkommen würde.

Aus Kindheit und Jugend ging Clementine als unsichere Frau hervor.[12] Nach außen wahrte sie Komment. Für sich selbst lebte sie nach der Devise: Ordnung muss sein. Sie war nicht erpicht auf Schwung, sondern auf Bau und Erhalt des inneren und äußeren Gitterwerks, von dem doch so viel abhängt: der Haushalt, seine Finanzierung, Bildung, Dekorum und Manieren. Ihre Lebensangst unterdrückte sie, indem sie ihr keinen Anlass gab. Damit war sie bei Churchill gerade an den Rechten geraten: Der machte meistens das Gegenteil von dem, was

Clementines Sicherheitsbedürfnis ihr eingab. Seine Tollkühnheiten auf allen Gebieten hielten sie in Atem und gaben ihr die Möglichkeit, als Gegengewicht von Bedeutung zu sein, ohne in kleinmütiger Bewirtschaftung des Daseins zu verkümmern. Winston gab zu viel Geld aus, er saß gern am Spieltisch: Sie drang aufs Sparen (wobei ihr Luxus an sich willkommen war). Winston begab sich aus Freude am Abenteuer in Lebensgefahr: Sie ermahnte ihn liebevoll. Winston benahm sich unmöglich: Sie achtete auf Benimm im Haushalt. Mit ihren peniblen Prüfungen, ob auch alles akkurat und säuberlich vonstattengehe, war sie bei ihren Kindern, ihren Freunden und den Dienstboten gefürchtet: »Dann konnte sie eine Eisigkeit an den Tag legen, vor der die größten Bäume einknickten.« Oder sie redete sich in »unkontrollierbare Rage«.[13]

Über alle charakterlichen Unterschiede, über alle Sorgen triumphierte die Liebe. Die Kosenamen, die Clementine und Winston füreinander fanden, waren oft von kleinen Zeichnungen begleitet: Churchill mit seinen rotblonden Haaren war anfangs der »Bernsteinhund«, dann der »Mops« (auf Englisch pug), gelegentlich »Puggy Wow« (»wow« ist das englische Kinderwort für Hundebellen, steht aber auch für Anerkennung), er war der »kleine Mops« oder »Pig« (das englische Wort klingt niedlicher als das deutsche »Schwein«). Clementine, Clemmie, war »Cat« oder »Kat« oder mitunter »Bird«. Manchmal unterschrieb sie mit »Clem Pussy Bird«. Beide malten unter ihre Briefe Bildchen von Hunden und Katzen. Noch 1963, zwei Jahre vor Winstons Tod, sandte Clementine ihm einen Brief, der unten von einer kleinen Katze geschmückt war. Im Lauf der Jahrzehnte schickten sie einander viele solcher Zeichnungen.[14]

Hund und Katze sind einander bekanntermaßen nicht grün. Manchmal kommt es vor, dass beide sich gut miteinander verstehen – sofern sie den ihrer jeweiligen Natur gemäßen Auslauf haben. Ähnliches galt für Winston und Clemmie. Mit welchem »Mops« sie es zu tun hatte, merkte sie in den Flitterwochen: Sie besuchten Venedig und erfreuten sich an der Architektur und dem Ambiente. Plötzlich aber war der Bräutigam verschwunden: Er hatte einen Zeitungsladen erspäht. Minuten später tauchte Winston wieder auf, unterm Arm ein Bündel der »Times« der letzten Tage, setzte sich im Freien auf das nächste Mauerstück und begann zu lesen. Architektur und Ambiente der Stadt waren aus dem Sinn und seine Frau auch.[15]

Churchill für sein Teil verstand recht früh, dass es Clementine vor allem darum zu tun war, ein ordentliches, zuverlässiges Zuhause zu haben. Dafür liebte er sie: Er wusste, anders als seine Eltern freute Clementine sich auf ihn, wenn er von Reisen heimkehrte. »Clementine war der Fels, auf den sein heimisches Glück ein Leben lang gebaut war.« Freilich, Churchill hing an der Idee von einem Zuhause vor allem, um unbeschwert in die Ferne schweifen zu können. Auch im Krieg immer von Dienern versorgt, kannte er sich in Alltagsdingen wenig aus. Wenn er zu Hause war, konnte er Clementine mit seinen unvernünftigen, unerfüllbaren Forderungen zur Weißglut bringen. Einmal, als sie sich vergaß, schleuderte sie eine Schüssel voll Gemüse nach ihm – sie warf daneben.[16]

Churchills Tatendrang kam es entgegen, dass seine Frau mit seiner Anwesenheit nur eine gewisse Zeit am Stück zurechtkam: »Clementine war hochnervös und musste sich regelmäßig ausruhen von den emotionalen und praktischen Anforderungen ihres Gatten.«[17] War das Leben mit ihm in Zeiten der Sorglosigkeit schon anstrengend genug, so wurde ihr »der Titan« schier unerträglich, wenn er innerlich angespannt war, wie es vor wichtigen Reden oder zu Kriegszeiten vorkam.[18]

Von Anbeginn der Ehe an hatten sie getrennte Schlafzimmer: Winstons Gewohnheit, spät nachts zu Bett zu gehen, ließ das geraten sein. Seiner Tochter Sarah sagte er einmal: »Eines der Geheimnisse«, auf denen eine glückliche Ehe beruhe, sei es, dass Mann und Frau »niemals vor Mittag miteinander reden oder einander sehen«.[19] Anfangs unternahmen sie gemeinsame Ausritte und gingen zusammen auf die Jagd – Clementine war eine gute Reiterin.[20] Auf die Dauer aber ließen die sportlichen Vorlieben der beiden sich nicht vereinbaren: Mit fünfzig Jahren lernte sie in der Schweiz das Skilaufen; Winston nahm Berge hin als Motive für die Landschaftsmalerei. Sie spielte mit großer Freude Tennis, was ihm wegen der Verletzung seiner rechten Schulter nicht gut möglich war. Er spielte Polo mit Leidenschaft (bis in seine Fünfziger Jahre); er fischte gern und ging gern jagen, Großwild in Afrika, das Wildschwein in Frankreich oder das heimische Wild bei der Hatz mit Hunden (an der Jagd mit Hunden nahm er ein letztes Mal teil, als er siebzig geworden war). Für all das mochte Clementine nicht in die Stiefel steigen.[21]

Die Ferien verbrachten sie oft getrennt: Winston, der 1915 zu malen begann, liebte die Côte d'Azur wegen ihres inspirierenden Lichts und wegen des dichten Aufkommens schwerreicher Bekannter, die ihn bei seinen Besuchen fürstlich bewirteten. Clementine mochte den Landstrich nicht: »O Gott, was für eine grässliche Gegend.« Und Männer vom Typ Krösus waren ihr nicht geheuer, die hätten einen schlechten Einfluss auf ihren Pug. Die Sorge war vielleicht nicht ganz unberechtigt: Einmal nach dem Zweiten Weltkrieg gefragt, warum er sich so oft und so gern von dem übel beleumundeten Schiffsmagnaten Aristoteles Onassis (1906 bis 1975) auf dessen riesige Yacht »Christina« einladen ließ, anstatt mit seinen Freunden zu verkehren, die sich vernachlässigt fühlten, antwortete er: »Welcher meiner alten Freunde offeriert mir seine Yacht?«[22]

Ausgedehnte Kreuzfahrten über die Weltmeere, die Winston und Clementine gleichermaßen genossen, waren erholsamer und vergnüglicher, wenn sie nicht gemeinsam unterwegs waren. Churchill befand sich dann nicht unter der Überwachung argwöhnischer Katzenaugen. Und seine Cat fühlte sich frei von Verantwortung. Nicht zufällig fand Clementines einziges bekanntes ehevergessenes Techtelmechtel 1934 auf hoher See statt. Ob die Nähe zwischen ihr und dem Kunsthändler Terence Philip über Flirten hinausging, blieb das Geheimnis der beiden.[23] Was Churchill anging, so hatte der für außereheliche Sünden nicht das nötige Temperament. Damit erinnert er an Bismarck, der einmal von sich sagte, die Politik sei der Fisch, der alle anderen Leidenschaften totgebissen habe. Vier Tage nach der Hochzeit schrieb Churchill seiner jungen Frau: »Ich bin dermaßen in meiner Politik befangen, dass ich oft denke, ich sei langweilig für alle, die nicht auch in dem Geschäft sind.«[24]

Nicht zuletzt die Politik brachte es mit sich, dass die Eheleute oft lange voneinander getrennt waren – und eben dann einander ganz nahe. Clemmies Abwesenheit erlaubte Churchill, sehnsüchtige Briefe zu schreiben. »Der arme Mops jault verzweifelt«, schrieb er, als ob er es kaum mehr aushalten könne, »liebste Katze, morgen um 6:15 bin ich zurück.«[25] Auf diese Art enden viele seiner Briefe und Telegramme.

Ob er ihr sein Herz öffnete oder ob er sich an der belletristischen Kunst des Liebesbriefeschreibens freute, konnte der Adressatin einerlei sein. Im Lauf der Zeit fielen seine Briefe etwas salopper aus. 1913 schrieb er seiner Frau: »X X X. Hier sind drei Küsse [...] Verschwende sie nicht. Sie sind gehaltvoll.«[26]

Clementine verließ sich lieber auf durchdachte, schriftlich niedergelegte Sätze als auf den spontanen mündlichen Meinungsaustausch, bei dem sie sich Winston gegenüber immer hilflos fühlte. Das Korrespondieren fiel ihr schwer genug. Zwei Tage nach der Verlobung im Sommer 1908 hatte sie ihm geschrieben: »Je t'aime passionnement.« Und weiter, um Nachsicht bittend: Wenn sie auf Französisch formuliere, fühle sie sich weniger »schüchtern«.[27] In demselben Sommer ließ sie ihn wissen: »Ich sehne mich so sehr nach Dir. Ich frage mich, wie ich 23 Jahre ohne Dich leben konnte. – Alles, was sich bis vor ungefähr fünf Monaten zugetragen hat, kommt mir unwirklich vor.«[28] So gut wie immer hat Clementine ihrem Mann wirklich Wichtiges schriftlich zukommen lassen: Sie kannte sich selbst als hochfahrend. Und Winston kannte sie als beschäftigt, mit dem Geist immer irgendwo, nicht notwendigerweise bei ihr. Ihre Hoffnung war: Einen Brief von ihr werde er dann lesen, wenn er die Muße habe, sich auf den Inhalt einzulassen.

Clementine hatte eigene politische Überzeugungen: Anders als Winston war sie eine echte Liberale. Deswegen gab es aber keinen Streit, im Gegenteil: Sie stand ihrem Mann politisch zur Seite, wo sie konnte. Sie trat in Wahlkämpfen für ihn auf. Sie eröffnete Blumenmärkte und hielt Reden in Schulen. Während der Weltkriege übernahm sie den Posten einer Schirmherrin diverser Komitees, die Spenden sammelten. Sie war Churchill »medial von großer Hilfe«.[29] Auch sandte sie Briefe an Winstons Parteiobere, in denen sie dazu aufrief, seine Talente nicht ungenutzt zu lassen; so schrieb sie zum Beispiel im Mai 1915 an den Premierminister Herbert Asquith. Wegen seiner politisch-militärischen Fehlplanung beim Angriff auf die Meerenge der Dardanellen war Churchill als 1. Lord der Admiralität in der Bredouille (siehe 6. Kapitel). Mrs. Churchill meinte, sich für ihren Gatten verwenden zu müssen: »Seit bald vier Jahren hat Winston sich in die maritime Wissenschaft bis ins Kleinste eingearbeitet. Kein anderer Mann in diesem Land verfügt über vergleichbares Wissen, Fähigkeit und Durchsetzungskraft ...«.[30]

Dieser Brief bestätigte, was man im Hause Asquith ohnedies von Clementine Churchill hielt. Herbert Asquith, im Hinblick auf Frauen von ausgesuchtem Geschmack, mochte Damen von intellektuellem Esprit. Clementine zählte er zu denen nicht. Ihren Brief zeigte er seiner Frau Margot, die in ihrem Tagebuch notierte: Dieses Ansuchen offenbare »den Geist einer Untergebenen«. Im Gespräch mit seiner Frau wandte Asquith ein: Margot möge in Betracht ziehen, dass es sich um den Brief eines liebenden Weibes handele. Die darauf spitz: »Du meinst ein Fischweib?«[31] Asquiths Tochter Violet pflegte die Bekanntschaft mit Clementine, weil sie Clementine gut ertragen konnte und auch um der Freundschaft zu Winston willen. Mit Erstaunen verbuchte sie, dass Clementine tatsächlich eine eigene politische Meinung habe, auch bezeichnete sie sich in ihrer Churchill-Biographie von 1965 als Clementines »Freundin«.[32] Der Gedanke, dass Clementine politischen Einfluss auf Winston genommen habe, wäre Violet Asquith nicht gekommen.

In Unterhaltungen über Politik konnte Clementine Churchill neben der kaum jüngeren Violet nicht bestehen. Unruhe, die ihr als Eifersucht ausgelegt wurde, ergriff sie, wenn Violet und andere Frauen sich mit ihrem Mann allzu gut verstanden.[33] Während des Ersten Weltkriegs, den Churchill auch und gerade im Feld genoss, sah sie ihn fast lieber an der Front als in Gesellschaft von möglichen Konkurrentinnen. Nach dem Dardanellen-Desaster ließ er sich in Frankreich an der Front einsetzen, um dort seine Reputation militärisch zu reparieren. Da ermunterte Clementine ihn sogar, fürs Erste solle er im Krieg bleiben: Das sei »ehrenvoll« und »verständlich«, eine vorzeitige Rückkehr ins Unterhaus, ohne gerufen zu werden, würde ihm zum Schaden gereichen. Auf diesen Rat antwortete Churchill barsch: »Du hast keine Ahnung, wenn Du denkst, dass hierbleiben und nichts tun mir dazu verhelfen wird, meinen Einfluss zurückzugewinnen.«[34] Vielleicht hat Clementine ihren Mann tatsächlich dazu bewogen, an der Front zu bleiben. Vielleicht aber, was seinem Charakter gemäß wäre, fiel seine Antwort auf ihren Rat deshalb so unfreundlich aus, weil er selbst sich schon gedacht hatte, wozu sie riet, die eigene Einsicht nicht nochmals hingerieben bekommen wollte und sein Antwortschreiben nutzte, um sich Luft zu machen, obgleich er damit die Falsche traf.

Clementine Churchills berühmteste Ermahnung datiert von Ende Juni 1940. Es ist ihr einziger erhaltener Brief an ihren Mann in diesem Jahr. Der war kurz zuvor Premierminister geworden, haderte mit der Hinterlassenschaft seines Vorgängers, der Fortgang des Krieges war ungewiss: Churchill benahm sich unausstehlich. Clementine schrieb ihm, fand sich zu vorwitzig, riss den Brief in Stücke, bewahrte die Fetzen jedoch auf und schrieb davon vier Tage später ab, was sie zu sagen hatte:

»Mein Liebling«, hob sie an, einer seiner engen Mitarbeiter habe sich ihr anvertraut und über die »grob sarkastische & tyrannische Art« geklagt, mit der er alle Vorschläge verächtlich niedermache. So ersticke er jede Initiative. »Wie es scheint, sind Deine Privatsekretäre überein gekommen, sich wie Schuljungen zu benehmen & ›hinzunehmen, was kommt‹ & dann mit Schulterzucken Deiner Gegenwart zu entkommen.« Ähnliches hatte Clementine selbst schon wahrgenommen: »Du bist nicht mehr so freundlich wie früher.« Er möge bedenken, welch große Macht er als Premier habe. »Mit dieser enormen Macht ausgestattet, musst Du Anstand, Nettigkeit und, wenn möglich, olympische Ruhe aufbringen.« Denn »mit Jähzorn und Grobianismus« werde er nichts erreichen, »das züchtet nur Ablehnung oder eine Sklavenmentalität.« So schrieb Churchills Frau und endete mit der Bitte: »Verzeih Deiner Dich liebenden, Dir ergebenen und aufmerksamen Clemmie.«[35]

Was Churchill darauf antwortete, ja ob er antwortete, wissen wir nicht. Im häuslichen Umfeld war er einigermaßen beratungsresistent, wie übrigens auch bei der Arbeit. Nur wenige wagten, ihm zwanglos zu widersprechen.[36] Untergebene raunzte er gewohnheitsmäßig an; wenn er sich später in einem hingenuschelten Satz entschuldigte, war das noch immer gut angekommen, durfte also ausreichen.

Wenn die Eheleute zu Haus beieinander waren, kam es allenthalben zu Gezänk; das aber spielte keine Rolle, sowie die Türen hinter den Alltagssorgen geschlossen waren. Was im Fall dieses Paares allen biographischen Nachforschungen verschlossen ist, zeigt sich in wenigen Zeugnissen. Zu denen zählt ein Brief Clementines: »Wenn ich Dich das nächste Mal sehe, hoffe ich, dass ein wenig Zeit bleibt für uns beide ganz für uns«, schrieb die 29-Jährige, »noch sind wir jung, aber die Zeit fliegt vorüber, nimmt mit sich die Liebe und hinterlässt bloß Freundschaft, so harmonisch das sein mag, aber anregend oder wärmend ist es nicht.«[37]

Die Kinder: Puppy-Kitten, Chumbolly, Bumblebee, Duckadilly und Mary

Clementine und Winston Churchill bekamen sechs Kinder. Das dritte starb 1912 vor der Geburt. Die Gesundheit Clementine Churchills war nie die beste. Ein tot geborenes Kind war angesichts rabiater Arztmethoden und einer noch wenig avancierten Medizin für die Mutter auch physisch ein grauenvolles Erlebnis.

Ein anderes Kind, das wenige Tage nach dem Waffenstillstand, mit dem der Erste Weltkrieg in Westeuropa beendet wurde, am 15. November 1918 gesund zur Welt kam, ging an einer Blutvergiftung zugrunde, bevor es die Nanny ärgern und auf einem Pferd sitzen konnte.* Die Tochter hatte die rotgoldenen Haare ihres Vaters geerbt und wurde also auf den Namen Marigold Frances getauft. In den Armen der Eltern war sie »Duckadilly«. (Ein »dilly« war in dem Hausvokabular englischer Kinderzimmer ein Entlein; die hübsche Namensschöpfung Duckadilly wäre auf Deutsch Enten-Entlein.) Das Mädchen wurde keine drei Jahre alt. Vater und Mutter weinten sehr, als Marigold am 23. August 1921 klaglos hinschied.[38] Churchill sagte später, er habe Angst gehabt, Clementine würde vor Kummer sterben: »Sie schrie wie ein gequältes Tier.«[39]

* Die Krankheit, die zur Sepsis führte, hätte mit Penicillin geheilt werden können, das wurde aber erst 1928 erfunden und erst von 1942 an regulär verabreicht.

Diana, die Unglückliche

Vier Kinder des Paares überlebten Jahrzehnte. Das erste war Diana, die am 11. Juli 1909, zehn Monate nach der Hochzeit zur Welt kam. Churchill wurde zum ersten Mal Vater: Alles, was Namen hatte, lud er zur Taufe; der Herzog von Marlborough übernahm eine Patenschaft.[40] Churchill nannte die kleine Tochter »Puppy Kitten« und »Cream-gold Kitten« (sahnegoldenes Kätzchen). Diana war Winstons Augapfel, bis ihm zwei Jahre später ein Sohn geboren wurde, er nannte ihn Randolph, nach seinem Vater. Ein Knabe, ein Nachfolger! Clementine stillte ihn, was sie keinem anderen Kind zuteilwerden ließ. Die große Schwester Diana merkte sehr bald, dass sie neben dem Bruder nur mehr ein niederer Orden an der stolzen Vaterbrust war.[41] Und als dann auch Sarah auf der Welt war, musste sie erleben, dass die Mutter sich vornehmlich dieser Tochter zuwandte. Von ungestillter Liebe erfüllt und benachteiligt, wuchs Diana heran. Sie revoltierte nicht. Sie studierte knapp zwei Jahre ziellos an der Royal Academy of Arts; wäre ihr großer Name nicht im Weg gewesen, hätte sie vielleicht eine Ausbildung als Schauspielerin beginnen wollen. Im Zweiten Weltkrieg (das war die selbstverständliche patriotische Pflicht aller Churchill-Kinder) meldete sie sich zu den Luftschutzhelfern.[42]

Dianas erste Ehe mit dem wohlhabenden John Bailey aus Südafrika, die sie 1932 mit Anfang zwanzig einging, hielt nur drei Jahre. Schon das erste Jahr war enttäuschend. 1935 lernte sie den Diplomaten und späteren Politiker Duncan Sandys (1908 bis 1987) kennen.[43] Ihre Eltern waren erschüttert, als sie erfuhren, dass Diana sich noch in demselben Jahr scheiden ließ und Sandys heiratete: Diese Hast war unziemlich. Sie war, um es mit einem Begriff der Zeit zu sagen, so gut wie »ruiniert«; es fragte sich, ob sie in der Gesellschaft überhaupt noch präsentabel war. Bis 1943 gebar Diana drei Kinder. In den 1950er Jahren hatte die Ehe mit Sandys sich überlebt; sie wurde geschieden. Diana, eine Alkoholikerin, wurde ihrer selbst überdrüssig. Mit einer Überdosis Schlaftabletten setzte sie ihrem Leben im Oktober 1963 ein Ende. Ihre jüngere Schwester Mary führte den Selbstmord auf Dianas depressive Natur zurück. Dieser Einschätzung haben die Historiker sich angeschlossen: »Diana war eine neurotische, ungefestigte Person.«[44] Tatsächlich verbrachte sie immer wieder etliche Wochen in psychiatrischen Einrichtungen. Die Elektroschocks, denen sie sich unterzog, um ihrer Traurigkeit abzuhelfen, werden die Anfälle von Depression eher verstärkt haben. In Erinnerung sollte sie bleiben als eine unglückliche Frau, die sich vergeblich bemühte, den ihr zugewiesenen Platz in der Gesellschaft zumindest nach außen hin auszufüllen.

Sarah, die Tänzerin

Churchills zweite Tochter kam am 7. Oktober 1914 zur Welt (1914 bis 1982). Sie wurde Sarah Millicent Hermione genannt, der erste Vorname kam nach der Ehefrau des 1. Herzogs von Marlborough. Ihre Kosenamen waren »Bumblebee« und »Mule«, womit im übertragenen Sinn ein Dickkopf gemeint ist.[45] Knapp dreieinhalb Jahre jünger als der vergötterte Randolph, kam Sarah mit den von den Eltern verteilten Rollen unter den Kindern besser zurecht als Diana. Sie suchte ihr Heil in der Eigenständigkeit. Klavierspielen und Singen gehörte zur Erziehung von Mädchen ihres Standes, Ballettunterricht war erlaubt. Als Sarah dann aber eine Rolle als Chorus-Girl erhielt, bei der sie, spärlich bekleidet, die Beine schmiss, waren die Eltern schockiert. Zum Probetanzen war sie unter falschem Namen angetreten: Sie wollte nach ihrer Könnerschaft beurteilt und nicht aus Rücksicht auf die Stellung der Eltern abgelehnt werden. Die Jury wird über die Identität der Tanz-Eleven im Bilde gewesen sein: Allzu viele Photos der Churchill-Tochter waren in der Presse erschienen. Dass Sarah ihren Nachnamen unterschlug, mag die Jury für sie eingenommen haben: Sie hatte es zu tun mit einer jungen Frau, die ohne Protektion Tänzerin und Schauspielerin werden wollte. Beim Tanzen fühlte Sarah die Freiheit, die jungen Frauen ihrer gesellschaftlichen Schicht verwehrt war: »Unsere strikte Moralerziehung«, erinnerte sie sich, ging so weit, dass sie keinen Zug besteigen konnte, ohne dass dem Schaffner ein Geldstück in die Hand gedrückt wurde, damit er über »die Sicherheit« der Demoiselle und ihrer Tugend wache.[46]

Abermals schockiert waren die Eltern, als Sarah mit dem aus Österreich gebürtigen amerikanischen Theaterstar Vic Oliver (1898 bis

1964) über den Ozean nach Amerika entfloh. Dort wartete die Freiheit. In Europa war alles ziemlich kompliziert. Vater Winston hatte gefordert: Wenn der Österreicher seine Tochter unbedingt haben wolle, müsse er zumindest amerikanischer Staatsbürger sein. Vic Oliver unterzog sich der Prozedur, er und Sarah heirateten 1936 in New York. Beide hatten Engagements an verschiedenen Bühnen.[47]

Clementine und Winston mussten sich übermannen. Es dauerte, bis Churchill den aus seiner Sicht hergelaufenen Komödianten als Familienmitglied akzeptierte. Kaum hatte er sich dazu durchgerungen, hing die Ehe auch schon in den Seilen der Schnürböden, die so sehr haltbar nun einmal nicht sind. Sarahs Ehe mit Vic Oliver war 1941 am Ende.[48]

Zurück in England, der Zweite Weltkrieg tobte, ließ Sarah sich ausbilden für »Photographic Interpretation«. Weil sie darin gut war, wurde sie zum »Section Officer« befördert; ihre Einheit lag in dem Dorf Medmenham. Gegen vier Uhr nachmittags kehrten die Piloten der Royal Air Force von ihren Aufklärungsflügen mit Aufnahmen zu den Fliegerhorsten in Südengland zurück; die Filme wurden entwickelt, während die Piloten zu Protokoll gaben, was sie wahrgenommen hatten. Alle Information wurde sofort nach Medmenham geschickt, wo man die gesammelten Kenntnisse über Feindbewegungen auf den neuesten Stand brachte. Um acht Uhr abends begann Sarahs Schicht: »Binnen zwölf Stunden – wir arbeiteten bis morgens um acht – mussten die Photographien ausgelesen, musste ein ausführlicher Bericht für das Luftfahrtministerium erstellt werden.«[49] In ihrer Freizeit besuchte sie die Eltern in dem nahe gelegenen Landgut Chequers, das ein Gönner dem Staat geschenkt hatte, damit die britischen Premierminister sich dort erholen konnten.

Nach dem Krieg übersiedelte Sarah Churchill erneut in die USA. Ihr weiteres Leben hat der Historiker Piers Brendon so zusammengefasst: »Ihre Schauspielerei litt unter dem Griff zur Flasche und der Beschäftigung mit sich selbst; ohne großen Erfolg und mit viel Unglück wechselte sie von Mann zu Mann.«[50] Es kommt, wie es kommt: In der amerikanischen Unterhaltungsindustrie, die Künstler als Produktionsmittel betrachtet, haben viele sich aufgerieben.

Winston Churchill hat den Lebensweg seiner Tochter Sarah nicht gutheißen können. Sich darüber Gedanken zu machen, dafür hatte er weder die Zeit noch das Gemüt. 1935 hatte er sie von ihren Tanzstunden abgehalten, weil er sie als Helferin bei einer Regionalwahl benötigte.[51] Das störte die zwanzig Jahre alte Sarah. Was sie *noch* nicht durchschaute, nicht begriff: Churchill spannte seine Kinder ein und ließ sie teilnehmen an seiner Politik, weil er es besser machen wollte als sein Vater, der ihn zurückgewiesen hatte, wenn er sich als politischer Gehilfe anbot. Während des Zweiten Weltkriegs ließ er sich von seinen Töchtern bei wichtigen Konferenzen assistieren, als Adjutantinnen.

Immerfort beschäftigte Väter machen sich mit kleinen Bemerkungen bei Töchtern beliebter als der allgegenwärtige Patriarch. Davon zeugen zwei kleine Episoden in Sarah Churchills Memoiren. Als ihre Ehe mit Vic Oliver nicht mehr zu retten war, fragte ihr Vater sie: »Ich hoffe, er benimmt sich als Gentleman und gibt dir eine ordentliche Scheidung.« Sie antwortete: Das sei nicht nötig, denn »ich bin es, die ihn verlässt«. Ihr Vater: »*You cheeky bitch* – ich würde dich nicht gehen lassen!« Die zweite Episode: Nachdem Sarah ihren alten Vater nach längerer Zeit einmal wiedersah und ihre Theaterkarriere seines Wissens schleppend voranging, erkundigte er sich, ob es sie ärgere, wenn ein Projekt im Sand verlaufe. »Sehr«, sagte Sarah. Churchill: »So geht es mir auch.«[52] Mit diesen knappen Worten, eben weil er auf Sarahs Probleme nicht einging und sie auf eine Stufe mit sich selbst stellte, hat der egozentrische Vater seine Tochter in die Arme geschlossen. Helfen konnte er ihr nicht. Aus seinem Sohn machten seine besitzergreifende Vaterliebe und die damit verbundenen Erwartungen einen verlorenen Mann.

Randolph, der Nichtsnutz

Randolph Frederick Edward Churchill (1911 bis 1968), der Erbe, der Nachfolger, wurde verhätschelt, als er klein war. Der Papa mit seinen Kenntnissen ferner Länder nannte ihn »Chumbolly«: im Persischen ist das ein nudeldickes gesundes Baby.[53] Seine Bestimmung musste Randolph, anders als sein Vater, nicht selbst als Kind herbeiphantasieren und späterhin erkämpfen. Ihm wurde von Beginn seines Lebens an vermittelt, ganz besonders großartig zu sein. Daran gewöhnte er sich, bevor er in irgendetwas anderem geübt war.

In der Rückschau hat Randolph selbst sich als grässliches Kind bezeichnet. In den Kinderstuben der Churchills, wie in vielen anderen, fand hinter dem Rücken der Eltern ein Kleinkrieg zwischen der Nanny und den Kindern statt. Randolph warf die Armbanduhr einer Nanny aus dem Fenster, sodass sie am Boden zerschellte. Eine andere Kinderschwester stießen er und seine Schwester Diana in das soeben zubereitete Badewasser. Nicht alle Kinderfrauen waren so liebevoll wie Mrs. Everest. Viele haben ihre Schützlinge nicht gerade zart angefasst. Ohrfeigen durften sie nicht verabreichen, rote und blaue Flecken hätten beim Ritual der vorabendlichen Präsentation bei den Eltern keinen guten Eindruck gemacht. Aber den Kopf eines Kindes festhalten und seinen Mund mit Seife oder Seifenlauge füllen, war eine übliche Maßnahme. Randolph widerstand, weil er sich von seinem Vater unterstützt fühlte, der gern auf ein Stündchen zum Spielen in den Kindertrakt kam. Zu solchen kleinen Ausflügen im Haus war Clementine nicht aufgelegt: Sie »verstand nicht, wie Kinder dachten oder fühlten«, obendrein störte die naturgemäß unordentliche Kinderwelt ihre perfektionistische Vorstellung von einem ordentlichen Haushalt.[54] Unter Randolphs Führung benahmen die Kinder sich wild, eine Nanny nach der anderen reichte die Kündigung ein. »Von sehr früh an war es klar«, dass Randolphs »Hauptziel im Leben darin bestand, andere aufzuziehen und zu quälen.«[55]

Churchill ließ seinem Sohn die beste Erziehung zukommen. Er ließ ihm sogar die Wahl, ob er lieber nach Eton wolle oder nach Harrow. Randolph wählte Eton. Die Eintrittsprüfung für Oxford bestand er mit knapper Not. Als er noch nicht 18 Jahre alt war, nahm Winston ihn mit auf eine Reise in die Vereinigten Staaten. Der Sohn lernte lauter Leute kennen, die ihm sehr freundlich begegneten und ihn ernst zu nehmen schienen: Premierminister, Filmstars, Pressezaren. Wozu studieren, wenn man schon arriviert ist? An Oxfords Christ Church College erforschte Randolph wenig mehr als die Wirkung des Alkohols auf sich selbst.[56] Das fiel zu seiner Zufriedenheit aus: Wo er hinkam, riss er das Wort an sich, er randalierte, schmiss Fenster ein, stieg jungen Frauen nach, machte Schulden. Kurz, er benahm sich so, wie er meinte, dass es Churchills Sohn gebühre. Zum Politiker hatte sein Vater ihn prädestiniert. Dessen guter Freund, der geniale F. E. Smith, Lord Birkenhead, Politiker und Trinker, bestätigte Randolph: Eine gute Rede könne man nur besoffen halten.[57]

Der Sohn hatte durchaus Talente: Er war intelligent, konnte gut schreiben, einige Zeitungen ließen ihn politische Kommentare verfassen; er war eloquent und wenn er dazu aufgelegt war, charmant wie Casanova. Was der Vater ihm mit auf den Weg hatte geben wollen, Mut und Selbstbewusstsein, bekam das Jungtier freilich in den falschen Hals. Immer war Randolph seinen Fähigkeiten einen Sprung voraus. Er beherzigte nicht Oscar Wildes mehr als bloß witzigen Satz: »Man kann sich seine Feinde gar nicht vorsichtig genug aussuchen.« Er machte die Lebensart des Vaters und der Freunde des Vaters nach und meinte, mit Nonchalance, Schürzenjägertum und trunkenen Wortexzessen sei alles getan. Dass sein Vater gleichzeitig trinken, konzentriert arbeiten und gelegentlich sogar Takt an den Tag legen konnte, bemerkte der Sohn erst, als es für ihn zu spät war.[58]

Randolphs politische Karriere misslang. Er war Mitglied der Tory Party, zu der Churchill 1925 zurückgekehrt war. Als er 1932 seinen 21. Geburtstag und die Volljährigkeit feierte, war Churchill schon dabei, einen Wahlkreis für ihn zu finden.[59] William Pitt der Jüngere (1759 bis 1806) war am selben Tag zur Welt gekommen wie Randolph: am 28. Mai. Dank der väterlichen Fürsprache trat Randolph ebenso wie Pitt mit 21 Jahren ins Unterhaus ein. Daraus zog er den Schluss, wie dieser werde er unfehlbar mit 24 Jahren Premierminister sein.

Oft hatte Randolph mitbekommen, wie sein Vater sich privat über konservative Parteikollegen lustig machte. Auch daraus zog er für sich eine falsche Lehre. Wenn Churchill andere beleidigte, war es kalkuliert, und wenn nicht das, wusste er zumindest, bei wem er sich entschuldigen musste. Sein Sohn hingegen hatte kein Gespür für Takt und Höflichkeit. An falscher Stelle blökte er: »Wir waren nie Tories und werden es nie sein«; er und sein Vater würden sich der Tory-Partei bloß »bedienen«.[60] Einem Churchill-Sohn brachten die Tories Wohlwollen entgegen. Um seine Eigenständigkeit zu beweisen und weil er meinte, es darin Vater und Großvater gleichzutun, ließ Randolph sich bei Lokalwahlen gegen einen anderen Tory-Politiker aufstellen, was mehrmals dazu führte, dass die Stimmen für die Konservativen sich auf diese zwei Kandidaten verteilten und der Labour-Kandidat sich über sein gutes Ergebnis freuen konnte. Die Tories begannen ihn zu verachten. Randolph benahm sich degoutant. Er fand es komisch, eine Witwe für ihre Töchter mit den Worten zu beglückwünschen: Die würden es sicherlich verstehen, Ehebruch mit größter Diskretion zu begehen.[61]

Randolphs schlechte Manieren machten ihn Clementine unangenehm. Während sie zusah, wie Churchill ihn verzog und er über die Stränge schlug, welkte die mütterliche Liebe dahin. Der Vater hielt dagegen und zu seinem Sohn.[62] Doch stimmten Randolphs verfehlte politische Manöver und seine Exaltiertheit ihn traurig. Clementine konnte mit einem betrunkenen Sohn nichts anfangen, der den Vater bei Tisch mit Beschimpfungen überrumpelte. Randolphs aufflammende Aggressivität schlug Winston aufs Gemüt. Oft musste er Briefe an Familienangehörige, Freunde und Parlamentskollegen schreiben, um unverschämte Bemerkungen seines Sohnes auszubügeln.

Randolph Churchills Schicksal war eine tragische Farce. Von Churchill für Großes ausersehen, dafür aber falsch erzogen, erwies er sich als verantwortungsloser, unverbesserlicher Schwätzer. Zwar liebte Churchill ihn sturnackig und protegierte ihn bei jeder Gelegenheit, doch gab er es auf, sich auf ihn zu verlassen. Der Sohn verlor das Vertrauen seines Vaters, von dem er doch so dringlich erhoffte, er möge ihn als ebenbürtig anerkennen.

Als es für Randolph Zeit zum Heiraten war, machte er binnen zwei Wochen acht Frauen einen Antrag. Erfolg hatte er bei der 19 Jahre alten, aus aristokratischem Haus stammenden, vermögenslosen Pamela Digby.[63] Diese 1939 geschlossene sowie Randolphs zweite Ehe, die er 1948 einging, sind hier nur insofern erwähnenswert, als sie Fehlschläge waren und geschieden wurden.

1940 meldete sich Randolph zum Militär, zunächst war er den 4th Hussars zugeteilt, bei denen auch sein Vater gedient hatte. Als er erfuhr, dass eine Spezialeinheit aus den besten Regimentern zusammengestellt wurde, zu der einige seiner Kumpane gehörten, ließ er sich dahin abstellen. Das Training von »8 Commando« fand in Schottland statt. Dieser Einheit gehörte auch Evelyn Waugh an, der im Krieg den Stoff für seine Trilogie »Schwert der Ehre« fand. Seiner Frau schrieb Waugh: Die Soldaten hätten »lange Haare & Schoßhunde & Zigarren & sie tragen Uniformen, wie es ihnen gerade einfällt [...] Offiziere haben keine Skrupel, sich allein um die eigene Bequemlichkeit zu kümmern oder sich Ausgang zu verschaffen, wann immer sie können«.[64] 8 Commando wurde per Schiff nach Südafrika verschickt. Randolphs Gepäck war über seine finanziellen Mittel hinaus mit Kisten voller Annehmlichkeiten ausgestattet. Mengen von Alkohol, viele Spiele und die Freude daran, sich unziemlich lange Bärte wachsen zu lassen, vertrieben den Männern die Langeweile während der Überfahrt.

In Kapstadt angekommen, wurde die Einheit bald zurückbeordert. Das war eine der Eigenheiten der britischen Militärplanung: Da man den gesamten Globus bespielte, wurden Schiffe hin- und hergeschickt, mit oder ohne guten Grund. 1941 ging es in den Nahen Osten. Randolph hoffte auf einen echten militärischen Einsatz. In Kairo wurde er zum Aufklärungsoffizier seiner Einheit ernannt: Mit einem Stander am Auto, was einem Mann seines Dienstgrads nicht zustand, kreuzte er durch die Straßen und nutzte die städtischen Angebote zum Geldausgeben. Zum ersehnten Kämpfen kam er nicht: 8 Commando wurde aufgelöst und die Angehörigen auf verschiedene Kriegsschauplätze verteilt. Randolph Churchill gehörte nicht dazu. Die kommandierenden Offiziere anderer Regimenter scheuten ihn: Den Sohn des Premierministers einer Gefahr auszusetzen erschien ihnen heikel; hinzu kamen Randolphs »offensichtliche physische Untauglichkeit und auch seine Unfähigkeit, den Mund zu halten«. Diesen angeberischen Großsprecher konnte man nicht brauchen. Er machte das auf seine Weise wett: Unter Kameraden verlas er die privaten Schreiben seines Vaters, vertrauliche Einblicke in die Kriegsplanung eingeschlossen.[65] Wenn der Sohn seinen Vater besuchte, führte er das große Wort: Er kritisierte die Politik der Regierung allzu scharf und allzu unbedarft. Er wurde so ausfallend, dass die Anwesenden peinlich berührt waren.[66]

Nach einiger Zeit in London wurde Randolph wieder nach Kairo gesandt; dort wegen seines Gehabes von den Oberen an die Seite gedrängt, fühlte er sich als Stenz in Uniform nicht ausgelastet. Im April 1942 meldete sich der etwas dicklich gewordene Mann zu einer Fallschirmspringereinheit, die in Nordafrika hinter den feindlichen Linien operieren sollte, im von den deutschen Truppen unter dem »Wüstenfuchs« Erwin Rommel gehaltenen Gebiet. Clementine war entsetzt, ihrem Mann schrieb sie am 11. April 1942: »Es muss doch etwas für ihn geben zwischen Stabsoffizier und Fallschirmspringer«, auch für jemanden wie Randolph, der es sich mit allen verdorben habe, »es tut mir sehr leid, dass er seinen Posten verloren hat«; seine Talente seien groß, hätten aber nicht hingereicht, »seine losen Reden und die Feindschaft, die er sich schafft, wettzumachen«. Ob sie dem Sohn schreiben solle?[67] Churchills Antwort, falls er sich die Mühe machte, ist nicht bekannt; er hatte in jenen Tagen anderes zu tun. Der Sohn war ihm mühsam geworden: »Ich liebe Randolph, aber ich mag ihn nicht.«[68]

Bei einem Einsatz im Mai 1942 hinter der Frontlinie zu Rommels Truppen kam Randolph mit einer schweren Verwundung davon. Er hatte sich der Einheit von David Stirling (1915 bis 1990) angedient. Stirling hatte ein versehrtes Bein und verdrehte Vorstellungen von Kriegführung, setzte sich jedoch durch: Ohne viel Training begaben 55 Fallschirmspringer sich an Bord eines Flugzeugs; das Wetter an jenem Tag war stürmisch, etliche Soldaten landeten weit jenseits des Zielorts; ungefähr zwei Drittel der Männer wurden von den Deutschen getötet oder gefangen genommen. Die Übrigen waren gut dran, dass die »Long Range Desert Group« sie auf dem Schirm hatte: Die Aufgabe dieser Einheit war unter anderem, verstreute britische Soldaten in den Weiten der Wüste wieder einzusammeln. Randolph Churchill bestieg einen LKW. Der war eilig unterwegs. Der Fahrer wollte Rommels Streitkräften entkommen. Der Laster kippte um. Randolph Churchill erlitt eine gravierende Verletzung. Wie der Kommandeur David Stirling mit 55 unzureichend vorbereiteten Fallschirmspringern etwas hatte erreichen wollen, hat er anschließend selbst nicht mehr verstanden. Randolph lag viele Wochen im Krankenhaus – zu seinem Verdruss nicht als Kriegsheld, sondern nur als Opfer eines Verkehrsunfalls in der Sahara.

Einen anderen Einsatz als Fallschirmspringer erlebte der junge Churchill in Jugoslawien 1944. Seit 1942 hatte er seinen Vater zu internationalen Konferenzen begleitet, bei denen er sich für seine Verhältnisse anständig betrug, und hatte auf des Vaters Geheiß auch einige diplomatische Reisen absolviert. Wovon er Churchill berichtete, setzte der Premierminister sofort um: Zuständige Militärs oder Zivilbeamte wurden, mit einem von Churchills Lieblingswörtern gesagt, zu *action* aufgefordert.* Damit war Randolph aber nicht zufrieden. Seine neue Chance bekam er in Jugoslawien, als Churchills Regierung sich von den königstreuen Tschetniks abwandte und lieber die kommunistischen Partisanen unter Josip Broz Tito unterstützte – dies vor allem, weil Letztere »mehr Deutsche töteten« als die Anhänger des Königs.[69] Mit einem Fallschirm sprang Randolph am 26. März 1944 im gebirgigen »Tito-Land« ab, wie er und sein Vater es nannten. Churchill war endlich stolz auf seinen Sohn, was auch Clementine milde stimmte.

Lästig war für Randolph, dass es wenig Waschgelegenheiten gab: »Das Camp der Partisanen war primitiv eingerichtet, was bedeutete, dass Randolph seinen bevorzugten seidenen Kopfkissenbezug, seine Taschentücher, seine Kleidung und sich selbst nicht waschen konnte.« Schlimmer, er langweilte sich: Pony-Ausritte waren unmöglich, weil der Schnee zu hoch lag. Action bestand für ihn darin, sich einen Bart wachsen zu lassen und »Krieg und Frieden« zu lesen. Zu Einsätzen für ihn kam es erst im Frühsommer. Die Partisanen hatten Raum gewonnen und mit britischer und amerikanischer Militärhilfe Landungsplätze im deutsch-freundlichen Kroatien einrichten können. Im Juni wurde Randolph Churchill beauftragt, eine kleine Expedition von 18 Fallschirmspringern nach Kroatien anzuführen, einer von ihnen war Evelyn Waugh.

Er und Randolph Churchill hatten sich einige Jahre zuvor kennengelernt. Waugh (1903 bis 1966) wollte zu Beginn des Zweiten Weltkriegs für sein Vaterland einstehen, wurde aber bei der Musterung als untauglich eingestuft: Er war von kleiner Gestalt, kurzsichtig, untersetzt und unsportlich. Das machte nichts: Er war mit Winston Churchill und dessen Freund, dem Politiker Brendan Bracken bekannt, die beide ein Wort für ihn einlegten. Bei der Nachricht, dass er beim Militär angenommen war, fühlte der 36-Jährige sich um Jahre jünger; das musste gefeiert werden: Er trank in Gesellschaft einer Jugendfreundin

* Nach Beginn des Zweiten Weltkriegs hatte Churchill sich Notizzettel aus rotem Papier anfertigen lassen, die er seinen Direktiven anfügte: »ACTION THIS DAY«.

an jenem Abend mehr oder minder allein drei Flaschen Champagner und eine Flasche Brandy; um fünf Uhr morgens war ihm schlecht.[70] Dergleichen passierte ihm öfter und mag erklären, warum er Randolph Churchill vieles nachsah. Ihm begegnete er immer mal wieder, im Restaurant des Londoner Hotels Ritz oder im Feld. So sehr Evelyn Waugh den bösen Freund Alkohol schätzte, fand er doch, dass Randolph den Suff übertrieb. Alles müsse er ihm zweimal sagen, notierte er in seinem Tagebuch im Oktober 1944: »einmal, wenn er betrunken ist, und nochmals, wenn er nüchtern ist«. Was Waugh über die Maßen irritierte: Randolph langweilte, wenn er getrunken hatte. Er werde laut, schrieb Waugh, und zitiere mit grellem Lachen Aussprüche seines Vaters und anderer, die er schon mehrmals zum Besten gegeben hatte.[71]

Trotzdem hielt Evelyn Waugh zu dem Freund. Ohne Zaudern ließ er sich unter Randolphs Führung im Juni 1944 dem kleinen Einsatz in Kroatien eingliedern. Die Mission misslang. Wie seinerzeit in der Sahara hatte Randolph auch dieses Mal Pech mit dem Chauffeur: Kurz vor Ankunft am Zielort, so wird vermutet, glaubte der Pilot feindliches Feuer zu sehen. Mit hektischem Schieben und Ziehen der Steuerhebel machte er das Flugzeug manövrierunfähig: Die Dakota verlor die Luft unter den Flügeln, stürzte auf den Boden und ging in Flammen auf, etliche Soldaten starben. Randolph Churchill und Evelyn Waugh landeten im Hospital.[72]

Obgleich Churchills Sohn wenig erreichte, soll er doch nach Aussagen jugoslawischer Partisanen großen Mut gezeigt haben; er soll sich den Beinamen »der unglaubliche Engländer« erworben haben. Dafür wurde er mit dem Military Cross ausgezeichnet und zum MBE, einem Member of the Most Excellent Order of the British Empire, ernannt.[73] Allerdings ist der MBE in dieser Ordensklasse der niedrigste von fünf Titeln. Randolph konnte nicht wissen, ob er den MBE für die eigene Tapferkeit bekam oder mit gefallsüchtigem Blick auf seinen Vater. Einem Journalisten vertraute er in den 1950er Jahren an: »Wenn mir etwas gelingt, sagen alle: dank meinem Vater. Wenn mir etwas danebengeht, heißt es: ›Welch ein Unglück für den Alten.‹ Ich kann nie gewinnen.«[74]

Nach dem Zweiten Weltkrieg versuchte Randolph vergeblich, im politischen Geschehen jemand zu werden. Zur Ruhe kam er erst, als Churchill ihm zu Beginn der 1960er Jahre eine für ihn wahrlich wichtige Aufgabe überantwortete: Randolph sollte die Biographie seines Vaters schreiben. Der Sohn hatte sich sechs Jahre lang die Mühe gemacht, begleitet von drei Rechercheassistenten und zwei Sekretärinnen, das Leben des Politikers Lord Derby (1865 bis 1948) biographisch in Form zu bringen. Die zwei Bände fielen kompetent-gefällig genug aus, worauf Churchills Ratgeber zurieten, den Sohn als Autor zu wählen.[75] Für Leber und Nieren des Auserwählten war es hohe Zeit für diese späte Anerkennung. Randolphs Lunge war anfällig wie die seines Vaters. Dazu kam der Alkohol. Seine physische Konstitution war so gut wie zerstört, als er fünfzig Jahre alt war. Auf seinem Landsitz verbrachte er noch einige Jahre, er hatte eine Freundin an seiner Seite und war freundlich zu allen Bediensteten. Dank seiner Hilfskräfte gelang es ihm, die ersten beiden Bände der monumental angelegten Biographie zu Ende zu bringen. 1967 empfing er den Photographen Cecil Beaton, der anschließend aufschrieb: »Randolph, im Gesicht alt und grau wie ein zerrupfter Habicht, ist seit drei Jahren dem Tod nahe. Neulich Abend sagte er mir, er sei nun glücklicher denn je. Jetzt mache er etwas, was sein Leben rechtfertige – sein Buch über seinen Vater; das Beste, was er je getan habe; sein Beitrag für die Welt.« Beaton schloss: »Sicherlich sprach er ehrlich, aber es ist schwer zu glauben. Seine Augen waren unbeschreiblich traurig.«[76]

Am 6. Juni 1968 ging Randolph friedlich schlafend in das Land seiner Väter ein, in dem er zu Lebzeiten so gern reüssiert hätte. Winston Churchill schrieb in seiner Biographie des 1. Herzogs von Marlborough: »Berühmte Männer sind für gewöhnlich das Produkt einer unglücklichen Kindheit.«[77] Seinem Sohn hatte Churchill ersparen wollen, was er selbst erlebt hatte. Den Jungen trieb es ins Verderben.

Mary, die Registratorin

Das letzte Kind von Clementine und Winston kam am 15. September 1922 zur Welt, acht Jahre nach Sarah, elf Jahre nach Randolph. Das Nesthäkchen war nicht aufgelegt, sich mit den Gouvernanten anzulegen. Sie war brav und beobachtete, wie kleine kluge Mädchen es tun, was über ihren Kopf hinweg passierte und geredet wurde. Bis Kriegsbeginn lebte Mary Churchill bei ihren Eltern. Randolphs Betragen empfand sie, da war sie schon erwachsen, als abstoßend: »Grob und herzlos« gehe er mit Mama und Papa um. »Für Papa bedeutet er mehr als alle Töchter.« Sie und ihre Schwestern könnten lieb und hilfreich sein, wie sie wollten, es heiße immer nur: »Mein Sohn!« Mary fragte: »Mein Gott, was ist denn so schlecht an Töchtern?«[78]

Marys Erziehung ging mit dem Geist der Zeit, der auch an den großen englischen Familien nicht vorbeimarschierte: Zusätzlich zum traditionellen Verantwortungsgefühl für den Familiennamen wurde ihr Selbstbewusstsein mit auf den Weg gegeben. Aus freien Stücken verzichtete sie auf eine Berufsausbildung, um sich stattdessen gleich nach Kriegsbeginn 1939 zu den Women's Voluntary Services zu melden. Die Aufgaben der Frauen, die sich ehrenhalber für ihr Land einsetzten, reichten vom Socken- und Pulloverstricken bis zur krankenschwesterlichen Versorgung von Schwerverwundeten. Die Bedeutung des Strickens in jenen Tagen sollte übrigens nicht unterschätzt werden: Militärstiefel waren schlecht gefertigt; selbst wenn ein Soldat Stiefel in der passenden Größe erhielt, scheuerte das Leder und machte die Füße schnell wund. Fest gestrickte Socken waren auf den Schlachtfeldern von großem Nutzen.

Mary, eine Vatertochter, kümmerte sich mehr um die Kriegsvorbereitungen für das Kommende in Frankreich als um die Vorbereitungen zur Aufnahme von Verwundeten. Sie kam zum Auxiliary Territorial Service, das ist der administrative Begriff für die weiblichen Kräfte des Militärs. Sie lernte eine Flak bedienen, zeigte während des Kriegs an diesem Geschütz Geschicklichkeit, wurde zum Hauptmann befördert und war stolz darauf.

Anfang 1939, Mary war 16, fing sie an, regelmäßig Tagebuch zu schreiben. Das begann konventionell. Zu ihren Vorsätzen für das neue Jahr gehörte, ihre Gebete »mit mehr Sorgfalt« zu verrichten, »viele gute Bücher« zu lesen und »regelmäßig Tagebuch« zu führen. Im Mai 1939 notierte sie, wie »kokett« und »unehrlich« sie sei. Ähnlich fallen die Selbstbeobachtungen der Heldinnen in Jane Austens Romanen aus. Das Fingernägelbeißen, das Mary sich in ihren Neujahrsvorsätzen verbot, kommt in Austens Büchern allerdings nicht vor. Am 23. August 1939 schrieb sie: »Wenn es Krieg gibt, werden wir ihm hoffentlich mit Mut & Tapferkeit begegnen.« Nach Kriegsbeginn: »Ich bin keine große oder bedeutende Persönlichkeit, dies wird das Tagebuch des Alltagslebens einer gewöhnlichen Bürgerin zu Kriegszeiten.« Dass sie als Tochter ihres Vaters so ganz gewöhnlich nicht war, kam ihr erst allmählich zu Bewusstsein. Auf Churchills Kriegsrhetorik hatte sie sich eingeschliffen: »Wenn eine Rede über England halten, warum so kompliziert sein?«, fragte sie in ihrem Tagebuch. »Wozu das ganze Gerede über frisch gemähtes Heu und den Londoner Nebel und Strohdachhäuser und was noch mehr. Warum nicht einfach sagen, England ist die Insel, auf der ich geboren und großgezogen wurde, und für ihre Verteidigung würde ich mit Stolz mein Leben hingeben?« Für ihren Vater verzichtete die Tochter auf stilistischen Geschmack, sie schwelgte im Kitsch: »O geliebter Papa«, notierte sie 1942, »du musst nicht schwach werden oder verzweifeln. Du bist unser Fels und unser Wegführer, unsere Inspiration.«[79]

1947 heiratete Mary Churchill den angesehenen konservativen Politiker Christopher Soames, dann Baron Soames (1920 bis 1987). Die jugendliche Naivität hatte sie in den 1940er Jahren abgelegt, ihre Konventionalität hat sie sich erhalten. Für kleine verbale Frechheiten, wie sie zum britischen Umgangston gehören, war sie nicht bekannt. Davon zeugt die Biographie ihrer Mutter, aus der oben zitiert wurde. Lady Mary Soames (1922 bis 2014) gilt als das am glücklichsten geratene von Churchills Kindern.[80]

5. Kapitel

DER AUFMARSCH: DIE JAHRE VOR DEM ERSTEN WELTKRIEG

1

1 Zu Gast bei einem Manöver in Schlesien 1906. Mit Wilhelm II. teilte Churchill das Faible für Uniformen. Der Kaiser (links) kam als Breslauer Kürassier; der Unterstaatssekretär im Kolonialministerium wählte für den Anlass eine Offiziersuniform.

2 Drei bewaffnete Anarchisten hatten sich 1910 in einem Londoner Haus verschanzt. Als das Gebäu in Flammen aufging, verbot Innenminister Churchill jede Löschaktion. Wie immer zog es ihn ins Zentrum der Aktion (mit Zylinder und Pelzkragen).

3 Ende 1911 erhielt Churchill das ersehnte Amt: Er wurde First Lord of the Admiralty, Marineminister. Mit Feuereifer machte er sich an die Arbeit und kümmerte sich um jedes Detail – zum Leidwesen erfahrener Offiziere.

3

An Winston Churchill, mochte er auch für unbelehrbar unzuverlässig gehalten werden, war kein Vorbeikommen. Für die Liberal Party trampelte er wie ein Rhinozeros durch die politische Landschaft. 1910 machte Asquith ihn zum Innenminister. Der Labour-Politiker Roy Jenkins war ein halbes Jahrhundert später selbst Innenminister. In seiner Churchill-Biographie hat er die Aufgaben dieses Amts auch im Hinblick auf die skurrilen Aspekte beschrieben. Beim »Home Office« blieb hängen, was niemand anderes übernehmen wollte: Abgesehen von den zentralen Aufgaben – die Polizei, die Gefängnisse, das Strafrecht – waren die Innenminister noch zu Jenkins' Zeiten unter anderem damit betraut, sich um Wildvögel in Schottland zu kümmern. Auch musste der Innenminister adrett gekleidet sein. Jenkins erinnerte sich: »Mindestens alle zwei Wochen trug ich morgens einen Cutaway.«[1]

Churchill als Innenminister

Churchills Aufgabenbereich als Innenminister umfasste alles, was anstand und was er selbst für wichtig hielt. Die jeweiligen Monarchen mussten täglich über die Geschehnisse im Parlament informiert werden, handschriftlich und ausführlich. Das überließen die Premierminister, die genug anderes zu tun hatten, gern dem Innenminister. Churchill widmete sich der Aufgabe mit Gusto: Während das Unterhaus palaverte, saß er in der ersten Reihe und schrieb auf den Knien launige Episteln für Edward VII. (1841 bis 1910) und dann für George V. (1865 bis 1936). Letzterer war nicht so lebenslustig wie sein Vorgänger (der – wir erinnern uns – gern Zeit mit Churchills Mutter verbracht hatte). George V., der Urgroßvater von Charles III., allgemein als dröger Mann beschrieben, entdeckte in den Berichten des Innenministers allerlei Ungehörigkeiten.

Im Sommer 1910 hielt der neue König folgende Worte von Churchill für anstößig: »Mr. O'Grady, ein fortschrittlicher Labour-Politiker aus Leeds, legte die Ansichten seiner Partei in gemessener und überzeugender Weise dar [...] Mr. Churchill ist immer der Auffassung gewesen, dass es mit unseren heutigen wissenschaftlichen Erkenntnissen und unserer Zivilisation möglich sein müsse, die plötzlichen Schwankungen im Handel auszugleichen, indem die Öffentliche Hand sinnvolle Arbeiten vergibt.«[2] Vermutlich nahm George V. diesen egostolzen, politisch eher linkslastigen, aber wahrlich nicht unverschämten Bericht zum Anlass, seinem gesammelten Ärger Luft zu machen.

Wenige Monate zuvor, im Februar, als noch Edward VII. auf dem Thron saß, hatte Churchill im Einklang mit der Stimmung unter den Liberalen die Abschaffung des House of Lords gefordert.[3] Ebenfalls zu Edwards Zeiten wollte er die Ruhegehälter von Armeeveteranen kürzen. Der König quittierte das mit der Bemerkung, so eine mistige Idee könne nur von einem Mann kommen, dessen Initialen lauten: WC. Entgegen den Gepflogenheiten von Buckingham Palace ließ er seinen Privatsekretär einen Protestbrief an die Leserbriefredaktion der »Times« versenden. Im September 1909 hatte Churchill, der Flegel, die Herzöge als »dekorative« Accessoires der Schöpfung bezeichnet, als eine »jämmerliche Minorität von Titelträgern, die niemanden repräsentieren«.[4] Ähnliches sagte auch David Lloyd George, allerdings eleganter: »Ein voll ausgestatteter Herzog kostet so viel wie der Unterhalt von zwei Schlachtschiffen; Herzöge verbreiten denselben Schrecken und sind langlebiger.«[5]

Sollte die Aristokratie dem Aufsteiger Lloyd George wegen seiner niederen Geburt eine gewisse Narrenfreiheit eingeräumt haben, so galt dasselbe gewiss nicht für Churchill. Mochte Edward VII. dem Sohn seiner Freundin Jennie bei allem Tadelnswerten manches nachsehen, war es unter seinem Nachfolger damit anders bestellt. Gar nicht amüsant fand George V., was er als Churchills »sozialistische Ansichten« wahrnahm. Besonders erregte ihn der – eigentlich völlig zutreffende – Satz: »Müßiggänger und Taugenichtse gibt es an beiden Enden des gesellschaftlichen Spektrums.« Churchills indiskretes Mundwerk tat ein Übriges: Einmal im Zwiegespräch vertraute George V. ihm an, den Premierminister Asquith halte er nicht für einen Gentleman. Anstatt das für sich zu behalten, wusste Churchill nichts Besseres, als es Asquith brühwarm zu hintertragen. Von diesem Vertrauensbruch erfuhr der König sofort, verständlicherweise war er verärgert. George V. und Churchill wurden nie warm miteinander.[6]

Als Innenminister hatte Churchill die Oberaufsicht über die Gefängnisse. Seine eigene Einkerkerung in Pretoria 1899, bequem wie sie ihm gestaltet wurde, war ihm grauenhaft gewesen. Britische Gefängnisinsassen, fand er, sollten einigermaßen anständig leben. Dazu gehörte: Lektüre in der Zelle, dass sie ihre eigene Kleidung tragen und Esspakete am Gefängnistor für sie abgegeben werden durften. Zu Beginn des 20. Jahrhunderts herrschten in Britannien immer noch Zustände, wie Charles Dickens sie Jahrzehnte zuvor beschrieben hatte: Kinder wurden eingesperrt, wenn sie etwas gestohlen hatten. Wegen kleiner Geldbußen, Schulden, die sie nicht zahlen konnten, kamen viele Leute ins Gefängnis, in den Jahren 1908 und 1909 waren es rund neunzigtausend.[7] Churchill, der die Rechnungen für seine Zigarren und seine Garderobe damals mitunter erst Jahre nach der Lieferung beglich, hatte Verständnis für die Schuldner: Man müsse ihnen mehr Zeit für die Zahlung einräumen.

Zu Churchills Pflichten als Innenminister gehörte es, Todesurteile abzusegnen. Gegen die Todesstrafe hatte er nichts einzuwenden. Sich selbst hielt er für jemanden, der lieber im Feld erschossen worden wäre, als jahrzehntelang der allmählichen Zerrüttung seines Selbstgefühls in einer Gefängniszelle beizuwohnen. Im Februar 1910 unterzeichnete er das erste Urteil – am Hals aufgehängt zu werden, bis der Tod eintritt. Einmal mit den Umständen der jeweiligen Delinquenten vertraut gemacht, empfand er oft Mitleid. Von den 43 Todesurteilen, die ihm während seiner zwanzig Monate als Innenminister vorgelegt wurden, hat er 21 nicht unterschrieben. Das waren, gemessen an der Zahl der Todesurteile in diesem Zeitraum, mehr Umwandlungen in Haftstrafen, als seine Vorgänger verfügt hatten.[8]

Auch mit den Suffragetten hatte der Innenminister Churchill zu tun. Hinzu kamen für Churchill die üblichen Aufgaben: die Feuerwehr, Einwanderungsfragen, Regulierung des Wettwesens und des

Alkoholausschanks, medizinische Versorgung, die Überwachung lokaler Behörden und manches mehr, was er von Fall zu Fall vertrauensvoll an Beamte delegieren konnte.[9] Bei Aufruhr, darunter verstand man auch Arbeiterstreiks, regierte er mit wechselnder Härte.

1910 streikten die Dockarbeiter im walisischen Newport. In Britanniens Klassengesellschaft galt unausgesprochen: Angehörige der Unterschichten, die sich nicht widerspruchslos in ihre Rolle fügten, waren unsichere Kantonisten, potenziell kriminell. 1910 wollte Churchill keine Armeetruppen gegen die Streikenden nach Newport rufen; 250 Polizeibeamte zu Fuß sowie fünfzig berittene Polizisten waren genug.[10] Im Unterhaus erklärte er: »Gesetz und Ordnung müssen bewahrt werden«, aber die ehrenwerten Mitglieder des Parlaments würden ihm hoffentlich zustimmen, wenn er sage: »Ein wichtiges Ziel öffentlicher Politik besteht auch darin, in einem industriellen Disput Kollisionen zwischen Soldaten und Menschenmengen zu vermeiden.« Britische Soldaten, die auf britische Bürger schießen: »Das wäre für unser Land eine Katastrophe.«[11]

Als von September 1910 bis August 1911 Bergarbeiter im südwalisischen Rhondda Valley streikten, bemühte der Innenminister sich anfangs um eine moderate Reaktion. Der Chef der lokalen Polizei bat um ein Einschreiten der Armee. Churchill fand es ausreichend, dreihundert Londoner Stadtpolizisten zu entsenden. Mangels echter Schlagstöcke rollten einige Beamte ihre Regenmäntel zu einem harten Bündel. Nach Absprache mit dem Kriegsminister Lord Haldane wurde dann doch ein Kontingent der Lancashire Fusiliers nach Rhondda Valley geschickt, wenn auch mit der Direktive, sich im Hintergrund zu halten.[12]

Anfang November 1910 kam es in der Ortschaft Tonypandy tatsächlich zu einem Einsatz des Militärs. Die Arbeiter hatten Bergwerksschächte geflutet. Ein Toter war zu beklagen. In einem dichten Gedränge, so wird vermutet, hatte ein Polizist den Mann mit seinem Schlagstock am Kopf getroffen. Zu diesem Zeitpunkt war das Militär noch nicht angekommen, was aber die Labour-Politiker nicht zur Kenntnis nahmen, die Churchill noch in den 1930er Jahren mit dem Slogan schmähten: »Remember Tonypandy«. Ja noch 2019 hatte der in der Labour-Partei links stehende John McDonnell es nicht vergessen:

Auf die Frage, ob Churchill ein Held oder ein Schurke gewesen sei, antwortete er: »Tonypandy – Schurke.«

Nach den Ereignissen in Rhondda Valley und Tonypandy zog Churchill andere Saiten auf. Als im Sommer 1911 die Bergarbeiter im südwalisischen Llanelli revoltierten, entsandte er Soldaten. Nun wurden tatsächlich zwei Männer erschossen; auf ihren Tod haben Churchills Gegner sich später seltsamerweise nicht berufen. In demselben Jahr überfiel ein Mob von etwa 250 Walisern Geschäfte von Juden und deren Inhaber. Haldane und Churchill kamen überein, die Armee auf den Plan zu rufen. Mitte August 1911 streikten die Eisenbahner im ganzen Land. Sie hatten ihre Gründe: So hart die Arbeit auf den mit Kohle betriebenen Lokomotiven war, so schlecht war der Lohn. Ungerührt sandte Churchill Tausende Soldaten an die großen Bahnhöfe – jeder Einzelne mit zwanzig Schuss Munition versehen.

Die Soldaten konnten den geregelten Eisenbahnverkehr zwar nicht in Gang bringen, dafür aber einen brutalen Disput im Unterhaus. Ramsay MacDonald, der Chef der 1906 gegründeten und zunehmend starken Labour Party, hielt Churchills Vorgehen für »teuflisch«: Britannien, ermahnte er den Innenminister, »ist kein mittelalterlicher Staat, ist auch nicht wie Russland«. Es sei nicht einmal wie Deutschland.[13] Letzteres erwähnte Ramsay MacDonald, da Deutschland, geprägt von Preußen, einen Ruf als militaristisches Land hatte, wo zivile Bürger weniger galten als Uniformierte.

Seine Invektiven gegen den Innenminister Churchill konnte MacDonald sich auch deshalb leisten, weil jener sich Ende 1910 desavouiert hatte: Im Dezember hatten drei Anarchisten und Möchtegernräuber (der Überfall auf ein Juweliergeschäft misslang) sich in einem Haus in der Sidney Street im Londoner Arbeiterbezirk West End verschanzt. Angeführt von einem aus Riga gebürtigen Mann, der als »Peter the Painter« (Peter der Anstreicher) bekannt war, erschossen die Anarchisten drei Polizisten, zwei kamen mit Verwundungen davon. Aus der Deckung zu schießen mit automatischen Mauser-Pistolen: Das kannte Churchill, er nahm es als Aufruf zu den Waffen. Aus dem Armeedepot in Woolwich orderte er Stahlschilde für die Polizisten gegen die Kugeln. Er berief die Männer der Scots Guards, die für gewöhnlich die Kronjuwelen im Tower von London bewachten, in die

Sidney Street. Als in dem Haus ein Brand ausbrach, verbot er der Feuerwehr jegliche Löschaktion. Das Gebäude war von einem Polizeikordon umgeben, es herrschte *Action* – für Churchill eine Verlockung ohnegleichen.

Der Innenminister wollte dabei sein. Eingemummelt in einen Wintermantel mit Pelzkragen, ließ er sich an den Ort des Geschehens chauffieren. Anschließend fragten einige Zeitungen und kritische Politiker, warum der Innenminister mit seiner Anwesenheit die Einsatzkräfte behindert, was er überhaupt in der Sidney Street zu suchen gehabt habe. Der frühere Premier Arthur Balfour, der Parteichef der Konservativen, fragte maliziös: »Mit Bestürzung haben wir in der Presse Photographien von dem Innenminister in der Gefahrenzone gesehen. Ich verstehe, warum der Photograph dort war, aber warum der Innenminister?«[14] In der Tat bot Churchills Auftritt Anlass für boshafte Karikaturen: Drei armselige Terroristen in einem brennenden Haus in einem Arbeiterbezirk – auf dem Bürgersteig davor die geballte Staatsmacht, das Ganze garniert von dem Innenminister als Tourist mit Pelzkragen und Zylinder. Als das Haus ausgebrannt war, fand man zwei verkohlte Leichen. Peter the Painter war nicht dabei. Irgendwie war es ihm gelungen zu entkommen; er wurde nie gefunden.[15] In einem 1924 publizierten Zeitungsartikel gab Churchill zu: Ausschweifende »Neugier« habe ihn vor das Haus in der Sidney Street getrieben.[16]

Großbritanniens Sicht auf die Welt

Als Innenminister verfolgte Churchill, der sich für Geopolitik mehr begeisterte als für viele Detailfragen seines Ressorts, die außenpolitischen Wirrungen Britanniens und der europäischen Welt. Seit dem Krimkrieg in den 1850er Jahren galt Russland als potenzieller Feind, als eine expansive Macht, der keinesfalls ermöglicht werden durfte, den Weg durch den 1869 eingeweihten Suezkanal nach Indien zu sabotieren. Nicht nur in Persien, auch im Pazifik kollidierten Londons Interessen mit denen des Zarenreichs. Japans Führung war diesbezüglich eines Sinnes mit den Briten: 1902 schlossen beide Länder ein Verteidigungsbündnis. Kaiser Wilhelm II. kommentierte das mit den Worten, »die Nudeln« – womit er die japanische Regierung meinte – hätten für einmal einen lichten Moment gehabt.

Zwischen Russland und dem Suezkanal befand sich das zunehmend schwache Osmanische Reich. Dessen Führung war heruntergekommen; das Land konnte seine Kredite nicht bedienen.[17] In London wurde damals und auch später alle paar Jahre hin- und herüberlegt, ob man das Osmanische Reich, dann die Türkei, militärisch einschüchtern oder lieber irgendwie vertraglich binden sollte. In Ägypten etablierten die Briten lange vor der Wende zum 20. Jahrhundert eine provisorische Herrschaft, die dann permanent wurde: Man hätte sich ja angeblich gern zurückgezogen, hieß es, aber da die französische Regierung auch an Ägypten interessiert war, müsse Britannien seine Stellungen halten. Der alte Feind Frankreich am Ufer des Suezkanals, der schnellen Verbindung zwischen dem Mittelmeer und Indien? Ausgeschlossen.

Anfang des 20. Jahrhunderts war, was viele Briten für das »Gleichgewicht der Mächte« in Europa hielten, aus den Fugen geraten. In seinen späten Jahren hatte Otto von Bismarck (1815 bis 1898) es mit seiner Geheimdiplomatie übertrieben.[18] Das hatte Schule gemacht: Geheimverträge zwischen zwei Staaten waren in Mode. Kaum eine Regierung wusste mehr, woran sie war. Seitdem das Deutsche Reich mit dem geflügelten Wort des Reichskanzlers von Bülow seinen »Platz an der Sonne« begehrte, war die Gefahr von Zerwürfnissen gewachsen. Europas Regierungen meinten, Afrika warte bloß darauf, eingenommen zu werden; als anständige Kolonialmacht, wofür eine jede sich hielt, war man bereit, den Kontinent mit den Mitspielern beim »Wettlauf um Afrika« (»Scramble for Africa«) zu teilen, sofern die anderen Staaten den eigenen Interessensphären fernblieben. Bei der Inbesitznahme erwiesen sich die Einheimischen oft als äußerst lästig. Afrikas Boden wurde vielerorts mit Blut getränkt. Die Deutschen, die gierigen Neuankömmlinge, imperialistische Greenhorns, hatten keine Gewissensbisse, als sie mit ihren modernen Waffen die Kämpfer der Hereros im Südwesten Afrikas niedermetzelten und dann einen großen Teil des Volks verhungern oder an Krankheiten eingehen ließen. Das Deutsche Reich, schreibt der Historiker John Lowe, »fuhrwerkte« überall auf dem Globus herum, in Afrika, auf pazifischen Inseln, in China, im Nahen Osten, in Lateinamerika, in der Karibik.[19]

Das war in Einklang mit Kaiser Wilhelms Deklaration von 1896, nun »Weltpolitik« betreiben zu wollen. Aus der Ankündigung wurde nicht viel, abgesehen davon, dass sie die arrivierten Kolonialmächte zunächst ernstlich irritierte. 1905 machten die Deutschen den Franzosen ihren Anspruch auf Marokko streitig. Sie wollten dort wirtschaftlich auch etwas zu sagen haben. Auf einer abschließenden Konferenz 1906 im spanischen Algeciras wurde ihnen das genehmigt. Wirtschaftlich hatten die Deutschen davon so gut wie nichts: Es gab keine nennenswerten deutschen Investitionen in Marokko, die Handelsbeziehungen waren bedeutungslos. Diplomatisch indes hatte das Kaiserreich sich selbst ein Bein gestellt. 1907 schlossen Großbritannien, Russland und Frankreich die sogenannte Triple Entente, eine eher unverbindliche Versicherung der allseitigen Gewogenheit, die das Reich aber irritierte. Längst schon hatten einflussreiche Deutsche das Gefühl, ihr Land sei eingekreist.[20] Eine zweite bewaffnete Schiffsexpedition nach Marokko, der 1911 von Kaiser Wilhelm II. befohlene »Panthersprung nach Agadir«, scheiterte schon vor der Küste. Im Deutschen Reich fühlte man sich düpiert. Das nährte den politischen Unfug, der zusammen mit törichten Fehleinschätzungen der Regierungen anderer Länder hinsichtlich der eigenen Stärke und der Absichten der Gegner zum Ersten Weltkrieg führte.

Im britischen Regierungskabinett nahm man seit der Jahrhundertwende allmählich Abschied von der bis ins Mittelalter zurückreichenden Gewohnheit, Frankreich als Erzfeind zu betrachten. Den Briten, wie gesagt, war es wichtig, dass niemand ihre Schiffe bei der Durchfahrt durch den Suezkanal behinderte. Wenn sie zu diesem Zweck Ägypten und den Sudan beherrschen mussten, so gehörte das zu »den Bürden des weißen Mannes«, wie Rudyard Kipling es genannt hatte.

Zu Churchills Zeiten war das Empire von einer soliden Ideologie unterfüttert: Keinesfalls aus Gier, sondern im Namen der Stabilität, des internationalen Handels und natürlich zur Verbesserung des allgemeinen Lebensstandards sah man sich legitimiert, andere Länder auf die eine oder andere Weise zu beherrschen. Die französischen Kolonialinteressen nahmen sich aus britischer Sicht kurzatmig aus. Seit

Napoleon Ende des 18. Jahrhunderts vor Ägypten mit seiner Flotte angelandet war, hatten die Franzosen ein kolonialistisches Faible für das Land. Ende des 19. Jahrhunderts aber, so bemerkte man in London, stierte die französische Regierung mehr nach Nordwestafrika denn nach Ägypten. 1904 kamen die britische und die französische Regierung überein, dass Frankreich die Briten in Ägypten in Ruhe ließ und Britannien den Franzosen in Marokko nicht in die Quere kam.[21]

Dem 1905 nach dem Wahlsieg der Liberalen bestellten Außenminister Edward Grey (1862 bis 1933) war an der Verständigung mit der französischen Regierung viel gelegen. Zu seinen Studienzeiten in Oxford hatte er als faul gegolten. Auf Menschen, die ihn nicht kannten, wirkte er »wie ein schwacher, leicht beeinflussbarer Außenminister – glücklicher beim Fischen oder beim Beobachten von Vögeln, als dass er sich sein Augenlicht bei der Durchsicht diplomatischer Unterlagen ruiniert hätte«. Der erste Eindruck, er ist oftmals trügerisch. Einmal in der Politik angekommen, erwies Grey sich als scharf denkender, resoluter Mann. Er betrachtete nicht Frankreich und auch nicht Russland als Gefahr, sondern Deutschland,[22] eine Einschätzung, die Churchill teilte. Grey verglich Wilhelm II. mit einem Schlachtschiff, das mit vollem Tempo und einem defekten Ruder unterwegs ist.[23]

Russland stellte in der Tat keine Bedrohung dar: 1905 hatte das Zarenreich gegen Japan eine heftige militärische Schlappe erlitten – der verlustreiche Krieg drehte sich vor allem darum, wer in der Mandschurei das Sagen habe. Moskau erlebte revolutionäre Umtriebe. Sie zeitigten wenig Veränderung, vorerst; zurück blieben viele militant gestimmte Geister, die auf ihre Stunde warteten. Die sollte 1917, während des Ersten Weltkriegs, kommen. 1905 war das noch nicht absehbar. Grey und das Londoner Kabinett bemühten sich um den Zaren. 1907 gingen Britannien und Russland eine Allianz ein: Man teilte Tibet, Persien und Afghanistan unter sich auf – Länder, für die kaum ein Mensch in England sich interessierte und die man vornehmlich als Durchzugsgebiete oder Pufferzonen benötigte. Das Ergebnis der diplomatischen Bemühungen zu Beginn des 20. Jahrhunderts ließ sich sehen: Während Großbritannien um 1900 einigermaßen allein in der Welt gestanden hatte, fand man bis 1907 zum Einvernehmen mit den Vereinigten Staaten, Japan, Frankreich und sogar mit Russland.[24]

Churchills A und O: das Empire

Die christliche Religion betrachtete Churchill als ein wichtiges Fundament seiner Vorstellung von Zivilisation, nämlich die »aufgeklärte christliche Gesellschaft«. Vor die Wahl gestellt, wen er für wegweisender hielt, den Herrgott oder Edmund Burke, hätte er ohne Zaudern Letzteren gewählt. »Ich halte nicht viel von Gott«, sagte er 1907, »er hat sich nicht genug Mühe gegeben.« 1949 war er gnädiger: »Er hat so vieles, worum er sich kümmern muss, nicht bloß uns, sondern alle seine Welten. Seinen Job möchte ich wirklich nicht haben. Der meine ist anstrengend genug, der seine ist noch viel schwieriger. Und – *umpf* – er kann nicht einmal demissionieren.«[25]

Gott war überfordert mit seiner heillosen Schöpfung. Edmund Burke (1729 bis 1797) hingegen nahm es auf mit der irdischen Wirklichkeit. Aus seinen Schriften schöpfen die Tories bis heute. Irischer Abstammung, war der Politiker und Aufklärungsphilosoph ein scharfer Kritiker der britischen Monarchie, die amerikanische Unabhängigkeitserklärung hielt er für gerechtfertigt – das war seine liberale Seite; die Französische Revolution und die damit einhergehenden Enteignungen verdammte er – das war seine konservative Seite. Churchill fühlte sich ihm seelenverwandt. Burkes politische Philosophie kulminiert in einer Sentenz, die beschreibt, was Churchill empfand. Gesellschaftsverträge, wie sie von Thomas Hobbes, John Locke oder Jean-Jacques Rousseau beschrieben worden waren, sprachen Churchill wenig an und Burke eben auch nicht. Ein Vertrag, so befand Burke, werde zwischen Handelspartnern geschlossen, dabei gebe es so vieles, was über deren Beziehungen weit hinausgehe: die Wissenschaften, die Künste, der moralische Einklang. Eine Gesellschaft müsse als eine Generationen umspannende Partnerschaft gedacht werden, als »eine Partnerschaft nicht allein zwischen den Lebenden, sondern zwischen den Lebenden, den Toten und denen, die erst noch geboren werden«.[26] Genau so sah der Nachfahre des 1. Herzogs von Marlborough das auch: »Der große Burke« habe ganz richtig gesagt, in die Zukunft könne man nicht schauen »ohne den Blick zurück auf die Vorfahren«.[27]

Während der napoleonischen Kriege, die nicht zuletzt ideologisch ausgefochten wurden, sahen die Briten ihr Land in der ideellen Nachfolge der antiken griechischen Demokratie. Nachdem der Usurpator Napoleon von der politischen Bühne entfernt war und in dem Maß, wie das Empire an Ausdehnung zunahm, verglichen britische Intellektuelle und Politiker ihr Reich mit dem römischen Imperium. Mit einem Imperium, Roms Geschichte hatte es gelehrt, verhält es sich nun so, dass es unweigerlich auf seinen Untergang hinwächst. Zusammen mit dem Umfang des Britischen Empire wuchsen die Sorgen um sein Bestehen.

Auch Napoleon Bonaparte hatte über ein Empire geboten. Obwohl er scheiterte, und noch im Scheitern war er groß, galt er vielen als eine verehrungswürdige Gestalt – ganz besonders Churchill, der sich eine Büste des Franzosenkaisers in sein Arbeitszimmer stellte. An Bonapartes militärischem Wagemut konnte er sich messen, anders als er selbst hatte Napoleon allerdings große Armeen befehligt, wohingegen er sich mit kleinen, eher mickrigen Kommandos zufriedengeben musste. 1909 schrieb Churchill seiner Frau: »Es ist eitel und dumm von mir, es zu sagen – aber *Du* wirst mich nicht auslachen. Ich bin ganz sicher, dass ich [große Streitkräfte führen] kann – wie meine Dinge aber stehen, werde ich, wie ich fürchte, niemals aufblühen können: in leuchtender roter Blüte.«[28] Stets war er begeistert, wenn er die traditionellen Rotröcke sah, seien es rot eingekleidete Lakaien in großen Häusern oder britische Soldaten. Die Gesetzgebung des Code Civil, die Napoleon erarbeiten ließ, imponierte ihm weniger; er hielt es mit Napoleons Kommentar zu Verfassungen: Eine Verfassung solle »kurz und unklar« sein.[29] Das war die zweitbeste Lösung nach der britischen Variante: eine geschriebene Verfassung gar nicht erst zu haben.

Seit dem 18. Jahrhundert waren die britischen Oberschichten in Whigs und Tories gespalten. Letztere wünschten, grob gesagt, alles solle prinzipiell bleiben, wie es »immer« gewesen war. Die Whigs hingegen setzten auf historischen Fortschritt. Auch Churchill glaubte an die Ideologie der Whigs, »jenes Geschichtsbild, das die englischen Oberklassen entwickelt hatten, um sich und ihre herausragende Stellung zu erklären und zu rechtfertigen.« Für ihn war »die Geschichte Großbritanniens die Saga vom in Stufen sich vollziehenden schicksalhaften Aufstieg der Nation zur Größe, geleitet von der festen, aber wohlwollenden Hand einer aufgeklärten Aristokratie«.[30] Die zunehmende Ausdehnung des imperialen Herrschaftsraums schien die Whig-Geschichtsphilosophie zu bestätigen.

In dem Monty-Python-Film von 1979 »Das Leben des Brian« kommen jüdische Widerstandskämpfer zur Zeit Christi zu einem geheimen Treffen in Jerusalem zusammen. Der Schauspieler John Cleese hält den Vorsitz und donnert: »Was haben die Römer uns gegeben?«, in Erwartung der Antwort: nichts. Meldet sich da aber einer: »den Aquädukt«. Meldet sich ein anderer: »sanitäre Anlagen«. Aus der Runde kommen dann auch noch die Stichworte: Straßenbau, Bewässerung, ein Gesundheitswesen, Schulen, öffentliche Bäder, Wein, öffentliche Ordnung. Schließlich sagt einer: »Frieden«. John Cleese darauf, wütend: »Oh, shut up!« Diese Episode ist eine Persiflage auf die Ideologie britischer Imperialisten, wie Churchill einer war und die sich bis in die 1990er Jahre gehalten hat.

Das riesige Indien war in der zweiten Hälfte des 19. Jahrhunderts in das Empire eingemeindet worden. 1877 hatte der Premierminister Benjamin Disraeli Queen Victoria zur Kaiserin von Indien gemacht. 1892 kam erstmals ein indischer Abgeordneter ins Unterhaus. George V., 1911 gekrönt, sah sich »in direkter legitimer Nachfolge der Mogulherrschaft«. Da zeigte sich die »Übersetzungsleistung«, die »Translatio imperii«, der britischen Monarchie: Die »hierarchischen Gesellschaftsstrukturen des indischen Feudalismus« blieben bestehen. Die Briten verordneten sich selbst orientalisierte Kleiderordnungen.[31] Sie gaben sich Mühe, den Angehörigen der obersten Kasten das Gefühl der Selbstbestimmtheit zu lassen.

Damit einher ging ein gewisses Verantwortungsgefühl. In der Tat war die britische Herrschaft über Indien mehr als bloße Ausbeutung der Ressourcen, damit angefangen, dass die Briten sich bemühten, den indischen Subkontinent, der seit Jahrhunderten von internen Kleinkriegen geschüttelt war, zu befrieden. Hinzu kamen der Bau von Eisenbahnlinien, umfängliche Arbeiten zur besseren Bewässerung, die Gründung von Zeitungen, von Schulen und Universitäten, die Einführung medizinischer Versorgung und eines weniger korrupten Rechtswesens, die Abschaffung des grausamen Umgangs mit Witwen (von denen viele traditionell zusammen mit ihrem verstorbenen Mann lebendig verbrannt wurden), die Einführung der Telegraphie und die

Einknüpfung Indiens in das weltweite Finanzsystem, sodass der Handel besser vonstattenging. Die englische Sprache wurde in Indien zur Lingua franca: Das erleichterte den Briten den Umgang mit Indern und ermöglichte, dass Inder aus verschiedenen Regionen, die unterschiedliche Dialekte sprachen, sich in Pidgin-English miteinander verständigen konnten. Vieles führten die Briten ein, weil es ihnen das Herrschen vereinfachte; aber es waren mehr als zufällige Nebeneffekte, wenn die Maßnahmen auch der lokalen Bevölkerung nützten.

Churchill, der Indien als Soldat in den 1890er Jahren ein wenig kennengelernt hatte, war voll des Lobes für das Werk des Empire: »Ich sage«, tat er 1904 kund, »dass dreißigtausend Zivilisten und siebzigtausend Soldaten nicht ausgereicht hätten, unsere Herrschaft über Indien auch nur für einen Monat zu bewahren, wenn nicht ausgemacht wäre, dass unsere Beweggründe rein und edel sind und dass es uns auf das Wohlergehen des indischen Volkes ankommt.«[32] John Cleese als Anführer der Widerstandsorganisation in »Das Leben des Brian« hätte dazu gesagt: »Shut up!« Vor allem ihre überlegene Waffentechnik erlaubte den Briten, den Subkontinent mit geringem Personalaufwand in Schach zu halten.[33] Churchill aber glaubte an die allgewaltige, Frieden stiftende, Zivilisation und Wohlstand bringende Kraft des Empire. Das bezog er auch auf andere Kontinente. 1908 sagte er: »Ich bin ganz sicher, ein schwarzer Tag wäre es für die große Bevölkerung von Ostafrika und Uganda, wenn sie aus den Händen der umsichtigen, unparteiischen Kontrolle britischer Beamter den Eigeninteressen kleiner, lokaler Gemeinden übergeben würden.«[34]

Mit der Ausdehnung des Empire im späten 19. Jahrhundert und nach dem Ersten Weltkrieg ging einher, dass die ganze Mühe – das Ertragen der Hitze und die kaum vermeidbare Ansteckung mit Malaria, die Langeweile, der umfängliche Papierkram – sich nicht mehr recht lohnte. Das Empire war für Britanniens Wirtschaft nicht mehr »von essenzieller Bedeutung«. Lediglich ein Drittel britischer Exporte ging an dem Empire zugehörige Länder, nur ein Viertel der Investitionen von Seiten der britischen Inseln wurde zwischen 1865 und 1914 in Ländern des Empire lanciert.[35]

Churchill, wir sagten es schon, war und blieb in ökonomischen Fragen ein Laie; Politik, Militär und Tradition waren ihm wichtiger als wirtschaftliche Erwägungen. Nicht zuletzt deshalb wurde er von seinen Zeitgenossen als Romantiker bezeichnet. Ob das Empire unter dem Strich einen finanziellen Gewinn abwarf oder nicht, war ihm eigentlich einerlei. Der sowjetische Botschafter in London, Ivan Maisky, vermerkte 1941 in seinem Tagebuch: »Mehr als einmal« habe Churchill ihm zu verstehen gegeben, »das Britische Empire sei sein Alpha und Omega«.[36]

Nelson Mandela war in diesem Sinn erzogen – respektive indoktriniert – worden. 1994 erinnerte er sich an seine Kindheit in den 1920er Jahren. Seine Mutter hatte ihn auf eine von Methodisten geleitete Schule gegeben. »Damals«, schrieb er, »stand Britannien für alles Gute in der Welt. Auch heute würde ich nicht abtun, was Britannien, die britische Geschichte und Kultur uns mitgegeben haben. Wir betrachten es als the capital of the world.«[37]

Die Weltmeere – Britannia rule the waves!

Die Stärke des Inselstaats Britannien beruhte auf seiner Flotte. In Homers »Ilias« ist die See von weinroter Farbe. James Joyce hat im »Ulysses« das Meer vor Dublin mit der Beschreibung »rotzgrün« für die damals miserablen sozialen Zustände an Land einstehen lassen und für seine missmutig innige Liebe zu seiner irischen Heimat. William Shakespeare ließ das Meer um die Britischen Inseln »silbern« leuchten. In »Richard II.« sagt der Herzog von Lancaster: »Der Königsthron hier, dies gekrönte Eiland, dies Land der Majestät, der Sitz des Mars; dies zweite Eden, halbe Paradies; dies Bollwerk, das Natur für sich erbaut, der Ansteckung und Hand des Kriegs zu trotzen; dies Volk des Segens, diese kleine Welt, dies Kleinod, in die Silbersee gefasst, die ihr den Dienst von einer Mauer leistet; von einem Graben, der das Haus verteidigt vor weniger beglückter Länder Neid.«[38]

Jedes Wort dieses Monologs war den englischen Politikern folgender Jahrhunderte Ermunterung und Programm. Sie waren mit der Geschichte ihres Landes und deren historischer Auslegung vertraut; auch Churchill baute auf die klassischen viktorianischen Geschichtswerke von Thomas Babington Macaulay, James Anthony Froude, Samuel

Rawson Gardiner und Thomas Carlyle.[39] Wer Churchill kennenlernen will, muss einen Blick zurück in die englische Geschichte werfen.

Das Theaterstück »König Richard II.« schrieb Shakespeare ungefähr hundert Jahre, nachdem der englische König Henry VII. dem Abenteurer John Cabot ein Patent ausgestellt hatte. Cabot wollte schauen, was im Westen hinter dem Ozean zu finden sei, und seine Majestät war interessiert. 1497 stach Cabot in See, fünf Jahre nachdem Columbus Amerika »entdeckt« hatte. Die Briten waren, was späterhin gern vergessen wurde, ein wenig spät dran bei der Erforschung ferner Weltteile. Schon 1494 hatten, mit Segen des Papstes, Spanien und Portugal im Vertrag von Tordesillas den atlantischen Ozean unter sich aufgeteilt, um einander nicht ins Gehege zu kommen. Die Spanier erhielten die westliche Hälfte des Atlantiks, Südamerika eingeschlossen. Die Portugiesen bekamen die östliche Hälfte, konnten also an der Westküste Afrikas schalten und walten. Bei dieser Selbstbereicherung auswärts wollte das kleine England nun auch mitmischen. In Anbetracht des Vertrags von Tordesillas von 1494, voll Respekt vor den spanischen und portugiesischen Flotten, erklärten englische Gesandte, man wolle bloß Handel treiben. Genehmigt!, wurden sie beschieden, mit Einschränkungen, selbstredend. Cabot segelte also gen Westen. Erfolg war ihm nicht vergönnt, bei seiner zweiten Reise ging er verschollen. Aber andere folgten. Francis Drake und Walter Raleigh, die Elizabeth I. zu schmeicheln wussten, wurden berühmt als Gentlemen und Piraten im Auftrag der englischen Krone.[40]

William Shakespeare war Churchill hilfreich bei der Abfassung von Reden, in denen es auf den hohen Ton ankam. Die Briten und mit ihnen der heranwachsende Winston Churchill wussten, dass sie ihrer von dem Nationalpoeten beschriebenen Bestimmung folgten: Die Meere sind gewaltig, die Meere umrahmen das Empire, das Empire lebt von der Schifffahrt und dem Handel, es ist Herrscher über die Ozeane – weshalb bis heute bei öffentlichen Veranstaltungen alle mitsingen, wenn die Hymne des Komponisten Thomas Arne (1710 bis 1778) angestimmt wird: »Rule, Britannia! Britannia rule the waves …«

Den Briten war von »Natur« aufgegeben, ihr »halbes Paradies«, das mit den Beiwörtern »Christentum« und »Zivilisation« ideologisch prall gefüllt war, auf andere Kontinente zu erstrecken. Kostbare Güter wie Teakholz, Gewürze, Metalle, Edelsteine, Indigo und Salpeter wurden eingesammelt und per Schiff zurück in die »kleine Welt« gebracht; dazu auch einfache Güter wie Getreide, auf die Britannien zur Ernährung der Bevölkerung angewiesen war. Britische Segelschiffe transportierten Tuchwaren aus Lancashire nach Indien, Opium aus dem Mittleren Osten nach China und vieles mehr. Damit dieser für das Empire ersprießliche Handel reibungslos lief, benötigten die Briten die Hoheit über die See und – so Gott wolle – gutes Wetter. Die Umschiffung des südafrikanischen Kaps der Guten Hoffnung war für Schiffe unter Segeln gefährlich. Weil die Royal Navy wenig zu tun hatte, wurde sie in der zweiten Hälfte des 19. Jahrhunderts zum »Polizisten der Meere«: Vor Nordafrika, in der Ägäis, im Roten Meer, in der Karibik und vor Chinas Küsten setzten die Kapitäne mit ihren Mannschaften Piraten nach. Westlich von Afrika stoppten sie Sklavenschiffe und brachten die Gefangenen zurück an Land.[41] Um 1913 hingen die Löhne von ungefähr einem Sechstel aller britischen Arbeiter auf diese oder jene Weise an der Schifffahrt.[42]

Weil die See der Schutz vor allem Argen war und die Royal Navy der Schild, wurden Seehelden auf das hohe Piedestal gestellt. Zuallererst Horatio Nelson (1758 bis 1805). Er hatte die britische Flotte an der Meerenge zwischen dem Mittelmeer und dem Atlantik beim Kap Trafalgar 1805 gegen die Schiffe Napoleons und Spaniens zum Sieg geführt. Das war die Krönung und das Ende seines Lebens. Als origineller und waghalsiger Seestratege ging er in die Geschichte ein. Sein berühmtes Flaggensignal zu Beginn der Schlacht von Trafalgar, »England expects that every man will do his duty«, war ganz nach Churchills Geschmack. Ihm selbst war die Beherrschung der Wellen nicht gegeben. Ein Unwohlsein in der Magengegend, vulgo Seekrankheit, hat ihm oft das Dasein an Bord eines Schiffes verleidet.

Falls ihm bekannt war, dass auch der Retter Britanniens zumindest einmal ein Opfer der Seekrankheit war, dass Horatio Nelson speiübel wurde, als er sich an Bord eines kleinen Bootes im Ärmelkanal in bewegten Wassern befand,[43] wird das seine Sympathie für den Mann vertieft haben. Eine Büste von Nelson hat er in seinem Arbeitszimmer – neben der von Napoleon – aber nicht aufgestellt. Letztlich war Churchill in seiner Phantasie kein Seeheld, sondern ein Reiter mit gezücktem

Säbel. Von der Vorbildfunktion des 1. Herzogs von Marlborough abgesehen, gab es dafür einen ganz praktischen Grund: Churchill stand nicht gern. »Wenn ich bei einer Parade oder gar, wie ich leider zugeben muss, in der Kirche eine halbe Stunde lang zu stehen gezwungen war«, schrieb er, »hatte ich stets empfunden, dass die aufrechte Haltung für den Menschen nicht natürlich ist.«[44] Auf See und zumal in einer Schlacht war es auf Segelschiffen aber üblich, dass die Admirale an Deck nicht saßen, sondern standen.

Im späten 19. Jahrhundert, als die Seemächte Portugal und Spanien nur mehr wenig zu melden hatten, war es unter Britanniens Herrschenden und ihren Stichwortgebern ausgemachte Sache: »Das Meer ist britisches Eigentum.«[45] Mit für Westminster ungewöhnlicher Eile nahmen das Kabinett unter dem Tory-Premier Lord Salisbury und das Unterhaus zur Kenntnis, was der amerikanische einstige Seeoffzier und mittlerweile hoch angesehene Marineschriftsteller Alfred Thayer Mahan zu sagen hatte. 1890 publizierte er »The Influence of Sea Power upon History«. Einfluss, Seemacht, Geschichte: Diese drei Wörter animierten die Gemüter. Der Amerikaner Mahan gab den Briten einen guten Ratschlag: »Durch die Massierung der eigenen Seestreitkräfte in heimischen Gewässern« müsse man stets in der Lage sein, »die Flotte des möglichen (europäischen) Rivalen entscheidend zu schlagen und so die Vorherrschaft zur See zu sichern«. Mahan bestätigte, was man in Westminster dachte. Schon 1889, vor der Veröffentlichung des Buches, verabschiedete das Unterhaus den »Naval Defence Act«: Die Zahl der britischen Kriegsschiffe müsse immer größer sein, als was die zwei an Stärke nachfolgenden Seemächte aufweisen könnten.[46]

Das empfahl sich. Seit den napoleonischen Kriegen war die britische Kriegsmarine nicht darauf aus gewesen, sich in Seeschlachten zu verbrauchen. Mittels ihrer Präsenz und der Möglichkeit aufzukreuzen, wo sie gebraucht wurde, garantierte sie, dass die britischen Handelsschiffe ungehindert über die Weltmeere fahren konnten. Anfang des 20. Jahrhunderts hatte kaum ein britischer Marineoffizier je auch nur ein Scharmützel erlebt. Die koloniale Gefräßigkeit des Deutschen Reichs, die Bismarck eine kurze Weile lang erfolgreich eingeleitet hatte[47] und die Kaiser Wilhelm II. – nach anfänglicher Weigerung – ungeschickt wiederaufnahm, wurde für Großbritannien allerdings zunehmend zu einem Problem: Deutschland rüstete seine Hochseeflotte auf. Es genügte nicht mehr, auf den Weltmeeren wachsam herumzuschippern; an den heimischen Küsten musste die Royal Navy gewappnet sein.

Churchill hatte den Posten des Innenministers mit all seinen administrativen Schleifen und Schlingen angenommen, weil es das Zweitbeste war nach dem, wo er eigentlich hinstrebte: Erster Lord der Admiralität wollte er sein, der für die Royal Navy zuständige Minister. Wie es seine Art war, mischte er sich als Innenminister in die Belange der Flotte ein, die ihn von Amts wegen nichts angingen. 1911 hatte Asquith genug von dem, wie er fand, »übereifrigen« Mann an der Spitze des Home Office. Er wollte dort jemanden sehen, der ihn nicht mit immer neuen Vorschlägen und Eilmeldungen von seinen übrigen Pflichten als Premierminister sowie dem genüsslichen Verzehr von Alkoholika ablenkte. Churchill hielt große Stücke auf Asquith. Lediglich dass dieser nach dem Dinner häufig mehr trank, als er vertrug, berührte ihn unangenehm. Im November 1911 schrieb er an Clementine: »Donnerstagabend war der P. M. ziemlich übel dran [...] Er konnte kaum sprechen«; jeder würde es merken; allein das »freimaurerische« Stillschweigen der Parlamentarier stehe zwischen Asquiths Gewohnheit und einem Skandal. Der Premierminister für sein Teil sagte über den Jüngeren: »Ich kann mir nicht helfen, ich mag ihn.«[48]

Auf einen skandalösen Auftritt wie Churchills Besuch vor dem in Flammen stehenden Gebäude in der Sidney Street oder die sinnlose Einbestellung des Militärs gegen streikende Eisenbahner konnte der Premierminister Asquith allerdings gut verzichten. Auch um sich Ruhe zu verschaffen, versetzte er Churchill Ende 1911 auf den von ihm ersehnten Posten; Kritik an dem Revirement musste er nicht fürchten, denn im Kabinett stand der Erste Lord der Admiralität an Bedeutung unter dem Innenminister.[49] Was Churchill betraf: Der freute sich. Für das Kleinklein ziviler Politik war er nicht geschaffen; es machte ihm nicht rundum Spaß. Viel lieber kümmerte er sich um militärische Belange – so nun also um die Marine.

Endlich im Amt seiner Wahl angekommen, vergaß Churchill umgehend alle seine sozialreformerischen Reden. Seine Plädoyers für die Abschaffung des Oberhauses, für die Unterstützung der Einkommensschwachen und Kürzungen bei den Militärausgaben: Schnee vom vergangenen Jahr. Munter legte der neue First Lord of the Admiralty sich für die maritime Aufrüstung ins Zeug, während Clementine für die Abrüstung des Haushalts in dem Palais Admiralty House sorgte, wohin die Churchills mit einiger Verzögerung übersiedelten: Das Stockwerk mit den prächtigen Empfangsräumen ließ sie unbewohnt – so konnte sie das Personal, das Churchill selbst bezahlen musste, von zwölf auf neun Personen reduzieren.[50]

Nicht allein die fürstliche Residenz kam mit dem neuen Amt, zur Ausstattung gehörte auch die rund hundert Meter lange Motorjacht »Enchantress«, auf der Churchill allüberall in europäischen Gewässern Häfen und Docks besuchte. Mit Freunden und Kollegen unternahm er private Sommerreisen durch das Mittelmeer. Die Technik der Telegraphie mittels Morsealphabet hatte mittlerweile Fortschritte gemacht: Von See aus konnte er jederzeit Kollegen und Untergebene in London mit Kommentaren und Direktiven aufscheuchen.[51]

Churchill und »The Kaiser«, die Royal Navy und die Hochseeflotte

1897 wurde Alfred Tirpitz (1849 bis 1930; seit 1900 von Tirpitz) der Mann, der Wilhelm II. als Staatssekretär für die Angelegenheiten der Kriegsflotte beriet. Getrieben von der sich nach 1906 heftig steigernden Phobie einer Einkreisung des Deutschen Reiches, riet er dem Kaiser zum Ausbau der Kriegsmarine. Diese für den internationalen Frieden durchaus kontraproduktive Idee hatte der Kaiser zuvor schon mit »ins Hysterische umschlagendem Eifer« verfolgt.[52] Tirpitz kam ihm gerade recht. In London war man alarmiert. Wie es schien, wollten die Deutschen den Briten die Herrschaft über die See streitig machen, wenn nicht Schlimmeres: Romane von einer deutschen Invasion der britischen Inseln wurden populär.[53] Keinesfalls durfte die deutsche Kriegsmarine so stark werden, das englische Heimatland angreifen zu können. Die Aufrüstung der Hochseeflotte führte zu einem Rüstungswettlauf, der 1908 im Schlachtenflottenaufbau der beiden Nationen eskalierte.[54]

Wilhelm II., mit einem verkümmerten linken Arm zur Welt gekommen, von seiner Mutter, einer Tochter Queen Victorias, wegen seiner Verkrüppelung wenig geliebt und kein besonders wacher Geist, bemühte sich, seinen Arm mit forschem Auftreten vergessen zu machen. Als der Kaiser 1891 die Verwandtschaft in Britannien besuchte, machte der jugendliche Winston seine Bekanntschaft: Wilhelms glitzernd kitschige Militärgarderobe imponierte ihm enorm. Vor dem Ersten Weltkrieg besuchte er den Kaiser anlässlich zweier Militärmanöver. Zum ersten Mal 1906 bei Liegnitz. Da ließen die Deutschen nach klassischem Stil Infanterie und Kavallerie in dichten Formationen gegen den imaginären Feind ins Feld rücken – ohne Rücksicht auf moderne Maschinengewehre und Artillerie, die bei Omdurman 1898 den Kämpfern des Mahdi den Garaus gemacht hatten. Bei der zweiten Militärübung 1909 hatten die Deutschen dazugelernt. Wilhelm II. war stets dabei. Der Gast fühlte sich wunderbar hofiert und hatte den besten Eindruck vom Kaiser, während dieser die deutschen Manöverführer, die sich devot fügen mussten, mit seinem dauernden Dreinreden aus dem Takt brachte.[55]

Churchill fiel damals auf, dass zwischen der deutschen und der britischen Militärorganisation ein fundamentaler Unterschied bestand: Die britischen Streitkräfte waren streng hierarchisch organisiert, was an Land und auf See viele Verzögerungen mit sich brachte: Bevor ein Kapitän oder General einen wichtigen Befehl erteilen konnte, musste er mit den höheren Dienstgraden bis hin nach London Rücksprache halten. Wenn dann die Antwort kam, war die Chance oftmals vertan. Das für seine komplexe »preußische« Bürokratie verschriene Deutsche Reich hingegen verfügte im Feld über handlungsstarke Befehlshaber, die gemäß der sogenannten »Auftragstaktik« agieren durften. Diese bis zu den napoleonischen Kriegen zurückgehende Tradition der Truppenführung basierte auf »gegenseitigem Vertrauen auf allen Führungsebenen, in offener Kommunikation, flachen Hierarchien und der Bereitschaft zur zielgerichteten Zusammenarbeit«. Selbstständig Entscheidungen zu treffen: Das war den deutschen Offizieren erlaubt, ja dafür waren sie ausgebildet. Hätten sie im Kampf sich immer bei ihren Oberen vergewissern müssen, der Erste Weltkrieg wäre wohl schneller zu einem Ende gekommen.[56]

Churchill hatte die unterschiedliche Herangehensweise der beiden

Länder begriffen. Die deutsche Praxis konnte und wollte er nicht gutheißen. Er pochte auf die Hierarchie. In seiner Geschichte des Ersten Weltkriegs, »The World Crisis«, schrieb er selbstbewusst: Als First Lord of the Admiralty »forderte ich und bekam die unbegrenzte Gewalt« über die Royal Navy. Lediglich mit dem First Sea Lord Fisher habe er sich abgestimmt. »Einer von uns, er oder ich, gaben die Einwilligung« zu Telegrammen, die versandt, oder Entscheidungen, die getroffen werden mussten. Wenn Churchill oder Fisher eine Initiative guthießen, musste ihr Plazet durch die Kommandokette nach unten weitergegeben werden. Das konnte dauern.[57]

1906 und 1909 war Churchill vom Kaiser angetan. Die beiden waren – jeder auf seine Weise – selbstherrlich. Dass Wilhelm kein perfekter Manöverführer war, blieb jenem nicht verborgen, trat jedoch hinter dem Erlebnis zurück, ihm nahe zu kommen. Nach dem Ersten Weltkrieg, als Wilhelm sich im holländischen Exil in Selbstmitleid erging, sollte Churchill ihn immer noch zu den »großen Zeitgenossen« zählen. Sofern man einen Kaiser schon kraft seiner Stellung »groß« nennen will, war das nicht falsch. 1930 publizierte Churchill in der Zeitschrift »Collier's« ein Porträt. Er erinnerte sich daran, mit welcher Freude er den deutschen Manövern beigewohnt hatte. Inwieweit der Kaiser den Ersten Weltkrieg mitangeschoben hatte, brachte Churchill in diesem schnell hingeschriebenen Artikel nicht zur Sprache. Kritisch äußerte er sich immerhin über Wilhelms Memoiren, die er für »trivial« hielt: Sie zeugten von »Mangel an Urteilskraft«, jeglichen Sinn für politisch »ausgewogenes« Denken ließen sie vermissen, und gut schreiben könne der Autor auch nicht.[58]

Große Titel ebenso wie großer Reichtum übten einen nachgerade magnetischen Einfluss auf Churchill aus. Was das anging, war er gefühlsmäßig bestechlich. Gefallsüchtig war er auch und heischte überall um Aufmerksamkeit. Das heißt nicht, dass er ein eitler Narziss gewesen wäre, dafür war er mit den eigenen Schwächen zu gut vertraut. Vielmehr wollte er gleichsam von oben herab dazugehören. In diesem Sinn gefallsüchtig ist zum Beispiel ein Mann, der schon als kleiner Junge große Stücke auf sich selbst hielt, aber zu wenig Liebe erfahren hat und deshalb als Erwachsener meint, mit jovialer Zugewandtheit könne man Politik machen. Das war Churchills Kalkül. Nicht bewusst war ihm, wie oft er für echte Zuneigung hielt, was in Wahrheit bloß heuchlerische Schmeichelei war.

Churchill – ein friedfertiger Mann, sofern gerade kein Krieg auf ihn wartete – neigte zusammen mit Asquith zur Verständigung mit dem einstigen Erzfeind Frankreich. 1911 vor die Abwägung gestellt zwischen der Erinnerung an die herrlichen Manöverbegegnungen in Deutschland und Wilhelms II. gefährlichen Flottenplänen, war er ganz britischer Patriot und Militarist. Der Kaiser fühlte sich von Churchill, wie ein Historiker in Anspielung auf die deutsche Dolchstoßlegende formulierte, »in den Rücken gestochen«.[59]

Bei den für Auswärtiges zuständigen Beamten in Whitehall war der Kaiser ohnehin so gut wie abgeschrieben: Man hatte es mit einem Möchtegernselbstherrscher zu tun, der eine echte Autokratie nicht zustande brachte, der heute dies und morgen jenes sagte. Sofern die auf Bismarck folgenden Reichskanzler und deutsche Außenminister ihre imperialistischen Ambitionen durch die mildernde Lauge der Diplomatie zu ziehen suchten, zerrannen ihre Bemühungen vielfach an Wilhelms Willen und den schneidigen preußischen Militärs. Des Kaisers megalomane Sprunghaftigkeit bewog ihn unter anderem dazu, 1902 eine Allianz mit den USA gegen Britannien schmieden zu wollen. Als die Amerikaner sich spröde zeigten, konzentrierte er sich, beleidigt, auf die seit den späten 1890er Jahren laufende Planung eines Kriegs gegen die Vereinigten Staaten: Die sollten aus ihrer Vormachtstellung in der Karibik verdrängt werden. Die deutsche Admiralität machte gern mit. Der Kaiser und seine militärischen Berater kamen überein: Erst werde die Hochseeflotte Amerika zu einer Seeschlacht zwingen und nach dem – unausweichlichen – Sieg die Stadt New York angreifen und damit die USA zu einem Friedensschluss zwingen. Was so ein Krieg für Deutschlands Stellung in Europa bedeuten würde, interessierte nicht. Ob nicht das große Amerika genügend Soldaten und Material in New York sammeln konnte, um die Invasoren mühelos zurückzuschlagen, war auch nicht von Belang: Bei den weiteren Planungen wurde der für die Landstreitkräfte zuständige deutsche Generalstab gar nicht erst konsultiert.[60] Wie heißt es im »Hamlet«: Ist es auch Wahnsinn, hat es doch Methode.

Die unsinnigen Pläne eines Kriegs gegen die USA, die erst 1906 ad acta gelegt wurden, illustrieren die Unberechenbarkeit der Führung des Deutschen Reichs vor dem Ersten Weltkrieg. Mit den Vereinigten Staaten stand Deutschland lediglich in Konkurrenz. Das Verhältnis zu Britannien hingegen ging Wilhelm II. ans Gemüt. Wenn er, zu Gast in England, mit Dekorum empfangen wurde, fühlte er sich als der beste Freund des Landes seiner Großmutter. Kaum war die Hochstimmung verklungen, nahm sein Ressentiment wieder überhand, und das »perfide Albion« war wieder der Gegner, den es mit der Hochseeflotte in Schach zu halten galt. 1908 publizierte ein englischer Freund im »Daily Telegraph« Aufzeichnungen eines Gesprächs mit dem Kaiser. Wilhelm betonte, »wie sehr seine Untertanen die Briten hassten«.[61] Überflüssig zu sagen, wie das auf den britischen Inseln ankam.[62]

Der Reichskanzler Theobald von Bethmann Hollweg (von 1909 bis 1917 im Amt) wollte bloß die deutschen Küsten gut gesichert sehen und hätte sich deshalb mit bewaffneten Kreuzern zufriedengegeben. Tirpitz und der für den Kaiser persönlich zuständige Adjutant der Kriegsmarine aber bestärkten Wilhelm II. in dessen Wunsch nach dem Bau von neuen Schlachtschiffen, geeignet zur Großen Fahrt auf den Weltmeeren, um Deutschlands »Platz an der Sonne« zu erringen. Der herrschende Wahnwitz wurde komplettiert von Wilhelms Forderung nach schnellen und mit Eisenplatten gegen feindlichen Beschuss befestigten Schiffen, die zudem Torpedos abfeuern konnten – drei Ziele, die miteinander nicht vereinbar waren, wie Tirpitz hilflos feststellte, dem Wilhelms dauernde Einrede zunehmend auf die Nerven ging: Je schwerer ein Schiff, desto langsamer ist es; je mehr Torpedos in einem Schiffsrumpf gebunkert werden, desto weniger Platz bleibt für starke Motoren.[63]

Der Kaiser, deutsche Politiker, Industrielle, Kaufleute und andere fühlten sich Großbritannien nahe; sei es, weil man sich mit Berufung auf gemeinsame indoeuropäische Vorfahren als Angehörige derselben »Rasse« wähnte; sei es wegen Wilhelms II. royaler Verwandtschaft; sei es, weil der Handel mit Großbritannien einträglich war. In Britannien sah man das ähnlich, wenngleich Einzelne einwandten, ziemlich viel »slawisches Blut« sei in den Deutschen, »an dem wir keinen Anteil haben«.[64] Einige britische und deutsche Politiker, so etwa Joseph Chamberlain und Bernhard von Bülow (von 1900 bis 1909 Reichskanzler), suchten seit den späten 1890er Jahren ein gutes Verständnis zwischen den beiden Ländern.[65] Ihre Bemühungen scheiterten auch daran, dass Wilhelm II. sich aufführte wie ein kleiner Junge, der ein Spielzeug in die Ecke schleudert, weil er es nicht auf Anhieb bedienen kann. Wilhelm umgab sich mit funktionierendem Spielzeug: mit Ratgebern, die ihm nach dem Munde redeten. »Unsere Zukunft liegt auf dem Wasser«, tat der Kaiser kund.[66]

Die deutsche Diplomatie war freilich auch ohne Wilhelm schlecht beraten. Allgemein ging man davon aus, der »Deutsche Michel« sei nun erwacht: Die Regierenden in der Berliner Wilhelmstraße nahmen irrtümlich an, das Heft in der Hand zu haben: Man müsse bloß drohen und abwarten, dann würden die Briten ihnen schon entgegenkommen. »Deutsche Diplomaten verkannten durchweg die Grundannahmen und die Richtung der britischen Politik.« Auslandskommentare in der deutschen Presse waren nicht selten furios nationalistisch. Die britischen Massenblätter hielten mit. Von 1908 an stand es nicht allein für Churchill außer Frage, dass die Royal Navy der Aufrüstung der Hochseeflotte Paroli bieten musste. Vorsichtshalber beorderte die Admiralität etliche Kriegsschiffe, die Tausende Seemeilen entfernt unterwegs waren, in die heimatlichen Gewässer.[67]

Auch die Briten plagten sich mit dem Problem, wie man Schnelligkeit und schwere Armierung von Schiffen miteinander vereinbaren könne. Britannien hatte Glück: An der Spitze der Admiralität stand seit 1906 als First Sea Lord John Arbuthnot Fisher (1841 bis 1920).* Seit dem 18. Jahrhundert war es nicht überlegene Feuerkraft, die den Briten Siege auf See bescherte: Es war das Ethos der Admirale, die sich selbst nicht schonten; es waren Mut und Stolz der Matrosen, die selbst unter Kanonenbeschuss in die Takelage kletterten, wissend, dass ein gezielter Treffer den Mast brechen lassen konnte und der Sturz aus vierzig oder fünfzig oder sechzig Metern Höhe ihr Ende wäre. Das Leben an Bord eines britischen Kriegsschiffs war hart, auch ohne Peitschenhiebe: Viele Matrosen waren jahrelang unterwegs. Heimaturlaub

* Die Royal Navy wurde politisch vom First Lord of the Admiralty geleitet. Für die militärische Seite gab es vier Sea Lords, die für Beschaffung, die Entsendung der Schiffe, das Personal, Hafenanlagen und anderes zuständig waren, angeführt vom First Sea Lord, dem die militärische Oberhoheit oblag.

hatten sie selten. Zur Zeit der Segelschifffahrt war die Hierarchie unter den Matrosen schnell geklärt: Wer am höchsten klomm, galt am meisten. Die Besten standen freihändig auf der kleinen Plattform an der Spitze eines Mastes, zogen ihr Hemd aus und winkten damit, wenn ihr Schiff in einen Hafen einlief. [68]

Mit solchen Erfahrungen auf See war Fisher, wie Horatio Nelson ein Mann aus kleinen Verhältnissen, groß geworden. Sein Blick war indes weniger auf Balanceakte in der Takelage gerichtet denn auf neue Technik. Fisher erwirkte, dass die britischen Kriegsschiffe, die nun nicht mehr unter Segeln fuhren und nicht mehr aus Holz gebaut waren, allmählich von der Befeuerung mit Kohle auf Öl umstellten, von Kolbenmotoren auf Turbinen. Er verschaffte sich einen Überblick über die Royal Navy und befand: Effizienter wäre es, die alten Schiffe zu entsorgen und neue Kriegsschiffe auf Kiel zu legen. Anstatt, wie es üblich war, alle Schiffe gleichzeitig überholen zu lassen, führte er die Staffelung nötiger Ausbesserungsarbeiten ein. Die Familien der Seeleute erhielten den Lohn des Mannes, wenn er fällig war, nicht erst Monate später, nachdem man sich vergewissert hatte, dass der rechtmäßige Empfänger auf hoher See noch an Bord und lebendig war. Fisher ließ ein Naval College einrichten zur Schulung angehender Offiziere, einerlei aus welcher gesellschaftlichen Schicht. Zu seiner fundamentalen Reorganisation der Royal Navy gehörte auch, dass er den gelagerten Vorrat von zehntausend Stühlen (es konnten ja mal ein paar in einem Sturm kaputtgehen) abbaute.

Edward VII., ohne dessen Unterstützung der First Sea Lord seine Reformen nicht hätte durchsetzen können,[69] erkundigte sich bei einem Abendessen süffisant, es habe wohl jeder Seemann in jedem Hafen eine Geliebte. Fisher, seiner Frau in treuer Liebe verbunden, war entgeistert, fasste sich in Sekundenschnelle und gab zurück: ob nicht der König selbst gern Seemann wäre.[70]

Während seiner Amtszeit als First Sea Lord, 1904 bis 1910, hatte Fisher auf starke Armierung weniger gegeben als auf Geschwindigkeit und gute Bewaffnung Unter seiner Ägide wurden neue »Dreadnoughts« auf Kiel gelegt, die »Fürchtenichts«-Schlachtschiffe. Anders als ihre Vorgänger pflügten sie mit 21 bis 25 Knoten über die Meere (das entspricht 40 bis 45 Stundenkilometern). Die Dreadnoughts waren mit neuen wendigen Geschützen ausgestattet und erwiesen sich als so gut, dass auch andere Länder, das Deutsche Reich vorneweg, diesen Schiffstyp bauen ließen.

Churchill war entzückt von Fishers quickem, frechem Geist und von der Modernisierung der Royal Navy, um deren monetäre Ausstattung er als Marineminister besorgt war. Schnell hatte Fisher ihm seine frühere Sparfuchsigkeit verziehen. Im April 1912, wenige Monate nach Churchills Ernennung, schrieb er in einem Brief: »Winston hält sich vorzüglich.« Beide, erzählte er, hätten im November des Vorjahres bei Nacht die Dreadnought »Lion« besucht, ganz allein. Fisher bat den Adressaten um Nachsicht, er sei nicht übermäßig eitel, aber doch sehr bewegt gewesen, als Churchill ihm gesagt habe: »You are a great man.«[71] 1914 holte der First Lord den mittlerweile 73 Jahre alten Fisher zurück an die Spitze der Sea Lords. Der Briefwechsel der beiden Alphatiere war herzhaft. Wenn sie gerade nicht miteinander in Streit lagen, war eine für Fisher völlig normale Grußformel: »der Ihre, bis die Hölle zufriert«.[72]

Die Umstellung von Kohle auf Öl, nach der Fisher seit den 1880er Jahren gedrängt hatte, war geboten. Woher das Öl nehmen? Man probierte es recht erfolglos in Trinidad und in Schottland. Vorkommen in Burma, Teil von Britisch-Indien, schienen Geschäftsleuten vielversprechend. Aber noch viel lukrativer waren die großen Ölfelder in Persien. 1901 schloss der englische Unternehmer William Knox D'Arcy einen Vertrag mit dem Schah von Persien, in dem die Ausbeute persischen Öls ihm allein zugestanden wurde. Darauf stürzten sich erst Fisher und dann Churchill. 1912 ließ Churchill eine Königliche Kommission einrichten: wie der Staat im Verein mit britischen Unternehmen die persischen Ölvorkommen für sich monopolisieren könne.[73] Das Ergebnis war für die Briten höchst erfreulich: Die Perser wurden geschäftlich über die Theke gezogen; die Briten hatten Zugang zu einem unerschöpflichen Reservoir an Öl in Persien und Mesopotamien (heute Iran und Irak). Von da an hatten sie noch mehr Grund, die Schiff- und Landwege vom östlichen Mittelmeer gen Indien zu bewachen.

Je angespannter die politische Lage in Europa wurde und weil der Bau von Kriegsschiffen teuer ist, schlug Churchill als First Lord of the

Admiralty 1912 anderen Mächten einen »naval holiday« vor: Einen zeitweiligen Stopp bei der Aufrüstung. Die Idee war allzu sehr seine eigene Idee, sie war nicht diplomatisch umsichtig eingeschuht: Niemand ging darauf ein, schon gar nicht das Deutsche Reich.[74] »Deutschland als eine ›Mittelmacht‹ auf dem europäischen Kontinent sah sich immer stärker von feindlichen Mächten umzingelt, und selbstverständlich vergaß man dabei auf Dauer, dass Deutschland selber daran eine nicht geringe Schuld trug, sich in Wirklichkeit zeitweilig von den anderen Großmächten entfremdete, sich also selber ›ausgekreist‹ hatte.«[75]

1911 sagte Fisher voraus, dass ein großer Krieg am 21. Oktober 1914 beginnen werde, nach der Fertigstellung des Kaiser-Wilhelm-Kanals, auf dem deutsche Kriegsschiffe von der Ostsee in die Nordsee fahren konnten, und nachdem die Ernte eingebracht wäre.[76] Er verschätzte sich lediglich um einige Wochen. Mit seiner Vorahnung war er nicht der Einzige. Schon 1891 hatte der greise Bismarck dem jungen Hamburger Reeder Albert Ballin vorahnend anvertraut, er selbst werde es nicht mehr erleben, wohl aber Ballin: einen »Weltkrieg«.[77] Politiker und Militärs vieler Länder, darunter auch Churchill, erwarteten einen großen Krieg. Das Attentat auf den österreichischen Erzherzog Ferdinand in Sarajewo war lediglich der Anlass. Churchill sah dem Krieg gelassen entgegen: Die Befehlshaber der Navy ließ er wissen, sie sollten sich einrichten auf ein Jahr; die ersten sechs Monate würden über den Ausgang entscheiden.[78] Der zeitgenössische Historiker A. G. Gardiner warnte: »›Behaltet Churchill im Auge‹, sollte die Devise dieser Tage sein. Vergesst nicht, dass er zuerst und vor allem Soldat ist. Er wird Geschichte schreiben. Lasst uns achtgeben, dass er sie nicht in Blut schreibt.«[79]

6. Kapitel

CHURCHILLS NIEDERLAGEN 1914 UND 1915

1

2

1 Noch verbesserungsfähig: Ein gepanzerter Traktor der US-Firma Killen-Strait, der durch Stacheldraht vordringen können sollte. Zu diesem Zweck wurde eine Netzschere der Royal Navy daran befestigt. Der Test im Juni 1915 misslang.

2 Truppen des Empire auf Gallipoli 1915. Der Versuch, die Halbinsel einzunehmen, war schlecht geplant und von Anfang an zum Scheitern verurteilt. Für das blutige Unterfangen war nicht zuletzt der First Lord Churchill verantwortlich.

3 1915 hatte Churchill in Westminster viele Gegner und keine Fürsprecher mehr. Da er in London vorerst ausgespielt hatte, ließ er sich an die französische Front schicken.

Im Nachhinein bemerkte David Lloyd George traurig, man sei in den Krieg »hineingeschlittert«. In Anbetracht verzweifelter Bemühungen von Diplomaten und Politikern im Sommer 1914 – Russen, Engländer, Franzosen, Deutsche, Serben und Österreicher –, das Kommende zu vermeiden, ist Lloyd Georges Wort berechtigt. Zu bedenken ist aber auch, dass große Staaten jahrelang mit einem Krieg rechneten und sich darauf vorbereiteten, als könne man es kaum erwarten. Die Presse spitzte das Aufgebot an politischer Unvernunft zu mit anfeuernden Schlagzeilen, weshalb noch 1915 Scharen von jungen Freiwilligen sich danach drängten, das Vaterland zu verteidigen.[1] *

Aus der komplizierten internationalen Gemengelage und der verbreiteten rhetorischen Großmannssucht lassen sich zwei Umstände herauskristallisieren, die entscheidend zum Beginn des Kriegs beitrugen: Die Regierenden von Österreich-Ungarn wollten Serbien und die großserbischen Nationalisten kleinhalten, von denen man befürchtete, sie würden sich in Bosnien-Herzegowina breitmachen. In Berlin strebten Regierende und Militärs einen Präventivkrieg an: 1912 und 1913 hatte Frankreich großzügige Kredite an Russland vergeben, dies mit der Auflage, dass Eisenbahnlinien auf einer Ost-West-Achse gebaut würden, auf denen eines Tages Truppen nach der deutschen Grenze verschoben werden könnten. Im Kaiserreich herrschte die Furcht: Wenn die Schienen verlegt sind, kann man keinen Zweifrontenkrieg mehr führen, gegen Russland im Osten und gegen Frankreich im Wes-

* Bis Anfang 1916 waren es 2,5 Millionen. Als sich immer weniger Freiwillige fanden, führte Großbritannien in Lauf jenes Jahres die Wehrpflicht ein (nur nicht in Irland). Gleichzeitig mussten allerdings die Kohleförderung und die Industrieanlagen für die Waffenproduktion in Gang gehalten werden: Der Staat selbst sorgte dafür, dass viele potenzielle Soldaten zu Haus blieben. Gegen Ende des Kriegs waren die Soldaten im Schnitt 19 Jahre alt.

ten. Kaiser Wilhelm II. war anfangs gegen einen Präventivkrieg, immerhin war er mit dem Zaren verwandt. Als er dann – ungestüm wie meistens – seine Meinung auf einmal änderte, zählte er zu den größten Kriegstreibern.

Am 3. August 1914 stimmte Außenminister Edward Grey das Unterhaus auf die Mobilmachung ein. Finanzminister Lloyd George und Churchill betraten das Unterhaus gemeinsam. Beiden wurde applaudiert, dem Marineminister mehr als Lloyd George: Von dem Ersten Lord der Admiralität erwarteten die Parlamentarier, die Royal Navy werde die Heimat gegen Eindringlinge verteidigen. Am Ende der Sitzung waren es Grey und Churchill, die gemeinsam das Gebäude verließen. Churchill fragte Grey: »Und was nun?« Grey, niedergeschlagen: »Wir alle wissen, es kommt zum Krieg.« Er blickte zu Boden, als er wieder aufschaute, standen Tränen in seinen Augen: »Alles, was ich versucht habe, war umsonst. Ich fühle mich wie einer, der denkt: Mein ganzes Leben war sinnlos.« In der Abenddämmerung stand Grey am Fenster seiner Wohnung im Außenministerium in Begleitung eines Freundes und sagte: »The lamps are going out all over in Europe« – »In ganz Europa gehen die Lichter aus; wir werden sie nicht wieder leuchten sehen, nicht solange wir leben.« Am 4. August marschierten deutsche Truppen ins neutrale Belgien ein, dem Großbritannien sich mit einer Garantieerklärung verpflichtet hatte: Die britische Kriegserklärung an das Kaiserreich folgte auf dem Fuße.[2]

Der »Amateur« im Marineministerium

Churchill hatte Grey gefragt: Und was nun? Nun herrschte Krieg. Für ihn war das ein angenehmer Lebenszustand. Ende Juli hatte er seiner Frau geschrieben: »Alles geht in Richtung Katastrophe & Zusammenbruch. Ich bin animiert, bereit & fröhlich.«[3] Große Zeiten standen an. Von allem Großen immer bewegt, weinte Churchill, als die Kriegserklärung im Unterhaus bekannt gegeben wurde.[4] Mit Elan kümmerte der First Lord Churchill sich um alles, mochte es in sein Aufgabenfeld fallen oder nicht.

Weil die Royal Navy trotz Fishers Reformen in festgezurrten Traditionen verankert war und von Admiralen geführt wurde, deren beste Zeiten lange zurücklagen, ließ die Regierung 1904 eine politische Abteilung schaffen, die planen sollte, wie künftige Kriegführung aussehen solle: das »Committee of Imperial Defence«. John Fishers zeitgenössischer Biograph, Admiral a. D. Reginald Bacon (1863 bis 1947), schrieb, eine treibende Kraft hinter der Gründung des Committee sei Churchill gewesen. »Es war unmöglich«, schrieb Bacon 1929, Churchills Karriere zusammenfassend, »vorherzusehen«, wohin dessen »Optimismus, sein Enthusiasmus« und seine »feurige Natur« ihn treiben würden.[5] Von den maritimen Kenntnissen des 1911 zum First Lord gemachten Politikers hielt der Admiral a. D., ein Protegé Lord Fishers, wenig bis gar nichts. Bacon bemühte sich gleichwohl um Fairness: Dass Churchill für die Beschaffung von persischem Öl auf Jahre hin sorgte, sei allen Lobes wert. Wie dieser aber den Experten der Kriegsmarine in die Parade gefahren sei, hielt er für kontraproduktiv. Bacon monierte, dass Churchill »ohne jegliche Kenntnisse der Navy« als »Amateur« seine Position als First Lord of the Admiralty von Anfang an überspannt habe: »Die Aufgaben der einzelnen Sea Lords sind exekutiver Art. Der First Lord sollte die Aufsicht haben. [...] Sein Veto sollte er lediglich in politischer Hinsicht einlegen, nicht in Bezug auf technische Angelegenheiten.«[6]

Das Committee of Imperial Defence war für Churchill eine weitere Möglichkeit, sich Geltung zu verschaffen: Es war näher an der Politik als das Marineministerium, das Board of Admiralty. Weil Churchill eher geradlinig dachte, ein Einzelkämpfer war und sich immer als Befehlshaber sah, nie als ein – wenn auch noch so großes – Rad in einer Bürokratie, müssen wir ihm nicht unterstellen, dass er die Einrichtung des Committee auch deshalb befürwortete, weil er darauf setzte, wie es kommen würde – wie es eigentlich immer kommt –, wenn zwei Dienststellen für dieselbe Sache zuständig sind: Die Mitarbeiter des Committee und des Marineministeriums verbrachten viel Zeit damit, einander Steine in den Weg zu legen. Bacon konstatierte: »Es gab fast täglich Streit.« So war effizientes Management unmöglich, zumal im Krieg.

Zwischen Whitehall und Westminster Palace wurden viele bürokratische Scharmützel ausgetragen. Churchill bekam davon wenig mit. Mit dem First Sea Lord – wie schon gesagt: von Oktober 1914 an war es auf sein Betreiben wieder John Fisher – plante er am liebsten über die Köpfe aller übrigen Zuständigen hinweg. Churchill behielt sich rote Tinte für Anmerkungen in offiziellen Dokumenten vor, Fisher nahm die grüne. Churchill manipulierte nicht ganze Ämter, sondern Einzelne. Er hielt gern Privatunterredungen mit Offizieren. Von dem, was die jeweils sagten, »übernahm Churchill das, was er brauchen konnte«, um sich zu behaupten, wenn Fisher ihm widersprach.[7] Er berief sich auf die Meinungen von jüngeren Offizieren, die er gegen die älteren ausspielte.[8] Nach dem Prinzip »teile und herrsche« hat das Römische Imperium ein paar Jahrhunderte lang erfolgreich regiert. Dem First Lord of the Admiralty gelang dieses Kunststück keine fünf Jahre. Churchills Machinationen sollten 1915 zu seinem vorläufigen Niedergang führen.

Das Committee of Imperial Defence war eine sinnvolle Einrichtung. Sein Vorsitzender, der Marineoffizier Maurice Hankey (1877 bis 1963), hatte schon 1911 festgestellt: Wenn es zum Krieg komme, müsse die Royal Navy klüger planen als bisher. In der Admiralität spielte man mit Vorstellungen von amphibischen Operationen, die nach erfolgreichen Seeschlachten an der deutschen Ostseeküste, vor Helgoland und an den Mündungen von Ems und Elbe vonstattengehen könnten. Das meiste davon hielt Maurice Hankey für undienlich. Vielmehr gelte es, einen Wirtschaftskrieg zu führen. Die deutsche Hochseeflotte sollte am Auslaufen aus der Nord- und Ostsee gehindert werden, sodass sie die deutschen Handelsrouten über den Atlantik nicht mehr sichern konnte.[9] Hankeys Vorschlag wurde angenommen und nach Kriegsbeginn erfolgreich umgesetzt: 221 deutsche Handelsschiffe stachen gar nicht erst in See, 245 Schiffe wurden in Häfen der Entente festgesetzt, 1059 blieben in Häfen neutraler Länder liegen.[10] Diese Schiffe hätten Güter transportieren sollen, die das Deutsche Reich dringend benötigte für die Ernährung der Bevölkerung und für die Aufrüstung.

Der im August 1914 zum Kriegsminister ernannte Lord Kitchener und Churchill waren die einzigen Regierungsangehörigen von Rang mit Kampferfahrung. Churchill hatte Kitchener selbst vorgeschlagen. Alte Animositäten waren vergessen. Kein Wort mehr davon, dass Churchill 15 Jahre zuvor in Nordafrika in Kitcheners Augen »unerträglich aufgeblasen« war, »ein Ordensjäger«, der seine Vorgesetzten in Zeitungsartikeln abkanzelte, als sei er ihr befehlshabender General.[11]

Der Historiker Carlo D'Este hat den britischen Eintritt in den Ersten Weltkrieg »selbstzerstörerisch« genannt. Das war durchaus so, aber andere Länder wussten es auch nicht besser. Ein wenig ungewöhnlich mochte es sein, dass Herbert Asquith während offizieller Sitzungen zärtliche Briefe an eine Angebetete namens Venetia Stanley schrieb. Und eben damit war sein liberaler Parteifreund Edwin Montagu ein paar Plätze weiter auch beschäftigt. Diesen Krieg verlor der Premierminister: 1915 entschied Lady Stanley sich für den Nebenbuhler. Mit dem anderen Krieg kam Asquith von Anfang an schlecht zurecht. Er war immer im Bilde, verhehlte aber nicht, dass das Feldherrndenken ihm nicht lag. Damit war er nicht der Einzige. Die Politiker, Churchill, Kitchener und Lloyd George ausgenommen, »neigten dazu, sich den Generalen und Admiralen unterzuordnen, mit der Begründung, die Experten wüssten es am besten«.[12]

Das Desaster bei Antwerpen & die Erfindung neuer Waffen

Das Vereinigte Königreich hatte Belgien 1839 eine vertragliche Garantie gegeben: Im Fall eines feindlichen Einmarschs werde man dem Land militärisch beistehen. Als bekannt wurde, dass Deutschland sich anschickte, seine Truppen durch das neutrale Belgien marschieren zu lassen, war Großbritannien aus zwei Gründen zum Handeln gezwungen: Vertragstreue und – besonders wichtig damals und nicht bloß als Vorwand argumentativ ins Feld geführt – die nationale Ehre. Antwerpen wurde 1914 von den Deutschen belagert, die Belgier brauchten Hilfe. In seiner sechsbändigen Geschichte des Ersten Weltkriegs (»The World Crisis«) schrieb Churchill, es sei auch darum gegangen, die Häfen am Ärmelkanal zu sichern. Das war eine zusätzliche Rechtfertigung eines unvernünftigen Unterfangens, die den Zuständigen erst einfiel, als die Operation Anfang Oktober 1914 schon angelaufen war.[13]

Gleich nach Kriegsbeginn wurde das britische Expeditionsheer (»British Expeditionary Force«) über den Ärmelkanal gesandt: einige Tausend Mann, sechzig Prozent davon Reservisten, Männer, die weniger von jugendlichem Draufgängertum als von patriotischer Pflichterfüllung motiviert waren. Als die Deutschen Belgien überrannten, zogen König Albert und die Regierung sich nach Antwerpen an der Mündung der Schelde zurück. Die belgischen Häfen waren den Deutschen vorderhand einerlei: General Erich von Falkenhayn wollte Antwerpen einnehmen, um so die rechte Flanke des deutschen Vorstoßes in Frankreich zu sichern. Für die Entente hatte Antwerpen eine viel größere Bedeutung: Der Hafen war der größte in Europa. Schon Napoleon soll gesagt haben: Wer Antwerpen in der Hand habe, halte die Pistole, mit der man gegen die Britischen Inseln vorgehen könne. Die Stadt war von mehreren in Ringen angelegten Verteidigungsforts umschlossen. Die Forts waren mit 65 000 Soldaten der belgischen Armee besetzt. In den Garnisonen befanden sich achtzigtausend Soldaten. Die belgische Armee konnte den Deutschen aber nicht standhalten: Sie war schlecht geführt, und ihre Waffen waren denen des Gegners unterlegen.[14]

Am 30. August 1914 bat die belgische Regierung Frankreich und Britannien um Beistand. Der französische General Joseph Joffre konnte derart rasch keine Truppen nach Antwerpen schaffen. Zudem hielten er und der britische Verteidigungsminister Kitchener die Sorge der Belgier für übertrieben. Der britische General John French erachtete es zwar als vernünftig, Antwerpen, seinen Hafen und damit einen Zugang zum Atlantik vor den Deutschen zu schützen; aber er hatte strikte Ordre, die Soldaten des Expeditionsheers nach den heftigen Verlusten bei der Schlacht von Mons am 23. und 24. August 1914 nicht zu verheizen. Seinem eigenen Empfinden kam das entgegen, er war zögerlich. Zum Entsatz Antwerpens war er erst zwei Wochen später bereit, als Churchill versprach, die Royal Navy werde zu Hilfe kommen. Dermaßen motiviert, wollte French nun die gesamte British Expeditionary Force nach Antwerpen verlegen. Dazu kam es dann nicht. In Frankreich warteten andere Schlachtfelder.[15]

Churchill hatte schon am 7. September an Asquith geschrieben: »WIR MÜSSEN ANTWERPEN HALTEN.« Dazu konnte man sich in London nicht verstehen, zumal die nötigen Truppen andernorts gebunden waren. Die britische Regierung hatte die Stadt so gut wie aufgegeben. Nach Lage der Dinge war das wohl die richtige Einschätzung.[16] Aber gerade aussichtslose Situationen brachten Churchill in Fahrt.

Asquith hatte gehofft, als First Lord of the Admiralty wäre Churchill ausreichend beschäftigt und würde den ruhigen Lauf der Regierungsgeschäfte nicht stören. Seine Arbeit am Schreibtisch kam Churchill sauer an. Er stapfte durch die Räume, wartete auf Nachrichten, fuchtelte mit dem Gehstock, schaute immer wieder auf die Entwicklung der Seekarten, auf denen die Bewegungen der Schiffe der Royal Navy nachvollzogen wurden. Am falschen Ort zu sein langweilte ihn. Und wenn er sich langweilte, wurde er unleidig. Seine Frau ermahnte ihn Mitte September 1914, wie üblich schriftlich, mit sorgfältig überlegten Worten: »Der PM baut auf Dich, hört auf Dich mehr & mehr. Du bist der einzige junge vitale Mann im Kabinett. Es ist wirklich schlimm, dass Du nicht stolz bist, der 1. Lord der Admiralität zu sein während des größten Krieges seit Anbeginn der Welt [...] Deine jetzige Stimmung macht mir Sorge.«[17] Clementines Ermahnung, berechtigt wie sie war, stieß bei Churchill auf taube Ohren.[18]

Am 28. September begannen die Deutschen den Sturm auf Antwerpen.[19] Die Belgier kabelten nach London, die Regierung werde Zuflucht in Ostende suchen; die belgischen Truppen und der König würden Antwerpen verlassen. Angestachelt von Churchill, machten nun auch der britische Außen- und der Kriegsminister Antwerpen zu einem Spezialanliegen: Wenn die Stadt fallen sollte, könnten die deutschen Truppen von dort aus den Briten den Weg abschneiden und nach den strategisch wichtigen Hafenstädten Ostende, Calais und Dünkirchen vordringen. Churchill war seit Kriegsbeginn unter jedem sich bietenden Vorwand nach Dünkirchen gereist, um dort, wie er vorgab, nach dem Rechten zu sehen: Er nahm einen Privatzug von Londons Victoria-Bahnhof, setzte auf einem Zerstörer über den Ärmelkanal und bestieg in Frankreich dann wieder einen Privatzug. Lieber wäre er wohl, die eigene Hand am Steuerknüppel, geflogen.

Churchill und die Wissenschaften

Vor dem Krieg hatte Churchill Flugstunden genommen: Fliegen – was für ein Erlebnis! Die Freiheit über den Wolken war zu Beginn der Luftfahrt freilich noch nicht erreichbar. Sofern der Himmel nicht sehr tief hing, blieben die technisch unausgereiften Flugzeuge unter den Wolken, und die Piloten konnten froh sein, wenn sie heil wieder zu Boden kamen. Clementine war entsetzt und flehte ihren Mann in einem Brief an, den gefährlichen Sport bleiben zu lassen. Auf diese Bitte hätte Churchill nichts gegeben. Als einmal eine dreisitzige Maschine zur Verfügung stand, lud er einen Offizierskameraden ein, ihn zu begleiten; nach erfolgter Rückkehr zum Fliegerhorst teilte dieser ihm nebenbei mit, »den Vormittag habe er damit verbracht, sein Testament aufzusetzen«. Auch das ließ Churchill unbeeindruckt. Die Luft: Sie war nun einmal eine »höchst gefährliche, eifersüchtige und anspruchsvolle Geliebte«.[20] Erst als kurz darauf sein Fluglehrer tödlich verunglückt war, sah er ein, dass Clementine recht gehabt hatte. Das Faible für die Luftfahrt blieb ihm aber erhalten. 1919 versuchte er wieder, den Pilotenschein zu erwerben. Das endete nach wenigen Flugstunden mit einer Bruchlandung aus dreißig Metern Höhe, die Churchill besser überstand als das Flugzeug.[21] Autofahren hat er übrigens nicht gelernt: Für ihn als einen Mann von Stand, mit Kutschen und Kutschern groß geworden, kam es nicht in Frage, selbst am Steuer zu sitzen. Vielleicht schien der Automobilismus ihm auch nicht risikoreich genug.

Eine britische Luftwaffe gab es zu Beginn des Ersten Weltkriegs nicht. Churchills Navy erklärte sich kurzerhand für Flugzeuge zuständig. In Dünkirchen war eine »Naval Air Squadron« stationiert, eine »Luftmarine«.* Churchill war de facto nun nicht bloß der Erste Lord der Admiralität, sondern zudem Lord der Lüfte. Unter seiner Ägide stiegen in und um London Sperrballons auf, die feindliche Zeppeline und Flugzeuge irritieren sollten. Suchscheinwerfer wurden aufgestellt. Britische Flugzeuge zerstörten ein halbes Dutzend deutsche Zeppeline in der Luft oder bei ihren heimatlichen Hangars in Köln, Cuxhaven,

* Ein britisches Geschwader (Squadron) umfasste 1914 kaum mehr als ein Dutzend Doppeldecker.

Düsseldorf oder Friedrichshafen.[22] Churchill hielt Zeppeline für ausgezeichnete Kriegsmaschinen, zur Feindbekämpfung besser geeignet als Flugzeuge. Erst im April 1915, einen Monat bevor er seinen Posten als First Lord verlor, gab er zu, dass Flugzeuge sich im Krieg besser bewährten als Zeppeline. In seiner Geschichte des Ersten Weltkriegs tat er dann allerdings, als habe er immer schon Flugzeuge für wichtiger gehalten: »In den Jahren vor dem Krieg tat ich alles mir Mögliche, die Ausgaben für Luftschiffe zu minimieren, damit wir unsere eingeschränkten Ressourcen auf die Luftwaffe konzentrieren konnten.«[23]

Eine »Landmarine« richtete Churchill auch ein: Die Navy kaufte alle in England verfügbaren Rolls Royces, die wurden mit Eisenplatten armiert und nach Dünkirchen verfrachtet, sechzig an der Zahl; die Autos wurden mit Maxime-Maschinengewehren ausgestattet sowie mit Handwerkszeug und Material, mit dem von der deutschen Artillerie unwegsam gemachte Straßen passierbar gemacht werden könnten. Begleitet wurden die Rolls Royces von zweihundert Soldaten der Royal Navy.[24] Churchill verkündete: »Wir werden Artillerie haben und warum nicht auch eine Kavallerie?« Ein Offizier der Royal Navy ächzte: »Mein Gott, nun auch die berittene Marine.«[25]

Churchill kannte H. G. Wells, den Autor von futuristischen und Science-Fiction-Romanen. Wells hatte 1903 im »Strand Magazine«, in dem auch Churchill publizierte, dargelegt, wie man ein mit Metall befestigtes Blockhaus von etwa dreißig Metern Länge auf feste Räder stellen und damit über feindliche Schützengräben hinwegrattern könne. Einige Jahre später machten ein Offizier namens Ernest Swinton, der ebenso seriöse wie einfallsreiche Bürokrat Maurice Hankey, damals Vorsitzender des National Defence Committee, und der Major Thomas Hetherington Vorschläge für andere armierte Fahrzeuge, nicht nur Rolls Royces und rollende Blockhäuser: umgebaute Traktoren.

Churchill – an allem Neuen interessiert, was die Wissenschaft ersann – bewog die zuständigen Stellen, diese Idee weiterzuverfolgen. Das Wort dafür war »Landschiffe«. Mit deren Entwicklung befasste sich die Admiralität unter Churchills Führung ausführlicher, wenn auch erfolgloser als andere Stellen. Die bewaffneten Fahrzeuge auf Rädern oder Ketten wurden in Churchills Phantasie immer größer, sollten durch Drahtverhaue und Gräben fahren, sollten Schneisen schlagen und Infanteristen durch die feindlichen Befestigungen sicher ins Feindesland zum Kampf bringen. Als Waffensysteme hatte Churchill sich die Panzer nicht vorgestellt.[26] Zu Beginn des Zweiten Weltkriegs erzählte er seinem Leibarzt, was im Ersten Weltkrieg sein Ideal eines Panzers gewesen war: ein Gefährt, »60 bis 75 Tonnen schwer, das sechs Fuß unter der Erde einen sechs Fuß breiten Gang graben würde, durch den die Soldaten ungeschoren das feindliche Gelände hätten erreichen können«.[27]

Am 16. Februar 1915 wurde der Prototyp eines Panzers, der aus eigener Motorkraft nicht vorankam, von einem Schimmel auf Horse Guards Parade im Kreis gezogen, auf dem Platz, wo traditionell britische Monarchen eine Truppenparade abhalten. Bei den Zuschauern, die dem Schauspiel beiwohnten, dürfte das Pferd besser weggekommen sein als Churchill und seine Kollegen. Die ersten britischen Panzer, die dann aber nicht nur als Truppentransporter dienten, kamen Monate später in Betrieb. Drinnen war es unerträglich heiß und stickig, auf den Schlachtfeldern waren sie erst 1918 wirkmächtig.

Dass Panzer im Zweiten Weltkrieg eine noch viel größere Rolle spielen würden, hat Churchill nicht vorausgesehen.[28] Dessen ungeachtet sollten auch im Zweiten Weltkrieg Pferde vonnöten sein. Im Ersten Weltkrieg waren sie noch viel wichtiger, dies nicht nur im Kampf, sondern auch für die Kommunikation. Der deutsche Generalstabschef Helmuth von Moltke zum Beispiel erhielt Information gelegentlich mit 24 Stunden Verzögerung. Bei der Entwicklung der Elektrik haperte es noch. Zur Übermittlung von Botschaften von einem Frontabschnitt zum nächsten waren berittene Kuriere unentbehrlich.[29] Allen neuen Errungenschaften der Wissenschaften zugetan, hielt Churchill Giftgas für eine nützliche Erfindung. Als die Offensive bei den Dardanellen im Frühjahr 1915 nicht gelang (davon später mehr), schlug er vor, die Türken mit Giftgas zu bekämpfen. 1918, als man über die tödlichen Wirkungen von Giftgas im Bilde war – die Deutschen hatten es bekanntlich als Erste eingesetzt –, votierte er dafür, fünfmal so viel wie bisher an allen Fronten auszubringen.[30] (1944, als London mit V1-Raketen beschossen wurde, forderte er sogar, zusätzlich auch chemische Waffen gegen Berlin einzusetzen. Mit einiger Mühe konnten Airforce-Experten ihn davon abbringen.[31])

Churchills »Zirkus« und seine »Privatarmee«

Von Anbeginn des Ersten Weltkriegs litt die gemeinsame Kriegführung von Briten, Franzosen und Belgiern darunter, dass Militärs und Politiker der drei Länder unterschiedliche Vorstellungen hatten, was wo wie verteidigt werden solle. Eine Aktion funktionierte recht reibungslos: Anfang September 1914 wandte der französische General Joffre sich an den Kriegsminister Kitchener: Könne der nicht Verstärkung nach Dünkirchen schicken? Das habe möglicherweise den Nebeneffekt, dass die Deutschen wähnten, dort sei ein wichtiger Kriegsschauplatz. Kitchener beriet sich mit Churchill. Das Ergebnis: Die Infanteristen der Royal Marine Brigade wurden entsandt und dazu, warum auch immer, die Oxford Hussars. In diesem Regiment hatte Churchill in den 1890er Jahren gedient. Sein Bruder Jack war als Major dabei, auch sein Vetter Sunny, der 9. Herzog von Marlborough, der zum Oberst ehrenhalber ernannt worden war. Die Oxford Hussars hatten in vergangenen Jahren ihre Manöver auf den Ländereien von Blenheim Palace abgehalten. Welch ein Spaß das gewesen war! Als der Premierminister Asquith von der Entsendung der Husaren erfuhr, sagte er: »Das sind insgesamt 450; falls sie deutschen Kräften begegnen, einerlei wie stark die sind, fürchte ich, wir werden sehr wenige von den Männern je wieder sehen.«[32]

Churchill sorgte dafür, dass der Transport nach Dünkirchen für sein Regiment bequem war: Er übernahm fünfzig Londoner Doppeldeckerbusse, die zusammen mit den Truppen auf eigens bestellten Schiffen nach Dünkirchen übersetzten und dort dann die Oxford Hussars durch die Gegend chauffierten, mal hierhin, mal dorthin. Dergleichen Vorzüge hatten normale Soldaten nicht, aber das Wort »Vetternwirtschaft« wäre Churchill nicht in den Sinn gekommen. Die ganze Aktion wurde als »Churchills Dünkirchen-Zirkus« bekannt. Zu Kämpfen kam es glücklicherweise nicht. Die Deutschen betrachteten die verwöhnten Helden nicht als vordringliches Ziel.[33]

Ganz anders erging es der Royal Naval Division. Mitte August 1914 ließ Churchill 3500 Reservisten der Marine wieder antreten, die er mit der eben erwähnten Royal Marine Brigade vereinigen wollte. Im Londoner Kabinett hielt man das für eine gute Idee und übersah dabei ein kleines, aus der Lehnstuhlperspektive in den Gentlemen-Clubs wohl unwesentliches Detail: Anders als die Infanteristen der Royal Marine Brigade bestand die Royal Naval Division zu einem Viertel aus Reservisten der Navy, die sich darauf verstanden, ein Schiff in die Schlacht zu führen, vom Landkrieg aber keine Ahnung hatten. Die übrigen drei Viertel waren Rekruten, »die noch nie einen Schuss abgegeben hatten«. Da zu wenig Munition verfügbar war (»die Offiziere hatten keine Munition für ihre Revolver«), kam es darauf vielleicht gar nicht in erster Linie an. Wie man einen haltbaren Schützengraben anlegt, wussten die Rekruten aber auch nicht.[34]

Kapitän Herbert Richmond, der stellvertretende Leiter des Marinestabs, war außer sich: Churchill, schrieb er in seinem Tagebuch, sei »von allen guten Geistern verlassen. [...] Was sollen diese Kräfte machen? Weiß der Himmel. [...] Winston freut sich wie Bolle! Hier ist der Beginn eines großen Kriegs, in dem unsere Zukunft davon abhängt, dass wir die Navy richtig einsetzen!! Es ist ungeheuerlich. Diese Männer, die nun Soldaten werden sollen, können das nicht. Es sind alles Anfänger. [...] Die ganze Sache ist so abscheulich, dass man Churchill lieber hängen sollte, bevor ihm erlaubt wird, das auszuführen.« Wie das Marineministerium solchen Wahnwitz ohne ernstlichen Einspruch habe durchgehen lassen, sei ihm schleierhaft.[35]

Die Seeleute wurden also zu Infanteristen; die fehlende Ausbildung, befanden Churchill und Kitchener, werde durch die Instruktion von erfahrenen Truppenführern schon wettgemacht.[36] »Churchills Privatarmee«, wie sie spöttisch genannt wurde, kam in Antwerpen zum Einsatz. Ende September 1914 war die Lage in der Stadt verzweifelt. London erhielt die Botschaft: Die belgischen Truppen würden Antwerpen aufgeben. Das Kabinett kam Churchills Wunsch entgegen und sandte ihn zur Aufklärung der Lage nach Antwerpen. Auch wurde den Belgiern versprochen, Britannien würde Truppen zu Hilfe schicken. Daraufhin hielten die belgischen Soldaten ihre Stellungen.

Am 3. Oktober 1914 kam Churchill in Antwerpen an. Dort gab er sich vier Tage lang dem reinen Wohlergehen hin. Er nahm im besten Hotel Quartier, verbrachte den Morgen des 4. Oktober – wie üblich – planend in Bett und Badewanne und diktierte Telegramme ohne Zahl. Dann zog er einen an Land extravagant wirkenden dunklen Seemannsrock an, doppelreihig mit glänzenden Knöpfen, setzte eine Schiffermütze auf und spazierte furchtlos durch die unter deutschem Beschuss liegenden äußeren Befestigungen Antwerpens. So wohl fühlte er sich, dass er am 5. Oktober nach London telegraphierte, er wolle seinen Posten als First Lord der Admiralität aufgeben und stattdessen Kommandeur der Truppen bei Antwerpen werden. Herbert Asquith kannte seinen Pappenheimer und bewunderte Churchills Elan; doch erschien es ihm befremdlich, »wenn ich Winston sagen höre, das Letzte, was er sich wünsche, sei Frieden«.[37] Und nun wollte Churchill die britischen Truppen in Antwerpen befehligen. Ein Unteroffizier a. D., der noch nie eine größere Zahl von Soldaten kommandiert hatte, wollte sich mal eben zum Vorgesetzten von zwei Generalmajoren machen lassen. In einem privaten Brief schrieb der Premierminister, das Ansinnen sei im Kabinett »mit homerischem Gelächter« quittiert worden.[38]

Asquith beorderte Churchill unverzüglich zurück nach London. Das »War Office« (Kriegsamt) entschied, General Henry Rawlinson solle Entsatztruppen nach Belgien führen, sodass dort insgesamt vierzigtausend Mann zum Einsatz kämen. Auf diese Idee war man aus guten Gründen früher nicht gekommen, und nun war es wirklich zu spät. Solange Rawlinson nicht eingetroffen sei, erklärte Churchill störrisch, könne auf seine eigene Anwesenheit unmöglich verzichtet werden. An diesem Abend des 5. Oktober wurden sechstausend Soldaten der Royal Marine Brigade und Churchills Privatarmee in Antwerpen mit Jubel empfangen. Dieses Erlebnis wollte Churchill sich nicht nehmen lassen. Am nächsten Tag, am 6. Oktober, verging den Soldaten unter den Geschossen der deutschen Artillerie Hören und Sehen. Einen weiteren Tag später, am 7. Oktober, inspizierte Churchill letztmals die Verteidigungsstellungen, bevor er nach London zurückkehrte. Seine Truppen, im Morast beim Ausheben von Gräben, weinten ihm keine Träne nach. Ein Vollmatrose namens Jack Bentham schrieb: »Wir verfluchten ein Auto mit Churchill darin, der vorbeikam, um zu sehen, was sich tat & wir waren erleichtert, als er weg war.«[39] In der Nacht vom 9. auf den 10. Oktober begann der Truppenabzug, am 10. Oktober fiel Antwerpen. 2500 Soldaten, viele davon Angehörige von Churchills Privatarmee, der Royal Naval Division, wurden bei der

Verteidigung der Stadt getötet, verwundet oder gefangen genommen. Weil Churchill der Spiritus Rector der Expedition gewesen war, bekam er im Parlament einiges übergebürstet, mehr noch von der konservativen Presse, Letzteres zumal er in Antwerpen Journalisten rüde behandelt hatte.[40]

Rückblickend hat Churchill eingestanden, es sei wohl keine gute Idee gewesen, die Reservisten der Royal Navy in einen Landkrieg zu entsenden und sich selbst einen Ausflug an die Front zu genehmigen. In einem Artikel, den er 1931 für das »Strand Magazine« schrieb, brachte er es fertig, seinen Fehler einzugestehen und ihn gleichzeitig zu einer verantwortungsbewussten Tat zu erklären. Keinesfalls hätte er nach Antwerpen fahren dürfen: »Ich hätte in London bleiben müssen, hätte das Kabinett und Lord Kitchener zu effektiverer Aktion bewegen müssen.« Die Lage in Antwerpen freilich habe es zu einer Frage »des Anstands« gemacht, dass er anbieten musste, seine Position als First Lord aufzugeben, um sich stattdessen ganz der Verteidigung der Stadt zu widmen. »Zu meinem Glück wurde mein Anerbieten nicht angenommen, ich hätte mich als Kommandeur lokal in einer Lage gefunden, die durch den allgemeinen Fortschritt des Kriegs hoffnungslos geworden war.« Churchill weiter, nun grundsätzlich: »Bei allen großen Unternehmen werden enorme Irrtümer verziehen oder gar nicht wahrgenommen; aber bei einzelnen, lokal begrenzten Dingen werden kleine Fehler über Gebühr bestraft.«[41] Unter dem Schirm dieser Beobachtung, der alle Leser zustimmen konnten, die dergleichen auch schon wahrgenommen zu haben meinten und ein stilles Ressentiment gegen »die da oben« hegten, ließen sich viele Fehler verbergen.

Churchills Manko im Krieg war nicht sein Faible für Waffen und Schlachten. Es war auch nicht die Rücksichtslosigkeit, mit der er bei verschiedenen Gelegenheiten befand, es würde sich lohnen, Abertausende Soldaten zur Erreichung eines operativen Ziels in den Tod zu schicken:[42] So dachten fast alle Befehlshaber. Nein, zwei andere Eigenschaften waren es, mit denen er sich selbst schadete. Die eine hat Asquiths Tochter Violet Bonham Carter beschrieben: »Seine Fähigkeit, sich mit aller Kraft auf eine einzige Sache zu konzentrieren, war seine Stärke und seine Schwäche zugleich.«[43]

Hinzu kamen Churchills Aktionismus und sein Auftreten. Eine bestehende Kriegsfront, an der er wenig zu sagen hatte, war für Churchills Ehrgeiz totes Gelände. Aufgerufen fühlte er sich, wenn eine Aufgabe – wie die Entsetzung Antwerpens – auf ihn zu warten schien. Oder wenn er führend bei der Eröffnung eines neuen Kriegsschauplatzes mitspielen konnte. Vielen Kabinettskollegen war Churchill voraus, weil er mehr Stunden arbeitete als sie, gut redete, ein exzellentes Gedächtnis hatte und deshalb besser im Stoff stand, mochte er ihn auch für seine Zwecke leicht verdreht darstellen. So verschaffte er sich Gehör und Einfluss. Damit einher ging, dass er schlechte Ideen durchsetzen konnte, Pläne, die misslangen und deren Resultate ihm wuchtig auf die Füße fielen, wenn andere, die zuvor mitgemacht oder sein Tun toleriert hatten, sich nur mehr daran erinnern mochten, dass sie eigentlich dagegen gewesen waren.

Am Ende des Jahres 1914 konstatierte man in London und Paris, dass es an den Fronten in Frankreich und Belgien keine Bewegung und zu viele Tote zu verzeichnen gab: Die Deutschen zeigten sich als ausgezeichnete Schützengrabenbauer; und ihre Artillerie war formidabel. Etwa 265 000 französische Soldaten kamen bis Ende 1914 ums Leben. Auf britischer Seite wurden neunzigtausend Männer getötet.[44] Damit war die British Expeditionary Force so gut wie ausradiert. Im Osten wurden die Russen niedergeschlagen, sowie sie – in Churchills Worten – »mit dem deutschen Eisenbahnwesen in Kontakt kamen«. In der Tat waren die Eisenbahnlinien des Reichs derart gut ausgebaut, dass Truppen recht mühelos hierhin und dorthin transportiert werden konnten.[45] Der Stellungskrieg in Frankreich und Belgien war frustrierend. Viele Besprechungen gab es in London, ob man nicht anderswo gegen die Mittelmächte vorgehen könne. Im Baltikum, in Griechenland, in der Levante?

Wie um Lloyd Georges bissiger Bemerkung gerecht zu werden, der Parteikollege sei »ein Wassertier« geworden und habe vergessen, »dass die meisten von uns an Land leben«,[46] forderte Churchill im Herbst 1914, die Seeblockade solle enger gezogen werden, nämlich schon in Nord- und Ostsee; überhaupt solle die Royal Navy entlang der deutschen Küste offensiver vorgehen. Dieser Vorschlag war genau das, worauf die deutsche Seestrategie gebaut hatte, die davon ausging, die Navy werde »nach alter Tradition den Gegner gleichsam in der eigenen Höhle aufsuchen, ihn also in der Nordsee zur Schlacht« stellen. In dem Fall hätten die Chancen der Hochseeflotte nicht schlecht gestanden, denn die gesamte Royal Navy war zwar viel stärker als die Reichsmarine, aber sie war über den Globus verteilt.[47]

Der fähige Admiral John Jellicoe, von Natur ein Pessimist und daher umsichtig, zu Beginn des Kriegs nicht zuletzt auf Churchills Betreiben zum Befehlshaber der »Grand Fleet« gemacht, konzentrierte viele Kriegsschiffe in Scapa Flow inmitten der nördlich von Schottland gelegenen Orkneyinseln. Von dort konnten sie jederzeit auslaufen, wenn Gefahr in Verzug war. Die Royal Navy in Scapa Flow war »the fleet in being«: untätig, aber allzeit bereit. Starke deutsche Schiffe lagen in Wilhelmshaven auf Reede, genauer gesagt: lauernd auf Wacht. Dies machte »den Deutschen die Seeherrschaft in der Ostsee« möglich, »die beträchtlich zum Zusammenbruch Russlands beitrug.«[48] *

Im Herbst 1914 war Churchill schlecht gestimmt. Seine Expedition nach Antwerpen war ein Fehlschlag gewesen. Die Royal Navy hätte Antwerpen, das zwar am Wasser, aber ziemlich weit vom Meer gelegen ist, kaum zu Hilfe kommen können. Das war der englischen Presse einerlei: Der First Sea Lord Louis of Battenberg (1854 bis 1921) wurde zum Sündenbock gemacht – schon seiner deutschen Herkunft wegen. Er hatte sich nach Beginn des Kriegs in Mountbatten umbenannt, aber das half nicht, er musste abgelöst werden.[49] Geholfen hat es Churchill: Die Presse kaprizierte sich auf Battenberg. Später schrieb jener mit der ihm eigenen Neigung, was ihm jeweils an Widrigem widerfuhr, als das für ihn einschneidendste Erlebnis zu bezeichnen: »Ich kann mich nicht erinnern, dass irgendeine Zeit während des Krieges mich mehr belastet hätte als die Monate Oktober und November 1914.«[50] Später im Ersten Weltkrieg, nämlich wegen seines Engagements bei den Dardanellen, sollte es für Churchill schlimm werden und tatsächlich an seine Substanz gehen. Im Herbst 1914 war er schlechter Laune, weil er keine Erfolge vorzuweisen hatte.

* Um die Kriegführung zu Wasser zusammenzufassen: Einzelne Schlachten zwischen deutschen und britischen Schiffen fanden statt. Die Seeschlacht vor dem Skagerrak 1916 war die bis dahin größte der Weltgeschichte. Den Verlauf des Kriegs beeinflussten diese für Leib und Gut kostspieligen Treffen aber weniger als die zerstörerische Macht der U-Boote mit ihren Torpedos.

Die Royal Navy besaß 1913 rund eintausend Kriegsschiffe diverser Art, bemannt mit rund hundertfünfzigtausend Seeleuten. 1914 gab es von allem mehr. Was machten die Schiffe im Krieg? Wenig. Was macht ein wegen Antwerpen blamierter First Lord in so einer Situation? Er ernennt einen anerkannten Mann zum First Sea Lord: Am 30. Oktober 1914 holte Churchill John Fisher zurück. Mit ihm konnte er sich gut verständigen. 1912 hatte es zwischen den beiden Krach gegeben, weil Churchill aus Fishers Sicht schlechte Personalentscheidungen getroffen hatte. Aber Fisher war impulsiv und – ebenso wie Churchill – Schmeicheleien zugänglich.[51] Die »Times« lobte Churchills Wahl: Der First Lord Churchill werde den altneuen First Sea Lord Fisher schon zu lenken wissen. Fisher dachte, er werde Churchill Zügel anlegen. Der nächste große Krach war absehbar. Der vorsichtige König George V. sah es voraus und warnte, mehr konnte er im Rahmen der konstitutionellen Monarchie nicht tun.[52] Für die Regierung sollte das Zerwürfnis zwischen Churchill und Fisher zum schlechtest denkbaren Zeitpunkt kommen: nach dem verlorenen Kriegszug in die Dardanellen und auf der Halbinsel Gallipoli (heute Gelibolu). Zusammen mit einer anderen Kalamität kostete es Premierminister Herbert Asquith 1916 sein Amt. Bevor erklärt werden kann, wie es dazu kam, ist ein Blick in die britischen Pläne für den Kampf in Nord- und Ostsee angebracht und ein anderer Blick auf die Dardanellen.

Fisher hatte ebenso ausgefallene Ideen wie Churchill. So wollte er von der Ostsee her Pommern angreifen, ungeachtet der Hochseeflotte in Wilhelmshaven, die durch den Kaiser-Wilhelm-Kanal, den heutigen Nord-Ostsee-Kanal, schnell zur Stelle gewesen wäre.[53] Churchill votierte in seinem »Neujahrsbrief« vom 29. Dezember 1914 an Herbert Asquith für die Einnahme der Nordseeinsel Borkum. Dabei assistierten ihm besonders eifrig Arthur Balfour, der Vorsitzende der Konservativen, und John Fisher. Die Idee dahinter: Vor Borkum wollte man die deutsche Hochseeflotte stellen, besiegen, dann Schleswig-Holstein einnehmen und von dort nach Berlin vorstoßen. Die Navy, nachdem sie sich vor Borkum bewährt hätte, sollte – auch mit anderen Schiffen – von Norden um Skandinavien herum in die Ostsee eindringen und an der Küste von Pommern viele russische Soldaten aufnehmen, die sich am Sturm auf Berlin beteiligen würden.[54]

Bei der Invasion Schleswig-Holsteins und des Gebiets zwischen Berlin und der Ostsee, das gehörte zum Kalkül, hätte die deutsche Heeresleitung Soldaten aus Frankreich und dem belgischen Flandern abziehen müssen. Der Kriegsminister Kitchener machte auf einen Umstand aufmerksam, der über der Borkum-Invasions-Idee möglicherweise übersehen wurde: Um viele deutsche Truppen von der Westfront nach Deutschland zu locken, mussten auch viele britische Truppen nach Deutschland verlegt werden. Das konnte der Kriegsminister nicht unterstützen.

Bis Ende 1914 hatten sich eine Million Männer freiwillig zu »Kitchener's Army« gemeldet, wie sie genannt wurde. Kitchener war als heldenhafter General verehrt und bekannt. In England hingen Plakate aus, die ihn mit ausgestrecktem Zeigefinger zeigten, darunter stand der Slogan: »Your country needs YOU.«[55] Der Kriegsminister brauchte in der Tat jeden Mann, sowohl in Frankreich als auch an der heimischen Küste, er fürchtete – was übertrieben war – eine Invasion der Deutschen in die Obstgärten Südenglands.

Um vor der deutschen Ostseeküste etwas auszurichten, hätte die Royal Navy durch das gut bewachte Skagerrak und das noch besser bewachte Kattegat kommen müssen, hätte Meerengen passieren müssen, die von den Deutschen, wie man annahm, vermint waren.[56] Der Churchill-Kritiker Kapitän Herbert Richmond zusammen mit den meisten Experten der Royal Navy hielt den Vorschlag denn auch für »ziemlich verrückt«.[57]

Das Beste an Churchills Borkum-Plänen war, dass sie aufgegeben wurden.[58] Während man noch über Borkum debattierte, hatte Churchill einen zweiten Plan im Kopf; der wurde bedauerlicherweise Wirklichkeit. Erlittene Niederlagen gingen ihm nach. Er wollte auf den Schauplatz zurückkehren, um die Schlappe wiedergutzumachen. Im Zweiten Weltkrieg sollte ihn das zu einigen für andere schwer verständlichen Entscheidungen führen.

Das Desaster von Gallipoli

Im August 1914 – es lag teils an Churchill, teils an der Unentschlossenheit des Londoner Kabinetts – entkamen der moderne, hochpotente deutsche Schlachtkreuzer »Goeben« und der Kreuzer »Breslau« aus dem Mittelmeer durch die Meerenge der Dardanellen nach Konstantinopel. Dort wurden sie an die türkische Regierung für einen Apfel und ein Ei verkauft. Derart und auch sonst ermuntert, mischte das Osmanische Reich sich auf Seiten der Mittelmächte in den Krieg ein. Die britische Presse machte aus der Flucht der »Goeben« und der »Breslau« eine Riesenpeinlichkeit für die Regierung.[59] Diese Schlappe fand Churchill unerträglich; vor sich selbst musste er vertuschen, dass er, ohne Unterredung mit Fisher, unklare Direktiven an die Admirale erlassen hatte.[60] Die Dardanellen boten sich nun erst recht an, jenseits der Schlachtfelder in Frankreich und Belgien einen neuen Kriegsschauplatz zu eröffnen. Am 29. Dezember 1914 schrieb er in seinem »Neujahrsbrief« an Asquith: »Gibt es nichts anderes, als unsere Armeen in Flandern Stacheldraht fressen zu lassen?«[61]

Der Militärhistoriker John Keegan (1934 bis 2012), ein Bewunderer Churchills, hat vorgetragen, die britische Kriegführung sei immer schon darauf aus gewesen, Nebenkriegsschauplätze zu eröffnen.[62] Britische und französische Generale sahen das damals anders. Bei Militärexperten galt Churchill eher als eine Ausnahme, als »Peripheralist«, als einer, der entgegen der Strategielehre sich in Nebenkriegen verzettelte.[63] Churchill betrieb dergleichen im Ersten und auch später im Zweiten Weltkrieg.

1914 und 1915 war er als First Lord im Wesentlichen darauf beschränkt, in London morgens vom Bett oder aus der Badewanne und dann vom Schreibtisch aus Krieg zu führen, anstatt an der Spitze kühner Soldaten voranzustürmen. Wo er Schlachtfelder und Befestigungen lediglich inspizieren konnte, was er öfter unternahm als nötig, wollte er die Gefechte zumindest initiiert haben. Ein bisschen war er wie ein Löwe, der sich den Reifen zum Durchspringen selbst schmiedet. Churchill-Bewunderer meinen, er habe die Offensive bei den Dardanellen mit ausgedacht und mit Verve vorangebracht, weil er es unsäglich fand, wie britische Soldaten in Flandern »Stacheldraht fressen« mussten. Das war aber eher Churchills Argument als sein Motiv: Die Planungen für das Dardanellen-Abenteuer hatten Wochen und Monate begonnen, bevor sich herausstellte, dass die Armeen an der Westfront einander im Stellungskrieg zerrütteten.[64]

Es gab Gründe, warum die Royal Navy 1915 vom Mittelmeer aus die Meerenge der Dardanellen einnehmen sollte: So hätte sie über das Marmarameer nach Konstantinopel gelangen und über das Schwarze Meer dem angrenzenden Zarenreich den flehentlich erbetenen Nachschub an Waffen und Munition liefern können. Möglich wäre es gewesen, einen Nebenkriegsschauplatz zu eröffnen, der türkische und andere Truppen der Mittelmächte abgelenkt hätte, die den Russen im Kaukasus zusetzten. Und – wer weiß? – vielleicht würde ein starkes Vorpreschen Bulgarien und Griechenland dazu bewegen, sich der Entente gegen das Osmanische Reich anzuschließen. In allen zuständigen Londoner Ministerien wurde fieberhaft nachgedacht.

Wie damals bei einigen Aktionen üblich, entstand ein militärisches Kuddelmuddel, das – als man sich zum Handeln aufraffte – zum Desaster gedieh. Wenn man sich schon durch die Meerenge der Dardanellen und vorbei an der auf den hohen Küstenfelsen deponierten türkischen Artillerie kämpfen wollte, wäre es vernünftig gewesen, gleichzeitig auf der Halbinsel Gallipoli eine Invasion an Land zu planen. Anfangs waren so gut wie alle dafür. Dann gab es Schwierigkeiten: Woher die Truppen nehmen, war das überhaupt möglich, wo man doch an der Westfront genug zu tun hatte? Churchill war es, der die Kabinettskollegen dazu bewog, nur von See her anzugreifen. Als das dann beschlossen wurde, benötigte das Zarenreich Unterstützung in dieser Weltgegend nicht mehr allzu dringlich: Schon Anfang 1915 hatten russische Truppen den Türken empfindliche Niederlagen beigebracht.[65]

Etwas näher betrachtet, lief es so ab: Am 31. Oktober 1914 hatte das Osmanische Reich auf Seiten der Mittelmächte der Entente den Krieg erklärt. Am 3. November beschossen britische Schiffe auf Churchills Befehl »ungefähr zehn Minuten lang« die türkischen Befestigungen am Eingang zu den Dardanellen, bloß um festzustellen, wie weit türkische Geschütze schießen konnten. Das war allerdings schon bekannt; nach den entsprechenden operativen Unterlagen, die bei der Admiralität verwahrt wurden, hat damals offenbar niemand gesucht.[66] *Action* war angesagt. 1911 hatte Churchill vor ebendem Vorgehen gewarnt, das er nun empfahl.[67]

»Dümmer«, schrieb Admiral a. D. Bacon 1929, »hätte man nicht vorgehen können.« Im November 1914, alarmiert vom ständigen Beschuss der türkischen Stellungen auf den Höhen zu Seiten der Dardanellen, half nun das Deutsche Kaiserreich der verbündeten Türkei bei der Verteidigung. Hinter den Forts der mit deutscher Militärhilfe ausgebildeten Artilleristen wurden Munition und Geschütze in Massen bereitgestellt. Sofern das War Council in London davon etwas mitbekam, hat es die Information geflissentlich ignoriert.[68]

Am 13. Januar 1915 kam das War Council zusammen, im Rat saßen der Premierminister, mehrere Militärs und Minister, auch Churchill war zugegen, wie üblich wortreich. Admiral Sackville Carden (1857 bis 1930) war gebeten worden, eine Vorlage zu liefern, wie die Dardanellen und Gallipoli eingenommen werden könnten. Carden, mit Landoperationen nicht befasst, empfahl, man müsse die Verteidigungsanlagen zerstören und das von den Türken gelegte Minenfeld in der Meerenge unschädlich machen. Auf dieser Basis wurde dann diskutiert. Der Erste Seelord Fisher und der Flottenadmiral Sir Arthur Wilson, die sich als Marineexperten über eine reine Seeoperation hätten freuen können, hatten Zweifel: Wie sollte das funktionieren ohne Unterstützung von Land? Weil beide bei der Konferenz nur beratende Funktion hatten, schwiegen sie. Churchill rief zum Kampf allein mit der Navy auf und behauptete, die Meinung der gesamten Admiralität wiederzugeben. Tatsächlich sprach er vor allem für sich und für Admiral Carden.

Bald danach bezeugten Wilson und noch mehr Fisher, anderer Ansicht gewesen zu sein. Das hatte am 13. Januar aber niemand bemerkt: Die beiden hatten nicht beredt genug geschwiegen. An jenem Tag war das War Council »wie hypnotisiert« von Churchills und Arthur Balfours stimulierenden Worten.[69] Lloyd George stimmte zu. Auch der Kriegsminister Kitchener stimmte dafür, die Dardanellen und das Umland zunächst allein von der See her zu bezwingen. Entweder sagte Kitchener, was er glaubte, oder er verschwieg, was er nicht glaubte, oder – wie es oft geht – beides zusammen. Die Navy mochte unternehmen, was sie für richtig hielt: Auf jeden Fall wollte Kitchener alle Infanterie und ihr Material an der Westfront behalten, um den Ärmelkanal und die englische Küste gut verteidigt zu wissen.[70] Bis zum 28. Januar 1915 hatte der First Sea Lord Fisher sich besonnen, machte nun den Mund auf und sprach gegen das von Churchill favorisierte Vorgehen. Da war es indes zu spät. Es zeigte sich, dass Herbert Asquith recht gehabt hatte, als er sich selbst als einen Politiker beschrieb, der für den Krieg ungeeignet sei. Ganz den Militärs vertrauend, entschied der Premierminister, die Operation solle durchgeführt werden.[71]

Die Briten wussten nicht, wo die Türken die Unterwasserminen verlegt hatten. Churchills Royal Navy beorderte nun einfache Fischkutter in die Meerenge, die mit allerlei schwimmendem Material die Minen zum Explodieren bringen sollten. Weil man damit nicht weiterkam, befahl Churchill für die Nacht vom 13. auf den 14. März 1915 einen größeren Einsatz. Ein Schlachtschiff, ein Kreuzer und vier Zerstörer sollten die Minenfelder aufspüren und ausschalten. Doch die türkischen Artilleristen auf den Höhen bei den Dardanellen waren noch wach und mit Scheinwerfern ausgestattet. Die Mission misslang.[72]

Dann eben nicht! – so oder so ähnlich dachte man in London. Ungeachtet der Minen begann die Royal Navy am 18. März 1915 mit dem Angriff auf die türkischen Befestigungen auf den Dardanellen. Der Wind war widrig, die Strömung war es auch. Die Schiffe hatten Not, gegen den Wind und die Strömung in die Dardanellen vorzudringen. Es gelang der Navy, an ihrem Eingang vier türkische Geschütze zu zerschießen. Die verbliebenen 176 Geschütze der Osmanen zerstörten mächtige britische Schiffe und einige kleinere sowie ein französisches Schlachtschiff. Einige Schiffe der Entente liefen auf Minen.[73] Von dem Verlust an Menschen und Material abgesehen, machte das aber keinen großen Unterschied. Denn das War Council hatte nicht beizeiten beschlossen, was konkret geschehen sollte, falls dem Angriff in den Dardanellen Erfolg beschieden gewesen wäre: Die Schiffe hätten ja schlecht an Land klettern können, um Gallipoli einzunehmen.[74]

Churchill fand das alles, wenn auch nicht erfreulich, so doch höchst faszinierend. Seine Freundin Violet, Herbert Asquiths Tochter, notierte in ihrem Tagebuch unter dem Eintrag für den 22. Februar 1915, bei einem Abendessen habe Churchill beseelt von der geplanten Einnahme von Gallipoli erzählt. Die »Schweinehunde«, die seiner Naval Division nicht vertraut hätten, würden schon sehen, wozu Seeleute an Land imstande seien. Violet registrierte: »Diese Aussicht« für seine Naval Division habe Churchill »wohler getan als der Ausblick auf die Niederlage des Osmanischen Reiches«. Laut Violet sagte er am selben Abend: »Ich glaube, ein Fluch muss auf mir liegen – denn ich liebe diesen Krieg. Ich weiß, es ist ungeheuerlich & scheußlich, Tausende von einer Stunde auf die nächste in den Tod zu schicken – & ich kann mir nicht helfen – ich genieße jede Sekunde.«[75] Churchill wusste, wie monströs das war. Ungerecht fand er es trotzdem, als seine Kriegslust ihn um sein Amt brachte.

Erst nachdem sie Anfang 1915 weitere Schiffe verloren hatten, kamen die Strategen in London zu der Erkenntnis, dass sie zur Einnahme von Gallipoli nun doch und tatsächlich Landtruppen brauchten. Rückblickend ist es verständlich, dass diese Einsicht so spät kam. Churchills Ansage, die Royal Navy werde es richten, war fast allen zupassgekommen, denn in dem Großen Krieg gab es nun schon etliche echte oder potenzielle Kriegsschauplätze.

Bei der Planung der Attacke auf die Dardanellen sprachen »die Admiralität und das War Office sich nicht miteinander ab«. Zu diesem Schluss kam der ehemalige Kapitän zur See Stephen Roskill (1903 bis 1982), der 1948 von der Regierung mit der Arbeit an der Offiziellen Geschichte der Royal Navy während des Zweiten Weltkriegs betraut wurde und sich als »Senior Research Fellow« am 1958 gegründeten Churchill College der Universität Cambridge in den 1960er Jahren mit dem Ersten Weltkrieg befasste. Über Churchills Seekriegführung im Ersten Weltkrieg hatte er nichts Gutes zu sagen. Dessen »Einmischungen in die operative Sphäre« hielt er für fatal. Die von der Admiralität unter Churchills Ägide ausgegebenen Instruktionen seien häufig »wirr, unrealistisch und folglich irreführend« gewesen. Schon an der Diktion konnte Roskill erkennen, dass nicht ein Untergebener, sondern Churchill selbst die Endfassung der Direktiven festgelegt hatte. Im Gegensatz zu ihm wählten Offiziere der Royal Navy beim Abfassen amtlicher Schreiben selten blumige Formulierungen.[76]

Grob zusammengefasst: Churchill kümmerte sich zu viel, seine

Kabinettskollegen und andere zu wenig. Einer, der sich ebenso kümmerte wie Churchill, wenn auch unauffälliger, war Maurice Hankey, der dem Kriegskabinett organisatorisch vorstand. Er warnte: Eine Landung auf Gallipoli, angesichts der dort massierten Verteidigungsanlagen, wäre »außerordentlich schwierig«. Churchill antwortete leichtherzig: Er sehe da überhaupt keine Schwierigkeiten.[77] Truppen aus den Dominions waren mobilisiert und gen Europa eingeschifft worden. 81 000 Mann des Australian and New Zealand Army Corps, kurz ANZAC, wurden hinzugezogen; zusätzlich hatte man Truppen aus dem Vereinigten Königreich und aus Indien herbeigeschafft. Das in Kriegen selige Überraschungsmoment war längst verloren. Lediglich eine peinliche Notiz in der britischen Militärgeschichte ist es, dass die Briten nicht in der Lage waren, Truppen und Gerät gut sortiert zu expedieren. Auch daran war Churchill nicht ganz unschuldig: Er hatte – gegen die Ratschläge von zwei Experten der Admiralität – im Dezember 1914 einen Zivilisten zum Transportdirektor gemacht, der hoffnungslos überfordert war. Als der für den Angriff zuständige General Ian Hamilton im Hauptquartier auf der griechischen Insel Lemnos eintraf, »fand er die Organisation der Truppen und die Ladungen für die Transportschiffe in einem solchen Chaos vor, dass ihm nichts anderes übrig blieb, als mit allen und allem nach Alexandria (zu der gut ausgebauten britischen Militärbasis) zu fahren, um dort Ordnung in das Durcheinander zu bringen«.[78]

Im März 1915 landeten viele Soldaten in Ruderbooten an den Stränden von Gallipoli. Die Verteidigungsstellungen der Türken zogen sich über die ganze Halbinsel. Die Invasoren bauten Unterstände und Stellungen an der Küste. Sehr viel mehr konnten sie nicht ausrichten: Sämtliche Vorstöße endeten in Gemetzeln. Ein junger Militärführer namens Mustafa Kemal Pascha tat sich beim Kampf gegen die Briten besonders hervor. Später sollte er als Kemal Atatürk bekannt werden, als Begründer und erster Präsident der Republik Türkei.

Die Royal Navy entsandte »das beste Schlachtschiff der Welt«, die 1913 fertiggestellte »HMS Queen Elizabeth« mit Geschützrohren von etwa 38 Zentimetern Durchmesser und auf Großer Fahrt zu hohem Tempo in der Lage. Aber bei der Belagerung Gallipolis nutzten ihre auf dem letzten Stand der Technik befindlichen Motoren wenig. Und auf

13 Kilometer Distanz konnte auch sie nicht präzise feuern. Schuss um Schuss ging daneben. Damals waren landgestützte Geschütze zuverlässiger als Schiffsartillerien. Allmählich schien die »Queen Elizabeth« zu schade, sie sollte den türkischen Angreifern nicht weiterhin als Ziel dienen. Im Mai 1915 wurde das mächtige Schlachtschiff von den Dardanellen abgezogen. Um die Kampfmoral der Soldaten, die auf Gallipoli ihre Haut hinhielten, nicht zusätzlich zu strapazieren und um die britischen Zeitungen nicht argwöhnisch zu machen, hieß es offiziell, das Schiff müsse wegen Reparaturen ins Dock auf Malta.[79]

Churchill hatte, wieder einmal, schlechte Presse. Im Mai 1915, nachdem Fisher und er die »Queen Elizabeth« in Sicherheit gebracht hatten, demissionierte der Erste Seelord John Fisher nach vorausgehenden Rücktrittsdrohungen endgültig. Schriftlich hatte er Churchill im April mitgeteilt: »Sie sind völlig absorbiert von den Dardanellen und können an nichts anderes denken! Zur Hölle mit den Dardanellen, die werden unser Grab sein.«[80] Innerlich, so ist zu vermuten, wünschte er Churchill und allen, die ihm widersprachen, die Krätze an den Hals und, falls gerade zu haben, auch die Pest. Der First Sea Lord Fisher war ein Mann von Reputation. Wenn so jemand den Bettel hinwarf, dann war das Futter für die Zeitungen.

Hinzu kam, dass den Soldaten an der Westfront allmählich die Munition ausging. Die Journalisten konnten sich das bildlich vorstellen, etliche ihrer Verwandten und Freunde waren im Krieg. Es war skandalös: Da stehen Männer unter Feuer und können nicht zurückschießen. Es fehlte im Besonderen an schwerer Munition.[81] Der Finanzminister David Lloyd George hatte 1914 zwanzig Millionen Pfund freigegeben, damit Privatunternehmen die benötigten hochexplosiven Geschosse fabrizieren könnten, die General John French und seine französischen Kollegen dringlich erbaten. Aber der General Sir Stanley Brenton von Donop, der als Master-General of the Ordnance das Geld hätte verteilen sollen, gab das nicht weiter an die Industrie, ja er verschwieg, dass zwanzig Millionen Pfund zur Verfügung standen. Später erklärte er diese Unverschämtheit damit, er habe »der Extravaganz nicht Vorschub leisten wollen«.

Lloyd George erklärte es damit, dass Sir Stanley und andere wähnten, der Krieg sei das Gleiche wie die Scharmützel gegen die Buren in

Südafrika um die Jahrhundertwende, wo Kampftruppen »hinter Büschen und Hindernissen lauerten«.[82] Als sich zeigte, dass nicht einmal genug Munition für Gewehre produziert wurde, stieg die Presse auf die Barrikaden. Ihre Munition, Druckerschwärze auf Papier, schlug ein: Im Mai 1915 konnte und wollte Asquith die Verantwortung für den Krieg nicht mehr allein tragen und bildete zusammen mit der Konservativen Partei unter Andrew Bonar Law (1858 bis 1923) eine Koalitionsregierung.

Die Forderung der Konservativen: Winston Churchill müsse sein Amt als Erster Lord der Admiralität aufgeben. Bei den einstigen Parteifreunden hatte er verbrannte Erde hinterlassen. Sie machten es zur Bedingung, dass er nichts zu sagen haben dürfe, wolle Asquith Premierminister bleiben. Churchill schrieb einige Briefe an Asquith, anfangs stolz, dann zunehmend bittend: Niemand anderer als er könne den Angriff auf die Dardanellen gut zu Ende bringen. Und wenn das nicht sein solle, ob es nicht irgendeine wichtige Position für ihn gebe? Clementine schrieb – wieder einmal – einen Bittbrief an Asquith: Er müsse doch wissen, kein Politiker habe »so viel Vorstellungskraft« wie ihr Mann, keiner könne »die Deutschen besser bekämpfen«. Es half alles nichts.

Churchill wurde zum »Kanzler des Herzogtums Lancaster« gemacht – das war eines der verbliebenen Ämter aus der Frühen Neuzeit, zur Versorgung von Adeligen eingerichtet. Der Chancellor of the Duchy of Lancaster war schlechter honoriert als der First Lord und war ziemlich einflusslos. Churchills Aufgabe bestand im Wesentlichen darin, regionale Verwaltungsbeamte einzustellen. Fünf Monate lang hatte er keine Gelegenheit, im Unterhaus eine Rede zu halten. Immerhin durfte er Angehöriger des War Council bleiben.[83]

Wie gesagt: Unwahrscheinlich ist es, dass Churchill die Invasion von Gallipoli vor allem betrieb, um so den Stellungskrieg an der Westfront aufzulösen. Sollte er sich das gedacht haben, erwies es sich als Fehlplanung. Auch auf Gallipoli verschanzten die Truppen sich in Schützengräben. Gallipoli: Es war ein Stellungskrieg wie an der Westfront, binnen weniger Monate kamen ungefähr eine Viertelmillion Soldaten auf beiden Seiten zu Tode. Die beste militärische Operation Großbritanniens bei den Dardanellen und auf Gallipoli war die schnelle, effizient organisierte Evakuierung von Zigtausenden verbliebenen Soldaten im Dezember 1915.

Schon im Monat zuvor hatte Churchill im Unterhaus keine maßgeblichen Anhänger und im Kabinett gar niemanden mehr, der für ihn eintrat. Sehr deutlich hatte Bonar Law mitgeteilt: Die Konservativen würden eine Koalitionsregierung mit den Liberalen nicht mittragen, wenn Churchill weiterhin mitreden dürfe, einerlei in welcher Funktion.[84] Den Rücktritt von seinem Amt erklärte der Unerwünschte am 15. November 1915 im Unterhaus mit angemessener Seriosität und Würde. Bei der Admiralität und im Buckingham Palace wurde die Nachricht »mit unverhohlener Freude begrüßt«.[85] Churchill, um seine Ehre zu wahren und weil diese Art Beschäftigung ihm lag, bat Asquith um eine Verwendung als Kommandeur in Frankreich. Es ist ungewöhnlich, hier war es so: Churchills Rückzug führte ihn an die Front.

7. Kapitel

CHURCHILLS »SCHWARZER HUND« UND ANDERE BEGLEITER

1

2

3

1 »Dein Land braucht dich«: Herbert Kitchener wurde 1914 zum Kriegsminister bestellt. Die Briten bewunderten den berühmten Kriegshelden.

2 Ypern, nachdem der Krieg darüber hinweggegangen war. Von der St. Martinskathedrale (rechts neben der Bildmitte) blieben nur Mauerstümpfe.

3 Am 18. November 1915 wurde Churchill von dem Kommandeur der britischen Truppen wie ein Ehrengast empfangen. Alles an ihm, von seinem französischen Stahlhelm bis zu den wasserdichten Stiefeln, die sein Diener täglich putzte, brachte die Soldaten gegen ihn auf.

Wenn Churchill sich ganz und gar schlecht gelaunt und niedergeschlagen fühlte, sagte er, »the Black Dog« habe ihn gepackt.

Der bis in die 1980er Jahre weithin angesehene englische Psychiater und Psychoanalytiker Anthony Storr (1920 bis 2001) legte Churchill literarisch auf die Couch. 1965 – das Ableben des großen Landsmanns hatte er abgewartet – publizierte er seine Ergebnisse. Churchill habe wie einige seiner Vorfahren bis zurück zum 1. Herzog von Marlborough zu »anhaltenden und wiederkehrenden Anfällen von Depression« geneigt. Dass Anthony Storr sich zutraute, die psychische Verfassung des 1. Herzogs von Marlborough über einige Jahrhunderte hinweg zu beurteilen, war bemerkenswert. Er hatte lediglich einige historische Zeugnisse zur Hand, möglicherweise hatte er Churchills Biographie des bedeutenden Vorfahren gelesen. Dann wiederum: Winston Churchill musste er auch nicht kennenlernen, um ihn zu analysieren.[1] Storrs originelle These: Eben weil Churchill depressiver Natur gewesen sei, habe er als Premierminister im Zweiten Weltkrieg seine Rolle als Lenker und Retter Britanniens ausfüllen können: »Der Depressive, um seiner Krankheit entgegenzuwirken, kann sich zu Taten aufraffen, wird sich dann Ruhe und Ablenkung verbieten, wird somit mehr erreichen als andere, einfach deshalb, weil er nicht innehalten kann.«

»Gelegentlich deprimiert«

Vom »Blitzkrieg«, den er miterlebte, verstand Storr möglicherweise mehr als von dem Patienten seiner Vorstellung. Er schrieb: »Jeder politische Führer hätte 1940 wohl versucht, die Briten mit starken Worten zu vereinen, mochte er auch im Stillen voll Verzweiflung sein. Aber nur ein Mann, der innere Verzweiflung kannte und sie immer wieder bemeistern musste, konnte in so einer Situation überzeugend reden.« So ein Mann sei Churchill gewesen, »eben weil er sein Leben lang im Kampf stand gegen seine Verzweiflung«.[2]

»Black Dog«, meinte Storr, sei der »Spitzname« gewesen, den Churchill seinen Verzweiflungsschüben gegeben habe. Er nahm das als einen Beleg mehr für seine These.[3] Möglicherweise verstand Storr auch mehr vom »Blitzkrieg« als von Literatur: Die Bezeichnung »Black Dog« hatte Churchill sich nicht ausgedacht. So wird eine zwielichtige Figur in Robert Louis Stevensons »Die Schatzinsel« genannt. Kleine Jungs, Winston auch, lasen den 1882 veröffentlichten Roman, viele mit heißen Ohren. Den Namen »Black Dog« hatte auch Stevenson sich nicht ausgedacht. So wurde im 17. Jahrhundert eine Münze genannt, die angeblich aus Silber war, tatsächlich aber aus wertlosem Metall mit lediglich einer kleinen Beimischung von Silber. Die Minderwertigkeit der Münze muss seinerzeit die Engländer dermaßen erbost haben, dass der Spottbegriff in die Sprache übernommen wurde: Man litt unter »Black Dog«, wenn man schlecht beieinander war, wenn die inneren Säfte – man glaubte an die antike Humorallehre – nicht im Gleichgewicht waren. Im 19. Jahrhundert führten Nannys den bildhaften Begriff in die Kinderstube ein.[4] Der Schwarze Hund hat dich gepackt, nur die Ruhe, es wird alles wieder gut, sagten sie einem arg traurigen kleinen Kind. Mrs. Everest, Churchills geliebte Kinderfrau, hat den Ausdruck auch benutzt.[5]

Man kann Churchills Verweise auf den Schwarzen Hund ganz anders denn als Einsicht in eine chronische Neigung zur Depression verstehen, nämlich als Warnung. Er übermittelte damit ohne weitere Worte ungefähr dies: Achtung, mit mir ist derzeit nicht gut Kirschen essen, ich bin schlechter Laune, fühle mich unter Wert behandelt; man ästimiert mich nicht, wie ich es verdiene; meinen Reden mag ich beim Dinner nicht zuhören und denen von anderen schon gar nicht; ich bin in mich gekehrt und muffig; darauf haben alle Rücksicht zu nehmen!

Im Alter einmal danach gefragt, sagte Clementine, ihr Mann sei »gelegentlich deprimiert gewesen – wie die meisten normalen Menschen –, unter ungewöhnlich langen Schüben von Depression hat er nicht gelitten«.[6] Dem konnte Churchills Privatsekretär Anthony Montague Browne nur zustimmen: »In 13 Jahren hat er [den Schwarzen Hund] niemals erwähnt.«[7] Mit angelegentlicher Introspektion verbrachte Churchill wenig Zeit, aber es fiel ihm auf, wenn er sich unausstehlich aufführte. Clementine und Mitarbeitern gegenüber tat ihm das dann leid.[8] Stereotyp – jedenfalls in der Literatur – sagen Frauen, sie hätten Kopfschmerzen, wenn sie unzufrieden sind. Churchill verwies auf den Schwarzen Hund. Wer sonst als er hatte Grund, missgestimmt zu sein, wenn die Welt sich nicht so drehte, wenn seine Karriere sich nicht so entwickelte, wie er es wollte, und das dann manchmal, um den Psychohistoriker Storr zu zitieren, »anhaltend«.

Im Sommer 1915 ging seine Unterbeschäftigung Churchill auf den Geist. Er war auf den Posten des Kanzlers des Herzogstums Lancaster abgeschoben. Er war vierzig Jahre alt, seine politischen Aussichten standen schlecht wie die von Napoleon auf Elba. Anders als Napoleon konnte er nicht auf loyale Truppen hoffen, sondern bloß auf die Clubtreffen der wichtigen Parlamentarier, und von denen war vorderhand nichts zu erwarten.

Eine Flucht in den Alkohol gab es für ihn nicht. Trunksucht war zeitlebens weder Churchills Anliegen noch sein Problem. Seiner Leber ging es ausgezeichnet, viel besser als seiner Lunge. Er war ein Pegeltrinker und selten schwer betrunken. Privatim sagte der amerikanische Präsident F. D. Roosevelt dem Premierminister Kanadas mit Bezug auf Churchill: »Er ist meistens beduselt.«[9] Einmal geriet eine Labour-Abgeordnete namens Bessie Braddock (1899 bis 1970) mit Churchill aneinander: »Winston, Sie sind betrunken, mehr noch: Sie sind grässlich betrunken.« Ihr Ausspruch machte sie unsterblich. Denn Churchill antwortete: »Bessie, meine Liebe, Sie sind hässlich. Mehr noch: Sie sind grässlich hässlich. Aber ich werde morgen nüchtern sein und Sie dann immer noch grässlich hässlich.«[10]

General Ian Jacob, während des Zweiten Weltkriegs gehörte er zeitweilig zur engsten Entourage des Premiers, notierte: »Den Tag begann Churchill gelegentlich mit Weißwein zum Frühstück. Etwas später gefolgt von einem Glas trockenen Sherrys und dann einer kleinen Flasche Burgunder-Rotwein oder Bordeaux zum Lunch.« Eine indezente Sekretärin offenbarte dem amerikanischen Magazin »Life«: »Eine Mahlzeit ohne Wein ist für Churchill keine Mahlzeit. Wenn er sich in

England aufhält, trinkt er manchmal Portwein nach dem Lunch und immer nach dem Abendessen.« Weil sie gerade dabei war, fügte sie an: »Am späten Nachmittag bestellt er seinen ersten Whisky-Soda [...] Zum Dinner trinkt er gern eine Flasche Champagner. Nach dem rituellen Portwein nippt er den besten Napoleon Brandy.« Später hätte er auch einem »Highball«, einem Longdrink, gern zugesprochen.[11]

Morgens anfangen und irgendwann nachts aufhören: In der Zwischenzeit – unterbrochen von einem Nachmittagsschlaf – ließen viele Gläser Champagner, Whisky-Soda, Wein und Brandy sich im Organismus unterbringen. Churchills Leber nahm es hin. Nicht nur dem amerikanischen Präsidenten Roosevelt fiel es auf, dass der Premierminister immer ein ganz klein wenig über Gebühr emotional reagierte: mal überengagiert bei Freundschaftsbekundungen, mal unnötig aufbrausend. Churchill weinte oft; er weinte bei allen möglichen Gelegenheiten. Der englische Euphemismus für einen, der zu viel Alkohol intus hat, lautet: Er ist müde und gefühlsbestimmt – »tired and emotional«.

Müde allerdings war Churchill selten. Sein Nachmittagsschlaf, den er oftmals erst kurz vor dem Abend abhielt, gab ihm Kraft; sein Gefühl der Bestimmung, Britannien siegreich durch den Zweiten Weltkrieg zum Sieg zu führen, machte ihn munter. Nur wenn er unter großem Druck war, wie bei den britischen Einsätzen in Norwegen 1940, von denen später erzählt wird, kam er mit dem Alkohol nicht zurecht: Seine blauen Augen waren getrübt; sein Sprachfehler machte sich bemerkbar: Er bekam das »s« kaum über die Zunge.[12]

David Lloyd George, 1915 Minister für die Fertigung von Munition, gab eine Devise aus: Die Briten sollten für die Dauer des Kriegs auf den Konsum von Alkohol verzichten. Seiner Ansicht nach würden Fabrikarbeiter mehr Munition produzieren, wenn sie überhaupt nie Bier oder Gin oder dergleichen trinken dürften. Wo die Fabriken standen, solle Alkohol nicht mehr verkäuflich sein. Die Steuern auf Bier wurden vervierfacht. Um Solidarität zu zeigen, sollte auch der König auf Alkohol verzichten, deshalb hieß der Aufruf »The King's Pledge«.[13]

Lloyd Georges politikschlaue Idee zerrann mit den Tropfen aus den Fässern, aus denen nach wie vor ausgeschenkt wurde. Auch Westminster war nicht bereit mitzumachen: Die Bars des Parlaments blieben in Betrieb und gut besucht. Der Eine, der sich tatsächlich bis

Kriegsende den Genuss von alkoholischen Getränken versagte, war der verantwortungsbewusste König George V. Lloyd George selbst hielt sich natürlich nicht an seine Devise, ebenso wenig wie Asquith und Churchill. Letzterer mokierte sich im Kabinett über die Frage der Alkoholentsagung.[14] Aber auch damit, obwohl es mit Gallipoli und den Dardanellen nichts zu tun hatte, kam Churchill nicht weiter. Er konnte im späten Frühjahr und Sommer 1915 seine Vorschläge nicht zur Geltung bringen, weil entscheidende Leute ihm nicht mehr zuhören, geschweige denn folgen mochten. Nicht einmal in dieser Lage konnte er sein Missgefühl in Alkohol ersäufen. Sich zur Volltrunkenheit zu bringen, lag ihm nun einmal nicht. Mit irgendetwas musste er aber seine Tage füllen.

Lesen und malen

Für den Sommer 1915 hatten die Churchills »Hoe Farm« gemietet, ein im Tudorstil erbautes Landhaus in Surrey. Das Haus und der Garten gefielen ihm. Dort gab es, was für ihn zum guten Leben zählte: »heißes Badewasser, kalten Champagner, junge Erbsen & alten Brandy«. Sein Bruder Jack und dessen Frau Goonie kamen zu Besuch. Der Schwägerin gegenüber erwähnte Churchill, welch ein schönes Porträt von Goonie bei ihnen zu Hause in London hänge. Goonie sagte, so schwierig sei Malen nicht, er solle es ruhig einmal versuchen. Der abgehalfterte First Lord Churchill, der sich wie »ein Meerestier« vorkam, »das aus der Tiefe geholt wurde, oder wie ein Taucher, der unvermittelt nach oben gezogen wird«, hatte nichts Besseres zu tun. Ein Malkasten ließ sich besorgen; der Garten präsentierte sich einladend für den Pinsel.[15]

Zu Churchills liebenswürdigsten und lustigsten Texten neben »My Early Life« gehört die kleine Abhandlung über »Malen als Freizeitbeschäftigung«, die er in zwei Folgen 1920 und 1921 für das »Strand Magazine« verfasste. Über Lektüre in der Freizeit hat er bei anderer Gelegenheit auch mit Wärme geschrieben, merkte aber an, die Liebe zu Büchern habe zwei Nachteile: Lesen sei ja oft eine Arbeit, der viele Leute von morgens bis abends sowieso nachgehen müssen, sei also keine wahre Abwechslung. Außerdem besäßen viele mehr Bücher, als sie lesen könnten. Allen, die an der daraus erwachsenden »bitteren Süße frommer Verzweiflung« litten, gab Churchill einen praktischen Tipp: »Wenn Sie schon nicht alle [Bücher] lesen können, dann nehmen Sie sie wenigstens zur Hand, als wollten Sie sie streicheln.« Lesen mochte er zur Entspannung nicht vorbehaltlos empfehlen, wohl aber die Freizeitmalerei. Mit der verhielt es sich völlig anders. Der konnte Churchill sich hingeben: Keinem anderen Thema gegenüber empfinde er so viel Demut, aber auch so viel Unbefangenheit.[16] Und dies, wiewohl er sich zuvor für die darstellende Kunst nicht interessiert hatte. In Schloss Blenheims Park hatte er gespielt, er war in Kriegen gewesen und kannte viele Menschen: Wozu sich Landschaftsmalerei, Schlachtengemälde oder Porträts anschauen, womöglich bei einem Besuch in einer Galerie? Zeitverschwendung.

Das änderte sich, als er zu malen begann. Die ersten Versuche mit Wasserfarben waren ihm fad. Wenn schon malen, dann richtig, also mit Öl. Die Tuben und die Palette lagen bereit, die Staffelei war aufgestellt. Churchill hat erzählt, wie er anfangs mutlos war. Die Leinwand: Sie war krass weiß. Der Himmel: Er war »unbestreitbar« blau. Churchill begann mit der Farbe Blau; aber er zögerte, so wie der Bräutigam sich fürchtet vor der ersten Nacht. Erfreulicherweise kamen wenig später der Maler Sir John Lavery und seine Frau Hazel zu Besuch. Auch Hazel Lavery, eine High-Society-Erbin aus Amerika, verstand sich auf die schwierige Kunst. »Sie malen«, sagte sie, »was zögern Sie? Geben Sie mir einen Pinsel.« Was folgte, hat Churchill so beschrieben: »Schwupp ins Terpentin getunkt, jäh aufs Blau und Weiß eingedroschen, wildes Gepansch auf der nun verschmierten Palette. Mehrere ausholende ungestüme Hiebe von Blau quer über die nun vollends verschüchterte Leinwand.«[17] Lady Lavery nahm Churchill die Furcht vor der weißen Fläche.

Als Churchill 1920 über das Malen schrieb, hatte er sich von einigen bekannten Künstlern, unter ihnen Walter Sickert, belehren lassen. Immer noch aber war er beseelt von seiner ersten Lektion. Malerei war für ihn ein Kampf gegen das Nichts, den er mit einer Mischung aus Ironie und wahrem Empfinden schilderte. »Man beginnt beispielsweise zu erkennen, dass ein Bild zu malen so viel bedeutet wie in einer

Schlacht zu kämpfen.« Denn »in allen Schlachten muss der Oberbefehlshaber regelmäßig zwei Dinge beherrschen: einen guten Plan für seine Streitkräfte zu entwerfen und zweitens eine starke Reserve zu behalten. Beides ist auch für den Maler unerlässlich [...] Aber um seinen Plan zu entwerfen, muss der General nicht nur das Schlachtfeld erkunden; er muss auch die Erfolge der großen Feldherren der Vergangenheit studieren. Er muss die Beobachtungen, die er im Gelände gemacht hat, mit dem Vorgehen berühmter Heerführer in ähnlichen Situationen vergleichen.«

Nun schaute Churchill sich Bilder mit ganz neuen Augen an, als Lernender. Über die Gemälde William Turners schrieb er, »dass jedes einzelne der zahllosen Details, so klein, fern und unbedeutend es auch sein mag, ganz natürlich und in der richtigen Proportion und Beziehung angeordnet ist, mühelos und unfehlbar«.[18]

Am Spieltisch beim Roulette und anderen Glücksspielen hatte Churchill nur insofern Erfolg, als er Clementine in Angst und Sorge stürzte, wenn sie ihn in einem Casino wusste – sei es in Monte Carlo oder Biarritz, wo immer die Yacht des First Lord der Admiralität oder, später, die Schiffe seiner Millionärsfreunde angelegt hatten. Als Kartenspieler auf See oder zu Hause war er ein Ärgernis für seine Partner, weil er sein Blatt notorisch überreizte.[19] Der Malerei hingegen widmete er sich mit hingebungsvoller, geduldiger Liebe. Während des Zweiten Weltkriegs ließ er seine Leidenschaft ruhen. Lediglich einmal in Marrakesch sollte er dazu kommen. Mehr als fünfhundert Bilder hat er hinterlassen. Als 2021 bei einer Auktion sein neoimpressionistisches Bild eines Wassergrabens vorab auf anderthalb bis zwei Millionen Dollar taxiert wurde,[20] lag es nicht allein an Churchills Berühmtheit. Er war ein guter Maler: Seine Landschaftsbilder und Porträts sind gelungen, sind mehr als bloß dekorativ. Violet Bonham Carter schrieb, das Malen sei Churchills »einzige« Beschäftigung gewesen, der er sich »schweigend« hingab.[21] Wenn er vor der Staffelei saß, hielt er zur Erleichterung Clementines und seiner Umgebung – seiner (zum Mitdenken eingeladenen) Sekretäre und der (für Diktate zuständigen) Sekretärinnen, seines Dieners und anderer Dienstboten – für eine Weile den Mund.

Fünf Monate an der Front

Am 15. November 1915 verabschiedete Churchill sich im Unterhaus. Sein Heil suchte er nun an der Front in Frankreich. Der erste und »einzige« Kollege, der ihn aufsuchte, um ihm von Mann zu Mann alles Gute zu wünschen, war der Kriegsminister Herbert Kitchener, der ihn so oft in Grund und Boden kritisiert hatte.[22]* In einem Artikel, den Churchill Ende der 1920er Jahre schrieb, machte er kein Hehl daraus, dass er sich an der Front Respekt erst habe erwerben müssen. Seinem Wunsch entsprechend, sei er zunächst als Unteroffizier eingesetzt worden, um sich in die Modalitäten des Grabenkampfs an der Westfront einzufinden.

Als er ankam, teilte der befehlshabende Oberst George Jeffreys ihm mit: »Ich muss Ihnen sagen, dass man uns nicht konsultiert hat, als beschlossen wurde, Sie aufzunehmen.« Ein Adjutant habe angefügt: »Wir mussten Ihre Ausstattung um ein weniges reduzieren. Unsere Gräben sind für Transporte nicht gemacht«, alles müsse oberirdisch unter Beschuss transportiert werden, »die Männer haben wenig mehr, als was sie am Leibe tragen. Für Sie haben wir einen Diener abgestellt, der ein zweites Paar Socken und Ihr Rasierzeug bereithält.«[23] Churchills Text »Bei den Grenadieren« ist hübsch geschrieben. Ein paar Details hat er indes ausgelassen. Und einige hat er ein wenig verdreht dargestellt. So wäre es den Befehlshabern wohl kaum eingefallen, für ihn einen Mann abzustellen, der ihm das Rasierzeug hinterherträgt. Nein, er kam in Begleitung seines eigenen Dieners.

Am 18. November setzten der zum Major ernannte Churchill und sein Valet über den Ärmelkanal und gingen in Boulogne an Land. Dort wartete ein Auto, das der Oberkommandierende Sir John French (1852 bis 1925) geschickt hatte, der sich mit Churchill gut verstand. Der

* Im Juni 1916 lief im Nordatlantik ein Schiff mit Kitchener an Bord auf eine Mine. Er wurde 65 Jahre alt. 1936, mit 61 Jahren, publizierte Churchill ein Porträt von Kitchener, in dem er dessen Besuch dankbar erwähnte, diesen »überbeanspruchten Titanen« der Militärgeschichte im Übrigen aber ziemlich hochnäsig abkanzelte: Keine Ahnung habe er von der Organisation der britischen Streitkräfte gehabt; mit seinem »Mutterwitz« habe er über ein »tiefes, wenn auch unterbelichtetes Verständnis« vom Weltgeschehen verfügt.

Fahrer brachte die Ankömmlinge zu Frenchs Hauptquartier in das Städtchen Saint-Omer, in sicherer Entfernung von den feindlichen Linien, wo Churchill als Ehrengast bewirtet wurde. Seine Unterkunft fand er »in einem schönen Schloss mit heißem Badewasser, Bett, Champagner und allem Komfort«. Für die Lernphase in den Schützengräben, zu der ihm ohne große Einspruchsmöglichkeit dringend geraten wurde, bevor er ein Kommando bekäme, wählte Churchill die Grenadier Guards. Bei denen kam er zum Second Bataillon, eine Einheit dieses Namens hatte der 1. Herzog von Marlborough einst befehligt. Die frierenden, wadenhoch im Regenwasser stehenden Soldaten und ihr Kommandeur – offenbar ohne Sinn für Tradition – empfingen den herbeichauffierten Prominenten mit eisiger Verachtung. Da half es auch nicht, dass Churchill den letzten Teil der für Automobile unwegsamen Strecke zu den Schützengräben auf einem Pferd zurückgelegt hatte. Angekommen, war er an seine Schulzeiten erinnert, wie es war, wenn er als »new boy« sich fremd und unwillkommen fühlte.[24]

Als er sich bei den Grenadieren im Matsch einrichtete, merkte Churchill, dass er schlecht ausgestattet war. Am 21. November ließ er an Clementine kabeln, sie möge ihm Fehlendes zukommen lassen: eine warme braune Lederweste; ein Paar wasserdichte Stiefel, die bis über die Knie reichen; ein Periskop (damit er gefahrlos über den Rand des Grabens schauen konnte); einen Schlafsack aus Schafwolle; zwei Paar Khaki-Hosen (sein Diener habe »dummerweise versäumt«, die einzupacken); ein Paar »meiner braunen Knöpfstiefel«; drei kleine Handtücher. »Voilà tout«, beschloss er die Aufzählung und sandte sie ab mit »tiefster Liebe Deines Dir ergebenen W«.[25]

Auch die Fourage war unbefriedigend. Am 23. November ließ er eine lange, liebevolle Nachricht an Clementine schicken, in der er einen kleinen Einblick in die schlechte Lage gab. Die Schützengräben, in denen er saß, seien von Deutschen gebaut, dann von indischen Kräften der britischen Armee übernommen worden: »Mangelnde Wartung und die Faulheit der vormaligen Besetzer zeigen sich auf Schritt und Tritt.« Churchill schrieb von »Glück und Zufriedenheit, wie ich sie monatelang nicht erlebt habe«. Nötig war: Clementine möge ihm »möglichst schnell« und von da an allwöchentlich »eine kleine Kiste« zukommen lassen: »Sardinen, Schokolade, eingemachtes

Fleisch und anderes, was Dir gerade einfällt«. Zwei Tage später erzählte er von Beschuss, der nicht viele Menschenleben koste, und bat um regelmäßige Übersendung von »2 Flaschen meines alten Brandy & eine Flasche Pflaumenbrandy«.[26]

Anders als auf seinen Schulen gab Churchill sich Mühe, den Befehlen gehorsam zu folgen. Ohne Murren kam er mit dem Dasein im Schützengraben zurecht. Die Tapferkeit und das Durchhaltevermögen der Grenadiere machten ihm großen Eindruck. Das merkten alle, die mit ihm zu tun hatten. Bald begannen der zuständige Kommandeur und seine Männer, den Pfau in ihren Reihen zu akzeptieren. Allzu lange musste der allerdings nicht aushalten. Im Dezember saß er etliche Tage in dem schönen Schloss in Saint-Omer herum und wartete auf seine Bestellung zum Brigadekommandeur. Die blieb aber aus. Der lange Arm seiner Londoner Gegner reichte bis nach Frankreich. Und sein Gönner John French konnte kein Wort für Churchill mehr einlegen: Er wurde – ob zu Recht oder nicht – für unfähig gehalten und abberufen. Die Weihnachtstage verbrachte Churchill in England auf Fronturlaub, der Offizieren eingeräumt wurde, einfachen Soldaten selbstverständlich nicht.[27]

Als Churchill Anfang 1916 nach Frankreich zurückkehrte, war er nicht der stolze Anführer einer Brigade. Lediglich ein Bataillon vertraute man dem kurzerhand zum Oberstleutnant ernannten Churchill an, ein paar Hundert Mann: die 6th Royal Scots Fusiliers. Was er am 5. Januar vorfand, war ein demoralisierter Haufen: »Die jungen Offiziere sind alle kurze Middleclass-Schotten – tapfer & eifrig & intelligent: aber natürlich alle mit wenig Ahnung vom Soldatentum. Alle Älteren & alle Professionellen sind gefallen.«[28] Die derart beschriebenen nicht besonders lang gewachsenen Schotten – Churchill fand es offenbar unvorteilhaft, dass sie nicht größer waren als er selbst – empfingen einen Anführer, der ankam wie ein aus der Zeit gefallener Pascha. Dieses Mal hatte er nicht einen, sondern zwei Diener dabei sowie einen Wagen mit Ausrüstung und Fourage, der alles in den Schatten stellte, was Leute seines Dienstgrads an die Front mitbringen durften. Dazu gehörten eine Badewanne und ein Boiler zum Aufheizen des Wassers.[29] Churchill stand damit in guter Tradition: Schon in Homers »Ilias« lässt der alte Nestor im Feldlager vor Troja einem Gast einen

Zuber mit warmem Wasser zubereiten. Nur dass 1916 weder der Kommandeur noch seine Soldaten an die »Ilias« dachten, als der eine sich um seine Bequemlichkeit kümmerte und die anderen das überzogen fanden. Außerdem hatte Nestor keinen Boiler.

Die Royal Scots Fusiliers waren 1678 gegründet worden und hatten bei der Schlacht von Höchstädt gekämpft, die John Churchill den Herzogstitel eintrug. Der Nachfahr des 1. Herzogs von Marlborough wirkte auf die Soldaten nicht großartig, sondern pompös. Mit den Offizieren seines Bataillons hielt Churchill ein Mittagessen ab. Die Stimmung war frostig. Churchill war mundfaul. Ein Anwesender schrieb auf, wie er die Männer beschied: »Meine Herren, jetzt bin ich Ihr Kommandeur. Wer mich unterstützt, wird von mir unterstützt. Wer gegen mich ist, den werde ich brechen.«[30]

Nach dieser Ansage traf Churchill beim Kommandieren nicht auf Widerspruch. Die Royal Scots Fusiliers waren Infanteristen. Bis dahin kannte Churchill sich nur mit der Kavallerie wirklich aus. Seine Soldaten sollten auch beritten kämpfen, obgleich die wenigsten je auf einem Pferd gesessen hatten und obwohl Pferde fehl am Platz waren im Kampf um ein paar Hundert Meter Schützengraben; um mehr als das ging es nicht. Bei Manöverübungen gab Churchill von der Höhe seines schwarzen Rosses einige in der Kavallerie übliche Befehle, deren Bedeutung für Infanteristen aber unverständlich war. Einmal – auf einem Hang, an dessen Fuß der imaginierte Feind stand – gab er den zwar verstehbaren, aber unvernünftigen Befehl, die Bajonette aufzupflanzen. Um die aus ihren Futteralen zu ziehen, war es nötig, die Gewehre auf den Boden zu legen. In einer echten Schlacht wären die auf dem Hang exponierten Soldaten nun fürchterliche Sekunden lang wehrlos gewesen. Das wussten die Schotten, mochten sie auch jung und unerfahren sein. Viele blieben verunsichert einfach stehen. Ein Unteroffizier beredete Churchill dann, den Befehl auszugeben »Order Arms!«, womit das Verstauen der Bajonette gemeint war.[31]

Erstaunlicherweise gelang es Churchill auch dieses Mal, die Männer für sich einzunehmen. Nachdem er sein anfängliches Fremdeln überwunden hatte, berief er die Offiziere ein. Er gedachte, eine Rede zu halten. »Wir stehen im Krieg«, hob er an, und alle erwarteten, zur tapferen Aufopferung für das Vaterland aufgerufen zu werden. Churchill aber fuhr fort: »im Krieg gegen die Laus!« In der Folge wurden die Scots Fusiliers »ein läuseloses«, ja das »best-entlauste Bataillon« im Westen, wie ein Offizier amüsiert notierte. Alsbald gelang es Churchill, sein Bataillon militärisch und moralisch in Form zu bringen. Er war sich nicht zu schade zu lernen, was jeder Soldat lernen musste, Handgranatenwerfen zum Beispiel. Beliebt wurde er auch, weil er sich für Beförderungen seiner Männer einsetzte. So großzügig die Oberen mit Menschenleben umgingen, so pingelig waren sie bei Beförderungen. Wenn Feldkommandeure jemanden empfahlen, wurden die Schreiben zumeist abschlägig beschieden oder liegen gelassen, bis die Sache sich sozusagen von selbst erledigt hatte. Nicht mit Churchill! Er quälte die Zuständigen mit immer neuen Mahnungen, bis diese – vermutlich aus schierer Entnervtheit – seinen Ansinnen schließlich stattgaben.[32]

Ende Januar 1916 führte Churchill sein Bataillon in den Krieg. Der Einsatzort lag bei dem in Flandern gelegenen Ploegsteert. Weil die Briten den flämischen Namen nicht über die Zunge brachten, nannten und schrieben sie den Namen des Dorfes »Plugstreet« oder »Plug Street«. Als das Bataillon sich eingegraben hatte, passierte für Churchills Geschmack zu wenig. Nach Sonnenuntergang, wenn an sich Feldruhe herrschte, gab er mitunter Befehl zum Beschuss der deutschen Schützengräben; »der Hunne« sollte reagieren, irgendwie. Einmal befand er, das Liedgut komme zu kurz, und ließ seine Truppen singend in die Nacht hinein marschieren.

Durch das Niemandsland zwischen den Schützengräben stapfte er des Öfteren gern allein, ab und an auch in Begleitung von Archibald Sinclair, einem Gefährten aus früheren Kriegen, später Vorsitzender der Liberal Party, von 1940 an unter Churchill Luftfahrtminister. »Bei Tag«, schrieb er seiner Frau, »darf man sich da nicht blicken lassen, aber im hellen Mondlicht kann man sich gefahrlos bewegen (von verirrten Kugeln abgesehen) & sich einen guten Eindruck verschaffen.«[33] Zum Schlafen gingen er und ein paar andere Offiziere in ein mit Sandsäcken verbarrikadiertes großes Bauernhaus, wo seine Badewanne zum Neidobjekt wurde und er in stillen Stunden sogar zum Malen kam. In aller Regel inspizierte er nach Sonnenaufgang die Stellungen bis zu drei Mal, und wo die Befestigungen ihm nicht ausreichend zu sein schienen, drang er auf deren Verstärkung.[34]

Bei Plugstreet und in den benachbarten Stellungen wurde massenhaft gestorben. Meilenweit erstreckten sich Gräberfelder mit traurig zusammengezimmerten Holzkreuzen. Als schlichter Bataillonskommandeur konnte Churchill kaum Feldherrnlorbeeren gewinnen. Allmählich fühlte er sich unterfordert und langweilte sich. Es drängte ihn zurück ins Parlament. Seinen Fronturlaub im März 1916 nutzte er zu einer Rede im Unterhaus. Auf der Agenda stand unter anderem das Budget der Royal Navy. Viele Abgeordnete waren mit der Kriegführung unzufrieden. Verschiedene Zirkel intrigierten gegen Asquith, darunter auch Freunde von Churchill.[35] Frohlockend hatte er seiner Frau im Februar von der »Gruppe« geschrieben, »mit der ich zusammenarbeiten will«, um »eine neue Regierung zu bilden«.[36] Seine Rede am 7. März schien ihm gut zu gelingen; seine Entscheidungen als Erster Lord der Admiralität verteidigte er überzeugend; seine Angriffe gegen die Regierung fanden anerkennende »Ayes«. Am Schluss aber machte er alles Erreichte mit wenigen Sätzen zunichte. Großbritannien werde den Krieg verlieren, rief er, es sei denn, John Fisher werde wieder zum First Sea Lord ernannt!

Fisher, mit dem Churchill sich in den Tagen vor seiner Rede mehrfach getroffen hatte, hielt das für eine brillante Idee und hatte Churchill geschmeichelt, dieser sei zum Premierminister wie bestimmt. Die Herausgeber des liberalen »Manchester Guardian« und des »Observer« hatten Churchill zugeraten. Minister und Abgeordnete im Unterhaus hingegen, ein paar Hinterbänkler ausgenommen, trauten ihren Ohren nicht, als sie die letzten Sätze von Churchills Rede hörten. Fisher war nun 75 Jahre alt; sein als »vulkanisch« charakterisiertes Temperament überzeugte nicht mehr, zu viele narzisstische Ausbrüche hatte er sich erlaubt, ernst genommen wurde er nicht mehr. Churchills Vorschlag stieß auf Unverständnis. Sein Auftritt im Unterhaus am 7. März war ein Reinfall.[37] Ohne Rücksicht auf Parteigrenzen schrieb Asquiths Frau Margot an den Konservativen Arthur Balfour, Churchills Nachfolger als Erster Lord der Admiralität: »Ich hoffe und glaube, Winstons Reden von gestern werden ihm nie verziehen. Er ist ein Hund ohne jeden politischen Anstand, ein Hohlkopf ohne Urteilskraft und verachtenswert.«[38]

Clementine mit ihrem guten politischen Instinkt hatte es kommen sehen. Schon im Februar, kurz vor Churchills Fronturlaub in London, hatte sie ihn gewarnt. Bei all ihrer Besorgnis war sie in einer Hinsicht völlig angstfrei und nüchtern: Wenn sie meinte, für ihren Mann, seine Karriere und seine innere Balance sei es das Beste, an der Front zu sein, dann ließ sie ihn das wissen. Im Februar und März 1916 war sie der entschiedenen Meinung, dort sei er besser aufgehoben als in London. Als er wieder in Plugstreet war, schrieb sie ihm am 24. März: »Es erscheint mir ein so großes Risiko – zurückzukommen, gerade jetzt, so allein & unbeschützt, ohne Rückhalt im Parlament & ohne Anhänger im Land – Bitte sei mir nicht böse, wenn ich das so deutlich sage.«[39]

Guter oder schlechter Umgang

Manche meinen, wahre Freunde habe Churchill nicht gehabt. Was ist ein Freund, was eine Freundin? Ist es der Mann, mit dem zusammen man bei Todesgefahr aus einem Lager ausbrechen würde? Ist es die Frau, der man sein Innerstes offenbart? Ist ein bekennender Egozentriker überhaupt in der Lage, Freunde zu haben, da Freundschaft doch auf Gegenseitigkeit beruht? Wie viele wahre Freunde kann ein Mensch überhaupt in seinem Leben haben? Churchill, danach befragt, hätte es soziologischen und psychologischen Spitzenklöpplern überlassen, die Antworten zu finden.[40] Er ging gern mit Leuten um, die ihn anregten und amüsierten. Violet Bonham Carter war seine Freundin: Er mochte die jüngere, attraktive Frau vor allem wegen ihrer Intelligenz; und weil Violet ihn mochte, gab sie ihm Widerworte, ohne ihn zu reizen. Clementine war auch schön anzuschauen, war die Mutter seiner Kinder und seine engste Freundin.

Ratschläge von klugen Frauen befolgte Churchill aber nicht, lieber die von einflussreichen Männern, am liebsten die von solchen, die ihn in dem bestätigten, was er selbst dachte. Mit Missfallen nahm Clementine es wahr. »Das mindeste«, was sich über Churchills Freundeswahl sagen lasse, ist dem Historiker David Cannadine zufolge, »dass Temperament, falsches Urteil und finanzielle Not ihn in die Arme wohlhabender, nicht vertrauenswürdiger und unzuverlässiger Partner getrieben hatten, deren Gesellschaft ein vorsichtigerer Politiker nach Möglichkeit gemieden hätte.« Zu Churchills übelsten Freunden gehörten aus Clementines Sicht »die schrecklichen drei Bs«: Baron Beaverbrook, Brendan Bracken und Lord Birkenhead.[41]

Der Erstgenannte, Max Aitken (1879 bis 1964), stammte aus Kanada. Dort hatte er als junger Mann ein Vermögen angesammelt: mit Insiderhandel an der Börse, dem künstlichen Hochpeitschen von Kursen und korrupt erkauften Evaluierungen der Bonität von Firmen. Weil das »selbst nach den damaligen laxeren Standards« einen Hautgout hatte, übersiedelte er 1910 »eilig« nach London.[42] Bis dahin hatte er »mehr mit Zement als mit Zeitungen zu tun gehabt«. Nun kaufte er sich ein Presseimperium zusammen und wollte im Empire mitmischen. Sein Freund Andrew Bonar Law, ebenfalls aus der kanadischen Provinz New Brunswick gebürtig, damals Führer der Konservativen im Unterhaus, stellte ihn zur Wahl in einem sicheren Wahlkreis auf. Parteispenden dürften geholfen haben. In den 1980er Jahren gab es dafür in Deutschland beim Flick-Konzern das Wort »Landschaftspflege«. Die Politiker in London waren ziemlich pflegeleicht. Schon 1911 bekam Aitken einen Titel. 1917 wurde er auf Betreiben des liberalen Premierministers Lloyd George, Asquiths Nachfolger, zum Informationsminister gemacht und in den Adelsstand erhoben, er hieß nun Lord Beaverbrook. Lieber hätte er das für Handel und Export zuständige Board of Trade bekommen. Denn Information – beziehungsweise seine bevorzugte Form von Desinformation, auch im Krieg nicht staatstragend, sondern profitorientiert – produzierte Beaverbrook sowieso: Seine auflagenstarken Zeitungen, besonders der »Daily Express« und der »Evening Standard«, publizierten viele unseriöse, dafür aber aufregende Nachrichten.[43]

1915 verbrachte Max Aitken eine Weile – für das komfortable Militärwesen war er zu haben – in dem schon erwähnten schönen Schloss bei Saint-Omer nahe der französischen Front, wo er die Organisation der kanadischen Truppen überwachte (was immer das in der Praxis bedeutete). Dort lernten er und Churchill einander kennen. Von seinem Vater hatte Churchill das Credo für den Freihandel übernommen. Beaverbrook hingegen hielt Zölle an sich für angebracht, für alle britischen Dominions sollten sie allerdings gemäßigt sein, der Begriff dafür war: »Preferential Treatment«, zuallererst für sein Heimatland Kanada.

Beaverbrook, der geldschwere, geistreiche und gescherte Parvenu, war bis ins hohe Alter gern bei den Churchills zu Gast und lud sie oft zu sich ein. Einmal sagte er: »Churchill war kein Sünder, aber er genoss die Gesellschaft von Sündern.«[44] Churchill, sich der Bedeutung der Presse bewusst, fand Beaverbrook unterhaltsam und lauschte jahrzehntelang seinen Empfehlungen, die umso profunder wirkten, je mehr man getrunken hatte. Beaverbrook verstand »Churchills Seele zu streicheln«. Weil er seinen Reichtum vermehren wollte und eigene politische Ambitionen hegte, war er zuverlässig illoyal. Seine Zeitungen nahmen Churchill immer mal wieder aufs Korn, das gehört zum Metier. Hässlich wurde es, wenn er hinter Churchills Rücken schlecht über den Freund redete.[45]

Brendan Bracken (1901 bis 1958, er starb an Krebs), der zweite der »drei schrecklichen Bs«, war eine illustre Gestalt. Hochgewachsen, lockiges rotes Haar: auf jedem Foto dabei. Seine Herkunft schilderte er bald so, bald so. Zur Grunderzählung gehörte, dass er Australier sei und seine Eltern in einem Buschfeuer verloren habe. Tatsächlich stammte er aus der irischen Grafschaft Tipperary. Sein Vater führte ein Baugeschäft und war Mitglied der antibritischen, irisch-republikanischen »Fenian Brotherhood«. Wahr an Brackens australischer Mär war, dass der Vater den noch nicht Volljährigen bei Ausbruch des Ersten Weltkriegs sicherheitshalber nach Australien schickte. Über seine Herkunft mochte Bracken wohl deshalb nicht reden, weil das Verhältnis zwischen England und Irland miserabel war. Die irischen Republikaner hatten im Großen Krieg auf Seiten des Empire gekämpft. Aber gleich nach Kriegsende kamen die Iren auf ihre Forderungen nach Unabhängigkeit zurück; der Kampf ging weiter.

Mit all dem wollte Bracken nichts zu tun haben. Von Australien nach Britannien zurückgekehrt, erhielt die »australische Waise« ein Stipendium. Bracken machte das Beste daraus, stieg ins Pressegewerbe ein, stieg auf und war 1929 so arriviert, dass er recht mühelos als Kandidat der Tories einen Parlamentssitz für den Londoner Wahlbezirk Paddington North errang. Schon 1923 lernte Churchill ihn kennen, aber erst 1929 begann er eine Freundschaft mit dem anschmiegsamen

Mann, der sich sehr um ihn bemühte. Es wurde kolportiert, Bracken sei ein unehelicher Sohn Churchills. Rote Locken hatte der eine, und die Haare des anderen waren ebenfalls rötlich, mochten sie auch mittlerweile schütter sein – also! Bracken trat dem Gerücht nicht entgegen; Churchill war amüsiert; Clementine meinte, spätestens bei dieser Frage höre der Spaß auf.[46]

Bracken war aber nicht bloß ein Claqueur. Er erwies sich als recht guter Spindoktor, der sich hinter den Kulissen, so weit sein maßvoller Einfluss reichte, für Churchill einsetzte. Als der Verehrte Ende 1931 infolge eines Verkehrsunfalls acht Tage in einem New Yorker Krankenhaus lag, organisierte Bracken eine Geldsammlung. Bei Churchills Rückkehr nach England erwartete ihn als Geschenk eine Limousine aus der Fabrikation der englischen Daimler Motor Company, die frühzeitig die Lizenz erworben hatte, ihre Motoren nach den Plänen der deutschen Firma Mercedes-Benz zusammenzusetzen. Bracken hatte rund hundertvierzig Geldgeber gefunden, unter ihnen den Thronfolger und Charlie Chaplin.[47]

Bracken reüssierte im Pressewesen und brachte es zum Vorstandsvorsitzenden der »Financial Times«. Er kümmerte sich um die internationale Vermarktung von Churchills Artikeln. 1941 ernannte dieser ihn zum Informationsminister. Das Amt hatte er bis Kriegsende inne, zum Wohlgefallen aller Seiten: Bei den Medien wusste man von der Freundschaft Brackens mit Churchill und wähnte, ein Gespräch mit ihm sei so gut wie eines mit dem Premierminister selbst; und Churchill konnte sich darauf verlassen, dass Bracken das erzählte, was propagandistisch nützlich war.[48] Gelegentlich soll Bracken dem ehrlich verehrten Churchill einen vernünftigen Rat gegeben, ja ihm manchmal sogar widersprochen haben. Er war angeblich »der Einzige«, der ohne Anklopfen eintreten durfte, wann und wo immer Churchill ein offizielles Treffen abhielt. Und er gehörte zu den wenigen, die sich erlauben konnten, Churchill zu necken: 1947 erhielt dieser in Paris einen Orden, die Médaille militaire. Damit verbunden war die Zusage des französischen Staates, im Falle von Trunkenheit bei Abschluss der Feierlichkeiten könnten Ordensempfänger auf Staatskosten in einem Taxi zu ihrer Unterkunft gefahren werden. Bracken zu Churchill: »Da dürften Sie an Taxikosten in Paris ziemlich viel eingespart haben.«[49]

Lord Birkenhead (1872 bis 1930), der dritte der »drei schrecklichen Bs«, war eine Figur wie aus einem Roman von Evelyn Waugh: Er war hochintelligent, belesen und ein guter Gesellschafter, ohne Alkohol hätte er sich vermutlich gelangweilt. Seine inneren Organe waren seinem Genius nicht gewachsen. Er wurde keine sechzig Jahre alt. Frederick Edwin Smith hatte Churchill 1906 im Unterhaus kennengelernt. Beide verband eine enge Freundschaft. Der Jurist F. E. Smith wurde 1915 zum Generalstaatsanwalt berufen und 1919 zum Justizminister, womit seine Erhebung in den Adelsstand einherging und er nun Lord Birkenhead hieß.

Zusammen mit F. E. Smith gründete Churchill 1911 »The Other Club«. Der Name war eine Kampfansage: Im Vorjahr hatten konservative Politiker sich in einer Dinnergesellschaft zusammengeschlossen, die beiden aber nicht dazugebeten. Deshalb nannten Churchill und Smith die Runde um den Tisch im Savoy Hotel den »Anderen Club«. Bei der Auswahl der Teilnehmer achteten sie darauf, Langweiler zu meiden. Die Regularien verboten parteipolitische Streitereien. The Other Club war Churchill wichtiger als vieles andere; als er im hohen Alter nur mehr mühsam gehen konnte, taperte er noch ins Separee im Savoy Hotel zu den Treffen. Der Club besteht bis heute. Zu den Mitgliedern gehörten unter anderen Churchills Zeitgenossen Lord Beaverbrook, die Generale Herbert Kitchener, Alan Brooke sowie Jan Christiaan Smuts aus Südafrika, der Wirtschaftswissenschaftler John Maynard Keynes, der Schauspieler Laurence Olivier, der Labour-Politiker und Churchill-Biograph Roy Jenkins und natürlich auch Brendan Bracken.

Churchill mochte Männer, die sich würdevoll in eine Niederlage schickten, die ihnen zuzufügen er geholfen hatte: Einer Freundschaft stand nichts im Wege. Er und Jan Christiaan Smuts (1870 bis 1950) trafen einander erstmals 1906 in London. Smuts – er hatte in Cambridge studiert – war entsandt worden, um über die Autonomie Südafrikas zu verhandeln. Ein ausgezeichneter Führer im Guerillakampf hatte er 1901 sein Bestes dazu getan, dass der ungleiche Krieg zwischen den Buren und dem Empire bis 1902 währte. Laut Smuts' Biograph Richard Steyn gelang es diesem, 35 000 britische Soldaten damit zu beschäftigen, ihn und seine Leute zu jagen. 1902, als der Krieg endlich zu Ende war, ging Smuts in die Politik. Nachdem das Empire seine südafrikanischen Kolonien 1910 in die Unabhängigkeit entlassen hatte, unter dem ersten Premierminister Louis Botha (1862 bis 1919), sah Smuts Großbritannien nicht mehr als Gegner, sondern als Verbündeten.

1910 verschafften Botha und Smuts sich und ihrer Republik einen guten Leumund in London: Im Falle eines Kriegs, erklärten sie, würden sie Großbritannien zur Seite stehen; ihr eigenes Land könnten sie selbst verteidigen: Britannien dürfe seine Truppen aus Südafrika abziehen zu anderweitiger Verwendung. Und so geschah es dann. Als Verteidigungsminister baute Smuts reguläre Truppen auf. 1916 ließ er sich nicht lange bitten, als London ihm anbot, er möge als Generalleutnant die britischen Truppen gegen die Deutschen in Deutsch-Ostafrika (Tansania) befehligen, dessen Gefilde das Kaiserreich sich mühsam untertan gemacht hatte beim Kampf um diesen damals sumpfigen, von Malaria verseuchten »Platz an der Sonne«. Weil Politiker in London nicht begriffen, dass der Große Krieg etwas anderes war als der Kampf gegen südafrikanische Guerillaeinheiten, gab man viel auf Smuts' Erfahrung. Von 1917 an war Smuts permanentes Mitglied des War Cabinet und verbrachte viel Zeit in England.[50]

Einmal sagte Churchill, er habe in der Tat wenige enge Freunde: »Warum sollte ich mehr haben?«, fragte er, »ich mit meinem ausgefüllten, egozentrischen Leben [...] bin nicht in der Lage, den kleinen Gefälligkeiten zu obliegen, die Freundschaften lieb und innig machen.«[51] Smuts wurde gleichwohl ein enger Freund. In dem Landhaus Chartwell, das Churchill 1922 erwarb, stellte er in seinem Arbeitszimmer ein Photo von Smuts auf, das bis zu seinem Lebensende, als der Freund schon lange gestorben war, dort stehen blieb. Roy Jenkins schrieb, Smuts sei »ein guter Ratgeber« gewesen, »was lediglich davon beeinträchtigt wurde, dass er fast immer genau das empfahl, was Churchill hören wollte.« Richard Steyn hält das Urteil für unfair, Smuts habe durchaus widersprochen, auch und besonders in wichtigen Fragen während des Zweiten Weltkriegs.[52] Festhalten dürfen wir, dass Churchill und Smuts einander schon deshalb bestens verstanden, weil sie beide heldenhaft in Kämpfe und Schlachten geritten waren. Außerdem teilten beide in ihren Grundfesten identische Ansichten: Es galt, das Empire zu bewahren, als Bollwerk gegen Diktatoren in Europa und gegen auf Unabhängigkeit erpichte Einheimische anderer Länder, die nicht christlich-kultiviert und nicht weißer Hautfarbe waren.

Ein anderer guter Freund war Frederick Lindemann (1886 bis 1957). Churchill lernte ihn 1921 kennen, als er sich trotz seiner Armverletzung, zu Gast bei dem Herzog von Westminster, auf dessen Tennisplatz versuchte. Der Physiker hielt einen Lehrstuhl für »Experimentalphysik« an der Universität Oxford. In dem Titel war beschlossen, was Churchill interessierte: Wissenschaftliche Befunde zu vereinbaren mit dem, was sich daraus gedanklich entwickeln ließ. Unfair wäre es, an Science-Fiction zu denken. 1917 hatte Lindemann Flugzeugfliegen gelernt, weil er seine aerodynamischen Theorien in der Praxis ausprobieren wollte: Wie könnten Piloten, wenn sie ins Trudeln kommen, ihre Maschine wieder auf Kurs bringen? Churchill, der seinen Flugunterricht in jenen Jahren, wie schon erzählt, abgebrochen hatte, war beeindruckt.[53]

Frederick Lindemanns Vater kam aus dem Elsass, für das Kaiserreich hatte er nichts übrig. Als das Elsass nach dem deutsch-französischen Krieg 1871 dem Deutschen Reich zugeschlagen wurde, übersiedelte seine Familie sofort nach England. Der junge Frederick wurde in Deutschland, Frankreich und England erzogen und erlernte die Landessprachen. Auch das imponierte Churchill. Bis Mitte seiner Dreißigerjahre hat Lindemann tatsächlich wissenschaftlich gearbeitet, also bis Anfang des 20. Jahrhunderts. Von da an, als er in Oxford arriviert war, widmete er sich weniger eigener Forschung als vielmehr der Kritik an der Forschung anderer, vor allem der von den überlegenen Wissenschaftlern an der Universität von Cambridge. Das Gesellschaftsleben war ihm wichtig; »er kleidete sich wie ein Butler, war aber ein Snob«.[54]

Bei Clementine war Lindemann ein gern gesehener Gast: Weder trank noch rauchte er. Er war ein fanatischer Vegetarier. Churchills Tochter Mary erinnerte sich: »Entgeistert sahen wir zu, wie er aus den eigens für ihn zubereiteten Eiergerichten das Gelbe vom Ei herauspulte« und an den Tellerrand schob. Mary und ihren Geschwistern gefiel, dass Lindemann die Quantenphysik in fünf Minuten erklären konnte. Churchill setzte auf seine Expertise. Manchmal war sie gut, des

Öfteren wurde sie von auf das jeweilige Thema spezialisierten Experten als »reiner Unsinn« disqualifiziert. Dass der wohlhabende Junggeselle in den Ferien mit den Churchills nicht selten die Restaurantrechnungen beglich, machte ihn Clementine umso lieber. Lindemann gehörte zu denen, die im Zweiten Weltkrieg Churchill dazu rieten, deutsche Städte ohne Rücksicht auf die Zivilbevölkerung zu bombardieren.[55] 1941 ließ Churchill ihn in den erblichen Adelsstand erheben. Von da an hieß er Lord Cherwell. Über seine Freundschaft mit Lindemann sagte Churchill 1945: »Auch ich habe meinen Vegetarier, meinen geehrten Freund Lord Cherwell. Diese ätherischen Geschöpfe [...] sind intellektuell höchst produktiv, und das mit einem Minimum von Benzin.«[56]

Zu den gern gesehenen gelegentlichen Besuchern bei der Churchill-Familie gehörten Charlie Chaplin, Albert Einstein und Thomas Edward Lawrence (1888 bis 1935). Während des Ersten Weltkriegs war Letzterer dem Empire von großem Nutzen. Er sprach Arabisch, war ein guter Kamelreiter und stachelte mit eigenen Worten und Geld aus London den Emir von Mekka und seine Söhne zum Guerillaaufstand gegen den osmanischen Sultan an. Später schämte er sich, dem Emir verschwiegen zu haben, dass die Regierungen in London und Paris den Kampf der Beduinen um ihre Unabhängigkeit lediglich dazu vorgesehen hatten, den europäischen Kolonialmächten mehr Einfluss zu verschaffen. Lawrence litt an seinem Verrat. Auch in Europa trug er eine Dschellaba, es war eine Geste. 1919 lud Churchill ihn erstmals zum Mittagessen ein. Da kam er zur Abwechslung in normaler Kleidung, später fuhr er mit Dschellaba auf dem Motorrad vor.[57] Die Churchills mochten ihn.

In den 1920er Jahren ließ Lawrence einige wenige Exemplare seiner Erinnerungen an den Aufstand drucken: »Die sieben Säulen der Weisheit«. Er starb 1935 mit 46 Jahren bei einem Motorradunfall. Churchill war betroffen – war Mitte der 1930er Jahre ohnedies mit Geldverdienen beschäftigt – und publizierte ein Porträt von Lawrence of Arabia. Mit seiner Neigung zur Übertreibung schrieb er über »Die sieben Säulen der Weisheit«: »Es gehört zu den größten Büchern, die je in der englischen Sprache verfasst wurden.« Und weiter: »Wenn so gut wie die gesamte enorme Literatur über den Großen Krieg begutachtet und von kommenden Generationen mit ihren Wälzern, Kommentaren und Historien übertroffen sein wird«, dann werde Lawrences »Geschichte vom Aufstand in der Wüste immer noch leuchten, mit unauslöschlicher Glut«.[58] A. J. P. Taylor befand, Lawrences Schriften seien »für die oberen Klassen Literaturersatz« gewesen.[59]

Als die arabischen Stämme sich 1916 auf ihre Revolte gegen das Osmanische Reich vorbereiteten, saß Churchill wegen seiner misslungenen Unterhausrede vom März in den Nesseln. Für ihn war es ein Glück, dass so viele Soldaten starben: Im Mai wurden das 6. und das 7. Bataillon der Royal Scots Fusiliers zusammengelegt. Es gab nun einen Befehlshaber zu viel, und Churchill konnte guten Gewissens nach London zurückkehren. Er war nicht dabei, als Hunderttausende seiner Landsleute an der Somme zu Tode kamen. Diese Schlacht begann im Juli 1916 und zog sich bis in den November hin. Den Truppen beiderseits des Niemandslands ging die Munition aus, was deutsche Wortschöpfer zu dem Begriff »Materialschlacht« inspirierte.[60]

8. Kapitel

DER KRIEG UND SEIN ENDE – UND WAS NUN?

1

2

3

1 Chartwell. 1922 erwarb Churchill das Anwesen. In seinen Augen war es ein schönes Haus, das nach ein paar Umbauten noch schöner werden würde. Clementine hingegen blickte auf ein riesiges, kaputtes, düsteres, feuchtes Gemäuer.

2 Churchill als Maurer. Neben dem Hauptgebäude ließ er ein Häuschen errichten, das für einen Butler gedacht war und später Gäste beherbergte.

3 Churchills Arbeitszimmer in Chartwell, möbliert nach dem Zeitgeschmack, der sich vom Vorkriegsplüsch der Ära Victorias und Eduards VII. verabschiedet hatte. An der Wand hängt ein Porträt des Hausherrn, das wohl von einem der Künstler stammt, deren professionellen Rat er suchte.

Zurück in London war Churchill übereifrig. Anstatt sich ein wenig zurückzunehmen, setzte er sich im Unterhaus in Szene. Sein Sitz im Parlament war ihm ja geblieben. Er hielt viel zu viele Reden. Und wenn er redete, dann viel zu ausführlich darüber, dass er in den Dardanellen und bei Gallipoli alles richtig gemacht habe. Man schrieb aber nun das Jahr 1916, das Unterhaus wollte nicht vergangene Schlachten schlagen, sondern die kommenden. Churchill konnte nicht nachlassen. Er drängte auf die Veröffentlichung interner Papiere des War Office.[1]

Im September 1916 konstatierte das damals eher liberal ausgerichtete Wochenmagazin »Spectator«: Churchills »Einfluss auf unser politisches Leben ist vor allem schlecht, weil es ihm vor allem um sein eigenes Fortkommen zu tun ist«. Der im Juni eingerichtete Untersuchungsausschuss kam im Februar 1917 zu einem ersten Ergebnis: Der mittlerweile nicht mehr amtierende Premierminister Asquith und der verstorbene Verteidigungsminister Kitchener hätten ihr Teil zu den Geschehnissen in den Dardanellen und auf Gallipoli beigetragen. Beides ist korrekt. Churchill war einigermaßen rehabilitiert.[2] Warum die unselige Operation letztlich auf ihn zurückgeht, wurde bereits geschildert: Am Ende des Tages zählte der selbstsichere Elan, mit dem er über vernünftige Einwände hinwegargumentierte, sodass alle anderen ihre eigene Verantwortlichkeit vom Redefluss des First Lord davontragen lassen konnten.

Asquiths Sturz – Churchills Aufstieg

David Lloyd George, dem machtbewussten Waliser – als Sozialpolitiker ebenso engagiert wie als Munitionsminister –, gelang es, 1916 den Parteikollegen Asquith zum Rücktritt zu nötigen. Ganz ohne Intrige ließ sich das nicht bewerkstelligen.

Herbert Asquith war von lauterem Charakter, ein Humanist in Wort und Tat. Er haderte mit vielem, was er zu entscheiden hatte. Der Ausdehnung der allgemeinen Wehrpflicht auf verheiratete Männer wollte er 1916 nur zustimmen, wenn fünfzigtausend mit gutem Beispiel vorangingen: Anderenfalls könne man den übrigen Familienvätern nicht erklären, dass sie zwangsweise Frau und Kind verlassen müssten.

Nach Beginn des Kriegs meldeten neunzigtausend katholische Iren sich freiwillig zum Militärdienst unter britischer Führung. In Anbetracht der jahrhundertelangen Unterdrückung der Iren, diesem kleinen keltischen Volk, dem die Engländer als Abkömmlinge germanischer Angelsachsen sich von Geblüt überlegen fühlten, waren es beachtlich viele Iren, die sich für England und das Empire einsetzten. In der Osterwoche 1916 begannen bewaffnete irische Republikaner einen Aufstand gegen die britische Oberherrschaft. Es war die größte Rebellion der Iren seit mehr als hundert Jahren. Doch hatten die Aufständischen nicht genügend Rückhalt bei den eigenen Landsleuten: Irische Truppen beteiligten sich an der Rückeroberung des besetzten Postamtes in Dublin, um die britische Rechtsprechung und die Herrschaft von George V. zu bewahren. Die Mehrheit der Zivilbevölkerung stand zum Empire. Als der Aufstand niedergeschlagen war, wurden 15 Anführer zum Tode verurteilt. Einige von ihnen waren an der Rebellion lediglich mit öffentlichen Reden beteiligt gewesen. Asquith hielt die Todesurteile politisch und moralisch für unangemessen und wollte die 15 Männer zu lebenslanger Haft begnadigt sehen. Aber der englische Befehlshaber in Dublin, General John Maxwell, nahm die Aufforderung des Premierministers nicht ernst. Die Hinrichtungen wurden vollzogen. Damit änderte sich alles. Waren die Iren zuvor mehrheitlich loyal gewesen, beklagten sie nun die republikanischen »Märtyrer« und drangen auf volle Unabhängigkeit.[3]

General Maxwell handelte, wie er es gelernt hatte: den Feind abfangen und liquidieren. Nach derselben Devise führte der Feldmarschall Douglas Haig (1861 bis 1928) die britischen Truppen an der Westfront: ohne Rücksicht auf Verluste. Churchill, David Lloyd George und andere hielten das Massensterben für überflüssig und schrecklich. Churchill erklärte viele Generale für unfähig. Lloyd George hielt die meisten Militärführer für irregeleitet, alle Generale sah er als potenzielle Saboteure seiner politischen Arbeit.[4]

Lloyd George beobachtete, dass das Militär und die Regierung einander bei der unausgegorenen britischen Kriegführung ergänzten, wie an zwei Beispielen zu zeigen ist. Das erste Beispiel: Die Royal Navy blockierte deutsche Schiffe am Aus- und Einfahren von den Gewässern von Nord- und Ostsee. Deutsche U-Boote durchbrachen aber die britische Blockade. Sie griffen die Handelsschiffe der Entente so erfolgreich an, dass der Präsident des Wirtschaftsamts (Board of Trade) am 9. November 1916 die Warnung ausgab, wenn weiterhin jeden Monat Hunderttausende Tonnen Schiffsladung versenkt würden, sei ernstlich mit Lebensmittelknappheit zu rechnen. Lloyd George, im Sommer 1916 zum Kriegsminister bestellt, forderte, die Handelsschiffe sollten in Konvois fahren, begleitet und beschützt von Kreuzern und Zerstörern mit ihrer Artillerie und Wasserbomben.

Die Idee war gut und erwies sich als praktikabel. Aber die Admiralität sträubte sich eine sehr lange Weile. Als Sprecher der Gleichgesinnten tat der First Sea Lord Admiral John Jellicoe (1859 bis 1935) kund, was er für die überkommene Lehre hielt: Die Aufgabe der Royal Navy bestehe darin, feindliche Boote aufzuspüren und zu zerstören; die Begleitung von Handelsschiffen sei hingegen nicht ihre Aufgabe. Auch in Whitehall fand er Anhänger für diese Ansicht. Was das »Aufspüren und Zerstören« angeht, war es so: Im gesamten Jahr 1916 hat die Royal Navy gerade einmal 15 von Deutschlands hundertvierzig U-Booten versenkt.[5]

Das zweite Beispiel: Herbert Asquith konnte gut zuhören, nach Meinung mancher allzu gut. Bei Sitzungen ließ der Premier alle Anwesenden zu Wort kommen, um sich selbst ein Bild zu machen und dann später eine Entscheidung zu fällen. Bei den Zusammenkünften des Kriegskomitees wurde geredet ohne Ende. Auch wenn alles schon gesagt war, gab es Leute, die dasselbe noch einmal sagen wollten oder plötzlich ganz andere Themen aufbrachten. Asquith lauschte allen Meinungen und kündigte, wie Lloyd George ihn persiflierte, »für den kommenden Donnerstag« einen Entschluss an.

In Friedenszeiten ist es klug, eine Entscheidung reifen zu lassen; im Krieg, da es oftmals auf schnelles Reagieren ankommt, war Asquiths Regierungsstil zu umständlich. Bonar Law, der Führer der Konservativen, bemühte sich liebenswürdig und im Interesse des parteiübergreifenden »National Government«, Asquith beim effizienten Regieren zu helfen: Vor Kabinettssitzungen solle der eine Agenda ausgeben und zur Einreichung weiterer Anliegen aufrufen. Was dann nicht auf der Agenda stehe, werde nicht verhandelt.[6] Bonar Laws Rat war in den Wind gesprochen.

Asquiths Sohn aus erster Ehe, Raymond, fiel im September 1916 in der sinnlosen Materialschlacht und Menschenschlächterei an der Somme, bei der die Verluste sich auf ungefähr 1,2 Millionen britische, französische und deutsche Soldaten summierten.[7] Asquith war ein gebrochener Mann. An Bonar Law sandte er einen Brief, in dem Worte standen, von denen der britische Politiker Roy Hattersley sagte: »So schreibt ein Premierminister nicht einmal seiner Frau.« Asquith schrieb: »Die täglichen, unerträglichen Belastungen mit Arbeit und Sorgen sind mir zu viel.«[8] Bonar Law sollte 1917 zwei Söhne im Krieg verlieren. Seine Frau war schon 1909 gestorben; von da an beschränkten seine Lebensfreuden sich aufs Schachspielen, auf den Genuss von Reispudding und Zigarren.[9] Lloyd George hatte seine geliebte Tochter Mair Eluned bereits 1907 begraben müssen. Sie wurde keine 18 Jahre alt. Er verstand nicht, warum es dem Premierminister Asquith unmöglich war, das Private von seiner politischen Aufgabe zu trennen.

Lloyd George ließ sich beraten von Captain Maurice Hankey, dem schon erwähnten Vorsitzenden des Nationalen Verteidigungsrats (Committee of Imperial Defence) und Sekretär des War Council. Hankey hatte Anfang des Kriegs zur Seeblockade geraten; zusammen mit anderen favorisierte er die Schifffahrt im Konvoi: Gruppen von Handelsschiffen sollten von Kreuzern und Zerstörern begleitet werden. Am 15. November 1916 anlässlich einer der vielen Kriegskonferenzen in Paris – die Briten genossen das Flair der Stadt – spazierten er und

Lloyd George über die Place Vendôme. Dort, an der Siegessäule und dem Hotel Ritz vorbeischlendernd, empfahl Hankey: Lloyd George müsse ein kleines Kriegskomitee einrichten, das jenseits des Regierungskabinetts über das Tagesgeschäft im Krieg entscheide. Es solle den Premierminister konsultieren und informieren und im Übrigen freie Hand haben, bis Asquith sein Urteil abgebe. Hankeys Vorschlag lief – überspitzt gesagt – darauf hinaus, den Premierminister ganz ähnlich zu behandeln, wie der Herausgeber des »Economist« Walter Bagehot 1867 in seinem Buch »The English Constitution« die Rolle der Monarchen beschrieben hat: Sie mussten informiert werden, sie sollten aufmuntern, sie durften warnen; die dritte Empfehlung, auf Asquith angewendet, bedeutete: Er sollte nach Möglichkeit die Entscheidungen fällen, zu denen ihm dringend geraten wurde.

Asquiths privates Unglück beiseitegelassen, hatte der Premier noch andere Gründe, sich überfordert zu fühlen: Großbritannien war bei den USA hoch verschuldet. Die Soldaten starben in Massen. Wie sollte der Krieg nur gewonnen werden, und wie sollte es danach weitergehen? Es gelang Lloyd George mit Hilfe von Arthur Balfour, Churchills Nachfolger als Marineminister, sowie Bonar Law und dem Pressebaron Max Aitken, Herbert Asquith zu stürzen. Aitken lud maßgebliche Politiker mehrfach zu Beratungen ein. Bonar Law fand es unangemessen, dass diese Verabredungen hinter Asquiths Rücken stattfanden, machte aber mit bei der friedlichen Palastrevolution. Churchill, mit seinem Leumund als explosiver Meinungsmann zum Sündenbock wie gemacht, wurde später nachgesagt, er habe sich am Sturz von Asquith beteiligt. Davon muss man ihn freisprechen.[10]

Churchill benahm sich in der Politik wie beim Militär. Die Floskel »dem Feind ins Auge sehen« hieß für ihn buchstäblich: Man sieht sich mit *einem* Mann konfrontiert. Das hatte er erlebt, so war er es gewohnt. Als Politiker hielt er Reden für viele, aber wenn er sich an heimlichen Abkommen versuchte, waren es Gespräche mit *einem* Mann. Gewiefte Intriganten versammeln hinter sich eine Clique. Dazu fehlte dem Einzelkämpfer Churchill das Talent. »Als Verschwörer«, fand er, »bin ich nicht gut, ich rede zu viel.«[11] Er setzte darauf, sich aus Eigenem durchzusetzen; mit der Verdrehung von Fakten, damit am Ende seine Sicht der Geschichte herauskomme, das schon; aber er hat weder systematisch gegen Herbert Asquith intrigiert noch – in den späten 1930er Jahren – gegen Neville Chamberlain.

Lloyd George gelang es, die Mitglieder des War Cabinet auf einige wenige zu reduzieren. Die Vorläufer seines Kriegskabinetts waren das Committee of Imperial Defence, das War Council, das Dardanelles Committee (was praktisch das Gleiche war wie das War Council), und das War Committee. Diese vielen Namensänderungen weisen auf eine gewisse Unordnung hin: Die Regierung in London war desorientiert. Bonar Law sagte: »Nichts im Krieg war sonderlich gelungen.« Roy Hattersley hält das für eine der bemerkenswertesten Untertreibungen in der Geschichte: »Fast alles ging spektakulär daneben, wie es nicht anders zu erwarten war von einer Kriegführung unter der Aufsicht von Generalen, deren politische Anführer kein Vertrauen in sie setzten, und von zusammengewürfelten Kabinettsministern einer wackeligen Koalitionsregierung.«[12]

Als Munitionsminister von Mai 1915 bis Juli 1916 löste Lloyd George einige gravierende Probleme: Trotz der 1916 eingeführten Wehrpflicht gelang es ihm, genügend Fachkräfte für die Waffenproduktion und die Kohleförderung vom Dienst an der Front freizustellen. Ungelernte Kräfte, auch Frauen, ließ er in die Munitionsproduktion einarbeiten. Die Gewerkschaften brachte er dazu, neue Arbeitskräfte zu akzeptieren, obwohl sie keine Mitglieder waren. Auch gelang es ihm, Streiks abzuwenden. Die Besitzer der Kohleminen überzeugte er davon, den Bergarbeitern zur Abwechslung angemessene Löhne zu zahlen. Und die gesamte Logistik ließ er effizienter organisieren, damit neue Waffen schnell verschifft werden konnten.[13] Kurz: Als Munitionsminister war Lloyd George glänzend. Nicht ganz so erfolgreich war er vom Juli 1916 an als Kriegsminister.[14]

Einige einflussreiche Politiker und Diplomaten plädierten für einen Verhandlungsfrieden. Asquith war nur mehr Verwalter seines Amtes. Max Aitken machte Druck. Seine eigenen Boulevardblätter reichten nicht hin, die seriöse »Times« war zu einer öffentlich propagierten Absetzung des Premiers nötig; und so fragte Aitken bei Lloyd George an, ob dieser auf Lord Northcliffe, den konservativen Besitzer der »Times«, einwirken könne. Für die Feinheiten der Gepflogenheiten von Westminster und für die obwaltenden politischen Gewichtungen hatte Aitken wenig Sinn. Lloyd George beschied ihn denn auch mit einer Unsinnsantwort: Bevor er sich an Lord Northcliffe wende, dessen Zeitungen ihn unablässig beharkten, »gehe ich lieber an einem schönen Sommerabend in Begleitung eines Grashüpfers auf den Höhen von Walton Heath spazieren«.[15] (In den Niederungen dort liegt ein Golfclub, der viel darauf gibt, schon 1903 gegründet worden zu sein.)

Gedankenvoll und tatenscheu, seit dem Tod seines Sohnes Raymond ohne Lebensmut, schien Asquith dem zupackenden Lloyd George immer mehr ein Hindernis bei guter Kriegführung. Und so drängte er ihn Ende 1916 zum Rücktritt. Lloyd George war überzeugt, als Kriegspremier besser zu sein als Asquith. Und er war in der Tat besser. Gegenüber den bedächtigen Grauröcken in Whitehall, die seiner Politik den Schwung nahmen, sowie ganz allgemein gegenüber der Macht des Faktischen musste aber auch er sich konziliant zeigen.[16] Churchill war besorgt: Was sollte aus ihm selbst werden? Würde Lloyd George ein Wort für ihn einlegen, würden die Konservativen es zulassen, dass er ein Amt bekommt? Es dauerte eine Weile, bis sein Wunsch erfüllt wurde.

Am 10. Mai 1917 war eine geheime Versammlung für die künftige Strategie im Unterhaus anberaumt. Geheim an der Sitzung war wohl lediglich, dass sie in den Hansard-Parlamentsprotokollen nicht verzeichnet ist. Die Bänke waren gerappelt voll. Keiner der Anhänger von Asquith mochte die Eröffnungsrede halten; Churchill blieb es überlassen. Er redete anderthalb Stunden lang, und er redete gut. Anfang April waren die USA auf Seiten der Entente in den Krieg eingetreten. Deutschland hatte den uneingeschränkten U-Boot-Krieg erklärt, Angriffe auch auf neutrale Schiffe. Das ging selbst den an Europa desinteressierten Kongressabgeordneten in Washington zu weit. Wirtschaftliche Erwägungen – künftige Rückzahlungen von Krediten und Reparationen betreffend – stimmten viele amerikanische Abgeordnete kriegsfreundlicher. Die deutschen Befehlshaber störte das nicht, sie rechneten mit einem baldigen Sieg und wussten, dass die USA nicht gerüstet waren. Dieses Problem griff Churchill in seiner Rede auf: Amerika »hat keine großen Armeen und keine Munition. Seine Männer sind für den Krieg nicht ausgebildet.« Aber »zu gegebener Zeit wird niemand Großbritannien und die Vereinigten Staaten zusammen überwinden können [...] Viel Zeit wird nötig sein – nicht Monate, sondern Jahre –, bevor diese gewaltige Macht sich geltend machen kann.«[17]

Churchill sprach so, wie er es dann im Zweiten Weltkrieg auch tat. Seine Erfolgsmethode war, die Gefahr nicht herunterzureden, sondern sie im Gegenteil ganz groß zu machen. So wirkte es doppelt stark, wenn er dann aufzeigte, wie eine stolze Nation sich verteidigt, wenn alle ihr Bestes geben, mit amerikanischer Hilfe. Was die USA angeht, hat er sich, ebenso wie die deutsche Heeresleitung, im Mai 1917 verschätzt: Den amerikanischen Soldaten fehlte es in der Tat noch an Training; erst 1918 wurden sie eingeschifft. Trotzdem konnten die USA sofort wichtige Hilfe leisten, »da sie kurzfristig Schiffe, Fabriken, Werften, Getreide und zusätzlich Kredite zur Verfügung stellten«.[18] Auch waren die Vereinigten Staaten in der Lage, ihre industrielle Fertigung binnen Wochen auf Kriegsproduktion umzustellen, was sie denn auch taten.

Weil Churchills Rede sehr gut aufgenommen wurde, weil die russische Revolution und die deutsche U-Boot-Kampagne die Gemüter beschäftigten, konnte Lloyd George ihn im Juli 1917 zum Munitionsminister machen. Diese Aufgabe erfüllte er ohne weitere Vorkommnisse. Nebenbei befasste er sich mit der Entwicklung von Panzern und riet zur Verwendung von Giftgas. Als der Krieg zu Ende ging, wusste er wieder nicht, was aus ihm werden würde. Am 7. November 1918 drängelte er Lloyd George mit einem Brief: »Ich habe das Gefühl, dass ich meinen Weg nicht gehen kann, ohne zu wissen, wen Sie als wichtigste Kollegen auswählen.« Damit zerbrach das wieder gute Einvernehmen zwischen den beiden. Der Premierminister beschied ihn: »Ihr Brief kommt als eine unangenehme Überraschung.« Er erinnerte Churchill daran, wie viel Mühe er gehabt habe, ihn gegen politischen Widerstand auf den Posten des Munitionsministers zu hieven. Welch ordentliche Arbeit der Parteikollege in dieser Funktion leistete, habe er durchaus zur Kenntnis genommen. Und dann folgte das vernichtende Urteil: »Eigeninteresse überlagert das nationale Interesse.«[19]

Vier Tage später war der Krieg zu Ende. Mit Churchill gesagt, war »the Teutonic Collapse« eingetreten. Insgesamt waren mehr als 15 Millionen Menschen zu Tode gekommen: fast eine Million Briten und andere Soldaten des Empire, ungefähr 1 380 000 Franzosen, rund zwei Millionen Deutsche, 180 000 Russen und etwa zehn Millionen Zivilisten, deren viele an der Spanischen Grippe starben.[20] In »The World Crisis« beschrieb er, wie er am 11. November um elf Uhr morgens die Bekanntgabe des Waffenstillstands erlebte: »Ich stand am Fenster [...] und wartete, dass Big Ben das Ende des Krieges einläutete. In meinen Gedanken ging ich zurück durch die schrecklichen Jahre zu der Stunde und dem Gefühl, mit dem ich abends in der Admiralität auf diesen Glockenschlag wartete, um allen unseren Flotten und Mannschaften weltweit das Signal zum Kampf gegen Deutschland zu geben.«[21] 1918 war es tatsächlich so: Big Ben und alle Kirchenglocken läuteten weithin übers Land für die Briten den Frieden ein. Um hingegen 1914 die Royal Navy weltweit vom Kriegszustand zu informieren, brauchte Churchill eigentlich nicht auf Big Ben zu warten. Ob seine Darstellung sich so zugetragen hat oder nicht: Als Erzählung ist sie hübsch, zumal Big Ben zu den großen Lieblingen der Briten gehört und Churchill sich nie zu schade war, seiner Leserschaft entgegenzukommen.

Wider den Bolschewismus

Ein paar Wochen, nachdem das Siegesläuten verklungen war, bekam Churchill wieder einen Posten. Im Dezember hatten Wahlen stattgefunden; obwohl die Konservativen mehr Stimmen als die Liberalen erhielten, konnte Lloyd George in der neuen Koalitionsregierung Premierminister bleiben. Im Januar 1918 ernannte er Churchill zum Minister für Krieg und Luftfahrt, was dieser als Zumutung empfand: »Wozu ist ein Kriegsminister gut, wenn es keinen Krieg gibt?« Lloyd George war mit den Konferenzen für den Friedensvertrag von Versailles und der Nachkriegsordnung beschäftigt, weshalb der Brief bei Bonar Law landete. Dessen Antwort hatte es in sich: »Wenn wir dächten, es gäbe einen neuen Krieg, würden wir Sie nicht zum Kriegsminister machen.«[22]

Aber in Russland und anderen Ländern im Osten ging der Krieg ja weiter. Die Rote Armee kämpfte gegen die weißen Gegenrevolutionäre, die sich mit der Revolution von 1917 nicht abfinden wollten.

Churchill fand dann doch Betätigung genug. In der »Evening News« publizierte er einen Artikel: Die Deutschen könnten ihre Schuld tilgen, indem die verbliebenen Soldaten gegen die Bolschewiken kämpften.[23] Immer noch standen Truppen der Entente in den Hafenstädten Murmansk und Archangelsk sowie in Sibirien um Omsk. Churchill regte an, die Soldaten nicht nach Haus zu bringen, sondern, sofern sie einverstanden waren, in den Kampf gegen die Rote Armee zu entsenden. Lloyd George hielt davon gar nichts. Fast sechs Millionen Briten waren mobilisiert worden. Aberhunderttausende hatten den Waffenstillstand nicht mehr erlebt. Die Briten waren das große Sterben leid. Die Antworten der Offiziere in Russland, denen Churchill heimlich schrieb, waren denn auch ernüchternd.[24]

Churchill ließ von dem Plan ab und verlegte sich nun darauf, den Bolschewismus rhetorisch zu bekämpfen. Das sei »keine Politik, sondern eine Krankheit«, erklärte er 1919, eine »Pestilenz«, eine Bedrohung, die aus der zivilisierten Welt »einen Ameisenhaufen« machen wolle. Mit dieser Meinung stand er nicht allein. Zahlreiche Politiker in London verabscheuten die Bolschewiken. Als 1920 eine russische Handelsdelegation eintraf, mochte der Außenminister Lord Curzon deren Leiter nicht per Handschlag begrüßen. Lloyd George musste den Lord daran erinnern, wie ein Gentleman sich benimmt. Anschließend erkundigte Churchill sich bei Curzon: »Sie haben dem haarigen Affen die Hand gegeben?«[25]

Den Versailler Vertrag betrachtete Churchill vornehmlich im Hinblick auf Russland. Den Polen, denen er nicht viel zutraute, konzedierte er, dass sie es schwer hatten. Denn an deren Ostgrenze lagen »bewaffnete russische Horden, die nicht nur mit Bajonetten und Kanonen vorgingen, sondern begleitet von Scharen typhusbringenden Geschmeißes kamen [...] sowie vorab schon mit politischen Doktrinen, die zusammen die Gesundheit, ja die Seele ganzer Nationen zerstörten«.[26] Bei dem Vergleich von Menschen mit Ungeziefer haben sich die Nationalsozialisten bekanntlich hervorgetan. Deshalb sei darauf hingewiesen, dass Churchill bei all seinem Hass auf die Bolschewiken denen nur anlastete, Ungeziefer realer und ideeller Natur eingeschleppt zu haben.

Auf Deutschland blickte er mit realpolitischem Verständnis. 1924 schrieb er in einem Artikel: »Deutschland ist viel stärker als Frankreich und wird nicht dauerhaft unterdrückt werden können.« Er fand den Versailler Vertrag in Ordnung, gehörte aber – das war kein eklatanter Widerspruch – nicht zu denen, die aus den Deutschen mehr an Reparationen herauspressen wollten, als das Land je hätte zahlen können.* Er wusste: »Bekanntermaßen werden Nationen, die sich in ihrer Existenz bedroht fühlen, sich auf jede mögliche Art und Weise verteidigen. Es ist wahrscheinlich – nein, sicher –, dass sie alles, was ihnen zu Gebot steht, bedingungslos und vollkommen zur Zerstörung einsetzen, und das dann, wenn einmal begonnen, unkontrollierbar ist.«[27] Weil Churchill vor dem Kriegführen keine Scheu hatte, schreckte die Aussicht darauf ihn nicht. Dafür war er berufen. Generell gilt: Einerlei wofür, sei es eine schlechte Ernte oder die Apokalypse, die Berufenen sehen voraus, was andere sich nicht vorstellen mögen.

Fast ebenso zuwider wie der Bolschewismus war Churchill die Labour Party. Bedauerlicherweise machte er zwischen den britischen sozialistischen Demokraten und den Bolschewiken sehr oft keinen großen Unterschied. Über die Labour-Politiker sagte er, die gäben »unser Brot der bolschewistischen Schlange; unsere Hilfe den Fremden aller Länder; unsere Solidarität den vaterlandslosen Sozialisten weltweit; aber für unsere Tochterstaaten jenseits der Ozeane, von denen die Zukunft der Britischen Insel und der Nation abhängt, haben sie nichts anderes übrig als kaltes Desinteresse«.[28] Mit dieser Haltung befand er sich in großer Gesellschaft. Die in den frühen 1920er Jahren laufende Kampagne gegen den Bolschewismus in England sollte in der Erfindung eines Briefes gipfeln, den angeblich Grigori Sinowjew – Vorsitzender der als Weltpartei konzipierten, de facto von Anbeginn sowjetisch geführten »Kommunistischen Internationale« – an die englischen Genossen gesandt hatte: Wenn Labour die Wahlen gewinne und die Beziehungen zur kommunistischen Sowjetunion normali-

* Frankreich unter seinem Präsidenten Georges Clemenceau war verständlicherweise besonders erpicht auf Reparationen. Der Dawes-Plan von 1924 half Deutschland. Spätestens 1927 war auch der französischen Regierung klar, dass es ihrer eigenen Wirtschaft schaden würde, die Weimarer Republik an der wirtschaftlichen Genesung zu hindern. Entsprechend wurde 1929 der »Young-Plan« der Alliierten mit Deutschland abgefasst.

siere, würden die britischen Arbeiterklassen sich radikalisieren und eine Revolution nach dem Muster Russlands wagen. An der Erfindung des Briefes war der Inlandsgeheimdienst MI5 beteiligt; die »Daily Mail« verbreitete ihn vier Tage vor den Parlamentswahlen im Oktober 1924.[29] Der Labour-Politiker Ramsay MacDonald wurde trotzdem Premierminister, wenn auch nur für kurze Zeit.

Als für die Demobilisierung zuständiger Kriegsminister hat Churchill eine Sache sehr gut geregelt: Die Soldaten wollten heimkehren und ordentlich behandelt werden. Die Ämter wussten nicht genau, wie sie das organisieren sollten. Man plante, zuerst die für die Industrieproduktion wichtigen Soldaten zu entlassen. Das aber waren jene, die wenig Zeit im Krieg verbracht hatten. Der Zorn war groß und wuchs. Bevor es zu Aufständen kam, löste Churchill mit seinem praktischen Denken das Problem einfach und für alle ersichtlich fair: Wer früher an die Front gekommen war, sollte früher demobilisiert werden.[30]

Das überkommene politische Gefüge war im Ersten Weltkrieg über den Haufen geworfen worden: Neue Nationalstaaten entstanden, nationalistische Bewegungen inszenierten Aufstände; es kam zu kriegerischen Auseinandersetzungen. Zumal im Osten Europas und im Nahen Osten war der Krieg 1918 nicht zu Ende. Im Februar 1921 wurde Churchill Kolonialminister. Lawrence of Arabia machte er zu seinem Ratgeber für den Nahen Osten. Er war beteiligt an der Gründung des neuen Staates Irak. Auch Irland fiel in seinen Bereich. Er ließ es geschehen, dass 1922 die katholisch dominierten Counties den offiziellen Status »Free State« erhielten, Teilautonomie.[31] Zu dem Zeitpunkt waren sie schon unabhängig genug, sich in einen Bürgerkrieg mit ihren Landsleuten zu verstricken. Militante irische Republikaner ermordeten einige Männer von der eigenen Seite, weil diese sich mit London über den neuen Status Irlands verständigt hatten, der volle Unabhängigkeit nicht vorsah.

Churchill war sowieso unzufrieden. Er hatte auf das Finanzministerium gehofft, Chancellor of the Exchequer hatte er werden wollen.[32] Er war wütend auf die Labour Party und fast mehr noch auf seine eigene Partei und Lloyd George. Im April 1922 lästerte er: »Das Hauptanliegen der Politik des Premierministers ist Moskau, er will aus Großbritannien die Nation mit den besten Beziehungen zu den Bolschewiken machen«, Europa sei Lloyd George einerlei, es werde übergangen.[33] Der Labour Party galten Churchills ausgiebige Beschimpfungen, weil sie eine wichtige Kraft im parlamentarischen Gefüge geworden war. Die Wehrpflicht in Britannien, der Krieg, die Entbehrungen der Soldaten sowie der Zivilisten zu Hause, im Verein mit dem weitverbreiteten Empfinden, für den Sieg wichtig und nötig gewesen zu sein, führten zur Erstarkung der Gewerkschaften und der Labour-Partei.

Während des Kriegs war es Lloyd George gelungen, die Kohlebergwerke de facto zu verstaatlichen, die Bergwerkseigentümer einigermaßen ruhigzustellen, die Bergleute mit besserer Bezahlung zu motivieren und überhaupt alle Arbeiter zu bewegen, weniger zu streiken.[34] Nach dem Krieg fiel ihm das auf die Füße. Alle forderten nun, worauf sie verzichtet hatten. Auch wurde Anfang der 1920er Jahre publik, dass er Adelstitel gegen Geld vergeben hatte, um den Liberalen im Oberhaus Stimmen zu sichern und die Parteikasse aufzubessern. Dergleichen war zwar üblich; unter dem Waliser Lloyd George aber wurden Listen erstellt und verteilt: was ein Orden, was eine Auszeichnung koste.[35] Das widersprach der Gewohnheit der verdeckten Kungelei, in der Englands Oberschichten jahrhundertelange Übung hatten. Zu seinem Schaden machte Lloyd George halböffentlich (die Presse sorgte dafür, dass es allgemein öffentlich wurde), was die Ordensvergabe war: ein schnödes Geschäft zwischen der jeweiligen Regierung und den Besitzenden.

Lloyd Georges Nahostpolitik war erfolglos – das war nicht verwunderlich angesichts des von London betriebenen jahrzehntelangen Betrugs an den arabischen Stämmen. Mit einigen Stämmen hatte die Regierung Bündnisse geschlossen, deren Kämpfer für Großbritannien in die Schlacht ritten, in der irrigen Erwartung, London werde sein Versprechen nach dem Krieg einlösen und ihnen die Eigenherrschaft über ihre heimischen Regionen einräumen. Gleichzeitig sicherte die Londoner Regierung zionistischen Juden zu, sie dürften sich in Palästina ansiedeln. Das geheime Sykes-Picot-Abkommen vom Mai 1916 führte die britischen Versprechungen vollends ad absurdum: Der nach den zwei entscheidenden Diplomaten benannte Vertrag legte fest, wie die Territorien des ausgedehnten Osmanischen Reiches nach dessen

Niederlage unter den alliierten Kolonialmächten aufgeteilt werden sollten.[36] Wieder einmal war England auf der Höhe seines in der Frühen Neuzeit erworbenen Beinamens »Perfides Albion«: Hintertreppendiplomatie und systematischer Verrat an Verbündeten gehörten zur Politik der großen Insel.

Der Schuldenberg

Großbritannien war nach dem Ersten Weltkrieg hoch verschuldet. Italien und Frankreich, denen das Land unter Aufnahme eigener Schulden mit Krediten bei der Aufrüstung geholfen hatte, legten eine schlechte Zahlungsmoral an den Tag. Die Sowjetunion zahlte gar nichts von dem zurück, was Russland aufgenommen hatte. Die Steuern, mit denen Wohlhabende belegt wurden, stiegen weiter an, was die oberen Schichten ärgerte. Zwar war der Lebensstandard nach dem Krieg im Schnitt bald höher als 1913;[37] doch ist das Trübselige an Statistiken, dass viele Bürger deren Befunde im eigenen Leben nicht wahrnehmen. Bei den Menschen unterer Schichten, die im Krieg viel für ihr Land hingenommen hatten, wuchs der Unmut. Das Gros der Bevölkerung und die Finanzleute in der Londoner City gaben nicht mehr viel auf die Liberalen.

Während Lloyd George in Paris mit der Neuordnung Europas beschäftigt war, machte Maurice Hankey sich Gedanken über die Zukunft Britanniens. Es galt, die Schulden des Landes abzubauen und der Exportwirtschaft aufzuhelfen. In der Hoffnung, die USA wären noch im Siegestaumel, schlug London den Alliierten vor, alle gegenseitigen Schulden sollten aufgehoben werden. Damit wären Großbritannien Verbindlichkeiten bei den USA in der ungeheuerlichen Höhe von 850 Millionen Pfund erlassen worden. In Washington war man aber durchaus nüchtern und lehnte das Ansinnen ab.[38] Britannien ging das Geld aus. Maurice Hankey, obgleich Offizier a. D., kam zu dem Schluss: Am einfachsten könne an den Militärausgaben gespart werden. Die Stimmung daheim und in anderen Ländern betrachtend, meinte er, bis auf Weiteres werde es keinen neuen großen Krieg geben. Also trug er vor, die Militärausgaben für die »kommenden zehn Jahre« sollten auf das nötige Minimum reduziert werden. Der Premierminister und sein Kabinett stimmten 1919 zu, die »Ten Year Rule« trat in Kraft.

Generale, Admirale und der Kriegsminister Churchill verstanden diese friedfertige Sparmaßnahme als Einladung, sich in lauten Zankereien um die vorhandenen Mittel zu ergehen. Seit dem Februar 1918 hatte die Royal Navy keine eigene Flugabteilung mehr. Die Royal Air Force wurde gegründet. Alle Piloten wurden von der Royal Navy abgezogen. Während des Zweiten Weltkriegs sollte sich das rächen, als es mehr auf Flugzeugträger ankam als auf herkömmliche Schlachtschiffe. Aus gutem Grund hatten die amerikanische und die japanische Marine die Kontrolle über ihre eigene Luftwaffe behalten.

Der Zweite Weltkrieg war zu Beginn der 1920er Jahre nicht absehbar, vorerst stritt man in London, was wichtiger war, der Bau von Bombenflugzeugen oder der von Schlachtschiffen. Der Kriegs- und Luftfahrtminister Churchill stand auf Seiten der Admiralität: Vier oder fünf Jahre lang sollten pro Jahr vier Schlachtschiffe vom Stapel laufen. Das entsprach einem Regierungsbeschluss von 1919: Die Royal Navy solle stärker sein als jede andere Seemacht. Ob große Schlachtschiffe in den 1920er Jahren wirklich gebraucht wurden, stand auf einem anderen Blatt. (Auch im Zweiten Weltkrieg legte Churchill mehr Wert auf große Schlachtschiffe, als militärisch sinnvoll war.) Anders als 1912, da Churchill vernünftigerweise für die Erstarkung der Royal Navy gegen die Deutsche Hochseeflotte plädierte, gab es in den 1920er Jahren kein Land, gegen das Britanniens Marine hätte aufrüsten müssen.[39]

Anfang 1922 schlossen die größten Seemächte – Großbritannien, die USA, Japan und Frankreich – in Washington einen Vertrag, um die maritime Aufrüstung im Zaum zu halten. Nach Tonnage berechnet, wurden Quoten für die Ausstattung von Schlachtschiffen verteilt. Für Britannien, die USA und Japan galt das rechnerische Verhältnis: 5 – 5 – 3. Frankreich und Italien bekamen je 1,75. Japan kam gut dabei weg, weil der »Washington Naval Treaty« darauf hinauslief, dem Staat die Vorherrschaft im Pazifik einzuräumen. Den Ausbau einer Marinebasis in Singapur verschoben britische Regierungen Mal für Mal. Der Bau von Kreuzern wurde vertraglich teilweise limitiert. Man konnte sich nicht darauf verständigen, U-Boot-Attacken auf Handelsschiffe zu verbieten: Zu groß schien allen die Gefahr, dass die zum Transport von militärischen Gütern genützt würden. Am Ende war keine Regierung mit den insgesamt neun Verträgen zufrieden. Wie hätte es auch anders sein sollen? Von dem ersten internationalen Versuch, die Waffenproduktion gemeinschaftlich zu begrenzen, war nicht allzu viel zu erwarten.[40]

Nach den Wahlen im Oktober 1922 übernahm der Tory Stanley Baldwin die Regierung. Das hatten Lloyd George und Churchill sich selbst zuzuschreiben. In der Türkei war nach dem Krieg eine neutrale Zone eingerichtet worden. Die Türken, angeführt von Mustafa Kemal Atatürk, wollten sich mit der Präsenz griechischer Truppen auf ihrem Territorium nicht abfinden. Türkische Truppen schickten sich an, britische und französische Besatzungen in der neutralen Zone zu bekämpfen. Das nun ging Lloyd George und dem Kriegsminister Churchill gegen den Strich. Churchill verfasste ein Schreiben an die Premierminister der britischen Dominions, sie sollten Truppen bereitstellen. Die zwei alten Polithasen gaben den Aufruf überhastet an die Londoner Presse: Englische Zeitungen druckten den Text, bevor – wegen der Zeitverschiebung – die Regierung in Kanada davon offiziell erfuhr, was man dort als imperiale Impertinenz wahrnahm. Churchill stand als Kriegstreiber da.[41]

Der neue Premier Stanley Baldwin gewann Vertrauen. Seine »Gelassenheit, sein Pragmatismus [common sense], sein ausgleichendes Wesen, seine Bescheidenheit und seine offensichtliche Aufrichtigkeit« machten ihn allseits beliebt. Ein hoher Beamter fasste zusammen, was er nicht zu Unrecht für die Meinung vieler Bürger hielt: Das ist der »typische Engländer, auf den wir so lange gewartet haben. Wir haben die Waliser [David Lloyd George] und die Anwälte [Herbert Asquith] leid, die schlauen Köpfe und Supermänner [zweifellos war Churchill gemeint]«.[42] Was Lloyd George betraf, gab der Historiker A. J. P. Taylor dem soeben zitierten Beamten recht: Lloyd George »war hinterhältig und skrupellos […] Er weckte jedes denkbare Gefühl, nur nicht Vertrauen«. Aber Taylor konstatierte auch, dass er »der begnadetste und einfallsreichste Politiker des 20. Jahrhunderts« gewesen sei.[43] Lloyd George und die Liberal Party, gespalten in die rechten Asquith-Anhänger und Lloyd Georges linke Gefolgsleute, gingen unter. Churchill verlor die Abstimmung in Dundee und damit seinen Sitz im Parlament. Zudem musste er sich 1922 operieren lassen. Sein sarkastisches Resümee: »Ich habe kein Amt, keine Partei und keinen Blinddarm.«[44]

1923 hatte Churchill viel Muße zum Malen. Er betätigte sich als Lobbyist bei der Zusammenführung der privaten Royal Dutch Shell und Burmah Oil mit der staatlichen Anglo-Persian Oil Company und war klug genug, den neuen Premierminister um seine Zustimmung zu bitten. Er belebte alte Kontakte und knüpfte neue. Nachdem er sich im März 1924 vergeblich als »Unabhängiger« bei einer Nachwahl in Westminster hatte aufstellen lassen, wechselte er zurück zur Tory Party, wofür Stanley Baldwin ihn mit dem ersehnten Posten des Finanzministers belohnte. Er war nun fast fünfzig Jahre alt.[45] Die Zigarre, sein unentbehrliches Accessoire, ließ ihn souverän wirken.[46] Seine Hüte, die bei ihm mit seinem Babyface immer aufgesetzt wirkten, niemals unauffällig, vervollständigten das Bild.*

Ramsay MacDonald (1866 bis 1937) hatte sich kein ihn aus der Masse der Politkollegen heraushebendes Zubehör zugelegt und wurde trotzdem 1924 für neun Monate der erste Labour-Premier. Er stand einer Minderheitsregierung vor, in der er wenig bestimmen konnte. Seine Bildung hatte er auf der Abendschule erworben, während er tagsüber sein Geld mit Büroarbeit verdiente. Sein Ziel war, die Labour Party respektabel zu machen, anerkanntermaßen regierungsfähig. Kontraproduktiv bei diesem Vorhaben war es, dass er dafür plädierte, die 1922 gegründete Sowjetunion diplomatisch anzuerkennen. Auch einen neuerlichen Kredit räumte er ihr ein. Nicht nur Churchill war aufgebracht. Dieser war aber beredter als seine Kollegen bei der Verdammung der »Dummheit der Sozialisten«. 1925 sagte er, eingeladen ins Bezirksrathaus des damaligen Londoner Stadtteils Battersea: »Untereinander haben sie zwanzig verschiedene Faktionen, die einander mehr hassen als Sie und mich. Welche Verantwortungslosigkeit! Tei-

* Verschiedene englische Politiker haben Wert auf Accessoires gelegt: Der Premierminister Neville Chamberlain verließ das Haus nicht ohne Regenschirm; der Premier Harold Wilson rauchte öffentlich Pfeife, weil das einem Vertreter der Arbeiterschaft gut anstand (in Wahrheit bevorzugte er Zigarren); Margaret Thatcher hatte ihre berühmte Handtasche mit Bügelgriff, mit der sie in Zeitungskarikaturen ihre politischen Gegner verdrosch.

len Sie nicht den Ekel gegenüber der arroganten Anmaßung dieser Leute, die meinen, Oberwasser zu haben?«[47]

Mit der Beobachtung, dass die Linken sich bevorzugt untereinander befehden, beileibe nicht bloß in Britannien, lag Churchill durchaus richtig. In Wahrheit störte er sich aber daran, dass die Labour Party nun tatsächlich Gewicht hatte. Die Stellung der Liberalen als zweite Partei im Parlamentssystem war ein für alle Mal dahin. In seiner Darstellung des Ersten Weltkriegs, die teilweise wie ein spannender Roman zu lesen ist, zitierte Churchill Sätze von Lloyd George: »Die Geschichte wird über meine Bilanz urteilen und sie nicht schlecht finden. Um diesen Krieg zu gewinnen, habe ich das gesamte politische Fundament zerstört, mit dem ich aufgewachsen bin und auf dem ich gestanden habe.«[48]

Damit meinte Lloyd George die Teilentmachtung des Oberhauses, die Anerkennung der Labour Party als politische Kraft, die Steuererhöhungen, die exorbitante Schuldenaufnahme während des Kriegs, die vielen staatlichen Regulierungen der Industrie, die mit dem liberalen Geist schlecht vereinbar waren, und vielleicht meinte er auch den Niedergang seiner Partei, der sich aus der Abspaltung der traditioneller gestimmten Liberalen ergab, die in Wahlen eigene Kandidaten gegen die Anhänger von Lloyd George aufstellten, was natürlich zur Folge hatte, dass im Zweifelsfall kein Liberaler einen Parlamentssitz gewann.[49] Churchill hatte den wackelnden Sockel rechtzeitig verlassen und war als Tory in Nummer 11, Downing Street angekommen, wo der Chancellor of the Exchequer residiert. Bei den Wahlen im September 1924 hatte Baldwin ihm einen sicheren Wahlkreis zugeteilt: Epping in North London. Churchill wurde gewählt und dann, wie versprochen, Finanzminister.

Für das Finanzwesen, das war so und blieb so, hatte er kein Händchen (sein Bankier, der deutschstämmige Ernest Cassel, war 1921 gestorben); beim Börsencrash von 1929 verlor er einen großen Teil seines privaten Vermögens. Von Makroökonomie hatte der Finanzminister Churchill kaum mehr Ahnung als von Kernphysik.[50] Wirtschaftsfragen betrachtete er als Unterkapitel der Politik. Das Pfund Sterling, gestützt von der (theoretischen) Konvertibilität jedes Geldscheins in Gold, hatte vor dem Ersten Weltkrieg die Wechselkurse stabil gehalten. Im Krieg hatte Großbritannien seine Goldreserven weitgehend aufgebraucht und den Goldstandard ausgesetzt. Danach wollten hochrangige britische Experten ihn wieder einführen, um die Preise zu stabilisieren, London seine Position als Weltfinanzplatz und das Pfund als Leitwährung zu erhalten.

Die hohe Verschuldung Großbritanniens brachte es mit sich, dass nicht mehr genügend Pfund Sterling im weltweiten Finanzwesen zur Verfügung standen. Es mangelte an Liquidität, ohne die eine Leitwährung keine ist. Vergeblich wies John Maynard Keynes darauf hin. Der Finanzminister Churchill schätzte Keynes und ließ sich von ihm beraten, er wehrte sich gegen die Wiedereinführung des Goldstandards, gab aber schließlich nach, führte ihn 1925 wieder ein und verteidigte die Maßnahme mit seiner üblichen Verve.[51] Auch andere Länder kamen auf den Goldstandard zurück, dies aber nicht zu den Vorkriegswechselkursen. Das Resultat für Großbritannien, weltweit sofort zur Kenntnis genommen: Das Pfund war überbewertet; die Finanzwirtschaft vertraute dem Pfund nicht mehr; die Exportwirtschaft litt und mit ihr die Arbeiterschaft. Keynes publizierte ein Pamphlet: »Die ökonomischen Auswirkungen von Mr. Churchill«.[52]

Das ökonomische Wirken von Churchill zeigte sich 1926. Die Bergarbeiter kamen mit ihren Löhnen nicht über die Runden. »Sie arbeiteten zu Konditionen, die uns heute, weniger als ein halbes Jahrhundert später, so fern und so barbarisch wie Knechtschaft vorkommen.« Dabei ging es den Kumpeln im Vergleich zu Arbeitern in anderen Berufen noch gut.[53] Die vereinigte Gewerkschaftsorganisation TUC (»Trades Union Congress«) rief Anfang Mai den Generalstreik aus. Landesweit legten 1,7 Millionen Menschen die Arbeit nieder. Alle, auch die TUC und die Labour Party, wollten eine Revolution nach russischem Vorbild vermeiden, weshalb die TUC den Generalstreik auf die für die Wirtschaft zentralen Metiers begrenzte. Sie wollte das Heft in der Hand behalten. George V. bemühte sich um Ausgleich: Die Arbeitgeber, sagte der König, sollten einmal ausprobieren, von dem Lohn ihrer Arbeiter zu leben. Er konnte sich das erlauben, weil auch der konservative Premier Stanley Baldwin bemüht war, zu einer Verständigung mit den Streikenden zu kommen.[54]

Zu den von der TUC zum Ausstand aufgerufenen Beschäftigten

gehörten neben den Berg- und Schauermännern die Eisenbahner und die Busfahrer, das Land stand still. Auch die Drucker streikten. Keine Zeitungen mehr? Kein Problem! Baldwin machte den Journalisten und Finanzminister Churchill zum Leiter der Regierungszeitung »British Gazette«, ein paar arbeitswillige Setzer und Drucker standen bereit, Redakteure sowieso, im Übrigen verfasste Churchill viele Artikel selbst. So konnte die Regierung ihre Sicht der Dinge verbreiten, am Ende mit einer Auflage von 2,2 Millionen. Später sagte Baldwin, Churchill zum Herausgeber der »British Gazette« zu bestimmen, sei »das Beste, was ich je gemacht habe«, anderenfalls dieser »jemanden hätte erschießen lassen wollen«.[55]

Der Generalstreik von 1926 währte neun Tage; Bergarbeiter hielten sechs Monate lang durch – bis sie nicht mehr wussten, wovon sie leben sollten. Es war der erste (und bisher einzige) Generalstreik in der britischen Geschichte und machte einen schockierenden Eindruck auf die Politiker; viele brachten nun mehr Verständnis für die Arbeiter auf. Lord Birkenhead, Churchills enger Freund, bemerkte nach einem Treffen mit der Gewerkschaftsvertretung von der TUC: »Ich würde sie als die dümmsten Männer Englands bezeichnen, wenn ich nicht zuvor mit den Besitzern [der Kohleminen] zu tun gehabt hätte.«[56]

Der Historiker David Thomson (1912 bis 1970), der den Generalstreik als Junge miterlebte, hat Jahrzehnte später geschildert, was sich abspielte. Es begann am 3. Mai 1926. Die für so ein Ereignis konzipierten Notfallpläne der Regierung bewährten sich: »Irgendwie kamen die Leute zur Arbeit, zu Fuß oder mit allerlei Fahrzeugen. Jenseits der großen Städte waren die Menschen wenig betroffen. In den großen Städten, mit gutnachbarschaftlicher Hilfe und dank funktionierender Regierungsplanung, machten die Leute einfach weiter.« Wenn alles glimpflich abging, dann war das, Thomson zufolge, dem britischen Bürgersinn zu danken. Was er 1964 schrieb, war sicherlich von der nostalgischen Erinnerung an seine Jugendtage gefärbt, zugleich gab es die Wahrnehmung eines Zeitgenossen wieder, der für seine Generation sprach: »Das ganze Drama, mal tragisch, mal komisch, weckte tiefe Loyalitätsgefühle [...] Der wahre Held – falls überhaupt jemand so genannt werden kann – war der einfache Bürger: die Polizisten und Streikenden, die gegeneinander gut gelaunt Fußballspiele austrugen; die Soldaten und Freiwilligen, die gegen Beschimpfungen (und Schlimmeres) ihre Arbeit verrichteten; die Bergarbeiter, die so viel ertrugen, tapfer und ohne sonderliche Ausfälligkeiten.«[57]

Churchills Tätigkeit als Finanzminister in den 1920er Jahren lässt sich mit einem Ausspruch von Arthur Ponsonby zusammenfassen, einem Labour-Anhänger und Sohn von Königin Viktorias langjährigem Privatsekretär: Seine »Sympathiebekundungen für die Armen waren eloquent; seine Sympathie für die Reichen setzte er in der Praxis um«.[58]

Die 1920er Jahre nahmen sich friedlich genug aus. Immer loyal zu seinem jeweiligen Amt, erwirkte Churchill als Finanzminister im Jahr 1928, dass die »Ten Year Rule« entfristet wurde: »Die Wahrscheinlichkeit eines großen Kriegs« verschob sich jeden Tag um 24 Stunden und mit ihr von Tag zu Tag die Notwendigkeit der Aufrüstung. Die Admiralität wollte Militärbasen in Ostasien ausbauen und zum Beispiel in Hongkong mehr U-Boote stationieren. Das Reich des Tenno war aufgebracht, weil es bei der Abfassung des Friedensvertrags von Versailles nicht an den Tisch gebeten worden war. Die japanischen Führer, mit denen Großbritannien sich jahrelang gut verstanden hatte, hegten Großmachtpläne. Churchill, darauf aufmerksam gemacht, sah keinen Grund zur Sorge. Dem Premierminister Baldwin schrieb er: »Warum sollte es einen Krieg mit Japan geben? Meiner Ansicht nach wird es, solange wir leben, keinen Krieg mit Japan geben.«[59] Diese irrige Prognose beruhte wohl nicht zuletzt darauf, dass in Japan keine Kommunisten am Ruder waren.

Der Duce

Während Churchill zusah, wie der Sozialismus sein England ramponierte, machte er eine neue Bekanntschaft. Auf Benito Mussolini hielten nicht ganz wenige Briten der oberen Schichten große Stücke, sogar die Liberalen Lloyd George und Clementine Churchill. Dies aber erst, nachdem Mussolini sich vom Sozialismus abgewandt und 1922 Italiens Regierung übernommen hatte und sein faschistisches System installierte.[60]

Die Ausweitung des Wahlrechts auf die linkslastigen Unterklassen zusammen mit der wachsenden Macht der Gewerkschaften ließ viele am britischen Parlamentarismus zweifeln. Als Mussolini auf die internationale Bühne kam, erschien er parlamentsmüden Demokraten wie ein Vorbild: Da war jemand, der die Dinge in die Hand nahm, jemand, der in Italien die »rote Gefahr« eliminierte. Wenn dabei der eine oder andere Mensch zu Tode kam (Genaues wollte man gar nicht wissen), gehörte das aus Sicht seiner Fürsprecher und Bewunderer zu den misslichen Umständen, die damit einhergehen, wenn ein Führer Ordnung schafft.

Anfänglich hatte Churchill sich verächtlich über Mussolini geäußert und ihn gegenüber Vertrauten als »Schwein« abgekanzelt. Das Urteil war davon gefärbt, dass er Italien für ein nettes Reiseland hielt, seine Bewohner auf politischer und militärischer Ebene aber nicht für ganz satisfaktionsfähig. Clementine Churchill kam auf einer Ferienreise im März 1926 in Rom mit Mussolini zusammen und war hingerissen. Am 20. März schrieb sie ihrem Mann aus der britischen Botschaft: »Ich habe Mussolini getroffen […] Er ist sehr eindrucksvoll – ganz einfach & natürlich, würdevoll, hat ein charmantes Lächeln & wunderschöne goldbraune eindringlich schauende Augen […] Bei seinem Eintreten standen alle auf (auch die Frauen), als ob er ein König wäre.«[61] Churchill war diese Liebeserklärung wohl ein bisschen zu viel. Er antwortete: »Du hast sicher recht, wenn Du ihn als begnadet beschreibst.« Anstatt sich in Eifersüchtelei zu ergehen, zitierte er den Schriftsteller und Parlamentskollegen Augustine Birrell: »Besser, man liest über eine weltwichtige Person, als dass man unter ihrer Herrschaft lebt.«[62]

Am 15. Januar 1927 besuchte Churchill den Mann mit dem charmanten Lächeln in Rom und war nun selbst angetan. Die beiden hatten einiges gemeinsam: das »kriegerische Temperament und das freilich nie eingestandene hochmütige Bewusstsein, einer besonderen, mit den allgemein gültigen Maßstäben nicht fassbaren politischen ›razza‹ anzugehören«.[63] Hinzu kam, dass Mussolini – auch er hatte journalistisch gearbeitet – dem Kollegen ermöglichte, 17 gut honorierte Beiträge über den Ersten Weltkrieg in »Il Popolo d'Italia« zu veröffentlichen. In jenen Jahren arbeitete Churchill an seiner Geschichte des Ersten Weltkriegs, für die Artikel musste er bloß zusammenfassen, was schon fertig war. In Rom tat er am 20. Januar vor der einberufenen Presse seine Art von Liebeserklärung kund: »Wäre ich ein Italiener, dann hätte ich, das weiß ich, von Anfang bis Ende zu Ihnen gehalten in Ihrem siegreichen Kampf gegen die bestialische Gefräßigkeit des Leninismus. […] Ihre Bewegung hat der ganzen Welt einen Dienst erwiesen. Die größte Furcht aller demokratischen und sozialistischen Führer war es immer, ausgestochen zu werden von jemandem, der radikaler ist als sie. Es heißt, alle Revolutionen zeichneten sich dadurch aus, dass eine kontinuierliche Gewichtsverlagerung zur Linken hin mit einem fatalen Erdrutsch Richtung Abgrund endet. Italien hat bewiesen, dass es möglich ist, subversiven Kräften entgegenzutreten.«[64]

Zu allem, was Churchill nachgesagt wurde, gesellte sich nun die Anschuldigung, ein verkappter Faschist zu sein. Denn auch in England »pries er Mussolini als einen Mann von Entschlossenheit, Ehre und schicksalhafter Bestimmung, der tatkräftig daran arbeitete«, Italien »nach einer Phase bolschewistisch inspirierter Anarchie wieder zu seiner alten Größe zu verhelfen«. 1933 nannte er Mussolini den »größten Gesetzgeber der Menschheit«. 1937 war er sicher, dass »Mussolini aufgrund der herausragenden Eigenschaften, die er verkörpert – Mut, Verstand, Selbstbeherrschung und Beharrlichkeit –, ein dauerhafter Platz in der Weltgeschichte sicher« sei. In seinem Landhaus Chartwell ließ er ein Porträt des Duce aufhängen.[65]

Chartwell – das Refugium

Im Sommer 1921 besichtigten die Churchills ein Anwesen in der Grafschaft Kent von etwa 32 Hektar Größe, ungefähr vierzig Kilometer von London entfernt, das zum Verkauf stand. Churchill sah ein Haus auf einem Hügel, von dem der Blick gen Süden weit ins Land ging. Er sah einen Teich und eine Quelle, *Chart Well*, deren kristallklares Wasser das Haus versorgen konnte. Er sah Wiesen, Büsche, Bäume und blumige Möglichkeiten, alles noch schöner zu machen. Clementine sah ein im 19. Jahrhundert beim Anstücken verbautes riesiges, kaputtes, düsteres, feuchtes, uraltes Gemäuer, das von Grund auf saniert werden musste. Sie sah ein Gebäude, das in eine Ecke des Grundstücks gequetscht war. Schon achtzig Meter weiter verlief eine öffentliche Straße. Genau in diese Richtung, nach Westen, war das Haus ausgerichtet. Zwar wünschte auch sie sich einen Landsitz, aber doch nicht diesen! Ihre Meinung hat sie ihrem Mann mehr als einmal mitgeteilt.

Mary Soames hat in ihrer Biographie der Mutter geschrieben: Nie sei Clementine ihrem Winston ernstlich böse gewesen. Nur eines habe sie ihm nicht verzeihen können: dass er Chartwell trotz ihres Einspruchs hinter ihrem Rücken kaufte. Eines Tages im September 1922 lud er Frau und Kinder ins Auto »auf einen Ausflug«. Wohin es ging, ließ er geheim. Der Chauffeur fuhr nach Chartwell, und Winston erklärte stolz, das sei nun der Familienlandsitz. Weil ihm das Grundstück so gut gefiel, konnte es nicht anders sein, als dass Clementine in Jubel ausbrechen würde – dachte er. Sie hingegen fühlte sich hintergangen. Wo der Wunsch der Vater des Gedankens ist, stand Churchill parat.

Clementine sah voraus, was ihr künftig Sorgen machen würde. Ihr Mann hatte nicht genügend Einkünfte, um für die Renovierung und den Ausbau des Anwesens aufzukommen. Um die nötigen Dienstboten, die gefunden und instruiert werden mussten, würde sie sich kümmern müssen. Es waren ziemlich viele. Clementine hatte ihre Ansprüche. Im Haus konnten sechs Gäste untergebracht werden; in gut gelaunten Momenten hielt sie das für »wenig«. Angestellt waren: zwei Frauen in der Küche; zwei Leute fürs Einkaufen, die Bestellung der Speisekammer und Ähnliches; zwei Zimmermädchen; eine für Clementine zuständige Zofe, die für die ganze Familie Näharbeiten verrichtete; ein Hausmeister, der sich um Dinge wie Stiefelputzen, den Boiler und den Abfall kümmerte. Dazu kamen eine Nanny oder Gouvernante für die Kinder sowie zwei Sekretärinnen, von denen eine nachts zur Verfügung stehen musste. Und damit ist lediglich das Personal aufgezählt, das im Haus tätig war.

Es gab einen Chauffeur; Stallungen, Gärten, Park und Teiche mussten auch versorgt, wenn nicht gleich neu angelegt werden. Das ging ins Geld. Clementines Ärger kumulierte in einem monetär unanstößigen Detail: An der Westseite des Grundstücks befand sich ein Damm und darauf ein herrlich hoher Bestand von vielen Rhododendren, was beides zusammen, obgleich achtzig Meter entfernt – laut der Tochter Mary –, der Eingangsfront des Hauses die Nachmittagssonne nahm. Die Rhododendren blühten im Frühjahr in Violett und Mauve. Genau diese Farben konnte Clementine nicht ausstehen, war jedoch gegen die Rhododendren machtlos, die wuchsen nämlich auf öffentlichem Grund. Der Blick auf die falschen Farben war ihr oktroyiert, ebenso wie Chartwell, das während der folgenden vierzig Jahre Zuhause und Rückzugsort der Churchills sein sollte.

Bevor sie einzogen, musste als Erstes die Ausrichtung des Hauses um neunzig Grad gen Süden gedreht werden. Die Bauzeit nahm zwei Jahre in Anspruch. Das heruntergekommene Anwesen samt seinen 32 Hektar hatte Churchill für fünftausend Pfund erworben. Die Kosten für die Umbauten waren auf siebentausend Pfund geschätzt worden, es wurden 18 000 Pfund. Clementine legte Wert darauf, das Nähzimmer müsse ebenso groß werden wie der Wäscheraum. Die Einrichtung oblag ihr. Die Wände ließ sie streichen; dem damaligen Geschmack folgend, waren Tapeten nur für die Räume der Dienstboten vorgesehen. Für das Esszimmer, von dem aus man nach den Umbauten gen Süden blickte, ließ sie ungebeizte Tische und Stühle aus Eichenholz anfertigen. Teppiche wurden eigens für Chartwell gewoben. Für die Bezüge von Sesseln und Sofas wählte sie Chintz mit großfloralen Mustern. Die Ostertage 1924 verbrachte die Familie erstmals in dem Haus.

Churchill stellte sich vor, das nötige Essen könne er selbst heranziehen lassen – eigene Milchproduktion, eigene Schweine, Hühner, Gänse, Schafe. Der Finanzminister verfolgte das Wohl und Wehe in Chartwells Ställen. Es war mehr Wehe. Die Kühe mochten zwar Milch geben, ihr Unterhalt war aber zu teuer. Die meisten Schweine gingen an einer Krankheit ein, die Schafzucht hielt auch nicht lang; und was aus dem Geflügel wurde, wusste wohl am besten der Fuchs. Glücklicher gedieh die Fauna in den mit einem kleinen Wasserfall verbundenen Teichen, die Churchill anlegen und gegen hungrige Räuber beschützen ließ. Seine Tochter Mary merkte an, die nötigen Erdbewegungen hätten viel Verdruss und noch mehr Kosten verursacht. Zur Befüllung der Teiche ließ ihr Vater einen Bach umleiten. Die großen Kuhlen für die kleinen Seen wurden auf einem Hang gegraben, wobei ein lästiges Naturgesetz plattgemacht werden musste, das Mary so umschrieb: »Wasser fließt nach unten.«

Churchill besetzte die Teiche mit Goldfischen, mit amerikanischen Brautenten, deren Gefieder leuchtend bunt glänzt, und australischen Trauerschwänen.[66] Er tauschte sich gern aus mit seinen Fischen und Vögeln. Die waren ihm gute Gesellschaft. Als Premierminister ließ er auch in Downing Street immer Haustiere herumschweifen. Der Kanarienvogel durfte im Arbeitszimmer frei fliegen. Die Katze war beim Frühstück im Bett ein lieber Gefährte. Wir dürfen uns Churchill innerlich schnurrend vorstellen, wenn die dunkelgelbe Katze namens Jock sich souverän bei ihm auf dem Schreibtisch niederließ, vielleicht am besten auf Dokumenten aus dem roten Kistenkoffer, in dem hochwichtige Regierungspapiere hin- und hergetragen wurden. Hegemoniale Hausgewalt hatte auch eine schwarze Katze namens Nelson.

In Chartwell gab es einen Tennisplatz und einen Swimmingpool, in dem er gern badete. Einmal kroch er auf allen vieren unter den Esstisch und schüttelte sich – zum tierischen Vergnügen der Anwesenden: In seinen Ohren war noch ein wenig Swimmingpoolwasser.[67] Neben dem Küchengarten ließ er ein Häuschen bauen, das zunächst für den Butler gedacht war, dann aber verschiedene andere Leute beherbergte. Bei Maurerarbeiten legte er Hand an. Es war nicht völlig aus dem Blauen geholt, als er in seinen Jugenderinnerungen schrieb, er wäre gern »Maurerlehrling« in einem Kleinunternehmen seines Vaters gewesen. Aus seiner Sicht gedieh Chartwell prächtig. Es fragte sich nur, woher das nötige Geld kommen sollte. 1926 stand erstmals in Zweifel, ob er sich das Anwesen noch leisten könne. 1929, als er beim Börsencrash sein Dollarvermögen eingebüßt hatte, sah die Lage von Chartwell noch schlechter aus. Einkünfte aus der Ministertätigkeit gab es auch nicht mehr. Bei den Wahlen 1929 gewann die Labour Party die Mehrheit der Sitze. Ramsay MacDonald wurde zum zweiten Mal Premierminister. Von nun an bis 1939 hatte Churchill zwar seinen Platz auf den grünen Bänken des Unterhauses, aber nicht mehr vorn, wo das Gras schneller und saftiger wächst.

9. Kapitel

DIE 1930ER JAHRE: IN DER WÜSTE

1

3

1 Im Gespräch mit Lord Halifax. Ende Mai 1940 hegte der Außenminister die illusorische Vorstellung von einem Verständigungsfrieden mit NS-Deutschland.

2 Englische Faschisten. Wie Mussolinis Gefolgschaft trugen sie schwarze Hemden. Oswald Mosleys Bewegung hatte nie mehr als 20 000 Anhänger.

3 Der Hobbymaler. Auf Reisen führte Churchill seine Malutensilien stets mit sich. Während des Zweiten Weltkriegs hatte er nur einmal die Muße zu ihrem Gebrauch: Nach der Konferenz von Casablanca 1943 unternahm er einen Ausflug nach Marrakesch und überredete den US-Präsidenten, ihn zu begleiten. Das fertige Bild machte er Roosevelt zum Geschenk.

Als die Wahlstimmen am 30. Mai 1929 ausgezählt wurden, gehörte Churchill zu denen, die bis tief in die Nacht in Downing Street saßen. Sekretäre und andere Hilfskräfte übten sich in der Kunst des Verschwindens, wenn sie ihm die telegraphisch eingesandten Ergebnisse der Wahlkreise vorlegten oder frisches Sodawasser für seinen Whisky brachten. Thomas Jones (neben Maurice Hankey einer der wahrhaft staatstragenden Beamten des Civil Service jener Zeit) beschrieb die Szenerie: »Winston saß an einem Tisch [...], annotierte mit roter Tinte Listen, nippte an Whisky mit Soda, sein Gesicht wurde immer röter. Er stand auf, ging hinaus, um sich selbst das Gerät anzusehen [auf dem die Telegramme eingingen], seine Schultern geduckt wie die eines Stiers vor dem Angriff. Als immer wieder Labour vorn lag, wurde Winston von Zorn gepackt. Er stellte sich vor dem Apparat im Flur auf.« Seine Ausfälligkeiten seien nicht zitierbar gewesen. Jones hatte den Eindruck: Bei dem nächsten Wahlkreis, der an Labour ging, werde Winston den Apparat zur Rechenschaft ziehen.[1]

Ein Kampf: Ein Mann gegen ein unschuldiges Gerät! Welche Hilflosigkeit! Nach allem, was bisher über Churchills Charakter gesagt wurde, mögen die Leser dieses Buches vielleicht verstehen, warum seine Mitarbeiter, deren meiste er aus eigener Tasche bezahlte, nicht immer nur eingeschüchtert waren, sondern oft das Bedürfnis hatten, ihrem Chef – je nach Alter und Geschlecht – töchterlich, mütterlich, wie ein guter Sohn oder freundschaftlich beizustehen.

Eine Reise nach Deutschland

Die 1930er Jahre nannte Churchill seine »Wilderness Years«. Aus Stanley Baldwins Schattenkabinett trat er 1931 aus. Sein Ruf in Westminster war nun rundum miserabel; ein neues Amt stand nicht in Aussicht. Ausgesetzt war Churchill in der Wüste des Hinterbänklertums, sich selbst überlassen. Zeitgenossen meinten, er sei auf einen Schlag sehr gealtert. »Alle Tage sind zwar gleich lang, aber unterschiedlich breit.« Das hätte er sagen können, tatsächlich ist es ein Spruch des deutschen Kabarettisten Wolfgang Neuß (1923 bis 1989). Damit die Tage ihm nicht allzu breit würden, machte Churchill aus sich »eine literarische Industrieanlage«, nun beschäftigte er auch einen Ghostwriter.[2] Er publizierte Artikel am laufenden Band, seine Jugenderinnerungen »My Early Life«, eine gekürzte Fassung von »The World Crisis«, seine Porträts brachte er für den Sammelband »Große Zeitgenossen« in Form. Hinzu kamen erste Bände seiner »History of the English-Speaking Peoples«, die – der Zweite Weltkrieg kam dazwischen – erst in den 1950er Jahren abgeschlossen wurde. Auch erwog er eine Biographie von Napoleon Bonaparte.[3] Weil der rote Rock ihm aber näher war als der blaue des Franzosenkaisers, machte er sich lieber an das lang gehegte Vorhaben: eine Biographie seines bedeutenden Vorfahren John Churchill, des 1. Herzogs von Marlborough. Für die zehn Kampagnen im späten 17. und frühen 18. Jahrhundert, von denen John Churchill nicht eine einzige verlor, bedachte Queen Anne den Feldherrn, Politiker und Diplomaten mit einem Herzogstitel und ausgedehnten Ländereien.[4]

Der Spanische Erbfolgekrieg (1701 bis 1714) begann, weil es König Karl II. in Madrid nicht gelungen war, Erben von gesundheitlicher Haltbarkeit in die Welt zu setzen: Seine Kinder starben früh. Ludwig XIV. in Versailles und die Habsburger in Wien samt ihren jeweiligen Verbündeten hielten es für angebracht, die Frage der Erbfolge militärisch zu klären. Wie man europaweit, flächendeckend zerstörerisch und zum Unheil der Bevölkerung Krieg führt, war seit dem damals wenig mehr als fünfzig Jahre zurückliegenden Dreißigjährigen Krieg noch in Erinnerung. Die Briten standen auf Seiten der Habsburger; John Churchills Truppen retteten dem Kaiser den Thron; Queen Anne und ihre englischen Untertanen waren beglückt, dass Churchill die französischen Altfeinde besiegte.

Eine literarisch ausgetragene Art von Erbfolgekrieg zettelte Winston gegen den Historiker Thomas Babington Macaulay an.[5] Letzterer wurde 15 Jahre vor Churchills Geburt zur letzten Ruhe getragen, blieb aber bis in die erste Hälfte des 20. Jahrhunderts eine Instanz. Der Kampf drehte sich um die Deutungshoheit. Macaulay schilderte John Churchill als einen Wendehals. 1688 und 1689 fand statt, was die Sieger dann Glorreiche Revolution nannten. Die anglikanischen Protestanten, die Partei der »Whigs«, siegten über die Katholiken. Die Gegner des absolutistischen Königtums und des katholischen James II. obsiegten, womit die Macht des Parlaments für alle Zeiten institutionalisiert wurde.

Es herrschte damals große Unsicherheit; Männer, Frauen und Kinder beider Seiten mussten damit rechnen, eingekerkert zu werden. John Churchill war auf Seiten der Tories, die James II. unterstützten. Anders als 1588, da die spanische Armada scheiterte, blieb der »Englische Wind« im November 1688 aus. James' Royal Navy konnte nicht ordentlich manövrieren. Prinz Wilhelm von Oranien aus den Niederlanden (ein Enkel des 1649 enthaupteten englischen Königs Charles I.) landete mit seinen Truppen an der englischen Küste. Im Wissen, woher der politische Wind wehte, wechselte John Churchill die Seiten und lief mit dem willigen Teil seiner Truppen zu Wilhelm über, der von 1689 bis 1702 als William III. England regierte.

Hochverrat gehörte zu den verwerflichsten Sünden: Wer sich gegen seinen Herrscher stellte, hatte keine Ehre im Leib. John Churchill unterhielt weiterhin Kontakt zu dem abgesetzten König James II., der in Saint Germain nahe Paris unter der Protektion von Ludwig XIV. auf die Rückeroberung von Amt und Würden sann. Aller Wahrscheinlichkeit nach hat Churchill sich bei James und am französischen Hof lieb Kind zu machen versucht, indem er durchsteckte, wo die Royal Navy an Frankreichs Küste landen wollte – es hätte ja sein können, dass am Ende James II. wieder auf den Thron gekommen wäre. John Churchill war ein kluger Höfling, er wusste: Die Glücksgöttin Fortuna, sie ist eine herrliche Geliebte und eine treulose Metze. Das doppelte Spiel empfahl sich. Der Verrat, den er wohl beging, war freilich harmlos: Er hintertrug James II. und dem Sonnenkönig nur, was ohnedies in den öffentlichen Gazetten zu lesen war. Auf die Geste kam es an, nicht auf ihren unmittelbaren Nutzen. Um Churchill klarzumachen, wo der Hammer hing, ließ Wilhelm III. ihn 1692 für einige unangenehme Wochen im Tower von London einsperren. Auch das war eine Geste.

William III. starb 1702. Anne Stuart übernahm den Thron, eine Nichte von James II., im anglikanischen Glauben erzogen. Sie vertraute John Churchills Frau Sarah, ihrer Hofdame, und damit auch ihm. So kam er zu seiner Feldherrnposition im Spanischen Erbfolgekrieg, in dem er und seine aus einiger Herren Länder zusammengewürfelten Söldner sich großartig schlugen – was umso bemerkenswerter war, als die Soldaten aus fremden Ländern und die Angehörigen des Deutschen Reiches Heiliger Nation mit ihren Dialektsprachen sich nur mühsam untereinander verständigen konnten. »Die perfekte logistische Organisation und die vorbildliche Disziplin erregten das Staunen der Zeitgenossen.« Bei Blindheim kämpften auf beiden Seiten je ungefähr 53 000 Soldaten. So wie Winston sich Jahre zuvor bemüht hatte, das Andenken seines Vaters ins rechte Bild zu setzen, kümmerte er sich nun in einer Biographie um den 1. Herzog von Marlborough.

1932 reiste Churchill nach München und von dort nach Blindheim, wo John Churchill und der legendäre Prinz Eugen sich 1704 behaupteten. »Die Schlachtfelder waren herrlich«, schrieb Churchill an einen Bekannten, »es gelang mir, sie mit geisterhaften und doch glänzenden Armeen zu bestücken.« In München war ein Treffen mit dem aufstrebenden Adolf Hitler geplant. Churchills Sohn Randolph war mit Hitlers Intimus, dem deutsch-amerikanischen Geschäftsmann Ernst »Putzi« Hanfstaengl, bekannt. Über Hanfstaengls Vermittlung bemühte Randolph sich um ein Treffen seines Vaters mit dem Führer der NSDAP. Churchill war neugierig, Hitler nicht. Der hatte offenbar von Winstons schlechtem Leumund im britischen Parlament gehört, er hielt ihn »für eine politische Leiche« und lehnte das Ansinnen ab. Eine weitere Gelegenheit zu einer Begegnung ergab sich nicht, und Churchill legte auch keinen Wert mehr darauf: »Da hat Hitler seine eine Chance vertan, mich zu treffen. Als er dann allmächtig war«, sagte Churchill 1948, »erhielt ich mehrere Einladungen. Aber da war schon so viel passiert, dass ich keine Zeit für ihn hatte.«[6]

Im Sommer 1933 kam Churchill mit Prinz Louis Ferdinand von Preußen (1907 bis 1994) zusammen, einem Enkel Kaiser Wilhelms. Dem Tagebucheintrag eines anwesenden Diplomaten zufolge verstand Churchill sich prächtig mit dem jungen Mann. Er sei Monarchist, ließ er ihn wissen, und würde sein Mögliches tun, damit die Hohenzollern wieder auf den Thron kämen: »Wir ziehen die Hohenzollern dem Gangster vor.«[7] Faschismus und Bolschewismus waren Churchill widerwärtig. Im August 1934 publizierte er einen »Offenen Brief an einen Kommunisten«. Faschisten und Bolschewisten würden dieselbe verwerfliche Auffassung teilen: »Ihr Ideal ist der totalitäre Staat, in dem Opposition Hochverrat ist und Kritik ein Verbrechen.«[8] Was die Faschisten anging, bevorzugte Churchill den Italiener. Das hatte politische Gründe, in London bemühte man sich bis in die späten 1930er Jahre, Mussolini von einem Bündnis mit Nazi-Deutschland abzuhalten. Darüber hinaus brachte Churchill für Hitlers Antisemitismus kein Verständnis auf. Als die NS-Regierung kurz nach Hitlers Wahlsieg begann, die deutschen Juden zu drangsalieren, verdammte er am 13. April »diese üble Diktatur«. Die Aufrüstung zu einem neuen Krieg sei wahrnehmbar. Und dazu komme »die Verfolgung der Juden«. Diese Einlassung war ungewöhnlich: Die meisten Tories sprachen über Juden in herablassendem Ton.[9] Churchill selbst – ganz ein Kind des Zeitgeists – unterschied zwischen zwei Gruppen von Juden: den »national denkenden« Patrioten – zu denen er auch die Zionisten zählte – und der »unheilvollen Gemeinschaft« der »internationalen Juden«, die er im Einklang mit einer verbreiteten Annahme für die russische Revolution mitverantwortlich machte.[10]

Churchill wurde zwar über vieles informiert, kommentierte vieles, hatte aber kein politisches Amt und verbrachte in den 1930er Jahren seine meiste Arbeitszeit am heimischen Schreibtisch oder diktierend im Bett, weshalb nun auf seine Marlborough-Biographie zurückzukommen ist. Anders als Winstons Vater Randolph hat der 1. Herzog von Marlborough Europa mitgeprägt. Je ausführlicher der Nachfahr sich einlas, desto höher hinaus wuchs John Churchills Bedeutsamkeit. So wurden aus den anfangs geplanten zwei Bänden im Lauf von acht Jahren vier Bände. Die Verleger in London und New York waren wenig begeistert. Sie dürften den Verdacht gehegt haben, dass niemand außer dem Autor selbst 2050 Seiten über einen Mann lesen wollte, dessen Wirken für die Gegenwart des 20. Jahrhunderts nicht mehr wirklich relevant war.[11] Den vierten Band kürzte Churchill auf Betreiben seiner Verleger von 750 auf 650 Seiten. Er klagte: Es ist, »wie wenn man sich die eigenen Finger und Zehen abschneidet«.[12]

Der Whig-Historiker Thomas Babington Macaulay zählte John Churchill zu den einflussreichen Figuren der Frühen Neuzeit, hielt ihn aber nun einmal für einen Mann, der auf beiden Schultern trug. Winston Churchill, der Macaulays historischen Sehepunkt an sich teilte, war darob schon in seiner Jugend erbost und sann auf Korrektur der Überlieferung. Über den berühmten Geschichtsforscher schrieb er: »Es ist jenseits aller Vorstellung, Lord Macaulay überholen zu wollen. Seine überragende Erzählkunst trägt ihn flott dahin. […] Bleibt nur zu hoffen, dass die Wahrheit ihm nah genug auf den Fersen ist, um das Etikett ›Lügner‹ an seine vornehmen Rockschöße zu heften.«[13]

Im Besonderen pochte Churchill darauf, dass der Brief eines Offiziers, in dem John Churchill als Verräter entlarvt wurde, eine tückische Fälschung gewesen sei. Ein seinerzeit anerkannter Historiker namens Godfrey Davies hatte sich 1920 mit genau dieser Frage beschäftigt und war zu dem Schluss gekommen, der Brief sei höchstwahrscheinlich authentisch. Das gefiel Churchill natürlich nicht; in seiner Marlborough-Biographie unterschlug er Davies' entscheidende Erkenntnisse, sofern er sie überhaupt in sein Bewusstsein dringen ließ.[14] Als Historiker war er alles andere denn objektiv: »Er begann mit dem Diktieren der Biographie, bevor er über Marlborough gelesen hatte. Er wusste nichts von seinem Sujet, aber er wusste, was er sagen wollte.« Seinem Rechercheassistenten Maurice Ashley sagte er: »Versorgen Sie mich mit den Fakten, und ich werde sie dahindrehen, dass sie meiner Sache nützen.«[15] So schuf Churchill sich seine eigene Geschichte und besorgte sich seinen Ruf, ein Romantiker zu sein, der sich die Vergangenheit nach Gusto gestaltet. Nicht nur die Vergangenheit, auch die Gegenwart! Das sollten einige vorsichtig realistisch planende Oberbefehlshaber während des Zweiten Weltkriegs spätestens dann merken, als Churchill sie austauschen ließ, weil sie ihm zu zaghaft waren.

Für sein Marlborough-Mammutwerk wurde Churchill 1939 auf der von der »Sunday Times« veranstalteten Londoner Buchmesse mit der

Goldmedaille ausgezeichnet, was vielleicht nicht sonderlich verwunderlich war, hatte die »Sunday Times« doch Woche um Woche Auszüge der Biographie abgedruckt.[16] Der zu seiner Zeit hoch angesehene amerikanische Ideenhistoriker Leo Strauss (1899 bis 1973) erklärte 1965, als er vom Tod Churchills erfuhr: »Um nichts weniger wichtig als seine Taten und Reden sind seine Bücher, vorneweg sein Marlborough – die größte historische Arbeit unseres Jahrhunderts, ein unerschöpflicher Fundus politischer Weisheit und Urteilskraft.«[17] Diese Hommage war nicht reine Lobhudelei auf einen großen Toten: In Churchills konservativem Kosmos konnte der aus Deutschland gebürtige Strauss sich wiederfinden. Außerdem war das Werk stilistisch hervorragend. Das wusste der Autor selbst, und sein Erfolg auf dem Buchmarkt bestätigte ihn.

Die Marlborough-Biographie sandte er mit freundlichen Grüßen an etliche wichtige Leute, so an den Premierminister Neville Chamberlain, an dessen älteren Halbbruder Austen Chamberlain, der in den Zwanzigerjahren ein passabler Außenminister gewesen war, und an den ehemaligen Premier Stanley Baldwin. Letzterer hatte Churchill 1924 zum ersehnten Posten des Finanzministers verholfen, wofür dieser ihm in jenen Tagen Dank wusste: »Sie haben mehr für mich getan als Lloyd George jemals.«[18] In den 1930er Jahren zählte das für Churchill nicht mehr. 1936 fand er ein boshaftes Bonmot für Baldwin: »Gelegentlich stolperte er über die Wirklichkeit, stand dann aber schnell wieder auf und tat, als ob nichts geschehen wäre.«[19] Die Empfänger der Marlborough-Biographie bedankten sich, bevor sie das Werk gelesen hatten; »erstaunlich« sei es gewesen, bemerkte Roy Jenkins, dass sie überhaupt reagierten.[20] Franklin Delano Roosevelt dankte, kurz nach Beginn des Zweiten Weltkriegs, für die Übersendung: »Gut, dass Sie die Marlborough-Bände fertig gemacht haben, bevor die Sache losging. Die Lektüre habe ich sehr genossen.«[21] Worin der Genuss im Näheren bestand, schilderte er nicht. Der Herzog von Windsor, bis kurz zuvor König Edward VIII., schrieb ihm: »Seien Sie vielmals bedankt für die Zusendung Ihres jüngsten Buches. Ich stelle es ins Regal neben all die anderen.«[22]

Faschismus in England

Die Weltwirtschaftskrise, ausgelöst vom amerikanischen Börsenkrach 1929, zog Britannien schwer in Mitleidenschaft. In Whitehall wähnte man anfangs, es handele sich lediglich um einen temporären Einbruch, eine der üblichen Schwankungen im Wirtschaftsleben. Die Zuständigen in London versäumten 1929, das Pfund zu stützen. Es fiel in ungeahnte Tiefen. Die Regierung unter Ramsay MacDonald musste den Goldstandard nun wieder aussetzen und eine große Koalitionsregierung mit allen im Unterhaus vertretenen Parteien eingehen.[23]

Die Arbeitslosigkeit war auch in den Vorjahren schon hoch gewesen. Die 1929 ausbleibende schnelle Reaktion von staatlicher Seite führte unmittelbar zur Verstärkung der Entwicklung einer Teilung der Gesellschaft in Darbende und diejenigen, denen es recht gut ging. Während die Wirtschaft ganz von allein wieder auf die Füße kam, während es beschäftigten Arbeitern und der Mittelschicht zunehmend besser ging, gab es doch viele, die daran keinen Anteil hatten. Daraus suchte Oswald Mosley (1896 bis 1980) politisches Kapital zu schlagen. 1932 gründete er die »British Union of Fascists«. Der Baronet kam aus reichem Haus. Zunächst war er bei den Tories gewesen. In den 1920er Jahren wechselte er zur Labour Party und vertrat sozialistische Ideen. Ende der 1920er Jahre war er Minister ohne Geschäftsbereich.

Allmählich aber war ihm die Labour-Partei zu blutleer. Es fehlte ihm an Radikalität, auf die Ramsay MacDonald mit Fleiß verzichtete, weil er beweisen wollte, dass Labour koalitionsfähig, ja regierungsfähig war. MacDonald arbeitete dafür, dass er und seine Genossen nicht als Leute verpönt waren, mit denen ein Liberaler oder Konservativer sich nicht abgibt, weil er sie für verkappte Bolschewiken hält. Als Premier war MacDonald immer zu politischen Konzessionen bereit. Anfang der 1930er Jahre schrieb er sogar freundliche Briefe an Mussolini, die Vorderbänkler anderer Parteien taten das auch. Mosley hingegen war zu Kompromissen nicht aufgelegt. Seine britischen Faschisten – zu ihrer besten Zeit zwanzigtausend an der Zahl – kleidete er nach dem Vorbild von Mussolinis Gefolgsleuten in schwarze Hemden und ließ sie durch die Straßen marschieren, ein bisschen Vandalismus im Rahmen des Akzeptablen war erwünscht.[24]

Was der Baronet Mosley nicht wahrnahm: Bei einzelnen, einflussreichen Angehörigen der Oberschicht fand der Faschismus Zustimmung, nicht aber bei den Massen. Die Umzüge der britischen Faschisten stießen bei den meisten Zuschauern auf Unverständnis. Die Waren des jüdischen Kurzwarenhändlers mochten vielen zu teuer erscheinen, darüber wurde gelästert. Weil – stellen wir uns hier einmal vor – ein Geschäft gute Kurzwaren anbot, kaufte man dort ein, benahm sich höflich und schimpfte über den Inhaber Isaac Samuelson erst, wenn man zu Hause war, wobei John Jones, der halsabschneiderische Fleischer, gleich mitbedacht wurde. Mit Jones verstand man sich abends im Pub dann wieder gut; Samuelson – der sowieso nicht ins Pub ging – mochte man dort nicht treffen. Antisemitismus im Alltag war verbreitet. Dem Philosophen Isaiah Berlin, immerhin ein bekannter Oxford-Professor, wurde die Mitgliedschaft in mindestens einem Londoner Gentlemen-Club verwehrt: »Semiten« nahm man nicht auf.[25]

Anders als in Deutschland fielen Reden von einer »jüdischen Weltverschwörung« beim Gros der englischen Bevölkerung auf unfruchtbaren Boden. Die Bürger wussten, dass ihr Land – zum Guten oder oftmals Schlechten – seit Jahrhunderten vom Adel und der Monarchie regiert wurde: Dem Vormarsch der Phantasie von der »jüdischen Weltverschwörung« standen Westminster Palace und Buckingham Palace im Weg. Mosley fand folglich nur wenige Anhänger. Das merkten dann auch seine hochmögenden, konservativen Sympathisanten, zu denen zum Beispiel der Pressezar Lord Rothermere gehörte. Sogar diese Leute befanden schließlich: Der gewohnte, wenngleich aus ihrer Sicht schlaffe Parlamentarismus sei Mosleys Faschismus vorzuziehen. Nach einer kurzen Phase der Sympathie interessierte auch Winston Churchill sich für Mosleys Umtriebe nicht mehr. 1936 machte die britische Regierung dem Spuk per Gesetz ein Ende: »The Public Order Act« verbot Aufmärsche von Zivilisten in Uniform.[26]

Zu Beginn der 1930er Jahre hatte Churchill etwas mehr Mühe als sonst, sich im Gespräch zu halten. Immerhin verschaffte seine journalistische Tätigkeit ihm befriedigende Prominenz. Nach der Wahl von Ramsay MacDonald zum Premier lud Stanley Baldwin ihn im Oktober 1930 ins Schattenkabinett ein, das damals unter dem Namen »Konservatives Geschäftskomitee« firmierte.[27] Churchill hatte Gewährsleute, die ihn über geheime Interna aus dem Kriegsministerium informierten. So einen Mann konnte man nicht sich selbst überlassen. Besser war es, ihn einzubinden.

Der herrschenden Wirtschaftskrise wollten die Tories mit Zöllen begegnen, um die heimische Industrie zu schützen. Der Zeitungstycoon Lord Beaverbrook war auch dafür. Churchill stand immer noch zum Freihandel und klagte, Beaverbrooks Pressekampagne für Zölle treibe Südamerika den »Yanks« in die Hände, sie zerstöre die Tory Partei und das Empire gleich mit.[28] Trotzdem betrachtete er Beaverbrook weiterhin als seinen guten Freund. So schrieb er ihm im September 1930: »Natürlich kann es mir nicht gefallen, dass Dein Einfluss fast exakt proportional zu der Minderung des meinen anwächst. Nun, ich bin tapfer genug, das von seiner philosophischen Seite zu nehmen.« Beaverbrook vergalt es, indem er Churchill, hinter dessen Rücken, als »ausgebrannte Glut« bezeichnete.[29]

Wegen der Zollfrage drohte Churchill mit seinem Rücktritt aus dem Schattenkabinett. Baldwin ließ sich davon nicht beeindrucken. Drei Monate später, im Januar 1931, trat Churchill dann aus dem Schattenkabinett tatsächlich aus: Die Tories, ebenso wie die übrigen Parteien, wollten Indien ein gewisses Maß an Selbstbestimmung einräumen. Churchill hielt das für gedankenlosen Verrat am Empire.

Gandhi, der »halb nackte Fakir«

Der Niedergang des Empire war aus Churchills Sicht nicht zuletzt eine selbst gemachte Katastrophe, entstanden aus zu viel Nachsicht mit den Freiheitskämpfen unvernünftiger Nationalisten. 1926 war er schockiert, als beschlossen wurde, vom Empire solle fortan offiziell nicht mehr die Rede sein; das Vereinigte Königreich von Großbritannien und Nordirland samt den Dominions – Kanada, Australien, Neuseeland und Neufundland – heiße fortan »The British Commonwealth of Nations«. Im Regierungsviertel hatte man eingesehen, dass der Kolonialismus alter Prägung nicht mehr zeitgemäß war.

Ganz besonders störte Churchill sich an den Entwicklungen auf dem indischen Subkontinent. Die dortigen Politiker forderten ein, was sie bei ihrem Studium an den Universitäten von Oxford oder Cambridge in Sachen Demokratiegeschichte mitbekommen hatten. Es gehört zu den Eigenheiten des Empire, vom antiken Rom hatte man gelernt, unterworfene Völker nicht völlig zu unterjochen. Vielmehr verständigte man sich mit den Oberschichten und beließ den Fürsten regionale Einflussmacht. Die Herrschaft des *Raj* hat von der Mitte des 19. Jahrhunderts bis ins 20. funktioniert.

Allmählich aber änderten sich die Umstände. So war zum Beispiel die aus Indien importierte Tuchware von besserer Qualität und viel billiger als das, was in Lancashire hergestellt wurde, wo viele Betriebe sich im Ersten Weltkrieg auf die Produktion einfacher, robuster Massenware für Uniformen verlegt und dafür teure Maschinen angeschafft hatten. Nach dem Krieg konnten ihre Stoffe mit den Importen aus Indien nicht mehr konkurrieren.[30] Insgesamt hatten die Beamten in Whitehall zunehmend den Eindruck, die Herrschaft über Indien koste mehr, als sie einbrachte: 1914 hatte der Anteil der indischen Importe aus dem Vereinigten Königreich bei 65 Prozent gelegen; 1939 waren es nur noch acht Prozent. Die Zeiten gingen zu Ende, da Kolonialbeamte in Indien mühelos Karriere machen konnten. Immer weniger gut ausgebildete Briten waren bereit, im Dienst an der Verwaltung des Empire fern der Heimat das heiße Wetter auszuhalten.[31]

1926 reiste der neue Vizekönig Edward Wood, Lord Irwin (1881 bis 1959), nach Indien. Er »war das Gegenteil von Churchill«: Er maß 196 Zentimeter und war asketisch mager, er sprach mit leiser Stimme; und er war ein gläubiger Katholik. Als er 1934 den Titel seines Vaters Lord Halifax erbte, dauerte es nicht lange, bis er seinen Spitznamen weghatte: »Holy Fox«. Noch in den 1920er Jahren, so wurde gesagt, »war der indische Vizekönig der mächtigste Mann im Britischen Empire, viel mächtiger als der Premierminister« – angesichts der dauernden Kabinettskalamitäten in London ist diese These sogar plausibel. »In Iran, China und auf der Arabischen Halbinsel hatte Neu Delhi ebenso viel Einfluss wie Whitehall.« Die Ausmaße des Regierungspalastes Viceroy's House in Neu-Delhi sind die Stein gewordene Bestätigung: Das Gebäudekonglomerat ist größer als das Schloss, das Ludwig XIV. in Versailles bauen ließ.

In Indien fuhr Lord Irwin mit einem Privatzug durch die Lande, begleitet von zwei Privatsekretären und sechs Assistenten, die alle gut beschäftigt waren. In jenen Jahren gab es vielerorts Unruhen, Hindus und Muslime bekämpften einander. Mahatma Gandhis Kampagne für gewaltfreien zivilen Ungehorsam ging durchaus nicht immer friedlich ab. Ziemlich bald erkannte Irwin, dass es geraten war, sich mit den führenden Vertretern des »Indian National Congress« zu verständigen, mit dem charismatischen Gandhi, dem polittaktisch ausgebufften Jawaharlal Nehru und anderen. 1885 gegründet, war der »National Congress« von einer Art Lobbygruppe zu einer veritablen politischen Parteiung geworden. Eine kommunistische Partei gab es auch, deren Anliegen neben den religiösen und ethnischen Kämpfen aber untergingen.

Was würde geschehen, wenn die Briten sich aus Indien zurückzögen? Irwin war der erste Vizekönig, der diese heikle Frage öffentlich aufbrachte. 1929 tat er die Absicht der Krone kund, Indien den Status eines Dominions zuzuerkennen: einer Selbstregierung, wie sie in Kanada und anderen Ländern lange schon üblich war. Langsam, begleitet von Misstrauen auf Seiten der Inder – Gandhi wurde zeitweilig wieder einmal interniert –, kam man miteinander ins Gespräch. Beide Seiten wussten: Ein Bürgerkrieg zwischen Hindus und Muslimen stand zu befürchten. Das war Anlass genug, einander zumindest für eine kleine Weile entgegenzukommen. Gandhi sagte Irwin im März 1931 zu, dass er den zivilen Widerstand aufgeben werde.[32]

Wegen der Wirtschaftskrise, wie gesagt, hatte der Premier Ramsay MacDonald im August 1931 auf das Rezept aus dem Ersten Weltkrieg zurückgegriffen und Angehörige anderer Parteien in die Regierung aufgenommen. Als im Juni 1935 der erschöpfte MacDonald sein Amt an den Konservativen Stanley Baldwin übergab, behielt dieser das »National Government« bei. Die maßgeblichen Politiker des Unterhauses hielten Irwins Indienpolitik für richtig. Alle? Natürlich nicht alle: Churchill wendete bis Anfang 1935 viel Mühe auf, seinen Leumund als Querkopf ohne politisches Urteilsvermögen zu verfestigen, indem er gegen die britische Indienpolitik agitierte.[33] Zuspruch erhielt er von einigen Reaktionären, die keinen Ruf zu verlieren hatten.

Churchill schimpfte über den »aufrührerischen Anwalt« Gandhi, »der sich jetzt als ein Fakir in Pose wirft, wie seinesgleichen im Osten nur zu gut bekannt ist: Halb nackt erklimmt er die Stufen zum Palast des Vizekönigs, während er gleichzeitig den Aufruhr organisiert und leitet.« Das zu tolerieren bedeute, »die Weißen« in Indien in Gefahr zu bringen. Wie der Vizekönig Irwin das nur zulassen konnte! Mit Irwins Hilfe, so Churchill, sei Gandhi »das Symbol« geworden, der quasi »gottgleiche Fürsprecher all jener Kräfte, die daran arbeiten, uns aus Indien zu vertreiben«, was den totalen Niedergang von Gesetz und Ordnung mit sich bringen werde, zum Schaden der Parias und der Muslime.[34]

Ganz so grobschlächtig, wie diese Sätze sich ausnehmen, hat Churchill indes nicht gedacht. Der friedliche Freiheitskämpfer Gandhi war, was ein schillernder Charakter genannt wird, wenn eine abträgliche Beschreibung vermieden werden soll. Die Kaste der Parias war ihm in der Tat widerwärtig: »Lieber soll der Hinduismus sterben«, sagte er, »als dass die Unberührbaren leben.«[35] Zu Beginn der 1930er Jahre pries er Mussolini als eine »große Persönlichkeit«. Diese Meinung teilte Churchill. Aber anders als Churchill schrieb Gandhi noch im Sommer 1940, als die Wehrmacht in Frankreich vorrückte, bewundernde Briefe an Adolf Hitler. »Künftige Generationen von Deutschen«, schwärmte er, »werden Herrn Hitler als ein Genie ehren, als tapferen Mann, als unnachahmlichen Organisator und vieles mehr.« Auch sein letzter Brief an den »Führer«, den er kurz vor Weihnachten 1941 verfasste, sparte nicht mit Schmeicheleien: »Ihre Tapferkeit, die Hingabe an Ihr Vaterland«. Er, Gandhi, glaube keinen Moment, »dass Sie das Monster sind, als das Ihre Gegner Sie beschreiben«. Warum immer Gandhi solche Lobhudeleien anstimmte, es bleibt festzustellen, dass Churchills schlechte Meinung von ihm nicht völlig aus der Luft gegriffen war.[36]

Was Indien anging, so hielt Churchill es nicht für ein echtes Land: »Indien ist ebenso wenig eine politische Person wie Europa. Indien ist ein geographischer Begriff. Eine vereinte Nation ist es nicht mehr als der Äquator.«[37] Mehr als ein geographischer Terminus sei Indien nur, solange es durch seine Zugehörigkeit zum Empire zusammengehalten werde. Falle das Empire fort, warnte Churchill, werde Indien von inneren Kämpfen zerrissen werden.

Weil er sich zu sehr echauffierte und zu einer nüchternen Analyse nicht bereit zu sein schien, waren die Parlamentskollegen seines Kreuzzugs bald überdrüssig. Außerdem zeigte sich, dass er von den Gegebenheiten auf dem Subkontinent wenig Ahnung hatte. Seit seinem Besuch 1899, den er als Unteroffizier vornehmlich mit Polo-Spielen verbracht hatte, war Churchill nicht in Indien gewesen. Als er 1935 vor einem von Unter- und Oberhaus anberaumten Untersuchungsausschuss auftrat, wurde, wie ein Anwesender notierte, seine Unkenntnis der dortigen Verhältnisse »peinlich offenkundig«.[38]

Ein klein wenig Verständnis für Churchills sturköpfiges imperiales Gehabe bringt Arthur Herman auf. Es war nämlich recht unklar, wem überhaupt Britannien die Unabhängigkeit gewähren sollte: Die gesetzgebenden Versammlungen, die 1919 unter der Raj-Herrschaft eingesetzt wurden, waren »zu eigenständigen Entscheidungen völlig unfähig«.[39] Die Kongresspartei und die »Muslim League«, in sich gespalten, zankten ohne Ende. Einig waren sie nur darin, dass sie die Briten loswerden wollten. Den maßgeblichen Politikern und Beamten in London erschien das als ein guter Ansatzpunkt, denn die Kolonialherrschaft war ihnen mittlerweile definitiv zu teuer und zu nervenaufreibend.

1935 musste Churchill seinen Widerstand aufgeben: Der »Government of India Act« gewährte dem Land teilweise Selbstbestimmung. Damit konnte er sich abfinden. Immerhin war keine Rede mehr von Lord Irwins Ankündigung von 1929, das Land könne den Dominion-Status erhalten. Im Übrigen machten die faschistischen Regierungen in Italien und Deutschland Machtansprüche geltend, die sich zunehmend gefährlich ausnahmen und Churchill von Indien ablenkten.

Der Duce will ein Imperium

Benito Mussolini war sein Land zu klein: Italien, fand er, brauche mehr Lebensraum. Am 3. Oktober 1935 marschierten italienische Truppen in Abessinien (Äthiopien) ein. Jedes Mittel war recht: der Einsatz von Senfgas, die Bombardierung von Zivilisten, ja sogar Krankenlager des Roten Kreuzes wurden attackiert. Bis 1936 war das Reich des Kaisers Haile Selassie unterworfen. Die Regierung in London betrachtete das nördliche Ostafrika als Britanniens Einflusssphäre und war entsprechend alarmiert. Vorerst konnten sie sich damit beruhigen, dass sie Mussolini brauchten, um Hitlers Machtgelüste einzudämmen. Die faschistischen Führer in Italien und Deutschland pflegten 1933 und 1934 kein gutes Einvernehmen. Mussolinis Hauspostille »Il Popolo d'Italia« schmähte die nationalsozialistische Regierung als eine Clique von »Mördern und Päderasten«. Der Versuch österreichischer Nationalsozialisten, den De-facto-Diktator Engelbert Dollfuß 1934 zu stürzen, trieb Mussolini die Galle hoch. In London und Paris wähnten die Politiker, auf den Italiener bauen zu können, während Hitler die Wehrpflicht einführte, die Luftwaffe aufrüstete und am 7. März 1936 Truppen in das in Folge der Versailler Nachkriegsordnung demilitarisierte Rheinland einziehen ließ.

Lange hatten britische und französische Politiker Mussolini mit Briefen und Besuchen hofiert. Unsicherheit macht konziliant: Man wollte nicht recht wahrnehmen, dass der Duce und der »Führer« ihre Animositäten 1935 begruben. Hitler anerkannte Mussolinis Herrschaft über Abessinien und verkündete, er habe nicht die Absicht, »Österreich zu annektieren«.[40] Mussolini fühlte sich bestätigt. Am 25. Oktober 1936 verständigten sich die beiden Diktatoren vertraglich. Zu einer Männerfreundschaft kam es freilich nicht; vereint waren die beiden in gegenseitiger Geringschätzung und der Lust an Angriffskriegen. Letztere Vorliebe teilten sie mit japanischen Militärführern, die über den gottgleichen, auf Erden aber recht einflusslosen Tenno hinweg in Japan viel zu sagen hatten und ebenfalls meinten, ihrer Nation Lebensraum, also Rohstoffe und Nahrungsmittel, beschaffen zu müssen, weshalb schon 1931 japanische Truppen die zu China gehörige Mandschurei besetzten.[41]

Großbritannien hatte es – die vorausschauend kalkulierenden Strategen waren arg in Sorge – mit drei potenziellen Kriegsgegnern zu tun: Japan, Deutschland und Italien. Vielleicht, meinte man, könne Mussolini in der »Stresa-Front« gehalten werden, einem Bündnis von Großbritannien, Frankreich und Italien. Daher ließ man den Duce in Abessinien schalten und walten, was Churchills Einverständnis fand. Der 1919 gegründete Völkerbund war nicht einmal ein zahnloser Tiger, sondern viel eher ein Kätzchen. Die Liste der Sanktionen, mit denen er unter dem Einfluss der Regierungen in London und Paris auf die völkerrechtswidrige Einnahme Abessiniens reagierte, war wirklich schnurrig. Um kein Haar auf Mussolinis Glatze zu krümmen, war man darauf verfallen, den Handel mit Mauleseln und Kamelen empfindlich einzuschränken. Vollständigerweise sei angemerkt: Das mit der Ausarbeitung der Sanktionen betraute Völkerbundkomitee setzte auch Kriegsmaterial auf die Liste der Güter, die nicht mehr nach Italien geliefert werden durften. Desgleichen Aluminium, was Churchill nach dem Zweiten Weltkrieg mit der lapidaren Bemerkung kommentierte: »Aluminium war fast das einzige Metall, das Italien über den eigenen Bedarf hinaus produzierte.«[42]

Die Briten hätten 1935 den Suezkanal schließen können, sodass italienische Truppen nicht mehr nach Ostafrika gelangten. Man hätte die Öllieferungen an Italien einstellen können. Solche wirksamen Sanktionen hätten zu jener Zeit auf Hitler noch einen abschreckenden Eindruck gemacht. Darauf wurde aber verzichtet, um Mussolini womöglich nicht Hitler in die Arme zu treiben. Diese Politik hielt auch Churchill für klug, mochte sich daran später aber nicht erinnern.[43] In seiner Geschichte des Zweiten Weltkriegs schloss er: »Der Völkerbund schritt also zur Rettung Abessiniens mit dem Vorsatz, dass nichts getan werden dürfe, was die italienischen Invasionsarmeen hinderte.« Er fügte an, »diese Tatsachen« seien dem britischen Publikum seinerzeit nicht bekannt gewesen.[44]

1935, wenige Wochen nach dem Einmarsch der Italiener in Abessinien, entwarfen der britische Außenminister Samuel Hoare und sein französisches Pendant Pierre Laval ein Abkommen mit Mussolini: Ein Fünftel des abessinischen Staatsgebiets sollte dem Duce zugesprochen werden sowie das Recht zur Ausbeutung der Bodenschätze im Süden des Landes. Damit war Italiens Angriffskrieg legitimiert. Das allerdings wurde dem britischen und französischen Publikum bekannt und führte zu publizistischem Aufruhr. Der Vertrag wurde nicht abgeschlossen, die zwei Außenminister mussten zurücktreten, während andere Staatsmänner sich weiterhin um Mussolini bemühten.

In den ersten Jahren nach dem Ersten Weltkrieg war der Pazifismus wenig verbreitet gewesen, die Menschen waren damit beschäftigt, zu sich zu kommen und ihr Leben neu einzurichten. Erst Ende der

1920er Jahre kam das pazifistische Denken in Schwung. Erich Maria Remarque traf mit seinem 1928 publizierten Roman »Im Westen nichts Neues« die Stimmung der Zeit, die englische Übersetzung wurde sofort ein Bestseller. 1935 stellte die britische Vereinigung »League of Nations Union« eine Umfrage an. Fast zwölf Millionen Bürger füllten die Fragebögen aus: Die überwältigende Mehrheit befürwortete die Mitgliedschaft ihres Landes im Völkerbund, von dem sie erwartete, er werde für den Weltfrieden und für Abrüstung einstehen. Immerhin 6,8 Millionen bekannten, sich gegen den Überfall einer fremden Macht militärisch verteidigen zu wollen[45] (womit das heute noch grassierende Fehlurteil widerlegt wurde, demzufolge Pazifismus und die Bereitschaft zur Selbstverteidigung einander kategorisch ausschließen). Obwohl er so gut wie nichts erreichte, nahm der Völkerbund im Ansehen der Bürger keinen Schaden. Churchill zog daraus seinen Schluss und versuchte sich an der Quadratur des Kreises: 1936 sprach er sich für die Anliegen des Völkerbunds aus, der für Abrüstung stand, während er gleichzeitig für die Stärkung der britischen Verteidigung plädierte. »Arms and the Covenant« nannte er das: Waffen und Völkerbund.[46]

Appeasement

Die britische Appeasementpolitik der 1930er Jahre wird immer wieder als mahnendes Beispiel angeführt, wenn es heißt, einem Diktator müsse man rechtzeitig das Handwerk legen. So war es im Zweiten Golfkrieg 1991, als der irakische Präsident Saddam Hussein militärisch in die Schranken gewiesen wurde. So war es 2003, als Hussein von einer Koalition, angeführt von den USA, gestürzt wurde (mit dem Effekt, dass der Irak seither ein völlig desolater Staat ist). So äußerten sich auch viele, als Russland unter seinem Präsidenten Wladimir Putin 2021 einen Krieg gegen die Ukraine begann. Deutsche Regierungen seit den Zeiten von Willy Brandt, war zu hören und zu lesen, hätten sich viel zu sehr auf den diplomatischen Austausch mit der Sowjetunion und dann Russland verlassen. Das sei verantwortungslos gewesen. Deutsche Politiker hätten aus der verfehlten britischen Appeasementpolitik in den 1930er Jahren lernen sollen.

Aufgeregte Publizisten und Politiker berufen sich gern auf die Vergangenheit. Bei solchen Bezugnahmen werden die zeitgenössischen Verhältnisse meistens übergangen – der genauere Vergleich der jeweiligen Zeitumstände stört beim rhetorischen Aufgebot. Die beiden hier für uns wichtigen Fragen lauten: War die britische Appeasementpolitik der 1930er Jahre verantwortungslos, kurzsichtig, kleinmütig? Und welche Rolle spielte Churchill in jenen Jahren?

Appeasementpolitik: Das ist ein neues Wort für ein altes Vorgehen. Das Empire war nicht, in der amüsanten Formulierung von John Robert Seeley (1834 bis 1895), »in a fit of absence of mind« entstanden, nicht bei mentalem Blackout der Eroberer und auch nicht aus Versehen. In einer Hinsicht ist Seeleys Bonmot freilich zutreffend: Britannien hat es nie darauf angelegt, ein Territorium mit Mann und Maus zu unterwerfen. Aufstände wurden niedergeschlagen, sodass am Ende kein Halm mehr wuchs (wie Churchill es selbst erlebte, siehe das 2. Kapitel). Bevorzugt aber suchte das Empire die herrschenden Fürsten auf seine Seite zu ziehen. Britische Kolonialregierungen überließen es nach Möglichkeit den lokalen Maharadschas oder Stammeskönigen, statt ihrer für Ruhe zu sorgen. Das ließ sich meistens machen, weil diese auf die Bewahrung ihrer Stellung erpicht waren. Der Begriff Appeasementpolitik bezeichnete »das Bemühen, eine Zuspitzung von Konfrontationen und vor allem Kriege durch Entgegenkommen und Beschwichtigung zu verhindern«. Das bezog sich auf europäische Mächte ebenso wie auf einheimische Eliten auf anderen Kontinenten. »Ohne Appeasement wäre das Empire nicht entstanden.«[47]

1931 schaffte Philip Snowden, Churchills Nachfolger auf dem Posten des Finanzministers, den Goldstandard ab: Zu verheerend waren die wirtschaftlichen Auswirkungen der Weltwirtschaftskrise von 1929 gewesen. Das Pfund Sterling wurde zur freien Währung, was London als Finanzplatz und der gesamten britischen Wirtschaft guttat. Die »Ten Year Rule« von 1919, in deren Folge Britannien auf massive Aufrüstung und den Ausbau eines Militärstützpunktes in Singapur sparsam verzichtete, wurde von Woche zu Woche, von Monat zu Monat verlängert.[48] Als es in den 1930er Jahren zunehmend nötig schien, der Aufrüstung in Nazi-Deutschland und den Ambitionen Mussolinis entgegenzutreten, war Großbritannien alles andere denn gut bewaffnet. 1932 wurde die Ten Year Rule beendet, dies aber mit der Maßgabe, daraus folgere nicht die Notwendigkeit der Aufrüstung.

Churchill bemerkte das Manko und begann frühzeitig, im Unterhaus für Aufrüstung zu plädieren. Wenn seine Parlamentskollegen nicht auf ihn hörten, so lag es auch daran, dass viele unter ihnen ebenso wie Churchill den Regierungsstil von Mussolini und Hitler anfangs eigentlich ganz gut fanden. In seinen Zeitungsartikeln 1932 und 1933 lobte Churchill beide, Mussolini und Hitler, während er sich über den Völkerbund lustig machte.[49] Er selbst hatte kein Regierungsamt inne, und so drängte sich ihm der Gedanke auf, dass es an fähigen Führern mangele, »die über den Massen stehen«. Die damals verbreitete kulturpessimistische Sorge, die Gesellschaft treibe der Vermassung entgegen, hatte auch ihn erfasst: »Uns fehlen die Großen von früher.« Das politische Leben erschöpfe sich in »Regulierungswahn« und »tadellosem Mittelmaß«.[50] Zur Zivilisation gehörte für ihn, dass es Führer und Geführte gab; und diese Idee wurde naturgemäß beim Militär gut verwirklicht.

Clement Attlee, der Chef der Labour Party, war hingegen pazifistisch gestimmt und verteidigte den Völkerbund. Nicht Aufrüstung, sondern Abrüstung war Labours Devise, dies auch im Interesse der Arbeiter: Sozialfürsorge schien Attlee wichtiger als die Anschaffung von Waffen. Whitehall war ganz einverstanden: Die Beamten waren damit beschäftigt, die Wirtschaftskrise, die wirtschaftlichen Folgen des Ersten Weltkriegs und die politische Nachkriegsordnung zu verarbeiten und passende Empfehlungen auszuarbeiten. Dazu gehörte auch, dass im Interesse aller Staaten Deutschland wirtschaftlich wieder zu Kräften kommen und seinen Platz unter den Großmächten wieder einnehmen solle. Die Beamten hatten mehr Probleme mit den nachtragenden und stets fordernden Franzosen als mit Deutschland. »Die französische Politik«, monierte einer 1932, »kann wirklich nicht bis in alle Ewigkeit fortgeführt werden.«

Bald nachdem Hitler im Januar 1933 zum Reichskanzler ernannt worden war, sagte der Tory Austen Chamberlain (von 1924 bis 1929 Außenminister) im Unterhaus: »Dieser Nationalismus in neuer Form« sei »das Übelste des preußischen Imperialismus mit der Zugabe von Barbarei und Rassestolz«. Er sprach aus, was die meisten dachten. Den fundamentalen Unterschied zwischen dem Wilhelminismus und der Hitlerei entdeckte man in London erst später.[51] Hitler hielt man für einen stillosen, brutalen Emporkömmling, den man aber wohl an die Kandare nehmen könne.

Am 23. November 1932, also schon bevor Hitler an die Macht kam, hielt Churchill im Unterhaus eine Rede, in der er vor der deutschen Aufrüstung warnte. Auch auf die Bewahrung der festgelegten Grenzen zwischen Deutschland und Polen, Rumänien, der Tschechoslowakei und Jugoslawien ging er ein. Er bewundere und respektiere Deutschland, sagte er, aber das Land sei zu anspruchsvoll. Wann immer auf ein Ansinnen eingegangen werde, komme sofort das nächste. Nun wolle Deutschland aufrüsten. Es gehe nicht darum, gleichauf mit anderen Mächten zu kommen, sondern um mehr: »Die Banden der jungen Teutonen«, die durch die Straßen laufen, »fordern nicht Anerkennung, sondern Waffen. Und, glauben Sie mir, wenn sie die Waffen haben, werden sie verlorene Territorien und Kolonien zurückgewinnen wollen.«[52] Für die zunehmende Brutalisierung des öffentlichen Lebens machte Churchill weniger Hitler und seine NSDAP verantwortlich als vielmehr »junge Teutonen«.

Als Hitler dann gewählt war, hat Churchill ihn immer noch gepriesen. Wie konnte ein erfahrener Politiker sich 1933 so irren? Abgesehen davon, dass fast alle in London Adolf Hitlers Macht unterschätzten, kam bei Churchill hinzu, dass er ein Faible für Persönlichkeiten hatte. Wenn die nationalsozialistischen Schlägertrupps auf wehrlose Passanten eindroschen, dann handelte es sich seiner Meinung nach um schlecht erzogene Rowdys, die außer Rand und Band gerieten: Diese Ausschreitungen waren Hitler nicht anzulasten, der den Staat mit fester Hand führte und eben nicht »tadelloses Mittelmaß« war.

Als Churchill frühzeitig für Aufrüstung plädierte, lag es also nicht daran, dass er erkannt hätte, was für ein Herrscher Adolf Hitler war. Es ging ihm eher um die im 19. Jahrhundert von Großbritannien einigermaßen erfolgreich praktizierte Politik der »Balance of Power«. Kein Land jenseits des Empire durfte zu stark werden. Damit ein anderer Staat gar nicht erst auf die Idee kam, sich militärisch aufzuspielen, benötigte Großbritannien mehr Kriegsschiffe, mehr Bomber und mehr Kampfflugzeuge. Außerdem, man kann es nicht oft genug sagen, zogen Churchill und die meisten konservativen Kollegen jeden faschistischen Diktator den Kommunisten vor. Die Geschäftsleute hielten große Stücke auf die solide arbeitenden Deutschen und Hitlers »ökonomische Fähigkeiten«.[53] 1933, nach Hitlers Machtantritt, sah Churchill es als »unwahrscheinlich« an, dass Großbritannien auf absehbare Zeit in einen Krieg verwickelt werde. Seine Einschätzungen trug er immer dezidiert vor, sie wechselten aber mitunter recht schnell. Erst in seiner Geschichte des Zweiten Weltkriegs stellte er es so dar, als habe er von Anfang an klar erkannt, dass ein Krieg drohe, dass Hitler von Übel sei und Britannien deshalb aufrüsten müsse.[54]

Kotau vor Franco

Spanien war seit den napoleonischen Kriegen fast immerzu ein Land ohne stabile Regierung. Je nachdem, welche Faktionen im adeligen und militärischen Establishment stark genug waren, kam es immer wieder zu Umstürzen. Die jeweils neue Regierung hatte so lange Bestand, bis sie nach einer neuerlichen Insurrektion abgelöst wurde. Daran waren die geplagten Bürger nachgerade gewöhnt. 1931 wurde der schwache König Alfonso XIII. von Republikanern abgesetzt. Spanien sollte eine Demokratie werden. Der Vater des Schriftstellers Jorge Semprún, ein Regierungsbeamter und wohlhabend, stand auf Seiten der Republikaner. Am 14. April 1931, als Spanien zur Republik erklärt wurde, unternahm er zusammen mit seinen älteren Söhnen einen Abendspaziergang zur Puerta del Sol, dem Platz im Zentrum Madrids, wo die Massen das Ereignis feierten. Semprúns Bruder Carlos erinnerte sich: »Es war eine gewaltsame, blutige Zeit, oftmals haben wir damals Schüsse gehört. In jener Nacht aber war davon nichts zu merken: Alle tranken, alle freuten sich. In einem Fenster stand ein Mann, der gegen die Republik randalierte und die Menge auf der Straße beschimpfte. Aber die Leute haben ihn nicht ernst genommen. Sie haben Scherzworte zu ihm hinaufgerufen. So war das am Anfang: Es war eine liebenswürdige, eine brave Republik.«[55]

Die Gegner der Republik sammelten sich. 1936 kam es zum Bürgerkrieg. Francisco Franco hatte sich zum Caudillo, zum »Führer«, aufgeworfen und führte die Rebellen an. Die Faschisten prügelten Menschen zu Tode, sie folterten, sie erschossen Frauen und Kinder. Ihre Mordtaten wurden in anderen Ländern weniger zur Kenntnis genommen als ihre Propaganda: Die Soldaten der Republikaner würden Nonnen in ihren Klöstern massakrieren und dergleichen mehr. Von den Untaten der Faschisten – ebenso wie von denen Mussolinis – wollte man in Westminster lieber nichts Genaues wissen. Spanische Anarchisten und Kommunisten standen auf Seiten der Republikaner und hatten im Bürgerkrieg Einfluss, weil sie – teils parteilich, teils in Gewerkschaften – gut organisiert waren. Damit war in London entschieden, dass man sich in diesen Bürgerkrieg nicht einmischen wollte. Entsprechend wurde die Regierung in Paris instruiert, der Londons Empfehlung ganz recht war – Frankreich hatte seine eigenen Probleme. Beide Länder sandten der Republik keine Hilfe. In ihrer Not gab die spanische Regierung die Goldreserven des Landes an die Sowjetunion, um dafür Waffen zu erhalten. Das nahm man in Westminster als Bestätigung: Man hatte es in Spanien mit Linksradikalen zu tun; Nichteinmischung war das Gebot der Stunde. Nicht dass etwa der Bolschewismus in Südeuropa einen Fuß in die Tür bekomme![56]

Churchill hat vermutlich nie ganz verstanden, was sich in Spanien abspielte. Noch in seiner Geschichte des Zweiten Weltkriegs schrieb er: »Ich blieb in diesem Kampf neutral. Selbstverständlich war ich nicht für die Kommunisten. Wie wäre das möglich gewesen, da sie mich, wenn ich Spanier gewesen wäre, mit meiner Familie und meinen Freunden umgebracht hätten?«[57] Er sah den Bürgerkrieg nicht als Krieg zwischen den demokratischen Republikanern und den Faschisten, sondern als militärisch ausgetragenen Klassenkampf.

Am 2. Oktober 1936 veröffentlichte er im »Evening Standard« einen Kommentar: »Das systematische Abschlachten, Nacht um Nacht, von hilflosen und unbewaffneten politischen Gegnern, die nichts anderes verbrochen haben, als dass sie Klassen angehören, die gegen den Kommunismus sind«, zeige »den Tiefpunkt menschlicher Verkommenheit«. Obwohl die »nationalistischen Kräfte« wohl »einen Teil ihrer Gefangenen« erschossen, seien deren Vergehen nicht vergleichbar mit den Grausamkeiten der republikanischen Kommunisten und Anarchisten.[58] Leider hat Winston Churchill so jemanden wie den distinguierten Vater von Jorge Semprún, José Semprún Maura y Gurrea, damals nicht getroffen. Der hätte ihm seine Vorurteile vielleicht nehmen können, indem er ihm dargelegt hätte, dass er als adeliger Großbürger 1936 nicht vor den Kommunisten, Anarchisten und Sozialisten mit seiner Familie ins Exil floh, sondern vor den Faschisten.

An dieser Stelle müssen wir der Darstellung der Ereignisse ein bisschen vorgreifen: 1939 siegten die Faschisten unter dem General Francisco Franco über die spanische Republik. Von da an war Spanien eine Diktatur. London und Paris anerkannten die neue Regierung. Aufgebracht schrieb der russische Botschafter in London, Ivan Maisky, in sein Tagebuch: »Britannien und Frankreich brauchten sieben Jahre, um die sowjetische Regierung anzuerkennen. Und es dauerte kaum sieben Tage, bis sie Franco anerkannten.«[59] Die britische Regierung interessierte sich nur für zwei Dinge: Die Enklave Gibraltar, als Stützpunkt nötig zur Bewachung der sieben Seemeilen (13 Kilometer) breiten Passage zwischen dem Atlantik und dem Mittelmeer, musste unter allen Umständen gehalten werden. Das war das eine. Im Zweiten Weltkrieg sollte Francos Staat nicht auf Seiten Deutschlands in den Krieg eintreten. Das war das andere. Britannien bot Spanien an, im Handel bevorzugt zu werden. Das dazugehörige Abkommen wurde im März 1940 geschlossen. Auch gab London ein Darlehen von vier Millionen Pfund, damit die franquistische Regierung Lebensmittel aus Portugal und seinen Kolonien importieren konnte. Das war dringend nötig. Der britische Konsul in Valencia notierte mit sarkastisch-bitterer Anerkennung: »Spanier können besser hungern als andere Leute.«

Francisco Franco war ein in seine Macht verliebter, skrupelloser Mann und ein sehr schlechter Regierungschef. Eine gute Entscheidung für Spanien aber traf er: Im Zweiten Weltkrieg wollte er nicht mitmachen. Er entschuldigte sich bei Hitler: Sein Land sei zu arm und militärisch nicht auf der Höhe. Gleichzeitig ließ er die britische Regierung wissen, er könne jederzeit die deutsche Wehrmacht nach Spanien einladen. Um sich das Dritte Reich gewogen zu halten, schickte er die »Blauen Brigaden«, die in Russland eingesetzt wurden. Das wusste der Premierminister Churchill, sah darüber aber hinweg, obwohl er damit seine Deklaration untergrub, derzufolge jeder, der Hitler-Deutschland half, als Feind anzusehen sei.

Mit dem franquistischen Botschafter in London unterhielt Churchill »eine gute politische Freundschaft«. In Whitehall und Westminster hatte man dagegen nichts einzuwenden, im Gegenteil. Republikanische Flüchtlinge aus Spanien hingegen waren nicht willkommen. Juan Negrín, der letzte Premierminister der Republik, unter den Sozialisten gehörte er zum rechten Flügel, wurde in London als »ein Gauner und Kommunist« apostrophiert. Als Clement Attlee, der Labour-Vorsitzende und stellvertretende Premier im Koalitionskabinett, Negrín kennenlernen wollte, hielt der Tory-Außenminister Anthony Eden ihn davon ab. Man verließ sich auf Francisco Franco. Am 10. November 1942 erklärte Churchill in einer Rede, Britannien freue sich darauf, dass Spanien nach dem Krieg den ihm zugemessenen Platz »in der Gemeinschaft der europäischen Nationen wieder einnehmen« werde.[60]

1943, als die Alliierten in Nordafrika gesiegt und den deutschen Truppen in Russland schwerste Niederlagen beigebracht hatten, erhielt der Premierminister von hochstehenden britischen Militärs den Rat, nun müsse man Franco nicht mehr in allem entgegenkommen. Einmal und ein zweites Mal brachten sie dieses Ansinnen vor – beide Male vergeblich. 1944, nachdem Beamte des Außenministeriums wochenlang die Situation in Spanien erkundet und bewertet hatten, überbrachte der Außenminister Eden ein Papier: Es sei Zeit, etwas gegen Francos Regime zu unternehmen. Churchill kanzelte Eden ab: »Was Sie da vorschlagen, läuft darauf hinaus, eine Revolution in Spanien anzufachen.« Unter Churchills Führung hat Großbritannien die Beschwichtigungspolitik gegenüber Franco durchgehalten. Er gilt als ein großer Staatsmann, weil er gegen »Appeasement« war. Was selten erwähnt wird: Franco gegenüber stand er genau dazu.[61]

Der König und Mrs. Simpson

Als der Spanische Bürgerkrieg 1936 begann, als Hitler-Deutschland das Rheinland remilitarisierte, war die politische Elite Britanniens von einer heimatlichen Affäre in Beschlag genommen. George V. starb im Januar des Jahres; sein ältester Sohn Edward (mit dem letzten seiner sieben Vornamen David gerufen) wurde zum König erklärt, Edward VIII. (1894 bis 1974). Nun kam zur allgemeinen Wahrnehmung ein Umstand, den David Windsor, solange er nur der Thronfolger war, dank der devoten Diskretion der Presse nicht hatte fürchten müssen: Er war mit Wallis Simpson liiert, einer Amerikanerin, die schon einmal geschieden und zu jener Zeit noch mit einem anderen Mann verheiratet war. Als Monarch war er das Oberhaupt der Anglikanischen Kirche. Vom Katholizismus hatte der Anglikanismus die Doktrin von der Unverletzlichkeit der Ehe übernommen. Der britische König durfte keinesfalls eine ein- oder gar zweimal geschiedene Frau ehelichen, deren Männer noch am Leben waren. Die Indigniertheit des Establishments steigerte sich zu Empörung.

Nachdem Churchill seinen Kreuzzug gegen die indischen Unabhängigkeitsbestrebungen 1935 auf Eis gelegt hatte, gab Baldwin ihm zwar keinen Ministerposten, wohl aber einen Sitz in seinem Geheimkomitee für Luftverteidigung, das untersuchen sollte, wie man dem Aufbau der deutschen Luftwaffe begegnen könne. Anstatt fürs Erste zufrieden zu sein, verspielte Churchill seinen wiedergewonnenen guten Ruf binnen weniger Wochen, einem Zeitgenossen zufolge »binnen fünf Minuten«. Er verzettelte sich bei dem Versuch, Edward VIII. den Thron zu bewahren. David Windsor hatte er des Öfteren auf Abendgesellschaften getroffen. Mit seinem Vater, George V., war er nicht gut zurechtgekommen. Der König, wie schon erzählt, mochte ihn nicht, und er mochte George V. nicht. Von einer Begegnung berichtete er einmal: »Der König redete dümmeres Zeug über die Marine, als ich es bisher von ihm gehört habe. Es ist wirklich entmutigend, dieses billige und törichte Gefasel anzuhören, mit dem er sich vollfüllen lässt.«[62] Mit David Windsor hingegen verstand er sich gut.

So sprach er denn für Edward VIII., als dieser aufgefordert wurde, er müsse sich zwischen Wallis Simpson und dem Thron entscheiden. »Die altehrwürdige konstitutionelle Monarchie dieses Landes« sei »die wirkungsvollste Barriere gegen Alleinherrschaft und Diktatur, egal ob von rechts oder von links«, erklärte Churchill.[63] Das war vielleicht nicht ganz falsch, indes beharrte er noch auf seinem Bestreben, Edward den Thron mit Mrs. Simpson an seiner Seite zu erhalten, als sein Posten schon verloren war. Er schlug eine morganatische Ehe vor:

Mrs. Simpson werde nicht Königin an der Seite ihres Mannes werden. Für so ein Arrangement gab es in der britischen Geschichte aber keinen Präzedenzfall. Noch bei der diese Affäre abschließenden Parlamentsdebatte setzte Churchill sich in einer Weise für Edward ein, die fast alle nur als peinlich empfanden. Im Unterhaus wurde er niedergeschrien. »Es schien, als ob er einen politischen Todeswunsch« hegte.[64] Das Beste, was seine Parlamentskollegen über ihn zu sagen wussten: Er sei halt ein Romantiker. Dessen ungeachtet, blieb er bei vielen Angehörigen der Royal Navy und der Air Force hoch angesehen.[65]

Edward VIII. dankte im Dezember 1936 ab; sein Bruder kam auf den Thron: Albert, von seinen Freunden Bertie genannt, der Vater von Elizabeth II. Mit Erleichterung wurde es aufgenommen. Allein der neue designierte König, er nannte sich George VI., war zutiefst verstört. In seinem Tagebuch notierte er: Als er an jenem Tag seine Mutter besuchte, sei er wie ein Kind in Schluchzen ausgebrochen. George VI. war nicht so weltgewandt wie der ältere Bruder und kein Salonlöwe. Sein schweres Stottern hatte er mit Hilfe eines Logopäden und seiner liebevollen Frau Elizabeth in den 1920er Jahren einigermaßen bemeistert, wenngleich nicht gut genug, um die öffentlichen Auftritte zu absolvieren, zu denen er als Bruder des Thronfolgers verpflichtet war. Mehr als einmal blamierte er sich. Von 1932 an wurden königliche Ansprachen zu Weihnachten, Neujahr oder bei anderen Gelegenheiten vom BBC-Radio ausgestrahlt. Schon der Gedanke daran ließ König Bertie zittern.[66]

Pflichtbewusst erfüllte George VI. sein Amt. Er war am liebsten zu Haus im Kreis seiner Familie. Er verzichtete auf Luxus, soweit das einem König möglich ist. Ebenso wie sein Vater kam er mit Churchill nicht zurecht. Er fand, der verstehe nicht, »wie das Volk denkt«.[67] Das war mehr als eine Spekulation. Als Churchill einmal die Londoner Untergrundbahn benutzte, fuhr er mehrmals rund um Londons Innenstadt in der 1863 eingeweihten Circle Line, die ihrem Namen entsprechend im Kreis gebaut worden war. Er wusste nicht, wo er aussteigen sollte, und musste aufgesammelt werden: Ja, er hatte keine Ahnung, wie das Volk lebte.[68] George VI. und seine Frau Elizabeth fuhren niemals in der Untergrundbahn, achteten aber darauf, sich volksnah zu geben. Als der Buckingham-Palast im Zweiten Weltkrieg bombardiert wurde, sagte Elizabeth auf Besuch in dem schwer mitgenommenen Arbeiterbezirk East End: Nun könne sie den ausgebombten Leuten dort von gleich zu gleich ins Auge sehen. Diesen Satz hat die Nation ihr nicht vergessen.

George VI. starb 1952 an Lungenkrebs. Ob ihm bewusst war, dass er als ein vorbildlicher, tapferer König in die Geschichte Großbritanniens eingehen würde, ist schwer zu sagen. Edwards VIII. Abdankung im Dezember 1936 erwies sich jedenfalls als ein Segen für die Monarchie. Abgesehen von der aus kirchlicher Sicht unmöglichen Ehe, gab es noch etwas, was irritierte: Wallis Simpson liebäugelte mit dem Faschismus und dem Naziunwesen.[69] In Westminster klang die Sympathie für Mussolini und Hitler allmählich ab, wenn auch Einzelne wie der Außenminister und dann Kriegsminister Lord Halifax für die NS-Regierung immer noch etwas übrighatten. Einem Bekannten vertraute Halifax 1937 an, er möge »alle Naziführer, sogar Goebbels«; Hitlers Regime halte er für »phantastisch«; vielleicht, fügte der Holy Fox clever an, sei es »zu phantastisch, als dass man es ganz ernst nehmen« könne.[70] Eine grundlegende Sympathie für Deutschland blieb bestehen. Man wollte das Dritte Reich im Zaum halten, umschmeicheln wollte man es nicht mehr.

10. Kapitel

APPEASEMENT UND DER BEGINN DES ZWEITEN WELTKRIEGS

1

2

3

1 Auf der Münchner Konferenz 1938. Neville Chamberlain bemüht sich um Mussolini.

2 Der Vormarsch der Wehrmacht in Polen 1939

3 Rast an der Maginot-Linie: ein französisch-britisches Picknick

4 Churchill verlässt 10 Downing Street. Es ist der 2. September 1939, der Tag vor der britischen Kriegserklärung an das Deutsche Reich. Soeben hat Chamberlain ihn zum First Lord of the Admiralty ernannt. Fast hätte er es nicht zu hoffen gewagt.

4

Im Oktober 1933 erklärte Hitler den Austritt des Dritten Reichs aus dem Völkerbund, was Londons Politiker wenig beunruhigte, weil der Völkerbund ohnehin keinen Einfluss hatte. Internationale Abrüstungsverhandlungen brach Hitler in jenem Jahr ab. Dafür schloss er 1935 einen Vertrag mit Großbritannien über die Eindämmung der Flottenaufrüstung beider Länder, was man in London als ein gutes Zeichen nahm.[1] Nach den Reichstagswahlen vom 29. März 1936, die keine freien Wahlen mehr waren, führte Hitler seine Art des Appeasement weiter. Um den Briten und Franzosen die Remilitarisierung des Rheinlands erträglich zu machen, schlug er ein viermonatiges Moratorium bei der Truppenverstärkung vor und bot an, über einen 25 Jahre lang geltenden Friedenspakt zu verhandeln.[2]

Hitler fühlt sich enttäuscht

Als deutsche Truppen 1936 in das gemäß dem Versailler Vertrag entmilitarisierte Rheinland einmarschierten, regte Churchill sich darüber öffentlich weniger auf, als er später wahrhaben wollte. Seine Haltung gegenüber dem NS-Staat und seinem Führer war bis in 1938 konsequent nur in ihrer Unentschlossenheit. Als deutsche Truppen plötzlich im Rheinland standen, fragte er den französischen Außenminister Pierre-Étienne Flandin, ob die Regierung nicht einige Divisionen mobilisieren könne. Als Flandin ablehnte, gab Churchill das Thema auf. Erst in seiner Geschichte des Zweiten Weltkriegs erklärte er, dass Frankreich seine »hundert Divisionen« hätte mobilisieren müssen[3] (eher waren es achtzig, aber auch damit besaß das Land an Truppenzahl in jenem Jahr die größte Armee der Welt).

An die Sinnhaftigkeit von Absprachen mit Hitler-Deutschland

glaubten viele Ende 1936 nicht mehr; die meisten Experten waren der Auffassung, Verhandlungen seien nur mehr nötig, um Zeit zu gewinnen, bis Britannien aufgerüstet hatte. Aus Hitlers Sicht nahm sich das ähnlich aus: Die Briten hatten ihn enttäuscht. Indem sein Einvernehmen mit Mussolini gedieh, legte er auf die Beziehungen zu Großbritannien immer weniger Wert. »Ende des Jahres war Hitlers Einstellung zu einem Bündnis mit Großbritannien nur noch Gleichgültigkeit.«[4] Derweil musste man in London überlegen, wie Japan und seinen Großmachtgelüsten zu begegnen sei. Das war mindestens so wichtig wie der Umgang mit dem machtgierigen Hitler. Die Frage stand auf dem Plan, was man Letzterem anbieten könne. Eine billige Lösung war, Deutschland seine Kolonialgebiete in Westafrika zurückzugeben, die strategisch und ökonomisch entbehrlich waren. Das für ausreichend zu halten hieß, Hitlers Megalomanie zu unterschätzen. Aber noch 1937 hielt auch Churchill es für eine bedenkenswerte Idee.[5]

Gefüttert von Information ihm gewogener Offiziere sowie Beamter in Whitehall, plädierte Churchill seit Beginn der 1930er Jahre für die militärische Aufrüstung, vor allem für eine Stärkung der Luftverteidigung. Im Juli 1934 warnte er das Unterhaus, London sei »das begehrenswerteste Ziel der Welt, vergleichbar einem großen, starken, kapitalen Rindvieh«, festgepflockt, »um den gierigen Räuber anzulocken«. Im November beschwor er abermals die Gefahr: Im Fall länger währender Luftangriffe würden drei bis vier Millionen Londoner ins Umland fliehen müssen.[6] Im Oktober 1936, bei einem Abendessen im All Souls College in Oxford gefragt, ob es einen Krieg geben werde, antwortete er spaßend: »Das ist gewiss«, einen »schrecklichen Krieg« werde es geben, »London wird bombardiert, der Buckingham Palace wird vollständig zerstört, Löwen und Tiger werden aus dem Zoo ausbrechen und in Londons Straßen auf Passanten losgehen.«[7]

Allerdings gab es Phasen, in denen die deutsche Aufrüstung Churchill überhaupt nicht beunruhigte. So erklärte er im Herbst 1937 im Parlament, wie er es schon 1933 getan hatte, dass »ein großer Krieg nicht in Aussicht ist«. 1937 ließ er einen 1935 erstmals publizierten Artikel abermals herausbringen, in dem zu lesen ist: »Mag man Hitlers System auch ablehnen, kann man gleichwohl bewundern, was er für sein Land getan hat.«[8] In einem Artikel schrieb er: »Die Welt lebt in der Hoffnung, dass das Schlimmste vorüber ist und wir zu besserer Zeit Hitler als verbindlich erleben werden.« Deutschland sollte kein Hegemon werden, es hatte aber Anspruch auf eine Großmachtstellung. Churchill schwelgte in historischen Rückblicken auf große Mächte und hatte Verständnis für deren Bürde: »Die gesamte Weltgeschichte lässt sich in dem Satz zusammenfassen, dass große Mächte nicht immer gerecht sind; und wenn sie gerecht sein wollen, dann sind sie sehr oft bald nicht mehr mächtig.« So gesehen, konnte das Dritte Reich nicht gerecht sein, allein Hitlers »wilde« Verfolgung der Juden hielt Churchill von Anfang an und stets für verdammenswert.[9]

Nicht nur Churchill, auch viele Politiker und Geschäftsleute fühlten sich Deutschland irgendwie nahe. Man blickte auf Jahrhunderte fruchtbarer Handelsbeziehungen zurück. Die Deutschen galten als verlässlich und nüchtern – anders als die aus englischer Sicht leicht erregbaren romanischen Völker. »Geschäftsleute hatten lieber mit den fleißigen Deutschen zu tun als mit den unzuverlässigen Franzosen. Sie bewunderten Hitler für seine Wirtschaftspolitik, so wie sie zuvor von Mussolini eingenommen waren, der angeblich dafür gesorgt hatte, dass Italiens Eisenbahnen wieder pünktlich fuhren.«[10]

Die Nachrichten aus Deutschland ließen Hitler gut dastehen: Dem Volk ging es besser, die Arbeitslosigkeit sank, der Lebensstandard stieg.[11] Im Umgang mit Großbritannien war Hitler eine Weile lang auf ein Appeasement aus. Seine Vorstellung: Wenn er das Empire auf fernen Kontinenten und den Ozeanen regieren lasse, dann könne es ihm doch die Herrschaft in Europa und weiter nach Eurasien gönnen. Im Mai 1935 schrieb er an den Zeitungstycoon Lord Rothermere: Eine anglo-deutsche Allianz würde die Interessen der »weißen Rasse« bewahren.[12] Darin geübt, seinen Willen für mächtiger als die Wirklichkeit zu halten, verkannte Hitler, dass es ihm schwerlich gelingen würde, die traditionelle britische Außenpolitik aus den Angeln zu heben. Und die bestand nun einmal darin, sich auf dem europäischen Festland mit anderen Staaten zu verbünden, um die jeweils stärkste Macht im Zaum zu halten.

Niemand in London wusste, wie stark die deutsche Luftwaffe war. Auch die Information, die Churchill erhielt, war falsch, wobei seine Zahlen noch mehr Anlass zur Besorgnis gaben als die des Premiers.

Über die Luftwaffe wurde im Unterhaus viel debattiert. Alle – Geheimdienstleute, Beamte und Diplomaten – überschätzten die deutsche Schlagkraft.[13] Niemand ahnte, dass »die Luftwaffen der Alliierten« der deutschen 1940 »insgesamt zahlenmäßig überlegen« sein würden.[14] Bestens im Bild war man lediglich über den schlechten Zustand der eigenen Verteidigung. 1935 veröffentlichte die Regierung den Plan, zehn Millionen Pfund in die Aufrüstung zu investieren. Gleichzeitig wurde die Appeasementpolitik fortgeführt. Im November 1936 erklärte der Premier Baldwin diese Politik im Unterhaus unter anderem mit dem Argument, dass die Konservativen keine Wahlen gewinnen könnten, wenn sie sich gegen die Stimmung in »dieser pazifistischen Demokratie« für Aufrüstung stark machten.[15]

Schlimm genug war es in Churchills Augen, dass Baldwin nicht zu Edward VIII. stand; nach dieser Rede nun hielt er den Premier nur mehr für verachtenswert. Opportunismus gehört zum politischen Geschäft, wie Churchill aus eigener Erfahrung bestens wusste – aber das gibt man doch nicht offen zu! Noch viel schlimmer: Bei einer für die Nation lebenswichtigen Frage, so fand er, musste das Parteiinteresse hintanstehen. Diese Kritik war nicht ganz fair. Die Mehrheit der briti schen Bevölkerung war der Meinung, dass Aufrüstung unweigerlich zum Krieg führe. Baldwin sprach also nicht allein für seine Partei. Außerdem hatte Hitler den Briten einige Avancen gemacht, die sich vielversprechend ausnahmen.

Mit Hut und Regenschirm: Neville Chamberlain

Im Mai 1937 trat der siebzig Jahre alte, nicht mehr ganz gesunde Baldwin aus freien Stücken zurück. An seiner Stelle wurde Finanzminister Neville Chamberlain (1869 bis 1940) zum Premierminister ernannt. Seine Appeasementpolitik und das berüchtigte Münchner Abkommen von 1938 führten dazu, dass die Nachwelt ihn für einen schwachen Politiker hält, zu wenig Besserem in der Lage, als vor den Pressephotographen seinen Hut zu lüpfen und zu erklären, nun sei der Frieden gesichert: »Peace for our Time«.

Tatsächlich war Chamberlain machtbewusst und durchsetzungsfähig. Sein Vater hatte den herangewachsenen Sohn zu seinen Ländereien nach Andros gesandt, der Hauptinsel der Bahamas, und mit der Aufgabe betraut, dort die Anpflanzung von Sisal zu überwachen. Die »weiße Bevölkerung« beschränkte sich auf drei Personen. Nevilles engste Gefährten waren, so wird erzählt, ein etwa anderthalb Meter langer gezähmter Leguan, den er mit Brot fütterte, und eine Gottesanbeterin, die in einer mit einer Glasplatte überdachten Kiste heimisch war. Sechs Jahre lang hielt Chamberlain dort aus. Die Sisal-Ernten blieben unter den Erwartungen, und was zur Reife kam, wurde von prospektiven amerikanischen Käufern für zu hart befunden. Mit der »Andros Fibre Company« verlor sein Vater fünfzigtausend Pfund (heute ungefähr sechs Millionen). Ein paar Sisalballen wurden zu Strohhüten verarbeitet. Ein bisschen Sisal landete in den 49 Vögeln, die Chamberlain ausstopfen ließ und die immer noch der öffentlichen Ausstellung harren. Diese sechs Jahre von 1890 bis 1897 überstand er heil an Leib und Seele, getreu dem Familienmotto »Je tiens ferme« – salopp gesagt: durchhalten! Erfolg hatte er anschließend als Fabrikdirektor in Birmingham, bevor er in die Politik ging.

Chamberlain und Churchill kannten einander seit 1900 und hatten einander nichts zu sagen. Der fünf Jahre ältere Chamberlain meinte 1907, je schneller Churchill als Botschafter nach Timbuktu entsandt werde, desto besser sei es für England.[16] Chamberlain war zurückhaltend; er wirkte steif; er saß aufrecht, wenn andere es sich bequem sein ließen. Die erste und laut Churchill einzige intime Konversation zwischen den beiden ergab sich, als er und Clementine die Chamberlains im Oktober 1939 zum Essen einluden. An jenem Abend beeindruckte der Premier mit der Erzählung von seinen entbehrungsreichen Jahren auf Andros. Churchill mochte zwitschernde Vögel lieber als leblos ausgestellte.

Während 1937 für die britische Politik ein relativ ruhiges Jahr war, spitzten die Dinge sich 1938 zu. Am 12. März wurde Österreich unter dem Jubel vieler seiner Bürger »heim ins Reich« geholt. Den »Anschluss« konnte man in London tolerieren: Österreich war ein schwacher Staat. Es folgte die Sudetenkrise: Der Reichskanzler erklärte, im Namen der Selbstbestimmung solle das Gebiet der dreieinhalb Millionen Sudetendeutschen dem Dritten Reich einverleibt werden. Die

Rede, in der Hitler das verkündete, führte im Sudetenland zu Aufruhr. In London brachte man ein gewisses Verständnis dafür auf, dass die meisten Sudetendeutschen sich Deutschland zugehörig fühlten. Was die Slowaken anging: Die meisten wollten nicht unter der Herrschaft des tschechischen Prag stehen und wurden darin vom Deutschen Reich bestärkt.

Frankreich hatte dem – in Folge der Versailler Verträge ethnisch und politisch mannigfaltigen – Staat Tschechoslowakei eine Beistandsgarantie gegeben. Sollte es nun wegen des Sudetenlandes Truppen mobilisieren? Die Regierung in Paris war in »panischer Stimmung« und entschied, nichts zu machen. Irgendjemand musste aber doch reagieren. Am 15. September 1938 bestieg Chamberlain zum ersten Mal in seinem Leben ein Flugzeug. Furchtsam kletterte er die Gangway hinan; die Vorstellung, sich in die Lüfte zu erheben, war ihm ganz und gar nicht geheuer. Zu seiner Erleichterung heil in München angekommen, fand er die Straßen von Bürgern gesäumt, die ihm applaudierten. Er traf Hitler auf dessen Anwesen in Berchtesgaden, fand die Aussicht auf die Berge sehr schön, Hitlers Aussehen aber weniger: Der sei unscheinbar gewöhnlich, schrieb er einer seiner Schwestern, »in einer Menschenmenge würdest Du ihn nicht erkennen«.[17]

Hitler war einerlei, wie er auf Chamberlain wirkte. Er betrieb seine Politik: »Es ist mein unerschütterlicher Wille, dass die Tschechoslowakei von der Landkarte verschwindet.«[18] So reiste denn der Premierminister am 22. September abermals nach Deutschland, um über das Sudetenland zu verhandeln; dieses Mal traf er Hitler im »Rheinhotel Dreesen« in Bad Godesberg (in der Bonner Republik bekannt als das Quartier der Wahl für politische Gäste aus aller Welt). Was dabei herauskam, kommentierte Churchill gegenüber einem Bekannten mit der Bemerkung: ob Krieg oder Frieden, die Regierung sei zu beidem nicht in der Lage.[19] Am 27. September 1938 hielt Chamberlain eine BBC-Radio-Ansprache, in der er seine Politik erklärte. Sie wurde berühmt wegen seines recht bornierten Ausspruchs: Wozu sich »in einem fernen Land in Streitereien unter Leuten einmischen, die wir überhaupt nicht kennen«?

1938 war das entscheidende Jahr. Aus Sorge vor der deutschen Aufrüstung war Churchill sogar zu einer Annäherung an die Sowjetunion bereit: Es galt, Deutschland möglichst von allen Seiten her einzuhegen. Zu Ivan Maisky, dem sowjetischen Botschafter in London, unterhielt er gute Beziehungen. Maisky gefiel ihm: Der sprach offen und war – nach Chartwell eingeladen – ein freundlicher, animierender Gast. Wie um sich für den Luxus zu entschuldigen, erklärte Churchill ihm, was er später auch Stalin sagte: »Sie können das alles unbeschwert anschauen! Mein Landsitz kommt nicht von der Ausbeutung des Menschen durch den Menschen: Ich habe ihn erworben mit den Einkünften aus meiner publizistischen Arbeit.«[20] Angetan war Maisky, als Churchill ihm am 23. März 1938 sagte: »Wir brauchen dringend ein starkes Gegengewicht gegen Deutschland und Japan. [...] Stalin macht Russland stark. Wir brauchen ein starkes Russland, ich wünsche Stalin alles Gute.« Die Zeit für eine »große Allianz« gegen Deutschland sei gekommen. Leider »finde ich mich in meiner eigenen Partei oftmals in der Minderheit«.[21] Nachdem Maisky von Churchills Meinungswandel nach Moskau berichtet hatte, ließ der Kreml prompt und leise die Churchill-Figur von dem Schießstand im »Park für Kultur und Erholung« entfernen.[22]

Emsig arbeitete man in London daran, der französischen Regierung ihre Besorgnis zu nehmen und Mussolini wohlgesinnt zu stimmen. Hitler erklärte sich bereit zu einem Treffen in München am 29. September 1938. Anwesend waren Benito Mussolini, Neville Chamberlain, Adolf Hitler und Frankreichs Präsident Édouard Daladier. Der tschechische Präsident Edvard Beneš war nicht eingeladen. Ohne seine Einrede war es einfacher, das Sudetenland dem Nazireich zu übereignen. Gleichsam nebenher, wie er wähnte, überredete der Brite den Reichskanzler zu einer festen Vereinbarung zwischen Deutschland und Großbritannien. Stolz schwenkte er das Papier, als er am 30. September am Flugplatz von Heston in Middlesex das Flugzeug verließ: Hitler hatte unterzeichnet, dass es zwischen den beiden Nationen nie wieder einen Krieg geben solle.

George VI. war so erleichtert, dass er sich über Protokoll und Herkommen hinwegsetzte und Chamberlain neben sich und seine Familie auf den Balkon von Buckingham Palace einlud, von wo aus alle zusammen Tausenden von glückseligen Untertanen zuwinkten.[23] Churchill hielt am 5. Oktober eine Rede im Unterhaus. Die Abgeordneten brüllten ihn nieder. Als er endlich ausreden durfte, sagte er: Der vorgebliche Erfolg des Premierministers bestehe darin, »dass der deutsche Diktator, anstatt die Speisen vom Tisch zu rauben, sich damit zufriedengibt, sie sich nun Gang für Gang servieren zu lassen«.[24]

Dass mit den Sudetendeutschen und ihrem Territorium wichtige Industrieanlagen und Abbaugebiete für Rohstoffe dem Dritten Reich zugeschlagen wurden, nahm Chamberlains Regierung hin. Übrigens hatte auch die Sowjetunion die Tschechoslowakei ihres Beistands versichert. Aber von 1936 bis 1938 war der paranoide Stalin vornehmlich damit beschäftigt, mögliche Gegner im Inneren zu Hunderttausenden zu liquidieren. Zu denen gehörten die meisten erfahrenen Offiziere der Roten Armee. Der Botschafter Ivan Maisky notierte in seinem Tagebuch, bei der jüngsten Unterredung habe Churchill gesagt: »Mir ist es sehr wichtig, ein starkes Russland zu haben, als Gegengewicht gegen Deutschland und Japan.« Aber: »Russland erlebt offenbar derzeit eine große Krise.« Und dann: »Nach den jüngsten Ereignissen in Russland ist Ihre Armee dabei, sich aufzulösen, sie kann nicht mehr kämpfen. Als wichtigen Mitspieler in der Außenpolitik gibt es Russland nicht mehr.«[25]

Nachdem Hitler sich mühelos des Sudetenlandes bemächtigt hatte, fackelte er nicht lange: Am 15. März 1939 marschierten deutsche Truppen in die restliche Tschechoslowakei ein. Chamberlain stand zu seiner Beschwichtigungspolitik. War er schlecht beraten? So dachten neben anderen Anthony Eden, der damalige britische Außenminister, und Duff Cooper, damals Erster Lord der Admiralität, die beide 1938 aus Protest gegen das Münchner Abkommen von ihren Ämtern zurückgetreten waren. Umso wichtiger ist die Frage: War Chamberlain zu ängstlich?

Schon Baldwin hatte 1935 ein Aufrüstungsprogramm beschlossen. Chamberlain weitete es aus: Er gab mehr Geld für Rüstung aus, als je eine britische Regierung es zu Friedenszeiten getan hatte.[26] Einige Gründe gab es, die für die Appeasementpolitik sprachen. Wie schon geschildert, hatte Hitler sich um Großbritannien bemüht. Gegenüber englischen Politikern tat er lange so, als sei er mehr an der Expansion nach Osten interessiert als an Westeuropa. Nicht dass alle in London ihm das abgenommen hätten. Am Tag des Einmarsches in der Tschechoslowakei trafen Churchill und Maisky einander zum Mittagessen. Churchill kommentierte, »Hitlers Vorgehen gegen die Tschechoslowakei bedeute keineswegs, dass dieser sich dem Osten zuwende. Bevor er indes im Westen zuschlagen könne, müsse er sich im Rücken absichern, d. h. die tschechoslowakische Armee, Luftwaffe etc. ausschalten. Zudem wolle Hitler seine Streitkräfte mit tschechoslowakischen Waffen, Munition, Flugzeugen und den ausgezeichneten Waffenfabriken verstärken.«[27] Das war auch anderen britischen Politikern bewusst. Der Fehler der Regierung in London bestand darin, dass sie allzu lange Hitlers Herrschaft derjenigen Stalins vorzog und also versäumte, sich konsequent für ein Dreierbündnis zwischen Großbritannien, Frankreich und der Sowjetunion einzusetzen. Ob die Sowjetunion das als Einladung zu ihrer eigenen Machtausweitung gesehen hätte, lässt sich naturgemäß im Nachhinein nicht sagen. Wenig spricht dafür.

Bis 1938 galt Hitler in London als ein berechenbarer Mann. Noch 1937 sah es so aus, als könne man mit ihm rational verhandeln. Erst 1938 offenbarte er seine wahren Absichten. Der herausragende Hitler-Biograph, Ian Kershaw, schreibt: »Das Frühjahr 1938 war eine Zeit, da Hitlers Besessenheit, seine ›Mission‹ […] zu erfüllen, allmählich wichtiger zu sein schien als kühle politische Berechnung.«[28] Auf die Sowjetunion und Frankreich konnte Chamberlains Regierung aus oben erklärten Gründen nicht bauen. Es galt »zu Recht das Axiom, dass ein weiterer Krieg den Untergang des Britischen Empire bedeuten würde«.[29] Mit der eigenen Aufrüstung hatte man gerade erst begonnen. Die französische Regierung war bei der Eindämmung Hitlers nach der Remilitarisierung des Rheinlands alles andere denn eine Hilfe; in Paris herrschte vor allem Kopflosigkeit.

Am 21. März 1938 legten die britischen Stabschefs ihre jüngsten Erkenntnisse vom Stand der deutschen Aufrüstung vor: Man nahm an, dass die Deutschen neunzig Divisionen ins Feld führen könnten, Frankreich, Britannien und die Tschechoslowakei zusammen hingegen nur fünfzig. Auch die Stärke der deutschen Luftwaffe wurde enorm überschätzt: Im September 1938 bezifferte das Luftfahrtministerium die Zahl der kampffähigen deutschen Flugzeuge mit 2909, wohingegen die Briten noch nicht mehr als 1550 besaßen. Überschätzt wurde auch die Wucht eines Bombardements: Allein in den ersten

24 Stunden, meinte man im Luftfahrtministerium, werde es fünftausend Tote geben. Erst später sollte sich erweisen, dass diese Annahmen nicht stimmten.[30]* Aber Whitehall und das Kabinett hatten nun einmal keine bessere Information.[31]

Im Übrigen war die vorherrschende Hoffnung im Außenministerium, Hitler würde mit seinen großspurigen Reden bloß bluffen,[32] während der Generalstab in Sorge war, es könne zu einem Krieg gegen Deutschland, Japan und Italien gleichzeitig kommen. Chamberlain wusste, dass Hitler gefährlich war. Aber er konnte nicht wissen, wozu die Megalomanie ihn treiben würde. Das war bis Ende 1937 selbst Churchill nicht so klar, wie es sich für ihn in der Rückschau ausnahm. Zu bedenken ist in diesem Zusammenhang auch, dass es zum Ersten Weltkrieg gekommen war, weil viele Militärs, Politiker und einige Herrscher es gegen die bessere Einsicht umsichtiger Diplomaten und Politiker darauf ankommen lassen wollten. Dergleichen sollte nicht noch einmal geschehen. Die Bevölkerung, wie gesagt, war keinesfalls kriegswillig. Die Führung in Paris wollte sich nicht für die Tschechoslowakei engagieren. Ohne die französischen Divisionen wäre die kleine British Expeditionary Force nicht weit gekommen. Alles in allem genommen und bei Abwägung der zeitgenössischen Umstände, war die Appeasementpolitik klug und richtig.

Der Krieg beginnt

Chamberlain war nach alter Mode diplomatisch elegant, altmodisch sentimental war er nicht. Sehr bald nach dem Münchner Abkommen gab er die zuvor gehegte Hoffnung auf, der Frieden sei nun gesichert. In England wuchs die Besorgnis vor einer neuen »Wahnsinnstat« Hitlers »in absehbarer Zukunft«. Im Londoner Hyde Park wurden behelfsmäßige Unterstände gebaut; landesweit wurden 38 Millionen Gasmasken verteilt. Das Vereinigte Königreich bereitete sich auf einen Krieg vor.[33]

* Während des Zweiten Weltkriegs brachten deutsche Bomben auf den britischen Inseln insgesamt 147 000 Menschen den Tod oder verursachten schwerste Verletzungen, achtzigtausend der Opfer lebten in London.

Der Überfall auf Polen war in Berlin 1938 noch nicht geplant, vielmehr wollte die Reichsführung das Land als Vasallenstaat an sich binden. Der entsprechende Vorschlag des Außenministers Joachim von Ribbentrop »löste bei der polnischen Regierung die vorhersehbare eisige Reaktion aus«.[34] Da Deutschlands Lage prekärer wurde – es hatte sich hoch verschuldet und litt an Arbeitskräftemangel –, erklärte Hitler 1939 seine lang gehegte Absicht: »Allein das Schwert« könne die Lösung bringen. »Die Länder im Osten würden Deutschland eines Tages versorgen; dann würde es keine wirtschaftlichen Probleme mehr geben.«[35] Als Erstes sollte Polen drangenommen werden. Großbritannien und Frankreich hatten das Land seiner Hilfe versichert, falls Deutschland angreifen werde.

Im Juli 1939 versuchten einige Abgesandte Londons, der deutschen Regierung eine bevorzugte Behandlung in Wirtschafts- und Handelsfragen schmackhaft zu machen. Erreicht wurde damit lediglich, dass die Kremlführung dem perfiden Albion nun erst recht nicht über den Weg traute.[36] Am 21. August entsandte Chamberlain den britischen Botschafter in Berlin nach Berchtesgaden. Der machte Hitler unmissverständlich klar: »Eine deutsch-sowjetische Vereinbarung würde nichts an Großbritanniens Verpflichtung gegenüber Polen ändern.«[37] Die Reichsregierung hatte den Einmarsch in Polen für den 26. August 1939 geplant, der wurde aber verschoben, weil zuvor der sowjetische und der deutsche Außenminister noch einen Nichtangriffspakt unterzeichneten, den berüchtigten Hitler-Stalin-Pakt, in dem die beiden Staaten in einem geheimen Zusatzprotokoll Polen, das Baltikum und Bessarabien unter sich aufteilten.

In der Nacht vom 31. August auf den 1. September 1939 war es dann so weit. Deutsche Panzer rollten nach Polen. Am 2. September erklärte Mussolini, der noch nicht genau wusste, was für ihn das Beste war, Italien für »nicht kriegführend«. (Der Duce wartete mit der Kriegserklärung bis zum 10. Juni 1940.) Jugoslawien erklärte seine Neutralität; das Gleiche tat Belgien und mobilisierte – in Ahnung des Kommenden – seine Truppen. Bis die Regierenden in London und Paris sich miteinander verständigt hatten (in Whitehall galten die Franzosen als schwer zu durchschauen), war der 2. September vergangen. Am 3. September, einem Sonntag, erklärten das Vereinigte Königreich und

Frankreich Deutschland den Krieg. Um 11:15 sprach Chamberlain mit flacher, fast tonloser Stimme im BBC-Radio. Fast alle rechneten mit einem sofortigen Luftangriff, in London heulten die Sirenen.[38] Die Dominions Südafrika, Kanada und Neuseeland schlossen sich der Kriegserklärung in den folgenden Tagen an.

Zu den Maßnahmen, die Britannien in den kommenden Tagen und Wochen ergriff, gehörte die gelegentliche Herstellung einer deutschsprachigen Aufklärungsbroschüre, die den Titel »Völkischer Beobachter« verballhornte und als »Wolkiger Beobachter« aus der Luft abgeworfen wurde.[39] Neue Ministerien wurden eingerichtet: eines für Wirtschaftskriegführung (um die Seeblockade zu organisieren), eines für Nahrung (die Lebensmittelmarken waren schnell gedruckt). Auch ein Propagandaministerium gab es nun, das als »Informationsministerium« firmierte.[40] George VI. tat kund, er wolle sich im Garten von Buckingham Palace im Schießen üben und bei seinen Autofahrten stets ein Gewehr mit sich führen. Churchill ließ den mittlerweile zum Außenminister ernannten Lord Halifax wissen: Wenn die Deutschen nach London kämen, würde er »ein Gewehr nehmen«, sich in Downing Street postieren und »schießen, bis ich keine Munition mehr habe. And then they can damned well shoot me.«[41] Die Regierung erließ ein Dekret, das landesweit die Kirchenglocken zum Schweigen brachte: Einzig und allein im Fall einer Invasion durften und sollten sie läuten.[42]

Die Fenster in den unteren Geschossen der Regierungsgebäude waren nun verbarrikadiert; es begann die Zeit, da die Arbeit auch bei Tage unter elektrischem Licht vonstatten ging. Zur Irritation feindlicher Flugzeuge standen Fesselballons über London. Die staatlich verordnete Verdunkelung führte zu einer eklatanten Zunahme von Verkehrsunfällen. In den ersten beiden Wochen nach Kriegsbeginn verließen anderthalb Millionen Bürger ihre Stadt und suchten Zuflucht in der Provinz. Bis zum Januar 1940 kehrte eine Million nach Haus zurück. Als im Sommer 1940 tatsächlich Bomben in London fielen, flohen abermals Zigtausende Bewohner, darunter viele aus den unteren Schichten. Viele Landleute, ja sogar Wohlhabende begriffen nun überhaupt erst, wie schlecht arme Londoner dran waren: »Die Luftwaffe war ein einflussreicher Missionar für den Wohlfahrtsstaat.«[43]

»Winston ist wieder da«

Botschafter Ivan Maisky, ein Mann von herausragender Cleverness im Umgang mit der paranoiden Kremlführung und von vorzüglicher Urteilskraft im Hinblick auf das britische politische Umfeld, notierte am 5. Juli 1939 in seinem Tagebuch, was er aufgeschnappt hatte: Jüngst habe Chamberlains Frau ihrem Mann gesagt, wenn er Churchill ins Kabinett hole, komme das dem politischen Selbstmord gleich. Für ihre Voraussage, meinte Maisky, gebe es »gute Gründe«.[44] Anne Chamberlain und er irrten sich nicht. Aber die Umstände von Neville Chamberlains Untergang waren vertrackter, als beide sich hätten ausmalen können.

Gleich am 1. September 1939 lud Chamberlain den bei vielen Zeitungskommentatoren und Lesern beliebten Churchill zu einem Gespräch ein: Ob er ins Kriegskabinett eintreten möge? Churchill mochte. Er war nun 65 Jahre alt. Zu seiner Überraschung erhielt er am 2. September sogar ein eigenes Ministerium. Der ihm vertraute Leibwächter, Detective Sergeant Walter Henry Thompson von Scotland Yard, den er nach Abschluss des Hitler-Stalin-Pakts wieder engagiert hatte, notierte in seinem Tagebuch: Als Winston 10 Downing Street verließ, sei ihm die Freude anzusehen gewesen. »Es ist die Admiralität«, sagte er, während er ins Auto kletterte, »das ist viel besser, als ich dachte.«[45] Auf jeden Fall war es beachtlich für einen Mann, den Links und Rechts noch kurz zuvor verdächtigt hatten, er wolle Mussolini nacheifern und sich »zum britischen Duce aufschwingen«.[46]

Die glorifizierende Folklore will es, dass die Admiralität in London über alle Weltmeere an die Schiffe der Royal Navy das Signal ausgegeben habe: »Winston is back«. Dafür gibt es in den Akten der Marine keinen Beleg.[47] Vermutlich haben die Admirale auf See von dem Revirement informell erfahren, so wie die Londoner Zentrale sie vernünftigerweise immer informierte, wenn der politische Chef an der Spitze der Royal Navy ausgewechselt wurde. In der Admiralität war Churchill sehr willkommen; alte Geschichten von vor mehr als zwanzig Jahren waren vergessen, und so hieß es wohl in mindestens einer Depesche jubilierend »Winston ist wieder da«.

Die Polen wehrten sich tapfer, hatten freilich gegen die Wehrmacht keine Chance. Diese war trotzdem bei Weitem nicht so stark, wie die Gegner dachten. Es mangelte an Panzern und Munition; nur etwa zehn Prozent der deutschen Divisionen waren motorisiert, die übrigen Soldaten gingen zu Fuß oder ritten.[48] Mit einem Wort: Im September 1939 war das Deutsche Reich »auf einen Krieg gegen Großbritannien und Frankreich […] nicht vorbereitet«.[49] Nach dem deutschen Einmarsch in Polen und dem darauffolgenden Einmarsch der Roten Armee von Osten her schrieb Maisky am 17. September 1939: »London war wie vom Donner gerührt.« Zwar sei in Politkreisen seit Langem die Rede gewesen von einem deutsch-sowjetischen Abkommen. Dass dieses aber derartig schnell in Territorialgewinne umgesetzt würde, habe seine Gesprächspartner in London überrascht.[50] Nach der schnellen Einnahme Warschaus ging das NS-Reich daran, die Verwaltung des Terrains in seinem Sinn zu organisieren und gebildete Polen zu massakrieren. Vorgesehen war, die Nation zu einem Bauernvolk zu erniedrigen, das für Deutschland die Ernte einbringen sollte. Mit der Ausführung dieser Planungen und weiterer Aufrüstung waren die Deutschen einige Monate lang beschäftigt, bevor sie sich weiteren Eroberungen zuwandten.

Weil die Schiffe der Royal Navy vor allem zum Schutz der heimischen Küsten eingesetzt wurden, hatten die deutschen U-Boote im Atlantik leichtes Spiel. Sie versenkten Handelsschiffe ohne Warnung und überließen die Mannschaften ihrem Schicksal. Chamberlains 24 Jahre alter Privatsekretär John Colville notierte in seinem Tagebuch: »Eine natürliche Neigung zur Brutalität gehört, glaube ich, zum deutschen Charakter; große Fühllosigkeit gegenüber menschlichem Leid paart sich mit der Empfänglichkeit für das Schöne.«[51]

In jener Zeit hätten die Franzosen und die Briten gemeinsam Deutschland angreifen können. Weil rückblickende Besserwisserei wohlfeil ist, sei mit großer Zurückhaltung gesagt: Nach dem Kriegsbeginn im September 1939 hätte eine umfassende militärische Offensive der vereinten Franzosen und Briten das Dritte Reich wohl in die Knie gezwungen. Auf diese Idee kamen schon die zeitgenössischen Generale. Aber der schnelle Vormarsch der Deutschen in Polen wirkte einschüchternd. Der britische Generalstab wies im März 1940 darauf hin, dass die eigene Flugzeugproduktion für einen Krieg von drei Jahren ausgelegt war, »nicht für einen *Blitzkrieg*«.[52] Es fehlte an Kampfflugzeugen und an Bombern.

Frankreich ging es wirtschaftlich nicht gut. Anstatt in großem Umfang aufzurüsten, setzten die Regierung und die Militärs auf die in vielen Jahren errichteten Verteidigungsanlagen der Maginot-Linie, die von der Schweizer Grenze bei Basel bis zu den belgischen Ardennen reichte: eine personalintensive Kombination aus befestigten, teils unterirdischen Bunkern und Artilleriestellungen. Modernen Waffen konnten diese Bollwerke nicht lange standhalten, das war bekannt; trotzdem wähnten die Franzosen sich in Sicherheit.[53] Also warteten sie ab und verbrachten einige Monate damit, sich zu wundern. Denn der Angriff der Deutschen im Westen blieb lange aus. In Britannien wurden wieder Gasmasken ausgegeben, die aber bald zu Hause liegen blieben. Kinos und Theater schlossen, wenn auch nur für eine kurze Weile. Die Franzosen nannten diese Zeit »drôle de guerre« (komischer Krieg), die amerikanische Presse fand dafür das Wort »phoney war« (unechter Krieg), die Briten nannten sie »bore war«[54] (langweiliger Krieg), Churchill selbst sprach von »zwielichtigem Krieg« (twilight war).

Was die Deutschen als »Sitzkrieg« bezeichneten, endete nicht erst, als die Wehrmacht im Mai 1940 in Frankreich einfiel, sondern schon einen Monat zuvor, als sie dänische und norwegische Städte besetzte. Auf Churchills Aktionen in Skandinavien werden wir gleich zu sprechen kommen. Erst einmal soll er von seinem Amt Besitz ergreifen: Der neue alte Marineminister ging mit dem von früher gewohnten Elan an die Arbeit. Wie früher verlor er sich in Details. Wie er es schon von 1911 an als First Lord of the Admiralty getan hatte, hielt er die Mitarbeiter des Marineministeriums auf Trab.

Dieses Mal gab er ihnen gar nicht erst die Gelegenheit, sich den Tadel der Inkompetenz zuzuziehen: Er brachte seine eigene Arbeitsgruppe mit – samt seinem Freund, Professor Lindemann, und dessen abwegigen Waffenentwicklungsprojekten, deren Untersuchung viel Material und Arbeitszeit verbrauchte. Churchill mischte die Admiralität auf, was anfangs vielen gefiel. Er sorgte für Kompetenzstreitigkeiten, regierte den Admiralen auf See in ihre operativen Tätigkeiten hinein und hielt überhaupt mit seinem Aktionismus alle in Atem.[55] »Er hat die Gewohnheit«, klagte ein Zeitgenosse, »Untergebene nach ein Uhr nachts einzubestellen, was natürlich bei einigen Admiralen schlecht ankommt, die Männer von solider Lebensführung sind.«

Anders als die Admirale hatte Churchill seinen täglichen Nachmittagsschlaf. Wenn er daraus erwachte, nahm er ein Bad, dessen Temperatur sein Kammerdiener prüfte, indem er wie eine gute Mutter seinen Ellenbogen ins Wasser tauchte. Als er Churchill einmal etwas murmeln hörte, eilte er hinzu: »Reden Sie mit mir?« »Oh nein«, kam es zurück, »ich spreche gerade zum Unterhaus.« Wenn Churchill aus der Wanne stieg, so der Diener, »war er rosig wie ein Baby im Kinderwagen nach dem Ausflug im Park«. Sodann schlüpfte der Chef in einen mit farbigen Drachen bestickten seidenen Bademantel und begann zu diktieren.[56]

Churchills strategische Vorstellung war, zur See gegen Nazi-Deutschland vorzugehen. Am besten geeignet schien ihm dafür, wie schon im Ersten Weltkrieg, die Ostsee. Das für die Aufrüstung unerlässliche Eisenerz bezog Deutschland etwa zur Hälfte aus schwedischen Minen. Diese Transporte wollte Churchill unterbinden lassen. Weil aber die Ostsee, wie schon im Ersten Weltkrieg, von den Deutschen gut bewacht war, wechselte Churchill zu einer anderen Idee: Wenn die Ostsee zugefroren war, wurde das Eisenerz via Norwegen geliefert, das von den Ausläufern des warmen Golfstroms profitiert.

Schon bald nach Kriegsbeginn 1939 warb Churchill dafür, vor den Häfen der norwegischen Westküste Minen zu legen, sodass die deutschen Transportschiffe auf die internationale See gezwungen würden und dort aufgebracht werden könnten. Der Gedanke stieß bei der Regierung und in Whitehall auf strikte Abwehr: Norwegen war ein neutraler Staat; die Verminung der See vor seiner Küste hätte seine Souveränität gravierend verletzt. Doch das focht Churchill nicht an. Davon abgesehen, mussten von Oktober bis Dezember die Eisenerztransporte nicht in Norwegen eingeschifft werden, denn in jenen Monaten war die Ostsee eisfrei; die schwedischen Lieferungen gelangten ohne den Umweg über Norwegen nach Deutschland. Am 30. November 1939 griff die mit Deutschland paktierende Sowjetunion Finnland an. Die neutralen Länder Norwegen, Schweden und Dänemark wollten damit nichts zu tun haben. – Aus Londons Sicht jedoch änderte sich mit dem Angriff auf Finnland die Sachlage.

Chamberlains Sekretär John Colville hatte anfangs keine gute Meinung von Churchill: »Auf Winstons Betreiben«, schrieb er in sein Tagebuch am 1. Januar 1940, »erwägt das Kabinett einen waghalsigen Plan in Nordskandinavien.« Colvilles Ansicht nach (und damit war er nicht der Einzige) »erinnert das gefährlich an das Gallipoli-Unternehmen«. Ebenso sah es Churchills militärischer Berater, Generalleutnant Henry Royds Pownall.[57] Am 13. März 1940 mussten die Finnen kapitulieren. Nun war Chamberlains Kriegskabinett einverstanden, die Neutralität von Norwegen und Schweden zu übergehen, und erwog auch eine Operation zu Lande. Höflich davon unterrichtet, waren die Regierungen beider Länder erboster, als man in Downing Street erwartet hatte.[58] Allein, der junge Colville hatte Verständnis für die Schweden und Norweger: »Wir sollten mal versuchen, uns mit ihren Augen zu sehen: pharisäerhaft, geschichtsvergessen, was unsere Überfälle auf fremde Territorien angeht, reich und darauf bedacht, den Reichtum für uns zu behalten. Als Nation sind wir ausgesprochen selbstgerecht.«[59]

Nun wurde ernstlich verfolgt, was in London »Plan R4« genannt wurde: die alliierte Invasion Norwegens. Was mit Plan R4 genau gemeint war, änderte sich von Woche zu Woche. Sollte Britannien Narvik einnehmen oder das südlicher gelegene Trondheim? Sollte eine rein maritime Operation genügen oder wollte man Streitkräfte an Land bringen – und wenn ja, wo? Am 8. April ließ das Marineministerium vor Norwegens Westküste Minen verlegen – zu spät. Erich Raeder, der Oberbefehlshaber der Reichsmarine, setzte seine Vorstellungen mit gewohnter deutscher Zügigkeit um. Das begann schon am 7. April. Die Schlachtschiffe »Scharnhorst« und »Gneisenau« lockten die Royal Navy von der norwegischen Küste weg; die Briten sollten denken, die Deutschen hätten es auf die Handelsschifffahrt im Atlantik abgesehen. Die Täuschung gelang: Die Admiralität unter Churchill zog etliche Zerstörer und Begleitschiffe ab, sodass zehn große deutsche Zerstörer bei Narvik zweitausend Gebirgsjäger an Land setzen konnten.

Am 9. April erfuhr die Regierung, dass die Deutschen Kopenhagen, Oslo und die wichtigsten norwegischen Häfen besetzt hatten sowie einige strategisch wichtige Flugplätze in Norwegen und Dänemark.

Die Briten, Churchill vorneweg, verkannten, dass ihre Kriegsschiffe nicht viel ausrichten konnten, da die Deutschen die Lufthoheit besaßen. Die Unterschätzung der Macht von Kampffliegern in Norwegen erwies sich als katastrophal. Und dafür trug der First Lord einen großen Teil der Verantwortung. Er hatte zwar seit Jahren vor Luftschlägen gewarnt, das bezog er aber auf die Städte. Die Bedeutung von Attacken aus der Luft in einem Kampfgebiet sah er nicht voraus und tat sie ab als »zusätzliche Komplikation«,[60] wie er auch wenig Sinn dafür hatte, dass der kombinierte Einsatz von maritimen und Landstreitkräften minutiöse Koordination erfordert, die nicht von einem Tag auf den anderen umgestellt werden kann. Churchill wollte, dass »seine« Royal Navy glänzte. Das tat sie tatsächlich: Sie versenkte drei Kreuzer und zehn Zerstörer und machte einige weitere Schiffe kampfunfähig. Das nahm sich gut aus und half nicht weiter: Norwegen blieb in deutscher Hand.[61]

Der Einsatz in Norwegen verlief haarsträubend. Die Deutschen hatten den maritimen Code der Briten geknackt, wussten also, was die Royal Navy jeweils vorhatte. Wenig nützte es den Briten, dass ihre Planung nicht zuletzt wegen Churchill dermaßen sprunghaft war, dass auch der Feind nicht immer folgen konnte. Am 8. April 1940 beschloss das Kriegskabinett, britische Truppen in Norwegen an Land zu setzen. Chamberlain fragte Churchill, ob die Kreuzer mit den Soldaten schon unterwegs seien oder sogleich in See stechen könnten. Nein, das war nicht möglich: Churchill hatte, ohne zuständige Stabsoffiziere zu informieren, die für Norwegen vorgesehenen Truppen in dem britischen Hafen Rosyth ausschiffen lassen und die Kreuzer angewiesen, sich mit der Flotte zu vereinigen. Ein bei dieser Sitzung anwesender General stellte fest: Churchill, als er das zugeben musste, »guckte dämlich wie ein Schaf«.[62] Erst Tage später kamen alliierte Truppen in Norwegen an. »Churchills Tragödie«, schrieb der Admiral John Godfrey, »war es, dass er das, was er am meisten mochte, am wenigsten beherrschte: Strategie. Zu Beginn des Kriegs waren seine Entscheidungen durchgehend falsch und führten dazu, dass wir sinnlos Schiffe, Männer etc. verloren und das Material nicht dort war, wo man es brauchte.«[63]

Die Deutschen waren den Alliierten überlegen. Das lag nicht bloß daran, was die Briten für den eingeübten preußischen Militarismus und überragende Waffenstärke hielten, sondern auch an dem zuverlässigen eigenen Chaos. Es ist nicht offiziell verbucht, aber durchaus wahrscheinlich, was der Publizist George Orwell damals zu hören bekam: Das Kriegskabinett meinte, die eigenen Truppen könnten im Schutz der Dunkelheit in Norwegen vorrücken. Dass in der Nähe des Polarkreises die Nächte im Frühjahr viel kürzer sind als in London, sei den Zuständigen nicht eingefallen.[64]

Der Schnee stand hoch in Norwegen. Den Briten fehlte es unter vielem anderen an weißer Tarnkleidung; es fehlte an Schneeschuhen und Skiern und noch mehr an geübten Skiläufern; es fehlte an Landkarten. Ein Soldat erzählte: »Wir haben sie aus Erdkundebüchern rausgerissen und einen Adjutanten losgeschickt, in einem norwegischen Reisebüro einen Baedeker zu kaufen und die ausliegenden Broschüren mitzunehmen.« Die britischen Schiffe waren unsortiert beladen. Ein Schiff brachte Pferde, das Zaumzeug wurde auf einem anderen Schiff transportiert.[65] Am 25. April 1940 ging ein Generalmajor im zwischen Trondheim und Bergen gelegenen Åndalsnes an Land. Er fand 1750 Soldaten vor, die eine Woche zuvor abgesetzt worden waren: ohne Artillerie, ohne Panzer, ohne armierte Fahrzeuge, ohne Transportfahrzeuge, ohne medizinische Versorgung, ohne taugliche Funkausrüstung. Vorhanden waren vier Flugabwehrgeschütze sowie Angelruten und Jagdgewehre, die zur persönlichen Ausstattung der Offiziere gehörten.

Die französischen Schiffe waren nicht viel besser bestückt: Die *chasseurs alpins*, Gebirgstruppen, kamen ohne Maultiere, die ihre Ausrüstung auf Schlitten hätten ziehen sollen. Es fehlten die Riemen, mit denen sie ihre Skier an ihren Stiefeln hätten befestigen können. Binnen zehn Tagen kamen die französischen Gebirgsjäger keine acht Kilometer voran. Schneeblindheit und Erfrierungen setzten ihnen zu.[66] Um die Deutschen nicht tüchtiger darzustellen, als sie waren: Auch der von Hitler im Februar 1940 für Norwegen eingeteilte General Nikolaus von Falkenhorst hatte keine Ahnung von der dortigen Geographie. Auch zu seinen ersten Amtshandlungen gehörte die Beschaffung eines Baedeker.[67]

An verschiedenen Orten in Norwegen kämpften die Deutschen und die Alliierten einige Wochen lang. Hermann Görings Luftwaffe gab den Ausschlag. Am 30. April begann die Royal Navy, britische und französische Truppen zu evakuieren. Bis zum 3. Mai brachte sie 10 500 Soldaten in Sicherheit und mit ihnen den norwegischen König Haakon VII., den Kronprinzen und das Regierungskabinett, das dann in London eine Exilregierung bildete.[68] Die Einschiffung auf unruhiger See ist schwierig. Auch da zeigte die Royal Navy, was sie vermochte.[69] * Rückblickend mag man es als eine kleine Vorübung für die größte geglückte militärische Evakuierung der Geschichte betrachten: die Rettung der alliierten Soldaten vom Strand vor Dünkirchen.

Der Blitzkrieg und Churchills Blitzkarriere

Churchill fühlte sich im April und in der ersten Maiwoche 1940 miserabel. Ihm war nur allzu bewusst, dass er als First Lord einen großen Teil der Verantwortung für das Debakel trug. Wenn er im Unterhaus auftrat, wirkte er fahrig; er artikulierte unverständlich; er sprach von Schweden, wenn er Dänemark meinte.[70] Seine Untergebenen beschimpfte er haltlos. Es war in dieser Zeit, dass Clementine Churchill ihm den im 4. Kapitel zitierten Brief schickte, für dessen Abfassung sie all ihren Mut zusammennahm: Ihr Mann benehme sich unmöglich, niemand wolle mehr als absolut nötig mit ihm zu tun haben; so gehe es nicht weiter. Ob Clementines Ermahnung Churchill nachging? Wir wissen es nicht. Er war wütend, weil er damit rechnete, dass seine politische Karriere nun definitiv am Ende sei.

Am 7. und 8. Mai 1940 debattierte das Unterhaus über das norwegische Fiasko. Was sich dabei entwickelte, grenzte ans Märchenhafte: Aus einem bedröppelt dreinblickenden Schaf wurde ein Prinz. Andere an Churchills Stelle hätten zuvor alle Energie aufgewendet, sich einzelne Minister und Abgeordnete wohlgesinnt zu stimmen. Dazu war Churchill nicht begabt: Wichtigen Kabinettskollegen zu schmeicheln

* Es verblieben noch 24 000 Soldaten in Norwegen. Sie wurden einen knappen Monat nach dem deutschen Einmarsch in Frankreich, der am 10. Mai 1940 begann, evakuiert. Die wenigen in Norwegen stationierten Kampfflugzeuge reisten auf Flugzeugträgern zurück nach England. Die Männer und Waffen wurden an der Westfront gebraucht.

und sich anzubiedern gelang ihm nicht. Es misslang, selbst wenn er es versuchte. Dafür war er immer zu sehr der Nachfahr des 1. Herzogs von Marlborough und ein stolzer Feldherr.

Wie sich bei der parlamentarischen Aussprache zeigte, hatten die Abgeordneten viel mehr zu bemängeln als die Kriegführung in Norwegen. Nun wurde mit Neville Chamberlain abgerechnet, dessen Politik auf einmal viele Gegner fand. Der Liberale David Lloyd George bezeichnete das Vorgehen in Norwegen zwar als »unausgegoren«, fügte aber an, Churchill sei nicht alles anzulasten, was misslang. Daraufhin sagte Churchill, als First Lord übernehme er die volle Verantwortung. Das nun bewog Lloyd George zu der Bemerkung, Churchill müsse »nicht als Luftschutzbunker« dienen, der seine Kollegen vor »herumfliegenden Splittern« schützt. Churchill erhielt viel Unterstützung, weil die Abgeordneten auf diese Weise Chamberlain und seine Politik abkanzeln konnten, ohne den Premierminister direkt anzugreifen. Letzteres geschah natürlich auch. Schon am ersten Tag der Debatte kam Chamberlains Parteifreund Leo Amery, ein Gegner der Appeasementpolitik, mit dem ganz großen rhetorischen Geschütz. Er zitierte Oliver Cromwell: »In the name of God, go!«[71] Mit diesem Ausruf hatte Cromwell 1653 das Rumpfparlament aufgelöst. Amerys Satz galt selbstverständlich nicht dem gesamten Unterhaus, sondern bloß Chamberlain: Der sollte gehen.

So schnell gab der Premierminister nicht auf. Er gewann eine Vertrauensfrage, aber seine Mehrheit war beschämend gering. Die Labour-Partei unter Clement Attlee ließ wissen, dass sie nicht bereit war, seine Regierung weiterhin mitzutragen. Während aller Debatten hielt Churchill zu Chamberlain, teils aus einem plötzlichen Anfall von taktischer Klugheit, teils aus Respekt vor dem Amt des gewählten Premierministers. Das Parlament als Institution war ihm mindestens so heilig wie die Monarchie. Seine ritterliche Loyalität sollte ihm nutzen. Er bewies mehr Statur als andere, die sich für fähig hielten, an Chamberlains Stelle zu treten. Weil die Konservativen das Parlament dominierten, konnte nur ein Tory der neue Premier werden. Chamberlain und George VI. hätten gern Lord Halifax genommen. Aber der wehrte sich. Krieg zu führen betrachtete er nicht als seine Stärke. Auch war ihm klar, dass der populäre Churchill einen wichtigen Posten bekommen musste und ihm permanent in die Parade fahren würde. Dem wollte Lord Halifax sich nicht aussetzen. Mit der fadenscheinigen, weil in der Geschichte längst widerlegten Begründung, als Angehöriger des Oberhauses könne er nicht im Unterhaus agieren, entschuldigte er sich. Sicherheitshalber behauptete er, unter heftigen Bauchschmerzen zu leiden.[72]

So gut wie niemand von Einfluss wollte Churchill: nicht der König und nicht Chamberlain, nicht die Beamten in Whitehall und nicht die Mehrheit des Unterhauses. Was sich in Norwegen abspielte, sprach gegen Churchill. Wie auch schon nach Gallipoli 1915 gab er allen anderen die Schuld, nur nicht sich selbst. So komme es, wenn »Komitees« Krieg führten: »Wäre mir erlaubt gewesen, nach freiem Entschluss zu handeln, das Resultat wäre sehr viel besser gewesen.« Immerhin hatte er genügend Befehlsgewalt gehabt, um zuerst eine Landung in Narvik anzuberaumen, diese am 21. April nach Namsos umzuleiten und dann wieder zurück nach Narvik.[73]

Und doch, weil er der offensichtliche Kandidat war, bestellte George VI. ihn auf Chamberlains Empfehlung am frühen Abend des 10. Mai in den Buckingham Palace und berief ihn zum neuen Premierminister. Acht Jahre später, als Ehrengast bei einem Staatsbankett in Oslo, sagte Churchill: »In meinem langen, sehr langen Leben [...] habe ich gesehen, wie fehlbar der Mensch ist. Sie können etwas sehr Kluges tun, was ganz furchtbar ausgeht. Sie können etwas sehr Dummes tun, und es rettet Ihr Leben.«[74]

Jetzt hatte Churchill das Amt, das er ersehnt hatte, und war von »tiefer Erleichterung« erfüllt, als er am Tag seiner Ernennung um drei Uhr nachts zu Bett ging: »Endlich verfügte ich über die Autorität, in jeder Richtung maßgebende Weisungen zu erteilen«, schrieb er in seiner Geschichte des Zweiten Weltkriegs. Damit es wirklich »jede Richtung« sei, schuf er für sich persönlich den Posten des Verteidigungsministers, der qua Amt bei allen Beratungen des Kriegskabinetts Einfluss nehmen konnte. Die drei Minister, die für die Flotte, die Marine und die Luftwaffe zuständig waren, ließ er zum Kriegskabinett nicht zu: Sie sollten ihm nicht in die Quere kommen, wenn er den Stabschefs Anweisungen gab.[75] Zusätzlich war er auch der Führer des Unterhauses. Mehr an Machtfülle war kaum denkbar. In dieser Nacht schlief er ausgezeichnet: »Mir war, als ob ich vom Schicksal geführt würde, als ob mein ganzes bisheriges Leben nichts anderes als die Vorbereitung auf diese Stunde gewesen wäre und auf diese Prüfung.«[76]

Etliche Tories, die Neville Chamberlain während der Debatten am 7. und 8. Mai nicht beigesprungen waren und bei der Vertrauensabstimmung durch Abwesenheit geglänzt hatten, bezeugten ihm nun ihre Wertschätzung. Dass er daraus Trost bezog, ist zu bezweifeln. Getreu der Devise, nach einem Sieg sei Großmut angebracht, bot Churchill dem Vorgänger einige wichtige Ämter an, darunter auch das des Finanzministers. Chamberlain gab sich mit einem Versorgungsposten zufrieden, er wurde »Lord President of the Council«, der Vorsitzende des »Privy Council«, des Gremiums, das traditionell die Krone berät. Als er am 13. Mai wieder im Unterhaus erschien, empfingen die Abgeordneten ihn mit großem Applaus. Im Juli wurde bekannt, dass er an Darmkrebs im Endstadium litt. Chamberlain starb am 9. November 1940. Churchill und andere Parlamentarier widmeten ihm freundliche Worte.[77]

Am 10. Mai 1940, genau an dem Tag, als Churchill Premier wurde, marschierten die Deutschen in Holland, Belgien, Luxemburg und Frankreich ein. Am selben Tag stellten sie Luxemburg unter deutsche Militärverwaltung. Die Niederlande kapitulierten am 14., Belgien am 28. Mai.

Die meisten deutschen Generale hielten die Invasion für einen Irrsinn: Deutsche Panzer und Artilleriegeschütze gehörten zu den besten Waffen, aber es gab zu wenig davon, die Nachschublinien waren nicht gesichert; und die französischen Streitkräfte galten als formidabel. Drei Generale fanden sich, die aus Sicht der Reichsführung die nötige Entschlossenheit an den Tag legten: Erich von Manstein, der Chef des XXXVIII. Armeekorps; Gerd von Rundstedt, der Oberbefehlshaber der Heeresgruppe A; und Heinz Guderian, Kommandeur des XIX. Armeekorps. Die herkömmliche Strategielehre sah vor, dass vorrückende Panzer mit der Infanterie Schritt hielten. Doch im Einklang mit dem von Manstein entwickelten Plan ließ Rundstedt am 10. Mai 1800 Panzer vorpreschen. Die Maginot-Linie ließen sie links liegen und nahmen den Weg von Nordosten über die dicht bewaldeten Ardennen.[78] Infanterie und Artillerie folgten mit ungeheuerlichem Tempo. Die

Ausgabe des Aufputschmittels Pervitin, damals »Panzerschokolade« genannt, heute bekannt als Crystal Meth, ermöglichte den Soldaten, drei Tage und Nächte lang ohne Schlaf auszukommen.[79]

Trickreich waren die Deutschen auch: Die Heeresgruppe B fiel in Belgien, den Niederlanden und Luxemburg ein; verständlicherweise glaubten die Alliierten, dort komme es zu einer entscheidenden Schlacht, und disponierten ihre Truppen entsprechend. Hitler erinnerte sich: »Als die Nachricht kam, dass der Feind auf der ganzen Front den Vormarsch gegen uns angetreten hatte, ich hätte weinen können vor Freude; er war uns in die Falle gegangen! [...] Sie mussten glauben, wir hielten uns an den alten Schlieffen-Plan.«[80] Derweil drangen die Panzerverbände der Heeresgruppe A ziemlich ungestört durch die engen Schluchten der Ardennen.[81]

Paris lag in Reichweite, die Einnahme stand bevor – wenn es da nicht einen Verkehrsstau gegeben hätte. Die vier Marschstraßen waren schmal. Wenn ein Fahrzeug liegen blieb, kamen die nachfolgenden nicht mehr voran. So geschah es auf einer Strecke von 250 Kilometern. Die mehr als 22 000 Fahrzeuge – Lastkraftwagen, Panzer, Zugfahrzeuge mit Artillerie im Schlepp, Kübelwagen – kamen zum Halt. Die Piloten alliierter Aufklärungsflugzeuge machten Meldung von dem Riesenstau. Dies wäre der Moment gewesen, da die Alliierten den Krieg hätten beenden können, indem sie alles einsetzten, was an Bombern und Jägern aufzutreiben war, um die immobilen deutschen Kolonnen anzugreifen. Aber die Berichte der Aufklärer wurden nicht ernst genommen und kamen beim Oberbefehlshaber der französischen Streitkräfte, Maurice Gamelin, ohnehin recht spät an: Der General hatte nahe Paris in dem Schloss Briare Quartier bezogen; damit der Feind ihn nicht etwa abhören konnte, verzichtete er auf Funkkontakt; zudem war die Telefonstelle von 12 Uhr bis 14 Uhr nicht besetzt. Gamelin war fast siebzig Jahre alt und kannte sich mit moderner Technik nicht aus.[82]

Die kämpferische Moral der Franzosen – von Politikern wie von Soldaten – nahm so schnell ab, wie die Deutschen vorrückten. Zivilisten flohen zu Hunderttausenden. Die Ju 87, Sturzkampfflugzeuge der Junkers-Werke, waren mit Heulsirenen ausgestattet, im Landserjargon »Jerichotrompeten«. Die Briten und Franzosen hatten zu der Zeit gar keine Stukas und über solche mit Sirenen sollten sie nie verfügen.[83] Am Himmel von Messerschmitts 109 gegen feindliche Jäger abgesichert, waren die Ju 87 ausgezeichnet bei der Verbreitung von Furcht und Schrecken; sie waren schneller, als die Operateure der Flugabwehrgeschütze gucken konnten.

Das Wort »Blitzkrieg« war in Deutschland kein offizieller militärischer Begriff, sondern wurde von der westlichen Presse erfunden.[84] In Britannien machte Pessimismus sich breit. »Mass Observation«, ein staatlich organisiertes Netzwerk von Leuten, die ausschwärmten und die Bürger landesweit nach ihrer Meinung befragten, sammelte schlechte Nachrichten: Die Menschen waren furchtsam und niedergeschlagen. In den oberen Rängen der politischen Gesellschaft gab es sogar einige, die einen Separatfrieden mit Hitler schließen wollten.[85]

Winston Churchill, der Verteidiger von Empire und Vaterland, der Parlamentarier und Monarchist, hielt am 13. Mai im Unterhaus eine kalkuliert kurz gehaltene Rede: »Freitagabend erhielt ich den Auftrag Seiner Majestät, eine neue Regierung zu bilden. Es war der deutliche Wunsch und Wille des Parlaments und der Nation, dass diese Regierung auf einer möglichst breiten Basis gebildet werden und alle Parteien einschließen solle.« Gemeint waren die Konservativen, die Labour-Partei und die Liberalen. Seine Rede beendete er mit dem wohl bekanntesten Zitat des Zweiten Weltkriegs: »Ich hoffe, dass jeder meiner Freunde und jeder meiner jetzigen oder früheren Kollegen, der von der Regierungsbildung berührt ist, den etwaigen Mangel an Förmlichkeit nachsehen wird, mit dem wir vorgehen mussten. Ich möchte dem Haus dasselbe sagen, was ich den Mitgliedern dieser Regierung gesagt habe: ›Ich habe nichts zu bieten als Blut, Mühsal, Tränen und Schweiß‹.«[86] Die Große Koalition beschloss, dass die nächsten Parlamentswahlen erst nach Ende des Krieges stattfinden würden.

11. Kapitel

KRIEG IN FRANKREICH UND ENGLAND

1 April 1939. Churchill spricht zu jungen Leuten vor einem Rekrutierungszentrum. Britannien rüstet sich für den Krieg.
2 Juni 1940. Ein Schiff nimmt die am Strand von Dünkirchen noch verbliebenen Soldaten an Bord.
3 Nach dem deutschen Bombenangriff vom 10. Mai 1941 besucht Marineminister Churchill das Unterhaus, um die Zerstörung mit eigenen Augen zu sehen.

In seiner Rede vom 13. Mai 1940, mit der das vorige Kapitel endete, sagte Churchill: »Uns steht eine Prüfung von allerschwerster Art bevor. Wir haben viele, viele lange Monate des Kämpfens und des Leidens vor uns. Sie werden fragen: Was ist unsere Politik? Ich erwidere: Unsere Politik ist, Krieg zu führen, zu Wasser, zu Land und in der Luft, mit all unserer Macht und mit aller Kraft, die Gott uns verleihen kann; Krieg zu führen gegen eine ungeheuerliche Tyrannei, die in dem finsteren, trübseligen Katalog des menschlichen Verbrechens unübertroffen bleibt. Das ist unsere Politik. Sie fragen: Was ist unser Ziel? Ich kann es in einem Wort nennen: Sieg – Sieg um jeden Preis.«[1]

Der »einzelgängerische Elefant«

Für gewöhnlich zeugt es von verantwortungsloser Sturheit, einen Krieg zu führen, ohne die Möglichkeit in Aussicht zu stellen, ob er nicht rasch zu Ende gebracht werden könne, und ohne die Frage zu beantworten, wie er gewonnen werden soll. Nach dem Hin und Her der 1930er Jahre war Churchills martialische Rhetorik freilich angemessen. Das bedeutete nicht, dass die Briten auf einmal kollektiv vom Geist des Widerstands erfüllt gewesen wären. Der Politiker und Historiker Roy Jenkins meinte, sofern von einer »landesweiten Stimmung« überhaupt gesprochen werden könne, habe sie darin bestanden, dass die Bürger es vorzogen, an eine mögliche Niederlage gar nicht erst zu denken.[2] Allerdings spricht einiges dafür, dass genau das es ist, was kollektive Tapferkeit ausmacht: einfach so zu tun, als gehe es um nichts Besonderes – »keep calm and carry on«. Hätte der Premierminister irgendwelche anderen Kriegsziele als den »Sieg um jeden Preis« erwogen, es hätte den allgemeinen Gleichmut bloß gestört.

Natürlich blieben nicht alle Bürger stoisch gelassen. Das Informationsministerium gab nicht nur vor, welche Nachrichten die Zeitungen im nationalen Interesse unterschlagen sollten, es sammelte auch Erkenntnisse über die Stimmung im Land. Colville bemerkte, dass in den »Unterschichten« die Auffassung weit verbreitet sei, der Krieg werde für »Finanz- und Oberklasseninteressen« geführt. Im Mai 1941 notierte er: »Die Leute glauben offenbar, dass ›die herrschenden Klassen‹ vom Krieg profitieren – was sie ganz gewiss nicht tun.« Und noch eine andere Beobachtung hielt Colville fest: »Die Leute sind es leid, von der regierungsamtlich bestellten BBC-Propaganda beschallt zu werden, von der Art ›Wir verlieren doch nicht etwa den Mut?‹«

Churchill selbst war für die Filterung der Nachrichten: Ihm war wichtig, dass nicht alle Rückschläge und Niederlagen gemeldet wurden. Das schade nur der Moral. Am 28. Mai 1940 erließ er einen Befehl an alle Minister und hohe Beamte: Unerlässlich sei es, die Zuversicht zu verbreiten, »dass wir fähig und in unserem Willen unerschütterlich sind, den Krieg fortzuführen, bis wir den Willen des Feindes gebrochen haben, ganz Europa unter seine Herrschaft zu bringen.«[3] Manchmal ließ er sich Zuschriften aus dem Volk vorlegen. Ein Bürger schrieb, mit dem »politischen und sozialen Klassendenken« sei es so gut wie vorbei; mit seiner roten Tinte markierte Churchill den Satz »England ist erfüllt vom Gefühl allgemeiner Freundlichkeit und Hilfsbereitschaft«.[4] Genau so sollte die Nation sich sehen. Rhetorisch half er bei der Konstruktion dieses britischen Selbstbilds, das sich verfestigte, je länger der Zweite Weltkrieg zurücklag.

Während seiner ersten Wochen im Amt wurde Churchill im Unterhaus und in Whitehall immer noch mit Misstrauen beäugt. Maurice Hankey, die graue Eminenz von Whitehall, zugleich Mitglied des neuen Kriegskabinetts, bezeichnete Churchill mit einem zoologischen Ausdruck als einen »einzelgängerischen Elefanten«.[5] Einzelgänger sind ungesellige Tiere, die sich ohne Rückhalt in der Herde ganz allein durchschlagen, bis ihr Schicksal sie ereilt. Churchill hätte dieser Charakterisierung wohl nicht einmal widersprochen, nur dass er das Einzelgängertum als Vorteil betrachtete, ganz nach dem Motto »It is lonely at the top«. Aus seiner Sicht war nicht er bei den Dardanellen und in Norwegen gescheitert, sondern alle anderen, die ihn beim Umsetzen seiner angeblich hervorragenden Pläne behinderten, »weil ich von meiner untergeordneten Stellung aus« nicht volle Befehlsgewalt hatte. »Steht man dagegen an der Spitze, wird alles viel einfacher. Ein anerkannter Führer muss nur dessen sicher sein, was vor allem zu geschehen hat, oder doch zum mindesten in seinen eigenen Gedanken eine Entscheidung getroffen haben.«[6] In Letzterem war Churchill ausgezeichnet: Zu seinen Entscheidungen stand er unverrückbar – bis er sie änderte.

Chamberlains Privatsekretär, der eifrige Tagebuchschreiber John Colville, wurde von Churchill übernommen, als einer von vier Sekretären. Schnell revidierte er sein schlechtes Urteil über den neuen Chef. Im Juni 1940 erzählte ein Parlamentsabgeordneter ihm, »wie sehr er sich verändert hat, seitdem er P. M. ist. Er ist wieder nüchtern, weniger aufbrausend, nicht mehr so gereizt, weniger hitzig.«[7] Je besser Colville den Premier kennenlernte, desto mehr mochte und bewunderte er ihn; er ließ sich darauf ein, Churchills exzentrische Gewohnheiten und seine kindischen Anwandlungen von der komischen Seite zu nehmen.

Während einer wichtigen Konferenz wechselte Churchill vor aller Augen seine Strümpfe. An einem Türrahmen rieb er seinen Rücken, als wäre er ein Bär und der Türrahmen ein Baum: »Muss ich aus Ägypten mitgebracht haben«, brummte er.[8] John Colville wurde von Churchill und engeren Bekannten Jock gerufen – nach ihm hieß die dunkelgelbe Katze in Downing Street. Für seine Verhältnisse lebte Churchill nun ausgesprochen diszipliniert. Seine Mitarbeiter behandelte er wie Familienangehörige oder gute Freunde: Er hatte vor ihnen keine Geheimnisse und konnte sich darauf verlassen, dass sie sein Vertrauen nicht enttäuschten.[9] »Wenn er krank war«, erinnerte sich eine Stenotypistin, »sehnten wir uns nach dem vertrauten Churchill, der ungeduldig aufbrauste, schimpfte, mit dem Fuß aufstampfte, wütend losbellte und schließlich mit einem Augenzwinkern verzieh« – worauf seine Mitarbeiter nur gewartet hatten und ihrerseits dem Chef sofort alle Ausfälligkeiten vergaben.[10]

Gleich zu Beginn seiner Amtszeit als Premier gab Churchill bekannt: Sämtliche Anordnungen, die er erteile, hätten nur dann Gültigkeit, wenn sie aufgeschrieben seien.[11] Zum einen diente ihm das

Schrifttum als eine Grundlage für seine Geschichte des Zweiten Weltkriegs; so wie er als journalistischer Profi seine Parlamentsreden auch im Hinblick auf die Nachwelt hielt. Zum anderen erlaubte ihm die Anweisung, sich gegenüber den Angehörigen des Generalstabs hemmungslos, von seiner Redelust beflügelt in der Ausgabe von Befehlen zu ergehen, die er selbst am nächsten Tag nicht mehr für gut hielt.

Wie diktatorisch Churchill den Generalstab zu bevormunden suchte, liegt im Auge des Beschauers. Ian Jacob, der stellvertretende Sekretär des Kriegskabinetts von 1939 bis 1945, hat das Gerangel zwischen dem Premier und den obersten Befehlshabern ziemlich gut beschrieben: Wenn ein Problem ihn beschäftigte, war er davon durch nichts abzubringen. Sowie er wusste, was er wollte, »räumte er jede Opposition aus dem Weg« und drückte seine Vorstellungen durch. Oft genug waren die von ihm geplanten Maßnahmen »unvernünftig oder mit den vorhandenen Ressourcen nicht durchführbar«. »Das irritierte ihn nicht im Geringsten.« Er verfolgte seinen Kurs, bis sich herausgestellt hatte, dass fehlende Ressourcen herbeigeschafft werden konnten, oder er schließlich einräumen musste, »dass sein Vorschlag nicht gut war oder durch einen besseren ersetzt werden konnte.« Sehr oft waren es die Stabschefs, die seine Pläne bearbeiten und gegebenenfalls dagegen angehen mussten. »Manchmal blieb er stur, manchmal gab er nach«, Letzteres aber erst, nachdem er sie durch alle Etappen des Entscheidungsprozesses getrieben hatte. »Nie habe ich ihn sagen hören«, schrieb Jacob, »er habe keine Zeit oder es sei zu spät in der Nacht oder etwas könne aufgeschoben werden.« Aufgeschoben wurde allenfalls, was er nicht durchsetzen konnte. In solchen Fällen regte er an, die strittige Frage in einer späteren Diskussion zu klären. Sowie er meinte, bessere Karten zu haben, kam er dann darauf zurück.

Diese Darstellung Ian Jacobs lässt keinen Zweifel: Churchill war als Chef nicht angenehm. Er war höchst anstrengend bei Planungen und vergeudete oftmals Zeit und Energie der Beteiligten. Sinnbilder seiner Ungeduld waren die roten Notizzettel, die er drucken ließ, auf deren oberem Rand die imperative Aufforderung stand: »ACTION THIS DAY«. Er war meistens sehr gut informiert, zum Leidwesen der Stabschefs mitunter zu gut: Es dauerte, bis die Argumente ihm ausgingen, mochten sie auch unzulänglich sein. Das war seine unangenehme

Seite. Andererseits aber hatten Generale und Admirale in dem Premierminister einen Kriegsführer, der im guten Sinn fordernd war, und dafür wurde er geschätzt, ja verehrt.[12]

Heroische Logistik: Dünkirchen

Sofort nach Amtsantritt reiste Churchill mehrmals nach Paris. Statt seiner hätten die Franzosen lieber zusätzliche zehn Staffeln von Jagdflugzeugen empfangen. Aus ihrer Sicht geizten die Briten damit, während diese um die Sicherheit ihres Landes besorgt waren. Der Chef des Jagdkommandos in England, Luftmarschall Hugh Dowding, empfahl dringend, 25 Jägerstaffeln zu behalten.[13] In jenen Wochen waren fünf Millionen französische Flüchtlinge auf dem Weg aus der Kriegszone nach Süden; Pferdefuhrwerke, Fahrräder, Kinderwagen blockierten die Straßen. Von den dreißig französischen Divisionen, die auf dem Papier noch existierten, hatten elf nur mehr die Hälfte ihrer Schlagkraft und 13 lediglich ein Viertel.[14] Vergeblich baten der Präsident Paul Reynaud und Churchill den amerikanischen Kollegen Franklin Delano Roosevelt um Beistand. Laut einer Gallup-Meinungsumfrage waren von 14 Amerikanern 13 dagegen, dass die USA sich in den europäischen Konflikt einmischten. Der US-Kongress stimmte mit den Wählern. Roosevelt waren die Hände gebunden.[15] Von den Belgiern fühlten die Franzosen sich ebenfalls im Stich gelassen, weil sie die Deutschen nicht aufgehalten hatten. Reynaud und auch die Briten sahen nicht, dass die belgischen Truppen tapfer kämpften und bis zum 28. Mai aushielten, obwohl die Briten ihre flankierenden Einheiten bereits Richtung Kanalküste abgezogen hatten.[16]

Am 27. Mai 1940 drohte Außenminister Halifax mit Rücktritt, wenn er nicht in Friedensverhandlungen mit Deutschland eintreten dürfe. Churchill wäre zu Gesprächen bereit gewesen, sofern »Herr Hitler« – er nannte ihn meistens »that man« – sich mit der Rückgabe der deutschen Kolonien und der Herrschaft über Mitteleuropa zufriedengeben würde. Das hielt Churchill jedoch für ausgeschlossen, womit Friedensverhandlungen für ihn nicht in Frage kamen. (Gegen Ende des Jahres entledigte er sich Halifax', indem er ihn als Botschafter nach

Washington entsandte. Der Holy Fox hat die Zeit in den USA fern von seinem heimischen Landsitz wenig genossen.[17])

Vor den von Nordosten und Süden voranpreschenden Deutschen zogen die Alliierten ihre Truppen an die Kanalküste zurück. Das Kriegskabinett unter Churchill und General Ramsay, der mit seinem Stab in den Kellern unter Dover Castle Quartier genommen hatte, überlegte fieberhaft, wie es die Soldaten retten konnte. Eile war geboten. Der Codename des Unternehmens lautete »Dynamo«. Die schnellste Schiffsroute über den Ärmelkanal führt von Calais nach Dover, aber die Hafenanlagen von Calais waren zerbombt. Unaufhaltsam stießen die deutschen Panzer unter Heinz Guderian Richtung Boulogne, Calais und Dünkirchen vor. Boulogne musste alsbald aufgegeben werden, die Truppen dort wurden von Kreuzern aufgenommen und nach England gebracht. »Jetzt entschied ich«, schrieb Churchill in seinen Kriegserinnerungen, »dass die Besatzung« von Calais »nicht zur See evakuiert werden dürfe […] Es war schmerzlich, diese prächtigen Truppen zu opfern, deren wir so wenige besaßen, und nur um des zweifelhaften Vorteils willen, zwei oder vielleicht drei Tage zu gewinnen.«[18]

Die Deutschen sollten glauben, Calais sei das Zentrum des Geschehens, während Hunderttausende Soldaten sich an dem langen Sandstrand vor Dünkirchen sammeln konnten. Die britischen Truppen in Calais samt achthundert Franzosen waren angehalten, den Standort unter allen Umständen zu verteidigen. Die Ordre, buchstäblich bis zum letzten Mann zu kämpfen und entweder zu sterben oder in Gefangenschaft zu geraten, erreichte den britischen Brigadier Claude Nicholson in der Nacht vom 24. auf den 25. Mai 1940. Jemand im War Office begründete das damit, dass es »aus Solidarität mit den Alliierten« nötig sei. Als man das Churchill am Morgen des 25. Mai zu lesen gab, war er außer sich. Für etwas so Unkonkretes wie »alliierte Solidarität« zu sterben: lächerlich! Er reformulierte den Befehl: »Das Empire blickt auf Calais. Die Regierung Seiner Majestät vertraut darauf, dass Sie und Ihr hervorragendes Regiment Britannien Ehre machen werden.«[19]

Zu den eindrucksvollsten altgriechischen Sätzen gehört dieser: »Wanderer, kommst du nach Sparta, verkündige dorten, du habest uns hier liegen gesehen, wie das Gesetz es befahl.« Das soll auf einem Gedenkstein gestanden haben, errichtet zu Ehren der Spartaner, die sich beim Engpass der Thermopylen im Jahr 480 v. Chr. den Persern unter Xerxes entgegenstellten. Sie hielten die persischen Kämpfer auf und ermöglichten so die Evakuierung Athens. In diesem Sinn handelten die alliierten Truppen in Calais. Mit ihrer Bereitschaft zur Selbstaufopferung wurden nicht einige Tage, sondern lediglich acht Stunden gewonnen, während denen das Gros der alliierten Truppen sich nach Dünkirchen zurückzog.[20] Für einen Soldaten, der sich innerlich bereit macht zu sterben, ist es allerdings einerlei, wann der Tod ihn ereilt, ob in acht oder 48 Stunden.

Am Abend des Tages, da er die Rifle Brigade aufforderte, bis zum letzten Mann auszuhalten, war Churchill beim Abendessen »ungewöhnlich schweigsam«. Seinen Privatsekretär John Martin bat er, ein Zitat aus einem Gebet des im 19. Jahrhundert bekannten Missionars George Borrow zu finden. Am 26. Mai 1940 kapitulierte Calais. Der tapfere Kommandeur Claude Nicholson nahm sich 1943 in deutscher Gefangenschaft das Leben. Das gesuchte Zitat lautet: »Fürchte nicht den Ausgang, es wird dein Ende von majestätischer Größe sein und beneidenswert, oder der Herr wird deine Herrschaft über die Meere fortdauern lassen.«[21] Das hätte Churchill selbst formulieren können, vielleicht sogar besser. Er benötigte offenbar traditionsgestützten verbalen Beistand.

Selbst wenn die Rifle Brigade die Deutschen zwei oder drei Tage lang hätte aufhalten können, wäre damit wenig gewonnen gewesen. Wären die deutschen Panzer weiter vorgedrungen, hätten sie Dünkirchen schnell genug erreicht, um das Britische Expeditionsheer und mehr als hunderttausend Franzosen zu erledigen. Aber nun geschah, was sich für die Alliierten (und auch für manche deutsche Generale) wie ein Wunder ausnahm, so irrational schien es zu sein: Generaloberst Gerd von Rundstedt war der schnelle Vormarsch der deutschen Truppen nicht ganz geheuer. Eigenmächtig ließ er die Truppen stoppen. Darauf entzog das Oberkommando des Heeres ihm die Befehlsgewalt. Als Hitler davon erfuhr, setzte er Rundstedt umgehend wieder ein und insistierte auf dem Haltebefehl. Über die Gründe für diese folgenreiche Fehlentscheidung ist viel spekuliert worden. Wollte Hitler dem OHK zeigen, wo Barthel den Most holt? Wollte er die Panzer für andere Operationen aufbewahren? Hatte er die Nerven verloren (es wäre nicht das erste Mal gewesen)?[22] Wie auch immer: Die deutschen Panzer drangen nicht weiter vor. Tausende französische Truppen sicherten in einem Halbbogen das Areal vor Dünkirchen auf einer Länge von etwa dreißig Kilometern, um Zeit für die Evakuierung zu gewinnen. Auch sie rechneten damit, dass sie wohl eher nicht überleben würden.[23]

Es gab ein weiteres Problem. Kreuzer und Zerstörer standen für die Aufnahme der Soldaten bereit. Die See vor Dünkirchen ist über elf Kilometer hin seicht. Kriegsschiffe haben aber Tiefgang. Zu Beginn war eine Pier nutzbar, bis sie zerschossen wurde. Weil Not manchmal wirklich erfinderisch macht, hatte Ramsay in Dover Castle einen genialen Einfall.

Er requirierte alle kleinen Boote an der südenglischen Küste, die als Transportfahrzeuge in Frage kamen: Ausflugsboote, Raddampfer, Fischerboote, Lastkähne, Barkassen, Fähren, Schlepper, Rettungsboote. Wenn private Eigner mühelos ausfindig gemacht werden konnten, wurde ihnen freigestellt, selbst über den Ärmelkanal zu steuern, die Soldaten am Strand von Dünkirchen einzusammeln und zu den großen Schiffen zu bringen oder direkt nach England. Einige ließen sich auf die hochriskante Fahrt ein. Zusammen mit den staatlichen Booten, deren Zahl die der Privatboote übertraf, umfasste die originelle Flotille 372 Fahrzeuge. Die Hälfte davon wurde versenkt. Französische Kriegsschiffe bemühten sich, den Evakuierungsbooten bei der Fahrt über den Kanal beizustehen, vor den in der See ausgebrachten Minen konnten sie allerdings wenig Schutz bieten.

Deutsche Kampfflieger attackierten die Gegend um Dünkirchen ohne Unterlass. Die Soldaten, die in verlassenen Gaststätten die verbliebenen Nahrungsmittel eingesammelt und sich am Strand Sandlöcher gegraben hatten, fühlten sich allein gelassen. Die Deutschen hatten die Wasserwerke zerstört. Solange der Vorrat reichte, tranken die Männer stattdessen Wein; das Essen wurde knapp; sie waren unter Beschuss. Wo blieb die Royal Air Force!? Doch, sie war da, sie band die deutsche Luftwaffe ungefähr sieben Kilometer entfernt von Dünkirchen. Davon bekamen die Männer am Strand aber so gut wie nichts mit. Ihr Zorn auf die Royal Air Force war so groß, dass vereinzelten Piloten, die es an den Strand verschlagen hatte, dringend geraten wurde, sich eine andere Uniform zu beschaffen.

Das Wetter half den Alliierten: Der Himmel war bewölkt. Zudem vernebelte der von brennendem Öl aufsteigende Rauch der zerbombten Raffinerie von Dünkirchen die Sicht. Dann endlich kamen die kleinen Boote, in Frankreich werden sie bis heute anerkennend – wenn auch nicht ganz korrekt: ein »Schiff« ist länger als ein Boot – »the little ships« genannt. Am 4. Juni verließ das letzte veritable Schiff die französische Küste. Es ging in Richtung der weißen Kliffs von Dover, seit Jahrhunderten britischen Seeleuten das Wahrzeichen für die glückliche Heimkehr. Insgesamt waren 861 Schiffe und Boote im Einsatz, davon 693 aus Britannien. Rund 338 000 Soldaten der Alliierten wurden gerettet, darunter ungefähr 140 000 französische, belgische und polnische Truppen. Letztere erhielten die Einladung, an der Seite der Briten weiterzukämpfen; die allermeisten Franzosen wollten nach Haus zurückkehren, sie hatten genug vom Kriegführen.

Die Masse der britischen Berufsarmee wurde gerettet. Anderenfalls hätte es schlecht um Großbritannien gestanden. Schlimm genug war es, dass das Expeditionsheer und die Verbündeten ihr gesamtes Gerät, darunter etwa 64 000 Fahrzeuge und 2472 Geschütze, an der französischen Küste zurücklassen mussten. Die Soldaten hatten sich bemüht, möglichst viel davon unbrauchbar zu machen. Aber das alles fehlte nun und war nicht auf die Schnelle ersetzbar. In den Fabriken wurde rund um die Uhr gearbeitet. Viele Frauen, die bloß zu Mutterschaft und Haushaltsführung erzogen waren, erwiesen sich als gelehrige und dann gute Mechanikerinnen. Kinder von 14 Jahren arbeiteten siebzig Stunden pro Woche, weniger gut. Die Arbeitsumstände in den Fabriken waren erbärmlich.[24] Die evakuierten Soldaten – auf ihr bloßes Überleben reduziert und ohne militärische Meriten – wussten nicht, wie ihnen geschah, als sie an englischen Häfen und bei der Weiterfahrt mit der Eisenbahn an den Bahnhöfen von jubelnden Menschen mit Blumen, Gebäck und warmem Tee empfangen wurden, wie Helden.

Ganz Britannien freute sich, dass die Jungs wieder zu Hause waren. Am 4. Juni hielt Churchill im Unterhaus eine glanzvolle Rede. Er erklärte, was sich abgespielt hatte, erwähnte das deutsche Volk, »das sich immer so bereitwillig dazu anleiten lässt, die Freiheitsrechte und die Kultur anderer Länder, derengleichen es niemals in seinem eigenen Lande besaß, niederzutrampeln.« Ein vielzitierter Satz dieser Rede: »Wir müssen vorsichtig vermeiden, die Befreiung als Sieg zu feiern; Kriege werden nicht durch Evakuierungen gewonnen.« Aber »ein Sieg« war es gleichwohl, und diesen habe die Air Force errungen. Churchill würdigte die Unternehmer und die Arbeiterschaft: Die »haben ihre Sonderinteressen, Rechte und Gepflogenheiten beiseitegeschoben und sie dem Allgemeinwohl zum Opfer gebracht«.

Churchill wechselte in dieser Rede zwischen unbeschönigter Darstellung der Ereignisse und pathetischer Beschwörung der britischen Kraft: »Als Napoleon ein Jahr lang mit seinen Flachbooten und mit seiner großen Armee bei Boulogne lag, sagte ihm jemand: ›Es wächst manch bitteres Kräutlein in England.‹ Seitdem das Britische Expeditionskorps zurückgekehrt ist, gibt es deren zweifellos bedeutend mehr.« Die Kräutlein: Das waren die Soldaten, die nun, gestärkt von der Muttererde, mit frischem Mut weiterkämpfen würden.

Seine Rede beendete Churchill mit voller Wucht: »Wir werden ausharren, wir werden in Frankreich kämpfen, wir werden auf den Meeren und Ozeanen kämpfen, wir werden mit wachsender Zuversicht und zunehmender Stärke in der Luft kämpfen, wir werden unsere Insel verteidigen, was immer es uns auch kosten möge, wir werden auf den Dünen kämpfen, wir werden auf den Landungsplätzen kämpfen, wir werden auf den Feldern und in den Straßen kämpfen, wir werden auf den Hügeln kämpfen; wir werden uns niemals ergeben, und selbst wenn – was ich nicht einen Augenblick lang glauben kann – diese Insel oder ein größerer Teil von ihr unterjocht oder ausgehungert wäre, dann würde unser Weltreich jenseits der Meere, bewaffnet und beschützt von der Britischen Flotte, den Kampf fortführen, bis – sobald es Gott gefällt – die Neue Welt, mit all ihrer Kraft und Macht, vortritt zur Rettung und Befreiung der Alten Welt.«[25] Den Herrn erwähnte Churchill, weil ihm jede Kraft recht war, die Einfluss auf die US-Regierung ausüben konnte, und das bitte presto. Dass einige Offiziere in Dünkirchen ihre Mannschaften im Stich ließen, um sich ganz allein in Sicherheit zu bringen, erwähnte Churchill nicht – diese Männer wurden diskret ihrer Posten enthoben.

Die Luftschlacht um England

Obwohl die Briten viele französische Soldaten gerettet hatten, herrschte jenseits des Kanals das Gefühl, zu wenig Hilfe zu bekommen. Beim Nachdenken darüber, wie man Frankreich bei der Stange halten könne, kamen einige der im Carlton Club versammelten Tories nach Absprache mit ein paar Franzosen auf die Idee, Großbritannien und Frankreich sollten zu einer Nation vereint werden, mit einer gemeinsamen Kriegführung, der gemeinsamen Lenkung aller Streitkräfte, einer gemeinsamen Staatsbürgerschaft und – etwas später, wer weiß? – sogar mit einer gemeinsamen Währung und einem zweisprachigen Parlament.[26] Prominente Intellektuelle wie der Historiker Arnold Toynbee schlossen sich ihnen an. Nachdem Churchill – die Souveränität des Empire war ihm heilig – seine anfänglichen Vorbehalte aufgegeben hatte, stellte er sich hinter den Plan.

Das Kriegskabinett winkte den irrwitzigen Vorschlag durch; auch Chamberlain und Attlee erklärten sich einverstanden. Auf französischer Seite waren es neben anderen der Botschafter Charles Corbin und der Wirtschafts- und Handelsminister Pierre Cot; Jean Monnet (1888 bis 1979), ein einflussreicher Wirtschaftsexperte, wurde der »Präsident des Ausschusses für die Französisch-Englische Koordination« (nach dem Krieg gehörte er zu den maßgeblichen Begründern der Europäischen Gemeinschaft). Charles de Gaulle, Führer einer Panzerdivision, war nun Unterstaatssekretär für nationale Verteidigung und Mitglied des Obersten Rats zur nationalen Verteidigung (»Conseil supérieur de la défense nationale«), der Schnittstelle zwischen Armeeführung und Regierung. Er war es, der von London aus am 16. Juni den französischen Präsidenten Paul Reynaud telefonisch von dem Plan informierte. Churchill nahm ihm dem Hörer aus der Hand: »Hallo Reynaud! De Gaulle hat recht, unser Vorschlag hat enormes Potenzial. Sie müssen durchhalten!« Reynaud wäre gern darauf eingegangen, doch die militärischen Ereignisse überstürzten sich. Wenige Stunden nach dem Telefonat gab er sein Amt auf.

Im Vorjahr hatte die deutsche Luftwaffe Teile von Warschau zerstört, am 13. Mai 1940 legte sie die Innenstadt von Rotterdam in Schutt und Asche. Das wollten der Oberbefehlshaber der französischen

Streitkräfte und der Staatspräsident, die längst anderswo residierten, Frankreich ersparen: Sie erklärten Paris zur offenen Stadt. Am 14. Juni marschierten die Deutschen ein. Am 17. Juni war die französische Armee am Ende. Die Kapitulation erfolgte am 22. Juni.[27]

Gnädig erlaubten die Sieger der neuen Regierung unter dem greisen Marschall Philippe Pétain (1856 bis 1951), die südliche Hälfte Frankreichs zu verwalten und als Regierungssitz den beliebten Kurort Vichy zu wählen, wo viele komfortable Hotels zur Verfügung standen. Pétain, der sich im Ersten Weltkrieg vor allem bei der Schlacht vor Verdun große Verdienste erworben hatte, brachte keine Widerstandskraft mehr auf. Er ergab sich der Schande der Kollaboration. 1968 sagte de Gaulle: »Das war ein außergewöhnlicher Mann, ein außergewöhnlicher Chef. Dieser Meinung bin ich noch immer. Das Unglück für Frankreich wie für ihn wollte es jedoch, dass er schon 1925 gestorben ist und dass er das nicht wahrnahm.«[28]

Nach Frankreichs Kapitulation standen Großbritannien und sein Commonwealth allein da. In jenen Wochen erwogen Churchill und das Kriegskabinett, mit Hitler zu einem Ausgleich zu kommen; wie so viele Dinge erwähnte Churchill das in seiner Darstellung des Zweiten Weltkriegs nicht, sondern behauptete das Gegenteil: Kein einziges Mal sei darüber im Kriegskabinett diskutiert worden.[29] Am 18. Juni hielt Churchill im Unterhaus eine Rede, deren letzter Satz berühmt wurde. Er pries »den heldenhaften Widerstand« der französischen Armee, verteidigte die Entscheidung, nicht mehr Truppen und Flugzeuge nach Frankreich entsandt zu haben, berief sich auf die Stärke der Royal Navy und rief alle dazu auf, mutig der Zukunft entgegenzublicken: »Wenn wir die Vergangenheit mit der Gegenwart streiten lassen, dann werden wir die Zukunft verlieren.« Er schloss mit den Worten: »Rüsten wir uns daher zur Erfüllung unserer Pflicht; handeln wir so, dass, wenn das Britische Weltreich mit seinem Staatenbund noch tausend Jahre besteht, die Menschen immer noch sagen werden: ›Das war ihre größte Stunde!‹«[30]

Unwillig erklärte er sich bereit, diese Rede um neun Uhr abends im Radio zu wiederholen. Sie kam bei den Zuhörern weniger gut an als bei der Nachwelt. Die Mitarbeiter von Mass Observation stellten fest: Manche Hörer fanden gut, dass er die Dinge nicht beschönigte;

andere meinten, er habe betrunken geklungen. Viele hatten den Eindruck: Sein Tonfall stehe im Widerspruch zu seinen aufmunternden Worten. Zur Niedergeschlagenheit hatte Churchill an jenem Tag allen Grund. Er musste gegen die eigene Stimmung anreden. Um den Franzosen entgegenzukommen, die sich im Stich gelassen fühlten,[31] hatte er doch wieder Truppen nach Frankreich gesandt. Was aus denen werden würde, stand in den Sternen. »Wenig überraschend, dass seine Kritiker im inneren Kreis der Macht« von dieser Entscheidung »entsetzt waren«. Fast alle hohen Beamten in Whitehall und die militärischen Führungskräfte wussten, dass Frankreich nicht zu retten war. Gefühlsbestimmte Kriegführung! Berufsmilitärs waren irritiert.[32]

In seiner Position als Verteidigungsminister hatte Churchill einen ihm persönlich zugeordneten Stabschef, Generalmajor Hastings Ismay. Der bemühte sich, den Premier aufzumuntern: »Wir werden die Schlacht um Britannien gewinnen.« Churchill schaute ihn abfällig an und fauchte: »Sie und ich werden in drei Monaten tot sein.«[33] In jenen Wochen gab es für ihn eigentlich nur einen Fortschritt: Im Umgang mit dem Radio wurde er zunehmend sicherer; seine sieben Reden an die Nation zwischen Mai und Dezember 1940 gerieten immer besser. Für sich allein genommen, reichten Churchills Rundfunkansprachen jedoch nicht hin, die Briten bei Laune zu halten.[34]

Ein englisches Sprichwort sagt: »It takes two to tango.« Churchill und die Bürger des Vereinigten Königreichs harmonierten in diesen Jahren gut miteinander: Er führte, die Briten erwiesen sich als anpassungsfähig. Zwar war das Alltagsleben der meisten nicht von Churchills Reden bestimmt; aber seine Präsenz verlieh den Menschen innere Stabilität. Die Leute machten, was sie für nötig hielten. Die wenigsten führten ihre Art, mit dem Krieg fertigzuwerden, auf seine Ansprachen zurück. Wenn sie befragt wurden, wie die jüngste Rede des Premierministers angekommen sei, antworteten viele, als ob sie nach ihrer Meinung zu einem Kinofilm gefragt worden wären. Churchills Reden beeinflussten die Bevölkerung auf andere Weise. Er war da! Er gab nicht nach! Sein Habitus gab den Menschen ein Gefühl von Zuversicht selbst angesichts einer drohenden Invasion. In der altgriechischen Mythologie trägt der Titan Atlas die Weltkugel. In aller Regel wird er mit unter der Last gebeugten Schultern dargestellt. Das genau war tatsächlich sehr oft Churchills Haltung. Mit geduckten Schultern und entschlossen vorgerecktem Kinn vermittelte er der Nation: Ich trage Britannien; in sorgenfreien Stunden könnt ihr Tango tanzen gehen.

Hitler war enttäuscht von Churchill: Wenn der ihm doch nur freie Hand auf dem Kontinent gegeben hätte! Dem Premierminister lastete er an, dass er sich nun genötigt sah, die Invasion Britanniens in Planung zu geben. Am 16. Juli erteilte er den Befehl zur Vorbereitung des »Unternehmens Seelöwe«, der Landung in England. Nebenbei, so meinte er, könne er Stalin und der sowjetischen Führung damit vorgaukeln, dass er absolut gar keine Absicht hege, ihr Reich zu überfallen.[35] Schon im Juni 1940 hatte die Luftwaffe begonnen, England zu bombardieren. Am 24. August, ohne von Hitler dazu autorisiert zu sein, nahm sie zivile Ziele in London unter Beschuss. Die Briten rächten sich mit Angriffen auf Berlin, woraufhin Hitler in Rage befahl, London und andere Städte systematisch anzugreifen.[36] Das Propagandalied »Bomben auf Engelland« wurde ein Gassenhauer.

Während die Briten etliche ihrer Flugfelder sicherheitshalber zerstörten und dafür alle verfügbaren Bagger requirierten,[37] bauten die Deutschen neue in Nordfrankreich. Landungsboote wurden an der nordfranzösischen Küste bereitgestellt. Die Luftschlacht um England, die sich später auch auf Ziele in Schottland und Wales erstreckte, begann am 13. August. Die deutschen Bomber aus den Heinkel- und Junkerswerken, eskortiert von Jagdflugzeugen, waren weniger effektiv als erhofft. Dafür ausgelegt, Schlachten am Boden zu unterstützen, fehlte es ihnen für einen strategischen Bombenkrieg an Leistungsfähigkeit.[38] Die deutschen Piloten der Me 109 waren verblüfft, als sie am Himmel auf die Supermarine Spitfires trafen, den eigenen Maschinen durchaus ebenbürtig.

Die Spitfire, ein einsitziger Jäger, war ein Propellerflugzeug von großer Wendigkeit. Alle Piloten mochten sie, schön anzusehen war sie auch. Nicht zuletzt wegen Churchills Drängen bekam die Flugzeugproduktion Auftrieb. Die Hurricane war ebenfalls ein guter Jäger. Im Sommer 1940 produzierten die Fabriken Vickers und Hawker monatlich fünfhundert Spitfires und Hurricanes, während die Messerschmitt-Werke nur hundertvierzig Flieger liefern konnten. Lord Beaverbrook, der illoyale Freund, der als Minister für Flugzeugproduktion immer wieder mit Rücktritt drohte, war einige Monate lang ein guter Organisator: Mitte August besaßen die Briten 1032 Jäger, die Deutschen nur 1011. Allerdings und trotz der Aufnahme von Polen und Tschechen fehlte es der Royal Air Force an Piloten.[39] Der Militärhistoriker Stig Förster schließt: »Die Luftkämpfe zwischen den Jagdfliegern Me 109 und ›Spitfire‹ waren dramatisch und reif für spätere Verfilmungen, endeten aber allenfalls unentschieden. Dabei wäre ein klarer deutscher Sieg [für die Wehrmacht] nötig gewesen.«[40]

Trotz der langen Strecke sandten die Briten ihre Bomber nach Deutschland und sogar bis nach Berlin. Diese verfehlten zwar meistens ihre Ziele, versetzten die Bürger aber in erhebliche Unruhe: So hatten Goebbels, Göring und Hitler ihnen den Krieg nicht ausgemalt.[41] Die Deutschen ihrerseits griffen London im September 1940 heftig an. Die Bomben trafen den Arbeiterbezirk East End und den Buckingham Palace. (Westminster Palace wurde erst im Mai 1941 zerbombt, als die Büroräume des Parlaments schon ins Hauptquartier der Anglikanischen Kirche umgezogen waren.) Churchill besuchte das mitgenommene East End. Beim Anblick der Verwüstung brach er in Tränen aus. Eine Anwohnerin rief aus: »Look, he really cares!« Dass jemand aus der Oberschicht an ihrem Schicksal Anteil nahm, waren die Leute in East End nicht gewohnt.[42]

Anstatt sich auf strategisch nützliche Ziele zu konzentrieren, ließ Hitler im September und Oktober britische Städte bombardieren. Seine Hoffnung, es werde zu »hysterischen Massenerscheinungen« in der Zivilbevölkerung kommen, war verfehlt.[43] Viele Londoner legten den Engländern nachgesagten Pragmatismus an den Tag und suchten auf den Bahnsteigen der Untergrundbahn Zuflucht, obwohl niemand sie dazu eingeladen hatte.[44] Für Politiker und Beamte machten die Verkehrsbetriebe eine nahe Whitehall gelegene U-Bahn-Station zum Luftschutzquartier. Als er das erste Mal hinabstieg, war Churchill die dumpfige Atmosphäre ein bisschen zu viel: Wieder an der Erdoberfläche mochte er am Abend nichts essen. Bei seinem zweiten Besuch servierte das »London Passenger Transport Board« Kaviar und Champagner, Jahrgang 1928, und Brandy, Jahrgang 1865, und ausgezeichnete Zigarren. Das gefiel ihm.[45]

Viele Kinder übten sich darin, die eigenen Flugzeuge und die des Feindes am Klang der Motoren zu unterscheiden. Erwachsene standen ihnen nicht nach: Wenn deutsche Staffeln in Formation über Dover ankamen, versammelten sie sich an der Pier; das Schauspiel einer Luftschlacht über ihren Köpfen wollten sie sich nicht entgehen lassen. Jock Colville kommentierte sarkastisch: »Wie ermutigend, dass die Lust am Sightseeing größer ist als die am Überleben.«[46] Allerdings musste er beim Beobachten solcher Unvernunft nicht bis nach Dover blicken: Er hatte sie frei Haus. Churchillls »Lieblingsbeschäftigung« war es, bei Fliegeralarm auf das nächstgelegene Dach zu steigen, um das Spektakel zu betrachten.[47] In den Wohnräumen trug der Premier mitunter einen Stahlhelm zu seinem seidenen Drachenbademantel. Einen Stahlhelm setzte er, der Freund von militärischem Outfit, gern auf, nicht aber unbedingt, wenn es sinnvoll gewesen wäre: bei seinen Ausflügen aufs Dach.[48] Als Hauskleidung, auch für Langstreckenflüge, hatte er für sich entworfen, was er passend zum Geheul der Sirenen bei Fliegeralarm als »siren suit« bezeichnete. Es handelte sich um einen einteiligen Overall mit langen Ärmeln und aufgenähten Taschen. General Alan Brooke beschrieb den Dress als »rompers«, als Strampelanzug.[49]

Wie der weitere Schutz der Churchills und ihrer Entourage aussah, hat er in seiner Geschichte des Zweiten Weltkriegs, »in der Hoffnung, den strengen Ablauf dieser Darstellung aufzulockern«, beschrieben: »Die Downing Street besteht aus 250 Jahre alten, recht wackeligen Häusern, die von dem profitsüchtigen Unternehmer, dessen Namen sie trägt, ziemlich liederlich gebaut wurden. Zur Zeit der Münchner Krise waren für die Bewohner von Nummer 10 und 11 Schutzkeller gebaut worden, und in den Räumen, die auf der Höhe des Gartens lagen, hatte man die Decken durch hölzerne Unterdecken und starke hölzerne Streben verstärkt. Man meinte, auf diese Art würde man die Trümmer aufhalten können, wenn das Haus zusammenbrechen sollte; doch boten natürlich weder diese Räume noch die Kellergeschosse gegen einen Volltreffer Schutz. In den letzten Wochen des September [1940] wurden Vorbereitungen getroffen, um mein ministerielles Hauptquartier nach den moderneren und solideren Regierungsgebäuden bei Storey's Gate zu verlegen, die auf den St. James's Park schauen.

Wir nannten diese Gebäude den ›Annex‹. Hier wohnte ich mit meiner Frau bis zum Kriegsende bequem. […] Meine Frau hängte sogar unsere paar Bilder im Wohnzimmer auf, dessen Wände ich lieber kahl gesehen hätte. […] Vom Dach neben der Kuppel des ›Annex‹ hatte man in klaren Nächten einen großartigen Blick auf London. Hier errichtete man einen Beobachtungsstand mit leichter Bedachung gegen Splitter, und ich konnte bei Mondlicht dort auf und ab gehen und das Feuerwerk der Kämpfe und Brände betrachten. Unten lagen das Kriegsbüro [War Office] und eine Anzahl bombensicherer Schlafräume. Damals waren die Bomben allerdings auch kleiner als in den späteren Phasen. Doch in der Zwischenzeit, bevor wir die neuen Räumlichkeiten beziehen konnten, war das Leben in der Downing Street recht aufregend. Man hätte ebenso gut im Gefechtsstand eines Frontbataillons hausen können.«[50]

In Deutschland hielt sich eine grundlegende Sympathie für Britannien, die von der Reichsführung nicht aggressiv unterbunden wurde: »Die Mannschaft einer Berliner Flakstellung hielt 1940 während ihrer Dienstzeit nach RAF-Bombern Ausschau und führte in ihrer Freizeit Shakespeares ›Sommernachtstraum‹ auf.«[51] Was ist bemerkenswerter: dass die Soldaten Shakespeare lasen oder dass sie das Theaterstück einstudierten, obwohl es aus der Feder eines Angehörigen der feindlichen Nation stammte?

Ende der 1930er Jahre war die Radartechnik zur Anwendung bereit, eine britische Erfindung. Hugh Dowding, bis Oktober 1940 der Oberbefehlshaber des »Fighter Command«, des Kontrollzentrums der Royal Air Force, ließ an vielen Orten von der Kanalküste bis Schottland Radartürme errichten. Radar sendet Funksignale aus, die von sich nähernden Flugzeugen reflektiert werden, woraus sich Rückschlüsse auf ihre Entfernung, Position, Höhe und Geschwindigkeit ziehen lassen – in der Theorie, in der Praxis haperte es noch, weshalb in dem monumentalen Filmepos »Luftschlacht um England« von 1969 Laurence Olivier als Luftmarschall Dowding beim Anrücken der Deutschen feststellt: Nun helfe nur noch beten und vertrauen. Aha, er bete zu Gott und vertraue auf das Radarsystem, ergänzt sein Gesprächspartner. Nein, korrigiert ihn der Film-Dowding Olivier: »Ich vertraue auf Gott und bete für Radar.«

Die Deutschen besaßen zwar ein dem Radar vergleichbares Leitstrahlsystem; aber das war noch weniger ausgereift als das der Briten und funktionierte nie ganz perfekt.[52] Vielleicht auch deshalb unterschätzten sie die britische Technik. So vernachlässigenswert, wie sie meinten, war das »Dowding-System« nämlich nicht. Zusätzlich zu den Türmen standen an die dreitausend Freiwillige mit Ferngläsern, Sextanten-artigen Geräten und Sprechfunk auf Wacht. Anders als in Deutschland wurden alle Erkenntnisse zentral gesammelt. Das ermöglichte schnelle Reaktionen. Wenn die deutschen Flieger ankamen, wurden sie – nicht immer, aber sehr oft – schon von Spitfires und Hurricanes erwartet.[53]

Im September begannen die deutschen Großangriffe auf London. Über der Stadt hing ein Ring von 1500 Fesselballons. Auf dem Boden waren zweitausend schwere und leichte Flugabwehrgeschütze postiert. Auf deren Sperrfeuer legte Churchill besonderen Wert. Ihm kam es weniger darauf an, dass sie trafen, sondern auf den Krach, den sie machten: Furchtsam erwartungsvolle Stille in der Stadt, fand er, sei schlecht für die allgemeine Moral, und damit hatte er zweifellos recht.[54]

Hitler hatte London lange geschont. Nun, am 15. September 1940, begab sich die größte Bomberflotte, die bis dahin je gesehen – zweihundert Maschinen, begleitet von Abfangjägern –, auf den Weg. Die Piloten der Royal Air Force machten sich bereit. Aus Nordengland waren Staffeln hinzugezogen worden. Churchill fuhr zum Hauptquartier der 11. Jägergruppe in Uxbridge und erkundigte sich nach den Reserven. Die erfrischend präzise Antwort: »Es gibt keine.« Hugh Dowding schickte das gesamte zur Verfügung stehende Aufgebot in die Schlacht.

An jenem Tag schlugen rund 250 Spitfires und Hurricanes die deutsche Luftwaffe östlich von London in die Flucht. Das unbestreitbare Fazit: »Die Folgen dieser Niederlage ließen lange auf sich warten, doch sie garantierte den Fortbestand eines unabhängigen Großbritannien, und dies trug zweifellos entscheidend dazu bei, dass Hitler-Deutschland unterging.«[55] Ebenso richtig ist es, dass Bombenangriffe während des Zweiten Weltkriegs in Europa immer sehr teuer, aber »zu keinem Zeitpunkt eine kriegsentscheidende Strategie« waren. Die damaligen Befehlshaber von Heer und Marine wussten das.[56] Doch Churchill hatte ein Faible fürs Bombardieren, das von seinem Freund Professor

Lindemann vehement angefeuert wurde. Das Bombardieren Deutschlands hielt Churchill für so wichtig, dass er nicht bereit war, Langstreckenbomber für den Atlantik abzustellen, wo die deutsche Marine – U-Boote und Kampfschiffe – britischen Handelsschiffen nachsetzte.[57]

Die Luftschlacht um Britannien, die vom August 1940 bis zum Mai 1941 mit unterschiedlicher Intensität anhielt, war – rein militärisch gesehen – eine Materialschlacht, nur mit viel weniger Personal als bei den Materialschlachten des Ersten Weltkriegs. Auch in dieser Hinsicht war Churchills großer Satz angebracht: »Never in the field of human conflict was so much owed by so many to so few.« Dass so viele so wenigen so viel zu verdanken haben, bezog er nicht nur auf die Jäger, sondern ausdrücklich auch auf die britischen Bomber, »die oft unter heftigstem Feuer, oft mit schweren Verlusten« ihre Angriffe ausführen: »Ich zögere nicht zu behaupten, dass dieses Bombardieren der Kriegsindustrie und der Verkehrswege Deutschlands, der Flughäfen und Depots, von denen aus wir angegriffen werden, dass dieses Bombardieren [...] einen der sichersten, wenn nicht den schnellsten Weg zum Sieg darstellt.« Kenntnisreiche Parlamentskollegen teilten diese Überzeugung ganz und gar nicht. Aber als Churchill in seiner Rede wider besseres Wissen die »höchste Navigationstechnik« pries, die eine »sorgfältige Unterscheidung militärischer von nichtmilitärischen Objekten« möglich mache, hätten sie ihn schlecht mit dem Ruf unterbrechen können: Stimmt doch nicht![58]

Im Unterhaus wurde ebenso wie bei der BBC darauf geachtet, eigene Schwächen zu verhehlen und grundsätzlich nichts zu veröffentlichen, was den Deutschen nützen mochte. Darüber hinaus wollte Churchill die Amerikaner, deren Hilfe so nötig war, davon überzeugen, dass die Briten nicht bloß evakuieren, sondern auch angreifen und siegen konnten.[59] Das ganze Land, die Boulevardpresse eingeschlossen, achtete auf Diskretion. Die deutsche Devise »Achtung, Feind hört mit« war bei den Briten »Hitler hört mit« und musste der Bevölkerung nicht lange eingebimst werden. »Eine der eindrücklichsten Eigenschaften« der Nation war die schnelle Gewöhnung an Geheimniskrämerei. Es kam vor, dass ein verliebtes Paar erst nach der Hochzeit merkte, dass er und sie in nebeneinanderliegenden Gebäuden arbeiteten.[60]

Der General: Charles de Gaulle

Wäre es nach Charles de Gaulle (1890 bis 1970) gegangen, die französische Hauptstadt würde heute wohl recht anders aussehen. Er hatte sich 1940 dagegen ausgesprochen, Paris zur offenen Stadt zu erklären. Er wollte kämpfen. Bereits in den 1930er Jahren hatte er dafür plädiert, Panzerverbände zu schaffen, die mit Tempo ins Feindesland vorstoßen konnten.[61] Die Ideen, die er 1938 in dem Buch »La France et son armée« vorstellte, fanden bei seinen Landsleuten wenig Resonanz, umso mehr aber bei dem deutschen General der Panzertruppe Heinz Guderian – mit dem bekannten Ergebnis. Ursprünglich ein Protegé von Feldmarschall Pétain, hatte de Gaulle sich ihm schon Mitte der 1920er Jahre entfremdet. Mit der Vichy-Regierung wollte er nichts zu tun haben. Vom Juni 1940 an nahm er in London Quartier. Was ihm an Truppen fehlte, machte de Gaulle mit Führungswillen wett. Für den Geschmack seiner englischen Gastgeber besaß er davon fast zu viel.

Charles de Gaulle imponierte Churchill als »l'homme du destin«.[62] Er verwandte sich dafür, dass de Gaulle in der BBC eine Ansprache halten durfte. Das Kabinett war zunächst dagegen, die französische Regierung sollte nicht verärgert werden, doch angesichts der chaotischen Kriegsumstände in Frankreich kam man überein, so eine Rede könne nicht viel Schaden anrichten. Am 18. Juni, vier Tage, bevor Pétain den Waffenstillstand unterzeichnete, trug de Gaulle vor, was als »Gründungsdokument des *Gaullismus*« bezeichnet wird: »Dieser Krieg ist nicht auf das unglückliche Territorium unseres Landes beschränkt. Dieser Krieg ist nicht durch die Schlacht um Frankreich entschieden. Dieser Krieg ist ein Weltkrieg. […] Ich, General de Gaulle, augenblicklich in London, fordere die französischen Offiziere und Soldaten auf, die sich auf britischem Boden befinden oder dorthin gelangen, […] mit mir in Verbindung zu treten. – Was auch immer geschieht, die Flamme des französischen Widerstands soll nicht erlöschen und wird nicht erlöschen.« Am folgenden Tag wollte er verkünden, »im Namen Frankreichs zu sprechen«, und eine Exilregierung begründen. Das ging den Briten nun zu weit, die in jenen Tagen, wie schon erwähnt, ihren Staat mit Frankreich vereinigen wollten.[63]

Nach Frankreichs Niederlage war die Furcht vor einer deutschen Invasion größer denn je. Bei der Verteidigung war Churchill jedes »ehrenhafte« Mittel recht, wozu in diesem Fall offenbar auch die Ausbringung von Giftgas zählte. Er nahm an, die Deutschen würden es ebenfalls einsetzen, und regte an, im Fall einer Invasion die englischen Strände mit Senfgas zu überziehen. Als ein Kabinettskollege Zweifel äußerte, blaffte er: »Können wir nicht auf unseren Stränden machen, was wir wollen?«[64]

Churchill und das Kriegskabinett waren in Sorge um Frankreichs Kriegsflotte: sieben Schlachtschiffe, zwanzig Kreuzer, zwei Flugzeugträger und einige Dutzend Zerstörer. Die meisten lagen in Toulon und einigen Häfen an der nordafrikanischen Küste vor Anker. Keinesfalls sollten die in deutsche Hände fallen. Dem französischen Befehlshaber in Mers-el-Kébir, dem Militärhafen der algerischen Stadt Oran, wurde die Wahl gelassen. Im Lauf des 2. Juli 1940 erhielt der Admiral Marcel-Bruno Gensoul ein Ultimatum, das an sich recht zuvorkommend abgefasst war: Seine Schiffe sollten mit verringerter Besatzung England anlaufen, nach dem Krieg würde Britannien sie zurückgeben. Oder er solle zusammen mit Britannien kämpfen. Vorgeschlagen wurde als Drittes, er solle die Schiffe mit reduzierter Mannschaft nach einem französischen Hafen in Westindien überführen lassen. Bloß der Vollständigkeit halber wurde auch erwähnt, dass er seine eigene Flotte zerstören könne. Sollte nichts davon in Frage kommen, sähen die Briten sich genötigt, die Schiffe zu versenken.

Die Deutschen hätten gar nicht genügend Seeleute zur Bemannung der französischen Flotte aufbieten können. Hitler ging es weniger um die Seehoheit als um die Hegemonie zu Lande. Churchill und sein Kriegskabinett hingegen hatten das stattliche Aufgebot der in Mers-el-Kébir liegenden französischen Schiffe im Blick. So kam es zu dem Ultimatum an Admiral Gensoul. Der gab die Botschaft an Pétains Marineminister weiter, Admiral Jean Darlan.[65] Der französische General Maxime Weygand berichtete später: »Es scheint, dass Admiral Darlan – ich weiß nicht, ob mit Absicht oder nicht und ob er überhaupt davon Kenntnis hatte – uns damals nicht alle Einzelheiten der Angelegenheit mitteilte. Es hat den Anschein, dass die Bedingungen des britischen Ultimatums weniger schroff waren, als man uns glauben ließ, und dass eine dritte, weit annehmbarere Möglichkeit, nämlich der Abzug der Flotte in westindische Gewässer, vorgesehen war.«[66]

Was genau der Grund war, warum Darlan das britische Ansinnen rundheraus ablehnte, ist ungeklärt. Kam das Ultimatum verstümmelt bei ihm an? Sah er sich mittlerweile der Vichy-Regierung und ihrem konzilianten Verhalten gegenüber Hitler verpflichtet? Die telegraphische Kommunikation zwischen Gensoul und Darlan funktionierte nicht reibungslos. Die Abhöreinrichtungen der Briten verpassten eine Botschaft Darlans, in der er in letzter Stunde Admiral Gensoul aufforderte, mit der Flotte gen USA in See zu stechen oder sie zu versenken.[67] Möglicherweise ist dieser spezielle Befehl auch bei dem Adressaten Gensoul gar nicht angekommen. Denkbar ist, dass die Tragödie, die sich am 3. Juli 1940 abspielte, vor allem auf unzulängliche Kommunikation zurückgeführt werden muss: Möglicherweise taten alle, was sie für ihre Pflicht hielten, mit fürchterlichem Ausgang.

Am Abend des 2. Juli erging eine von Churchill formulierte Ordre an den Befehlshaber der britischen Schiffe, Vizeadmiral James Somerville: »Sie haben eine der scheußlichsten und schwierigsten Aufgaben, die ein britischer Admiral je übernehmen musste. Aber wir setzen volles Vertrauen in Sie und verlassen uns auf die unnachgiebige Ausführung.« Churchill fiel die Entscheidung schwer: Es war eine Ungeheuerlichkeit, dass die Briten »das Feuer auf jene eröffnen sollten, die eben noch ihre Waffengefährten gewesen waren«. Ein letztes Ultimatum wurde übermittelt, vergeblich.

Am Abend des 3. Juli begann der Angriff: Schiffsgestützte Artillerie beschoss die französische Flotte, unterstützt von Flugtorpedos, abgefeuert von Jagdfliegern des Flugzeugträgers »Ark Royal«. Laut Churchill (und seinen Rechercheuren) dauerte das schreckliche Spektakel etwa zehn Minuten. Einzelne Schiffe entkamen. Andere wurden gesprengt. Die Briten sahen mit Horror, wie französische Seeleute in Scharen ins Wasser sprangen, das von ausgelaufenem Treibstoff bedeckt war, der schnell Feuer fing. Fast dreizehnhundert Männer kamen zu Tode; oder sie wurden als vermisst gemeldet, was nichts anderes hieß, als dass ihre Leichen vom Meer verschluckt wurden.[68]

Am 4. Juli 1940 hielt Churchill im Unterhaus eine Ansprache, die wenig inspirierend ausfiel. Er zitierte aus »einer Ermahnung«, die

»ich, mit Zustimmung des Kabinetts, am Tag zuvor in den engeren Regierungskreisen hatte zirkulieren lassen«. Unter anderem teilte er darin mit, dass er von »allen Regierungsangestellten« fordere: »Sie dürfen nicht zaudern, jeden Offizier oder Beamten anzuzeigen oder, wenn nötig, zu entlassen, der wissentlich einen verwirrenden oder demoralisierenden Einfluss ausübt.« Seine weitere Berichterstattung war nüchtern, einige streng aufmunternde Sätze nicht zu vergessen. In seinen Kriegserinnerungen schrieb er über diese Rede: »Alle erhoben sich von ihren Sitzen und spendeten lang anhaltenden Beifall.«[69] Es war eine der vielen Gelegenheiten, bei denen Churchill weinte, dieses Mal vor Beglückung. Ihm war vermutlich nicht aufgefallen, dass der Chief Whip der Tories sich zu den Hinterbänklern gewendet und mit der Tagesordnung gewedelt hatte. Die Geste war unmissverständlich: Die Tories mussten applaudieren.[70] Doch auch aus den Reihen anderer Parteien erhielt Churchill Applaus, was seine Freude nicht völlig unberechtigt erscheinen lässt.

Dass es auch andere Lösungen gab als in Mers-el-Kébir, zeigte Andrew Browne Cunningham (sein Spitzname war ABC), der Oberbefehlshaber der britischen Mittelmeerflotte. Churchill, immer mit einem Auge anderswo, hatte trotz der drohenden deutschen Invasion mit Zustimmung des Kriegskabinetts die Besatzung in Ägypten verstärkt. Das sollte sich gegenüber den Afrika-Ambitionen Mussolinis und Hitlers als klug erweisen. Cunningham, der dieselbe Ordre wie Somerville erhalten hatte, setzte die französischen Schiffe im Hafen von Alexandria erst einmal fest. Dann gelang es ihm, mit deren Befehlshaber ein Abkommen zu treffen. Wie das? Die Briten hatten in Alexandria die Oberhand. Aber dieser Umstand, den Zivilisten als hinreichend überzeugend betrachten mögen, genügt im Krieg nicht immer. Cunningham suchte das Gespräch mit seinem französischen Gegenüber und besiegte den Admiral mit ganz besonderer, ehrerbietiger Höflichkeit. Der ließ die französischen Schiffe immobilisieren und niemand kam zu Tode.

An der Entscheidung zur Versenkung der französischen Flotte vor Oran war Charles de Gaulle nicht beteiligt. Doch dem mit Churchills Worten »an englischen Gestaden gestrandeten« General erlaubte man, sich am 8. Juli in der BBC an seine Landsleute zu wenden, ohne dass sein Manuskript zuvor geprüft worden wäre. Die britische Regierung hatte Glück: De Gaulle nahm viele große Worte in den Mund – Schmerz und Zorn, Nation, Freiheit, Sieg – und beklagte das Unternehmen als insgesamt gerechtfertigt. Churchill war erleichtert und sorgte dafür, dass de Gaulle eine monatliche Apanage sowie standesgemäße Räumlichkeiten erhielt. Der General wurde als Chef der »Freien Franzosen« offiziell anerkannt.[71]

De Gaulle wiederum nutzte sein Ansehen, den Premierminister in schweres Fahrwasser zu bringen. Churchill ließ sich zu einem Hasardkommando anregen und gewann dafür die Zustimmung des Generalstabs und der Admiralität. Der Hafen von Dakar sollte eingenommen werden, der einzige Hafen an der afrikanischen Westküste zwischen Gibraltar und Kapstadt, der von großen Schiffen angelaufen werden konnte und sich nun im Machtbereich der Deutschland-hörigen Vichy-Regierung befand. Von dort aus wäre es einfacher gewesen, die britischen Handelsschiffe im Atlantik zu schützen. De Gaulle überredete die Briten, das französische Kolonialgebiet an der afrikanischen Westküste südlich der Sahara den Klauen Vichys zu entreißen. Churchill war umso mehr von dem Vorschlag angetan, als er annahm, die Einheimischen könnten zum Aufstand angestachelt werden – mit ein wenig Hilfe seitens der Briten.[72] Im weiteren Verlauf des Kriegs sollte diese Hoffnung etlichen seiner Befehle zugrunde liegen. Wie es kommt, wenn der Wunsch Vater des Gedankens ist, verkalkulierte er sich meistens, und so auch hier.

Die Planung der Expedition hat Johannes Willms geschildert: »Churchill entwarf ein Bild von Dakar, das im Morgengrauen erwacht und verwundert auf die See starrt, die, so weit das Auge reicht, mit Schiffen bedeckt ist, die langsam sich der Stadt nähern und, sobald sie in Hörweite sind, über Lautsprecher Freundschaftsbotschaften übermitteln. Einige der Schiffe sind mit der Trikolore beflaggt, während andere die britischen, niederländischen, polnischen oder belgischen Farben führen. Aus diesem eindrucksvollen Flottenverband würde sich dann ein kleines Boot mit weißer Flagge lösen, das im Hafen anlegt und dem die persönlichen Abgesandten de Gaulles entsteigen, um sich zum Gouverneur zu begeben. Den würden sie dann ebenso freundlich wie bestimmt vor die Wahl stellen, zu kooperieren oder aus einem ungleichen Kampf als sicherer Verlierer hervorzugehen.« Churchill samt der Admiralität und dem Generalstab verkannte, dass die weißen Kolonialisten in Französisch-Afrika nicht in Nazi-Deutschland den Feind sahen, sondern in England. Am 23. September 1940 kamen weniger Schiffe als erhofft; und was kam, wurde von den Küstenbatterien energisch beschossen. Churchill befahl per Telegramm, der Angriff müsse fortgeführt werden, womit feststand, wer die Hauptverantwortung für diese schlecht geplante und schlecht ausgeführte Aktion trug, die am 25. September abgebrochen wurde.[73] Wie schon nach dem Fiasko in Norwegen mauschelten die Kritiker, wieder einmal habe Churchill seinem Bedürfnis nachgegeben, die Vergangenheit auf Kosten der Gegenwart zu verbessern, also seine Fehlentscheidungen – erst die bei Gallipoli, dann die in Norwegen – mit neuem Unfug wettzumachen.[74]

Trotzdem stand Churchill zu de Gaulle. Der General maß 196 Zentimeter. Sein Ego war noch größer. Churchill erkannte ihn als ebenbürtig beim Streben nach Ruhm und der Verteidigung der nationalen Ehre. Auch wuchs de Gaulles Ansehen bei der französischen Résistance von Jahr zu Jahr. In Afrika gelang es den gaullistischen Franzosen, die Kolonie Kamerun für die Sache des Freien Frankreich zu gewinnen; woraufhin auch Französisch-Kongo und der einheimische Gouverneur des Tschad die Seiten wechselten. Einen General de Gaulle ließ man nicht fallen, mochte er sich noch so unerträglich aufführen. Das schwerste Kreuz, das er zu tragen habe, jammerte Churchill einmal, sei das Lothringer Kreuz, das Kreuz mit dem doppelten Querbalken, das Wahrzeichen des Freien Frankreich.[75]

Der britische General Alan Brooke, der im Sommer 1940 das 2. Korps des Expeditionsheers in Frankreich kommandierte, schrieb nach dem Krieg über de Gaulle: »Die guten Eigenschaften, die er haben mochte, wurden durch seine anmaßende Art gestört, seine ›Megalomanie‹ und das Fehlen jedes Willens zu Zusammenarbeit.« Weiter notierte Brooke: »In allen Gesprächen ging er davon aus, dass ich für Frankreichs Befreiung zuständig sei, während er sich auf die Vorstellung konzentrierte, wie er das Land danach in diktatorischer Manier regieren könne! Zu diesen Unannehmlichkeiten kam hinzu, dass sein Hauptquartier so vollständig bar jedes Sinns für Geheimhaltung war, dass man mit den Leuten über Planungen nicht reden konnte.«[76] Churchill schrieb rückblickend: »Wenn Franzosen und Engländer schwierige Zeiten durchmachen und Streit zwischen ihnen entsteht, dann redet der Franzose viel und heftig, während der Engländer unfreundlich oder sogar grob wird.«[77]

Die wenigen Truppen und Schiffe, über die de Gaulle gebot, gereichten dazu, ohne Absprache mit Britannien oder den USA, Ende 1941 der Vichy-Regierung zwei winzige, strategisch bedeutungslose Inseln bei Neufundland zu entreißen: St. Pierre und Miquelon. Das amerikanische Außenministerium, das de Gaulles Aktivitäten bis dahin ohne große Anteilnahme verfolgt hatte, war nun empört: Die USA unterhielten diplomatische Beziehungen mit Vichy. Der Präsident Franklin Delano Roosevelt blieb gelassen; so souverän war er, dass Churchill ihn sogar necken durfte: Die USA auf Seiten Vichys, die Briten auf Seiten des Freien Frankreich, das sei doch »eine gute Arbeitsteilung«.[78] Späterhin verlor allerdings auch Roosevelt die Geduld mit de Gaulle, der sich regelmäßig in seiner Ehre beleidigt fühlte. Die Amerikaner, ebenso wie Alan Brooke, hielten die Franzosen für geschwätzig, weshalb sie de Gaulle in die Pläne für das Unternehmen »Torch« in Nordafrika 1942 und die Landung in der Normandie 1944 nicht vorab einweihten.[79]

Churchill für sein Teil echauffierte sich Jahr um Jahr mit wachsendem Unmut. 1943, ein Wort von Roosevelt aufgreifend, meckerte er über »diese Jeanne d'Arc in Hosen«.[80] 1944 notierte sein Leibarzt Lord Moran: »Der PM ist nicht nachtragend; aber derzeit, da er sehr angespannt ist, gehen einige Leute ihm auf die Nerven, darunter de Gaulle. Der ist so prallevoll mit Prinzipien, dass kein Raum mehr bleibt für ein bisschen christliche Toleranz […]. Männer seiner Rasse können einen Ausländer nicht als höhere Gewalt akzeptieren, und für diese Art Agnostizismus hat Winston nichts übrig.«[81]

Von der »Spannung zwischen Autobiographie und Historie«: eine Anmerkung

Diese Biographie Winston Churchills schildert den Mann, was er empfand, wie er dachte und warum er wie handelte. Während des Zweiten Weltkriegs besuchte er nicht jeden Kriegsschauplatz und konnte auch nicht auf einen jeden Einfluss nehmen. Von Ende 1941 an, da nicht nur die Sowjetunion, sondern auch die Vereinigten Staaten am Krieg beteiligt waren, spielte sich vieles außerhalb seiner engeren Interessensphäre und – vor allem – jenseits seiner Befehlsgewalt ab. David Reynolds, der Churchills sechsbändige Geschichte des Zweiten Weltkriegs mit den tatsächlichen Ereignissen abgeglichen hat, konstatiert ein »grundlegendes strukturelles Problem« des Werks, »nämlich die wachsende Spannung zwischen Autobiographie und Historie. 1940 fiel beides zusammen – Britanniens »Finest Hour« war auch die seine –, aber Ende 1941 ging diese Einheit verloren. Churchills Krieg, Großbritanniens Krieg, wurde in der afrikanischen Wüste ausgefochten, auf dem Atlantik.« Zum Zweiten Weltkrieg gehörten indes auch die Schlachten »in den Steppen von Westrussland, in den Dschungeln von Südostasien und auf den Inseln im Pazifik. Das Überleben der Sowjetunion und die Kriegsbereitschaft der Amerikaner waren die entscheidenden Ereignisse Ende 1941, auf beides hatte Churchill wenig Einfluss. Das war sein Problem als Premierminister und acht Jahre später als Historiker.«[82] Weil wir in diesem Buch Churchills Wegen (und Abwegen) folgen, wird vieles, was sich militärisch vom Herbst 1941 an zutrug, allenfalls in einem Absatz erwähnt werden, vielleicht auch gar nicht.

12. Kapitel

BRITANNIEN IN BEDRÄNGNIS

1

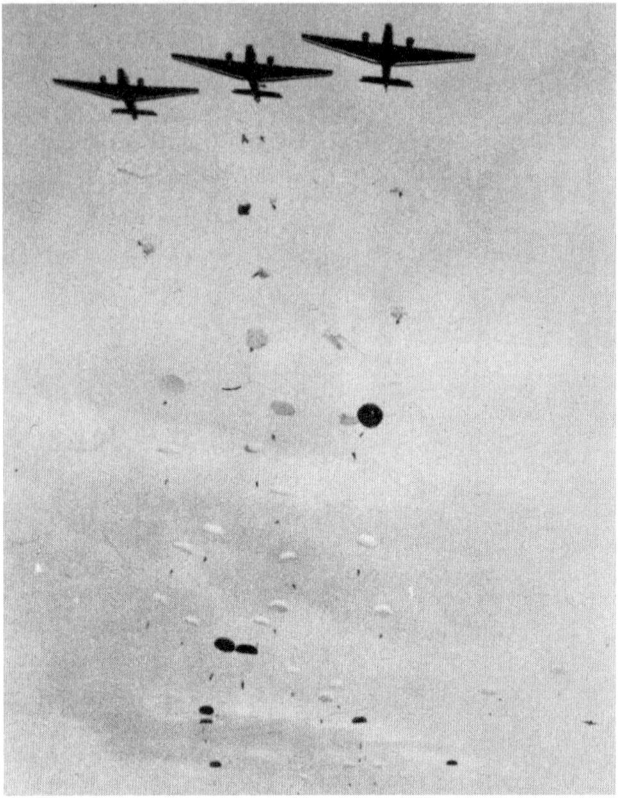

2

3

1 Deutsche Fallschirmspringer landen zum Kampf gegen die Alliierten auf Kreta. Am 20. Mai 1941 begann, was als »die erste große Luftlandeoperation der Geschichte« bezeichnet wird.

2 Die deutsche Kriegsmarine hat einen britischen Tanker versenkt. Die NS-Propaganda veröffentlichte das Photo im März 1940. »Ganze Arbeit im Atlantik«, heißt es im Kommentar.

3 Im Juni 1941 auf einem Militärflugplatz in England: Churchill und ein Stirling-Bomber. Am 22. Juni 1940 hatte Frankreich kapituliert. Ein volles Jahr lang standen Großbritannien und sein Empire allein, bis am 22. Juni 1941 die Wehrmacht in Russland einfiel.

1940 und 1941 stand Großbritannien gegen Hitler-Deutschland fast völlig allein. Lediglich die Dominions hielten zur Krone und sandten Truppen; auch aus Indien kamen Soldaten. Auf sie alle war London angewiesen. Nach der Einnahme eines guten Teils von Nord- und Westeuropa strebte die Reichsführung nach Osten. London war in Sorge, das NS-Reich könne auf die Idee kommen, sich der britischen Ölfelder im Mittleren Osten zu bemächtigen. Deutsche U-Boote versenkten im Atlantik zahlreiche britische Handelsschiffe: Wenn dem nicht abgeholfen werden konnte, würde die Lebensmittelversorgung der britischen Inseln knapp werden. Mussolini wollte die italienische Herrschaft in Afrika ausdehnen und dann auch auf dem Balkan. Rumänien hatte sich dem Dreimächtepakt von Deutschland, Italien und Japan angeschlossen und hieß deutsche Truppen auf seinem Territorium willkommen. Japan schickte sich an, die Hegemonie im pazifischen Raum zu erringen; das britisch geführte Singapur, Hongkong und Burma waren gefährdet. Die Regierungen von Australien und Neuseeland befanden sich in größter Sorge. Das Tableau der Probleme, mit denen Churchill, seine Regierung und der Generalstab es zu tun hatten, schien zum Verzweifeln.

»Ungentlemanly Warfare«

Churchill hatte vom Feind gelernt. Bei seinen Kämpfen gegen kubanische Freiheitskämpfer und burische Freischärler Ende des 19. Jahrhunderts hatte er Geschmack an irregulärer Kriegführung gefunden. Ähnlich erging es dem schottischen Offizier Colin Gubbins (1896 bis 1976): Seine Erfahrungen im russischen Bürgerkrieg sowie im irischen Unabhängigkeitskrieg, der nach dem Ersten Weltkrieg begann, wurden durch einen Lehrkurs in Guerillakriegführung komplettiert, den die britische Armee 1920 in Irland abhielt. Von da an widmete er sich dem Selbststudium der Praktiken von Sinn Féin, Lawrence of Arabia sowie Al Capone und seiner Chicagoer Gang. Gubbins blieb beim Militär, erpicht darauf, die erworbenen Kenntnisse zu gegebener Zeit anzuwenden. 1939 erarbeitete er für das Kriegsministerium zwei Broschüren: »Die Kunst des Guerillakampfes« und »Handbuch für Partisanenführer«.[1]

Irreguläre Kämpfer benötigen irreguläre Waffen. Das war die Domäne des Generalmajors und Erfinders Millis Jefferis (1899 bis 1963), dem als Erstem die Idee zu einer magnetischen Mine zur raschen Versenkung von Schiffen gekommen war. Jefferis war ein hervorragender Mathematiker und meinte, jedes Problem lasse sich mit der passenden Gleichung lösen, man müsse sie nur finden. Auch dieser Offizier wurde vom Kriegsministerium rekrutiert. Er entwarf etliche tückische Waffen, die – möglichst ohne Wissen anderer Ministerien – gebaut und ausprobiert wurden. Wenig Erfolg hatte er mit der »klebrigen Bombe«, die an Panzern haften bleiben sollte, aber die unschöne Neigung hatte, an der Hand desjenigen hängen zu bleiben, der sie werfen wollte.[2] Mit der Arbeit an Blaupausen nicht ausgelastet, tüftelte Jefferis in seiner Freizeit an Sprengfallen. Der dritte wichtige Mann war Cecil Clarke (1897 bis 1961), der nach dem Ersten Weltkrieg bei der Konstruktion von Caravans Vervollkommnung fand.

Dass Panzer im Krieg viel ausrichten könnten, war mittlerweile eine Schulweisheit. Die ersten Modelle, die im Großen Krieg eingesetzt wurden, scheinbar menschenlose Maschinen, waren unheimlich anzusehen für die Soldaten, die mit Kavallerieattacken rechneten. Im Übrigen waren es unbeholfene Raupentiere. Es gab da noch viel zu verbessern. Ein Tüftler wie Clarke konnte die Konstruktion eines Panzers fortentwickeln, es fehlten bei seinen Caravans lediglich schwere Armierung, Bewaffnung, Geländegängigkeit, ein starker Motor und ein paar Dinge mehr, die einen ordentlichen Panzer ausmachen.

Am 10. November 1939 wurde Jefferis einbestellt: Da gebe es »einen Marineoffizier«, der ihn sehen wolle. Es war der Erste Lord der Admiralität: Churchill hatte kürzlich von der Spezialabteilung »MI(R)« erfahren (Military Intelligence Research), für die Gubbins und Jefferis arbeiteten, war fasziniert und suchte den Austausch. Auch Clarkes Erfindergeist gefiel ihm. Als First Lord und später als Premierminister war er, ermutigt von seinem Freund Professor Lindemann, für alle Ideen offen. Auf dem Sektor der Bombenproduktion ließ manches sich umsetzen.

Überaus ungewöhnlich war die Maschine, die Cecil Clarke entwarf. Der Marineminister war begeistert. Es handelte sich um eine Art hydraulisch betriebenen Bagger, dreißig Meter lang, außen schwer befestigt, mit einem Gewicht von, je nach Quelle, hundertdreißig oder hundertvierzig Tonnen, der sich durch Abwehranlagen bahnen sollte und in dessen Schutz die Infanterie nachrücken könnte. Ein Prototyp des Trums, »Nellie« genannt, legte in einer Nacht sechs Kilometer zurück. Im Zweiten Weltkrieg, da es in Europa keinen Stellungskrieg gab, war so ein Gerät überflüssig. Im Ersten Weltkrieg hätte Churchill es sich gewünscht, um die grauenhaften Ausfälle aus den Schützengräben zu vermeiden, bei denen die Soldaten oft ohne Schutz ins Feld liefen, bloß um niedergemäht zu werden. Aber selbst im Großen Krieg wäre die Maschine kaum von Nutzen gewesen: Ihr Fahrwerk lief nur auf ebenem Gelände rund; für die Überwindung von Hügeln, von Gewässern gar nicht zu reden, war sie viel zu schwer.* Bleibende Anerkennung erwarb Churchill sich mit der Mobilisierung von Kräften der Marine, die nicht ruhen sollten, bis ihnen etwas gegen die deutschen Magnetminen eingefallen war, was schließlich auch gelang.[3]

Als Churchill zum Premierminister ernannt war und sich selbst zum Verteidigungsminister gemacht hatte, ließ er eine Abteilung einrichten, die später unter dem Namen Special Operations Executive lief, kurz SOE. »Um schnell agieren zu können, ohne Rücksicht auf den Verwaltungsweg«, wie er später erklärte. Hugh Dalton, den Minister für Wirtschaftskriegführung, ernannte er zum Chef dieser Abtei-

* Nebenbei: Streng von Adolf Hitler ermuntert – er brauchte eine neue »Wunderwaffe« und legte Wert auf Größe –, produzierten die Nibelungenwerke, das in Niederösterreich gelegene modernste Panzer-Montagewerk des Dritten Reichs, teils mit Fahrgestellen von der Firma Porsche, 1944 den »Jagdtiger«, der an die 72 Tonnen wog, was auf Kosten der Schnelligkeit, der Geländegängigkeit und der Feuergeschwindigkeit ging. Dieser Panzer, der schwerste, der bis dato je in Serie gebaut wurde, litt an ähnlichen Mängeln wie Clarkes Baggerpanzer.

lung, von deren Tätigkeiten möglichst wenig an die Außenwelt dringen sollte und die er »Ministry for Ungentlemanly Warfare« nannte. Dalton war dafür wie geschaffen, sein Spitzname war Dr. Dynamo. Als die Unterredung beendet war, in der Churchill ihn über seine zusätzliche Aufgabe instruierte, rief Churchill ihm hinterher: »Und jetzt setzen Sie Europa in Flammen.« Jemand, der Dalton näher kannte, meinte, der würde als Erstes Whitehall abfackeln.[4]

Einer der führenden Köpfe von SOE war Gubbins. Bis zum Spätsommer 1940 rekrutierte er etwa dreitausend Männer für den Guerillakampf. Hocharistokraten und Akademiker mischten sich mit verurteilten Dieben; Letztere waren willkommen, wenn sie Schlösser knacken und Bomben basteln konnten. Die regulären Armeeoberen blickten äußerst missgünstig auf diesen Haufen, der England im Fall einer Invasion verteidigen sollte. General Bernard Montgomery, der den Rückzug seiner Truppen nach Dünkirchen akkurat organisiert hatte, bedachte die Guerillakämpfer mit dermaßen viel Hohn, dass ein Kommandeur ihm heimleuchten wollte. Montgomery behauptete, sein Hauptquartier in England sei gut gesichert? Na, das würde man ja sehen. Besagter Kommandeur, John Gwyn, überwand im Schutz der Dunkelheit die Zaunanlage und vergrub einige Bömbchen mit Zeitzünder, die Millis Jefferis entwickelt hatte, im Vorgarten. Die explodierten genau in der Stunde, als Montgomery vor der versammelten Mannschaft seine morgendliche Ansprache hielt.

Zum weiteren Einsatz in England kam die phantastische Truppe nicht, dafür aber in Frankreich, in Gibraltar, Malta, Lissabon und Französisch-Westafrika. Für Sabotageaktionen wurden Männer nach Belgrad, Albanien und Griechenland entsandt. Was sie jeweils machten und ob das sinnvoll war, kann hier nicht erörtert werden. Die Chefs der regulären Streitkräfte fanden es jedenfalls unmöglich. Bei einer Unterredung in kleinem Kreis erregte sich der Generalmajor Edward Spears: »Bitte, wir sind Briten. […] Wir stechen nicht hinterrücks zu. Wir kämpfen auf mannhafte Weise. Wir schlagen nicht drauflos. Das alles muss aufhören.« Churchill, der, ohne Aufsehen zu erregen, in den Raum getreten war, nahm Spears am Arm: »Teddy, Sie haben jetzt wirklich genug geredet, kommen Sie, auf ein Glas.«[5]

Eine der Operationen von SOE war allerdings so beschaffen, dass selbst Teddy Spears, wenn er davon gewusst hätte, wohl einverstanden gewesen wäre. Zu den Aufgaben von Gubbins' Abteilung gehörte es, Männer der tschechischen Exilregierung von Edvard Beneš in irregulärer Kriegführung auszubilden. In Prag residierte der fanatische Nationalsozialist und Massenmörder Reinhard Heydrich, Leiter des Reichssicherheitshauptamts sowie Stellvertretender Reichsprotektor von Böhmen und Mähren. Das Attentat am 27. Mai 1942 war erfolgreich. Erst Jahre später wurde bekannt, dass die Briten dabei geholfen hatten, Heydrich zu töten. Die Abteilung SOE war es auch, die auf Anweisung Churchills zusammen mit der Royal Air Force französische Résistancekämpfer aus der Luft mit Waffen versorgte.[6] Interessanterweise hat Churchill die SOE in seiner Geschichte des Zweiten Weltkriegs nur einmal erwähnt, versteckt in einem Appendix. Die Akten waren zwar unter Verschluss, doch hätte er, wie er es bei anderen Geheimaktionen tat, zumindest Andeutungen machen können. Möglicherweise war er nicht besonders stolz auf seine Rolle beim Aufstellen einer Guerillatruppe auf heimischem Boden.[7]

Das Leih-und-Pacht-Gesetz

Den Deutschen fehlte es an Rohstoffen und Produktionskapazitäten, doch konnte die Bevölkerung von 1940 bis 1944 mit den eigenen landwirtschaftlichen Erzeugnissen sowie geraubten Waren aus den annektierten Gebieten hinreichend ernährt werden. Britannien hingegen musste Lebensmittel einführen. Seit dem 19. Jahrhundert hatte das Vereinigte Königreich auf die industrielle Entwicklung gesetzt; die Arbeit in den städtischen Fabriken war auskömmlicher als die auf den Feldern. Billige Lebensmittel wurden importiert aus Australien, Kanada, Asien und Argentinien. Britannien förderte Kohle und hatte zu wenig Getreide. 1939 benötigte Großbritannien 55 Millionen Tonnen an Einfuhren aus Übersee. »Deshalb unterhielt England die größte Handelsflotte der Welt«: dreitausend Seeschiffe und eintausend große Küstenschiffe mit einer Gesamttonnage von 21 Millionen Bruttoregistertonnen. »Ständig waren rund 2500 Schiffe auf See.« Von 1940 an wurden die Handelsschiffe von den Deutschen systematisch versenkt.

Allein im Mai 1941 verloren die Briten 509 000 Tonnen an Waren. Die Britischen Inseln lebten während des Zweiten Weltkriegs »ständig am Rande des Existenzminimums«.[8] Was die Einfuhr von Rohstoffen anging, hatte auch das NS-Reich seine Schwierigkeiten: Die britische Seeblockade in der Nordsee, im Ärmelkanal und vor dem Eingang zur Ostsee verhinderte wie schon im Ersten Weltkrieg das Ein- und Auslaufen deutscher Schiffe.[9]

Britannien produzierte Waffen rund um die Uhr. Seine Militärausgaben beliefen sich in den Jahren 1939 bis 1943 auf die Hälfte des Bruttosozialprodukts. Trotzdem kamen die Fabriken dem Bedarf nicht nach. Transportflugzeuge, Landungsboote, Munition und Panzer konnten von 1941 an aus den USA importiert werden – das war ebenso hilfreich wie kostspielig. Die Regierung der Vereinigten Staaten von Amerika war strikt wirtschaftlich orientiert. 1939 machte die US-amerikanische Rüstungsindustrie noch nicht viel her. Freilich, auf Profit erpicht und von der US-Regierung zur Kriegsproduktion aufgerufen, schwenkte die Industrie schnell um: Schiffbauunternehmen produzierten nun Kriegsschiffe; die Autofabriken in Detroit ließen weniger Fords und Buicks vom Band laufen, sondern kriegstaugliche Gefährte. Fünf Jahre später stammten vierzig Prozent des gesamten Kriegsmaterials der Welt aus den Vereinigten Staaten.[10] Um die Lieferungen aus den USA zu bezahlen, übereignete Großbritannien seine staatlichen Besitztümer in den USA – Unternehmensanteile und das dort angelegte Geld – den Vereinigten Staaten. In Kapstadt ließ die britische Regierung in Südafrika lagernde Goldreserven auf ein amerikanisches Kriegsschiff schaffen.

Der britische Finanzminister Kingsley Wood machte gar den Vorschlag, alle Briten, die goldene Eheringe trugen, sollten diese zum Einschmelzen abgeben. So komme man zu 20 Millionen Pfund. Bloß ein Tropfen auf den heißen Stein wäre es gewesen: Der Krieg kostete Großbritannien jede Woche 55 Millionen Pfund. Churchill hielt das denn auch für eine miserable Idee, lediglich dazu geeignet, den Briten die Courage gewissermaßen vom Finger zu reißen. Die schmucken Metallzäune vor den städtischen Häusern durften eingeschmolzen werden; aber Eheringe waren sakrosankt – es sei denn, diese Maßnahme würde helfen, die Amerikaner in ihrer Geldgier zu beschämen.[11]

Während des Ersten Weltkriegs hatte Britannien sich auf die Kriegsproduktion konzentriert und somit auf den Weltmärkten Lücken geschaffen für die Exporte anderer Länder.[12] Im Zweiten Weltkrieg ging die globale Herrschaftsstellung Großbritanniens ein für alle Mal dahin. Churchill tat sein Bestes, diese missliche Aussicht zu ignorieren; er brauchte die Hilfe der USA um fast jeden Preis. Das Dritte Reich feierte Sieg um Sieg. Großbritannien musste sich von den USA regelrecht schröpfen lassen. »Wie es aussieht«, schrieb Churchill dem Finanzminister, »werden wir nicht bloß gehäutet, sondern bis auf die Knochen abgezogen.«[13] Roosevelt fand eine andere Metapher: »Wir haben die britische Finanzkuh, die eine Zeit lang viel Milch gab, ordentlich gemolken, aber jetzt steht sie so gut wie trocken.« Kurz nach seiner Wiederwahl im November 1940 hatte er noch anders geklungen: »Na, die sind nicht bankrott – da ist jede Menge Geld.«[14]

Churchill bat Roosevelt wiederholt und dringlich um Kriegsschiffe. Washington sandte fünfzig alte Zerstörer, die schon am Ende des Ersten Weltkriegs ihre besten Zeiten hinter sich hatten. Auch das gelang nur, weil Roosevelt das Regierungsinstrument der »Executive Order« bemühte, demzufolge der Präsident eigene Entscheidungen treffen darf, ohne diese dem Kongress zur Abstimmung vorzulegen. Für die Schiffe, von denen die meisten nach ihrer Ankunft in Britannien öfter auf Dock zur Wartung lagen, als dass sie eingesetzt werden konnten, räumte die Regierung den USA auf 99 Jahre das Recht ein, auf einigen zum Commonwealth gehörigen Inseln in der Karibik sowie in Neufundland und Britisch-Guayana an der nordwestlichen Küste Afrikas Militärstützpunkte einzurichten.[15]

Britische Wissenschaftler erfreuten sich in den USA eines exzellenten Rufs. Am 29. August 1940 schiffte eine Abordnung von sieben Experten sich in Liverpool ein, im Gepäck hatten sie eine nicht übermäßig große Metallkiste, darin »die Kronjuwelen« britischer Technik: Blaupausen für Raketen und Zielfernrohre, Entwürfe für Düsentriebwerke und die Atombombe sowie eines der ersten Exemplare eines Radargeräts, klein genug, um in einem Flugzeug eingebaut werden zu können. Die kostbare Fracht wurde zunächst im Weinkeller der britischen Botschaft in Washington deponiert, bevor amerikanische Emissäre sie abholten.[16] Die Hoffnung war, die USA möchten im Tausch

Britannien im Krieg mit mehr Elan beistehen. Die Amerikaner nahmen die Kiste gern entgegen, halfen aber wenig.

Am 7. Dezember 1940 schickte Churchill dem Präsidenten Roosevelt einen sehr langen Brief, an dem einige Diplomaten mühevoll gefeilt hatten und zuletzt er selbst volle zwei Wochen lang: »Bald wird es so weit kommen, dass wir nicht mehr in der Lage sind, in bar für Güter und anderes zu zahlen. [...] Ich glaube, Sie werden zustimmen, dass es falsch wäre und für beide Seiten unzuträglich, wenn Britannien alles weggibt, was verkäuflich ist.« Wenn Britannien »bis auf die Knochen« blank wird, werde das den USA schaden: Wenn Großbritannien nach dem Krieg nicht das Geld habe, Importe aus den USA zu ordern, würde »die Arbeitslosigkeit in den Vereinigten Staaten anwachsen«.[17] Diese Art der Argumentation – die USA und Großbritannien seien ökonomisch, politisch, ja schicksalsmäßig miteinander verbandelt – war charakteristisch für Churchills Umgang mit dem amerikanischen Präsidenten. In den USA wusste man hingegen, dass man auf Britannien nicht angewiesen war; schon gar nicht hatte man die Absicht, dem Empire zu seiner alten Vormachtstellung zu verhelfen. Und insgeheim wusste Churchill das auch.

Roosevelt las den so mühselig konzipierten Brief, als er bei einem Ausflug in die Karibik auf einem Deckliegestuhl in der Sonne lag. Der Krieg war so weit fortgeschritten, dass er nach seiner Heimkehr auch den Kongress überzeugen konnte: In einer Pressekonferenz griff er ein Wort seines Innenministers Harold Ickes auf. Der hatte ihm im August 1940 geschrieben: »Mir scheint, wir Amerikaner sind wie Hausbesitzer, die ihre Feuerlöscher nicht verleihen oder verkaufen möchten«, wenn das Haus nebenan in Flammen steht. Misstrauisch, was von Churchill zu halten sei, sandte Roosevelt im Januar 1941 seinen Vertrauten Harry Hopkins (1890 bis 1946) nach London. Der hatte zunächst als Organisator bei einigen Ämtern für Sozialfürsorge gearbeitet; in den 1930er Jahren half er Roosevelt bei der Umsetzung des »New Deal«. So sehr mochte der Präsident ihn, dass er Hopkins und seiner Frau ein Appartement im Weißen Haus einräumte.

Trotz seines Sinns für das Soziale war Hopkins ein Lebemann, worauf er zumal in Anbetracht seiner fragilen Gesundheit ein bisschen stolz war. In England »rollte Churchill ihm jeden verfügbaren roten

Teppich aus«. Generalmajor Ismay war erstaunt über Hopkins' »deplorabel unordentliche« Kleidung.[18] Churchill war das einerlei: Er und der aus einfachen Verhältnissen stammende Hopkins verstanden sich auf Anhieb und verbrachten ausgelassene Abende miteinander. Hopkins berichtete an Roosevelt nur das Beste: »Die Leute hier sind großartig, Churchill vorneweg«, schrieb er, »wenn Mut allein den Sieg brächte – das Ergebnis stünde fest. Aber sie benötigen dringend unsere Hilfe.«[19] Seine Rolle sah er darin, »zwei Primadonnas« – Roosevelt und Churchill – zusammenzubringen. An seinem Abschiedstag bei einem kleinen Abendessen in einem Hotel in Glasgow rührte er Churchill zu Tränen: Er kündigte an, nach seiner Rückkehr wolle er dem Präsidenten aus dem Buch Ruth des Alten Testaments zitieren, darin geschrieben steht: »Wohin du gehst, dahin gehe auch ich, und wo du bleibst, da bleibe auch ich. Dein Volk ist mein Volk, und dein Gott ist mein Gott.«[20]

Nachdem Roosevelt die Novemberwahlen gewonnen hatte, unterbreitete er im Januar 1941 dem Kongress eine Gesetzesvorlage, wie die USA den Briten beistehen könnten. Diese glückliche Wendung war nicht zuletzt dem britischen Botschafter Lord Lothian zuzuschreiben. Ganz auf eigene Faust hatte er Churchills langen Brief der amerikanischen Presse zugespielt. Nach der Lektüre befanden einflussreiche Kommentatoren, die USA müssten Großbritannien beispringen.

Kriegswichtige Güter durften nun nach Britannien und in andere Länder geliefert werden. Das Leih-und-Pacht-Gesetz, das die Bezahlung regelte, wurde im Februar beschlossen und trat am 11. März 1941 in Kraft. Es sah vor, dass die USA ihre Rechnungen bis nach dem Krieg stundeten. Im Rahmen des Lend-Lease-Programms wurden bis zum Frühjahr 1945 Waffen, Lebensmittel und Öl im Wert von 31,4 Milliarden Dollar nach Britannien exportiert, 2021 wäre das eine Summe von ungefähr 430 Milliarden Dollar gewesen. Auch begann die US-Navy, das Meer vor ihrer Ostküste bis zu den Bermudas gegen deutsche Boote zu sichern – womit aber immer noch mehr als genügend Raum im Atlantik für U-Boot-Angriffe und Luftschläge gegen britische Geleitzüge verblieb.[21]

Das Leih-und-Pacht-Gesetz wurde nicht zu früh verabschiedet. Seitdem Deutschland die Hafenstädte an der französischen Westküste besetzt hielt, hatten seine U-Boote kürzere Anmarschwege auf dem Weg in den Atlantik und konnten die Geleitzüge länger verfolgen. Zwar war es den Briten gelungen, mittels Lebensmittelrationierungen und der Produktion von Ersatzstoffen ihren Importbedarf um ein Fünftel zu reduzieren, doch war das nicht ausreichend: Bald versenkten die Deutschen mehr britische Handelsschiffe, als neue vom Stapel liefen. Wenn jedes deutsche U-Boot bei einer Ausfahrt auch nur ein einziges Handelsschiff mehr versenkt hätte, wäre angeblich die Versorgung des Vereinigten Königreichs 1941 und 1942 ernstlich gefährdet gewesen. »Dann hätte«, wie John Keegan sehr dramatisch formuliert, »der Verlauf, vielleicht sogar der Ausgang des Zweiten Weltkriegs ganz anders ausgesehen.« Von den hundertfünfzigtausend Seeleuten der damaligen britischen Handelsmarine kamen dreißigtausend während der Kriegsjahre ums Leben – die meisten ertranken oder starben an Unterkühlung.[22]

Dass es nicht schlimmer kam, war zu einem kleinen Teil Hitler zu danken: Vergeblich suchte der Befehlshaber der U-Boote, Admiral Karl Dönitz, seinen Führer davon zu überzeugen, dass für wirklich erfolgreiche Schläge gegen die britische Handelsmarine mindestens dreihundert Unterseeboote benötigt wurden. Aber Hitler war nun einmal kein Wassertier. Der eigentliche Grund, warum der U-Boot-Krieg misslang, war ein anderer: Er konnte gar nicht gewonnen werden. Schon Ende 1942 bauten die Briten mehr Schiffe, als versenkt wurden. Die Versorgung der britischen Inseln verlief zunehmend besser; der »Tonnagekrieg« war für Deutschland verloren.[23]

Diese Entwicklung hatte die deutsche Seekriegführung bereits im April 1942 vorhergesehen. Dönitz jedoch bramarbasierte noch im August: »Es wird der Tag kommen, an dem der Mangel an Schiffsraum bei unseren Gegnern so deutlich wird, dass sie nicht mehr die Freiheit über ihre strategischen Entschlüsse besitzen.« Flankiert wurden die markigen Worte von Propagandaschriften: »Deutschlands U-Boote – der Schrecken Englands«, »Wölfe der Meere. Fahrten und Heldentaten Deutscher Unterseeboote im Weltkrieg und im Großdeutschen Freiheitskampf«. Besonderer Beliebtheit erfreute sich »U-Boote. Deutschlands scharfe Waffe«.

Die in Deutschland zur Schau getragene Gewissheit zeitigte jenseits des Kanals große Wirkung: Die herrschende panische Stimmung findet ihr Echo noch in den Werken heutiger Historiker wie der Geschichte des Zweiten Weltkriegs von Keegan. So überzeugend war die Anfang der 1940er Jahre kolportierte Mär von der U-Boot-Macht, dass der Großadmiral auf seine eigene Propaganda hereinfiel: »Dönitz hat sich offensichtlich niemals klar gemacht, dass die beeindruckenden ca. 14,5 Mio. BRT [Bruttoregistertonnen] Schiffsraums, die die U-Boote versenkten, bezüglich des gesamten alliierten Schiffsraums nur einstelligen Prozentsätzen entsprachen.«[24] Etwa achtzig Prozent aller deutschen U-Boot-Fahrer, ungefähr 26 000 Mann, kamen im Krieg zu Tode. »Diesen bei kaum einer anderen Waffengattung erreichten Verlustzahlen standen die letztlich geradezu nur als bagatellhaft anzusehenden Versenkungserfolge gegenüber.«[25]

Roosevelt: die Greta Garbo im Weißen Haus

Franklin Delano Roosevelts Eltern gehörten der New Yorker High Society an, der Vater war ein erfolgreicher Geschäftsmann. FDR, wie er als Präsident genannt wurde, studierte die Jurisprudenz und arbeitete eine Weile als Rechtsanwalt, bevor er sich für die Politik entschied. 1910, mit 32 Jahren, wurde er erstmals in ein öffentliches Amt gewählt. Von seinen Eltern, Gott und der Frauenwelt verwöhnt, hatte er ein gutes Leben, bis er 1921 an Polio erkrankte. Sehr bald konnte er sich ohne Rollstuhl nicht mehr fortbewegen. Eine junge Dame aus seinem Bekanntenkreis bemerkte später: »Er sah sehr gut aus und war, glaube ich, *a ladies man*, ich bin mir nicht sicher, ob seine Ehe gehalten hätte.«[26] Als gesunder, aber geschiedener Mann hätte er nicht Präsident werden können. Wie es kam, heiratete er 1905 Eleanor Roosevelt (er war ihr Onkel 6. Grades), blieb mit ihr zusammen und wurde – als Einziger – vier Mal zum Präsidenten der USA gewählt. Von 1933 bis zu seinem Tod 1945 regierte er das Land. Seine Sozialpolitik des New Deal kam bei den Massen gut an, sie vertrauten ihm auch während des Zweiten Weltkriegs.

So sehr die Medien sich über Seitensprünge erregten, so diskret waren sie im Hinblick auf Roosevelts Krankheit: Sein Rollstuhl war so gut wie nie im Bild. Er war ein ausgezeichneter Redner. Einmal, nachdem er sich eine Wochenschau angeschaut hatte und mit seinem Auftritt recht zufrieden war, sagte er grinsend: »Das war die Greta Garbo in mir.« Orson Welles überraschte er mit dem Satz: »Sie und ich, wir sind die besten Schauspieler Amerikas.« Von seiner Behinderung ließ er sich nicht kleinkriegen. Er wird beschrieben als ein Politiker, der »immer das letzte Wort haben wollte«; gelegentlich nannte er sich selbst »Richter Roosevelt«. Sein Nachfolger, der demokratische Parteikollege Harry Truman, zuvor der US-Vizepräsident, beschrieb ihn als einen ungemütlichen Zeitgenossen: »Er war der kälteste Mann, dem ich je begegnet bin. Er interessierte sich einen Dreck für mich persönlich oder Sie oder irgendjemand anderen auf der Welt, soweit ich das beurteilen kann. Aber er war ein großer Präsident.«[27]

Roosevelt verstand es, Menschen zu manipulieren, und gefiel sich in der Rolle, die er jeweils einnahm. Er hatte elterliche Zuwendung in seiner Kindheit erfahren und war auch sonst verwöhnt worden. Churchill, das im Stich gelassene Kind, immer bestrebt, eine enge Beziehung zu Leuten aufzubauen, auf die es ihm ankam, immer ehrlich in seinen spontanen Gefühlsbekundungen, konnte Roosevelt in diplomatischer Berechnung nicht das Wasser reichen. Er bemühte sich, ihn zu umgarnen: »Kein Mann hat je einer Frau so sehr den Hof gemacht wie ich Roosevelt um Englands willen.«[20] Um das durchzuhalten und weil es seiner Natur entsprach, musste Churchill sich einreden, seine Avancen hätten Erfolg. Von einer innigen Freundschaft kann keine Rede sein, allenfalls von einem guten Miteinander. Churchill war es, der die *special relationship* mit Roosevelt und den USA immer wieder herausstrich. Nach dem Krieg behauptete er: »Meine Beziehungen zu dem Präsidenten wurden nach und nach so eng, dass die wichtigsten, unsere beiden Länder betreffenden Fragen im Wesentlichen durch diesen persönlichen Meinungsaustausch zwischen ihm und mir geregelt wurden.«[29] Dass die Briten auf die USA angewiesen waren, wussten alle. Die Frage, ob ein anderer an Churchills Stelle bei den Verhandlungen mit Roosevelt im Krieg mehr erreicht hätte, müssen wir dahingestellt sein lassen. Gewiss ist, dass niemand anderer bereitstand, der Britannien in jenen Jahren mit Erfolg hätte regieren können.

Roosevelt war Churchill 1918 in London begegnet. Der acht Jahre

Ältere nahm den Besucher kaum wahr, produzierte sich auf gewohnte Weise und machte einen schlechten Eindruck auf den Amerikaner: »Er war ein Kotzbrocken.« Churchill für sein Teil vergaß die Begegnung umgehend. Warum auch nicht? Roosevelt hatte damals kein hohes Amt inne. FDR hingegen erinnerte sich sehr gut, Kränkungen setzen sich im Gedächtnis fest. 1939 sagte er: »Ich konnte ihn nicht leiden, seitdem ich 1917 oder 1918 in England war.« Die Politik von Chamberlain hielt Roosevelt für falsch und wollte erfahren, was genau die Appeasementgegner planten. Den amerikanischen Botschafter in London, Joseph Kennedy, den Vater von John F. Kennedy, ließ er 1939 wissen: »Ich schenke [Churchill] meine Aufmerksamkeit, weil er möglicherweise Premier wird und ich meine Hand im Spiel haben möchte.« Er lud Churchill zu einem schriftlichen Austausch ein, »jenseits der üblichen Kanäle und im Hinblick auf ›alles, wovon Sie wollen, dass ich es weiß‹«. Darauf ging jener gern ein und übersandte seine Botschaften als »letter from a former naval person«.[30]

Die beiden begegneten einander – erstmals seit 1918 – in den ersten Tagen des August 1941 in der Bucht Placentia vor Neufundland. Churchill machte die Reise auf dem neuen Schlachtschiff »Prince of Wales«, am 9. August traf er ein. Während der Überfahrt gab er sich – die wichtige Verabredung war ja gemacht – dem Nichtstun hin und las drei Bücher der auch bei Jugendlichen beliebten Romanserie von C. S. Forester »Captain Hornblower«. Einen Begleiter fragte er: Ob Roosevelt »mich wohl mögen wird?«[31] An Bord sah er sich Alexander Kordas neuen Film, »That Hamilton Woman« an, mit Vivien Leigh und Laurence Olivier in den Hauptrollen. Churchill schaute des Abends oftmals Filme an, zusammen mit Familienangehörigen, Mitarbeitern, Offizieren. Orson Welles' »Citizen Kane« fand er zum Einschlafen langweilig. »Vom Winde verweht« gefiel ihm sehr, auch darin hatte Vivien Leigh eine Hauptrolle. »That Hamilton Woman« – der Film handelt von der Liebe zwischen Admiral Nelson und Emma Hamilton, der aus einfachen Verhältnissen stammenden Frau des britischen Botschafters in Neapel – feiert Britanniens Standhaftigkeit im Kampf gegen Napoleon und war Churchills Lieblingsfilm während der Kriegszeit.[32]

Das Treffen in Placentia Bay Anfang August 1941 sollte nicht publik werden. Man wollte die Öffentlichkeit nicht irritieren. Roosevelt, so hieß es offiziell, sei für einige Tage beim Angeln in den Gewässern vor Maine. Tatsächlich schipperte er dorthin, wechselte dann aber auf einen Kreuzer, der ihn nach Neufundland brachte. Er wollte Churchill mannhaft begrüßen, verließ seinen Rollstuhl und empfing ihn stehend. Im Juni hatte das Dritte Reich Russland überfallen (dazu mehr im folgenden Kapitel), Roosevelt kündigte an, der Sowjetunion Hilfsgüter in »gigantischem Ausmaß« zukommen zu lassen, in Absprache mit Großbritannien, was de facto hieß, dass die Briten einen großen Teil der Kosten tragen sollten. Er versprach Eskortschiffe für britische Geleitzüge und die Lieferung von Bomberflugzeugen zusammen mit den nötigen Piloten, die sich aber noch in der Ausbildung befanden. Auch sollte die US-Navy die Schifffahrtsrouten im Nordatlantik bis hin nach Island sichern. So gut das alles klang, halfen die USA im Atlantikkrieg erst 1943 mit voller Kraft.[33]

Als Roosevelt von Placentia Bay zurückkehrte und sein Treffen mit dem britischen Premier nun doch bekannt geworden war, versicherte er den Amerikanern, die Nation sei vom Krieg ebenso weit entfernt wie zuvor.[34] In dem »Atlantic-Charta« genannten informellen Übereinkommen wurde vereinbart, man wolle wirtschaftlich international zusammenarbeiten und auf territoriale Expansionen verzichten, hinzu kam eine Klausel, die dem britischen imperialen Selbstverständnis ziemlich viel abverlangte: »Das Selbstbestimmungsrecht der Nationen« sollte geachtet werden.[35] Roosevelt und seine Kollegen hatten für das überlebte britische Kolonialsystem nichts übrig – teils weil sie ernstlich das Selbstbestimmungsrecht der Völker hochhielten, teils weil sie der Auffassung waren, die Hegemonie auf dem Globus stehe den Vereinigten Staaten zu.

Besonders nahe kamen Roosevelt und Churchill einander in Placentia Bay nicht, stimmungsvolle Gemeinsamkeit ergab sich erst später, wenn Churchill im Weißen Haus oder auf Roosevelts Familiensitz in Hyde Park oder auf dem Regierungsanwesen Shangri-La zu Gast war (Präsident Eisenhower hat das exotische Shangri-La in Camp David umbenannt). Ein Treffen mit Roosevelt kam Churchill vor, »wie wenn man eine Flasche Champagner öffnet« und sich an dem »schillernden Prickeln« berauscht. Beide rauchten gern; beide tranken gern, wenn auch Churchill FDRs Vorliebe für starke Cocktails nicht teilte: Er bevorzugte puren Stoff. Beide hatten ein Faible für »Geschichte, das Meer, Kriegsschiffe, Hymnen, Gepränge, patriotische Gedichte, hohe Ämter und dafür, sich selbst reden zu hören«.[36]

Wie um Trumans böser Charakterisierung recht zu geben, antwortete FDR mit keinem Wort auf Churchills sehr herzliches Glückwunschtelegramm zur Wiederwahl im November 1940. Diese Missachtung betrübte Churchill noch lange, nachdem Roosevelt im April 1945 an Bluthochdruck, Herzinsuffizienz und einer Hirnblutung gestorben war. Anfang der 1940er Jahre ließ der Premierminister nicht nach in seinem ehrerbietigen Bemühen um Freundschaft. Er bezeichnete sich selbst als »den Leutnant« des Präsidenten oder er erklärte mit einem in England unüblichen Wort: »Das muss der Boss entscheiden.« Roosevelts Gesundheit zuliebe trachtete er nicht danach, bis spät in die Nacht mit ihm beisammenzusitzen. Der Präsident im Gegenzug nahm Rücksicht darauf, dass Churchill spät aufstand, und erfreute ihn mit netten Sätzen wie diesem: »Es macht Spaß, mit Ihnen im selben Jahrzehnt zu leben.«[37]

Die Weihnachtstage 1941 verbrachte Churchill in einer Gästewohnung des Weißen Hauses. Eines Vormittags war er soeben aus der Badewanne gestiegen, als Roosevelt in den Raum kam. Beim Anblick des nackten Premierministers machte er Anstalten, sich schnellstens zurückzuziehen. Churchill hielt ihn auf: »Sie sehen, Mister President, vor Ihnen habe ich nichts zu verbergen.« – Das allerdings war nicht ganz richtig: Schon im Mai 1940 war es den Briten gelungen, sich mit der Funktionsweise der deutschen Enigma-Chiffriermaschine ansatzweise bekannt zu machen. So hatte man die Information abschöpfen können, dass die Invasion der britischen Inseln nach dem Scheitern der Operation »Seelöwe« im Herbst 1940 nicht mehr auf Hitlers Agenda stand – aber diese erfreuliche Neuigkeit verheimlichte Churchill wohlweislich, nicht dass die Amerikaner dächten, unter diesen Umständen sei Großbritannien auf besondere Hilfe nicht mehr angewiesen.[38]

John Colville schrieb: »Es war eines der bestgehüteten Geheimnisse des Kriegs (das andere war Nuklearrecherche), dass wir eine Enigma-Maschine besaßen, die einige waghalsige Polen erbeutet hatten.«[39] Auf dem Landsitz Bletchley in Buckinghamshire arbeiteten die besten

Kryptographen daran, die Funktionsweise der Enigma zu entschlüsseln, darunter Mathematiker wie Alan Turing und Gordon Welchman sowie Historiker, Sprachwissenschaftler und sogar Schachmeister. Die mechanische Rotormaschine, die zugleich elektrisch funktionierte, sah aus wie eine komplizierte Schreibmaschine, wog viel mehr und übersetzte Sätze in unverständliche Buchstabenfolgen. »Da sich der Stromkreis bei jedem Tastendruck ändert, ändert sich das geheime Schlüsselalphabet bei jedem Buchstaben. Gibt man ›OTTO‹ ein, so leuchten nacheinander beispielsweise die Lampen ›PQWS‹ auf. Wichtig und kryptographisch stark ist, dass aufgrund der Rotation der Walzen jeder Buchstabe auf eine andere Weise verschlüsselt wird, im Beispiel das vordere O von OTTO zu P, das hintere aber zu S.«[40]

Damit sich die Verschlüsselung bei jedem Tastendruck änderte, musste die betreffende Taste länger gedrückt bleiben, sodass der Impuls in den Stromkreis überging, womit die Walzen neu justiert wurden. Am Ende mussten weitere Tasten betätigt werden. Es war mühsam, die Enigma zu bedienen. Die Funker des deutschen Heeres und der Marine waren geübt und geduldig. Die erst wenige Jahre zuvor aufgebaute Luftwaffe gebot nicht über erfahrenes Personal. Die Codes der Luftwaffe entzifferten die Leute in Bletchley als Erstes.[41]

Anfangs trug das britische Dechiffrierunternehmen den Codenamen »Boniface« – nach dem angelsächsischen Mönch Bonifatius (etwa 673 bis 754), der für seine Missionierung der Germanen und den Märtyrertod in den Händen heidnischer Friesen heiliggesprochen wurde. Der in ironischer Absicht gewählte Name Boniface – man brachte nicht die Weisheit, man holte sie sich – war auch für eingeweihte Briten zu kryptisch; das Unternehmen wurde Ultra genannt. Es war so geheim, dass nicht einmal Churchills Privatsekretäre erfahren durften, worum es ging. Ein Mann namens »C«, der Chef des »Secret Intelligence Service«, überbrachte dem Premier regelmäßig eine Kiste, zu der nur Churchill den Schlüssel hatte. Britischer Tradition gemäß stammten diese mit gelbem Leder bezogenen Kisten noch aus den Zeiten der Queen Victoria: Einmal gab bei der Übergabe einer Kiste der Boden nach, alle wichtigen Geheimpapiere flatterten heraus. Das störte Churchill nicht; er hat seinen Sekretären immer mal wieder mitgeteilt, was Ultra an Neuigkeiten erbrachte.[42]

Colville, immer fair, pries in den Kommentaren zu seinen 1985 publizierten Tagebüchern die französischen Kryptographen, »die bis zu Frankreichs Kollaps mit den Briten zusammenarbeiteten und danach der Vichy-Regierung nichts von ihrem Wissen preisgaben«. Die deutschen Marine-Codes wurden im Frühsommer 1941 geknackt und die des Heers im Lauf des Jahres 1942.[43] Besonders kompliziert war die Verschlüsselung namens »Hai«, den die deutschen U-Boote benutzten. 1941 wurde vorsorglich ein viertes Rad in die Walzenrotation der Enigma eingebaut. Erst im Dezember 1942 gelang es, diese Funksprüche zu dechiffrieren.[44] Churchill, der große Freund von allem, was nebenher und im Geheimen lief, sagte später über die Kryptographen in Bletchley: »Sie waren die Gänse, die goldene Eier legten und niemals schnatterten.«[45]

Nebenbei: Beim Abhören und Abschöpfen von Information waren die Deutschen auch nicht schlecht. Bis 1944, als die dafür nötigen Anlagen in den Niederlanden von den Alliierten zerstört worden waren, hörten sie zu, wenn Roosevelt und Churchill miteinander telefonierten. Was das angeht, waren der Präsident und der Premierminister gleichermaßen gewieft: Sie sagten nichts, was den Deutschen weitergeholfen hätte.[46]

Nebenkriegsschauplätze: »der weiche Bauch des Krokodils«

Der Duce in seiner Eitelkeit wollte es Adolf Hitler gleichtun. 1939 hatten italienische Truppen das dünn besiedelte Albanien besetzt. Es war das Schicksal der Völker auf dem gebirgigen Balkan, »wo selbst die Flüsse Steilwände und Schluchten überwinden müssen«, dass seit dem römischen Kaiser Valens dort immer einmal wieder einander feindliche Truppen aus Asien und Europa auf dem Rücken der Bevölkerung ihre Schlachten austrugen. Und es war das Schicksal der Invasoren, dass sie in dem unübersichtlichen Terrain nicht zurechtkamen, weshalb »der Balkan ein Friedhof militärischer Operationen« ist.[47] Da 1939 keine Großmacht Albanien für bedeutungsvoll hielt, konnten die Italiener sich dort lange halten.

In den 1930er Jahren hatte Großbritannien Mussolini gewähren lassen, als er Teile Äthiopiens besetzen ließ. Von dort aus ließ er im Juli 1940 seine Truppen in Grenzorte im angloägyptischen Kondominium Sudan sowie in die britische Kolonie Kenia vorstoßen; im August okkupierten die Italiener ganz Britisch-Somaliland am Golf von Aden. Die Briten wurden nun von zwei Seiten von italienischen Truppen angegriffen: zum einen von Süden her, zum anderen von Libyen her, das Rom seit 1912 als seine Domäne betrachtete. Britisch-Somaliland war strategisch von geringer Bedeutung. Gleichwohl drang Churchill darauf, dieses Stückchen Empire zurückzugewinnen. Am 15. August 1940 gab er dem Kommandeur der britischen Streitkräfte im Nahen Osten präzise Instruktionen, was er zu tun habe. Bis ins Detail befahl er General Archibald Wavell, welche Kräfte wo eingesetzt werden und mit welchen Mitteln die Briten den Italienern dort die Brunnen vergiften sollten. Dergleichen Einflussnahme war unüblich, um das Mindeste zu sagen. Der solcherart gedemütigte Kommandeur hielt die Rückeroberung zu jenem Zeitpunkt ohnedies für überflüssig. »Eine hohe Schlachterrechnung«, telegraphierte er, sei »nicht unbedingt ein Ausweis guter Taktik.«[48] Churchill war außer sich vor Zorn. Widerwillig ging Wavell gegen die Italiener und ihre einheimischen Hilfskräfte in Britisch-Somaliland vor, was nach einigem Auf und Ab von Erfolg gekrönt war. Unter Tränen übergab der italienische Truppenführer im somalischen Berbera seinen Revolver. Ein britischer Offizier meinte es tröstlich, als er zu ihm sagte: »Der Krieg kann sehr peinlich sein.«[49]

Unter Militärhistorikern gilt Wavell (1883 bis 1950) als ein guter Kommandeur: Er setzte auf mobile Operationen anstelle geplanter Schlachten auf einem dafür zuvor ausgesuchten Landstrich; er ging Risiken ein, ohne leichtsinnig zu sein. Das erkannte Churchill nicht. Es nimmt nicht wunder, dass Wavell, Alan Brooke und andere die monatelang geplante Operation »Compass« gegen die Italiener, die den Auftrag hatten, den Suezkanal einzunehmen, bis zum letzten Moment vor Churchill geheim hielten: Sie fürchteten, er könne die Operation unwillentlich sabotieren, indem er in seiner Ungeduld zur Eile antrieb.[50] Später bemerkte Churchill spröde, auch um die irakischen Ölquellen zu schützen, hätte Wavell Truppen nach Syrien entsenden müssen, wogegen dieser aber allerlei Argumente ins Feld geführt habe; »höchst unwillig« sei er gewesen.[51] 1941 schob er Wavell nach Südostasien ab und bestellte statt seiner George Auchinleck, der weniger zurückhaltend war, was Syrien und den Irak anging. Aber auch Auchinleck erschien Churchill bald als zu zögerlich, weshalb er 1942 an seiner Stelle Harold Alexander zum Oberbefehlshaber im Nahen Osten machte und den forsch auftretenden Bernard Montgomery zum Kommandeur der 8. Armee ernannte, dem Großverband von Streitkräften des Commonwealth, der Rommels Truppen besiegen sollte.

Ein anderer Kriegsschauplatz war Griechenland: Von Albanien aus marschierten die Italiener im Oktober 1940 in Griechenland ein, bei dem einzigen Verbündeten, der Großbritannien in Europa geblieben war. Nun machte Churchill, was von Historikern als sein »größter strategischer« Fehler während des Zweiten Weltkriegs bezeichnet wird: Im Februar 1941 zog er Truppen aus Ägypten ab und sandte sie nach Griechenland. Das rief prompt die Deutschen auf den Plan.[52] Die Wehrmacht besetzte Athen mühelos. Die griechische Regierung kapitulierte am 24. April. Die britischen Truppen, die sich – manchmal wiederholt sich die Geschichte im Detail – zu den Thermopylen zurückgezogen hatten und hofften, diese Stellung eine Weile lang zu halten, mussten den Engpass in den Bergen räumen.[53] Sie wurden nach Kreta gebracht.

Doch die Deutschen ließen nicht lange auf sich warten: Am 20. Mai 1941 kamen ihre Kampfflieger; Fallschirmjäger sprangen über Kreta ab. Es war der erste Tag »der ersten großen Luftlandeoperation der Geschichte«, der erste von acht Tagen brutaler Kämpfe, die zu den »wildesten« des ganzen Krieges gezählt werden.[54]

Am 20. Mai wehrten die alliierten Verteidiger auf der Insel sich verbissen. Briten, Australier und Neuseeländer (die meisten Einheimischen kämpften auf dem Festland) brachten den Deutschen fürchterliche Verluste bei. Doch ihr Kommandeur, Generalmajor Bernard Freyberg aus Neuseeland, konnte den errungenen Vorteil nicht nutzen. Den Grund dafür nannte später einer seiner Stabsoffiziere: Es fehlten hundert Funkgeräte, »was dazu führte, dass die Verteidiger das Ausmaß des eigenen Erfolgs nicht erkannten; es war ihnen nicht gelungen, entsprechende Meldungen an Freybergs Gefechtsstand zu übermitteln, und diesem war es wiederum nicht gelungen, Funkbefehle zur Verstärkung und Umgruppierung seiner Kräfte zu senden«.[55]

Die britischen Logistiker hatten sich an Missmanagement wieder einmal selbst übertroffen. Es gab nicht nur zu wenige Funkgeräte, sondern auch zu wenig Artillerie und zu wenige Transportmittel, um die Soldaten dorthin zu bringen, wo sie gebraucht wurden. Vor allen Dingen fehlte es an Unterstützung aus der Luft.[56] Die Deutschen erlitten schwere Verluste, aber der Nachschub, Truppen und Gerät, landete ziemlich ungehindert in Massen auf der Insel. Am 26. Mai meldete Freyberg an Churchill: »Was immer die Oberbefehlshaber entscheiden [damit war in erster Linie der Premier gemeint], vom militärischen Standpunkt ist unsere Lage hoffnungslos.« Churchill entschied, wie nicht anders zu erwarten, dass Kreta gehalten werden musste.

Am Folgetag, dem 27. Mai 1941, erreichte ihn Freybergs Nachricht: Entweder die Truppen zögen ab oder sie seien verloren. Die Evakuierung begann am 28. Mai. Churchill tobte. Unter andauerndem, schwerem Beschuss der Luftwaffe, die ein knappes Dutzend Kreuzer und Zerstörer versenkte und etliche weitere Kriegsschiffe schwer beschädigte, gelang es den Schiffen der britischen Mittelmeerflotte, von 26 000 Soldaten immerhin 16 000 in Sicherheit nach Ägypten zu bringen. Als John Colville eine knappe Woche zuvor im Zwiegespräch mit seinem Chef bedauert hatte, dass die Kreuzer »Gloucester« und »Fiji« verloren gegangen waren, wies Churchill ihn zurecht: »Was glauben Sie, wofür wir die Schiffe bauen?«[57] Bis Anfang Juni war diesem Spruch Genüge getan: »Die Schlacht um Kreta« war »das verlustreichste Seegefecht der britischen Marine im Zweiten Weltkrieg.«[58]

Damit nicht genug war London am 10. und 11. Mai schweren Luftschlägen ausgesetzt, bei denen rund zweitausend Brände in der Stadt entfacht wurden. Nach Ablauf seines ersten Jahrs als Premierminister wurde Churchill mit einer Flut von Schelte übergossen.[59]

Die allgemein verbreitete Vorstellung, Italiener könnten besser singen als kämpfen, war ungerecht. Italienische Soldaten waren nicht tapferer und nicht feiger als andere, wohl aber schlecht geführt.[60] Churchill soll sich über die Italiener lustig gemacht haben. Einer Anekdote zufolge sprach der deutsche Botschafter Ribbentrop 1937 eine Warnung aus: »Wenn es einen Krieg gibt, wird Italien auf unserer Seite stehen«, worauf Churchill geantwortet haben soll: »Herr Botschafter, das ist nur fair, wir hatten die beim letzten Mal.«[61] Das hat er höchstwahrscheinlich nicht gesagt; bis weit in die 1930er Jahre, wie schon erzählt, hofften die Briten noch auf einen Ausgleich mit Mussolini. Auch war es nicht Churchills Art, einfache Truppen zu beleidigen; hohen Chargen hingegen misstraute er grundsätzlich. Einmal unterhielt er sich mit Dwight D. Eisenhower, von Ende 1943 an Oberbefehlshaber der alliierten Streitkräfte in Nordwesteuropa. Eisenhower schätzte bei Befehlshabern, woran es ihm selbst gebrach: muskulöse Sportlichkeit. Churchill mochte dem nicht zustimmen: »Niemals habe ich einen großen Athleten kennengelernt, der dann ein großer General wurde«, sagte er, »kein Preiskämpfer war je ein guter General. Die Ausnahme macht da vielleicht die italienische Armee, wo es einem General nützen mag, wenn er schnell rennen kann.«[62]

Als die Italiener in Afrika versagten, war man in Berlin der Auffassung, die Deutschen müssten einschreiten. Truppen, etliche Panzer, jede Menge Ausrüstung und Erwin Rommel wurden nach Libyen geschickt. Hitler hatte Rommel eigens ausgesucht: Die Nachrichten von seinen Erfolgen bei der Besetzung Frankreichs 1940 hatten ihm gefallen; 1941 wurde Rommel zum Generalleutnant befördert. Mit seinem Elan, seinem Geschick bei der Truppenführung in der Sahara und seinem taktischen Verstand erwarb er sich den Spitznamen »Wüstenfuchs«. An sich war Nordafrika für die Deutschen nicht von Belang. Wenn Mussolini sich dort nicht in die Bredouille gebracht hätte, wäre der Einsatz von Rommels Truppen nicht angesagt gewesen. Für die Briten war es vorteilhaft, weil sich so eine Gelegenheit ergab, den Amerikanern ihren Kampfesmut vorzuführen. Der Militärhistoriker Stig Förster, weniger beeindruckt, konstatiert lapidar, die deutschen Streitkräfte hätten sich auf Nebenkriegsschauplätzen verzettelt.[63]

Nebenkriegsschauplätze zu eröffnen: Das war eine von Churchills Vorlieben. Im englischen Militärjargon gesagt, war er ein »Peripheralist«, einer, der am Rand des eigentlichen Kriegsgeschehens angreifen wollte. Es ging ihm nicht allein darum, die Amerikaner zu beeindrucken. Wenn ein Kampffeld einmal ausgemacht war, mochte er sich nicht damit bescheiden, die operativen Befehlshaber zu kritisieren. Er wollte seinen Sinn für Strategie und Taktik unter Beweis stellen, von dem allerdings vor allem er selbst überzeugt war. Allzu oft agierte er nach der Devise »action for action's sake« oder, mit einem Wort aus einer Kurzgeschichte von Heinrich Böll gesagt: »Es muss etwas geschehen, es wird etwas geschehen.« Roosevelt sagte über Churchill: »Er hat hundert Ideen am Tag, vier davon sind gut.«[64] Von den übrigen 96 sollen hier ein paar wenige vorgestellt werden.

Wie schon im Ersten Weltkrieg erwarb Churchill sich im Zweiten Weltkrieg ziemlich bald in militärischen Kreisen den Ruf, strategische Ziele vorzugeben, die unrealistisch und undurchführbar waren. Anstatt ihn abzuschrecken, weckte das Fiasko in Norwegen in ihm den Wunsch, dort wieder anzugreifen; das wäre nicht gut abgegangen, weil die britische Luftwaffe nicht genügend Unterstützung hätte geben können. Vom Herbst 1941 an waren der General Alan Brooke und andere Angehörige des Generalstabs »beständig bemüht, ihn von verrückten Plänen abzuhalten, nach Norwegen zurückzukehren. Warum er das wollte und was er dort wollte, selbst wenn Trondheim hätte eingenommen werden können, haben wir nie herausgefunden.«[65]

Aber nicht allein auf Norwegen hatte Churchill sein Auge geworfen, sondern auch auf Sizilien. Das Mittelmeer – mehr als die Berge des Balkans, wo die Royal Navy naturgemäß nicht präsent war – bot viel Raum für die militärische Phantasie. In einem Gespräch mit Stalin im August 1942 nahm Churchill einen Stift und ein Stück Papier zur Hand, zeichnete ein Krokodil und erklärte, der Süden sei der »weiche Unterbauch des Krokodils« der faschistischen Achsenmächte, dort müsse man zuschlagen. Schon im November 1940 erwogen er und das Kriegskabinett die Einnahme der kleinen, vor Sizilien gelegenen Insel Pantelleria. Nach einem Abendessen geriet Churchill ins Schwärmen: »Dreihundert entschlossene Männer mit geschwärzten Gesichtern, Messern zwischen den Zähnen und Revolvern in der Jacke« sollten den Coup hinbekommen. Zum Leidwesen der Stabschefs gab er diesen Einfall auch am folgenden Tag nicht auf.[66]

Im Herbst 1943 schien es Churchill unabdingbar, in der Ägäis einige Inseln einzunehmen: Rhodos und die Dodekanes-Inseln. Churchill-Verehrer unter seinen Biographen übergehen diese Episode. Max Hastings bezeichnet die Expedition als »ein Fallbeispiel für Unvernunft«. Der Premier- und Verteidigungsminister fand meist irgendwelche Unterstützer für seine Pläne. Rhodos und die Dodekanes-Inseln waren seit dem Ersten Weltkrieg von Italien besetzt. Churchill bildete sich ein: Wenn Britannien die Dodekanes erbeute, würde die türkische Regierung – hingerissen von der britischen Stärke – sich den Alliierten anschließen. Die gegen amerikanischen Rat ausgeführte Landung am 12. September 1943 geriet zu einem – wieder einmal demütigenden – Flop.[67]

1943 beschäftigten die US-Militärs und Roosevelts Regierung sich mit der Planung der Landung der Alliierten an der französischen Küste. Eilande in der Ägäis waren in ihrem Konzept ohne strategische Bedeutung. Aber Churchill setzte sich durch; die Operation endete erfolglos; glücklicherweise kamen nur wenige Männer zu Tode. 1944, da Eisenhower als Oberbefehlshaber der anstehenden Landeoperation der Alliierten in der Normandie agierte, die seit Monaten vorbereitet wurde, empfand Churchill das dringende Bedürfnis, die Planungen zu verbessern: wozu an der nordfranzösischen Küste landen, warum nicht in Portugal? Als ihm das ausgeredet worden war, empfahl er die Bretagne, wo die Häfen noch in deutscher Hand waren und wo es für die vorgesehene Armada von Landungsbooten nicht genügend Strände gibt. »Trotz seiner vielen Kriegserfahrungen war Churchill im Hinblick auf Logistik hoffnungslos naiv.«[68]

»Wenn ein Thema ihn langweilte«, bemerkte der Privatsekretär Jock Colville, »mochte es noch so wichtig sein, delegierte er es an jemand anderen und brachte für die Hintergründe der dann gefällten Entscheidung kaum Interesse auf.«[69] War hingegen sein militärischer Ehrgeiz geweckt, kümmerte er sich um jede Kleinigkeit. Kurz nach Kriegsbeginn erwähnte sein Leibarzt Charles Wilson, dass Hitler sich in Bezug auf ein unbedeutendes Detail in die operative Kriegführung einmischte, worauf Churchill grinsend sagte: »Das ist genau das, was ich mache.«[70] Im Übrigen war »that man« sein größter Feind, nicht mehr der Kommunismus. »Wenn Hitler in der Hölle einmarschierte«, sagte er im Sommer 1941, »würde ich den Teufel mit einer freundlichen Erwähnung bedenken.«[71] Colville war beeindruckt von Churchills Intuition, »mit der er anscheinend wider alle Logik und im Gegensatz zu dem, was alle anderen dachten«, agierte: »Bei etlichen Gelegenheiten kam er auf Grundlage falscher Schlüsse und gegen alle guten Ratschläge zu der richtigen Entscheidung.«[72] So beschrieb Colville, was die Geduld anderer strapazierte und sie mitunter zur Weißglut brachte.

Admiral Dudley Pound, der First Sea Lord, Chef des Admiralsstabs der Marine, sagte über Churchill: »Manchmal wollte man ihm die Füße küssen, dann wieder hatte man Lust, ihn umzubringen.«[73] Seinen eigenwilligen Führungsstil und seine erratischen Befehle konnte Churchill sich leisten, weil er von einigen loyalen hohen Militärs umringt war. Der First Sea Lord Dudley Pound, drei Jahre jünger als der Premierminister, verlegte sich auf das Prozedere: Wenn Churchill in seiner Doppelrolle als Premier und Verteidigungsminister mit einer sehr schrägen Idee kam, wies Pound sie nicht schlankweg zurück, sondern sagte vielmehr, dieses sicherlich bedenkenswerte Vorhaben berge einige Risiken in sich und müsse ausführlich begutachtet werden. Mit anderen Worten: Pound verschleppte die Umsetzung jener Pläne Churchills, die er für undurchführbar hielt. Selbst bei Generalstabskollegen erwarb Pound sich den Ruf, »unbrauchbar und langsam« zu sein.[74] Tatsächlich war seine Verzögerungstaktik, solange er noch halbwegs bei Kräften war, wohl eher hilfreich. Er war schwer krank, was er die Kollegen nicht wissen ließ. Vor lauter Schwäche sank ihm mitunter bei Konferenzen der Generalstäbler der Kopf auf die Brust. Die Anwesenden mokierten sich über ihn: Der alternde Mann gebe sich einem Nickerchen hin. Er litt an schwerer Arthritis, die ihn nachts vor Schmerz nicht schlafen ließ. Dudley Pound starb 1943 mit 66 Jahren an einem Hirntumor.[75]

Der schon erwähnte Generalmajor Hastings Lionel Ismay (1887 bis 1965) war Churchills oberster Militärberater, er leitete das Kriegssekretariat. Seine Aufgabe war es, zwischen Churchill und den Stabschefs zu vermitteln: »Ismay nahm die Tritte von oben und von unten; Tag und Nacht sorgte er für den Fortgang der gemeinsamen Arbeit über die oftmals enervierenden, abwegigen Vorgaben des Premierministers und die mitunter obstinat widerständigen Gegenreden der Stabschefs hinweg.« Churchill disputierte gern. Alle sollten freimütig ihre Meinung äußern. Die Offiziere waren freilich gut beraten, diese Aufforderung nicht ganz ernst zu nehmen: Wenn sie ihm widersprachen, wurde er wütend. Wenn sie ihm uneingeschränkt recht gaben, war er allerdings auch nicht zufrieden: Er brauchte Widerworte, um sich selbst im Spiegel der Meinungen anderer in seiner Ansicht zu bestätigen. Deshalb war Hastings Ismay, der glänzende Vermittler und Ausputzer schlechter Stimmung, so wichtig. Über Churchill sagte er: »Welch ein einzigartiger und brillanter Kopf. Mutig wie ein Löwe, zart wie eine Frau, offenherzig wie ein Kind.«[76]

Der General Alan Brooke (1883 bis 1963), 1941 zum Chef des Generalstabs der Armee ernannt, machte sich selbst zu »Churchills Nanny«; einmal eingespielt, machte er später für den eitlen General Bernard Montgomery das Gleiche. »Erstaunlicherweise wurde er in dieser Rolle von beiden infantilen Tyrannen akzeptiert.«[77] Brooke notierte in seinem Tagebuch im August 1942: »Nach neun Monaten der Zusammenarbeit mit dem PM habe ich endlich das Gefühl, eine gewisse Kontrolle über seine Aktivitäten zu haben und dass er sich endlich von mir beraten lässt.«[78] Als Churchill Ende 1941 in den USA auf Besuch bei Roosevelt war, hatte Brooke ihn noch nicht eingefangen und fürchtete, der Premier könne Absprachen eingehen, die über die militärische Schlagkraft der Briten hinausgingen. Lieber hatte er ihn in seiner Nähe.

Der amerikanische General George Marshall war überrascht, dass Churchill ihn »bis in die frühen Morgenstunden« mit Beschlag belegte, was Marshall, wie Alan Brooke süffisant notierte, »wenig genoss!« Brooke fand es nur gerecht, dass der Kollege mitbekam, was er selbst täglich erlebte: Marshalls »Arbeit mit Roosevelt war deutlich einfacher als meine. Er sagte mir, oft würde er ihn einen Monat oder sechs Wochen lang nicht sehen. Ich war gut dran, wenn ich Winston sechs Stunden lang nicht sah.«[79] *

Zusammenfassend lässt sich sagen: So sehr Churchill den meisten seiner Generale und Admirale misstraute, so sehr misstrauten diese ihm, aller Ehrfurcht und Wertschätzung zum Trotz. Nicht nur entwickelte Churchill seine strategischen Ideen zumeist ohne Rücksicht auf die jeweils verfügbaren militärischen Ressourcen, zudem hielt er es für ein Zeichen von Feigheit, wenn Soldatenleben nicht ohne Weiteres aufs Spiel gesetzt wurden. Den Admiralen unterstellte er grundlos, der

* Das war wohl etwas übertrieben formuliert. Als Lord Alanbrooke seine Tagebücher für den Druck vorbereitete, war er immer noch zutiefst enttäuscht: Churchill hatte ihm das Kommando bei der Invasion der Normandie 1944 zugesichert und ihn dann unvermittelt fallen gelassen, weil er diese Position dem Amerikaner Dwight D. Eisenhower einräumen musste.

Erhalt ihrer Schiffe sei ihnen wichtiger als ein Sieg. Im April 1941, als Rommel mit seinen Truppen seit zwei Monaten in Afrika war, gab der vormalige amerikanische Botschafter Joseph Kennedy nach einem weinseligen Abendessen zu bedenken, die deutschen Nachschublinien müssten abgeschnitten werden, worauf Churchill laut Kennedy antwortete: Wavell habe genug Truppen; wenn er und die anderen »Ägypten verlieren, dann wird Blut fließen. Ich werde die Generale standrechtlich erschießen lassen.«[80] Das war natürlich bloß dahingesagt. Insgesamt war die Art, wie Churchill führende Befehlshaber behandelte, freilich mitunter dazu angetan, diese – je nach ihrem Charakter – zu verärgern oder zu irritieren und bei ihrer eigentlichen Aufgabe zu stören: den Krieg zu gewinnen.

13. Kapitel

GEMEINSAM MIT DER SOWJETUNION

1

2

3

4

1 Angriff auf Pearl Harbor am 7. Dezember 1941. Die »USS Shaw« explodiert.

2 Am 15. Februar 1942 ergibt Singapur sich den japanischen Angreifern.

3 Eine »Stalinorgel«: Katjuscha-Raketenwerfer bei Stalingrad 1942

4 »Die großen Drei« vor der russischen Botschaft in Teheran Ende November 1943. Roosevelt legte Wert darauf, mit Stalin unter vier Augen zu reden. Am Folgetag gelang es Churchill, Stalin für sich allein zu haben. Der Kremlchef erhielt die Zusicherung, die Landung in Frankreich werde in wenigen Monaten beginnen.

Um acht Uhr morgens am 22. Juni 1941 erhielt Churchills Sekretär Jock Colville einen Anruf: Die deutsche Wehrmacht war in Russland eingefallen. Colville lief zu den Schlafzimmern des Premiers und des Außenministers Anthony Eden im »Annex«, dessen Untergeschoss einigermaßen bombensicher war. Beide, notierte Colville, empfingen die Information mit »zufriedenem Grinsen«. Churchill verfügte: Die BBC solle informiert werden, dass er am Abend um neun Uhr reden werde. Endlich war Britannien mit dem Commonwealth nicht mehr allein im Kampf gegen Hitler-Deutschland.

In Whitehall und Westminster gab man freilich nicht viel auf die Rote Armee, deren Durchhaltekraft die meisten – wie auch die Deutschen – eher auf Wochen denn Monate schätzten. Allein, Churchill erklärte mit den auf Rennbahnen üblichen Slangwörtern für Geldbeträge (»Mousetrap« und »Monkey«), er setze fünfhundert zu eins, dass die Russen sich auch im Folgejahr noch behaupten würden.[1] Jeder Leiter eines Wettbüros hätte das für äußerst sportlich gehalten. Wie sich zeigte, sollte Churchills hoffnungsvolle Spekulation sich bewahrheiten. In den folgenden drei Jahren wurden der Wehrmacht 93 Prozent ihrer Verluste von der Roten Armee beigebracht.[2]

Doch kam die Unterstützung der Sowjetunion Britannien teuer zu stehen. London verschickte sofort Kriegsgeräte und Ausrüstung in großen Mengen, teils mit der Eisenbahn durch Persien, bevorzugt auf der schnelleren Route über das Polarmeer nach Archangelsk und Murmansk. Dazu zählten britische U-Boote, ein Schiff zum Minenlegen, eine britische Kampfstaffel. Weiterhin wurden zweihundert Jagdflugzeuge überbracht, die Britannien selbst benötigt hätte. Darüber hinaus bestellte Stalin Gummi, Stahl, Wolle, Stoffe für Uniformen und drei bis vier Millionen Paar Stiefel.[3]

Am 7. Dezember 1941 griffen die Japaner den in Hawaii gelegenen amerikanischen Stützpunkt Pearl Harbor an. Als Churchill in Chequers, dem offiziellen Landsitz des Premierministers, im Kreis seiner Gäste davon in den Abendnachrichten aus einem tragbaren Radio hörte, sprang er auf und rief: Jetzt müsse Großbritannien Japan den Krieg erklären. Seine Gäste baten ihn, nicht überstürzt zu handeln, die Nachricht könne ja eine Fehlmeldung sein. Also ließ er sich telefonisch mit Roosevelt verbinden: »Mr. President, was ist da los mit Japan?« Roosevelt antwortete: »Es stimmt. Die haben uns in Pearl Harbor angegriffen. Jetzt sind wir alle in einem Boot.«[4] Das war nett gemeint. Tatsächlich war die Regierung in Washington zunächst mehr mit den Geschehnissen im Pazifik befasst als mit Europa.

Der Krieg zwischen Japan und den USA hätte mit mehr Konzilianz auf Seiten Washingtons wohl vermieden werden können. Schon im August 1941 warnte Roosevelt die Regierung in Tokio: Künftige Expansionen auf fremden Territorien würden die USA nicht tolerieren. In Japan gab es viele, die militärische Abenteuer für gefährlich hielten. Premierminister Prinz Fumimaro Konoe bot an, Japan werde sich aus den meisten annektierten Gebieten in China und Indochina zurückziehen. Darauf gingen die Amerikaner aber nicht ein. Konoe schlug nun ein Treffen zwischen ihm und Roosevelt vor. Gegen den ausdrücklichen Rat des amerikanischen Botschafters in Japan lehnte der Präsident ab. Derart geschwächt, blieb Konoe im Oktober nichts anderes übrig, als zu demissionieren. Nach ihm ergriffen die militaristischen Hardliner das Ruder. Roosevelt sei ganz zweifellos ein großer Staatsmann gewesen, urteilt James Holland, habe aber einen eklatanten Mangel an Urteilskraft gezeigt, als er Konoes Angebot ausschlug.[5]

Im Gegensatz zu dem Krieg gegen Japan hätten die USA der Bekämpfung Nazi-Deutschlands nicht aus dem Weg gehen können. Hitler schien versessen darauf, Amerika anzugreifen, am 11. Dezember 1941 erklärte er den Vereinigten Staaten von Amerika den Krieg. Damals leistete der Reichsaußenminister Ribbentrop »seinen einzigen wirklich intelligenten Beitrag zur Politik des NS-Staates«, indem er Hitler eindringlich daran erinnerte, dass Deutschland im Rahmen des Dreimächtepakts den Japanern nur dann Beistand leisten musste, wenn das Land angegriffen würde, nicht aber, wenn es selbst der Aggressor war.[6] Umsonst. Hätte die Reichsregierung stillgehalten, die

USA hätten sich vermutlich auf den Krieg im Pazifik gegen Japan konzentriert. Und Großbritannien wäre nach wie vor allein dagestanden. Nur mit Hilfe der USA konnte Britannien den Krieg in Europa gewinnen. Es galt, die Amerikaner davon zu überzeugen, sich um Europa zu kümmern. Es galt, der Sowjetunion Hilfe zukommen zu lassen.

Umgehend reiste Churchill nach Washington. Am 22. Dezember 1941 traf er ein. Auf der Überfahrt konzipierte er einige Memoranden als Gesprächsgrundlage für die anstehende Konferenz: Er resümierte den Stand der Dinge und unterstrich Großbritanniens Kampfbereitschaft. Er entwarf einen Vorschlag, der beim damaligen Generalstab ebenso gut ankam wie bei heutigen Militärhistorikern: Amerikanische und britische Kräfte sollten so bald wie möglich die Deutschen an der nordafrikanischen Küste bekämpfen, dann sollten sie Sizilien einnehmen und sich von dort durch Italien gen Norden vorarbeiten. Mit etwas Glück werde man 1943 an den Stränden der nordfranzösischen Küste landen und 1944 den Krieg gewinnen können. Er wollte Roosevelts Augenmerk auf Europa lenken. Um das zu erreichen, argumentierte er sogar gegen die globalen Interessen des Empire, ohne Rücksicht auf Australien und Neuseeland: »Wir müssen davon ausgehen, unsere Besitzungen im Pazifik eine nach der anderen zu verlieren.«[7]

Alles dieses und vieles mehr wurde auf einer Konferenz besprochen, die nach einer nahe Washington gelegenen Gemeinde »Arcadia« genannt wurde. Die Zusammenkunft dauerte vom 22. Dezember 1941 bis zum 13. Januar 1942. Als publik wurde, dass Churchill sich im Weißen Haus aufhielt, sandten amerikanische Bewunderer Geschenke in Massen, darunter Hunderte Zigarrenkisten.[8]

Überhaupt war »Arcadia« zufriedenstellend: Die Amerikaner versprachen, sich vordringlich in Europa anstatt in Ostasien militärisch zu engagieren: »Germany first«. Auch stimmten sie einer Landung in Nordafrika zu. Ein Ausschuss für die Koordinierung der britischen und amerikanischen Streitkräfte wurde geschaffen, die »Combined Chiefs of Staff«. Damit einher ging, dass von nun an die Amerikaner mitreden würden beim Einsatz britischer Waffen. Das war ein Umstand, der Churchill kratzte. Roosevelt trug rhetorischen Balsam auf: »Nennen wir es mal eine vorläufige Vereinbarung und gucken, wie weit wir damit kommen.« Die Briten reisten ab mit dem Gefühl, ihre

Ziele erreicht zu haben. Dass Washington künftig das Heft in der Hand haben würde, war ihnen noch nicht ganz klar.[9]

Stalin – der Paranoiker

Von 1899 bis 1917 hatte der georgische Berufsrevolutionär Iosseb Bessarionis dse Dschughaschwili – so sein Geburtsname – sich an Gewalt gewöhnt. Sein Kampfname »der Stählerne«, den er sich 1912 zulegte, war dem machtbewussten Mann Programm. Wladimir Iljitsch Lenin, den Begründer der Sowjetunion, musste er nicht umbringen lassen, der starb 1924 nach schwerer Krankheit von allein. Übrig blieb der Konkurrent Leo Trotzki. Was in der Sowjetunion nicht funktionierte, wurde diesem und seinen Anhängern angelastet. Anlässe dafür gab es reichlich: Die zentralisierte Kommandowirtschaft, die Stalin und das Politbüro zum Zweck einer schnellen Industrialisierung einführten, brachte zahlreiche Fehlkalkulationen mit sich. In den überstürzt eingerichteten Fabriken und Baustellen ging sehr viel daneben. Beim Bau von Eisenbahnlinien kamen allein im Jahr 1934 62 000 Menschen bei Unfällen ums Leben. Weil die Industrie Vorrang hatte, konnten die Bauern sehen, wo sie blieben, die Erträge ihrer Felder mussten sie abgeben; sie »aßen Hunde, Pferde, faule Kartoffeln, Baumrinde – einfach alles, was sich fand«. In den frühen 1930er Jahren, schreibt Stalins Biograph Simon Sebag Montefiore, musste das Politbüro »so hart und unter so hohem Druck arbeiten, dass es niemanden überraschen konnte, wenn die bereits durch Verbannungen und den Bürgerkrieg angegriffene Gesundheit der Magnaten weiteren Schaden nahm. Ihre Briefe lesen sich wie die Protokolle eines Hypochonderklubs.« Der Kremlchef litt in jener Zeit besonders unter Rheumatismus und Zahnschmerzen.[10]

Stalin »bewunderte und schätzte große Literatur, kannte auch den Unterschied zwischen Genie und Epigonentum«.[11] Hitler bewunderte und schätzte er ebenfalls: Nach der »Nacht der langen Messer« im Sommer 1934, in der Hitler Ernst Röhm und andere Führungsleute der SA ermorden ließ, kommentierte Stalin: »Das ist schon ein ganzer Kerl, dieser Hitler! Großartig! Der kann etwas!« Beim Liquidieren möglicher Gegner in den eigenen Reihen zeigte er sein eigenes Können. 1936 bis 1938 gelang es ihm, die Rote Armee nahezu kampfunfähig zu machen, indem er fast alle erfahrenen Offiziere hinrichten ließ.

In seinen Jahren als Revolutionär im bolschewistischen Untergrund hatte er – zusammen mit seinem Vertrauten Wjatscheslaw Michailowitsch Molotow – oft erlebt, dass Genossen als Doppel- oder Dreifachagenten gewirkt hatten. Er selbst war auch so jemand gewesen; von sich selbst auf alle schließend, waren für ihn jede und jeder potenzielle Verräter. Weil Stalin und die Kremloberen – wie beim Ausbau der Industrie – auf schnelle Erledigung aus waren, kam es bald gar nicht mehr darauf an, ob es einen Anfangsverdacht gab: Das Politbüro setzte schließlich »in die Tausende gehende Quoten von Exekutionen fest«.[12] Zu deren Erfüllung bot es sich als Erstes an, jene Kommunisten herzunehmen, die in den 1930er Jahren aus Hitler-Deutschland nach Moskau geflohen waren. Die übliche Tötungsart: Erschießen. Um die nötigen sanitären Putzarbeiten einfacher zu gestalten, wurde nahe dem Moskauer Gefängnis Lubjanka (wo auch der Geheimdienst residierte) ein Schlachthaus eingerichtet mit einem abfallenden Steinfußboden, an dessen Ende – für den Fall, dass eine Kugel danebenging – eine Holzwand stand. Der Boden war mit einem Abflusssystem ausgestattet, nützlich für Ströme von Blut und wenn die Opfer sich aus Angst in die Hose machten.[13]

Der Literaturliebhaber Stalin blühte auf, wenn es vulgär zuging. Das Faible teilte er mit dem deutschen Außenminister. Bei den Besprechungen für das Hitler-Stalin-Abkommen wurden so ordinäre Reden geschwungen, »dass sich Ribbentrop nach eigener Aussage ebenso wohlfühlte wie unter alten Nazikumpanen«. Zu der Vereinbarung war es gekommen, weil Stalin nach dem Münchner Abkommen von 1938 überzeugt war, der Westen würde unter keinen Umständen etwas für die Sowjetunion tun, sondern vielmehr hämisch zusehen, wenn Hitler-Deutschland sich nach Osten ausdehnen wollte. Da war es besser, ein Einvernehmen mit dem NS-Staat zu suchen.[14]

Bis ins Mark von Misstrauen erfüllt, glaubte Stalin niemandem, der ihn 1941 vor einem bevorstehenden Angriff der Deutschen warnte, nicht seinen Botschaftern im Ausland, nicht den Militärattachés. Am

3. April ließ Churchill dem Kremlherrn eine abgeschöpfte Information zukommen: Die deutschen Panzerkräfte, die nach der Besetzung Jugoslawiens frei geworden waren, hatten sofort in Südpolen Stellung bezogen. Stalin hielt das für eine Desinformation des Klassenfeindes. Selbst Richard Sorge, den Spion der Komintern in Tokio, tat er ab, als der nach Moskau meldete, die Aufmarschpläne der Deutschen seien fertig: »Da ist dieser Schurke, der in Japan Fabriken und Bordelle aufbaut [...]. Soll ich dem etwa auch glauben?«

Stalin betrachtete westliche Demokratien als so gefährlich, dass er sich lieber mit den Nationalsozialisten einließ. Er wollte Hitler freundlich stimmen und sandte – auf die minutiöse Einhaltung des Paktes mit Deutschland bedacht – viele Eisenbahnwaggons mit Erdöl, Getreide und Metallen. Der letzte Zug kam am Morgen des 22. Juni 1941 an, einige Stunden nachdem die deutschen Truppen die Grenze zu Russland überschritten. In einem Buch über den Deutsch-Französischen Krieg hatte Stalin Bismarcks Devise entdeckt, das Deutsche Reich dürfe keinen Zweifrontenkrieg führen. Er wähnte also, zumindest bis 1942 in Ruhe gelassen zu werden. Zu seiner großen Überraschung kam es anders. Einige Tage lang war er zu keiner Strategiesitzung bereit, sei es, weil er deprimiert war und sich dem Trunk ergab; sei es, weil er gleichzeitig sondieren wollte, wer bei dem Kommenden verlässlich zu ihm stand.[15]

Fast auf den Tag genau, am 24. Juni 1812, war Napoleon Bonapartes *Grande Armée* mit etwa 560 000 Soldaten verschiedener Nationen in Russland eingefallen. 1941 kamen rund drei Millionen Soldaten. Komplettiert wurden die deutschen Truppen von Kroaten, Finnen, Rumänen, Ungarn, Italienern und der zwanzigtausend Mann starken spanischen Division. Sie führten 3600 Panzer mit sich, siebentausend Geschütze, 2500 Flugzeuge, ungefähr sechshunderttausend Motorfahrzeuge und etwa 625 000 Pferde.[16] Die Einnahme von Moskau im Dezember 1941 scheiterte, so wie Napoleon 1812 gescheitert war, an Väterchen Frost. Außerdem scheiterte sie an Adolf Hitler: Der Gröfaz hatte zu lange abgewartet, bevor er »Unternehmen Barbarossa« in Gang setzte. Unterwegs nach Osten, marschierten die deutschen Truppen in den Winter hinein. Aus Napoleons Erfahrungen hatte man nicht gelernt. Eis und Schnee stehen auf russischer Seite, wenn die Nachschublinien nicht gesichert sind, wenn die Motoren der Fahrzeuge ausfallen und die Pferde erfrieren. Die Operation kam im Dezember 1941 vor Moskau erst ins Stocken, dann zum Halten, gefolgt von einem teilweisen Rückzug der Wehrmacht.

Nicht nur der Winter erwies sich als ein standhafter Gegner der Deutschen: Die Masse der sowjetischen Truppen war im Zweiten Weltkrieg todesmutig wie sonst wohl nur die Japaner. Das hatte seinen Grund: Nachdem Rostow am Don – das »Wachhaus« Südrusslands, das »Tor zum Kaukasus«, wo die Ölfelder lagen – im Juli 1942 gefallen war, verfügte Stalin: »Keinen Schritt zurück.« Dieser Befehl wurde allen Soldaten verlesen. Hinter den Fronten warteten Abfangeinheiten, die »Feiglinge« ohne Weiteres erschossen. Der Rückzug war für die Sowjetsoldaten gefährlicher als der Vormarsch. Allein in den Jahren 1941 und 1942 wurden rund 157 000 Männer von Feldgerichten exekutiert. Das entsprach an Zahl mehr als 15 Divisionen.[17] Der Führung des riesigen sowjetischen Reiches gebrach es an vielem, aber nicht an Soldaten.

1942 – Annus horribilis

Anfang der 1950er Jahre fragte Churchills Leibarzt Charles Wilson, seit 1943 Lord Moran, welches die zwei schwierigsten Monate des Kriegs für ihn gewesen seien. Churchill antwortete, »ohne zu zögern«: September und Oktober 1942. Die schlimmsten Niederlagen hatten allerdings in den Vormonaten stattgefunden. Im September und Oktober war Licht am Horizont, wenn auch die Lage immer noch sehr kritisch war. Das Jahr 1942 verlief für Churchill enttäuschend, entmutigend, ermüdend. Im Krieg wollte kaum etwas gelingen, und innenpolitisch wurde er wieder angefeindet.[18]

Am 10. Dezember 1941, drei Tage nach Pearl Harbor, sanken das Schlachtschiff »Prince of Wales« und der Schlachtkreuzer »Repulse« unter dem Beschuss japanischer Bomber und Torpedo-Bomber. Der Verlust traf Churchill vielleicht noch empfindlicher als die Royal Navy. Er betrachtete ihn als »Großbritanniens Pearl Harbor«: »Während des ganzen Krieges«, schrieb er, »traf mich kein Schlag so unerwartet.«

Dabei war er selbst der unwillentliche Initiator des Unglücks. Zur Absicherung britischer Territorien in Südostasien hatte er im Herbst eine Task-Force (»Force Z«) unter der Führung der beiden Großkampfschiffe in den Pazifik geschickt. Mit einer Demonstration der Macht, meinte er, könne er Japans Expansionsgelüste eindämmen. Der Flugzeugträger »Indomitable« sollte die Schlachtschiffe begleiten und feindliche Angriffe abwehren. Er wurde aber bei den Westindischen Inseln beschädigt und schaffte es nicht rechtzeitig in den Fernen Osten. Gegen den Rat der Admiralität verfügte Churchill, die »Prince of Wales« und die »Repulse« sollten trotzdem auslaufen. Als sie beschossen wurden, war die »Indomitable« nicht da, um zu helfen. Als Churchill seine Erinnerungen an den Zweiten Weltkrieg abfasste, ging er, wie üblich, wenn er sich seine Geschichte zurechtgelegt hatte, bei der Darstellung des unerwarteten »Schlags« nicht näher darauf ein, wer genau ihn zu verantworten hatte.

Churchills Fehlentscheidung war darauf zurückzuführen, dass er eine etwas altmodische Vorstellung von Seeschlachten pflegte und die Gefahr von Attacken aus der Luft noch 1941 unterschätzte. Im Dezember, auf dem Weg über den winterlich stürmischen Atlantik nach Washington zur »Arcadia«-Konferenz, lauschte er mit Ingrimm den Vorhaltungen der mitreisenden Stabschefs: Nach dem Verlust der beiden Großkampfschiffe komme es im Pazifik mehr denn je auf die Beherrschung des Luftraums an.[19]

Der Verlust der »Prince of Wales« und der »Repulse« konnte als Symbol gesehen werden für den widrigen Kriegsverlauf in Ostasien. Anfang Dezember 1941, noch vor der Attacke auf Pearl Harbor, besetzten japanische Truppen Malaysia, von wo aus sie nun ihre Angriffe starteten. Am 25. Dezember 1941 kapitulierte die Kronkolonie Hongkong. Die Japaner terrorisierten die Bevölkerung, sie töteten Zivilisten aufs Geratewohl und ergötzten sich bei Vergewaltigungen. Am Abend des 25. notierte Alan Brooke in London: Die Stabschefs seien am Morgen zusammengekommen und sich einig gewesen, dass die britischen Streitkräfte nicht gleichzeitig Nordafrika einnehmen und genügend Nachschub nach Ostasien verschiffen könnten, um Singapur, Burma und den Pazifik wirksam zu verteidigen. »Wir beschlossen, dass die Sicherheit unseres Landes und seine Nachschublinien Vorrang haben.« Später könne man sich um den Fernen Osten kümmern. Dann fügte er an, zu vollen Sätzen nicht mehr aufgelegt: »Sitzung dauerte bis 18 Uhr. Heute Abend Nachricht erhalten, dass Hongkong am Weihnachtstag gefallen ist.«[20] Churchill konnte sich in die Konferenz nicht einmischen, weil er in Washington weilte. Den Beschluss der Stabschefs in London begrüßte er rückhaltlos, die Britischen Inseln, der Atlantik und Europa waren auch ihm näher als der Ferne Osten.

Am 26. Dezember hielt Churchill in Washington vor den versammelten Mitgliedern von Senat und Repräsentantenhaus eine Ansprache. Das war in der Geschichte der Vereinigten Staaten bis dahin nur wenige Male vorgekommen und also ungemein schmeichelhaft. Er begann mit einem Scherz, in dem viel Wahrheit steckte: Seine Mutter sei Amerikanerin und sein Vater Engländer, andersherum würde er vielleicht jetzt selbst ein amerikanischer Politiker sein. Er pries die amerikanische und die britische Demokratie und fragte mit Bezug auf die Japaner: »Was denken die, wer wir sind?« Während seiner Rede vor beiden Häusern erhielt er mehr als einmal stehenden Applaus.[21]

Am Abend des Tages war ihm unwohl in der Brust, der linke Arm tat ihm weh. Sein Leibarzt Charles Wilson diagnostizierte Angina Pectoris, eine gravierende Beeinträchtigung der Herzkranzgefäße. Was sollte der Doktor nun tun? Er dachte bei sich: Wenn er Churchill reinen Wein einschenke und ihm vom ärztlichen Standpunkt die weitere Teilnahme an der so wichtigen »Arcadia«-Konferenz untersage, würde dieser sich mehr aufregen, als sein Herz vertrug. Er erfand eine harmlose Erklärung für die Beschwerden und überließ die Sorge für die Genesung der Lebenskraft seines Patienten. Die Rezeptur schlug an: Kurz bevor er die Heimreise antrat, badete Churchill fröhlich im Meer vor Florida. Freilich, sein angegriffenes Herz und seine chronisch schwache Lunge sollten ihm zunehmend zu schaffen machen.[22]

Kaum dass man sich auf die Strategie »Germany first« geeinigt hatte, sandten die Amerikaner viele Eskortschiffe nicht etwa über den Atlantik, sondern in den Pazifik.[23] Ihre eigenen Zusagen schienen sie mitunter nicht ganz ernst zu nehmen. Das Jahr 1942: Es ließ sich wirklich schlecht an, und unerfreulich ging es weiter. Der australische Premierminister Robert Menzies war 1941 in London gewesen. Er merkte, dass die Regierung am Kriegsgeschehen im Pazifik nur mäßig interessiert war, und fand die Priorisierung Europas unglaublich unsolidarisch – zumal da australische Truppen in Griechenland sinnlos ihr Leben gelassen hatten. Gegenüber Außenminister Anthony Eden beschwerte er sich: »Ist da niemand im Kabinett, der eine eigene Meinung hat?«[24] Menzies war nicht der Einzige, der Churchills Kriegführung bemängelte. Ende 1941 spitzte die Kritik sich zu. Immer unverhohlener wurde verlangt, der Premier solle aufhören, zusätzlich den Verteidigungsminister zu spielen. Sogar George VI., den das eigentlich nichts anging, riet Churchill, dieses Amt aufzugeben.[25]

Für den 29. Januar 1942 setzte Churchill eine Vertrauensabstimmung im Unterhaus an. Nachdem die Parlamentarier vom 27. bis zum 29. Januar ihre Meinungen geäußert hatten, begann Churchill mit den Worten: »Niemand kann sagen, dies sei keine umfassende und offene Debatte gewesen. Niemand kann sagen, die Kritik sei gehemmt oder unterdrückt worden.« Dann stellte er den Stand der Dinge dar, ohne sie zu beschönigen. Er verzichtete auf das volle Pathos und endete mit den Worten: »Ich bin am Schluss, und es gibt nichts anderes mehr zu tun, als zu handeln [...] Im Namen seiner Majestät Regierung beklage ich mich nicht über die Debatte, ich leiste keine Abbitte, ich entschuldige mich nicht, und ich verspreche nichts. [...] gleichzeitig muss ich aber meinem Vertrauen Ausdruck verleihen, das nie stärker als in diesem Augenblick gewesen ist, dass wir diesen Konflikt so beenden werden, wie es im Interesse unseres Landes und des künftigen Wohlergehens der Welt liegt. Das ist alles. Nun möge jeder so handeln, wie er es für seine Pflicht hält, und in Übereinstimmung mit seinem Herzen und seinem Gewissen.«[26] Die Vertrauensabstimmung gewann Churchill mit 464 gegen eine Stimme. Gleichwohl war ihm bewusst, dass die Anfeindungen nicht aufhören würden. »Ich bin wie ein Bomber-Pilot«, sagte er, »Nacht für Nacht fliege ich los und weiß, dass ich eines Nachts nicht heimkommen werde.«[27]

1942 war wahrlich ein übles Jahr. Im Januar ließ die deutsche Seekriegsleitung eine vierte Walze in die Enigma einbauen; bis in den Herbst hinein war es den Briten nicht mehr möglich, ihre Schiffe im Atlantik vor bevorstehenden Angriffen zu warnen. Die Verluste an Tonnage stiegen enorm. Die Statistiken, bemerkte sein Leibarzt, habe der Premier alle im Kopf, achte aber darauf, sie für sich zu behalten, um keine Unruhe zu verbreiten – »ich wünschte bei Gott, dass er die Feuer löschen möge, die ihn zu verzehren scheinen«.[28]

Am 2. Februar kam das Kriegskabinett zusammen: Es ging um Singapur. Die dort stationierten Soldaten des Commonwealth hatten die Außenbefestigungen aufgegeben und sich in die Stadt zurückgezogen. Anthony Eden notierte in seinem Tagebuch, Churchill sei müde, deprimiert und erkältet: Er »sagte, dass die meisten Tories ihn hassen würden, dass er sein Bestes gegeben habe und sein Amt gern abgeben würde«. Die »andauernden Anfechtungen« im Unterhaus seien »mehr, als ein Mann ertragen könne«. Die Forderung der Australier, zwei Divisionen von Libyen zurück nach Ostasien zu senden, hielt er für anmaßend.[29] Die Australier führten die allgemeine Wehrpflicht erst gegen Ende des Kriegs ein. Nachgerade als eine Zumutung empfand er es, dass britische Truppen in Burma die Flugroute der Amerikaner »zu ihrem sehr überschätzten China« sichern sollten.[30] Die Amerikaner drangen darauf, die Chinesen gegen Japan zu unterstützen. Sie dachten dabei natürlich nicht an den Kommunisten Mao Tse-tung, sondern seinen Widersacher General Chiang Kai-schek. Sie wollten China als vierte Macht unter die Alliierten aufnehmen. Stalin war auch dafür. Das scheiterte an der Armut des Landes, in dem Mao und Chiang um die Macht stritten.[31] Wohl um mit den Amerikanern gleichzuziehen, erwog Churchill dann, selbst ein Treffen mit Chiang Kai-schek in Indien zu vereinbaren. Von diesem Vorhaben konnten seine Stabschefs ihn abbringen.

Singapur fiel am 15. Februar 1942. Die Enklave war zur See hin verteidigungsfähig, landeinwärts hingegen war es um die Bewaffnung an manchen Positionen schlecht bestellt. Dort griffen die Japaner an. Als Finanzminister in den 1920er Jahren war Churchill für den Ausbau der wichtigen Militärbasis zuständig gewesen und hatte dabei an allen Ecken und Enden gespart. Für einmal verzichteten die Kabinettskollegen darauf, ihm das Versäumnis unter die Nase zu reiben, hatten sie doch selbst trotz der von Japan ausgehenden Gefahr die Bitten der lokalen Kommandeure um mehr Panzer, mehr Panzerabwehrartillerie und moderne Kampfflugzeuge in den Wind geschlagen.[32]

Unter den Kriegsgefangenen befanden sich 16 000 Briten, 14 000 Australier und 32 000 Inder. Churchills anschließende Radioansprache klang passagenweise hohl. »… Hier haben wir wieder einmal eine Gelegenheit zu zeigen – wie so oft in unserer langen Geschichte –, dass wir Unbill mit Würde begegnen und daraus mit gestärkter Kraft hervorgehen …«[33] Die britischen Meinungsforscher waren erstaunt, wie einhellig der Premier verurteilt wurde. Ein Büroangestellter sagte: »Ich glaube, es ist an der Zeit, dass er abtritt […] Viele meiner Bekannten teilen diese Ansicht. Seine Reden mag man nicht mehr hören.«[34]

Am 11. Februar 1942 verließen drei deutsche Kriegsschiffe im Schutz der Nacht den Hafen von Brest. Als sie im Ärmelkanal ankamen, war der Tag angebrochen. Vergeblich setzten Torpedoboote der Royal Navy und Flugzeuge der Air Force ihnen nach. Die imposanten Schlachtschiffe »Scharnhorst« und »Gneisenau« sowie der Schwere Kreuzer »Prinz Eugen« erreichten die Mündung der Elbe ungeschoren. Die britische Presse war außer sich angesichts dieser peinlichen Demütigung.[35]

Am 5. März 1942 gab Harold Alexander – er hatte sich bei der Evakuierung von Dünkirchen ausgezeichnet und war zum Oberbefehlshaber in Burma ernannt worden – die Ordre, Rangun zu räumen. Die Japaner überrannten Burma (heute Myanmar) ziemlich umstandslos. Die Briten hatten sich geirrt, als sie dachten, der dichte Dschungel würde sie am Vorrücken hindern.[36] Das Schicksal der Soldaten in japanischer Gefangenschaft war mit dem von Häftlingen in deutschen Konzentrationslagern vergleichbar grauenhaft. Zu Schwerstarbeit in sengender Hitze getrieben, schnell ausgehungert, von Krankheiten heimgesucht, sadistischen Körperstrafen ausgesetzt, starben viele binnen weniger Wochen.*

Nicht nur die militärischen Ereignisse in Fernost, auch der amerikanische Präsident und das US-Außenministerium saßen Churchill

* Die Grausamkeit der japanischen Soldaten wird historisch-soziologisch so erklärt: Sie seien aufgewachsen mit einer verdreht-pervertierten Vorstellung der alten Kultur des Schogunats. Von Kindesbeinen sei ihnen eingetrichtert worden, dass ihr eigenes Leben vollkommen wertlos sei, nur die kaiserliche Gestalt des Tenno zähle und dazu die Loyalität zu ihrem Clan. Die ausgeprägte Hierarchie der Gesellschaft kam zusammen mit der Brutalisierung der Soldaten in der Ausbildung. Die Rekruten, ob sie wollten oder nicht, mussten sich darin üben, wehrlose Gefangene zu köpfen oder mit dem Bajonett zu erstechen. Als fertige Soldaten hatten sie sich daran gewöhnt. Ihr eigenes Leben zählte nicht, das der Kriegsgefangenen also auch nicht.[37]

im Nacken. Am 10. März 1942 erhielt er ein sehr langes Telegramm von Roosevelt: Jemand hatte für den Präsidenten spitzfindige Parallelen hergeleitet, die auf holprigem Argumentationspfad ergaben, dass im Licht der Unabhängigkeitserklärung der Vereinigten Staaten von 1776 die Unabhängigkeit Indiens im 20. Jahrhundert unabdingbar sei. Folglich müsse das Land auf der Stelle in die Souveränität entlassen werden. Das Telegramm erreichte Churchill am Abend. Am folgenden Tag, so war es geplant, wollte der Premierminister im Parlament verkünden, dass der Jurist und Labour-Politiker Stafford Cripps mit der Leitung einer Kommission betraut war, die nach Indien reisen sollte, um sich dort Fragen im Zusammenhang mit der Unabhängigkeit Indiens zu widmen. In dieser Situation brauchte es keine imperialistisch-kolonialistische Verblendung, keine romantische Anhänglichkeit an eine überkommene Vorstellung vom Empire: Jeder an Churchills Stelle wäre über Washingtons Übergriffigkeit, die Einmischung in die inneren Angelegenheiten Großbritanniens, zumal mitten im Krieg, empört gewesen.

Die Ermahnung der Amerikaner war durchaus heuchlerisch, weil es den USA 1942 in Wahrheit zum wenigsten um das Selbstbestimmungsrecht der Inder ging, sondern um die Aufrechterhaltung der mehr als dreitausend Kilometer langen »Burma Road«, über die Kriegsgüter von Indien nach China an Chiang Kai-schek für seinen Kampf gegen Japan gesandt wurden. Die Amerikaner meinten, die schnelle Gewährung der Unabhängigkeit würde die Inder motivieren, sich bei der Absicherung der Strecke stärker ins Zeug zu legen.[38]

Aus britischer Perspektive war für komplexe Vertragsverhandlungen mit den untereinander zerstrittenen Repräsentanten indischer Parteien nicht die rechte Zeit. Zudem war Großbritannien auf Soldaten aus Indien angewiesen. Nicht alle Inder empfanden das als kolonialistische Unverschämtheit. Viele standen zum Commonwealth. Und noch viele mehr wollten nicht, dass Teile ihres Landes Beute der Japaner würden. Als die Japaner sich im April 1944 Kohimas bemächtigten, der Hauptstadt des in Nordostindien gelegenen Bundesstaates Nagaland, waren die indischen Soldaten im Kampf besser als die britischen. Und noch ein zweites Vorurteil wurde bei Kohima ausgeräumt, dem auch Churchill anhing: Die friedliebenden Hindus seien zu duldsam, um gute Krieger abzugeben. Der ortserfahrene britische General William Slim wusste es besser. Er baute auf die vorgeblich sanftmütigen Hindus, auf dass sie den erlahmten britischen Truppen vorführten, was kämpfen heißt. Mit vereinten Kräften schlugen sie die Japaner zurück.[39]

Die Koalitionsregierung in London wartete das Ende des Kriegs ab, erst 1947 wurde Indien in die Unabhängigkeit entlassen. Interessanterweise nahm der moralisierende Dekolonisierungsdruck von Seiten der USA schon Ende 1943 ab, dies »nicht zuletzt, weil Amerika selbst sein Territorium ausdehnte, besonders im Pazifik. Peinliche Fragen kamen auf im Hinblick auf Puerto Rico und die Jungferninseln.«[40]

Das meiste des soeben Dargelegten konnte Churchill im März 1942 nicht voraussehen. Dessen ungeachtet, war er von Roosevelts Telegramm verärgert. Zur gleichen Zeit begannen deutsche und italienische Truppen unter dem Oberbefehl von Erwin Rommel, die Briten in Nordafrika in Richtung Ägypten zurückzudrängen. Von April an belagerten sie Tobruk in Libyen, wo die Briten eine große Garnison unterhielten. Mitte Juni war Churchill zu Gast bei Roosevelt auf dessen Landsitz Hyde Park im Bundesstaat New York. Wie immer, wenn der Präsident sich ihm zuwandte, war er bester Laune – obwohl er unter anderem erklären musste, warum Britannien nicht in der Lage war, für den September eine kleine militärische Expedition über den Kanal nach Frankreich zu planen, die Roosevelt samt den amerikanischen Strategen sich erstaunlicherweise wünschte. Churchill argumentierte plausibel: Die eigenen Kräfte reichten nicht aus, um gegen die massive deutsche Macht zu bestehen; und der Sowjetunion würde eine britische Niederlage an der französischen Küste wenig nützen.

Am Morgen des 21. Juni saßen die beiden in Roosevelts Arbeitszimmer im Weißen Haus beisammen. Ihr Gespräch wurde unterbrochen. Jemand übergab dem Präsidenten einen Zettel, Roosevelt las und reichte das Papier wortlos an Churchill weiter: Am Vortag hatten Rommels Truppen Tobruk erobert und 33 000 Soldaten gefangen genommen. Es war eine erneute Demütigung der Briten. Roosevelt, galant, sagte: »Wie können wir helfen?« In der Folge setzte er sich dafür ein, den Briten in Nordafrika militärisch beizustehen.[41]

Auf die Schnelle ließ sich das freilich nicht bewerkstelligen und machte in London also keinen Eindruck. Heimgekehrt, stellte sich Churchill am 1. Juli erneut einer Vertrauensabstimmung. Das Unterhaus debattierte zwei Tage lang. Auch diese Abstimmung gewann der Premierminister, mit 475 Stimmen gegen 25. Es war nun einmal niemand da, dem die Parlamentarier zugetraut hätten, ihn zu ersetzen. Churchill war gleichwohl angeschlagen. Der Labour-Abgeordnete Aneurin Bevan brachte die Kritik auf den Punkt: »Der Premierminister gewinnt Debatte um Debatte und verliert Schlacht um Schlacht. Im Land heißt es mittlerweile, dass er Debatten wie einen Krieg führt und den Krieg wie eine Debatte.«[42] Und Churchills Debattierkunst, darauf spielte Bevan an, schien nachzulassen.

Am 13. August 1942 ersetzte Churchill General Auchinleck, den Oberkommandierenden im Nahen Osten, unter dessen Befehl Tobruk gefallen war, durch General Harold Alexander. Bernard Montgomery (1887 bis 1976) ernannte er zum Kommandeur der 8. Armee in Nordafrika. Montgomery war sportlich schlank, aber so selbstbewusst und aufgeblasen, dass manche sich wunderten, warum nicht die Knöpfe von seiner Uniform absprangen. Seine Eitelkeit konnte er sich leisten: Er war ein formidabler Gegenspieler von Generalfeldmarschall Erwin Rommel.

Im September kam die von Roosevelt versprochene Unterstützung in Westafrika an: Um das südafrikanische Kap der Guten Hoffnung und durch den Suezkanal sandte Amerika dreihundert Sherman-Panzer und einhundert Selbstfahrlafetten nach Ägypten. Am 14. Oktober erhielt Alan Brooke, der Chef des Generalstabs der Armee und Churchills militärischer Berater, Montgomerys detaillierte Ausarbeitung für die Operation »Torch«, wie gegen Rommels Truppen vorzugehen sei. Später schrieb Brooke: »Weil ich es für unwahrscheinlich hielt, dass Winston etwas für sich behalten könne, beschloss ich, ihm davon nichts zu sagen.« (Als der mittlerweile geadelte Lord Alanbrooke nicht zuletzt aus Geldnot 1957 seine Kriegstagebücher publizieren ließ, war Churchill zutiefst gekränkt.[43]) Bernard Montgomery war ein kluger Stratege; die Genauigkeit seiner Planung hatte er allerdings weniger seinem militärischen Instinkt zu verdanken als vielmehr dem Umstand, dass die verschlüsselten Marschanweisungen der Wehrmacht hatten dechiffriert werden können.[44]

Die Shermans waren mindestens so feuerkräftig wie ihre deutschen und italienischen Konkurrenten. Mit ihrer Hilfe gelang es Montgomery, die vornehmlich deutschen Truppen bei El Alamein in Ägypten – so weit waren sie schon vorgedrungen – in einer Schlacht, die vom 23. Oktober bis zum 4. November 1942 währte, vernichtend zu schlagen. Die Operation »Torch«, die Landung britischer und US-amerikanischer Truppen in Marokko und Algerien im November 1942, war ein großer Erfolg, auch für Churchill: Er war es gewesen, der während der Luftschlacht um England Kriegsgerät in den Nahen Osten hatte verschiffen lassen, was seinerzeit mit Kopfschütteln quittiert worden war.* Er war es gewesen, der Roosevelt Ende 1941 zu dem Unternehmen »Torch« überredete.[45] Seine ureigene Idee war »Torch« freilich nicht. Zwar hat er, wie gesagt, von der Nachwelt die Lorbeeren dafür erhalten, aber schon am 3. Dezember 1941 hatte Alan Brooke in seinem Notizbuch festgehalten: »Unser politisches und militärisches Bestreben muss der schnellen Einnahme Nordafrikas gelten. Von dort können wir das Mittelmeer wieder öffnen und offensive Operationen in Italien einleiten.«[46] Die Art, wie Churchill vorgehen wollte, schien Brooke freilich unausgegoren, da die Franzosen in Marokko und Algerien unter dem Vichy-Admiral François Darlan die Alliierten als Gegner betrachteten.

In der Tat kam es nach der Ankunft der Amerikaner unter dem Oberkommandierenden Dwight Eisenhower Anfang November 1942 an der westafrikanischen Küste zu Gefechten mit Vichy unterstehenden Einheiten. Die französische Marine legte besonderen »Enthusiasmus« an den Tag: bei Kämpfen, die sie nur verlieren konnte. So dauerte es denn, bis Darlan klein beigab. Dabei half die geschickte Überredungskunst des amerikanischen Generals Mark Clark. Für Darlan noch überzeugender war die Nachricht, dass deutsche und italienische Truppen am 11. November Vichy-Frankreich besetzt hatten: Seine Einsicht, dass Pétain nur mehr eine Marionette der Deutschen war, tat also ein Übriges.[47] Viele Franzosen unterstellten sich nun dem Befehl der Alliierten. Erwin Rommel wurde abberufen, auf ihn warteten an-

* Allerdings ließ er später, als sie in Nordafrika wirklich gebraucht wurden, etliche Truppen nach Griechenland überführen.

dere Aufgaben. Sein Nachfolger hatte es mit dem amerikanischen General George Patton zu tun, »der keinen Dilettantismus duldete«. Bis zum Mai 1943 hielt das deutsche Afrikakorps aus gegen die Truppen von Patton und Montgomery; schließlich kamen 275 000 Soldaten der deutsch-italienischen Achse in Gefangenschaft. Was Mussolini anging: Der »hatte neben dem größten Teil der italienischen Armee auch seinen Ruf verloren«.[48]

Die gelungenen Operationen in Nordafrika im Herbst 1942 schrieb Churchill zu einem guten Teil sich und seinem – wie er meinte – hervorragenden strategischen Denken zu. Alan Brooke, der Chef des Generalstabs des Heeres und Churchills wichtigster militärischer Ratgeber, fühlte sich übergangen. Wie groß sein Anteil an den Planungen für »Torch« war, ist Thema etlicher militärhistorischer Erörterungen.[49] Auf jeden Fall wäre es nicht nur großzügig, sondern vielmehr geboten gewesen, Brookes Verdienst anerkennend zu erwähnen. Der General war enttäuscht, Churchill jubilierte: »Wir haben eine neue Erfahrung gemacht. Wir haben einen Sieg.« Den feierte er in einer ausgezeichneten Rede am 10. November in London; bei der Gelegenheit sprach er die unvergesslichen Worte: »Das ist aber noch nicht das Ende. Es ist nicht einmal der Anfang vom Ende. Es ist aber, vielleicht, das Ende des Anfangs.« – »Now this is not the end. It is not even the beginning of the end. But it is, perhaps, the end of the beginning.«[50]

Wenn Churchill auf Reisen war, leitete der stellvertretende Premierminister der Koalitionsregierung Clement Attlee (1883 bis 1967) von der Labour-Partei die Sitzungen des Kriegskabinetts. Alan Brooke empfand das als wohltuend. Mitte Dezember 1941 notierte er am Ende des Tages: »Die Konferenz von Attlee geleitet, sehr effizient und kurz.«[51] Attlee entstammte der gehobenen Mittelschicht und hatte in Oxford Jura studiert. Seine Erfahrungen bei ehrenamtlicher Sozialarbeit im Londoner East End bewogen ihn dazu, sich erst der intellektuell-sozialistischen »Fabian Society« und dann der Labour Party anzuschließen. Zum Waffendienst im Ersten Weltkrieg meldete er sich freiwillig. Bei dem vor allem von Churchill zu verantwortenden desaströsen Landungsversuch in Gallipoli war er als Offizier im Einsatz und gehörte trotzdem zu den wenigen, die Churchills Strategie nicht verdammten. Gleichwohl konnte dieser mit ihm nichts anfangen; Attlee war ihm zu langweilig, zu wortkarg, zu nüchtern. In den »Other Club«, Churchills Lieblingsdinnergesellschaft, die er mitbegründet hatte, wurde er nicht eingeladen. 1942 fragte Attlee ihn zum Abschluss einer Unterredung, ob er noch etwas für ihn tun könne. »Ja«, sagte Churchill, »gehen!«[52]

Bereits 1942 machten linke Politiker und andere sich Gedanken über die Nachkriegsordnung. Am 4. September publizierte die »Times« einen Leserbrief: Es möge Sorge getragen werden, »dass diese Nation für den Frieden nicht ebenso unvorbereitet ist, wie sie es für den Krieg war«. Die linke Zeitschrift »The New Statesman« warnte schon seit Längerem: Nach dem Krieg würden die privilegierten Schichten noch fester im Sattel sitzen als zuvor. Der sozialistische Intellektuelle Harold Laski schrieb: Churchill scheine »nicht wahrzunehmen, dass die Wege, die wir jetzt einschlagen, darüber entscheiden, wie die Gesellschaft nach dem Krieg aussehen wird«. Dieser selbst hielt solche Kommentare für wohlfeil: Die Linken widmeten sich »hypothetischen Nachkriegsproblemen inmitten eines Kampfes, wo es doch viel zielführender wäre, wenn sie ihr Denken auf die Wahl der passenden Typen von Kriegsflugzeugen konzentrierten«.[53]

1942 stellte der liberale Politiker William Beveridge, in den 1930er Jahren Direktor der London School of Economics, eine Untersuchung vor: was nach dem Krieg von staatlicher Seite geschehen müsse, um mehr gesellschaftliche Gleichheit in Britannien herbeizuführen. Selbst die »Times« pries Beveridges Empfehlungen. In jenen Jahren war die Zeitung mehr als das verlässliche Sprachrohr des Establishments.[54] Der »Economist« fragte im Mai 1942: »Wann hat der Premierminister zuletzt eine seiner großen, fesselnden Reden gehalten, nicht über Geopolitik, sondern über die Hoffnungen und Ängste des britischen Volkes? Bleibt er stumm, wird auch der Konservatismus, die vorherrschende politische Richtung in Britannien, stumm bleiben. Unausweichlich werden die Amerikaner denken, dass die Konservativen auf nichts anderes aus sind als zu konservieren.«[55]

Nach dem Krieg, als Clement Attlee mit seiner neuen Sozialpolitik zum Premierminister gewählt worden war, betrat Churchill einmal die Waschräume des Unterhauses; er sah Attlee vor einem Urinal stehen und wich zurück. Attlee blickte über die Schulter zu Churchill und fragte: »Was, heute auf einmal so schüchtern?« Churchill darauf: »In der Tat; wann immer Sie etwas Großes sehen, wollen Sie es verstaatlichen.«[56] Für den Anlass, diesen lustigen Satz sagen zu können, hatte er bitter zu zahlen: mit der Niederlage bei den Parlamentswahlen 1945. Die Wähler trauten ihm die Führung im Frieden nicht zu. Wer mag, kann ihm zugutehalten, dass nur im Schatten seiner martialischen Standhaftigkeit Linke und Liberale wie Beveridge einen künftigen Wohlfahrtsstaat noch während des Kriegs überhaupt erst konzipieren konnten. Für sozialpolitische Veränderungen war der Nachfahre des 1. Herzogs von Marlborough schlicht nicht gemacht. Vergebens bemühte er sich, Interesse an einer neuen Nachkriegsordnung vorzuspiegeln. So tat er im März 1943 in einer BBC-Rede allgemeine Absichtserklärungen kund, die hinter den konkreten Plänen zurückblieben, die schon auf dem Tisch lagen. Unfähig, über den eigenen Schatten zu springen, fügte er an: Irgendwie sei es unangemessen und gefährlich, die Früchte des Siegs zu verteilen, während die Russen um ihr Leben kämpften und in Afrika immer noch heftige Schlachten tobten.[57]

Stalin – »Uncle Joe«

Josef Stalin, wir sagten es schon, war kein Menschenfreund. Doch mit seinem Walrossschnurrbart konnte er den Anschein erwecken. In ihrer Korrespondenz nannten Roosevelt und Churchill ihn »Uncle Joe« oder »UJ«.[58] Stalin rauchte Pfeife: Das Accessoire hat noch jedem Mann eine joviale Ausstrahlung verliehen. Für seine Entourage war sein Umgang mit der Pfeife wie eine Ampel: »Wenn er die Pfeife kalt rauchte, drohte Unheil, wenn er sie ablegte, ein Donnerwetter; wenn er sich jedoch mit dem Mundstück über seinen Bart strich, gefiel ihm etwas. Die Pfeife zeigte an, wie es um seine Laune stand.«[59]

Stalin hatte das Talent, komplexe Verhältnisse auf einfache Feststellungen zu reduzieren. Er konnte diplomatische Noten, Reden und Artikel in luzider, geistreicher Prosa abfassen. Auch konnte er charmant sein. Wohlwollen und Verachtung verteilte er hoch kalkuliert.[60] Diese Erfahrung machte Churchill, als er ihn im Sommer 1942 in Moskau aufsuchte. Am 3. August verließen der Premier und seine Begleiter den südenglischen Militärflughafen Lyneham in einem ungeheizten, unbewaffneten Bomberflugzeug Richtung Kairo. Ursprünglich war ein Flug von fünf Tagen mit mehreren Zwischenstopps in Afrika geplant, wo die Ansteckung mit Malaria oder Gelbfieber drohte. Sein Leibarzt Wilson warnte. Churchill war diese Reiseplanung ohnedies zu langwierig. Er beschloss, man werde direkt von Gibraltar übers Mittelmeer und Nordafrika fliegen – über feindliches Territorium, ohne Begleitjäger. Wilson war für die Gesundheit des Premiers nun nicht mehr zuständig, aber darüber nicht unbedingt beruhigt. Für ihn und Churchill waren in dem Flugzeug zwei Matratzen ausgelegt.[61]

Nach einem ausführlichen Zwischenstopp in Kairo ging es weiter nach Moskau. Churchill wollte Stalin mit Engelszungen beibringen, was diesem telegraphisch schon mitgeteilt worden war: Die Alliierten würden 1942 keine zweite Front in Westeuropa eröffnen. Die Aufgabe empfand er, wie »einen großen Eisklumpen zum Nordpol zu tragen«. Am 12. August warteten auf dem Flughafen Außenminister Molotow und ein Spalier von Soldaten. Jedem Besucher wurde ein bewaffneter Wachmann zugeteilt, der auf allen Wegen hinterherlief und im Hotel vor dem Zimmer Posten bezog.[62]

Die erste Unterredung am selben Tag ließ sich gut an. Churchill überbrachte die schlechte Botschaft, zeichnete das bereits erwähnte Krokodil und erklärte die Planungen für die Operation »Torch« der vereinten Amerikaner und Briten in Nordafrika. Stalin schien angetan und stieg auf Churchills Darlegungen ein: So könne man Rommels Truppen besiegen; Italien wäre dann nicht mehr kampffähig; und Spanien wäre gezwungen, neutral zu bleiben. Seinem Leibarzt Wilson sagte Churchill anschließend: »Ich habe alle Karten auf den Tisch gelegt. Wir trennten uns einvernehmlich und schüttelten einander freundschaftlich die Hände. Ich glaube, eine gute Beziehung zu diesem Mann aufbauen zu können.«[63]

Am nächsten Tag, dem 13. August, sah alles anders aus. Stalin präsentierte Churchill ein Memorandum mit schweren Vorwürfen: Die Hilfe des Westens entspreche nicht im Mindesten dem, was die Sowjetunion brauche und was sie leiste.[64] An jedem Tag würden zehntausend Sowjetsoldaten an der Front ihr Leben lassen, und was komme aus dem Westen an Hilfe, was? Die Briten seien offenbar feige.[65] Das war eine ungeheuerliche Provokation – wenn auch nicht völlig aus der Luft gegriffen. Schon im April des Jahres hatte Roosevelt an Churchill geschrieben: »Die Russen töten derzeit mehr Deutsche & zerstören mehr Material als Sie und ich zusammen.« Weil die Briten und Amerikaner selbst nicht genügend Kriegsmaterial hatten, standen Roosevelts und Churchills forsche Bekundungen, wie viel Beistand die Sowjetunion von ihnen erhalte, in den ersten 18 Monaten nach dem deutschen Überfall in keinem Verhältnis zu dem, was tatsächlich an Militärgütern gesandt wurde.[66] Stalins miserable Stimmung war verständlich; sie hellte sich erst ein wenig auf, als der Premierminister ankündigte, Britannien würde deutsche Städte künftig gnadenlos bombardieren.[67]

An diesem Tag saß Churchill in der ihm vom Kreml zur Verfügung gestellten Datscha und diktierte Telegramme. Ein Mitarbeiter machte ihn darauf aufmerksam, dass die Räume sicherlich verwanzt seien. Churchill unterbrach sein Diktat und sagte mit prononciert klarer Stimme: »Die Russen, wie mir gesagt wird, gehören nicht zur menschlichen Art. In der Entwicklung der Natur stehen sie unter dem Orang-Utan. Jetzt, hier: Das soll aufgeschrieben und ins Russische übersetzt werden!«[68] Andersherum lief nichts: Churchill konnte nicht erfahren, was Stalin in Wahrheit über ihn dachte. Die britische Regierung, wie es sich für Gentlemen ziemt, gab ihren Geheimdiensten 1941 nach dem Beitritt der Sowjetunion auf Seiten der Alliierten die Weisung, die Sowjets nicht mehr abzuhören.[69]

Das allgemeine Missvergnügen, so wollten es die Gastgeber, sollte am Abend des 13. August in Wodka ersäuft werden. Ein Trinkspruch folgte dem nächsten. Alan Brooke war froh, dass er nur einen ausbringen musste. Die Tafel war überladen mit Köstlichkeiten: Vorspeisen jeder Art, Fischgerichte und vieles andere. Auch ein ganzes Spanferkel war aufgefahren, das niemand anrührte. Brooke fühlte sich von dem Tier fixiert: »Im Verlauf des Abends blieben seine schwarzen Augen auf mich gerichtet, während sich der orangefarbene Rüssel zu einem sardonischen Grinsen verzog.«[70]

Der gesamten britischen Delegation war unwohl zumute. Man war verbündet mit der Sowjetunion, wurde aber behandelt, als stehe man unter Verdacht. Nicht einmal über Truppenverschiebungen der Roten

Armee wollte der Kreml Auskunft geben, wobei die so geheim nicht waren: Die Briten erfuhren die Details aus den deutschen Funksprüchen, die entschlüsselt wurden.[71] Die russische Geheimniskrämerei kümmerte Churchill nicht; mit der Entwicklung seiner guten Beziehungen zu Stalin, meinte er, würde alles besser werden. Alan Brooke beschrieb, was er als einen entscheidenden Unterschied zwischen Stalin und Churchill wahrnahm: »Stalin ist ein Realist durch und durch, für ihn zählen nur Fakten; auf Vorstellungen, Hypothesen, Zukunftspläne gibt er nichts; dafür kann er Tatsachen ins Auge sehen, auch wenn sie unangenehm sind. Churchill hingegen geht Widrigkeiten aus dem Weg, bis er genötigt wird, sie zur Kenntnis zu nehmen. Er setzt auf Empfindungen bei Stalin, von denen ich denke, dass sie nicht existieren.«[72]

Stalin, der Zorn und Zuneigung zu dosieren wusste, gab sich am Tag nach dem Gelage des 13. August auch wieder kulant. Er war angewiesen auf westliche Lieferungen im Rahmen des Leih- und Pacht-Programms. Einige Monate hatte es gedauert, bis das Verhältnis von Bedürfnis und Lieferungen sich einpegelte. Panzer und Flugzeuge brauchten die Sowjets in diesem Stadium des Kriegs nicht. Frühzeitig hatte Stalin viele Industrieunternehmen, darunter 303 Munitionsfabriken, hinter den Ural verlegen lassen.[73] Der Panzer T-34 war schlagkräftig, er konnte schnell in Massen produziert werden und war unempfindlich gegen Frost.[74] Vergleichbares galt für die verschiedenen Varianten der Tupolews, die als Bomber und Transportflugzeuge eingesetzt wurden. Der T-34 und die Tupolews begründeten das Ansehen von Produkten sowjetischer Technik: simpel konstruiert, robust und ohne viel Aufwand zu reparieren.

An fast allem Übrigen mangelte es der Sowjetunion: »Bis Mitte Oktober 1941 hatte das [deutsche] Ostheer ein Territorium besetzt (und hielt es bis Sommer 1944), in dem 45 Prozent der sowjetischen Bevölkerung lebten; hier wurden 64 Prozent der sowjetischen Kohle gefördert, 47 Prozent des Getreides angebaut, mehr als zwei Drittel des Roheisens, des Stahls und der gewalzten Metalle sowie 60 Prozent des Aluminiums erzeugt.« Um den Verlust auszugleichen, beförderten britische Schiffe bis 1945 von den Alliierten zur Verfügung gestellte Ausrüstung, Rohstoffe und Lebensmittel im Wert von Milliarden nach Russland.[75] Bei Kriegsende verfügte die Sowjetunion über 665 000 Kraftfahrzeuge, von denen 427 000 aus dem Westen stammten.[76] Die britische Solidarität mit der Sowjetunion war groß und ebenso die Spendenbereitschaft. Die von Clementine Churchill im Oktober 1941 ins Leben gerufene Organisation »Hilfe für Russland« erbrachte in den ersten zwölf Tagen eine Fülle von Medikamenten, darunter rund eine Million Dosen des damals besten Schmerzmittels Phenacetin. Pro Monat wurden etwa eine Million Meter Stoff für Armeekleidung verschickt.[77]

Im August 1942 hatte Stalin allen Grund, seine britischen Gäste nicht völlig zu vergrätzen. Dennoch trat er – das gehörte zu seiner Taktik – zeitweilig so ausgesucht unverschämt auf, dass die Briten schon wähnten, sie müssten die Reise als einen Reinfall abbuchen. Zum Ausklang der Visite lud Stalin den Premier zu einem abendlichen Tête-à-Tête, bei dem es ausgesprochen intim zuging. Churchill konnte Stalin sogar unverblümt fragen, warum er 1939 Britannien hintergangen und den Pakt mit Ribbentrop geschlossen hatte. Alan Brooke fasste die Notizen des Übersetzers zusammen: »Er glaubte, England würde bluffen; er wusste, dass wir lediglich zwei Divisionen auf Anhieb mobilisieren konnten; er ging davon aus, dass wir wussten, wie schlecht die französische Armee war und wie wenig man auf sie bauen konnte. Er konnte sich nicht vorstellen, dass wir aus einer derartigen Position der Schwäche einen Krieg beginnen würden. Andererseits wusste er, dass die Deutschen ohne Weiteres in der Lage waren, Russland anzugreifen. Einem Angriff hätte er nicht widerstehen können; indem er zusammen mit Deutschland Polen angriff, konnte er Land gewinnen, und Land war gleich Zeit, und so habe er mehr Zeit für alle Vorbereitungen gehabt.«[78]

Das Gespräch der zwei Staatslenker dauerte bis drei Uhr in der Früh. Zum Schlafen kam Churchill nicht mehr, am Flughafen wurde er erwartet. In der langen Nacht schien sich zu bewahrheiten, was er seinem Leibarzt Wilson anvertraut hatte: »Ich glaube immer noch, dass ich mit dem Mann gut zusammenarbeiten kann.« Störend zwischen ihm und dem Kremlchef stand seiner Ansicht nach nur »die Sprachbarriere«: »Die macht alles schrecklich schwierig.«[79]

Bei den Unterredungen in Moskau 1942 waren beide Übersetzer

einigermaßen überfordert.[80] Es fanden sich zwei Männer, die der Aufgabe gewachsen waren. Vladimir Pavlov wurde von Stalin zwar immer mal wieder bösartig angeschnauzt, hatte es aber bei der Arbeit nicht besonders schwer: Der Kremlchef achtete darauf, nur so viel auf einmal zu sagen, wie Pavlov mühelos mitbekam. Churchills Übersetzer hingegen, Arthur Birse, musste es mit der Ungeduld des Premierministers aufnehmen. Wenn ein Russe redete, unterbrach Churchill ihn beim Mitschreiben: »Was sagt er?« Wenn Churchill sprach, machte er keine Pausen, in denen Birse das Gesagte hätte übermitteln können. Anders als Stalin, der in kurzen Sätzen sprach, mochte Churchill lange Schachtelsätze. Er erging sich in Tautologien; bis er endlich zum Punkt kam, konnte es dauern; und Birse wusste nicht, ob er nun alle Wiederholungen desselben wiedergeben solle.

Schwierig für Birse waren auch Churchills Ausflüge in gewagten Kitsch: »Hiermit bringe ich einen Toast aus auf das helle Sonnenlicht eines siegreichen Friedens.« »I propose a toast to the broad sunlight of victorious peace.« Auf Englisch mag das eben noch akzeptabel sein, auf Deutsch ist es albern und auf Russisch wohl auch. Birse und Pavlov fassten Vertrauen zueinander und halfen einander bei der Wahl des treffenden Worts. Eines Tages, anlässlich einer gemeinsamen Mahlzeit von Stalin, Roosevelt, Churchill und ihrer Begleitung, hob Stalin sein Glas: »Wir essen, trinken und vergnügen uns, während unsere Übersetzer arbeiten. Sie haben keine Zeit, zu essen oder zu trinken. Wir sind angewiesen auf sie zur Übermittlung unserer Gedanken. Ein Hoch auf die Übersetzer.« Nachdem in diesem Sinn getrunken war, brachte Churchill einen weiteren Toast aus: »Übersetzer der Welt, vereinigt euch. Ihr habt nichts zu verlieren bis auf eure Zuhörer.«[81]

Die »Sprachbarriere« war freilich Churchills geringstes Problem. Was viel schmerzhafter war und ihm von den Amerikanern – rücksichtsvoll – ganz allmählich beigebracht wurde: Roosevelt war der Auffassung, bei den Unterredungen mit Stalin sei Churchill entbehrlich. Schon im März 1942 hatte er ihm mitgeteilt: »Ich glaube, dass ich selbst Stalin besser im Griff habe als Ihr Foreign Office oder mein State Department. Stalin hasst alle Ihre Topleute. Er meint, mit mir besser auszukommen, und ich hoffe, dass es so bleiben wird.«[82] Es war kein Zufall, dass der amerikanische Präsident nur von sich sprach.

Stalingrad und die Schlacht am Kursker Bogen

Die Schlacht um Stalingrad begann Ende August 1942. Mit der Stadt an der Wolga verband Stalin nostalgische Erinnerungen: Dort hatte sich 1918 die »südliche Clique« zum Kampf gegen Trotzkis Führung im Krieg gegen die Weißen, die Feinde der Revolution, aufgelehnt, womit sein Aufstieg zur Parteiherrschaft begann. Nun schickte er die besten Offiziere der Roten Armee und ließ keinen Zweifel daran, dass die Soldaten das Wort Rückzug, auf sie selbst angewendet, aus ihrem Vokabular streichen konnten. Der Oberbefehlshaber, General Wassilij Iwanowitsch Tschuikow, hatte den Gefechtsstand unter die Erde verlegen lassen. Unter der Erde, in Tunnels und Bunkern, hausten er und die höheren Chargen.

Der Straßenkampf begann am 4. Oktober. »Um jedes Haus, jede Werkstatt, jeden Wasserturm, Bahndamm, jede Wand, jeden Keller und jeden Trümmerhaufen entbrannte ein erbitterter Kampf, der nicht einmal im Ersten Weltkrieg seinesgleichen hatte.« Noch in demselben Monat schrieb ein deutscher Offizier: »Stalingrad ist keine Stadt mehr. Bei Tag ist es eine riesige Wolke aus beißendem und blendendem Rauch; ein riesiger Schmelzofen, vom flackernden Widerschein der Flammen beleuchtet. Wenn die Nacht kommt, eine von diesen heißen, heulenden, verdammten Nächten, stürzen sich die Hunde in die Wolga und paddeln verzweifelt ans andere Ufer. […] Die Tiere flüchten aus dieser Hölle […] nur die Menschen halten aus.«[83]

Je länger die sowjetischen Truppen widerstanden, umso mehr verbiss Hitler im fernen Deutschland sich in das Vorhaben, Stalingrad um jeden Preis zu erobern. Er »schien vergessen zu haben«, was die eigentlichen strategischen Ziele waren: der freie Weg zum Kaukasus und die weiträumige Befestigung der Front. »Hitlers gefährliche Neigung, bei den zweimal täglich anberaumten Lagebesprechungen in Metern zu denken statt in Kilometern und in Kompanien statt in Armeen, nahm seinen Entscheidungen jede allgemeine Perspektive.«

Anfang Januar 1943 war der größte Teil der 6. Armee unter General Friedrich Paulus aufgerieben; die 4. Panzerarmee verfügte bestenfalls noch über drei Divisionen. Am 8. Januar boten die Sowjets eine ehrenvolle Kapitulation an, Verpflegung für die ausgehungerten gegnerischen Truppen und medizinische Versorgung. Hitler befahl: ablehnen. Am 30. Januar beförderte er Paulus per Funk zum Generalfeldmarschall. Weil bis dahin noch kein Generalfeldmarschall kapituliert hatte, war das so gut wie eine Aufforderung zum Selbstmord. Dazu kam es nicht: Paulus ging am 31. Januar in Gefangenschaft. Am 2. Februar war die Schlacht um Stalingrad zu Ende. Allein in den drei Wochen seit dem 10. Januar waren an die hunderttausend Soldaten gefallen, Deutsche, Rumänen, Ungarn, Italiener. Hundertzehntausend blieben übrig, von denen die meisten beim Abtransport oder in Gefangenschaft ums Leben kamen.[84] *

Der Anarchist und Schriftsteller Theodor Plivier (1892 bis 1955) hatte sich rechtzeitig aus Nazi-Deutschland in die Sowjetunion abgesetzt, wo einflussreiche deutsche Genossen – Wilhelm Pieck, Johannes R. Becher und andere – die Hand über ihn hielten. Ende 1943 begann er in Moskau die Arbeit an seinem erfolgreichsten Roman »Stalingrad«, in dem er – es war ihm gestattet, deutsche Kriegsgefangene eingehend zu befragen – das Grauen der Schlacht sehr ausführlich und mit sehr bildhaften Worten schilderte: eingetrockneter Eiter, gefrorener Schleim, abgerissene Gliedmaßen und in den Büschen hängt Gedärm.[85]

Für die deutsche Bevölkerung war die Niederlage ein Schock. Die Propaganda feierte die Gefallenen als Helden und die Schlacht als tragische Großtat; der Reichssender verzichtete drei Tage lang auf Schlager und brachte stattdessen getragene Musik.[86] Viele dachten damals, mit dieser gigantischen Niederlage sei der Krieg entschieden. Als die Deutschen dann doch hier und da an Terrain gewannen, bekam die Siegesstimmung wieder Auftrieb. Am 14. März schrieb der Generalfeldmarschall Erich von Manstein seiner Frau: »So scheint es, dass wir die Krise im Osten, dank unseres Erfolgs, mal wieder überstanden haben. Man darf eben nicht, wenn mal was schiefgeht, immer gleich glauben, nun sei es zu Ende, wie es ja bestimmt viele Leute zu Hause geunkt haben.«[87]

* Paulus überlebte; als er die Kriegsgefangenschaft nicht mehr aushielt, diente er sich 1944 den Sowjets an für den Aufbau einer Freiwilligenarmee. Nach dem Krieg wurde er ein Vorzeigemännchen der DDR und starb nach elender Krankheit 1957 in Dresden, wo die SED ihm eine Villa zur Verfügung gestellt hatte.

Die Freude war indes von kurzer Dauer. Im Nachhinein ist festzustellen: Wenn nicht das Scheitern des »Unternehmens Barbarossa« der Anfang vom Ende war, dann war es die Schlacht um Stalingrad. Die endgültige Bestätigung erbrachte die Schlacht am Kursker Bogen, eine von der Roten Armee gehaltene Ausbuchtung, die tief in das von den Deutschen eroberte Gebiet hineinreichte. Manstein, der Oberbefehlshaber der Heeresgruppe Süd, wollte zusammen mit der Heeresgruppe Mitte die Rote Armee auf einer Frontlänge von zweihundert Kilometern einkesseln und vernichten. Der Deckname für den Plan: »Unternehmen Zitadelle«.

Spione und Kundschafter hatten dem Kreml hintertragen, was sich in der Gegend zwischen Charkow im Süden und Brjansk im Norden zusammenbraute. Die Sowjets errichteten über viele Kilometer in die Tiefe hin acht Verteidigungslinien: Gräben, Hindernisse, Minenfelder, Schutzhöhlen, wo die Panzer sich unterstellen konnten, sodass nur mehr ihre Geschütztürme zu sehen waren, die von feindlichen Artilleristen, mit dem militärischen Fachwort gesagt, schwer »angesprochen« werden konnten. Es war die größte Panzerschlacht des Zweiten Weltkriegs, darüber hinaus auch eine der größten Luftschlachten; und ohne die Artillerie, »den Stolz der Roten Armee«, wären die sowjetischen Panzer hoffnungslos im Nachteil gewesen.

Unabhängig von ihrer Kampfstärke war die Wehrmacht der Roten Armee in einem fraglos überlegen: So eigenständig sie im Rahmen der Auftragstaktik agieren durften und sollten, sosehr mussten die Befehlshaber an der Front darauf achten, die eigenen Kräfte mit denen anderer zu koordinieren. Das ermöglichte »das optimale Zusammenspiel der verschiedenen Waffengattungen«.[88] Da zeigte sich das berüchtigte deutsche oder auch »preußische« Organisationstalent.

Es half nichts: Ende September 1943 hatte NS-Deutschland die Schlacht am Kursker Bogen verloren. Am 10. Juli waren die Alliierten auf Sizilien gelandet. Bereits im Juni 1942 hatten die USA einen japanischen Großangriff auf die Inselgruppe Midway gekontert, sodass die Japaner die Initiative im Pazifik verloren. Nach den Schlachten von Stalingrad und am Kursker Bogen war die Frage nicht mehr, ob die Achsenmächte den Krieg gewinnen könnten, sondern wann und wie sie besiegt werden würden.

14. Kapitel

DER WEG ZUM SIEG

1

3

1 Stuttgarts Innenstadt 1945. Zumindest im Hinblick auf die Vernichtung von Wohnraum hatte der Bombenkrieg in Deutschland den gewünschten Effekt.

2 »Fat Man« war der Deckname für die Atombombe, die am 9. August 1945 Nagasaki zerstörte. Ihre besondere Konstruktion machte die rundliche Form erforderlich.

3 Die Siegesfeier am 8. Mai 1945. Auf dem Balkon von Buckingham Palace nahmen George VI. und Queen Elizabeth samt den Töchtern Elizabeth (rechts) und Margaret den Premier in die Mitte. Das war eine große Ehre: Der Balkon ist der Königsfamilie vorbehalten. Der andere, für den George VI. mit Protokoll und Herkommen brach, war 1938 Neville Chamberlain gewesen, nachdem Hitler in München schriftlich zugesichert hatte, Großbritannien nicht anzugreifen.

Bei allem im Jahr 1943 aufkommenden Enthusiasmus amerikanischer Militärs und Politiker für eine Invasion in Europa wäre es undenkbar gewesen, dass Politiker und Militärs Millionen Soldaten geopfert hätten. Das unterschied die westlichen Alliierten und die Sowjetunion. Was das Dritte Reich anging, die bei Weitem stärkste der Achsenmächte, wurde der Krieg im Wesentlichen auf dem Territorium der Sowjetunion entschieden. Die Alliierten hielten 1943 etliche Konferenzen ab. Als wichtigste gilt die von Casablanca, wo Churchill und Roosevelt zusammentrafen. Stalin war eingeladen, ließ sich jedoch mit Verweis auf die schwierige Lage an der russischen Front entschuldigen.

Blumen in Casablanca

»Casablanca war eine Mischung aus Vergnügungsreise, Sommerakademie und Konferenz«,[1] schwärmte Harold Macmillan, von 1957 an Premierminister, in jener Zeit politischer Repräsentant Großbritanniens im westlichen Mittelmeerraum. Roosevelt absolvierte solche Treffen ohne Begeisterung. Das Reisen war dem von der Hüfte abwärts gelähmten Staatsmann beschwerlich. Auch hatten die USA es nicht nötig, dass ihr Präsident Reichtum und Macht des Landes kunstvoll hochredete. Churchills Vorschlag, sich einmal in Kriegsnähe zu begeben, nahm er freilich gern an. Der Premier versteckte sich bei der Anreise hinter einem Decknamen, aus Sicherheitsgründen, vor allem machte es ihm Spaß. Er wählte Roosevelts Vornamen und kam als Air Commodore Franklin von der Royal Air Force. Am Flughafen von Casablanca wurde er auf dem Rollfeld von einer Blaskapelle empfangen. Sein persönlicher Stabschef Ismay mokierte sich: »Noch der letzte

Idiot kann sehen, dass hier ein Air Commodore kommt, der sich als Premierminister verkleidet hat.«

In Marokko herrschte angenehm mildes Januarwetter, überall sprossen schon Blümchen, eine bunte Kulisse für die anfänglich scheinbare Gutwilligkeit auf der Konferenz, die unter dem Tarnnamen »Symbol« abgehalten wurde. Das Ambiente Casablancas mit seinen Cafés und Restaurants war erfreulich. Roosevelt und Churchill kamen mit ihren Stabschefs und hohen Militärs. Vom 14. bis zum 24. Januar 1943 wurde besprochen, wie es weitergehen solle. Churchill war in seinem Element: zum einen, weil er Gipfeltreffen – das englische Wort »summit« für dergleichen Zusammenkünfte soll er geprägt haben – genoss. Zum anderen, weil er sich auf sein Kommunikationstalent viel zugutehielt und damit ausgleichen wollte, was Großbritannien an militärischer Schlagkraft fehlte.

Etliche Sitzungen überließen die Regierungschefs den Fachleuten. Roosevelts Stabschefs hatten es übrigens nicht immer leicht mit ihrem Präsidenten. In ihre strategischen Planungen mischte er sich selten ein. Immer mal wieder wurden sie indes überrascht von Entscheidungen, die er bei Privatunterredungen auf hoher Ebene gefällt hatte, ohne sie anschließend davon zu informieren. Es gefiel ihm, auf Herrschaftswissen eine Weile lang zu sitzen wie die Glucke auf dem goldenen Ei. Und wenig erfreut war man im Kriegsministerium, wenn er sich von anderen Ministerien Ratschläge erteilen ließ, wie der Krieg zu führen sei.

Mit den Briten kamen die Amerikaner in Casablanca nicht ohne Weiteres zurecht: Sie empfanden die Verhandlungspartner als arrogant. Die Briten ihrerseits hielten die Amerikaner für naiv. Churchills Berater Generalleutnant Ian Jacob schrieb: »Von Natur außerordentlich leichtgläubig, beziehen sich die Amerikaner ganz ernsthaft auf jeden hirnrissigen Bericht, der ihnen zu Ohren kommt.« Noch nach dem Krieg ärgerte Jacob sich darüber, dass die Amerikaner nicht »begriffen, wie viel man mit Drohungen ausrichten kann. Wir wollten unsere Seemacht nutzen, um zu drohen und zu bluffen […] Wenn wir das eigene Blatt nicht zeigten, bedeutete das für Hitler, dass er mit allen möglichen Gefahren rechnen und seine Kräfte aufsplittern musste.« Die Amerikaner hätten das nicht verstanden und immer gleich kämpfen wollen.

Auch Generalmajor John Kennedy vom Imperialen Generalstab hegte Vorbehalte: »Wir haben den Eindruck, dass die Amerikaner großes Engagement an den Tag legen und größere Ambitionen haben als wir, dass sie aber bei der Planung und einigen ihrer strategischen Vorstellungen ziemlich schwach sind. Es ist sehr schwierig, sie zu durchschauen. Mit ihrer herzlichen, freundlichen Art, hat man das Gefühl, kaschieren sie Misstrauen und Verachtung in unterschiedlicher Intensität, je nachdem mit wem man es zu tun hat.«[2] Was die Briten anging, fällte Roosevelts Privatsekretär ein abfälliges Urteil: »Die Engländer sind zu aggressiv – nur nicht an der Front.« Sie seien, notierte er, »so fordernd wie die Juden, wollen immer mehr und dann immer noch mehr«.[3]

Aus britischer Sicht war Casablanca eine erfolgreiche Konferenz. Damals hatte Großbritannien noch Einfluss: Die Briten standen im Feld, während die meisten amerikanischen Truppen erst im Training waren. Mit den Worten des sowjetischen Botschafters Ivan Maisky war »die US-Armee noch zu ›grün‹, um ernsthafte militärische Operationen anzugehen«.[4] Deshalb konnten die Briten einige ihrer Anliegen durchsetzen. Macmillan beobachtete anerkennend, dass Churchill die Plenarsitzungen souverän leitete. Einen guten Teil des Tages verbrachte der Premier lesend und diktierend im Bett oder beim Kartenspiel. Nachts, wie üblich, blühte er auf dank Alkoholika jeder Art und ließ seine müden Mitarbeiter nicht zur Ruhe kommen.

Die brennende Frage war, wann die zweite Front in Frankreich eröffnet würde. Churchill hat sich mal dafür ausgesprochen, 1943 damit zu beginnen, und dann wieder dagegen. Ihm war nur allzu bewusst, wie sehr Stalin zu Recht danach verlangte. Wenn er an Russland und die USA dachte, war er für eine zweite Front. Wenn er an die britischen Interessen dachte, war er dagegen.[5] In Casablanca wurde auf Drängen der Briten vernünftigerweise beschlossen, das große Landungsunternehmen in Nordfrankreich bis 1944 aufzuschieben. Stattdessen, so kam man auf Vorschlag der Briten überein, wollten die Alliierten im Sommer des Jahres in Sizilien landen, um von dort Richtung Rom vorzustoßen. General Eisenhower und amerikanische Stabschefs dachten zunächst an das für die NS-Regierung strategisch belanglose Sardinien, von wo aus es zum italienischen Festland sehr viel weiter war als von Sizilien. Churchill setzte sich durch – »ich werde mich nicht mit einer Sardine abspeisen lassen«.[6]

Auch über andere große Fragen einigten sich die Konferenzteilnehmer: Die Briten erklärten sich mit dem amerikanischen Vorgehen im Pazifik einverstanden und versprachen eine baldige Offensive in Burma. Beide Länder vereinbarten, Nazi-Deutschland erbarmungslos zu bombardieren, um gute Ausgangsbedingungen für die Invasion in Frankreich zu schaffen.[7]

Und noch etwas konnte in Casablanca geregelt werden, wenn auch nur mit Ach und Krach. Charles de Gaulle, der in London residierte, und General Henri Giraud, den Eisenhower auf Betreiben Roosevelts im Dezember 1942 zum Kommandierenden Zivil- und Militärchef in Französisch-Nordafrika ernannte, waren einander spinnefeind. Giraud hielt de Gaulles Machtanspruch für überzogen; die bloße Vorstellung, dass er als Fünfsternegeneral sich womöglich mit dem Zweisternegeneral de Gaulle von gleich zu gleich abgeben sollte, erschien ihm als eine Zumutung. Roosevelt empfand de Gaulles pompöse Selbstherrlichkeit als unangenehm und ungerechtfertigt: Der Mann, der sich da zum Führer der Franzosen aufwarf, war ja nicht einmal demokratisch gewählt. Überkandidelt war er auch. Er beanspruchte, für das Freie Frankreich und das Mysterium der »certaine idée de la France« zu stehen. Worin diese Idee bestehen sollte, hat er nie dargelegt – so ist es eben mit Mysterien.

Nach einigen wenigen Treffen mit de Gaulle sagte der US-Präsident einmal: »Ich glaube, er hat einen leichten Vogel.« Roosevelts Lösung des Problems war allzu kurzschlüssig, als dass sie aufgehen konnte: De Gaulle solle auf einer Giraud untergeordneten Position ruhiggestellt werden. General Giraud bekannte sich zu Vichy-Frankreich und war für seinen Posten völlig ungeeignet. Das aber war Roosevelt einerlei: Hauptsache, de Gaulle wurde an den Rand gedrängt. Das ließ der jedoch nicht mit sich machen. Was Roosevelt außerdem verkannte: Der General hatte viele Anhänger, und es wurden immer mehr. Als er zu der Konferenz geladen wurde, gab er sich störrisch: Non! Ultimativ genötigt, reiste er dennoch nach Casablanca, wo er bei jedem Schritt den Anwesenden von oben herab zu verstehen gab, wie unerhört mit ihm umgegangen wurde. Er weigerte sich, Giraud zu treffen.[8]

Nun war Churchill, der de Gaulles Allüren bis dahin recht und schlecht ertragen hatte, mit seiner Geduld am Ende. »De Gaulle«, schimpfte er gegenüber seinem Leibarzt, »ist der personifizierte Minderwertigkeitskomplex.«[9] Sogar in seiner Geschichte des Zweiten Weltkriegs, in der er vieles beschönigte, wird sein Ärger über de Gaulle deutlich: »Seine arrogante Haltung verstand und bewunderte ich, während ich sie gleichzeitig ablehnte. Wer war er denn: ein Flüchtling, der mit dem Todesurteil über seinem Haupt in fremdem Lande lebte und einzig vom Wohlwollen der britischen und neuerdings auch der amerikanischen Regierung abhing. [...] Auch wenn er sich von seiner schlechtesten Seite zeigte, immer schien er das Wesen Frankreichs widerzuspiegeln, das Wesen einer großen Nation in ihrem Stolz, ihrem Ehrgeiz und ihrer Größe.«[10]

In Casablanca war Churchill nicht so abgeklärt. De Gaulle erinnerte sich, Churchill habe ihm »eine wüste Szene« gemacht: »Er kündigte mir an, sobald er wieder in London sei, werde er mich öffentlich beschuldigen, eine Verständigung [mit General Giraud] vereitelt zu haben; er werde die öffentliche Meinung seines Landes gegen mich aufhetzen und sich auch an die von Frankreich wenden.« Gegenüber Anthony Eden redete Churchill sich noch mehr in Rage: »Der alte Knabe«, schrieb Eden, »rast wieder einmal vor Wut gegen de G. [...] und er erklärt, er ist unser *Feind*.«

De Gaulle sollte dem Premierminister nie verzeihen, sah für den Moment aber ein, dass ihm nichts übrig blieb als einzuknicken. Außerdem hatte Roosevelt die Greta Garbo in sich herausgekehrt und dem General schöne Worte gemacht. Dieser erklärte sich also bereit zu einem gemeinsamen, nichtssagenden Kommuniqué von ihm und Giraud, das selbstverständlich er entwarf: »Wir haben uns gesehen. Wir haben miteinander gesprochen ... die Freiheit Frankreichs ... Zivilisation ...« Auch einen Phototermin vor der Presse gab es mit ihm, Giraud, Roosevelt und Churchill – das immerhin lohnte sich für de Gaulle: zusammen mit diesen zwei mächtigen Staatschefs auf einem weltweit verbreiteten Photo zu figurieren.[11]

Die Regierung in Washington, klug, heuerte den ihr vertrauten Jean Monnet an, Giraud als Berater respektive diplomatische Nanny zur Seite zu stehen. Ihm gefiel an Giraud, dass dieser freimütig eingestand, von Politik keine Ahnung zu haben und sich nur im Militärischen auszukennen. In seinen Memoiren hielt Monnet sich zugute, es sei ihm gelungen, »im Sinne Frankreichs die Überzeugungen dieses Mannes« dahingehend zu ändern, dass sie »besser mit den Kriegszielen demokratischer Nationen vereinbar« waren.[12]

Zum Abschluss der Konferenz am 24. Januar 1943 verlas Roosevelt auf einer Pressekonferenz einen Satz, von dem Churchill in seiner Geschichte des Zweiten Weltkriegs behauptete, der habe ihn »einigermaßen erstaunt«:[13] Roosevelt verkündete im Namen der Alliierten, die Achsen-Feinde müssten bedingungslos kapitulieren. Die Forderung nach bedingungsloser Kapitulation – die damit verbundene Abgabe von Vorräten und Ressourcen, ja die Aufgabe des eigenen politischen Systems – hat noch immer in der Geschichte den Mut der Gegner beflügelt, alles zu geben, alles zu wagen. Das war dem Historiker Churchill bewusst, weshalb er nach dem Krieg fälschlich behauptete, die Bekanntgabe dieser Klausel in Casablanca sei ihm völlig neu gewesen.[14]

Als die Konferenz beendet war, ließ Roosevelt sich von Churchill bewegen, mit ihm gemeinsam einen Ausflug nach Marrakesch zu unternehmen. Er kam damit dem Premier entgegen, der zunehmend Mühe hatte, den Präsidenten unter vier Augen zu sehen: »Roosevelt war Churchills eindringlicher Zureden und seiner nicht enden wollenden Monologe überdrüssig.«[15] Das einzige Bild, das Churchill während des Zweiten Weltkriegs malte, entstand bei diesem Besuch in Marrakesch.[16] Er überreichte es Roosevelt als Geschenk. Ob der Präsident sich freute oder nicht: Künftig suchte er, längere private Gespräche mit Churchill zu vermeiden.

Missgelauntheit in Washington, Misstrauen in Quebec

Im Mai 1943 traf die Gesellschaft, abermals ohne Stalin, in Washington zu einer weiteren Konferenz zusammen (»Trident«). Die unterschiedlichsten Präferenzen – je nach nationalem Interesse und Art der Teilstreitkräfte, denen die Militärs vorstanden – wurden als notwendig, unabdingbar, ja alternativlos vorgetragen: Konzentration auf den Krieg im Pazifik (der Amerikaner Ernest King); eine Landung von

England aus an der französischen Küste des Ärmelkanals (der Amerikaner George Marshall); die Sammlung einer riesigen Flugzeugflotte in England (der britische Oberbefehlshaber der Royal Air Force Charles Portal); eine verstärkte Bekämpfung deutscher U-Boote (der britische Marineminister Dudley Pound). Wenn die Luft allzu dick wurde, so kam man überein, sollte die Sitzung nicht protokolliert werden, damit alle unbefangener reden konnten.

Man fand Kompromisse. Die Entwürfe wurden dann Roosevelt und Churchill vorgelegt. Die wichtigsten Verabredungen: Die Briten willigten ein, sich auf eine Landung in Nordfrankreich für den 1. Mai 1944 vorzubereiten; im Gegenzug sollte Eisenhower Pläne für eine Landung auf dem italienischen Festland ausarbeiten, was für die Briten und vor allem Churchill durchaus einen Sieg bedeutete, hatten die Amerikaner es doch mit der Einnahme Siziliens genug sein lassen wollen: Ihrer Ansicht nach wäre es besser gewesen, in Nordfrankreich anzugreifen und keine Kräfte auf Nebenkriegsschauplätzen zu verschwenden. Was die bessere Strategie gewesen wäre, kann hier nicht geklärt werden. Die Briten fühlten sich jedenfalls zu schwach für einen direkten Angriff auf Nazi-Deutschland; und die amerikanischen Generalstäbler schätzten 1943 ihre Truppen noch nicht als einsatzfähig ein.

»Trident« beanspruchte die Geduld der Stabschefs über Gebühr. Die allgemeine Stimmung war stickig bis unerträglich. Einen gab es allerdings, der mit guten Erinnerungen aus Washington abreiste: Nach anfänglichem Fremdeln entdeckte Alan Brooke in dem Generalskollegen George Marshall einen Gefährten im Geiste. Beide waren Vogelliebhaber. Viel mehr noch: »Es gibt, glaube ich«, schrieb der aus Nordirland stammende Brooke in seinem Tagebuch, »eine englische Art zu denken, die uns eigen ist, und mir ist aufgefallen, dass Marshall genau auf dieselbe Weise dachte wie ich.«[17]

Auf Einladung des kanadischen Premierministers trafen Churchill, Roosevelt und die Militärs erneut zusammen, vom 14. bis zum 24. August 1943, in Quebec, der Codename für diese Konferenz war »Quadrant«. Unter anderem ging es um Italien. Nachdem die Wehrmacht in Nordafrika besiegt war, konnte das Mittelmeer überquert werden. Die amerikanische 7. Armee und die britische 8. Armee hatten, von

Nordafrika aufbrechend, die Landung in Sizilien am 10. Juli begonnen; bis Mitte August war die Insel erobert. Die Italiener, sogar führende Faschisten, wollten Mussolini daraufhin loswerden. Am 25. Juli ließ Vittorio Emanuele III., vordem unter dem Duce mehr Komparse als König, Mussolini verhaften. Eine neue Regierung wurde eingesetzt, angeführt von dem faschistischen General und Aufsteiger Pietro Badoglio, der sicherheitshalber eine Militärdiktatur einrichtete. Doch Hitler dachte nicht daran, Italien aus seiner Bündnispflicht zu entlassen.[18] Vor diesem Hintergrund fand die Konferenz der Alliierten in Quebec statt.

Auch an »Quadrant« nahm Stalin nicht teil, was wohl ein glücklicher Umstand war. Die Anspannung war ohne ihn groß genug. Der kanadische Premier William Lyon Mackenzie King hatte alles getan, um den Gästen den Aufenthalt angenehm zu gestalten. Er ließ sogar Orangen aus New York einfliegen, für den frisch gepressten Frühstückssaft. Allein, der bloße Umstand, dass lauter ego-starke Militärleute schon wieder aufeinandertrafen, machte die Unterredungen zunehmend schwierig. Amerikaner und Briten gingen einander auf die Nerven. Und das war noch das Geringste. In der von der britischen Regierung nach dem Krieg in Auftrag gegebenen Geschichtsdarstellung ist von »blankem Misstrauen« in Quebec die Rede. Amerikanische und britische Militärs brachten es nicht über sich, voreinander zu salutieren. Die amerikanischen Stabschefs meinten, dass die Briten nicht zu ihren in Washington gemachten Zusicherungen stehen würden: Sie forderten gleich zu Beginn der Konferenz, dass die Briten sich dazu bekennen sollten, was sie vordem zugesagt hatten: die Invasion in Frankreich.[19]

Während der Überfahrt nach Washington hatte Churchill Zeit zum Denken: »Mit noch mehr Schwung als sonst erfand der Premierminister ein Projekt nach dem anderen. Mal die Einnahme Sumatras, mal ein militärisches Engagement auf dem Balkan, mal eine Offensive in Norwegen. Seine Ideen rangierten zwischen dem Absurden und dem Inspirierten. Er regte die Fabrikation von Flugzeugträgern an, die aus widerständigem Eis gemacht werden sollten, und der künstlichen ›Mulberry‹-Häfen«, von denen zwei für die Landung in der Normandie tatsächlich gebaut wurden.[20]

Im Hinblick auf Sumatra blieb Churchill bei seinen Vorstellungen. Auf der Reise nach Washington hielt er seine Stabschefs an, eine Invasion im Norden der großen Insel zu planen, um von dort aus Rangun, Singapur und Hongkong zurückzugewinnen. Sein Sinn für Strategie schien sich wieder einmal darin zu erschöpfen, erlittene Schlappen wettmachen zu wollen. Die Stabschefs hielten es für sinnvoller, zweitausend Kilometer weiter östlich im Pazifik gegen die Japaner vorzugehen. Pflichtschuldig entwarfen sie einen Plan, der Churchills persönlichem Stabschef Hastings Ismay übergeben wurde; angefügt war ein von allen unterschriebenes Papier, das nur für Ismay, nicht für Churchill gedacht war: Sie hielten diesen Plan für »no good«. Ismay übergab dem Premier den gewünschten Entwurf und versäumte, das beiliegende Papier zu entnehmen. Churchill las es, war weidlich erzürnt und enthob sämtliche Stabschefs sofort ihrer Posten. Es war nicht das erste Mal, dass sie das erlebten, sie nahmen es nicht ganz ernst. Und Churchill besann sich dann sehr schnell eines Besseren.[21] In Quebec wurde die Operation »Overlord« vorbereitet, die Invasion der Alliierten in der Normandie. Es war in diesen Tagen, dass Alan Brooke erfuhr, nicht er – wie Churchill ihm zugesichert hatte – werde der Oberbefehlshaber sein, sondern General Eisenhower.

Stalin in Teheran

An sich hätte Stalin in Casablanca, Washington und Quebec anwesend sein müssen, um den Amerikanern und Briten einzubläuen, dass er keine Lust mehr hatte, für sie die Kastanien aus dem Feuer zu holen. Schließlich war es unerlässlich, dass die dritte große Macht der Alliierten auf einer Konferenz vertreten war. Stalin weigerte sich aber, über den Atlantik oder auch nur nach England zu reisen. Amerikaner und Briten schlugen Kairo oder Bagdad vor. »Churchill glaubte sogar, dass Stalin sich mit einem Treffen in der Wüste einverstanden erklären würde, wenn dort ein sicheres Zeltlager aufgebaut werden könnte.« Stalin jedoch wollte sich nicht weiter von Russland entfernen als bis nach Teheran, angeblich weil er in der Nähe seines Hauptquartiers bleiben musste, in Wahrheit aber, was er »selbstverständlich niemandem« erzählte, weil er Flugangst hatte: Der Flug nach Teheran war für den 65 Jahre alten Kremlführer der erste in seinem Leben, und er reiste zum ersten Mal ins Ausland zu einer internationalen Konferenz.[22]

1941 hatten sowjetische Truppen, von Norden kommend, sowie britische Truppen, von Süden her, einvernehmlich das neutrale Persien besetzt. Auch das sprach aus Stalins Sicht für Teheran als Austragungsort der Konferenz »Eureka«, die vom 28. November bis zum 1. Dezember 1943 stattfand – »Eureka« oder »Heureka« soll der altgriechische Mathematiker Archimedes nach der Entdeckung einer guten Formel ausgerufen haben: »Ich habe es gefunden.« Roosevelt fand in Teheran, als er durch die Stadt chauffiert wurde, »Schmutz« und »große Armut«. Anders sah es in der sowjetischen Gesandtschaft aus: Das von hohen Mauern umgebene, gut bewachte, gärtnerisch gepflegte Areal umfasste Gesindegebäude und komfortabel ausgestattete Villen. Stalin stellte Roosevelt eine der – selbstverständlich verwanzten – Villen zur Verfügung. Churchill musste auf dem Anwesen der britischen Gesandtschaft unterkommen; die Männer aus dem Westen sollten sich nicht untereinander absprechen können. Das war Roosevelt ganz recht. Er wollte sich mit dem Kremlchef allein verständigen. »Drei Personen«, sagte er, »sind eine Ansammlung. Wir können uns im Kreis der ›Big Three‹ später treffen. Churchill wird das verstehen.«[23]

Churchill hatte ein Geschenk für Stalin im Gepäck, ein Langschwert mit einem von Golddraht umwundenen, mit Bergkristallen und noch mehr Gold verzierten Griff und einer massiv-silbernen Parierstange. »Seine Majestät König George VI. hat mich beauftragt, Ihnen dieses Ehrenschwert zu überreichen«, sprach er, »die Klinge trägt folgende Inschrift: ›Den stählernen Bürgern von Stalingrad als Geschenk von König George VI. und Ausdruck der Hochachtung des britischen Volkes‹.« Evelyn Waugh, der Kommunisten ebenso sehr hasste wie Nazis, fand diese Reverenz vor der Sowjetunion so peinlich, dass er seiner satirischen Romantrilogie über den Zweiten Weltkrieg den Obertitel »Sword of Honour« gab.[24]

Natürlich hatte Churchill kein Verständnis dafür, dass Roosevelt und Stalin sich ohne ihn miteinander besprachen, er war gekränkt. Am 29. November lud die sowjetische Gesandtschaft zu einem Bankett. Unmengen Delikatessen wurden aufgetragen. Churchill fühlte sich abserviert. Für Stalins speziellen Humor hatte er an diesem Abend überhaupt keinen Sinn. Der Kremlchef prostete und prustete: Das Problem mit dem NS-Regime könne schnell erledigt werden: Fünfzigtausend oder hunderttausend Offiziere und Techniker erschießen zu lassen würde die Sache regeln. Churchill, der selbst schon – allerdings privatim – im Zorn geschimpft hatte, dass seine Generale standrechtlich erschossen gehörten, war abgestoßen und wurde laut: »Das britische Parlament und das Volk werden Massenexekutionen keinesfalls hinnehmen […] Lieber lasse ich mich hier und jetzt in den Garten führen und erschießen, als dass meine Ehre und die meines Landes von solcher Niedertracht besudelt werden.« Roosevelt versuchte zu beschwichtigen: Na, warf er spaßhaft ein, man könne sich ja »auf einen Kompromiss von 49 000« einigen. Roosevelts vom Vater übermäßig protegierter Sohn Elliott, im militärischen Rang eines Obersts, der vor allem beim Konsum von Alkohol seinen Mann stand, sprang nun auf: Er stimme Stalin vollkommen zu, und die US-Armee sehe das auch so. Darauf verließ Churchill den Saal und verzog sich in einen Nebenraum.

Was dann geschah, erzählte er später: »Ich war noch keine Minute dort, da legte sich von hinten ein Paar Hände auf meine Schultern: Stalin mit Molotow an seiner Seite standen da, grinsten beide über das ganze Gesicht und versicherten mir, es sei doch nur ein spielerischer Scherz gewesen, nichts von der Art würden sie im Geringsten erwägen.« Stalin, fügte Churchill an, »kann außerordentlich einnehmend sein, wenn er will, niemals habe ich ihn so erlebt wie in diesem Moment«. Churchill nahm seinen Platz an der Tafel wieder ein, »und der Rest des Abends verlief angenehm.«[25] Der Folgetag war für ihn einigermaßen befriedigend, er hatte ein Zwiegespräch mit Stalin. Am Abend beging die Gesellschaft seinen 69. Geburtstag in der britischen Gesandtschaft, die den Sowjets an opulenter Gastfreundschaft nicht nachstand.

Bei Tage wurde über diverse Länder konferiert, Geschacher unter Großmächten: Jugoslawien, die Türkei, Finnland, Japan, die deutsche Nachkriegsordnung. Ein besonderes Anliegen war den Briten das Schicksal Polens; seitdem sie 1939 dem Land ihre Garantie gegeben hatten, fühlten sie sich Polen und seiner Unabhängigkeit verpflichtet.

Stalin fand glanzvoll verlogene Worte. Bei einer späteren Ansprache – bei der Konferenz von Jalta Anfang 1945 – zeigte er, wie gut er argumentieren konnte; in Teheran wird er nicht anders geredet haben: »Die polnische Frage«, sagte er, »ist nicht nur eine Frage der Ehre, sondern ebenfalls eine Frage der Sicherheit. Eine Frage der Ehre deshalb, weil die Russen in der Vergangenheit viele Sünden gegen Polen begangen haben. Die sowjetische Regierung ist bestrebt, diese Sünden wiedergutzumachen. Eine Frage der Sicherheit deshalb, weil mit Polen wichtige strategische Probleme des sowjetischen Staates verbunden sind. […] In der Geschichte war Polen immer ein Korridor, durch den der Feind ging, der Russland überfiel. […] Warum sind die Feinde bis jetzt so leicht durch Polen gekommen? Vor allen Dingen deshalb, weil Polen schwach war. Der polnische Korridor kann nicht nur von außen mechanisch durch russische Kräfte verschlossen werden. Dafür ist es notwendig, dass Polen stark ist. Nun, deshalb ist die Sowjetunion an einer Schaffung eines mächtigen, freien und unabhängigen Polen interessiert. Die Polenfrage – das ist eine Frage von Leben und Tod für den sowjetischen Staat.«[26] Damit nahm Stalin den Fürsprechern eines freien Polen den Wind aus den Segeln und machte zugleich deutlich, dass die Sowjetunion das Land nicht aus ihren Fängen lassen würde.

Wie sehr Churchill während des Kriegs Stalin entgegenkam, zeigte sich an seiner Reaktion auf die Auffindung der Leichen bei Katyn im April 1943. Mehr als 4400 Polen, die meisten von ihnen Offiziere, waren 1940 in einem Wald nahe dem polnischen Dorf Katyn erschossen und verscharrt worden. Der Kreml ließ wissen, NS-Deutschland sei es gewesen. Berlin ließ wissen, diese Morde gingen nicht auf sein Konto; Propagandaminister Goebbels nutzte den sowjetischen Massenmord zu einer groß angelegten Kampagne. Außenminister Eden zeigte Churchill Belege dafür, dass die Nazis zur Abwechslung einmal die Wahrheit sagten. Zweifelsfrei ergab sich erst 1990, dass Angehörige des NKWD, des Volkskommissariats für Innere Angelegenheiten, die Massenexekution ausgeführt hatten. Churchill kommentierte 1943: »Je weniger darüber geredet wird, desto besser.«[27] Der sowjetische Botschafter Maisky berichtete in seinem Tagebuch von einem langen Gespräch. Churchill habe gesagt: »Selbst wenn es wahr wäre, was die Deutschen behaupten, würde meine Haltung zu Ihnen dieselbe bleiben. Sie sind ein tapferes Volk, Stalin ist ein großer Kriegsmann, und im Moment betrachte ich alles vor allem aus Sicht eines Soldaten, dem daran gelegen ist, den gemeinsamen Feind so schnell wie möglich zu besiegen.«[28]

Für Stalin verlief die Konferenz in Teheran zufriedenstellend: Er kehrte am 2. Dezember 1943 nach Moskau zurück, die feste Zusage der Amerikaner und Briten im Gepäck, dass im Folgejahr die Invasion im Norden und im Süden Frankreichs beginnen würde.

D-Day – die Invasion in der Normandie

Zu den Vorbereitungen für die Operation »Overlord« gehörte »das kühnste Ablenkungsmanöver in der Kriegsgeschichte«. Es war mehr als kühn, es war allumfassend, ein atemraubendes Meisterstück. Das Unternehmen »Fortitude« wurde auf allen denkbaren Ebenen und an verschiedenen Orten inszeniert. Vom 17. April 1944 an durchliefen die Post- und Fernmeldeverbindungen auswärtiger Diplomaten die Zensur. Der britische Security Service hatte viele deutsche Agenten aufgespürt, die meisten von ihnen umgedreht und dazu bewogen, falsche Meldungen abzusetzen. Eine deutsche Agentin mit dem Codenamen »Bronx« zum Beispiel sandte an ihren Führungsoffizier in der Lissaboner Banco Espírito die Nachricht: »Schicken Sie rasch fünfzig Pfund. Ich benötige sie für meinen Zahnarzt.« Im Klartext bedeutete das: Mitte Juni sei eine Landung im Golf von Biscaya zu erwarten. Der Golf von Biscaya erstreckt sich von Galizien bis zur Bretagne. Die Luftwaffe der Wehrmacht ließ auf die Nachricht hin vier ihrer küstennahen Fliegerhorste in der Bretagne zerstören.

Die Briten gaukelten den Deutschen vor, in Schottland werde eine – fiktive – 4. Armee zusammengezogen, um einen Angriff auf Norwegen zu starten. Das Ziel der Alliierten: Die Divisionen in Norwegen sollten bleiben, wo sie waren. Doppelt trickreich war, den Deutschen vorzumachen, es sei eine Invasion in der Normandie geplant, um deren Truppen vom Nord-Pas-de-Calais fortzulocken: In Wirklichkeit würden die Alliierten genau dort, nämlich bei Boulogne an der Kanalküste, landen. Für dieses Täuschungsmanöver wurde eine – ebenfalls fiktive – 1. US-Armeegruppe unter dem amerikanischen General Patton ins Spiel gebracht, die in Südostengland mit elf Divisionen angeblich auf ihren Einsatz warte. Um das für feindliche Aufklärer plausibel zu machen, fertigte man Flugzeugattrappen an, aufblasbare Panzer und 250 Gebilde, die aus der Luft wie Landungsboote aussahen. Zur Vervollständigung der Täuschungen wurde Ende Mai 1944 ein passend aussehender Schauspieler gefunden, der sich bereit erklärte, den britischen General Montgomery zu verkörpern: »Montgomery« trat oft in Gibraltar und Algier auf. Es sollte dem Feind scheinen, als wäre ein Großangriff auf die Mittelmeerküste geplant.[29]

Inzwischen wurde die britische Hauptinsel zu einem immobilen Flugzeugträger: Mehr als eine Million Amerikaner, Briten, Franzosen, Kanadier und andere samt vielfältigen Waffensystemen sammelten sich an der südenglischen Küste unter dem Oberbefehl von Eisenhower. Es war »das größte amphibische Unternehmen in der Geschichte«. Churchill saß dem Komitee vor, das sich mit der Koordination der Vorbereitungen befasste.[30] Der Angriff war für den 5. Juni 1944 geplant, musste indes wegen schlechten Wetters auf den 6. Juni verschoben werden.

Am 6. Juni hatte es aufgeklart, aber die Wellen im Ärmelkanal gingen immer noch hoch: Einige Landungsboote sanken ohne Feindeinwirkung. Während der ersten 24 Stunden transportierten mehr als 4000 Landungsfahrzeuge und mehr als 1000 Kriegsschiffe ungefähr 160 000 Soldaten an die Küste der Normandie: »So weit das Auge reichte«, war das Meer bedeckt von Schiffen und Booten aller Art, »meilenweit bis zum Horizont«. Vom Himmel schwebten Fallschirmspringer in Scharen nieder. An den fünf Stränden, wo die Alliierten landeten, »Omaha« und »Utah« (die US-Truppen), »Sword« und »Gold« (die Briten), »Juno« (die Kanadier), gab es nur bei »Omaha« ein schreckliches Gemetzel. Am ersten Tag, dem 6. Juni, hatten die Alliierten sechstausend Verwundete und dreitausend Gefallene zu beklagen. Die Verlustzahlen lagen immer noch unter den Kalkulationen der Stabschefs. Sie hatten die Wehrmacht überschätzt. »Die deutsche Marine war faktisch nicht mehr einsatzbereit, die deutsche Luftwaffe durch Verluste während der vorangegangenen Monate stark geschwächt, und dem deutschen Heer, das auf andere Gebiete verteilt war, fehlten die an der Ostfront konzentrierten Elitedivisionen; infolgedessen fiel der Widerstand geringer aus als erwartet.«[31]

Als das Schlimmste überstanden war, wurden ein paar Wochen später plangemäß die schon erwähnten beiden »Mulberry-Häfen«, in der See verankerte Anlandungsplattformen, in Einzelteilen herbeigeschafft und vor der französischen Küste zusammengesetzt. Einige Pipelines für Kraftstoff, an denen seit 1942 gearbeitet worden war, wurden auf dem Meeresgrund von England nach Frankreich verlegt: Schlepper zogen riesige Trommeln, jede einzelne mit Dutzende Seemeilen langen biegsamen Rohren versehen.[32]

Churchill, über das Ausmaß der Vorbereitungen im Bild, wollte unbedingt bei der Landung Anfang Juni dabei sein. Im Mai informierte er den König. George VI. war angetan und kündigte an, er werde mitfahren. Seine Frau, Queen Elizabeth, gab ihr Plazet. Churchill hatte die »Belfast« ausgesucht: Der Kreuzer war angewiesen, die französische Küste aufs Korn zu nehmen, sich also dem Beschuss der deutschen Luftwaffe auszusetzen. Des Königs Privatsekretär Alan Lascelles, Churchills Berater Ismay, General Eisenhower und Admiral Ramsay: Sie alle hielten das Vorhaben für eine tollkühne Torheit. Admiral Ramsay als Oberkommandierender der Royal Navy konnte wirksam sein Veto einlegen. Der König war einsichtig, Churchill nicht, er beharrte auf seinem Wunsch. George VI. ließ ihm einen Brief überbringen: »Abermals möchte ich Sie bitten, an D-Day nicht auf See zu gehen. Ich bin jünger als Sie, ich bin ein Navy-Mann [in jungen Jahren war Albert Seekadett und im Ersten Weltkrieg ein paar Mal auf Kriegsschiffen unterwegs gewesen], und als König stehe ich an der Spitze aller Streitkräfte. Nichts würde ich lieber tun, als auf See zu gehen; aber ich habe mich nun einverstanden erklärt, zu Haus zu bleiben; finden Sie es fair, dass Sie das machen, was ich gern selbst tun würde?« Das war sehr freundlich, netter hätte der König ein Verbot nicht formulieren können. Und es wirkte. Churchill verzichtete. In sein Tagebuch schrieb George VI., Churchills »Egoismus« bereite ihm Sorge: »Er scheint sich um die Zukunft nicht zu scheren oder darum, was alles von ihm abhängt.«[33]

Die Ablenkungsmanöver waren nicht umsonst gewesen: Auf die Landung in der Normandie waren Generalfeldmarschall Gerd von

Rundstedt und der ihm zugeordnete, mit der Überwachung der Verteidigung der Atlantikküste beauftragte Erwin Rommel nicht ausreichend vorbereitet; sie mussten improvisieren. Bei ihrem Vorwärtskampf Richtung Berlin sahen Eisenhower und seine Truppen sich gleich zu Beginn unvorhergesehenen Widernissen ausgesetzt: Dichte, hohe Hecken säumten Wege und Straßen, hinter denen die Deutschen sich mit ihren Geschützen verbergen konnten. Diese Hecken sind seit Jahrhunderten charakteristisch für die Landschaft der Normandie sowie übrigens ebenfalls für die Landschaft in Südengland, wo die Militärs sich gefahrlos ein Bild davon hätten machen können, wie es in der Normandie aussah. Doch niemand hatte die Amerikaner auf diese Tücken der Natur aufmerksam gemacht.[34]

Das war der Anfang. In den Ardennen massierte die Wehrmacht Ende 1944 Truppen und Gerät, um den Vormarsch der westlichen Alliierten zu stoppen. Der stolze General Montgomery benahm sich derartig herablassend gegenüber den amerikanischen Kameraden, dass Eisenhower bezweifelte, ob er seinen Generalen abverlangen könne, unter Montgomery zu dienen. »Die einzige Front, an der alles gut lief, war die im Osten.«[35] Erst im Februar und März 1945 drangen die westlichen Alliierten und die Rote Armee tief in das eigentliche Reichsgebiet vor.

Der Bombenkrieg in Europa

Churchills Freund und Berater, Professor Frederick Lindemann, seit 1941 Baron Cherwell, hegte tiefen Hass gegen Deutschland, seitdem es den Nazis verfallen war. Unablässig bestärkte er Churchill darin, deutsche Städte rücksichtslos bombardieren zu lassen. Für die Zerstörung von Wohngebieten fand er ein anschauliches Wort: »dehousing the Germans«, die Deutschen sollten »enthaust« werden.[36] Die Amerikaner waren diesbezüglich zurückhaltender, sie fanden es irgendwie unmoralisch. Sie verfügten über avancierte Bombenzielgeräte, die es ihnen erlaubten, bei Tag punktuell militärische und industrielle Anlagen zu zerstören, während die nächtliche Drecksarbeit den Briten überlassen blieb. Die Briten mussten schon deshalb bei Dunkelheit fliegen, weil ihren Bomberverbänden der Geleitschutz durch Jagdflugzeuge fehlte, »was sie tagsüber gegenüber den deutschen Abfangjägern höchst verwundbar machte«.[37] Die britischen Bomben explodierten, wo sie eben niedergingen. Zielgenau genug, um ganze Stadtviertel in Schutt und Asche zu legen, kamen sie allemal.

Nach den Bombardierungen von London, Coventry, Bristol, Plymouth, Birmingham, Liverpool, Glasgow, Swansea und Belfast waren die meisten Briten der Meinung, dass Vergeltung geübt werden müsse.[38] Brandbomben zusammen mit Sprengbomben zeitigten durchschlagende Ergebnisse. Auf britischen Übungsplätzen war die passende Kombination der zwei Arten Bomben eingehend ausprobiert worden. In Hamburg (1943) und in Dresden (1945) verursachten sie fürchterliche Feuerstürme. Die Feuer konsumierten allen Sauerstoff: Menschen, die es rechtzeitig in einen Keller geschafft hatten, erstickten in großer Hitze. Viele verbrannten, übrig blieben schwarz verkohlte Reste ihrer Leiber.

Das explizit verabredete Ziel der Alliierten war »die fortschreitende Zerstörung und Paralysierung des deutschen militärischen, industriellen und wirtschaftlichen Systems und die Demoralisierung des deutschen Volkes bis zur Unfähigkeit zu bewaffnetem Widerstand«.

Der berüchtigte »Bomber Harris« war es nicht, der das »strategische Bombardieren« – die Bombardierung von Wohngebieten – einführte. Sir Arthur Harris, der Kommandeur von »Bomber Command«, führte bereitwillig aus, was der Premierminister, Professor Lindemann und Charles Portal, der Chef der Luftstreitkräfte, wollten, und machte sich das Programm komplett zu eigen.[39] In den ersten Monaten des strategischen Bombardements war Hitler nachgerade erfreut: »Die Städte«, meinte er, »stellen keine guten Bilder im ästhetischen Sinne dar. Die meisten Industriestädte sind schlecht angelegt, muffig und miserabel gebaut. Wir werden durch die britischen Luftangriffe hier Platz bekommen.«[40]

Churchill soll beim strategischen Bombardieren zunächst »zurückhaltend« gewesen sein und es nur befürwortet haben, weil er nicht wusste, wie anders er das Dritte Reich angreifen konnte. Im Juni 1943 sah er einen Dokumentarfilm, der die Auswirkungen der Bombardierungen deutscher Städte zeigte. Der Film war eindrucksvoll; als die

Lichter wieder angingen, fragte Churchill mit tränennassen Wangen: »Sind wir Tiere? Gehen wir nicht zu weit?«[41] Doch das dürfte eher eine momentane empfindsame Aufwallung gewesen sein. Seine Emotionen störten Churchill beim weiteren strategischen Bombardement nicht. Das »dehousing« der Deutschen nahm seinen Fortgang: In der zweiten Hälfte des Jahres 1943 und 1944 wurden Braunschweig, Darmstadt, Düren, Frankfurt am Main, Kassel, Leipzig, Stuttgart und andere Städte bombardiert und 1945 noch etliche mehr. Dabei hätten die Briten und ihre amerikanischen Freunde wenigstens im Jahr 1944 bemerken können, dass die Bombardierungen von Wohnvierteln zwar viel Leid und Schutt hinterließen, zur erhofften kollektiven Demoralisierung der Deutschen aber nichts beitrugen.

Das Gros der Zivilbevölkerung blieb unter dem Bombenhagel sturköpfig: »Es war nicht nur der [nationalsozialistische] Terror, der die Menschen bei der Stange hielt. Die recht effizienten Luftschutzdienste und die staatliche Fürsorge für Ausgebombte stärkten das Vertrauen zu den Behörden. Die Ideologie der Volksgemeinschaft, die Hoffnung auf die Überwindung der Klassengesellschaft, die tatsächlich nivellierenden Effekte des Krieges gerade auch bei der Zerstörung von Wohnquartieren und die Rachegefühle gegenüber dem Bombenterror des Feindes lösten Trotzreaktionen, eine Stärkung des Zusammengehörigkeitsbedürfnisses und sogar Loyalität gegenüber dem NS-Regime aus.«[42]

Churchill, der, damit die Rote Armee leichter vorankomme, zur Bombardierung ostdeutscher Ziele angetrieben hatte, taten die Dresdner leid. Am 28. März 1945 ermahnte er die Stabschefs: »Die Zeit ist gekommen, da wir überdenken müssen, ob es sinnvoll ist, deutsche Städte zu bombardieren, nur um den Terror zu verschärfen […] Die präzise Konzentration auf militärische Ziele wie Öl und den Nachschub hinter der Front scheint mir notwendiger als bloße Terrorakte und willkürliche Zerstörung, so eindrucksvoll das auch sein mag.«[43] Und er fand noch anderes, was ihm Kopfzerbrechen bereitete. Nachdem Harris die weitgehende Zerstörung Dresdens mit amerikanischer Hilfe vollendet hatte, fragte der Premier: »Was liegt nun zwischen dem russischen weißen Schnee und den Weißen Kliffs von Dover?«[44]

Mitte Juni 1944 begann die Wehrmacht, England mit V1-Raketen zu beschießen, von der Propaganda als »Wunderwaffe« angepriesen. Bis Ende des Kriegs gingen 9521 V1 über England nieder. Am 8. September 1944 lancierte die Wehrmacht die ersten V2-Raketen. Sie flogen mit einer Geschwindigkeit von mehr als fünftausend Stundenkilometern, zu schnell, als dass sie hätten abgefangen werden können. Die V1 und die V2 zusammen töteten bis Kriegsende rund neuntausend Zivilisten und dreitausend Soldaten. Sie zerstörten etwa 107 000 Häuser und Wohnungen im Süden Englands und in London. Churchill las ein Memorandum, in dem aufgelistet war, wie viele Menschen keine Bleibe mehr hatten. Mit seinem roten Stift zog er einen Kringel um das Wort »wohnungslos« und fügte an: »Und? Die werden bei anderen unterkommen, die brauchen dann zusammen nur noch einen Herd.«

Nachdem D-Day begonnen hatte, fragte Churchill die Stabschefs, ob die Operation nicht beschleunigt werden könne, indem man Senfgas gegen den Feind einsetze: Da fast jeder das irgendwie überlebe, könne man es doch machen. Er hielt es für möglich, die Wehrmacht würde mit ihren Bomben Giftgas in England ausbringen: »Ich sehe nicht ein, warum wir immer im Nachteil sein sollen, weil wir Gentlemen sind, und die genießen die Freiheiten von Flegeln.« Ihm schwebte vor, »die Städte an der Ruhr und andere« zu verseuchen, »sodass fast alle Bürger dauerhaft medizinische Versorgung benötigen«. Den Einsatz von Giftgas verglich er mit den Bombardements von Wohnvierteln: Im Ersten Weltkrieg, sagte er, wäre das undenkbar gewesen, »aber heute ist es ganz normal, jeder macht es. Es ist eine Frage wechselnder Moden, so wie die Frauen mal lange und mal kurze Röcke tragen.« Die Stabschefs lehnten ab und retteten – wieder einmal – Churchill vor sich selbst.[45]

Die Konzentrationslager

Zum Bombenkrieg gehören auch die Bomben, die nicht abgeworfen wurden. Im Lauf des Jahres 1942 hatte es sich in Britannien herumgesprochen, dass NS-Sondereinheiten und die Wehrmacht Massaker an Juden und anderen verübten, dass es Todeslager gab. Die fabrikmäßig organisierte Ermordung von Millionen Menschen war indes noch jenseits aller Vorstellung.[46] Schon 1942 sandten polnische Widerständler Nachrichten über die Massenermordungen von Juden im KZ Treblinka an die polnische Exilregierung in London. Die war nicht interessiert: Aus ihrer Sicht hatte das Leid der Polen, womit sie die nichtjüdischen Polen meinte, Vorrang. »Einige Politiker der Exilregierung waren der Ansicht, dass jüdischer Einfluss nicht nur hinter Stalin, sondern auch hinter Churchill und Roosevelt stehe.« In demselben Jahr erhielt der junge Leutnant Jan Karski (1914 bis 2000) vom polnischen Widerstand den Auftrag, in London über die fürchterliche Lage in Polen zu berichten. »Auf der Prioritätenliste, die man ihm mitgab«, stand der Massenmord an den Juden »ziemlich weit unten. Als jedoch zwei Angehörige einer jüdischen Untergrundgruppe von seiner Mission erfuhren, überredeten sie ihn dazu, das Warschauer Ghetto und aller Wahrscheinlichkeit nach auch das Lager in Bełżec zu besuchen.« Was er vorfand, ließ ihn innerlich taumeln; in London berichtete Karski von dem Grauenvollen, das er gesehen hatte.

Am 27. November 1942 bequemte die polnische Exilregierung sich dazu, offiziell anzuerkennen, dass Juden aus Polen und anderen Ländern in ihrer Heimat systematisch ermordet wurden. Am 14. Dezember präsentierte der Außenminister Eden dem Kabinett einen Bericht über die Massenmorde. Die USA und Großbritannien »kamen zu dem Schluss, der beste Weg zur Beendigung des Völkermords sei, den Krieg so schnell wie möglich zu gewinnen. Eine Bombardierung der Eisenbahnstrecken nach Auschwitz und anderen Lagern hätte den Juden nur einen zeitweiligen Aufschub verschafft und Aufmerksamkeit wie Ressourcen von dem umfassenderen Ziel abgelenkt.«[47]

Solange die NS-Regierung die Lufthoheit über ihren Konzentrationslagern hatte, konnten die Alliierten schwerlich eingreifen. Aber 1944 war die Lage eine andere. Bereits im Juni 1944 wandte Churchill sich an die Amerikaner: Sie sollten die Eisenbahnlinien zu den Todeslagern bombardieren. Sein Ansinnen, das er wiederholt vortrug, fand keine Zustimmung. Am 4. Juli 1944 erhielt das Londoner Außenministerium einen Bericht: Die Abertausenden Juden, die seit Anfang des Jahres aus ihrer ungarischen Heimat verschwunden waren, wurden nach Auschwitz-Birkenau in Polen verfrachtet. Einige Deportierte, denen die Flucht aus dem Lager gelungen war, gaben an, dass zwölftausend ungarische Juden pro Tag in Auschwitz-Birkenau mit Gas getötet wurden. Chaim Weizmann (1874 bis 1952, nach dem Krieg der erste Präsident des Staates Israel), ein führender Zionist, der gute Beziehungen zu einigen britischen Zeitungen und der britischen Regierung unterhielt, bat Außenminister Eden, Großbritannien solle die Eisenbahnlinien nach Auschwitz bombardieren. Churchill, als er davon Kenntnis erhielt, wies Eden an: »Holen Sie von der Air Force alles, was abrufbar ist. Berufen Sie sich auf mich.« Am 7. Juli stoppte der erklärte Antisemit, Admiral Miklós Horthy, Ungarns langjähriger reaktionärer Reichsverweser und Diktator, weitere Deportationen: Alliierte Bomber hatten zufällig einige Häuser der mit der Organisation befassten Chargen getroffen – Horthy fasste das als eine gegen ihn gerichtete Warnung auf.[48] Bis zum Juli waren die meisten ungarischen Juden indes schon nach Auschwitz transportiert worden. Die Deportationen aus anderen Ländern liefen weiter.

Noch einmal die Frage: Warum haben die Alliierten die Bahnlinien nicht bombardiert und so das Leben von Abertausenden Menschen gerettet? Solche präzisen Bombardements mussten bei Tag ausgeführt werden, dazu wären die Amerikaner mit ihrem guten Peilsystem durchaus fähig gewesen. Die US-Regierung und ihre Air Force entschieden sich jedoch dagegen, weil Eisenbahnlinien schnell repariert werden können und die USA zuvörderst die Wehrmacht niederringen wollten.[49] Der Krieg kostete Millionen Menschen das Leben. Man sah in Washington keinen Grund, den KZ-Opfern vordringliche Beachtung zu schenken.

Die amerikanische Zurückhaltung war Churchills Temperament zuwider. Im Sommer 1944 drang er darauf, dass die BBC in den kommenden Wochen viele Male über die Konzentrationslager berichtete und – in ungarischer Sprache – verlauten ließ: Eisenbahnarbeiter, die sich an der Deportation jüdischer Ungarn beteiligten, machten sich eines Kriegsverbrechens schuldig, das geahndet werden würde. Bei der medialen Kampagne gegen die NS-Regierung standen die USA mit an vorderster Front. Eleanor Roosevelt trug viel dazu bei: Mit großem Engagement prangerte sie den Genozid öffentlich an.

Über die Vernichtungslager sagte Churchill: »Das ist ohne Zweifel wahrscheinlich das größte und grausamste Verbrechen, das jemals in der Geschichte der Welt verübt worden ist.«[50] Seinem Hang zu rhetorischen Übertreibungen sind wir schon des Öfteren in diesem Buch begegnet; vieles, was er in seinen Reden und Artikeln erwähnte, war fraglos »das Beste«, »das Schlimmste«, »das Bedeutendste«, das je geschrieben worden war oder sich je zugetragen hatte. Viele Superlative finden sich in seinen Schriften und Reden, sie stechen einander aus. Die in sich völlig unstimmige Formulierung »*ohne Zweifel wahrscheinlich* das größte und grausamste Verbrechen« legt nahe, dass er aus innerer Überzeugung sprach.

Planungen für die Nachkriegsordnung

Im September 1944 trafen Roosevelt und Churchill einander zum zweiten Mal in Quebec (»Octagon« war der Deckname der Konferenz). Finanzminister Henry Morgenthau, unterstützt von Roosevelt, schlug vor, die gesamte Industrie an der Ruhr und der Saar zu zerschlagen und Deutschland zu einem Bauernstaat zu machen. Unter das entsprechende Memorandum vom 15. September setzte Churchill seine Initialen. Vermutlich hatte sein Freund, Lord Cherwell, ihn dazu angestiftet. Jock Colville vermutet, Churchill habe nicht aufgepasst und habe das Thema für irrelevant gehalten, weil die Atombombe ihn mehr beschäftigte. General Alan Brooke bewährte sich abermals: Mit dem Hinweis, dass Deutschland stark bleiben müsse, um zusammen mit den Amerikanern gegen die Sowjetunion vorzugehen, überredete er den Premierminister zu einem Meinungswandel.[51]

1944 schwankte Churchill: Konnte er Stalin als verhandlungsbereiten Freund betrachten? Was Stalins System anging, blieb er bei seiner Meinung: Der Kommunismus war des Teufels. Er sah die kommunistische Gefahr auch dort, wo sie (noch) nicht war. Bis 1943 unterstützte Großbritannien die im Dezember 1941 gegründete »Griechische Volksbefreiungsarmee« ELAS in ihren Kämpfen gegen die Besatzer der Wehrmacht. In den Einheiten der Partisanen mischten sich Sozialisten, Freidenker und auch Kommunisten. 1944 schwenkte Churchill um und schickte britische Truppen los, die ELAS zu vernichten. Er wollte zuwege bringen, dass ein aus seiner Sicht verlässlicher Führer an die Spitze Griechenlands gelangte, am liebsten ein König. Denn eine Monarchie sei garantiert mit dem Kommunismus unvereinbar. Im Oktober 1944 sagte er zu Außenminister Eden: »Wenn keiner der den Alliierten nahestehenden Könige in sein Land zurückkehren darf, dann wird es überall zur Gründung von Republiken unter sowjetischer Kontrolle kommen.«[52] Gern hätte er den seit Längerem im Exil weilenden Georg II., einen Onkel des Herzogs von Edinburgh, nach Griechenland zurückgeholt. Weil der in jener Zeit nicht in Frage kam, setzte Churchill auf den liberalen, antinazistischen, antikommunistischen Erzbischof der griechisch-orthodoxen Kirche in Athen, Damaskinos Papandreou.[53]

Die »Times« fand es 1944 politisch fatal, dass Churchill die ELAS bekämpfen ließ. Die Hauspostille des Establishments stellte sich in dieser Frage entschieden gegen den Premier. »Die Zeitung verurteilte die britische Militärintervention gegen die linken Kräfte im griechischen Bürgerkrieg.« In der »Times« ging man davon aus, nach dem Krieg würden Linke aller Art mehr Einfluss in Europa gewinnen. Dass Churchill die ELAS niederkämpfen ließ, hielt die »Times« für »Old School«: »Die Verständigung mit den neuen Kräften in Griechenland, anstatt ihrer Unterdrückung, würde Russland zeigen, dass Britannien kein reaktionäres, imperialistisches Land war, und das könne eine Basis sein für ein besseres Ost-West-Verständnis.« Noch bedenklicher fand die »Times« den Transfer von Truppen nach Griechenland, die beim Vormarsch von Nordfrankreich nach Deutschland dringend gebraucht wurden.[54]

Churchill, in Sorge wegen der kommunistischen Gefahr, bemühte sich vergeblich, die Amerikaner zu überreden, über den Balkan vorzudringen, vor den Sowjets Wien zu erreichen und dann Berlin einzunehmen, bevor die Rote Armee dort ankam. Roosevelt, der die Präsidentschaftswahlen im November 1944 vor sich hatte, war strikt dagegen. Der Vormarsch der in Frankreich angelandeten Truppen war wichtiger: »Ich kann dem Einsatz amerikanischer Truppen auf dem Balkan nicht zustimmen. […] Lieber Freund, ich bitte Sie, bei dem vereinbarten Plan zu bleiben.« Um Verständnis plädierend fügte er an: »Aus innenpolitischen Gründen ist es so, dass ich die kleinste Niederlage bei Overlord nicht überstehen könnte, wenn ruchbar würde, dass starke Kräfte zum Balkan abgezogen wurden.«[55]

Im Februar 1945 kamen die »Großen Drei«, Roosevelt, Churchill und Stalin, in Jalta auf der Krim zusammen. Roosevelt war mittlerweile todkrank. Vieles gab es zu besprechen. Es ging vor allem darum, wie Europa nach dem Krieg aussehen sollte. Wie sollte Deutschland in Einflusszonen aufgeteilt werden? Eine Zerstückelung des Landes in Kleinstaaten wurde erwogen. Was sollte aus Jugoslawien werden, was aus Polen, wie konnte man Polen vor Stalins Zugriff retten? Wo sollten die neuen Grenzen verlaufen? In welcher Form sollte Deutschland Reparationen leisten? Das waren nur einige Themen.

Stalins Forderungen gingen über das hinaus, was Churchill ihm bei einer Konferenz zu zweit in Moskau im Oktober 1944 zugesichert hatte. Da hatten die beiden auf einem Stück Papier einige Länder Europas unter den Alliierten aufgeteilt: Die Sowjetunion sollte 90 Prozent von Rumänien erhalten, die übrigen den Rest. Die Sowjetunion sollte 75 Prozent von Bulgarien erhalten, die übrigen den Rest. Jugoslawien und Ungarn sollten fünfzig zu fünfzig geteilt werden. Griechenland sollte zu 90 Prozent Großbritannien zugeschlagen werden, die Sowjetunion den Rest bekommen. Unter dieses Papier, das als »Zettelchen« in die Geschichte eingegangen ist, hatte Stalin mit Bleistift zur Zustimmung seinen Haken gesetzt. Wie die Prozentaufteilung in der Wirklichkeit umgesetzt werden sollte, besprachen die beiden Großstrategen nicht. Später bezeichnete Churchill das »Zettelchen« als »unangemessen« – wohlgemerkt aber erst, nachdem er erfahren hatte, dass die Amerikaner das Papier nicht für seriös erachteten.[56] Was alles auf der Konferenz von Jalta im Februar 1945 beschlossen wurde und bei welchen Fragen es zu keiner Einigung kam, kann hier nicht aufgelistet werden. Einige Ergebnisse wurden umgesetzt und prägten die europäische Nachkriegsordnung, wie sie bis zum Untergang der Sowjetunion fortbestand.

Der Zweite Weltkrieg war im Mai 1945 gewonnen. Wie von allen Parteien vereinbart, waren die britischen Parlamentswahlen für die Dauer des Kriegs ausgesetzt worden. Gleich nach dem Sieg, am 5. Juli, fanden sie statt. Churchill verlor, weil aber die Auszählung der Stimmzettel drei Wochen dauerte – die in der Welt verstreuten Truppen sollten wählen können –, blieb er noch so lange im Amt, um bei der Konferenz von Potsdam anwesend zu sein, die vom 17. Juli bis zum 2. August stattfand.[57] Der neue amerikanische Präsident Truman, Churchill und Stalin beschlossen, was zuvor schon in groben Zügen festgelegt war: die Einteilung Deutschlands in Besatzungszonen sowie die berühmten »vier D«: Denazifizierung, Demilitarisierung, Dezentralisierung (Westdeutschland wurde ein föderaler Staat) und Demokratisierung.

Mit seiner Empfehlung, das ihm suspekte »Preußen« zu einem Kleinstaat zu machen und ihm einen Donaubund entgegenzusetzen oder wahlweise ein »geeintes Süddeutschland und einen Donaubund«, stieß Churchill auf Desinteresse.[58] Vielleicht war er der Einzige, der es für eine gute Idee hielt, ausgerechnet jene Gebiete zu größeren Staatsgebilden zu machen, in denen der Nationalsozialismus herangewachsen war. In seiner Geschichte des Zweiten Weltkriegs behauptete er, wäre er während der Konferenz noch als Premierminister im Amt gewesen, dann hätte er die Oder-Neiße-Grenze verhindert. Wie er das gegen die übrigen Großmächte hätte durchsetzen wollen, erklärte er leider nicht.[59]

»Little Boy« und »Fat Man«

1942, bei der Konferenz in Washington, hatten Roosevelt und Churchill mündlich vereinbart, man werde sich über die Weiterführung der Forschungen zu einer Atombombe, womit die Briten im August 1941 begonnen hatten, miteinander austauschen. Dazu kam es nicht. Die USA schlossen 1943 einen Vertrag mit Kanada, von wo sie nun neun Jahre lang die gesamten Erträge des Landes an Uran bezogen. Topwissenschaftler wie Robert Oppenheimer und Werner Heisenberg kehrten Nazi-Deutschland den Rücken und übersiedelten in die Vereinigten Staaten; Großbritannien war nicht mehr im Spiel; und Verabredungen galten nichts.[60] Ein Beleg für Churchills Idee von einer special relationship war das nicht; die USA setzten ihre nationalen Interessen durch, zu deren Definition vertrauensvolle Fairness im Umgang mit einem befreundeten Staat nicht gehört.

Die japanischen Streitkräfte kämpften verbissen. 1942 hatten sie bei der Schlacht um die Midwayinseln die Vorherrschaft über den Pazifik verloren. 1944 gewannen die Briten Burma zurück. Zwei Jahre zuvor hatten sie den Japanern die Eroberung noch relativ leicht gemacht: In London hatte man Japan lange Zeit unterschätzt. Schließlich war das Land erst seit der »Meiji-Restauration« in den späten 1860er Jahren auf den Weg zur Industrialisierung gekommen. Die Abschaffung des Schogunats, die mit der Meiji-Restauration einherging, renovierte das System, nicht aber das Denken. Japan wurde de facto vom Militär regiert. In einer an die Soldaten ausgegebenen antiamerikanischen Broschüre stand zu lesen: »Die Männer verdienen Geld, um im Luxus zu leben; ihren Frauen und Töchtern gestatten sie Zugang zu Bildung und erlauben ihnen, zu viel zu reden. Ihr Mangel an Kultur zeigt sich schon an ihrer Vorliebe für Jazz-Musik.«[61]

Bei der Produktion von Kriegsschiffen und Flugzeugen hatten die Japaner in den 1930er Jahren den westlichen Standard eingeholt. Die Soldaten wurden im Sinn der alten Ordnung erzogen und motiviert – siegen oder sterben. Die Rückeroberung Burmas war die Hölle für alle Beteiligten. Die Kampfhandlungen waren nur die eine Seite des Unerträglichen: Auf einen schwer verwundeten britischen Soldaten kamen einhundertzwanzig, die an Malaria oder einer anderen Tropenkrankheit litten.[62]

Den Krieg gegen Japan entschieden die Vereinigten Staaten. Selbst die Australier, die sich in Nordafrika und andernorts bewährt hatten, durften in dieser Weltgegend, die mehr zu ihrem Terrain als dem der USA gehörte, nicht mehr mitspielen. Innenpolitische australische Streitereien begünstigten, dass die USA den Pazifik dominierten. Was die australische Armee 1944 und 1945 noch beitragen durfte, war »demütigend« wenig. Der britische Einfluss rangierte zwischen »marginal und bedeutungslos«. Während der Schlacht im Atlantik wusste Winston Churchill, dass die Handelsschiffe mit ihren Waren sicher in Britannien ankommen mussten. Die Befehlshaber der japanischen Militärmarine hatten eine andere Agenda: »Sie betrachteten die Routen der Handelsschiffe ihres Landes als für einen Samurai nicht beachtenswert, bis es viel, sehr viel zu spät war.« Das Training von Piloten und Bodenpersonal wurde vernachlässigt. Kein Versuch wurde unternommen zu organisieren, wie über dem Pazifik abgestürzte Piloten gerettet werden konnten. »Humanitäre Erwägungen beiseitegelassen, hätten die japanischen Admirale sie schon für ihre Erfahrung wertachten müssen.« Stattdessen überließen sie Hunderte Piloten dem Tod im Meer.[63]

Die Japaner, immer weiter zurückgedrängt, auf kleinen Inseln wie Iwojima unter großen Opfern geschlagen, zogen sich auf ihre Hauptinsel Honshū zurück. Im Winter 1944 bemühten einflussreiche Männer in Tokio sich gegen den Willen der Militärs um einen Waffenstillstand. Aber ihre Forderungen gingen weit über das hinaus, was die Amerikaner akzeptieren mochten und konnten. Also wurde weitergekämpft. Die USA standen vor der Wahl: Truppen zu schicken oder zu einem anderen Mittel zu greifen. Die erste Atombombe wurde in Los Alamos 1945 fertiggestellt; 125 000 Ingenieure, Konstrukteure und Verwaltungspersonal hatten daran gearbeitet.[64]

»Little Boy« traf Hiroshima am 6. August. Die Regierung in Tokio blieb trotz der Hunderttausenden zivilen Opfer offenbar ungerührt. Die USA legten nach: Drei Tage später explodierte »Fat Man« über Nagasaki. Hätte es auf Honshū eine amphibische Invasion gegeben, wären Zigtausende Japaner und Amerikaner gefallen; möglicherweise mehr Menschen, als in Hiroshima und Nagasaki ums Leben kamen – aber dort waren alle betroffen, Kinder, Frauen, Greise, deren Kleider sich in die Haut einbrannten, deren Körper, wenn sie überlebten, eine einzige Wunde war. Einige Wissenschaftler bereuten später, an dem Manhattan-Projekt beteiligt gewesen zu sein. Sie hatten der Atomforschung in Nazi-Deutschland zuvorkommen wollen und sich, getrieben von ihrer Neugier auf das Mögliche, nicht ausgemalt, welchen Effekt ihre Bombe haben würde.

Churchill war von den USA vorab konsultiert worden und hatte zugestimmt, mehr noch: Er erklärte, die USA dürften künftig Atombomben abwerfen ohne jegliche Abstimmung mit Großbritannien. Manche Historiker, so etwa der US-Amerikaner Gar Alperovitz bereits 1965,[65] betrachten den Abwurf der Atombomben als Beginn des Kalten Kriegs: Es sei nicht so sehr darum gegangen, Soldatenleben zu retten. Vielmehr hätten die USA der Sowjetunion, die in die von Japan besetzte Mandschurei vordrang, zuvorkommen wollen. Wie so oft in der Geschichte haben nicht zusammenpassende Erklärungen alle ein

Körnchen Wahrheit. Harry Truman, der nach Roosevelts Tod die Nachfolge im Weißen Haus antrat, war anfangs unsicher. Churchill warf dem neuen Präsidenten vor, mit ihrer politischen Naivität würden die Amerikaner die Expansionsgelüste der Sowjetunion begünstigen. Am 12. Mai 1945 hatte er die Formulierung gefunden, die später in abgewandelter Form berühmt wurde: »An der russischen Front geht ein eiserner Vorhang nieder.«[66]

Am 8. Mai 1945 kapitulierte die deutsche Wehrmacht. Für die Briten war der Tag »VE-Day«: »Victory in Europe«. In der Nacht auf den 9. Mai unterschrieben drei Oberkommandierende der deutschen Teilstreitkräfte in dem sowjetisch besetzten Karlshorst nahe Berlin die Kapitulationsurkunde. Für Europa war der Zweite Weltkrieg vorbei. Weltweit waren 22 Millionen Soldaten gefallen oder galten als vermisst. Ungefähr 28 Millionen Zivilisten kamen ums Leben, darunter etwa sechs Millionen ermordete Juden sowie Sinti und Roma und Angehörige anderer von NS-Deutschland verfolgten Minderheiten. Allein im europäischen Raum betrug die Zahl der Toten beinahe vierzig Millionen: mehr als 20 Millionen sowjetische Bürger, darunter mindestens zehn Millionen Zivilisten; 6,8 Millionen Deutsche und Österreicher (etwa 2,1 Millionen Zivilisten eingerechnet); etwa 4,1 Millionen Polen (vier Millionen von ihnen Zivilisten); 1,7 Millionen Jugoslawen (1,4 Millionen Zivilisten); sechshunderttausend Franzosen, je eine halbe Million Rumänen und Italiener, 450 000 Griechen, 350 000 Briten und noch viele Angehörige anderer Länder.[67]

Churchills Leibarzt Lord Moran notierte am 8. Mai: »Der Aufruf der Regierung an die Hausfrauen, für [die Feier von] VE-Day Brot aufzusparen, verlief nicht nach Plan: Überall waren lange Schlangen, die nach Brot anstanden.« Am Morgen des Tages begab Moran sich ins Oberhaus, um dort Churchills Radioansprache mitanzuhören: »Es war eine kurze, sachliche Rede, konzipiert von einem Literaten.«

Moran, der über Churchills ungeheure Erschöpfung nach dem Ende aller Anstrengungen Bescheid wusste, fand die Rede seines Chefs »am Ende aber ein bisschen blechern«.[68] Davon merkten die vielen Menschen nichts, die sich in Whitehall vor einem Balkon versammelt hatten, von dem aus Churchill sie begrüßte. Er verkündete der versammelten Menge: »it is your victory« – »Gott sei mit euch. Dies ist euer Sieg!« Die Menge rief zurück: »No – it is yours!« Churchill fuhr fort: »In unserer ganzen Geschichte haben wir nie einen größeren Tag erlebt als diesen. Alle, Mann oder Frau, haben ihr Bestes getan. Alle blieben aufrecht. Nicht die langen Kriegsjahre, nicht die Gefahren, nicht die gewaltigen Angriffe des Feindes haben auch nur ansatzweise die Entschlossenheit des britischen Volkes schwächen können.«[69]

15. Kapitel

DIE NACHKRIEGS-UNORDNUNG

1

3

1 1950 in London, zwei Jahre bevor Elizabeth Königin wird. Im Hintergrund: der Labour-Premier Clement Attlee und Violet Attlee.

2 Am 25. Oktober 1951, das Unterhaus wird neu gewählt. In der Nacht steht das Ergebnis fest. Von seinen Anhängern aus nächster Nähe bejubelt, tritt der Gewinner auf die Straße.

3 In Zürich wird Churchill am 19. September 1946 wie ein Star empfangen. An der Universität spricht er über Europa und plädiert für »ein Zusammengehen von Frankreich und Deutschland«.

Die Wahlen im Juli 1945 verlor die konservative Partei. Labour unter Clement Attlee siegte mühelos. Dafür hatte Churchill selbst sein Bestes getan. Die Wähler wünschten sich nach den harten Kriegsjahren ein friedliches, auskömmliches Miteinander. Anstatt den Akzent auf die Sozialpolitik zu setzen, beschwor Churchill neue Gefahren. Im März 1945 sprach er auf einer Parteikonferenz der Konservativen so, als wäre Labour eine bolschewistische Partei. Alles, was er gegen seinen Urfeind, den Kommunismus, ins Feld zu führen hatte, brachte er auf gegen die Labour Party: »Eine sozialistische Regierung, die das gesamte Leben und die Industrie lenkt, könnte sich erlauben, die freie Rede zuzulassen [...] zweifellos anfangs in guter Absicht.« Abweichende Meinungen seien dann bald aber nicht mehr gefragt; kritische Stimmen würden »im Keim erstickt«. So würde die Labour-Führung sich den Weg zur absoluten Herrschaft bahnen. Am 4. Juni 1945 verschärfte er diese abfälligen Ungeheuerlichkeiten vor einem BBC-Mikrophon: »Keine sozialistische Regierung« könne sich leisten, öffentliche Kritik zuzulassen, »die müssten auf eine Art Gestapopolitik einschwenken [...] Liebe Freunde, Sie müssen wissen, dass die sozialistische Politik das Gegenteil ist von der britischen Vorstellung von Freiheit.«

Die Labour-Partei mit der Gestapo zu vergleichen war schlimmer als bösartig: Es war unverständlich. Die Briten, auch wenn sie keine Labour-Anhänger waren, hatten nicht den Eindruck, die Labour-Partei wolle ihnen die Freiheit nehmen. Clement Attlee antwortete in der BBC: »Als ich gestern der Rede des Premierministers lauschte, in der er eine Travestie der Politik der Labour Party gab, wurde mir sofort klar, worum es ihm ging. Er wollte den Wählern klarmachen, wie groß der Unterschied ist zwischen Winston Churchill, dem großen Führer im Krieg einer vereinten Nation, und Mr. Churchill, dem Parteiführer der Konservativen. Er befürchtet, dass alle, die ihm als Führer im Krieg gefolgt waren, allein aus schierer Dankbarkeit auch weiter zu ihm stehen.« Seine elegant vernichtende Radioreplik krönte Attlee mit dem Satz: Er danke Churchill sehr dafür, dass dieser alle potenziellen Wähler im Hinblick auf seine Fähigkeiten als Regierungschef in Friedenszeiten »desillusioniert« habe.[1]

Am 26. Juli 1945 waren die Stimmen ausgezählt: Churchill und mit ihm die Tories verloren haushoch. Churchill verzichtete darauf, Labour oder den neuen Premier Clement Attlee nochmals zu beschimpfen. Clementine versuchte, ihn zu trösten: Seine Niederlage könne sich als segensreich erweisen, möge das auch noch nicht unmittelbar sichtbar sein. Churchill darauf: »Im Moment ist es absolut nicht sichtbar.«[2] An jenem Tag suchte sein Leibarzt das Gespräch mit ihm. Churchill saß verdrossen im »Annex«, dem Nebengebäude von 10 Downing Street (dem heutigen Sitz des Finanzministeriums), in einem Vorraum vor dem allgemeinen Sekretariat, wohin er sich noch so gut wie nie verirrt hatte. Vor Moran legte er noblen Anstand an den Tag. Als jener die Undankbarkeit der Wähler tadelte, wollte Churchill davon nichts hören: »Oh nein, das würde ich nicht sagen. Die Menschen haben eine sehr harte Zeit hinter sich.«

Dann kam Moran auf die Sowjetunion zu sprechen, worauf Churchill meinte, »Clement Attlee und Ernest Bevin würden Stalin schon die Stirn zu bieten wissen; ich bin nicht sicher, dass die konservative Partei mit den absehbaren Arbeitsunruhen fertig werden könnte«.[3] Kaum dass die Nation ihre Ruhe vor dem explosiven, extravaganten Premier hatte, wurde er bereits wieder weithin verehrt. Als er am 1. August das Unterhaus betrat, erhoben sich die verbliebenen 189 Konservativen und sangen »For he's a jolly good fellow«, worauf die 292 Labour-Abgeordneten dröhnend ihre Hymne »The Red Flag« anstimmten. Selbst viel geplagte Mitarbeiter, denen Churchills sprunghafte Art während des Kriegs ziemlich auf die Nerven gegangen war, vermissten ihn nun, so zum Beispiel der Kabinettssekretär, Edward Bridges. Mit einem kleinen jovialen Hieb in Jock Colvilles Bauch bekräftigte Bridges seine Betrübnis: Die Kabinettssitzungen seien überhaupt nicht mehr lustig.[4]

Das schwierige Paar: Wirtschafts- und Sozialpolitik

Mit dem Ende des Kriegs lief das von den USA gewährte Leih-und-Pacht-Abkommen aus, mit dem das Land von den USA Waffen wie auch andere Waren im Wert von rund dreißig Milliarden Dollar bezogen hatte. Großbritannien war nachgerade pleite. John Maynard Keynes, der britische Chefunterhändler, erwirkte von den USA ein Darlehen von 3,75 Milliarden Dollar. Im Gegenzug musste Großbritannien das Pfund Sterling innerhalb einer gewissen Bandbreite den freien Finanzmärkten aussetzen, mit dem Dollar als Ankerwährung. Dieses 1944 eingerichtete Bretton-Woods-System, dem insgesamt 44 Nationen beitraten, zielte darauf ab, einen Abwertungswettlauf der Währungen zu vermeiden, wie es ihn in der Zwischenkriegszeit gegeben hatte, und somit den internationalen Handel zu befördern. Etlichen Ländern nützte es, Großbritannien indes stand sich vergleichsweise schlecht: Die relativ freien Wechselkurse führten im Verein mit innenpolitischen Problemen 1947 zu einer veritablen Finanzkrise. Weil das Land seit dem 19. Jahrhundert auf Einfuhren von Lebensmitteln und anderen Gütern gesetzt hatte, die nach dem Krieg zum Wiederaufbau der Industrie nötig waren, wurden die nun ausgesprochen teuer. In dem, mit Churchill gesagt, »bis auf die Knochen« seiner Staatsvermögen verschuldeten Britannien blieben die Rationierungen einzelner Lebensmittel bis 1954 bestehen. In den 1940er Jahren zählten dazu sogar Brot und Kartoffeln.

Die Aufgabe der Labour-Regierung nach Kriegsende war mehr als schwierig: Sie musste die hohen Staatsschulden bedienen und bemühte sich gleichzeitig, das Soziale dabei nicht zu kurz kommen zu lassen. – Der knochenharte Kapitalismus als herrschendes System war 1945 in Frankreich, Großbritannien und der Bundesrepublik aus der Mode. Die britischen Steuern auf das selbst verdiente Einkommen betrugen bis zu mehr als neunzig Prozent, während der Fiskus auf Kapitalertragsteuern weiterhin verzichtete. Diese exzentrische Verteilung spiegelte den nach wie vor großen Einfluss der besitzenden Klassen.[5]

Unter der Labour Party wurden zahlreiche Wirtschaftszweige verstaatlicht, darunter die Eisenbahn, Kanäle, Fluggesellschaften, das Straßentransportsystem sowie die Bank of England. Die Kohleförderung wurde nationalisiert, desgleichen alles, was die Versorgung mit Elektrizität betraf. Ein staatliches Gesundheitssystem, der berühmte »National Health Service«, wurde eingerichtet: die kostenlose medizinische Betreuung. Revolutionär war vieles davon nicht, sondern die Fortentwicklung beziehungsweise die Institutionalisierung früherer politischer Ansätze.[6] Viele der Verstaatlichungen wurden in späteren Jahrzehnten rückgängig gemacht. Immerhin blieb der Nationale Gesundheitsdienst einigermaßen bestehen. Ihm vertrauen bis heute viele Briten, mehr noch als der Monarchie, auch wenn Letztere im Vergleich mit anderen Institutionen relativ gut abschneidet.

Schon 1939 hatte Churchill gesagt: »Es gibt für eine Nation keine weisere Investition, als Milch, Essen und Bildung in kleine Kinder zu stopfen.« Als ein Freund des Recyclings seiner Reden reduzierte er den Satz in der BBC 1943 auf die pointierte Formulierung »there is no finer investment for any community than putting milk into babies«.[7] Für die komplexeren Sozialvorhaben der Labour Party hingegen hatte er wenig Verständnis. In seiner viktorianischen Erziehung waren Ideen von einem Wohlfahrtsstaat und der Umverteilung von Vermögen nicht vorgesehen. Wie im Zeitalter des Feudalismus gebot die christliche Caritas im 19. Jahrhundert die Verteilung von Almosen, von großzügiger Hand gespendet. Dass die Menschen *ein Recht* auf Brot und Arbeit haben sollten, kam Churchill unnatürlich vor. Die Wähler hatten das gemerkt, weshalb sie 1945 Clement Attlee und Labour den Vorzug gaben.

Die Tories zogen aus der Wahlniederlage im Sommer 1945 die bittere, in Demokratien an sich nicht völlig exotische Lehre, dass sie sich das Volk gewogen machen mussten. Auf der Parteikonferenz von 1946 propagierte Anthony Eden eine »Eigentümer-Demokratie«, was nichts anderes hieß, als dass ein paar Gesetzesvorschläge in diesem Sinn eingebracht werden sollten. Wie zu erwarten, hielt Churchill – seines Zeichens Führer der konservativen Opposition im Unterhaus – selbst das für würdelose Anbiederung: »Wir sollten nicht nach irgendwelchen starren, doktrinären Formeln suchen, wie sie sozialistische und kommunistische Geister ergötzen.«[8] Mit dieser Haltung biss er jedoch bei seinen Parteifreunden auf Granit. Widerwillig ernannte er Rab Butler (1902 bis 1982) zum Chef einer Kommission für Industriepolitik und konnte nicht verhindern, dass Butler, der tatsächlich Sozialpolitik betreiben wollte, Vorsitzender des »Conservative Research Department« wurde, das sozialpolitische Konzepte für die Zukunft entwickeln sollte. Nach ausführlichen Befragungen der Bevölkerung publizierte dieses Gremium die »Industrial Charter«, die einige gesellschaftlich progressive Vorschläge enthielt, so etwa die Klausel, der zufolge es die Pflicht jeder Regierung sei, Arbeitsplätze zu schaffen.[9]

So wenig Churchill sich für das »Research Department« interessierte, so wenig entwickelte er eigene Gedanken, die ihm politisch genehmer wären. Er fand »die heutigen Probleme schwer definierbar und nicht greifbar«. Der laut Piers Brendon »einzige« Beitrag, den er zur Gesellschaftspolitik leistete, war die Forderung nach der »Bestallung eines Arztes«, der den »body politic« von den Übeln des Sozialismus heilen sollte.[10]

Auf dem internationalen Parkett

Churchill bevorzugte Ausflüge in die internationale Politik, der sowieso seine Vorliebe galt. Im Ausland hielt er einige viel beachtete Reden. Am 5. März 1946 war er am Westminster College in Fulton im amerikanischen Bundesstaat Missouri zu Gast. Die Reise über den Atlantik nahm der 71-Jährige auf sich, weil Harry Truman sich die Mühe machte, ihn persönlich in Fulton zu begrüßen. Auf die Treffen mit einem amerikanischen Präsidenten, zuvor Roosevelt, nun Truman, freute er sich unbändig. Wenn Botschaften von einem US-Präsidenten ins Haus standen, »war er fast so aufgeregt wie ein kleines Kind«.[11]

Am 5. März 1946 beschwor er in Fulton wieder einmal die »besonderen Beziehungen« zwischen den USA und Großbritannien. Diese stünden dem Aufbau der Vereinten Nationen nicht im Wege, sondern würden sie vielmehr unterstützen. Außerdem machte er deutlich, was seither von vielen als das rhetorische Einläuten des Kalten Kriegs angesehen wird.* »Ich hege größte Bewunderung für das russische Volk

* Der Titel der Rede lautet »The Sinews of Peace«. »Sinews« ist im engeren Sinn das Wort für Sehnen, im weiteren Sinn bedeutet es Kraft. Wohl auch weil das Wort sich gegen eine Übersetzung sperrt, ging die Ansprache als »Fulton-Rede« in die Geschichte ein.

und meinen Kriegskameraden Marschall Stalin«, sagte er, »es besteht tiefe Sympathie und guter Wille des britischen Volkes gegenüber den russischen Völkern.« Aber einiges müsse er doch klarstellen: »Von Stettin an der Ostsee bis Triest am adriatischen Meer ist ein eiserner Vorhang über dem Kontinent niedergegangen.« Er war nicht der Erste, dem diese Wendung einfiel, allein die »Times« hatte sie schon hundertneunzig Mal benutzt; aber sie war zu gut, um nicht nochmals verwendet zu werden. Auf der östlichen Seite unterlägen nunmehr alle betroffenen Staaten sowjetischem Einfluss. Wenn die sowjetische Regierung jetzt versuche, in ihrer Besatzungszone den Kommunismus aufzubauen, werde das »die besiegten Deutschen nötigen, sich zwischen den Sowjets und dem Westen zur Auktion zu stellen«.[12] *

1946, mit 23 Jahren, trat Anthony Montague Browne ins britische Außenministerium ein. Sehr schnell fiel ihm auf, dass man im amerikanischen State Department eine »grundsätzlich schlechte Meinung« von den Briten hatte. Oscar Wildes Aperçu, die Amerikaner und die Briten würden alles gemeinsam haben, »mit Ausnahme natürlich der Sprache«, erwies sich als das, was es war: ein Jux. Die Diplomaten beider Länder betrachteten einander mit verächtlicher Herablassung. Montague Browne konstatierte, die von den Amerikanern lange gepflegte politische Haltung, sich für Europa nicht zu interessieren, habe gravierende Auswirkungen: Im State Department hätten nur die wenigsten Ahnung von Europa: »Unsere Leute waren ihren amerikanischen Kollegen meistens haushoch überlegen.« Die besten US-Diplomaten seien vorzüglich gewesen, die Mehrzahl aber unterbelichtet. »Also mussten wir nicht nur gegen Vorurteile argumentieren, sondern auch gegen Kenntnislosigkeit und Dummheit.«

Nie hat Churchills letzter Privatsekretär verstanden, warum der Premierminister den USA »mit blindem Vertrauen« begegnete. Bei der Konferenz von Jalta boten die USA der Sowjetunion an, in Abwesenheit der Briten die Zukunft Hongkongs zu erörtern. Dazu kam es

* Was aus den Ostdeutschen wurde, war übrigens zu dem Zeitpunkt längst entschieden. Vergeblich hatte der Sozialdemokrat Otto Grotewohl sich zunächst bemüht, die sowjetische Besatzungszone auf den Weg zu einer echten Demokratie zu bringen, hatte auf sowjetischen Druck hin seine Meinung dann aber geändert. Die Zwangsvereinigung der SPD mit der SED erfolgte offiziell im April 1946.

nicht, der Vorschlag war an sich aber recht ungewöhnlich: Die Vereinigten Staaten wollten tatsächlich über eine britische Kronkolonie in Abwesenheit des britischen Premiers entscheiden. Nicht einmal das hinterließ eine Delle in Winston Churchills felsenfestem Zutrauen zu Amerika.[13] Seine Ansichten, wie mit der Sowjetunion umzugehen sei, wechselte er so schnell wie andere das Hemd: »In diesem Moment«, bemerkte sein Arzt, bekniet er den amerikanischen Präsidenten, »eine gemeinsame Front gegen den Kommunismus« zu bilden, »und im nächsten bemüht er sich um Stalins Freundschaft.«[14]

Die Fulton-Rede im März 1946 brachte Stalin in Rage. In einem seiner seltenen Zeitungsinterviews offenbarte er in der »Pravda«: Jetzt komme der britische Premier mit »einer Rassetheorie« und erkläre, dass »nur englischsprachige Völker als echte Nationen gelten, deren Aufgabe es sei, die Welt zu kontrollieren«. Stalin ging noch weiter: »Um es klar zu sagen: Mr. Churchill und seine Freunde in England und Amerika stellen allen Nationen, die nicht Englisch sprechen, eine Art Ultimatum: Anerkennt unsere Herrschaft über euch, freiwillig, dann ist alles gut – anderenfalls gibt es Krieg.«[15] Stalin äußerte sich 1946 auch deshalb so angriffslustig, weil die Sowjetunion sich ihren weiteren Status als Großmacht mittels Aufrüstung noch erarbeiten musste. Erst Ende August 1949 konnte sie auf dem Testgelände von Semipalatinsk ihre erste experimentelle Atombombe zünden.

Von seinem zu Beginn des Zweiten Weltkriegs konsequent durchgehaltenen Plädoyer für Atombomben war Churchill bereits 1944 nicht mehr völlig überzeugt: Mal warnte er hitzig vor Nuklearwaffen; dann wieder forderte er kaltblütig, die USA und ihre britischen Freunde sollten die Atombombe weiterentwickeln, bevor die Sowjets auch eine hätten: »Wir dürfen nicht warten, bis Russland bereit ist«, sagte er am 6. August 1946, dem ersten Jahrestag der Explosion von »Little Boy« über Hiroshima, »ich glaube, sie werden noch acht Jahre brauchen.«[16] 1950 schalt er die Labour-Regierung, den Bau einer Atombombe nicht energisch genug voranzutreiben. Das hätte er sich schenken können: Die erste britische Bombe explodierte am 3. Oktober 1952 bei den Montebello-Inseln im Pazifik.[17] Wahrlich zum Fürchten allerdings fand Churchill die Wasserstoffbombe. Am 6. Dezember 1953 – er war nun wieder Premierminister – sprach er warnende Worte: »Es kann wieder ein dunkles Zeitalter aufziehen, von den gleißenden Flügeln der Wissenschaft getragen, können wir in die Steinzeit zurückfallen; was heute die Menschheit beglückt, mag zu ihrer völligen Zerstörung führen.«[18] Zur Zündung einer Wasserstoffbombe bedarf es ungeheuerlich hoher Temperaturen, weshalb als Zünder eine Atombombe vorgesehen ist. Alle Befürchtungen der Gegner dieses Bombentyps sollten sich als berechtigt erweisen: Als die Sowjetunion im August 1953, abermals in Semipalatinsk, probehalber eine Wasserstoffbombe explodieren ließ, entwickelte diese ein Vielfaches der Zerstörungskraft von »Little Boy«.

Mittlerweile war der ehemalige Armeegeneral und Oberbefehlshaber der amerikanischen Streitkräfte in Europa, Ike Eisenhower, zum Präsidenten gewählt worden. Mit ihm kam Churchill nicht so gut zurecht wie mit dessen Vorgängern. Er war peinlich berührt, als der Amerikaner einmal über die Franzosen herzog, indem er die Nation als eine »hoffnungslose, hilflose Masse von Protoplasma« bezeichnete.[19] Das war unschön genug, aber bei Weitem nicht so besorgniserregend wie Eisenhowers Ansichten von Atomwaffen.

Churchill sandte seinen Vertrauten Jock Colville aus, dem Präsidenten einen Brief zum Thema zu übergeben. Colville traf auf einen Mann, dem es an der Phantasie gebrach, sich die Effekte einer Wasserstoffbombe vor Augen zu führen: »Während Winston Atomwaffen als etwas völlig Neues und Schreckliches betrachtete«, stellten sie für Eisenhower »nichts anderes dar als die jüngste Weiterentwicklung der Militärtechnik«. Ja, er nahm an, es gebe keinen großen Unterschied zwischen konventionellen und Atomwaffen: Alle Waffen würden mit der Zeit konventionell. Churchill war diese Einstellung nachgerade unheimlich. 1957 veröffentlichte der englische Flugzeugingenieur und Schriftsteller Nevil Shute einen angsteinflößenden Roman über die Auswirkungen eines Atomkriegs: »Das letzte Ufer«. Churchill war aufgewühlt und beschloss, ein Exemplar an Nikita Chruschtschow schicken zu lassen. Auf die Frage, ob auch Eisenhower das Buch bekommen solle, winkte er ab: »Geldverschwendung.«[20]

Das ungefüge Gebilde: Europa

Nach seiner Abwahl fand Churchill viel Zeit zum Reisen durch die Welt. Am 19. September 1946 sprach er an der Universität in Zürich. Er hatte sich sorgfältig darauf vorbereitet, über Europa zu reden. Immer noch, sagte er, »starrt eine Menge gequälter, hungriger, sorgenvoller und verwirrter Menschen die Ruinen ihrer Städte und Heime an und sucht den dunklen Horizont nach den Zeichen einer neuen kommenden Gefahr, einer Tyrannei oder eines neuerlichen Terrors ab. Unter den Siegern herrscht eine babylonische Verwirrung misstönender Stimmen, unter den Besiegten aber das trotzige Schweigen der Verzweiflung.«

»Ich will jetzt etwas sagen«, fuhr er fort, »was Sie vielleicht in Erstaunen setzen wird: Der erste Schritt bei der Neubildung der europäischen Familie muss ein Zusammengehen von Frankreich und Deutschland sein. Nur so kann Frankreich die Führung in Europa wiedererlangen. Es gibt kein Wiedererstehen Europas ohne ein geistig großes Frankreich und ein geistig großes Deutschland. Die Struktur der Vereinigten Staaten von Europa wird, wenn sie richtig und dauerhaft errichtet werden soll, so geartet sein müssen, dass die materielle Stärke einzelner Staaten an Bedeutung verliert. Kleine Nationen werden genauso viel wie große gelten und sich mit ihrem Beitrag für die gemeinsame Sache ruhmvoll auszeichnen können.«[21] Was er kleinen Nationen tatsächlich zubilligte, steht auf einem anderen Blatt. Die großen schienen ihm jedenfalls wichtiger. »Frankreich braucht eine mächtige Armee«, sagte er, »Frankreich ohne Armee ist wie ein Hahn ohne Kamm.«[22] Und er wiederholte, was er auch nach dem Ersten Weltkrieg gesagt hatte: Deutschland müsse stark bleiben. Denn die ersehnte europäische Gemeinschaft setze ein gutes Einvernehmen zwischen Frankreich und Deutschland voraus. Was unter »stark« zu verstehen war, hatte er 1941 unfreundlicher formuliert: Deutschland solle nach dem Krieg »fett, aber impotent« sein.[23]

Wer da nun den Staatsmann Churchill für einen großen Europäer hält, muss enttäuscht werden. Er unterstützte die Begründung europäischer Kooperation, sei sie militärischer, diplomatischer oder wirtschaftlicher Art, und redete in den 1940er Jahren gern »einer Art Vereinigte Staaten von Europa« das Wort, nicht nur 1946 in Zürich, sondern auch in Den Haag und Straßburg und an vielen anderen Orten. Aber nie hat er sich überlegt, wie diese Konföderation geschaffen werden könne, wie das Verhältnis von kleinen zu großen Staaten sein solle und wie die nationalen Interessen einzelner Länder mit denen des großen europäischen Ganzen unter einen Hut zu bringen wären. Diese Fragen plagen die Europäische Union bis heute. Man kann Churchill schwerlich vorhalten, dass er keine Lösungen parat hatte; Montague Browne fiel indes auf, dass er zwar gern über eine Vergemeinschaftung Europas dozierte, dabei jedoch über damit einhergehende Komplikationen lieber nicht länger nachdachte.

Montague Browne und die anderen Privatsekretäre lernten im Lauf der Zeit, Churchills Stil zu imitieren. Colville stellte amüsiert fest, die Nachwelt werde rätseln, ob ein Text von Churchill selbst oder »aus der Churchill-Schule« stamme.[24] Die Sekretäre verfassten etliche Reden für ihn. Die Aufgabe, eine Ansprache über Europa zu entwerfen, gehörte zu den undankbarsten: Als Montague Browne damit betraut war, wusste er nicht, welche Thesen er aufstellen sollte. So behalf er sich denn damit, in immer neuen Worten frühere, wenig konkrete Reden zu wiederholen. Damit nicht genug, hatte Churchill nicht die geringste Absicht, sein Heimatland europäischen Regeln zu unterwerfen. Wo komme man da hin, wenn das Vereinigte Königreich einer europäischen Vereinigung beitrete, während die überseeischen Mitglieder des Commonwealth davon ausgeschlossen würden?! 1946 in Zürich erklärte er kurz und bündig: »Wir Briten haben unser eigenes Commonwealth.«[25] Und diese Haltung, so Montague Browne, habe »er über die Jahre beibehalten«.[26] Für Churchill gehörte Großbritannien eindeutig nicht zum europäischen Kontinent.

Die Pläne für eine gemeinsame europäische Verteidigung und auch die Gründung des Nordatlantikpakts 1949 kommentierte er zunächst mit Süffisanz. Er malte sich aus: Da ist »ein verwirrter Feldwebel, der es mit einem Zug zu tun hat, der aus ein paar Griechen, Italienern, Deutschen, Türken und Holländern besteht, alle vollkommen außerstande, die simpelsten Befehle zu verstehen«. Einer so merkwürdig zusammengestellten und also ineffizienten Verteidigungsgemeinschaft durfte die Bundesrepublik gern beitreten; das hob ihr Prestige und band sie fest ins westliche Bündnis ein. Churchill war denn auch der Erste, der 1950 die Aufnahme der Bundesrepublik in die Nato anregte.[27] Er vergab sich dabei nichts: Für internationale Gemeinschaften jenseits des Empire hatte er sowieso nur mäßig viel übrig. Dem Empire, dem Commonwealth galten seine Hoffnung und sein Denken. Wie sollte eine bunt zusammengewürfelte Europäische Armee funktionieren? Und sollten die Soldaten etwa zu einem Song wie »March NATO, march on!« ihr Leben aufs Spiel setzen?[28]

Von der Korrektur der Geschichte

Während die konservative Parteizentrale, wie wir gesehen haben, den Oppositionsführer an die Kandare nehmen konnte, ging es im Schattenkabinett legerer zu: Churchills Arbeit bestand im Wesentlichen darin, die Mitglieder jeden Mittwoch ins Savoy Hotel zum Essen einzuladen. Die Produktivität der geselligen Runde bestand vor allem darin, dass sie bei einer Sitzung einen neuen Oppositionsführer bestimmte.[29] Immerhin trugen diese heiteren Treffen dazu bei, Churchill aus der düsteren Stimmung zu erlösen, die ihn nach der demütigenden Wahlniederlage erfasst hatte.

Überhaupt mehrten sich die angenehmen Stunden. Von Churchills internationalem Engagement war schon die Rede. Hinzu kam die Gastfreundschaft seiner schwerreichen Spezis. Seinen Hobbys widmete er sich mit Gusto: Die Malerei in Chartwell machte ihm große Freude, desgleichen seine Katzen, Hunde und Vögel, seine exotischen Fische nicht zu vergessen. So wurde er bald wieder der Alte: erbarmungslos in Wortgefechten mit seinen Gegnern; wütend blaffend, sich in Rage steigernd im Umgang mit seinen Mitarbeitern. Als sein Pudel Rufus einmal in ein ähnlich lautstarkes Gekläff verfiel, schnauzte Churchill seinen Sekretär an: »Schaffen Sie den Hund fort […] Wir können nicht beide gleichzeitig bellen.«[30]

Angenehm und nötig war, dass Churchill nun wieder Zeit zum Bücher- und Artikelschreiben hatte. Nötig war es, weil seine Diäten als Oppositionsführer sich lediglich auf zweitausend Pfund pro Jahr beliefen, und angenehm, weil er vieles Liegengebliebene nun endlich zu

Ende bringen konnte. Seine Arbeit verglich er mit dem Bau von Eisenbahnen: Erst würde er die Schienen legen und dann den ganzen Weg »zurückeilen«, um die Strecke mit Stationen auszustatten.[31] »Die« Strecke? Das war untertrieben. Der Eisenbahnbauer Churchill arbeitete für gewöhnlich an mehreren Büchern gleichzeitig.

Als er Downing Street verließ, konnte er alle Unterlagen mitnehmen, die zu seiner Zeit als Premierminister angefallen waren, nicht als persönlichen Besitz, sondern als Leihgabe, die eines Tages einem Trust übergeben werden sollte. Der Kabinettssekretär, mit dem er dieses großzügige Abkommen traf, war kein anderer als Edward Bridges, der ihn nach seinem Abgang sehr vermisste.[32] Diese Unzahl von Dokumenten bezeichnete Churchill als die Schienen, an denen entlang er und seine Assistenten dann die erzählerischen Stationen setzten. Und er hatte viele Helfer: ein Team von Geschichtsprofessoren, darunter einige mit großen Namen, sowie hochbegabte Studenten. Ohne »das Syndikat«, wie sie sich nannten, hätte er seine Tausende von Seiten umfassenden Werke nicht fertigstellen können. Es war durchaus nicht ehrenrührig, dass er sich zur Hand gehen ließ, zumal er fast alles, was seine Helfer verfassten, abschließend überarbeitete. Gleichwohl war er zutiefst verärgert, als das amerikanische Nachrichtenmagazin »Time« in einem Report über seine Arbeitsmethode seine »Hilfstruppen« erwähnte.[33] Das schien auf eine Missachtung seiner Autorschaft zu verweisen.

1932, als er den ersten Band seiner Marlborough-Biographie gerade einmal zur Hälfte geschrieben hatte, kam ihm der Einfall zu einer Geschichte der englischsprachigen Völker. Zum einen mochte er die Abwechslung, und zum anderen war er auf die Vorschüsse angewiesen. Nun fuhr er zweigleisig: Teils beschäftigte er sich mit seinem illustren Vorfahren, teils mit ganzen Nationen, wobei er darunter vor allem Monarchen und Militärführer verstand. Wie die Untertanen und Untergebenen der Herrschenden lebten, spielte für ihn keine Rolle. Das war vielleicht auch ganz gut so. Churchill meinte zu wissen, »wie die Leute denken und wie man zu ihnen reden muss«. Das Zweite hielt sein Leibarzt insofern für zutreffend, als der Chef ein Auditorium in seinen Bann zu ziehen vermochte. Was das Erste anging, kommentierte Moran lapidar: »Er hat keine Ahnung vom Leben der Leute, von ihren Hoffnungen und Nöten.«[34]

Die »Geschichte der englischsprachigen Völker« und die Marlborough-Biographie waren auf jeweils mehrere dicke Bände angelegt. Die Aussicht auf sein Vorhaben schreckte Churchill nicht: »Ich werde jedes Jahr ein Ei legen.« Weil Marlborough ihm denn doch am nächsten stand, kam er erst Anfang 1938 dazu, sich mit dem anderen Manuskript ausführlich zu befassen. Der Zweite Weltkrieg und seine Ernennung zum Premier hinderten ihn an der Vollendung, und so überließ er weitere Vorbereitungen zwei Assistenten. Die ersten Bände enden 1865, recht abrupt, wie seine Verleger fanden. Churchill hätte das Vorhandene gern publiziert gesehen, vielleicht hätte er für das Fehlende – wer weiß? – neue Verträge und neue Vorschüsse aushandeln können. Aber die Verleger wollten nicht auf die näher an der Gegenwart liegenden Jahrzehnte bis 1914 verzichten. Die gesamten vier Bände wurden erst in den 1950er Jahren publiziert und von der Kritik ausführlich gepriesen.[35]

Churchill schrieb nicht selbst, er diktierte. Dafür war ihm jeder Ort recht, sogar das Auto, in dem der Qualm seiner Zigarren zum Unbehagen aller Mitfahrenden immer dichter wurde, angereichert von der olfaktorischen Note, die der Pudel Rufus hinzugab.[36] Für die Verleger war der Autor Churchill ein höchst anspruchsvoller Kunde. Die ersten Fahnen eines Kapitels wurden für gewöhnlich binnen 24 Stunden produziert. Sodann erhielten die Assistenten und ausgesuchte politische Kollegen je ein Exemplar mit der Bitte um Kommentare. Dann wurde aus den Fahnen nach dem Prinzip »ausschneiden und neu zusammenkleben«, ergänzt um Korrekturen und Einfügungen, ein neues Manuskript erstellt, das wieder zum Drucker geschickt wurde. Dieser Vorgang konnte sich vier oder fünf Mal wiederholen.[37] Vom Seufzen der Setzer gibt es keine Zeugnisse.

Schon während der Erste Weltkrieg noch tobte, als Churchill verschiedene politische Ämter innehatte und kurzzeitig auch an der Front stand, plante er, diese Jahre historisch zu beschreiben. Seine Memoranden und Telegramme fasste er so ab, dass er sie später verwenden konnte. Im Zweiten Weltkrieg war das erst recht der Fall. Er schrieb ausführlicher, als für die Adressaten nötig gewesen wäre, die ja wussten, worum es ging. Vieles war offenbar nicht für sie, sondern für die Nachwelt bestimmt. Während des »Sitzkriegs« 1939 und 1940 machten die Beamten in Whitehall sich über seine viel zu langen Denkschriften lustig: »Noch etwas fürs Buch.«[38]

Die Arbeit an den sechs Bänden seiner Geschichte des Zweiten Weltkriegs dauerte sieben Jahre, sie erschienen zwischen 1948 und 1953. Um Churchills Bild vom Eisenbahnbau aufzugreifen: In der Wirklichkeit wäre diese Eisenbahn ein sehr ungewöhnliches Produkt der Infrastrukturplanung gewesen. Die Stationen lagen nämlich oft nicht an der Strecke, soll heißen: Allen Bänden waren ausführliche Dokumentensammlungen angefügt. Aus diesen im Anhang versammelten Schriftstücken wurde vorn im Buch natürlich zitiert. Doch waren solche Auszüge viel weniger kurzweilig als Churchills eigentliche Erzählung, weshalb die meisten Leser sie übersprangen. Laut David Reynolds war das »ein Glück für Churchill«. Hätten die Leser nämlich allem ihre Aufmerksamkeit gewidmet, seiner Darstellung der Ereignisse *und* den Passagen aus den Dokumenten, wären ihnen Widersprüche zwischen den beiden Textsorten nicht entgangen.[39] Churchills Überarbeitung der Textvorlagen des »Syndikats« bezog sich nicht nur auf stilistische Verbesserungen, sondern auch darauf, wie er gesehen werden wollte.

Der ehemalige Premierminister Arthur Balfour sagte: »Winston hat ein Mammutwerk über sich selbst geschrieben und es ›Der Zweite Weltkrieg‹ genannt.« Der Historiker Max Hastings spricht von »schamloser Selbstdarstellung«.[40] Moran befand 1947, Churchills Kriegserinnerungen seien verständlicherweise darauf ausgerichtet, seine politischen Entscheidungen zu rechtfertigen. Mitunter scheine aber das Bedürfnis, sich ins rechte Licht zu stellen, Churchill »ein größeres Anliegen als die Ausarbeitung seines Textes. Sogar in den Büchern, die er liest, sucht er nach Bestätigung. Mittlerweile beurteilt er jene, in denen er erwähnt wird, nicht nach ihrer Qualität, sondern einzig und allein danach, wie er darin wegkommt.«[41]

Wie kam Lord Moran (1882 bis 1977) dazu, so zu urteilen? An dieser Stelle soll er kurz vorgestellt werden. Charles Wilson, wie er mit bürgerlichem Namen hieß, galt als ein unangenehmer Zeitgenosse. Die Art, wie er Churchill kleinmachte, war ziemlich plump. Generale, die anders als er mitunter guten Grund hatten, sich über Churchill zu ärgern, schrieben, wenn sie nicht gerade zornig waren, mit distanzierter

Eleganz; Moran wirkt im Vergleich wie eine Plaudertasche. Seine Tagebücher übergab er einem Verlag, kaum dass Churchill unter der Erde war. Diesen Vertrauensbruch eines Arztes, der allein von Berufs wegen zur Diskretion verpflichtet gewesen wäre, verziehen viele ihm nicht. Aber was sollte man anderes erwarten von jemandem, der Churchill mit anmaßenden Forderungen plagte? Er wollte Gesundheitsminister werden; Churchill sollte ihn vom Lord zum Viscount befördern; er wollte Rektor von Eton werden.[42] Nichtsdestoweniger und obwohl er aus Unterhaltungen nicht immer wortgenau zitierte, bereichert Morans Tagebuch das Bild des facettenreichen Churchill um erfreulich viele Mosaiksteinchen.

Wahr ist, dass Churchill seine politische Scharfsicht in seinen Kriegserinnerungen über Gebühr stilisierte. So behauptete er, stets vor der sowjetischen Gefahr gewarnt zu haben. Alle, die ihn bei seinem Buhlen um Stalins Sympathie erlebt hatten, wussten es besser. Dass die Rote Armee es war, die den Krieg auf dem europäischen Festland wesentlich entschied, wird in »Der Zweite Weltkrieg« unterschlagen, ja die Rolle der sowjetischen Truppen fällt weitgehend unter den Tisch. Dass er von 1939 bis 1941 mehrmals betont hatte, von Japan gehe keine Gefahr aus und um Singapur müsse man sich keine Sorgen machen, schien Churchill bei der Abfassung seiner Erinnerungen vergessen zu haben. Die Zerstörung Dresdens wird in aller Kürze abgetan: Im Februar 1945 »führten britische Bomber schwere Luftschläge« gegen Dresden, »ein Nachschubzentrum der ostdeutschen Front«. Bomber Harris wird mit keinem Wort erwähnt. Als die Historiker der offiziellen Geschichte des Bomber Command sich 1950 bei Churchill nach der Zerstörung Dresdens erkundigten, gab dieser sich unwissend: »Daran habe ich keinerlei Erinnerung. Ich dachte, die Amerikaner hätten es gemacht.« Bekanntlich hatte er Arthur Harris erst ermuntert und sich dann 1945 mehrfach kritisch zu der Bombardierung geäußert. Kaum vorstellbar ist, dass er das alles verdrängt haben sollte.

Dieses und vieles mehr wird in »Der Zweite Weltkrieg« nicht so dargestellt, wie man es von einem seriösen historischen Werk erwarten darf.[43] Einige Ausflüge in das unwirtliche Gelände der Selbstkritik mutete Churchill sich immerhin zu. So war er rückblickend schockiert darüber, dass er 1939/1940 die Durchschlagskraft von Panzerverbänden unterschätzt hatte, und verstand nicht mehr, warum er 1940/1941 meinte, Flugzeuge könnten Schlachtschiffen nicht gefährlich werden.[44]

Politiker werden in seinen Kriegsmemoiren sehr unterschiedlich bewertet. Verstorbene mussten nicht geschont werden, zu ihnen zählten Baldwin und Chamberlain. Die Toten konnten sich nicht mehr beschweren, und von ihnen war auch nichts mehr zu erwarten. Auf Lebende nahm er hingegen Rücksicht. Letzteres versteht sich: Als Premierminister würde er mit Eisenhower und Tito noch zu tun haben. Gleichwohl: Etwas mehr Ausgewogenheit wäre mutiger gewesen. Einige Zeitgenossen waren dennoch gekränkt: Sie hatten den Eindruck, ihre Ansichten würden nicht, nicht richtig oder nicht vollständig wiedergegeben.[45]

Einen diplomatischen Fauxpas leistete Churchill sich allerdings. Über die Polen urteilte er im ersten Band seiner Kriegserinnerungen »Der Sturm zieht auf«: Der »Heldenmut der polnischen Rasse darf nicht über ihre Torheit und ihre Undankbarkeit hinwegtäuschen, womit sie jahrhundertelang maßloses Leid über sich brachte«. Und das war nur einer von mehreren abträglichen Sätzen. In Polen war man entsprechend verschnupft. Churchill behauptete nun, so unfreundlich habe er in einer plötzlichen Aufwallung geschrieben, weil er sich über »die herrschende polnische Regierung und die gegenwärtige Unterwürfigkeit des polnischen Volkes« geärgert habe. Das war eine schlechte Ausrede: Mehrmals hatte er das Manuskript durchgesehen, bevor es endgültig gedruckt wurde. Die polnische Exilregierung in London war für seinen Geschmack gelegentlich allzu anspruchsvoll aufgetreten. Bei seinen Bemühungen, Stalins Zugriff auf Polen zu begrenzen, hatte er auch mit Repräsentanten des Landes zu tun: »Die Polen bereiteten ihm ebenso viele Kopfschmerzen wie die Russen.«[46] Dass es ihm nicht gelungen war, Polen vor der Sowjetunion zu retten, ging ihm nach und dürfte zum Abbau eines verhaltenen, grob historisch begründeten Ressentiments nicht beigetragen haben.

Churchill war es unangenehm, dass auch Amerikaner sich über seine antipolnischen Ausfälligkeiten in »Der Sturm zieht auf« empörten. Ihm war daran gelegen, den großen Bündnispartner nicht zu verärgern, noch dazu, wenn es aus Versehen geschah. Mit voller Absicht kritisierte er, zusammen mit Feldmarschall Montgomery, vier militärstrategische Entscheidungen der Amerikaner, die vor allem auf General Eisenhower zurückgingen. Churchills Vorhaltungen gelten als berechtigt, können angesichts der komplexen Umstände hier aber nicht dargelegt werden. Der fünfte Vorwurf: Ein »kapitaler Fehler« Eisenhowers sei es gewesen, der Roten Armee zu gestatten, dass sie im Frühjahr 1945 in Wien, Berlin und Prag einmarschierte, obwohl die Amerikaner ihr hätten zuvorkommen können.[47] Die amerikanischen Rezensenten waren wenig begeistert, als sie das lasen, die britische Presse hingegen sehr wohl: Endlich zeigte jemand, dass die mächtigen Amerikaner auch nur mit Wasser kochten.[48]

Ebenso wie in Britannien war »Der Zweite Weltkrieg« auch in den USA ein großer Verkaufserfolg, und das, obwohl amerikanische Zeitschriften lange Auszüge aus den einzelnen Bänden abdruckten. Die Besprechungen waren überwiegend positiv, teils sogar euphorisch. Churchills dem Werk zugrunde liegende Absicht, sich zu rechtfertigen, wurde nicht für abträglich gehalten, sofern die Leser es überhaupt zur Kenntnis nahmen. Die meisten Rezensenten lasen das Werk nicht als Autobiographie, sondern als historisches Kompendium. Dass Churchill es vor dem Hintergrund des Kalten Kriegs geschrieben und seine Ansichten an die Gegenwart angepasst hatte, machte das Werk umso interessanter. Es störte nicht sonderlich, dass die sechs Bände literarisch hinter Churchills Marlborough-Biographie und anderen seiner Bücher zurückblieben. Die »Time« zum Beispiel bedauerte allerdings, darin finde sich »sehr wenig von der wunderbaren, bewegenden Rhetorik der Kriegsjahre«. Wie um das Urteil netter klingen zu lassen, hieß es in dem Artikel weiter: Der Stil sei »insgesamt sehr einfach, fast schon biblisch«.[49]

Churchills zwei Hauptthesen lassen sich mit »biblischer« Einfachheit zusammenfassen: Die erste These lautet: Zum Zweiten Weltkrieg sei es gekommen, weil er sich mit seiner politischen Linie nicht habe durchsetzen können. Mit der Linie meinte er sein Votum gegen das Appeasement, das er aber derart konsequent, wie er später meinte, seinerzeit nicht vertreten hatte. Die zweite These lautet: Wenn man besser auf ihn gehört hätte, dann wäre der Kalte Krieg vermeidbar gewesen.[50] Damit meinte er sein Drängen auf einen Ausgleich mit der Sowjetunion, worauf wir noch zu sprechen kommen werden.

Darüber hinaus hatte die Publikation einen für Großbritannien höchst erfreulichen Effekt: In Amerika herrschte die – von Memoiren und Spielfilmen untermauerte – allgemeine Auffassung, »Uncle Sam« habe »den Krieg ganz allein gewonnen«. Churchills Kriegserinnerungen belehrten die Leser eines Besseren: Ganz offenbar hatten die Briten zum Sieg über Nazi-Deutschland maßgeblich beigetragen. Und wer waren die Briten, wer hatte Hitler bezwungen? Das Volk, die Soldaten, die Offiziere? Sicher, die hatten alle geholfen, doch letztlich – so der Tenor fast aller Rezensionen – war es ein einziger Mann: Winston Spencer Churchill, Mr. Großbritannien.[51]

Eine neue Regierung und neue Zeiten

Während ihrer Regierungsjahre von 1945 bis 1951 hatte die Labour Party viel ins Werk gesetzt: Die Verstaatlichungen, die Einführung einer allgemeinen Gesundheitsversicherung und die Gründung des National Health Service, NHS. Das frühestmögliche Schulabgangsalter wurde auf 15 Jahre angehoben. Die Attlee-Regierung entließ Indien, Pakistan, Ceylon und Burma in die Unabhängigkeit. Sie zog die britische Besatzung aus Palästina ab und half bei der Gründung der Nato. Das alles ließ sich sehen, befriedigte aber nicht die Wünsche der Bevölkerung, die hohe Steuern zu entrichten hatte und trotzdem mit Lebensmittelrationierungen und einer rigiden staatlichen Sparpolitik leben musste.[52]

Die Parlamentswahlen von 1950 gewann Labour nur mehr mit einer knappen Mehrheit. Im Unterhaus vertieften die Tories nun eine Zermürbungstaktik, für die sie ein parlamentarisches Instrument bemühten, das als »praying« bekannt ist. Dieses »Anflehen« erlaubte den Tories, die Debatte über ein Gesetzesprojekt bis in die frühen Morgenstunden des Folgetages oder noch länger hinzuziehen. Wenn die Opposition die Abstimmung am Ende verlor, nahm sie dabei keinen Schaden; die Regierung hingegen konnte sich Niederlagen nicht leisten. Weil Labour lediglich über eine Mehrheit von sechs Sitzen verfügte, mussten alle Minister und alle Abgeordneten diese Art des britischen Filibusters mitmachen, das die Parlamentarier der totalen

Erschöpfung nahe brachte.[53] Churchill als Einmannkritikunternehmen nutzte jede Gelegenheit, die Regierung in die Enge zu treiben. Für den Sommer 1951 wurden Neuwahlen anberaumt. Wie schon 1950 war die Wahlbeteiligung (mit 82,6 Prozent) sehr hoch.[54]

Nun gewannen die Konservativen, mit einer Mehrheit von 17 Sitzen. Nach sechseinhalb Jahren in der Opposition wurde der 76 Jahre alte Churchill zum zweiten Mal Premierminister und freute sich unbändig. Endlich war er wieder von allem umgeben, was er sechseinhalb dürre Jahre lang vermisst hatte: Red Boxes mit Regierungspapieren zuhauf, geschäftig umhereilende Sekretäre, Telefongespräche und Korrespondenzen mit den Großen der Welt, begleitet von der unhörbaren Spannung, die sich dort einstellt, wo die Macht zu Haus ist.

Wer sich über seine Rückkehr in die Downing Street am wenigsten freute, war seine Frau. Während Churchill in den Kriegsjahren seine Energie mobilisierte, wurde Clementine von Sorgen gequält. Ihre physische Konstitution war ohnehin nicht besonders robust und sie reiste oft zur Kur. Ihre eigentliche Sorge aber galt ihrem Mann: Nach seiner Abwahl 1945 war er landesweit hochgeachtet. Clementine meinte, seine Reputation könne nur schlechter werden. Außerdem fürchtete sie für seine Gesundheit. Tatsächlich war Churchill nicht in guter physischer Verfassung, doch das kümmerte ihn nicht. »Er schien kleine Schlaganfälle zu haben wie andere eine Erkältung.«[55] Stets gefährlich waren Lungenentzündungen. Er wurde allmählich taub.

Außerdem war er über das tolerable Maß hinaus übergewichtig. Clementine wollte ihn auf eine strikte Tomatendiät setzen, was er wiederum strikt ablehnte: »Ich hege keinen Groll gegen eine Tomate«, schrieb er, »meine aber, man sollte auch etwas anderes essen.« Am Ende fand er eine Lösung nach seinem Geschmack: In Chartwell gab es mehrere Waagen, er probierte sie der Reihe nach aus, bis er eine fand, die ein vorteilhafteres Ergebnis anzeigte.[56] Seiner Entourage fiel auf, dass er schwächelte. Seine Wutausbrüche ebbten früher ab, als man es gewohnt war. Am 23. Mai 1952 hielt er erstmals eine Rede, die nicht er, sondern zum allergrößten Teil Jock Colville verfasst hatte, den er in die Downing Street zurückgeholt hatte. Dass Churchill sich auf das Manuskript eines anderen verließ, sah Colville als ein Anzeichen beginnender Senilität.[57]

Daran gewöhnt, jede noch so kleine Regung zu registrieren, richteten enge Mitarbeiter ihr Auge auch darauf, was sich unter der Decke abspielte, wenn Churchill im Bett arbeitete: Wackelte er mit den Zehen, so war er ungehalten. Sein Umgang mit den Hauspantoffeln war ebenfalls vielsagend. Als er seinem Leibarzt am Neujahrstag 1952 bekannte, er sei geistig nicht mehr so rege wie früher, das Redenschreiben falle ihm schwer, unterstrich er seinen Unmut, indem er die mit seinen Initialen rot bestickten Pantoffeln von den Füßen schleuderte, sodass sie über den Fußboden schlitterten. Als ihm 1953 eine Zugfahrt und damit verbunden ein paar Schritte auf dem Bahnsteig bevorstanden, probierte er sich neben dem Bett an einer Kniebeuge, stand dann erst auf einem Bein, sodann auf dem zweiten, fand sich selbst ausreichend stabil und stieg ins Bett. Kaum dass er lag, hatte er unvermittelt eine neue Idee: Er setzte sich auf die Bettkante und hob einen Pantoffel an, indem er ihn zwischen den großen Zeh und den daneben klemmte: »Das kann nicht jeder«, konstatierte er zufrieden. Die Schlaftabletten, die er seit 1944 täglich einnahm, durften ihre Wirkung tun.[58]

In seiner zweiten Periode als Premier, meint Roy Jenkins, sei es Churchill vor allem darum gegangen, im Amt zu bleiben, das sei ihm wichtiger gewesen als alle Politik.[59] Unterm Strich mag das zutreffen. So sehr er die Nationalisierungen verdammte, unternahm er nichts zur Reprivatisierung. Es war ihm letztlich egal. Einiges hatte er jedoch auf der Agenda, worauf er durchaus Wert legte. Zwischen 1952 und 1954 besuchte er den US-Präsidenten vier Mal, zunächst Truman und dann Ike Eisenhower, der im November 1952 gewählt worden war. Von Fernreisen zu Treffen mit dem neuen Präsidenten ließ er sich auch nach einem schweren Schlaganfall im Sommer 1953 nicht abhalten, der einige Monate der Rekonvaleszenz erforderlich machte und ihn auf Dauer schwächte.

Um die Entschlossenheit der Vereinigten Staaten auf die Probe zu stellen, stachelte der Kreml den nordkoreanischen Herrscher Kim Il-sung dazu an, in Südkorea einzufallen. Das Testergebnis fiel eindeutig aus: 1950 hatte der Koreakrieg begonnen. Attlees Regierung hatte sich bereit erklärt, die amerikanischen Verbände mit Hilfstruppen zu unterstützen. Churchill, der damit an sich ganz einverstanden war, konnte es aber nicht über sich bringen, einfach zuzustimmen. In einer

Debatte über Militärpolitik lästerte er: »Der Premierminister hat uns zur nationalen Einheit bei Verteidigungsfragen aufgerufen. Nicht gemeint ist damit nationale Einheit bei Missmanagement und Verteidigung.« In diesem Fall zog er den Kürzeren: Attlee berief sich auf den ausdrücklichen Wunsch der Amerikaner – und dem konnte Churchill nichts entgegensetzen.[60]

Ob Churchill, der sich mit Wirtschaftsfragen bekanntlich kaum befasste, es wusste oder nicht: Sein Angriff gegen Attlee war berechtigt. Dieser hatte sich von der US-Regierung zu einem enormen Wiederaufrüstungsprogramm drängen lassen, was auf Kosten der zivilen Produktion und der Exportwirtschaft ging, was wiederum das Pfund in eine profunde Währungskrise stürzte. Als die Tories wieder am Ruder waren, kümmerten sie sich eilig darum, die Verteidigungsausgaben zu senken. Nach dem Waffenstillstand in Korea äußerte Eisenhower eine explosive Idee: Sofern es wieder zu Kampfhandlungen komme, wollten die USA eine Atombombe einsetzen. Dem stellten sich Churchill und sein Außenminister Eden vehement entgegen, wie sie auch den möglichen Einsatz von Napalm in Korea ausdrücklich ablehnten.[61]

Zur selben Zeit arbeiteten britische Wissenschaftler an der Entwicklung einer heimischen Wassersstoffbombe. Churchill hielt sie nach wie vor für Teufelszeug, meinte nun aber, für die Bewahrung des Friedens sei sie unabdingbar. Am 5. April 1954 legte er dem Unterhaus dar, was später als die Strategie der gegenseitigen Zerstörung bekannt wurde. Die britische Politik habe zwei Ziele: »Eines ist, keine Gelegenheit auszulassen, die sowjetischen Führer [...] davon zu überzeugen, dass die westlichen Demokratien keinerlei aggressive Absichten im Schilde führen. Das andere ist, bis zur Erreichung dieses Ziels zu gewährleisten, dass wir über die notwendige Stärke gebieten, sie [die Sowjets] von jeglicher Aggression abzuschrecken.«[62]

Ein anderes Land, in dem die USA und Großbritannien sich einmischten, war Iran. 1951 wurde Mohammad Mossadegh (1880 oder 1882 bis 1967) zum Premierminister gewählt. Zu seinen Aufgaben gehörte es, die Verstaatlichung der iranischen Ölförderanlagen umzusetzen. Hatte die Labour-Regierung die Nationalisierung noch toleriert, so änderte sich das unter Churchill. Dass die iranische Regierung die britische Anglo-Iranian Oil Company verstaatlicht hatte, wurde im

Nahen Osten als Sieg über den westlichen Kolonialismus gefeiert. Das wollte die neue Tory-Regierung nicht auf sich sitzen lassen. Man griff zu allen möglichen, auch illegalen Mitteln, um Iran in die Knie zu zwingen: Die Briten klagten vor dem Internationalen Gerichtshof in Den Haag und dem Sicherheitsrat der UNO. Sie verhängten ein Wirtschaftsembargo. Die Royal Navy blockierte die Zufahrt zu iranischen Häfen und scheute auch nicht davor zurück, neutrale Tanker aufzubringen – es hätte ja sein können, dass sie iranisches Öl transportierten.[63]

Anfangs sah die US-Regierung diesen Aktivitäten gelassen zu, bis man in Washington erkannte, dass eine Einmischung sich lohnte. Vielleicht wollte man auch einfach erst einmal abwarten, was die britischen Handlungen ergaben. Es dürfte Churchill jedenfalls nicht allzu schwer gefallen sein, Präsident Truman im August 1952 zu überreden, mit ihm gemeinsam eine strenge Warnung an Irans Regierung zu übermitteln: Mit ihrem antiwestlichen Kurs müsse Schluss sein, sofort![64] Mossadegh, der mit einer ökonomischen Krise und innenpolitischen Querelen zu kämpfen hatte, kümmerte sich nicht darum. Ursprünglich ein Finanzbeamter, war er ein zartbesaiteter Mann, alles andere denn ein klassischer Volkstribun. Für seine heikle, schwierige Position war er, dem die Tränen ebenso schnell kamen wie Churchill, eigentlich nicht geeignet.

Die Vereinigten Staaten und Großbritannien, in Gestalt ihrer Geheimdienste CIA und MI6, entwarfen den Plan für einen Putsch, bei dem Mossadegh am 19. August 1953 gestürzt wurde. Von Amerikas Gnaden kam Schah Reza Pahlavi wieder auf den Thron. In der Folge zeigte er sich als Landesvater weniger erfolgreich denn als der oberste Chef von Foltergefängnissen. Die Rückkehr des Schahs war möglich, weil die US-Regierung erstmals seit 1945 Großbritanniens Vorgehen gegen einen anderen Staat unterstützte.[65] Mit dem amerikanischen Credo, das noch Präsident Roosevelt hochgehalten hatte, jedes Volk solle selbst über sein Schicksal entscheiden, war es offenbar vorbei. In ihrem antikommunistischen Furor drängten die USA Großbritannien und Frankreich, ihre Kolonialreiche aufrechtzuhalten, auf dass den Machtgelüsten der Sowjetunion kein leerer Raum für einen Einmarsch geboten werde.[66]

Am 26. Januar 1949 fand im Unterhaus ein bemerkenswerter Wortwechsel statt. »Der Tag wird kommen«, sagte Churchill, »an dem die zivilisierte Welt erkennen wird, dass es der gesamten Menschheit unvorstellbaren Segen gebracht hätte, wenn der Bolschewismus im Keim erstickt worden wäre«. Ein Labour-Abgeordneter warf ein: »Dann hätten wir den Krieg 1939 bis 1945 verloren.« »Nein«, gab Churchill zurück, »zu dem Krieg wäre es gar nicht erst gekommen.«[67] Wenn er kein Amt innehatte, ließ Churchill seinem Antibolschewismus freien Lauf. Wenn er auf ein Amt zusteuerte, wurde er milder. Im Wahlkampf von 1950 tat er am 14. Februar auf einer Veranstaltung in Edinburgh kund: »Ich kann nicht anders als auf die Idee zurückzukommen, abermals mit den Russen auf höchster Ebene zu reden.« Es gelte, »die Kluft zwischen den zwei Welten zu überwinden, sodass jede ihr Leben leben kann, wenn nicht in Freundschaft, so doch zumindest ohne die Risiken des Kalten Kriegs«.[68] Und damit es jeder mitbekomme, wiederholte er den Gedanken drei Tage später in der BBC.

Von dem Moment an, da Churchill wieder in Downing Street saß, hatte ein Gipfeltreffen mit Stalin für ihn die oberste Priorität – wohingegen die Regierung in Washington mit der gleichen Resolutheit dagegen war und dabei auch das britische Außenministerium auf seiner Seite hatte.[69] Churchill glaubte, dass er besser als jeder andere mit Stalin reden könne. Diese Selbstherrlichkeit teilte er übrigens mit Roosevelt, der sich auf seine diplomatischen Fähigkeiten beim Vieraugengespräch mit Stalin in Teheran einiges einbildete.[70] Noch im April 1956 wusste Churchill Gutes über sein Verhältnis mit Stalin zu sagen: »Mir gegenüber hat er immer sein Wort gehalten.«[71]

1953 kam ein Anruf aus Stockholm: Er wurde mit einem Nobelpreis ausgezeichnet. Sein »erstes, anrührendes Glück wich Teilnahmslosigkeit«, als er erfuhr, dass es sich um den Nobelpreis für Literatur handelte. Der Friedensnobelpreis war es, auf den er gehofft hatte. An der Zeremonie, die ihn nicht mehr interessierte, hätte er ohnedies nicht teilnehmen können: Sie fiel in die Woche, als Churchill nach Bermuda reiste, um Eisenhower – und zu seinem Verdruss auch de Gaulle – zu begegnen. Statt seiner nahm Clementine in Stockholm den Preis entgegen.[72]

Churchills Lust und Churchills Tragik

Von seinen Avancen gegenüber dem Kreml konnte nur ein sehr großes Ereignis ihn ablenken. Am 6. Februar 1952 starb George VI. an einer arteriellen Thrombose. Er wurde 56 Jahre alt. Der lungenkrebskranke König war längere Zeit schon miserabel beieinander gewesen. Churchill hatte den Monarchen geschätzt und verehrt. Als die Nachricht in Downing Street angekommen war, fand Colville den Premier im Bett vor, »die Tränen strömten ihm über das Gesicht«. Er versuchte ihn aufzumuntern: Churchill werde die neue Königin »charmant, attraktiv, intelligent und außerordentlich pflichtbewusst« finden. »Ich kenne sie kaum«, erwiderte Churchill niedergeschlagen, »und sie ist doch noch ein Kind.«

Von einem Tag auf den anderen war dieses 25 Jahre alte Kind Großbritanniens Königin. Colville bemerkte, dass die wöchentlichen Audienzen des Premierministers im Buckingham Palace immer länger ausfielen. Churchill war bezaubert von der jungen Frau. Er ließ eine Photographie der Queen rahmen und über seinem Bett in Chartwell an die Wand hängen.[73] Sein Privatsekretär Montague Browne hatte den Eindruck, dass beide gut miteinander auskamen, »aber manchmal hatte ich das Gefühl, dass Zuwendung und Zuneigung ein bisschen einseitig waren«, wobei es sich verstand, dass Churchill »stets mit dem größten Respekt behandelt wurde«. Mag sein, dass Montague Browne auf die Queen projizierte, was Höflinge meinten, wie die Königin denken müsse. Es spricht jedenfalls für ihre Wertschätzung des Premiers, dass Elizabeth II. eine Porträtbüste von Churchill anfertigen und in Schloss Windsor aufstellen ließ.[74]

Einmal erkundigte Colville sich neugierig, worüber die beiden sich denn unterhielten. »Oh, meistens über Pferderennen«, antwortete Churchill, der in den 1950er Jahren selbst Pferde antreten ließ. Ein Privatsekretär der Queen wusste noch von anderen Themen, Polo zum Beispiel. Über welche politischen Dinge die beiden sprachen, ist natürlich nicht überliefert. Ein anderes Mal kehrte Churchill vom Buckingham Palace zurück und war verstimmt: Am Vorabend hatte man Elizabeth den Historienfilm über den Lebemann und engen Freund des britischen Thronfolgers George IV. »Beau Brummell« gezeigt. Churchill vertraute sie an, die Vorstellung habe ihr nicht gefallen. Das gab Churchill sofort an ihren Privatsekretär weiter: »Die Queen hat einen scheußlichen Abend gehabt. Das darf sich nicht wiederholen.« Umgehend wurde der Innenminister angewiesen, für eine passendere Filmauswahl zu sorgen.[75]

Den Hosenbandorden (Order of the Garter) hatte Churchill einmal abgelehnt:[76] So sehr er Ordensschmuck schätzte, konnte diese dritthöchste britische Ehrung ihn nur daran erinnern, dass sie weniger gilt als das Victoria-Kreuz und das Georgs-Kreuz, die für herausragende Tapferkeit verliehen werden. Für seinen Mut wollte er ausgezeichnet werden. Mit einem dritten Platz mochte er sich nicht bescheiden – im Allgemeinen. Eine Ausnahme machte er freilich. Mit Emphase sagte er von sich, »der erste Monarchist« im Land zu sein, der »Tradition, Form und Zeremonie« noch hochhielt.[77] Dazu musste er stehen. Außerdem drängte die Königin ihn so liebenswürdig, dass er nicht nein sagen konnte: »Die Queen hat mir einen entzückenden Brief geschrieben«, jubilierte er im Gespräch mit Moran, »acht Seiten lang, handschriftlich. Den ganzen Vormittag über habe ich an der Antwort gesessen.« So nahm er denn den Hosenbandorden im Juni 1955 in einer formvollendeten Zeremonie auf Schloss Windsor entgegen.[78]

Wieder im Amt zu sein wirkte auf Churchill zunächst wie eine Verjüngungskur. Kollegen staunten über seine Energie und die Fähigkeit, nach dem Abendessen bis lange über Mitternacht hinaus zu arbeiten. Er bereitete seine »spontanen« Entgegnungen in »Prime Minister's Question Time«, der parlamentarischen Fragestunde, gewissenhaft vor. Und viele seiner Reden standen in der Tradition seiner berühmten rhetorischen Grandezza auf dem – mit seinen Worten – schmalen Pfad »zwischen Plattitüde und Indiskretion«.[79]

Mit voller Kraft widmete er sich der Anbahnung einer Friedenskonferenz, die den Kalten Krieg beilegen sollte. »Ich habe das Gefühl«, sagte er, dass ich »einen Einfluss ausüben kann auf das, was mir wichtiger ist als alles andere – die Schaffung eines stabilen, dauerhaften Friedens.«[80] Ebendieses Anliegen war es, das seine Kabinettskollegen, die an seine Bestimmung als Friedensstifter nicht glaubten, zunehmend erwartungsvoll seinem Rücktritt entgegensehen ließ. Zu Haus machte Clementine ihm furiose Szenen: Sie war konsequent dagegen gewesen, dass er abermals Premier wurde; wie recht sie gehabt hatte, schien nun erwiesen.

Doch Churchill, unerschütterlich trotz allen Widerstands der eigenen Parteifreunde, blieb bei seinem hehren Ziel. Als im Sommer 1952 der Republikaner Dwight D. Eisenhower zum Präsidentschaftskandidaten ernannt wurde, nahm der Premier das als Ausrede, warum er noch gebraucht werde.[81] Er müsse die US-Wahlen abwarten. Was den Rest der Politik anging, sagte er zu Colville: »Die Begeisterung bröckelt.«[82] Colville hielt das für eine Untertreibung. Als Stalin am 5. März 1953 starb, konnte Churchill erst recht nicht zurücktreten. Auf Stalin folgte für einige Monate Georgi Malenkow als Ministerpräsident der UdSSR, Molotow erhielt wieder den Posten des Außenministers, Nikita Chruschtschow wurde im September des Jahres zum Generalsekretär des Zentralkomitees gewählt. Churchill schöpfte frischen Mut, mit der neuen Kremlriege könne es zu einer Verständigung kommen.

Schon vor Stalins Tod besuchte er im Januar 1953 den im November des Vorjahres zum Präsidenten gewählten Dwight D. Eisenhower (1890 bis 1969). Aus dessen Tagebuch geht hervor, dass Churchill ihm halsstarrig vorkam. Eisenhower notierte: Churchill »ist einnehmend und anregend wie eh und je, aber den Fluss der Jahre sieht man ihm deutlich an«. Vergeblich bemühte Eisenhower sich, dem Briten die Vorzüge eines europäischen Zusammengehens nahezubringen: »Es ist einigermaßen frustrierend, Winston davon überzeugen zu wollen«, dass Großbritannien die Führung bei dieser Entwicklung übernehmen muss. »Er hegt ein fast schon kindliches Vertrauen, dass die britisch-amerikanische Partnerschaft auf alle Fragen eine Antwort habe.« Mit für ihn ungewöhnlicher Einfühlsamkeit schloss er: »Winston versucht, die Tage des Zweiten Weltkriegs zurückzuholen.« An der Spitze der Themen, über die beide Regierungschefs keine Einigung erzielten, stand Eisenhowers Weigerung, ein Nichtverbreitungsabkommen von Atomwaffen zu erwägen – worüber nur Churchill sich wundern konnte. Das Tüpfelchen auf das i setzte der designierte Außenminister John Foster Dulles, indem er dem Premier unverblümt mitteilte: Seine Ankündigung, bereits im Februar wieder kommen zu wollen, sei »eine äußerst unglückliche Idee«.[83]

Weit davon entfernt aufzugeben, nahm Churchill im Frühjahr 1953

»einen neuen Wind«, einen »Wandel der Einstellung« im Kreml wahr. Im Unterhaus erklärte er: »Mit Blick auf unsere eigene Stärke und die Europas, im Schutz des großen amerikanischen Schilds, halte ich die Schlussfolgerung nicht für unvernünftig oder gefährlich, dass nicht nur den russischen Völkern der innere Wohlstand wichtiger ist als externe Eroberungen, sondern dass dieser auch im langfristigen Interesse ihrer Führer liegt.« Just die russischen Gesten des Entgegenkommens hielt das Atlantik-Komitee des Kabinetts paradoxerweise für bedrohlich: Die ungewohnte Konzilianz im Kreml »könnte für den westlichen Zusammenhalt ohne Weiteres gefährlicher sein [...] als Stalins brachiale Xenophobie«.[84]

Wenige Wochen später, im Mai 1953, legte Churchill einen spektakulären Alleingang hin. Der Außenminister Eden war krank, er litt seit Längerem an Gallensteinen; bei der nötigen Operation durchschnitten die Chirurgen versehentlich seinen Gallenstrang, mit dem Ergebnis, dass Eden nun todkrank war und über den Atlantik zu einem Bostoner Spezialisten reiste. Er war aus dem Weg. Seine Abwesenheit nutzte der Premierminister für eine sensationelle Ankündigung im Unterhaus, ohne zuvor das Kabinett oder das Außenministerium konsultiert oder auch nur informiert zu haben: »Ohne viel Verzug sollten die führenden Mächte eine Konferenz auf höchster Ebene abhalten [...] Schlimmstenfalls würden die Teilnehmer einander besser kennenlernen. Bestenfalls könnten wir eine Generation lang Frieden haben.« Edens unfreiwillige Abwesenheit für diesen Auftritt zu nutzen, war gemein und illoyal. Churchills Kabinettsangehörigen fanden seinen Vorschlag allesamt indiskutabel, einige wollten demissionieren.

In dieser Lage kam Eisenhower zu Hilfe: Er lud den Premierminister ein, im Juni mit ihm zusammen in Bermuda zu konferieren. Solcherart geschmeichelt, vertagte Churchill seine Kremlpläne, die USA waren ihm wichtiger. Zu seinem Missmut lud Eisenhower auch de Gaulle ein. Dabei hatte Churchill sich doch auf eine Vertiefung der »special relationship« gefreut und gewähnt, Eisenhower von seinen Verständigungsplänen überzeugen zu können.[85] Aber sogar de Gaulles unwillkommene Anwesenheit tat seiner beharrlichen Zuversicht keinen Abbruch. Er schien nicht wahrzunehmen, dass der US-Präsident auf seine vielfältigen Anregungen zu einem Treffen mit der russischen

Führung allenfalls freundlich-hinhaltend reagierte: »Wir sollten die Dinge nicht überstürzen«; auf »Taten« komme es an, nicht auf »funkelnde Phrasen«. Als Churchill ihn unterrichtete, er plane, ohne ihn nach Moskau zu fliegen, telegraphierte Eisenhower: »Alles, was der Kreml als Schwäche oder Übereifer unserer Seite auslegen könnte, würde den Erfolg von Verhandlungen konterkarieren.«[86]

Falls Churchill je Zweifel am Gelingen seiner selbst gewählten Mission gekommen sein sollten, hat er diese nicht für wahrgenommen. Sein Freund, der Tory-Abgeordnete und Zeitungsverleger Brendan Bracken, beobachtete: »Winston ist in Hochform und entschlossen, die Tory Party anzuführen, bis er Premierminister auf der Erde wird oder Verteidigungsminister im Himmel.«[87]

Nach einigen kleineren Vorstößen startete Churchill im Juli 1954 eine neue Offensive: Er wollte nun Nägel mit Köpfen machen und sandte Molotow persönlich ein Telegramm. Das Außenministerium weihte er ein, nicht aber die Kabinettskollegen, deren Erregung sich erst legte, als Churchill versprach, Eisenhowers Plazet zu seiner Reise nach Moskau einzuholen. So abhängig waren führende britische Politiker von den USA, so sehr vertrauten sie Washington, dass sie die Entscheidung über diese brisante Frage nicht souverän autonom fällen wollten. Auf Churchills Nachfrage antwortete Eisenhower skeptisch wie üblich: »Niemand wäre glücklicher als ich, wenn sich herausstellte, dass ich im Irrtum bin mit meiner Annahme, dass die Männer im Kreml nicht vertrauenswürdig sind, einerlei mit welcher augenscheinlichen Ernsthaftigkeit und Aufrichtigkeit sie eine Vereinbarung oder Verpflichtung eingehen.« Am Ende hatte Churchill auf ganzer Linie das Nachsehen: Die Eisenhower-Regierung hielt ihn für einen realitätsfremden Visionär; und sein Kabinett mochte sich von ihm nichts mehr sagen lassen.[88]

Am 23. Juli 1954 spitzte die Lage sich zu: Im Unterhaus tat Churchill seine Absicht kund, eine Verabredung in Moskau anzuberaumen. Es war ein Freitag. Der Vorsitzende der Tory-Fraktion, Harry Crookshank, und der Vorsitzende des Oberhauses, der Marquess of Salisbury, kündigten ihren Rücktritt an, falls der Premier sich unterstehe, das Votum der eigenen Partei zu übergehen. Am Samstag waren alle recht nervös. Wer würde nun demissionieren, womöglich Churchill selbst? Die Russen bereinigten die Kalamität versehentlich, indem sie am Sonntag zustimmend auf eine britische Note reagierten, die bei ihnen wochenlang herumgelegen hatte: Geplant war ein Gipfel, zu dem 32 Außenminister aus aller Welt geladen werden sollten. »Außenminister aller Welt, vereinigt euch«, witzelte Churchill, »ihr habt nichts zu verlieren bis auf eure Posten.«

Am Ende blieben alle im Amt, und zu einem Treffen kam es nicht. Als die britische Regierung den Kreml dann zu einem bilateralen Meinungsaustausch aufforderte, zeigte man dort kein Interesse. Anthony Eden war es, der die Einladung aussprach; wäre es Churchill selbst gewesen, Malenkow und das Politbüro hätten vielleicht etwas länger überlegt.[89]

Mittlerweile wurde Churchill unverhohlen aufgefordert, seinen Platz zu räumen. Der Chief Whip, der Fraktionschef der Tories im Unterhaus, nahm ihn beiseite: Acht prominente Tories hielten seinen Abgang für geboten. Churchills Reaktion war »sehr heftig«, wie der Chief Whip berichtete, mit seinem Gehstock »hämmerte er auf den Fußboden ein«.[90] Diese Darstellung von der Unterredung dürfen wir uns als zurückhaltend vorstellen. Als der Labour-Politiker Woodrow Wyatt Churchill als »ein Monument des Altertums zu Lebzeiten« bezeichnete, war das nicht bewundernd gemeint. Churchills Gegner verlegten sich auf die Hoffnung, er werde die Feier seines achtzigsten Geburtstags am 30. November 1954 für die Verkündung seines Rücktritts wählen. 250 Gäste waren in Downing Street versammelt. Die erlösenden Worte blieben aus.

Indessen hatte Churchill noch einen ganz anderen Anlass, sich zu ärgern. Zum Geburtstag beschenkte das Unterhaus ihn mit einem Porträt von der Hand des Malers Graham Sutherland. Churchill hatte es vorab anschauen dürfen und war abgestoßen. Was ihm da gezeigt wurde, kam ihm vor wie eine Karikatur: So verloren, so schlaff, so verbraucht, fand er, sehe er nicht aus. Er rang sich zu einer Würdigung durch, zu der schon viele Opfer der schönen Künste Zuflucht genommen haben: »Das Porträt ist ein bemerkenswertes Exempel der modernen Kunst.« Die Zuwendungen der Bevölkerung waren ihm willkommener: Im Lauf des Novembers gingen dreißigtausend Glückwunschkarten und neunhundert Päckchen in Downing Street ein.[91]

Anthony Eden, den Churchill als Nachfolger ausersehen hatte – er sprach von »meiner Princess Elizabeth« –, musste sich weiterhin gedulden: Churchill kündigte an, er werde noch bis zu den Unterhauswahlen im Mai 1955 im Amt bleiben. Damit nahm er Eden die Möglichkeit, als Spitzenkandidat den Wahlkampf zu führen. Das war ungewöhnlich, und fair war es auch nicht. Ob zu Recht oder nicht: Churchill traute Eden schlicht nicht zu, die Wahlen für die Tories zu gewinnen. Der immer wieder vertröstete Nachfolger in spe, der seit dem englischen Ärztepfusch unheilbar krank war, wurde zunehmend unwirsch.[92]

Verächtlich sprach Churchill von Edens »hungrigen Augen«. Dieser hatte tatsächlich genug von der Verzögerungstaktik und verlangte unumwunden das ihm zugesagte Amt. Churchill zeterte: Nie zuvor sei ein Premierminister vertrieben worden, »nur weil sein Stellvertreter den Job für sich selbst wollte«. Schließlich und endlich und auch weil er einsah, dass Eisenhower ihn am ausgestreckten Arm verhungern ließ, gab er nach. So niedergeschlagen war er in den letzten Wochen vor seinem Ende als Premier, dass er nicht einmal mehr die Zeitungen lesen mochte. Mangelnde Aufmerksamkeit für andere Themen als die Verständigung mit dem Kreml hatte seiner Entourage ohnedies schon Sorgen bereitet: Er spielte lieber Bézique, ein im 19. und im frühen 20. Jahrhundert in England und Frankreich beliebtes Kartenspiel, als dass er Regierungspapiere las oder auch nur unterzeichnete; das galt besonders für Dokumente, die aus dem Außenministerium kamen.

In der Nacht vom 4. auf den 5. April bäumte er sich zum letzten Mal auf. Zu Jock Colville sagte er: »Ich glaube nicht, dass Eden es kann.« Hätte er es sich aussuchen können, Eden wäre zugunsten des drei Jahre älteren Harold Macmillan übersprungen worden. Am 5. April 1955 begab Churchill sich zu seiner letzten Kabinettssitzung. Die Kollegen bedachte er mit der Empfehlung: »Niemals dürfen Sie sich von den Amerikanern trennen lassen.« Sodann schickte er nach einem Gehrock, den damals im Gegensatz zum Frack außer ihm kaum jemand mehr trug, um der Queen das Adieu zu entbieten.[93] Zwei Tage später löste Eden das Parlament auf, die Neuwahlen am 26. Mai gewann er bequem.

Seinen letzten Rat, es stets mit den Amerikanern zu halten, war das

Kabinett von Churchill gewohnt. Eindrucksvoller sind einige Abschiedsworte, die er in Anspielung auf das endzeitliche Potenzial der Atomwaffen in seiner allerletzten Unterhausrede am 1. März hinterließ: »Wohin sollen wir uns wenden, um unser Leben und die Zukunft der Welt zu retten? Für alte Leute ist das nicht so wichtig, sie treten ohnedies bald ab; aber ich finde es quälend, auf die Jugend in all ihrem Tatendrang und ihrer Leidenschaft zu blicken [...] und fragen zu müssen, was sie erwartet, sollte Gott der Menschheit überdrüssig werden.«[94] Nicht dass Churchill im Alter zur Religion gefunden hätte, vielmehr rangierte die Macht der Atomwaffen auf einem so aufgeladenen existenziellen Level, dass die Erwähnung des großen Uhrmachers angebracht schien.

Der Tag der Abdankung war laut Moran für Churchill »das Ende von allem«. Seine Hoffnung auf Verhandlungen mit den Sowjets gab er auch im Ruhestand nicht auf, nur dass er nicht mehr viel Energie übrig hatte und nicht mehr die Bühne für sein einsames Solo. Ein gutes Jahr später, am 10. Mai 1956, wurde ihm der Aachener Karlspreis verliehen. Er war nicht mehr gut zu Fuß und benötigte einen Rollstuhl. Freilich ließ er es sich nicht nehmen, für die Pressephotos die Freitreppe zum Rathaus aus eigener Kraft zu erklimmen. Erst im Inneren des Gebäudes ließ er sich in einem Tragesessel nieder, mit dem er weiter nach oben befördert wurde. Der Journalist Egon Bahr, der in jenem Jahr in die SPD eintrat, saß im Publikum. In seinen Memoiren erinnerte er sich, Churchill »als grandiose Ruine bewundernd bedauert« zu haben.[95]

Churchills vergebliches Ringen um eine Verständigung mit der UdSSR hatte im wahren Sinn des Wortes etwas Tragisches. Nikita Chruschtschow (1894 bis 1971) war ein begabter Intrigant und sehr machthungrig. 1955 begann er zu propagieren, was er »friedliche Koexistenz« nannte: Ost und West sollten nicht abrüsten, auf einen Krieg gegeneinander könnten sie indes verzichten, indem sie es dem friedlichen Wettbewerb überließen zu klären, welches System das stärkere sei. Auf dem XX. Parteitag der KPdSU im Februar 1956 prangerte Chruschtschow in seiner berühmten »Geheimrede« die Verbrechen des Stalin-Regimes an. Damit war »der Stählerne« vom Sockel gestürzt; Chruschtschow hatte freie Hand; seine Einflussgewalt war komplett, als er 1958 zusätzlich zu seinem Posten als Generalsekretär des Zentralkomitees der kommunistischen Partei das Amt des Ministerpräsidenten übernahm.

Chruschtschows Konzept der »friedlichen Koexistenz« war ziemlich genau das, worauf alles Sinnen und Streben Churchills gerichtet war; es war das, was er bei Verhandlungen mit dem Kreml zu erreichen trachtete – wobei er sogar noch weiter ging und Abrüstungsverhandlungen beziehungsweise Moratorien bei der Aufrüstung im Sinn hatte. Die Ironie der Geschichte wollte es, dass der friedensselige Premier dafür Prügel von den eigenen Leuten bezog und sein Ruf als Traumtänzer dies- sowie jenseits des Atlantiks gefestigt wurde.

Weil die Dinge sich nicht so entwickelten, wie Chruschtschow hoffte, weil die beiden Blöcke einander feindlich gesinnt blieben und ihren Zwist in Stellvertreterkriegen ausfochten, blieb Churchill sogar die Rehabilitierung als Friedensstratege versagt. Von trauriger Ironie ist es, dass auf einmal stimmte, was er als Ausrede angeführt hatte, wenn es um seine Fehleinschätzungen und misslungenen Militäroperationen ging: Alle anderen, die etwas zu sagen hatten, warfen ihm Steine in den Weg. Mit einer durchaus vernünftigen Idee war er ohne eigenes Verschulden gescheitert. Tragisch daran ist, dass sein Misserfolg unausweichlich war: Die Zeit war noch nicht reif für eine ernsthafte Entspannungspolitik zwischen den USA und der UdSSR, die erst einige Jahre nach seinem Tod in die Gänge kam.

Moran dramatisierte Churchills Verfassung nicht, als er meinte, der Rücktritt am 5. April 1955 sei für ihn »das Ende von allem«. Für die Erholung von der unmittelbar einsetzenden Depression, die von Senilität kaum zu unterscheiden war, brauchte er viele Monate. Wie schon in den 1930er Jahren standen seine vermögenden Freunde ihm bei. Bei ihnen in der französischen Provence war er stets willkommen. Von 1955 an nahm er die zahlreichen Einladungen oft und gern wahr. Die südliche Sonne wirkte heilsam gegen den Londoner Regen, britische Widersacher und die globale diplomatische Niederlage. Gern war er in dem Anwesen von Max Beaverbrook zu Gast. Etliche Kapitel seiner »Geschichte der englischsprachigen Völker« schrieb er im Haus des aus Ungarn gebürtigen Literaturagenten Emery Reves, »La Pausa«, das 1929 für Coco Chanel erbaut worden war. Aristoteles Onassis kreuzte mit ihm auf seiner »Christina« durchs Mittelmeer. Das Schiff war an Luxus nicht zu übertreffen und verfügte sogar über ein kleines Theater.[96]

Die Bilanz von Churchills zweiter Amtszeit konnte sich insgesamt sehen lassen: Er kürzte die exorbitanten Verteidigungsausgaben. Er wurde gehört, als er sich für einen Waffenstillstand im Koreakrieg einsetzte. Er wurde auch gehört, als er Präsident Eisenhower von einem vorschnellen Eingreifen im Indochinakrieg abriet, und er bewahrte britische Soldaten davor, Frankreich in diesem aussichtslosen kolonialen Rückzugsgefecht zu unterstützen. Er gehörte zu den treibenden Kräften, die Westdeutschlands Aufnahme in die NATO forderten. Er sprang über seinen Schatten, als er die in Ägypten stationierten britischen Truppen abzog, ohne dass er dazu gezwungen gewesen wäre: Ihm, dem Bewahrer des Empire, ging das gegen den Strich – jedoch war in diesem Fall seine Einsicht stärker als alle nostalgische Schwärmerei.[97]

Im Kern seines Wesens von der Sehnsucht nach Harmonie erfüllt, suchte Churchill auf seine alten Tage als Premierminister, lang gepflegte Feindschaften beizulegen: Den Nationalisten Jawaharlal Nehru (1889 bis 1964), 1947 zum ersten Ministerpräsidenten des unabhängigen Indien gewählt, und Éamon de Valera (1882 bis 1975), den mehrmaligen Ministerpräsidenten des Irischen Freistaats, lud er privatim nach Downing Street ein. Sogar seinen Ruf als Klassenkämpfer von oben suchte er abzuschütteln, indem er den Forderungen der Gewerkschaften nach Lohnerhöhungen und Verbesserungen der Arbeitsbedingungen regelmäßig entgegenkam.[98]

16. Kapitel

KRISEN, KRÄCHE, KALAMITÄTEN: DIE 1950ER JAHRE

2

3

1 November 1956, während der Suezkrise. Truppen der Royal Scots sind in Port Said angekommen. Die Stadt an der Mündung des Kanals ist von strategischer Bedeutung.

2 1952. Konrad Adenauer und Churchill auf der Schwelle von 10 Downing Street. In der Mitte: Sir Ivone Kirkpatrick, der britische Hohe Kommissar in der Bundesrepublik Deutschland.

3 Zwei herausragende Außenpolitiker. Der Premier hat Außenminister Anthony Eden zu seinem Nachfolger bestimmt, doch muss er zum Rücktritt nachdrücklich gedrängt werden. 1955 wird Eden schließlich zum Premierminister gewählt. Seine Entscheidungen in der Suezkrise hält Churchill für falsch.

Leslie Rowan, von 1941 bis 1945 einer von Churchills Privatsekretären, verteidigte ihn im Jahr 1968 gegen die pauschale Anschuldigung, er sei zum Regierungschef nur während eines Krieges geeignet gewesen. »Es gibt viele Kriterien, nach denen man einen Premierminister in Friedenszeiten beurteilen kann«, plädierte Rowan, »nicht das Unwichtigste scheint mir zu sein, ob es ihm gelingt, dieses Land aus einem Krieg herauszuhalten und dabei unsere Ehre zu wahren, oder ob er im Fall, dass es seinen Bemühungen zum Trotz zu einem Krieg kommt, sein Land darauf gut vorbereitet hat. Nach Maßgabe dieses Kriteriums war Churchill allen übrigen Zwischenkriegspremiers dieses Landes unendlich überlegen.« Das bezog Rowan explizit auf die 1920er und 1930er Jahre. Churchills zweite Amtsperiode war aber sicher mitgemeint.[1] Sein Nachfolger erwies sich als ein Regierungschef, der zeigte, wie man es nicht machen sollte.

Der Forsche und der Feine: Churchill und Eden

Der langjährige britische Außenminister Anthony Eden (1897 bis 1977), der Churchill als Premier ablöste, war in vielem das Gegenteil seines Vorgängers, damit angefangen, dass er einem skandalfreien Elternhaus entstammte. Der Vater besaß Ländereien in der Grafschaft Durham. Die Mutter war eine Grey und mit einigen staatstragenden Politikern dieses Namens verwandt. Anders als Churchill wurde Eden auf der Schule nicht systematisch gequält. In Eton College gewann er einen Preis in Theologie. Nicht aus Lust am Kämpfen, sondern aus patriotischer Pflicht meldete der von Natur friedfertige junge Mann sich im Ersten Weltkrieg freiwillig zu den Waffen. Anschließend studierte er am Christ Church College in Oxford orientalische Sprachen, namentlich Persisch und Arabisch. Churchill war höchst verblüfft, als Eden 1954 gegen Ende eines gelungenen Abendessens – leise, schüchtern – Gedichte auf Farsi rezitierte, während er selbst Erinnerungen an den Ersten Weltkrieg zum Besten gab.[2]

Gleich nach seinem mit Bravour absolvierten Universitätsabschluss ließ Eden sich von den Konservativen als Kandidat aufstellen: Bei den Unterhauswahlen im November 1923 gewann der 26-Jährige einen Sitz in Westminster. Von Anbeginn seiner Karriere spezialisierte er sich auf außenpolitische Fragen und beeindruckte mit seinem Urteilsvermögen. Die Ehe, die er 1923 einging, war ein Fehlschlag. Auch das unterschied ihn von Churchill. Die aparte Beatrice und der ausgesprochen gut aussehende Anthony, der so elegant auftrat wie die attraktivsten Hollywood-Schauspieler, betrogen einander gründlich. Ihre unbefriedigende Situation lösten sie diplomatisch: Sie blieben bis auf Weiteres in der Ehe vereint, gingen aber privat getrennte Wege.

Nach kurzen Phasen als Unterstaatssekretär für Auswärtige Angelegenheiten und in anderen Ämtern wurde Eden nach der Unterhauswahl 1935 Außenminister in Stanley Baldwins Kabinett. Mit Churchill geriet er gelegentlich rhetorisch aneinander: Viel kompromissloser als dieser war Eden aus dem Ersten Weltkrieg mit dem Willen zurückgekehrt, alles dafür zu tun, dass so eine Apokalypse sich nicht wiederhole. Churchill erklärte den neuen Außenminister denn auch für eine Fehlbesetzung. Ein dialektischer Denkprozess, den Eden sich nicht leicht machte, verwandelte ausgerechnet diesen überzeugten Friedensfreund und Fürsprecher des Völkerbunds in einen der schärfsten Gegner von Chamberlains Appeasementpolitik: So, meinte er, konnte der Frieden nicht bewahrt werden! Nun zogen er und Churchill am selben Strang. Eden respektierte Churchills Erfahrung, und Churchill schätzte die Hilfsbereitschaft des Jüngeren, dem nachgesagt wird, er sei nicht besonders gut darin gewesen, seine persönlichen Interessen in den Vordergrund zu stellen. Im Parlament galt Eden gleich nach Churchill als der unbeirrbarste Kritiker des Appeasement.[3]

Weil er Chamberlains Politik nicht mehr mittragen wollte, demissionierte Eden Anfang 1938 von seinem Posten. So eine Entscheidung aus Gewissensgründen wäre Churchill nicht in den Sinn gekommen, zumal er sie für taktisch falsch hielt. Der Rücktritt des Außenministers, des Vertrauten, des Mitstreiters bescherte ihm eine trübselige Nacht. In den 1950er Jahren erinnerte er sich: »Spätabends am 20. Februar erhielt ich eine telefonische Nachricht, [...] Eden war zurückgetreten.« An Schlaf war nicht mehr zu denken. Eine Vision stellte sich ein, das Bild »einer kräftigen, jungen Gestalt, die sich den langen, trostlos dahinrollenden Wellen von Meinungsmacht und Selbstaufgabe entgegenstellt«. Er selbst hätte oft anders gehandelt als Eden, schrieb er, »aber in diesem Moment schien er mir die Lebenshoffnung der britischen Nation zu verkörpern [...] Nun war er fort. Ich sah, wie das Tageslicht allmählich durch die Fenster sickerte, und vor meinem inneren Auge sah ich den Tod.«[4]

Churchills und Edens Vorliebe für Außenpolitik brachte sie einander nahe. Dennoch oder vielmehr eben deshalb war der Konkurrenzkampf programmiert. Churchill war sich darüber im Klaren, dass er Eden Raum zur Entfaltung geben und gleichzeitig aufpassen musste, dass dessen Stern nicht zu hell leuchtete. Ende der 1930er Jahre, als er selbst im politischen Theater wieder eine tragende Rolle spielte, pries er den Außenminister großzügig in einem Zeitungsartikel: »Es ist gut möglich, dass er unser Land lenken wird«; wenn die Tage kämen, da Führungskraft dringend benötigt werde.[5]

Ein paar Jahre später, sicherlich nach einer ausgiebigen Zecherei, holte der Premierminister seinen Außenminister um zwei Uhr nachts per Telefon aus dem Bett. Ihm war offenbar danach, sich Luft zu machen. Anschließend erzählte Eden einem Freund: Was Winston sagte, »war wirklich beleidigend. Er beschuldigte mich, die Presse und das [Unter-]Haus gegen ihn aufzuwiegeln, und unterstellte mir sogar, ich würde es darauf anlegen, ihn zum Rücktritt zu zwingen«.[6] Diese kleine Ruptur konnte schnell gekittet werden, doch ließ sie ahnen, was kommen würde. Oben haben wir gesehen, was Churchill in seiner zweiten Amtsphase alles außenpolitisch gelang. Erfreut stimmte es ihn nicht, dass der Widersacher bei allem mitgewirkt hatte. Die Anerkennung für geglückte Interventionen gebührte Eden ebenso wie Churchill. Oftmals war es Eden, der die Verhandlungen führte. Diesen Umstand nutzte Churchill, um ihm mit der kalkulierten Schmeichelei zu kommen, »angesichts so vieler Erfolge« dürfe er das Außenministerium nicht aufgeben.[7]

Während die Tories in der Opposition waren und noch zu Beginn von Churchills zweiter Amtszeit schienen die beiden recht gut zu harmonieren. Eden bezeugte seinen herzlichen Dank für die Memoranden, die Churchill ihm zukommen ließ, um sich dann nicht weiter damit zu befassen. Im nicht mehr ganz zarten Alter von 54 Jahren heiratete er 1951 Churchills Nichte Clarissa, die Tochter seines Bruders Jack. Churchill war soeben abermals Premierminister geworden und – damals galt das nicht als juristischer Tatbestand der Untreue – stellte die Räumlichkeiten von 10 Downing Street für den festlichen Empfang zur Verfügung. Nach seinem schweren Schlaganfall im Sommer 1953 musste er es hinnehmen, dass Eden das außenpolitische Geschäft einige Monate lang weitgehend selbstständig führte.[8]

Je dringlicher Anthony Eden in den folgenden Jahren den Stabwechsel erwartete, desto unmissverständlicher ließ er durchblicken, wenn er erst Premier sei, habe er wirklich die Absicht, selbst zu regieren, ohne Churchills Hilfe. Damit bestärkte er diesen in dem Urteil, sein designierter Nachfolger habe für das hohe Amt letztlich nicht das Zeug. Dass Churchills eigene Auftritte manchmal zu wünschen übrig ließen, was ihm von Fall zu Fall schmerzlich bewusst wurde, ignorierte der Premier mit Fleiß, sowie der hungrige Eden ihm in den Sinn kam. »Während der letzten acht Monate von Churchills Regierungszeit«, schreibt Roy Jenkins, »ähnelte das Verhältnis der beiden dem von zwei Supermächten, deren jede in der Lage ist, den Gegner zu zerstören, dies aber um den Preis, selbst mit in die Luft zu fliegen.«[9]

Anthony Eden und das Suezabenteuer

Zur Höflichkeit erzogen, behandelten Churchill und Eden einander mit heuchlerischer und nur ganz selten echter Freundlichkeit. Wenn ihr schwelender Zwist in eine Streiterei ausartete, redeten sie ausgesucht förmlich und gestelzt, wie sie es von spitzen Wortgefechten im Unterhaus gewohnt waren. Als Eden dann tatsächlich selbst regierte, gelang es ihm binnen anderthalb Jahren, das britische Verhältnis zu den Vereinigten Staaten schwer zu beschädigen und seinen eigenen Ruf irreparabel zu ruinieren. Sosehr das verheerende Debakel von

Londons Vorgehen in der Suezkrise Großbritanniens Niedergang als Großmacht offenbar machen sollte, war Churchill – er konnte nicht anders – erfüllt von genüsslicher Schadenfreude.[10]

Der Ausgang der Suezkrise bezeichnete einen Wendepunkt: Fortan war Großbritanniens Stellung im gesamten internationalen Gefüge nicht mehr dieselbe. Andere Ereignisse und Entwicklungen der 1950er Jahre wie etwa der Ausbau der NATO und der Europäischen Integration, die Aufstände in Ungarn und Polen, der Umgang mit der »deutschen Frage« oder die Kolonialkriege machten der Regierung in London weniger zu schaffen als die Suezkrise. Auf dem Spiel stand die Frage: Würde Großbritannien künftig seine Außenpolitik ohne Rücksicht auf die USA gestalten können?

Nicht zuletzt wegen der Ölvorkommen erweiterten die Vereinigten Staaten ihren Einfluss im Nahen Osten (im Englischen »middle east«). Die US-Regierung war der Auffassung, die unter Präsident Truman bevorzugt gepflegten Beziehungen zu Israel müssten um gute Kontakte zur arabischen Welt ergänzt werden. Die amerikanische Politik zielte darauf ab, die Konflikte in der Region beizulegen, sodass unter dem Schirm der Amerikaner Ruhe einkehre. Diese Politstrategie war nicht vereinbar mit Großbritanniens überkommener Praxis, mit ausgesuchten arabischen Staaten wie Jordanien und dem Irak gegen andere zusammenzuarbeiten.[11]

Damit niemand sich am 1869 fertiggestellten Suezkanal vergreifen konnte, hatten britische Truppen 1882 Ägypten besetzt. 1914 wurde das Land zu einem britischen Protektorat. Eine formelle Herrschaft wurde nicht eingeführt, es genügte die britisch-französische Verwaltung, welche die immensen Schulden eintrieb, die Ägypten für den Kanalbau hatte auf sich nehmen müssen. Warum sollten die Ägypter für etwas zahlen, was vornehmlich andere nutzen? Sie sahen es nicht ein. Um Beschwerden den Wind aus den Segeln zu nehmen, entließen die Briten das Land 1922 in eine weitgehende und 1936 in die volle Unabhängigkeit, ohne indes ihre Truppen abzuziehen. Sie behielten – zusammen mit Frankreich –, worauf es ihnen ankam: die militärisch abgesicherte Kontrolle über den Kanal, die bedeutende Transitstrecke für das Erdöl aus der Golfregion.

Als nach dem Zweiten Weltkrieg nationalistische Bewegungen in

Asien und Afrika erstarkten, waren die ägyptischen Parteien nicht mehr willens, die britischen Truppenstützpunkte im Land zu tolerieren. Auf diese Stimmung musste Downing Street reagieren. Anfang der 1950er Jahre gab es zwei Faktionen. Die eine, angeführt von Premierminister Churchill, setzte auf das Militär. Die andere, an der Spitze Außenminister Eden, plädierte für ein diplomatisches Vorgehen. Noch zu Churchills Regierungszeit versprach Eden den Abzug der rund achtzigtausend britischen Truppen aus Ägypten. Wohl nicht zuletzt deshalb, weil die US-Regierung dazu antrieb, erklärte der Premier sich einverstanden. Im Juni 1956 räumten die letzten britischen Soldaten ihre Garnisonen.[12]

In der Zwischenzeit hatte eine Militärclique namens »Vereinigung freier Offiziere« König Faruk gestürzt und die Republik ausgerufen. Diplomatisch klug hatte Oberst Gamal Abdel Nasser, der maßgebliche Revolutionsführer, zwei Tage vor dem für den 18. Juni 1953 anberaumten Putsch die amerikanische und die britische Regierung von seinen Absichten informiert. Sowohl in Washington als auch in London hatte man gegen die Revolution nichts einzuwenden, vorausgesetzt, Nasser verabschiedete Faruk mit einer ehrenvollen Zeremonie ins Exil. Die Hoffnung war, die neue ägyptische Regierung werde sich in die Riege der westlichen Kalten Krieger einreihen.

Am 23. Juni 1956, kurz nach der Abreise der britischen Truppen, wurde Nasser in einem Plebiszit mit überwältigender Mehrheit als der einzige Präsidentschaftskandidat bestätigt. Nachdem er das Amt übernommen hatte, versäumte der Sozialist und Nationalist kaum eine Gelegenheit, die westlichen Mächte zu reizen. Er agitierte für die Unabhängigkeit Algeriens: Das empörte die Franzosen. Er bekämpfte den Anfang 1955 gegründeten Bagdad-Pakt, in dem einige mit Großbritannien auf gutem Fuß stehende Staaten des Nahen Ostens sich zur Abwehr kommunistischer Einflüsse zusammengeschlossen hatten: Das ärgerte die Briten. Obzwar kein Kommunist, ließ Nasser sich mit der Sowjetunion ein, erwarb Waffen von der Tschechoslowakei und erklärte nach dem indischen und jugoslawischen Vorbild Ägyptens Neutralität im Kalten Krieg: Damit hatte er es sich mit der Regierung in Washington verscherzt.

Diese Entwicklung verwunderte Churchill gar nicht. Einen Monarchen vom Thron zu stoßen, so seine unverbrüchliche Gewissheit, konnte nur Instabilität und Verderben nach sich ziehen. Mit einer Mischung aus Zuspruch und schlecht verhohlener Skepsis hatte er Edens Ägyptenpolitik verfolgt. Seiner Ansicht nach kam sein Nachfolger den auf König Faruk folgenden Machthabern viel zu weit entgegen. In Nasser erblickte er eine Gefahr für die westliche Welt. Edens lange gehegten Plan, die Region um den Kanal ohne irgendeine ägyptische Gegenleistung zu räumen, hielt er für baren Unfug. Dabei war es nicht einmal Edens ureigener Entschluss; schon Clement Attlee hatte als Premierminister einen kompletten Abzug aus dem Nahen Osten ins Gespräch gebracht. So wäre das britische Imperium in Afrika durch »ein weites Glacis aus Wüsten und Arabern« vor der Sowjetunion geschützt. Selbst in seiner eigenen Partei konnte Attlee die Idee nicht durchsetzen. Als Eden sie aufwärmte, war sie in Churchills Augen nicht besser geworden. Gegenüber Jock Colville lästerte er: »Ich wusste gar nicht, dass München am Nil liegt.« Seinen prospektiven Nachfolger machte er hinter dessen Rücken schlecht: »Müde« sei Eden, »krank und eingesponnen in Details«.[13]

Am 19. Juli 1956 zogen die USA und Großbritannien ihre Zusage zurück, über die Weltbank den Bau des Assuanstaudamms zu finanzieren. Das war die Rache für Nassers Politik; sie wurde mit der fadenscheinigen Begründung präsentiert, die ägyptische Wirtschaft sei von dem Projekt überfordert. Unter den Rädern von Nassers Retourkutsche erzitterte das politische Parkett. Am 26. Juli deklarierte er in Alexandria: Da ja nun ein erklecklicher Teil des Staatsvermögens in den Dammbau fließen müsse, könne Ägypten auf die Einkünfte aus den Kanalgebühren nicht mehr verzichten. Im Übrigen sah er nicht ein, was die fremden Mächte am Suezkanal überhaupt zu suchen hatten. Bei der Verstaatlichung der englisch-französischen Suezkanalgesellschaft achtete Nasser darauf, dass alle Aktienbesitzer entschädigt wurden. Aber das beeindruckte niemanden. Großbritannien fühlte sich düpiert. Konservative und Labour-Politiker warnten vor einer neuen Appeasementpolitik, dieses Mal gegenüber Nasser, der passenderweise sogleich mit Hitler verglichen wurde.[14] Eden hatte das Gefühl, eine Natter am Busen genährt zu haben. Zornerfüllt sann der Premierminister auf Vergeltung. Daran entzündete sich Churchills Feldherrngeist. Er ermunterte Eden, entschlossen und, wenn nötig, mit Waffengewalt zu handeln. »Ich bin«, ließ er Clementine wissen, »sehr zufrieden mit der Suezpolitik.« So es geboten sei, glaubte er, könnte der Einsatz militärischer Mittel im Parlament mühelos durchgesetzt werden: Viele konservativen Hinterbänkler betrachteten Edens Bemühungen um Verhandlungen als duckmäuserisch.[15]

Am 5. August 1956 war Harold Macmillan in Chartwell zu Gast. Churchills militante Einstellung teilte er, mit Eden hatte er sich im Zweiten Weltkrieg – aus Gründen, die nur die beiden kannten – gründlich überworfen. Ohne Israel, sagte Macmillan im Zwiegespräch mit Churchill, könne eine Operation nicht gelingen. Der Gedanke dahinter lag auf der Hand: Nur mit Hilfe des in der Region ansässigen israelischen Militärs, das im Palästinakrieg 1948/49 die Arabische Liga geschlagen hatte, konnten die ägyptischen Streitkräfte ausgeschaltet und Nasser gestürzt werden. Churchill holte ein paar Landkarten, entfaltete sie, erging sich in taktischen Überlegungen und wurde laut Macmillan »ganz aufgeregt«. Völlig von der Lust an Kriegshandlungen davongetragen war er freilich nicht: »Je länger man darüber nachdenkt, den Kanal einzunehmen, desto weniger mag man es« – damit angefangen, dass es für Nassers Kräfte ein Leichtes wäre, den langen Wasserweg zu verminen.

Über die Frage einer Entsendung britischer Truppen nach Ägypten wurde in London im August heiß debattiert. Einige plädierten dafür, die laufenden Verhandlungen fortzuführen. Andere wollten ohne Umweg über die Kanalzone direkt Alexandria und Kairo einnehmen. Letzteres hätte sich schlecht mit dem offiziellen britischen Argument vertragen, es gehe lediglich um die Sicherheit der Schifffahrt. Eden wählte den Mittelweg: Die Verhandlungen sollten weiter- und eine militärische Operation zur Einnahme von Port Said am Eingang zum Suezkanal ohne Eile in Planung gehen. Auf ein diplomatisches Vorgehen legten die Amerikaner besonderen Wert.[16]

Am 17. August stellte Eden fest: »Wir stehen erst am Anfang. Aber ein paar Dinge sind vielversprechend. Das Wichtigste, die Amerikaner sind allem Anschein nach entschlossen, zusammen mit uns für die Internationalisierung [des Kanals] einzutreten.«[17] Außenminister John Foster Dulles (1888 bis 1959) hatte sich in der Tat dahingehend geäußert. Darüber war der Premier so beruhigt, dass er vergaß, wie oft die Amerikaner ihm eingeschärft hatten, er möge nicht militärisch vorgehen, vor den US-Präsidentschaftswahlen im November solle er möglichst gar nichts unternehmen. Mehr als fahrlässig war es, dass Eden wähnte, weitere Konsultationen Washingtons seien nicht erforderlich.[18]

Anthony Eden war sich der amerikanischen Unterstützung allzu sicher. Gleichzeitig wollte er beweisen, dass London eigenständig handeln konnte.[19] Im Oktober 1956 benahm er sich, als wäre er das Opfer eines intellektuellen Blackouts, eines Anfalls von akuter Infantilität: Die Amerikaner sollten ihre Meinung nicht ändern und weiterhin gut von den Briten denken. Nun, wenn sie gar nicht erst erfuhren, was genau geplant wurde, hatten sie keinen Grund, ihre Meinung zu ändern. Nach dem gelungenen Abschluss der Operation würde Washington es an seiner Zustimmung gewiss nicht fehlen lassen. Vorab nichts erfahren sollten die Amerikaner davon, dass Eden – während offiziell nach einer friedlichen Lösung gesucht wurde – gegen die amerikanischen Interessen handelte, indem er mit anderen eine Invasion Ägyptens vorbereitete. Es war ein naives Vabanquespiel, das auf eine Initiative der französischen Regierung zurückging, die sich darüber mit Israel schon verständigt hatte:

Am 22. Oktober fand in der französischen Hauptstadt ein geheimes Treffen statt, von dem selbst Churchill nicht erfuhr. Der britische Außenminister, Selwyn Lloyd, flog nach Paris, um dort den französischen Premier Guy Mollet zu treffen. Anwesend waren auch der französische Außenminister, Israels Premier David Ben-Gurion und Moshe Dayan, der Stabschef der israelischen Streitkräfte. Gemeinsam kam man überein, dass die drei Staaten angreifen würden. Am 29. Oktober rückte das israelische Militär im Sinai ein und stieß unaufhaltsam weiter vor, Richtung Suezkanal, Richtung Kairo. Ein auf zwölf Stunden befristetes Pro-forma-Ultimatum lief aus. Am 31. Oktober zerstörten Bomber ägyptische Flugplätze in der Kanalzone.

Eden pochte auf strikte Diskretion, nur Churchill, sagte er, dürfe über die Kampfhandlungen informiert werden, als Einziger. (Die ehrenvolle Ausnahme zu sein, half diesem im Moment nicht weiter: Er war dabei, sich von einem erneuten, kleineren Schlaganfall zu erholen.[20]) Am 5. November landeten britische und französische Fallschirmspringer am nördlichen Ende des Suezkanals und nahmen das strategisch bedeutsame Port Said ein. Am 5. und 6. November gingen die übrigen Truppen an Land und begannen, den Kanal entlang nach Süden vorzudringen. Aber da war es schon viel zu spät. Politisch-diplomatisch war die militärische Operation bereits gescheitert.

Am 29. Oktober quittierte die US-Regierung den mit Frankreich und Britannien vereinbarten israelischen Einmarsch in Ägypten mit kaltem Zorn. Das konterkarierte ihre eigenen Pläne für die Region; es diskreditierte westliche Mächte in den Augen der übrigen Welt. Eden, Mollet und Ben-Gurion hatten es zuwege gebracht, dass Washington und Moskau einmal im Grundsatz an einem Strang zogen. Es war offenbar keine gute Idee der drei Geheimniskrämer gewesen, ohne jede Absprache mit den USA vorzugehen, um peinliche Nachfragen bezüglich des Völkerrechts und der Zuständigkeit der UNO zu vermeiden. Am 29. Oktober erklärte Eisenhower, die Sache vor den Sicherheitsrat der Vereinten Nationen zu bringen und zwar möglichst schnell, um der Sowjetunion zuvorzukommen. Auch der UN-Generalsekretär Dag Hammarskjöld forderte eine sofortige Zusammenkunft. Vorerst ging es nur um Israel, dessen Truppen schon in Ägypten standen. Für Frankreich und vor allem Großbritannien schlimm war der Prestigeverlust.[21]

Fatalerweise fiel die Suezkrise in eine Zeit, als der schlechte Stand des britischen Pfunds die Wirtschaft des Vereinigten Königreichs schwer in Mitleidenschaft zog. Die USA straften die Briten mit ökonomischen Mitteln. Anders als er es sonst wohl getan hätte, hielt der US-Finanzminister amerikanische Banken nicht dazu an, zur Stabilisierung des Pfunds hohe Summen an Sterling zu kaufen. Auch hinderte er den Internationalen Währungsfonds daran, Finanzminister Macmillans Bitte um ein Darlehen nachzukommen. Als die Bundesrepublik Deutschland ankündigte, sie könne einen Teil ihrer britischen Schulden vorzeitig zurückzahlen, hieß es aus dem US-Finanzministerium, das sei nicht erwünscht. Zu allem Überfluss legte Washington seine Zusage, Großbritannien bevorzugt mit Öl zu beliefern, auf Eis.[22]

Schon aus wirtschaftlichen Gründen hätte die britische Regierung die Suezoperation nicht viel länger fortführen können. Politisch gesehen, war das Suezunternehmen auf Edens Mittelweg – ein bisschen Krieg und gleichzeitig Verhandlungen führen – von Anfang an zum Scheitern verurteilt. Wären die Anti-Nasser-Koalitionäre ohne Rücksicht auf das Weiße Haus und das State Department mit voller militärischer Macht in Ägypten eingedrungen, wären die britischen Kommandeure rechtzeitig über die Beteiligung des israelischen Militärs informiert gewesen und wären folglich die britischen Truppen früher in See gestochen, dann hätten die Invasoren im Nu gesiegt. Vor vollendete Tatsachen gestellt, hätten die USA stillgehalten. Ihnen war schließlich auch daran gelegen, Nasser zu stürzen. Die Chance war vertan, als für den 3. November bei der Vollversammlung der Vereinten Nationen die Aussprache über die Erteilung einer Rüge der anglo-französischen Intervention anberaumt war.[23]

Angesichts des Drucks aus Washington und der schlechten Presse knickten einige Kollegen Edens ein und sagten ihm die Gefolgschaft auf. Hatte Macmillan zuvor zu den Scharfmachern gehört, erinnerte er sich nun seiner Pflichten als Finanzminister und der Bedeutung guter Beziehungen zu den USA. Bei einer Sitzung am 6. November waren Eden und sein Kabinett nachgerade in Panik: Dem Vereinigten Königreich ging das Öl aus. Eden musste den guten Willen der USA um jeden Preis zurückgewinnen. Die am 5. November in Ägypten ausgeschifften britischen Einheiten in Ägypten waren noch nicht weit gekommen, da beraumte er einen Waffenstillstand an. Abermals suchte der Premier das Heil in sinnloser Geheimniskrämerei: Weder Frankreich noch Israel ließ er von der Einstellung der Kämpfe vorab informieren.[24] Am 7. November verabschiedete die Vollversammlung der UN die geplante Resolution: Die britischen, französischen und israelischen Truppen sollten sofort aus Ägypten abziehen. Nach einigem Hin und Her sahen die Invasoren sich genötigt, den vollständigen Abzug ihrer Truppen zuzusichern. Der Suezkanal blieb in ägyptischer Hand. Nasser versäumte nicht, sich bei Eisenhower zu bedanken.

So scheiterte Anthony Edens Bemühen, Britanniens Souveränität zu erhalten, ohne die »angloamerikanische Allianz« aufzukündigen. Die schwere Demütigung verschlimmerte Edens Krankheit. Er war mit den Kräften am Ende. Am 9. Januar 1957 trat er zurück. Zum neuen Premierminister berufen wurde Churchills Favorit: Harold Macmillan.

In den folgenden zwanzig Jahren bis zu seinem Tod im Januar 1977 musste Eden es aushalten, dass ihm nachgesagt wurde, einer der schlechtesten Premierminister des Jahrhunderts gewesen zu sein.[25]

Churchill hatte den Verlauf der Suezkrise zunehmend ungeduldig verfolgt. Anschließend kommentierte er, unmöglich hätte man die Operation »schlechter planen und schlechter umsetzen« können.[26] »Ohne den Konsens mit den Amerikanern hätte ich es nie gewagt«, sagte er seinem Sekretär, »und wenn ich einmal begonnen hätte, dann hätte ich nicht gewagt aufzuhören.«[27] Seinem Arzt sagte er Ähnliches: Wie er selbst auf Nassers Provokation reagiert hätte, wisse er nicht, »ganz gewiss aber ist: Ich hätte nichts unternommen, ohne die Amerikaner zu konsultieren.«[28] Moran schmeichelte Churchill: Viele Leute hätten sich gewünscht, er wäre an der Spitze der Regierung gewesen. Dem Arzt zufolge soll Churchill das Kompliment bescheiden abgetan haben: »Ich bin nicht mehr der Mann, der ich einmal war. Ich könnte jetzt nicht Premierminister sein.«[29]

Dass er nicht gewagt hätte aufzuhören, klingt aus dem Mund des großen Amerika-Verehrers mehr nach einem guten Spruch als nach einer ernsthaften Antwort. Einige Erlebnisse Jock Colvilles in New York lassen freilich vermuten, dass Churchills Replik nicht nur schnell dahingesagt war. Sowohl Wall-Street-Banker als auch Taxifahrer sprachen den Briten auf die Suezkrise an. Sie alle, erinnerte sich Colville, hätten das britische Vorgehen in Ordnung gefunden und dann gefragt: »Aber warum um alles in der Welt haben Sie den Job nicht zu Ende gebracht?« Auch der deutsche Kanzler Konrad Adenauer konnte sich nur wundern. Ihm »war es unbegreiflich, dass die Truppenlandung 1956 so spät kam und so unentschlossen wirkte«.[30] Ganz besonders verwundert war niemand anderer als John Foster Dulles. Im November 1956 musste er sich wegen eines Darmleidens ins Krankenhaus begeben. Dort stattete der britische Botschafter Selwyn Lloyd ihm einen Besuch ab. Gegen Ende der Unterhaltung erkundigte sich der amerikanische Außenminister: »Selwyn, warum haben Sie aufgehört? Warum haben Sie die Sache nicht durchgezogen und Nasser beseitigt?« Lloyd war wie vom Donner gerührt: »Dulles war der Mann, der unsere Gegner angeführt hatte [...] der alles getan hatte, um uns kleinzukriegen.« Er raffte sich zu einer Antwort auf: »Na ja, Foster, ein Wort von Ihnen und wir hätten wohl weitergemacht.« Seine offenen Worte – oder war es herablassende Jovialität? – konnte Dulles sich leisten. Sein Machtspiel hatte er ja gewonnen: Anlässlich einer weiteren Krise im Nahen Osten sicherte der neue britische Premier Harold Macmillan dem amerikanischen Präsidenten 1957 explizit zu, Großbritannien werde für sich nicht mehr das Recht beanspruchen, die Vereinigten Staaten bei der Ausübung ihrer Außenpolitik in dieser Weltregion zu behindern.[31] Höflich gesittet hat Macmillan Britanniens Selbstbeschreibung als Empire kassiert.

Das Empire und/oder Europa

Das Besondere des Empire bestand nicht zuletzt in seiner Zerstreutheit über den ganzen Globus. Es war größer, als das bedeutende Kolonialreich der Niederländer oder das spanische Großreich es gewesen waren, und über alle Kontinente verstreut. Entsprechend amorph und widersprüchlich war das imperiale Selbstverständnis. Mit dem Empire verbanden sich unterschiedliche Vorstellungen von seiner Rolle und seinen Aufgaben. Lange war es der Krone besonders um die Bekämpfung Spaniens und die Übernahme seiner Handelsrouten zu tun. Später, während der Kriege gegen das revolutionäre Frankreich und der sich anschließenden napoleonischen Kriege, gewann die Royal Navy enorm an Bedeutung: Das Empire definierte sich über die britische Seeüberlegenheit; der Anspruch auf die Seehoheit wiederum wurde mit den Erfordernissen des Empire legitimiert.

Im 19. Jahrhundert erfreute ein anderer Mythos sich großer Beliebtheit, der das zeitgenössische moralische Empfinden befriedigte: Das Empire war von der Vorsehung vorgesehen zur friedlichen Durchsetzung der britischen Handelsinteressen, dazu brachten britische Beamte und Missionare eine staatliche Ordnung und das Christentum in »unzivilisierte« Länder, womit deren Beherrschung nicht nur gerechtfertigt schien, sondern notwendig. Die britische Herrschaft, das war ausgemacht, bringe »die Rettung aus dem Chaos«, sie bekämpfe den

Aberglauben und die willkürliche Ausübung von Gewalt. An ihre Stelle setze sie die Macht des Rechts. In dieser Gedankenwelt war Winston Churchill groß geworden, weder wollte noch konnte er sich ganz von ihr lösen. Nicht umsonst hatte er in seiner Jugend die Werke von Thomas Babington Macaulay gelesen, des begnadeten Propagandisten dieser Ideologie.

Churchill gilt als ein wandelnder Anachronismus, als ein Ewiggestriger, der sich dem Lauf der Zeit entgegenstellte, mochte er dafür auch beschimpft oder belächelt werden. So darf man vielleicht den Mann beschreiben, nicht aber seine Haltung. Was etwa Indien anging, waren der Labour-Premier Clement Attlee und der bei den Gewerkschaften beliebte Außenminister Ernest Bevin nach dem Zweiten Weltkrieg keineswegs angetan von dem Vorhaben, dem Land die volle Souveränität zu gewähren. Ebenso wie Churchill betrachteten sie dies als den Anfang vom Untergang des Empire. Die Leidtragende, so fürchteten sie, wäre zuallererst die Labour Party, deren Anhänger sich in Scharen von ihr abkehren würden. Attlee und Bevin kannten ihre Wähler: In der Tat waren die meisten Einwohner des Vereinigten Königreichs stolz auf die überseeischen Besitzungen und die Royal Navy, die sie beschützte. Filme und Romane illustrierten, wie die Bürger das Empire in Jugendjahren zu sehen gelernt hatten: als gerecht, wohlwollend und allzeit hilfsbereit bei der Verbreitung zivilisatorischer Errungenschaften.

Ein als Konzession an die modernen Zeiten abgemilderter Imperialismus gehörte zum Selbstverständnis der Tories. Labour hingegen befand sich in einem Dilemma. An sich galt die freie Selbstentfaltung aller Völker der Partei als ein hohes Gut. Andererseits wollte die Regierung sich nicht nachsagen lassen, sie verrate das Empire. Die Labour-Chefs tüftelten an einer passenden Sprachregelung für die Ankündigung der Unabhängigkeit Indiens. Keinesfalls durfte es so aussehen, als fühle man sich zur Preisgabe des »größten Juwels« in der imperialen Krone gedrängt. Vielmehr handelte es sich um »die freiwillige Machtübertragung an eine demokratische Regierung«. Für Churchill war das nichts als Augenwischerei. 1942 fand er unmissverständliche Worte: »Ich bin nicht Premierminister des Königs geworden, um der Auflösung des Britischen Empire vorzustehen.«[32]

Die Labour-Regierung brauchte indes Churchills flammende Worte nicht, um auf das Commonwealth zu setzen. Zwar hatte das Empire sich der expansiven Gewinnsucht und eines hoffärtigen Herrschaftsanspruchs schuldig gemacht, daraus zogen die Labour-Politiker aber nicht den Schluss, es ganz aufgeben zu wollen. In Gestalt des Commonwealth sollte es fortbestehen: Auf »freiwilliger, demokratischer Basis« und zum gegenseitigen Nutzen aller Mitglieder sollte das Commonwealth, ob das den Amerikanern gefiel oder nicht, »zum dynamischen neuen Instrument des britischen weltweiten Einflusses« gemacht werden und – möglichst rasch – zur Gesundung der Staatsfinanzen beitragen.

1945 war Britannien bei den USA katastrophal hoch verschuldet. Die für den Wiederaufbau der Industrie benötigten Güter mussten auf dem Weltmarkt zu Dollarpreisen eingekauft werden, was neue Schuldenaufnahmen bei den USA nach sich zog. Die britische Abhängigkeit vom Dollar wussten die Finanzpolitiker auf der anderen Seite des Atlantiks zu nutzen: »Die Amerikaner liehen den Briten nur noch unter der Bedingung Geld, dass diese ihr sturmzerzaustes Pfund Sterling so bald wie möglich frei konvertierbar (natürlich in Dollar) machten. Das Ergebnis war ein Fiasko. Als Mitte des Jahres 1947 die Konvertibilität tatsächlich eingeführt wurde, sank der Wert des Pfunds wie ein Stein. Niemand wollte es haben.«[33]

Dass es den USA nichts nützen würde, Großbritannien in den Staatsbankrott zu treiben, war in Washington bekannt. Also gab man nach und führte die Währungskontrollen wieder ein. In der Folge »stieg der wirtschaftliche Wert des Empire wie eine Rakete in die Höhe«. Lebensmittel aus den tropischen Kolonien sollten die Bevölkerung des Vereinigten Königreichs versorgen. Der große Vorzug dieser Importe bestand nicht zuletzt darin, dass innerhalb des Commonwealth in Pfund Sterling abgerechnet wurde, was London viel günstiger kam als Einkäufe auf Dollarbasis. Was nicht auf den britischen Inseln konsumiert wurde, war gegen Dollar auf den internationalen Märkten verkäuflich. So lukrativ waren die Geschäfte innerhalb des Commonwealth, dass Großbritannien im Jahr 1950 prozentual mehr Waren in diese Länder exportierte als während seiner gesamten bisherigen Geschichte.[34]

Auf die wirtschaftliche Effizienz der Dominions konnte London sich verlassen. Aber auch in weniger potenten Volkswirtschaften musste das System von Export und Import funktionieren. Die Steigerung der Erträge war selbst in abgelegenen ländlichen Gebieten unabdingbar, wenn die Rechnung aufgehen sollte. Es war, wie der Historiker John Darwin schließt, wahrlich nicht die passende Zeit, »um die britische Verfügungsgewalt über die kolonialen Ressourcen zu lockern«.[35] Dass man sich vor den Machtgelüsten der Sowjetunion einerseits und einem eventuellen Abflauen des amerikanischen militärstrategischen Interesses an Europa andererseits fürchtete, tat ein Übriges: Wohlstand und Bestand des Vereinigten Königreichs beruhten auf dem Zusammenhalt des Commonwealth. In London meinte man, auf die Vasallentreue fremder Völker und Nationen bauen und mit ihrer Unterstützung die britische Großmachtstellung bewahren zu können. Wie illusorisch das war, hatte sich am Beispiel Indiens schon gezeigt. Trotzdem hielten viele Politiker – mit Theodor Fontane gesagt – ihnen »vorschwebende Glücksfälle für Tatsachen«.

Ein beachtlicher Teil der Labour-Parteigänger, die Öffentlichkeit und die Tories sowieso bewahrten sich »eine grandiose Sicht« auf Britanniens Zukunft und seine Bestimmung, allen dazu nicht passenden Umständen zum Trotz. Attlees Kabinett und das Außenministerium zogen ein Zusammengehen mit Kontinentaleuropa in Betracht, wobei ihr Verständnis von Gemeinsamkeit allerdings recht eigenwillig war. Wie wir gesehen haben, ging Churchill über eine entsprechende Empfehlung Eisenhowers verächtlich hinweg. Anders die Labour-Regierung: Sie entdeckte Europa und malte sich ihr Wunschbild von einer Kooperation mit der »westlichen Union«, worunter sie kontinentaleuropäische Staaten verstand, die Großbritannien als untergeordnete Juniorpartner zur Seite stehen würden. Außenminister Ernest Bevin erklärte: »Wir sollten mehr Gewicht auf den Aufbau eines Commonwealth-Verteidigungssystems legen, das zusammen mit der westlichen Union einen Block bilden würde, dessen Stärke mit den Vereinigten Staaten oder der Sowjetunion vergleichbar wäre.«

Sir Norman Brook, der erfahrene Kabinettssekretär, schrieb Großbritannien eine Doppelrolle zu: als Hüter Europas und als Weltmacht. Im März 1948 stellte er fest: »Wenn es unser Ziel sein sollte, die Führung einer westlichen Union zu übernehmen, die stark genug wäre, um vom amerikanischen wie auch sowjetischen Block unabhängig zu sein, müssen wir im Zentrum eines Commonwealth der Nationen stehen, das so groß und mächtig ist, wie wir es nur machen können.«[36]

Bei der Einrichtung der Europäischen Gemeinschaft für Kohle und Stahl im April 1951, die maßgeblich von dem französischen Außenminister Robert Schuman vorbereitet wurde, hielt Großbritannien sich fein zurück: Die Mitgliedschaft in der Montanunion würde die britische Unabhängigkeit beschränken. Für diese Entscheidung gingen Anthony Eden und andere führende Konservative scharf mit der Labour-Regierung ins Gericht. Churchill überbot sie alle: Nach weiterer Betrachtung der Umstände – und sofern das Konzept sie überzeuge – seien die Tories »bereit […], den Verzicht auf nationale Souveränität« in Betracht zu ziehen: »Die nationale Souveränität ist nicht unantastbar.«[37] Wenig verwunderlich war es, dass er, wieder an der Macht, davon kein Jota an Europa abgeben wollte: Seine Regierung tat nichts dafür zu revidieren, was er in der Opposition als eine große Dummheit kritisiert hatte.

Wenige Monate später stand ein anderes Projekt auf der europäischen Agenda: Der französische Ministerpräsident René Pleven regte die Gründung einer Europaarmee an, zu der auch deutsche Truppen gehören sollten. Churchill begrüßte die Idee: So konnte die Bundesrepublik zur Verteidigung Europas beitragen, ohne dass die Gefahr eines Wiederauflebens der Wehrmacht bestand. Die USA befürworteten eine Europäische Verteidigungsgemeinschaft und bemühten sich, die britischen Freunde zu überreden: Sie sollten mitmachen und die Führung übernehmen. Doch alles Zureden Washingtons blieb umsonst.

Als die Vorbesprechungen im Sommer 1951 zu einem konkreten Plan gediehen, gab Attlees Regierung sich spröde: Großbritannien wolle »kein volles Mitglied« werden, sondern lediglich »assoziiert« sein, also irgendwie mitreden. Als er wieder Premierminister war, äußerte Churchill sich mehrfach in demselben Sinn, einmal mit rhetorischer Raffinesse: »Wir werden in treuer Kameradschaft für und mit dem Vereinten Europa arbeiten.« So verpackte er in wohlklingende Worte die britische Distanzierung von der Europaarmee. Ende August

1954 zerschlug sich das Vorhaben, weil viele Abgeordnete der französischen Nationalversammlung um die Eigenständigkeit der französischen Streitkräfte fürchteten. Aber das steht auf einem anderen Blatt, an dem die Briten nicht mehr mitschrieben.[38]

Anthony Montague Browne, Churchills Privatsekretär von 1952 bis zu dessen Tod, fasste rückblickend zusammen: Britische Politiker hätten sich Europa dann zugewandt, wenn sie gerade kein Amt innehatten. Das von den Regierenden vernachlässigte Thema bot sich an für unterbeschäftigte Parlamentarier, die sich in Erinnerung bringen wollten. Montague Browne sprach gar von einem »unternehmerischen Hobby«. Churchills aus leerlaufendem Tatendrang geborene Europabegeisterung war allerdings nicht konsistent. Mal votierte er für die europäische Integration, dann wieder dagegen. Vollends und ohne Einschränkung versackte sein Engagement, sowie er wieder in Downing Street saß. Als seine Freundin Violet Bonham Carter und Graf Coudenhove-Kalergi, ein »Paneuropäer« der 1920er Jahre, auf den Europamuffel einzuwirken suchten, tat er ihr Ansinnen ab: Über so viele Dinge seien er und sein Außenminister uneins, da wolle er wegen einer »Nebensächlichkeit« keinen weiteren Disput mit Eden vom Zaun brechen. Sagte es und weigerte sich, Pro-Europa-Delegationen auch nur zu empfangen.[39]

1950 berief Churchill sich im Unterhaus auf das Argument, Großbritannien könne nicht eng mit Europa verbandelt sein, während der Rest des Commonwealth außen vor bleibe. Und noch einen anderen Grund trug Churchill vor, warum Großbritannien sich mit Europa nicht aufs Engste einlassen dürfe: Die Mitgliedschaft in tragenden Institutionen des Kontinents sei mit »unserer brüderlichen Freundschaft zu den Vereinigten Staaten« schlecht vereinbar.[40] Präsident Eisenhower für sein Teil legte auf die von Churchill beschworene Exklusivität keinen großen Wert. Im Gegenteil. Churchills dauernde Berufung auf die *special relationship* mit den USA hielt er sowieso für überzogen. In seinen Augen wäre den amerikanischen Interessen am besten gedient gewesen, wenn das befreundete Großbritannien die Führungsrolle in einem als Bollwerk gegen die Sowjetunion geeinten Westeuropa übernommen hätte[41] – und Churchill weniger eifrig darauf aus gewesen wäre, ihn zu besuchen.

Hätten die Briten sich mit der für sie vom Weißen Haus vorgesehenen Rolle einverstanden erklärt, die Vereinigten Staaten hätten ihren Einfluss auf die europäischen Regierungen spielen lassen. Vermutlich hätten diese sich dagegen gesträubt, aber einen Versuch wäre es wert gewesen und hätte London auf jeden Fall eine bessere Verhandlungsbasis bei der europäischen Integration verschafft. Es war eine Chance. Sie wurde vertan. Das war vielleicht der folgenreichste Fehler, den Großbritannien im 20. Jahrhundert begangen hat. Die Überschätzung des imperialen Erbes ging einher mit der Verkennung der geopolitischen Entwicklung.

Damit soll nicht gesagt sein, dass die Politiker sich Illusionen über den bröckelnden Zustand des Commonwealth hingegeben hätten. Vielmehr meinten sie, es irgendwie zusammenhalten zu können; eine Hinwendung zur Europapolitik hätte den falschen Eindruck erweckt, wäre vielleicht sogar kontraproduktiv gewesen. Außerdem war Großbritannien in den 1950er und frühen 1960er Jahren noch nicht auf den Status einer Regionalmacht reduziert.

Unter den Regierungsmitgliedern hatten in den 1950er Jahren nur Außenminister Harold Macmillan und der stellvertretende Generalstaatsanwalt Maxwell Fyfe eine vage Sympathie für die europäische Vergemeinschaftung. Auch sie konnten sich die Integration in Europa allenfalls unter der Bedingung vorstellen, dass Großbritannien die führende Rolle übernehme. Aber immerhin war es nicht ihre Absicht, in Verhandlungen nur einzusteigen, um sie zum Scheitern zu bringen.[42]

Wie wenig selbst er in Wahrheit auf Europa gab, bewies Außenminister Macmillan (erst später wurde er Finanzminister), als er sogar versäumte, erfahrene Leute zu der Konferenz in Messina zu schicken, auf der im Juni 1955 die Gründung der Europäischen Wirtschaftsgemeinschaft vorbereitet wurde. In einem internen Papier stellte das Foreign Office im Dezember fest: »Das Vereinigte Königreich kann nicht ernstlich daran denken, sich an der europäischen Integration zu beteiligen.« Churchill und andere fühlten sich bestätigt.[43]

Und es war ja nicht ganz falsch: In der Tat wäre es schwierig geworden, die europäische Vergemeinschaftung auf die außereuropäischen Staaten des Commonwealth zu erstrecken. Möglicherweise hätte man eine passende Konstruktion finden können, aber die betreffenden

Verhandlungen wurden von allen Seiten recht halbherzig betrieben. Zu viel Unmut hatte sich in den Vorjahren angesammelt. Mittlerweile war Harold Macmillan Premierminister. Anstatt bei der französischen Regierung und anderen um Verständnis für das britische Dilemma zu werben, erweckte London den Eindruck, das Gute von beiden Welten haben zu wollen: sowohl die niedrigen Tarife der Europäischen Wirtschaftsgemeinschaft als auch die steuerlichen Vorteile des »preferential treatment« innerhalb des Commonwealth. Die Ahnung trog nicht: Genau so dachte man jenseits des Kanals. Die Briten wähnten, ihr Beitritt zur EWG werde so heiß ersehnt, dass sie zwischen Europa und dem Commonwealth nicht wählen müssten.[44]

Im Besitz dieser Gewissheit mögen die britischen Unterhändler ein klein wenig hochnäsig aufgetreten sein – so schien es sogar jenen Franzosen, die weniger empfindlich waren als Charles de Gaulle. Jean Monnet machte den »Nationalcharakter« der Engländer dafür verantwortlich, dass »sie im Austausch mit anderen eine Sonderstellung einnehmen wollen«, die es ihnen erspare, »mit dem Rhythmus der modernen Welt« zu gehen und so zu reifen.[45]

Dazulernen aber mussten sie: Die Fliehkräfte innerhalb des Commonwealth wurden wirksam. Immer mehr Kolonien wollten sich nicht mehr vom »Mutterland« bevormunden lassen. Mit der Unterstützung Chinas begannen malaiische Nationalisten 1950 einen Freiheitskampf, der sich über Jahre hinzog. Auch der Aufstand der Mau Mau in Kenia zeigte ein die Briten verstörendes Beharrungsvermögen der Kikuyu: Obwohl die Kolonialmacht mit brutaler Energie vorging, hielten die Freiheitskämpfer von 1952 bis 1960 durch. Die Bürger auf den britischen Inseln hatten kein Verständnis für das anhaltende Blutvergießen. Den Regierenden in Downing Street blieb auf Dauer nichts anderes übrig, als dem Verlangen nach Selbstständigkeit nachzugeben. Churchill war ein wenig enttäuscht von seinen Landsleuten. 1947, als Indien unabhängig wurde, hatte er gewettert, das Empire werde »in einem scheußlichen Akt der Selbstverstümmelung« zerstört. 1955 klagte er: »Ich hätte das Empire gegen alle und jeden verteidigen können, nur nicht gegen das britische Volk.«[46]

Montague Browne teilte Churchills Ansicht, die Dekolonisierung werde die befreiten Länder in eine von Machtmissbrauch, Korruption und wirtschaftlicher Instabilität bestimmte Zukunft entlassen. Churchill führte das vor allem auf einen Umstand zurück: Die neugeborenen Staaten besaßen weder eine eigene parlamentarische Tradition noch hätten sie die Möglichkeiten oder Fähigkeiten gehabt, sie rasch zu begründen. Den demokratischen Parlamentarismus betrachtete er nun aber als das Fundament für die glückliche Entwicklung eines Landes. Und die britische Version schien ihm besonders gelungen: Großbritanniens edelste Errungenschaft.

Im Lauf seiner Geschichte hatte das Parlament, namentlich das Unterhaus, seine Rechte gegen den Widerstand der Krone erstritten und deren Macht enorm reduziert. Was einst eine Autokratie gewesen war, wurde zu einer konstitutionellen Monarchie. Ihr gebührte Respekt, nicht Gehorsam. Das Unterhaus war mit Churchills Worten »die beherrschende Institution des Königreichs«, die Krone war der »Oberhoheit des Parlaments« unterworfen, ja sie fungierte als »das Instrument des Parlaments«.[47] Das war und blieb »für Churchill das Grundaxiom politischen Lebens in Großbritannien sowie seiner eigenen politischen Praxis«. Oftmals hat er verflucht, was im Unterhaus beschlossen wurde, von ihm missliebigen Wahlausgängen gar nicht zu reden. Bei allen möglichen Anlässen stieg ihm die Zornesröte ins Gesicht. Und doch …

Berühmt ist Churchills Ausspruch: »Die Demokratie ist die schlechteste aller Staatsformen, ausgenommen alle anderen.« Das war prägnant formuliert, ist aber sachlich unvollständig. Eine echte Demokratie konnte sich nach Churchills Ansicht nur unter Bedingungen des Parlamentarismus entfalten, den er in diesem Bonmot nicht erwähnte. Laut Montague Browne sagte er »ungefähr« Folgendes über die parlamentarische Demokratie: »Ja, das ist ein schreckliches Durcheinander, verunstaltet von Patzern, Krisen, Unfairness und Widersprüchlichkeiten. Auch ist es ein ewiger Popularitätswettbewerb. Das Dumme ist nur: Wenn Sie andere Systeme in Erwägung ziehen, nehmen die sich alle noch schlechter aus.«[48]

Sooft Churchill mit den »Patzern« und der »Unfairness« haderte, niemals wäre er auf die Idee gekommen, die Autorität des Parlaments aushebeln zu wollen. Ein anderer Premierminister hatte einige Jahrzehnte später weniger Skrupel: Als im Sommer 2019 zahlreiche Unterhausabgeordnete die mangelhafte Vorbereitung auf den geplanten Brexit kritisierten, erwirkte Boris Johnson (2019 bis 2022 im Amt) von Elizabeth II. den Erlass, die Unterhaussitzungen für einige Wochen auszusetzen. Erst kurz vor dem offiziellen Austritt aus der Europäischen Union, wenn nichts mehr geändert werden konnte, sollten sie wieder aufgenommen werden. Britannien war in Aufruhr. Die Sache kam vor den Obersten Gerichtshof, der am 24. September einhellig entschied, die Vertagung des Parlaments sei illegal. Nicht nur habe Johnson gegenüber der Queen seine Kompetenzen überschritten, zudem sei eine dem Unterhaus verpasste Zwangspause rechtswidrig, wenn sie das Parlament daran hindert, in einer entscheidenden Frage »seine konstitutionellen Aufgaben als Legislative« wahrzunehmen.

2014, fünf Jahre bevor er Premierminister wurde, leistete Boris Johnson sich eine literarische Koketterie. Er publizierte eine Churchill-Biographie, deren Leser unausgesprochen eingeladen waren, im Autor den Enkel im Geist zu entdecken. Ein Mann, der seit jeher seinen Mangel an Respekt zelebriert, auch und gerade gegenüber dem Unterhaus, ist für diese Rolle jedoch völlig ungeeignet.[49] Winston Churchill hatte durchaus etwas übrig für schräge Vögel, die auf Regeln und Konventionen pfiffen. Wenn es aber um die Rechte des Parlaments ging, verbat er sich diese Töne.

Konrad Adenauer, der letzte Karolinger

Wie es sich gehört, statten britische Premierminister und deutsche Kanzler einander Besuche ab. Nicht *dass* sie das machen, sondern wie oft, besagt etwas über ihr Verhältnis. Wie wenig Konrad Adenauer (1876 bis 1967; 1949 bis 1963 Bundeskanzler) mit Großbritannien anfangen konnte, lässt sich an der Frequenz seiner Reisen ablesen: 21-mal fuhr er nach Frankreich, zehnmal in die Vereinigten Staaten, aber nur sechsmal nach England. Adenauer störte unter anderem, dass die Briten die Gefahr sowjetischer Expansionsgelüste auf die leichte Schulter nähmen. Die britische Regierung und die Presse ihrerseits kamen mit dem Deutschen schlecht zurecht, der schon den unverbindlichen Austausch mit dem Kreml ablehnte.[50]

Nach dem Zweiten Weltkrieg war es den Alliierten nicht leichtgefallen, Führungskräfte zu finden, die sich in der NS-Zeit nicht kompromittiert hatten. Zu ihnen zählte der Rheinländer Adenauer. Die amerikanischen Besatzer machten ihn zu Kölns Oberbürgermeister, was nahelag, weil er dieses Amt rund dreißig Jahre zuvor schon innegehabt hatte. Der erzkonservative Katholik beteiligte sich an der Gründung der Christdemokratischen Union, biss liberale Konkurrenten weg und wurde 1949 – mit Hilfe der eigenen Stimme – der erste Kanzler der Bundesrepublik Deutschland. Die folgenden drei Bundestagswahlen gewann er ohne diese Art des persönlichen Einsatzes. Die CDU, als deren Vorsitzender er von 1950 bis 1966 fungierte, führte er mit fester Hand: Dem Kanzler widersprach man nicht.[51]

Gleich nach dem Krieg setzte Adenauer auf Großbritannien: Wenn Europa je wieder weltweit etwas zu sagen haben wollte, dachte er, sei es auf die Briten angewiesen, die sich im Gegensatz zu den kontinentalen Ländern innerer Stabilität erfreuten. Frankreich, schrieb er 1946 in einem Brief, sei »biologisch und wirtschaftlich nicht genügend stark für diese Rolle«. Unter »biologisch« verstand er ungefähr, was in England gemeint war, wenn man von »Rassen« sprach. Noch 1953 zog er Britannien den »hysterischen Franzosen« vor.[52] Mit diesem Wort meinte er wohl nicht zuletzt den Umstand, dass seit 1947 Sozialisten an der Regierung waren. Nach seinem London-Besuch 1951 lobte er die »wirklich herzliche« Aufnahme, die ihm dort von jedermann zuteilgeworden sei, »abgesehen von einigen Kommunisten«.[53]

Sosehr Adenauer den traditionsbewussten englischen Pomp zu schätzen wusste – er wurde mit dem, was er als britische Mentalität wahrnahm, nicht warm: Die Briten »sind eben nun einmal anders als wir«. Der deutsche Botschafter in London versuchte sich an einer Erklärung für die Fremdelei: Besonders die »in sich ruhende Selbstsicherheit der englischen politischen Klasse« habe Adenauer gestört, die vom Zustand der britischen Wirtschaft so gar nicht gedeckt war. Auch hielt der Kanzler die britischen Ansprüche auf Weltmachtgeltung für eine Illusion, was er schon Ende 1946 feststellte: Die Briten trieben »eine Politik, die ihren eigenen Interessen auf das Stärkste zuwiderläuft. Sie können ja doch nur ihre Stellung in der Welt erhalten als Führer eines wirtschaftlich geeinten und politisch ausgeglichenen

Westeuropas unter Einschluss wenigstens der drei westlichen deutschen Zonen.«[54]

Zu seinem achtzigsten Geburtstag 1954 erhielt der Premier vom Kanzler einen großen silbernen Pokal. Zu seinem 85. gab es eine gerahmte Ansicht von Bonn. Wahrscheinlich war das nicht als anspielungsreiche Stichelei gedacht, vermutlich hatte der Geschenkbeschaffungsbeauftragte lediglich übersehen, dass die 1949 zum Regierungssitz gewählte Stadt einst von Churchills Urahn, John Churchill, belagert worden war. Der Jubilar ließ sich jedenfalls nicht provozieren. Jovial grüßte er nach Bonn: »Ich bin zuversichtlich, dass die Einwohner mir keinen ererbten bösen Willen unterstellen.«

Für den Pokal dankte Churchill mit den Worten: »Ich stehe weit oben auf der Liste Ihrer Bewunderer.« Im Vorjahr, 1953, hatte er Adenauer im Unterhaus zum »klügsten deutschen Staatsmann seit Bismarcks Zeiten« ausgerufen. Er begrüßte, dass dieser beteuerte, am Aufbau unabhängiger deutscher Streitkräfte sei ihm nicht gelegen. Und Adenauer hörte es gern, als der Premierminister ihm versicherte: »Sie können sich fest darauf verlassen, dass wir hinter Ihrem Rücken nichts tun werden mit Russland.« Aber, warnte der Kanzler, »gesetzt den Fall, es kommt ein anderer Ministerpräsident [sic]?« Daran »muss man auch denken«.[55]

In Wirklichkeit dachte Adenauer natürlich auch an den regierenden Premier und dessen Umgang mit der Sowjetunion während des Kriegs. 1952 war Churchill nicht im Geringsten beeindruckt von Stalins Vorschlag, mit den Westmächten über die deutsche Wiedervereinigung in Kombination mit der politischen Neutralität des Landes zu verhandeln. Die sogenannte Stalinnote nahm er allenfalls kursorisch zur Kenntnis, wenn überhaupt. Im Mai 1953 reiste Adenauer nach London. Am 14. Mai kam er an, drei Tage nachdem Churchill tumultuöse Zustände im Unterhaus provoziert hatte, indem er – von Stalins Tod im März beflügelt – ohne vorherige Unterredung mit dem Kabinett und dem Außenministerium seine Absicht kundtat, in Gespräche mit dem Kreml einzutreten. Bemerkenswerterweise hat Adenauer diese Rede, die er für verheerend halten musste, nicht zum Anlass für schroffe Worte genommen. Zurück in Deutschland, erklärte er in einem seiner intimen »Teegespräche« mit ausgesuchten Journalisten lediglich, wie »außerordentlich freundschaftlich« und »sehr offen« die Atmosphäre gewesen sei.[56] Offen vielleicht, konstruktiv wohl eher nicht. Adenauers Treffen mit Churchill in Downing Street war ernüchternd. »Er erlebte einen Hausherrn, der einen ›abwesenden Eindruck‹ machte, ins Träumen kam und den Faden verlor.«[57] So jemand schien nicht eben geeignet, mit den gewieften Russen auf Augenhöhe zu konferieren.

Je mehr Adenauer die Geduld mit den Briten verlor, denen ihr Empire wichtiger war als Europa, desto eigenwilliger kamen sie ihm vor, borniert wie ein typisches Inselvolk. Schon wie sie redeten, war ihm suspekt. »Sie dürfen nicht vergessen«, philosophierte er in einem Teegespräch, »dass die englische Sprache in ihrer Ausdrucksweise, ich will nicht sagen ›allgemeiner‹, aber nicht so präzise ist wie die deutsche Sprache und dass auch der Engländer es gar nicht liebt, so präzise zu sprechen, sondern das eine Spezialität des Deutschen und des Franzosen ist, präzise zu sprechen.«[58] Mit »dem Franzosen« meinte er zweifellos auch den geschätzten Charles de Gaulle, der dabei war, politische Unterstützer zu sammeln. In demselben Gespräch betonte er, wie sehr »das Verhältnis zu England« sich »zu unseren Gunsten verbessert« habe: »Daran ist zum großen Teil die Ursache unsere konstante Politik.« Hinter diesem Satz verbarg sich ein Quäntchen Dünkel: So vage wie die Sprache war in seinen Augen die Politik der Engländer – zu ihrem eigenen Schaden.

Als die französische Nationalversammlung am 31. August 1954 die Europäische Verteidigungsgemeinschaft verhinderte, war Adenauer beunruhigt und Churchill enerviert. Er könne verstehen, sagte der Premier, dass die Franzosen die EVG ablehnten, das hätten sie sich aber überlegen sollen, bevor sie das Projekt begannen, dessen Scheitern für die Sowjetunion höchst erfreulich und für Frankreich peinlich sei. Nun versuchte er sich an einer kleinen Einmischung in Adenauers Angelegenheiten. Sie kam in Form einer Empfehlung: Dem »moralischen Ansehen« Deutschlands werde der Kanzler einen großen Dienst erweisen, wenn er keinen Vorteil aus dem Ende der EVG zu ziehen suche. Vielmehr solle er Frankreich versichern, die Bundesrepublik werde verlässlich dazu stehen, »dass ihr Beitrag zur westlichen Verteidigung in dem für ihre Partner akzeptablen Rahmen bleibe«.[59]

Adenauer, dem angesichts der britischen Intransigenz und de Gaulles Durchsetzungswillen die Verständigung mit Frankreich zunehmend ein Herzensanliegen war, dürfte diesen Rat aus England nicht nötig gehabt haben. Hatte sein Interesse an Britannien sich schon seit einiger Zeit in Grenzen gehalten, flaute es nun noch weiter ab. Die schlechte ökonomische Lage des Landes komplettierte seine abfällige Meinung. Ein Stein des Anstoßes war der Unterhalt der in Westdeutschland stationierten britischen Truppen: London sah sich außerstande, für ihre Versorgung selbst aufzukommen. Der schlaue Adenauer, bekennender Freund simpler Erklärungen, meinte zu wissen, woran das lag: Würden die Engländer mehr arbeiten, sagte er, »dann sähe es mit ihnen besser aus. Aber die machen freitags nachmittags Schluss, und dann fangen sie erst am Montag wieder an. Dann dürfen Sie sich nicht beklagen, dass Sie Misserfolg haben.«[60]

Adenauers wachsender Unmut über die britische Haltung ging Hand in Hand mit seiner Furcht vor der »Roten Gefahr«. Nicht nur jenseits des Kanals, auch in Frankreich und unter westdeutschen Sozialdemokraten war zu Beginn der 1950er Jahre die Hoffnung verbreitet, wenn man mit den Russen vernünftig rede, könne man zu einer Verständigung kommen. Die Aussicht erfüllte Adenauer mit großer Sorge. Er entwarf ein Horrorszenario, an das er tatsächlich glaubte. »Die sowjetische Deutschlandpolitik […] laufe darauf hinaus, Westdeutschland zu neutralisieren, um es dann unentrinnbar in seinen Herrschaftsbereich einzugliedern. Mit dem Fall Westdeutschlands würde es jedoch auch um Westeuropa geschehen sein, denn ohne Westdeutschland sei Westeuropa, vor allem auch wegen der starken kommunistischen Parteien in Frankreich und Italien, nicht mehr zu halten. Der Verlust Westeuropas und der dadurch ermöglichte Machtgewinn der Sowjets könne die USA nicht unbeteiligt lassen. Denn damit sei deren Überlegenheit dahin und sie selbst seien tödlich bedroht.« Die amerikanischen Repräsentanten in Deutschland teilten diese hysterischen Erwägungen nicht, vernahmen aber mit Wohlgefallen, dass die Neutralität Deutschlands im Kalten Krieg für Adenauer nicht in Frage kam.[61]

Am 10. Mai 1956 erhielt Churchill in Aachen den Karlspreis. In der Danksagung, die ein Sekretär nach seinen Angaben entworfen hatte, rief er die seit Jahresfrist innenpolitisch weitgehend souveräne Bundesrepublik auf, offen zu sein für Anzeichen der politischen »Entspannung« in Moskau. Die Sowjetunion, betonte er, gehöre zu Europa und solle, so sie dazu bereit sei, an den Initiativen zu einer gemeinsamen Politik beteiligt werden – unter der Bedingung natürlich, dass der Kreml die westliche Stärke anerkenne. Außerdem riet er, die Wiedervereinigung mit der DDR ohne Hast anzugehen.[62]

Von Aachen fuhr Churchill zu einem Treffen mit dem 80-jährigen Adenauer nach Bonn. Wie zu erwarten, mochte dieser den sowjetfreundlichen Teilen der Rede nicht beipflichten. Im Hinblick auf das zweite Thema, die von vielen ersehnte Wiedervereinigung der Deutschen, war der katholische Kanzler unempfindlich, was er klugerweise nicht an die große Glocke hängte. Die Integration ins westliche Bündnis war ihm ungleich wichtiger. Darüber hinaus hatte er für den Protestantismus, zumal in norddeutscher Prägung, nicht viel übrig. Die Bundesrepublik, die er sich wünschte, definierte sich über innige Beziehungen zu Frankreich und war idealiter mit dem Reich Karls des Großen verwandt: Sonst ein kalkulierender Realist, gab Adenauer sich dem romantischen Gedanken hin, »das größte Jahr« in der Menschheitsgeschichte sei 800 gewesen, da Karl aus dem Geschlecht der Karolinger als erster westeuropäischer Herrscher seit der Antike in Rom zum Kaiser gekrönt wurde.[63]

Im November 1959, kurz vor Churchills 85. Geburtstag, reiste Adenauer noch einmal nach England. Zu einem für den Kanzler arrangierten Essen in Downing Street konnte Churchill zu seinem Bedauern nicht kommen, er war unpässlich. Als Adenauer das erfuhr, bat er, den ein gutes Jahr Älteren zu Haus aufsuchen zu dürfen. Anschließend telefonierte Clementine mit Doktor Moran: »Winston war begeistert«, berichtete sie, »ich spreche Deutsch, das hat geholfen, denke ich.« Anfangs habe ihr Mann »zögerlich gesprochen, mit tonloser Stimme«. Aber schon nach einer Viertelstunde »wurde seine Stimme kraftvoller, und er stellte viele intelligente Fragen […] Adenauer traut Chruschtschow nicht.« Eine Stunde später schaute Moran bei Churchill vorbei. Einen Ausschnitt der Unterhaltung zitierte er in seinem Tagebuch. Churchill rang um Worte: »I saw … I saw … that man.« Moran: »Adenauer, you mean?« Darauf habe jener genickt.[64] Der Kanzler kehrte nach Deutschland zurück und übersandte pünktlich zu Churchills Geburtstag das schon erwähnte Bild von Bonn.

Bald darauf widerfuhr Adenauer das Gleiche wie zuvor schon Churchill: Aus ihm unerfindlichen Gründen waren allerlei Leute der Auffassung, er werde allmählich zu alt zum Regieren und solle zurücktreten. Und wie Churchill als Premierminister sträubte der deutsche Kanzler sich mit aller Kraft. Im Frühjahr 1959 bequemte er sich zu der Ankündigung, wenn die Amtszeit des Bundespräsidenten Theodor Heuss zu Ende gehe, werde er das Kanzleramt zugunsten eines Jüngeren räumen und bei der Bundespräsidentenwahl kandidieren. Das für die Neuwahl eines Bundespräsidenten festgelegte Datum war der 1. Juli 1959. Aber was geschah? Im Mai, soeben von der Beerdigung seines Freundes John Foster Dulles in den USA ins heimische Rhöndorf zurückgekehrt, empfing Adenauer in seinem Rosengarten den Kaplan seines Vertrauens. In dessen Gegenwart »prüfte er sein Gewissen. Das Resultat: Nur er konnte die Nation sicher durch künftige Gefahren führen – als Kanzler, nicht als Präsident.« Nun erwies sich als misslich, dass er die CDU fest im Griff hatte: Obwohl seine Altersschwäche sich bemerkbar machte, wagten die Christdemokraten nicht, seine Entscheidung anzufechten.[65]

Wann Churchill wegen der Auswirkungen eines Schlaganfalls nicht zusammenhängend sprechen konnte, wann er sich Momente lang in Apathie verlor und wann lediglich seine zunehmende Taubheit ihn abwesend wirken ließ, war für die Zeitgenossen bei aller Aufmerksamkeit schwer auszumachen. Seit seinem schweren Schlaganfall 1953 hätte er auf Alkohol besser verzichtet; großzügig mit sich selbst setzte er sich darüber hinweg. Als seine Parteifreunde ihn zum Rücktritt nötigten, taten sie das nicht zuletzt, weil er in ihren Augen nicht mehr in die Zeit passte: Er war ihnen zu altmodisch, ein Relikt der viktorianischen Ära, ohne Sinn für den gesellschaftlichen Wandel. Die von ihm gepriesene Korrekturkraft des Parlaments kehrte sich nun gegen ihn selbst. Letztlich taten seine Kritiker ihm einen Gefallen. Ein schmähliches Ende als Regierungschef, wie der deutsche Kanzler es erlebte, blieb ihm erspart.

So wie Churchill seinen Platz nicht für Anthony Eden hatte räumen wollen und diesen für ungeeignet erklärte, insistierte Adenauer, dass der beliebte Wirtschaftsminister Ludwig Erhard als Nachfolger nicht in Frage komme: Der könne nicht führen und verstehe nichts von Außenpolitik. Anlässlich der »Spiegel«-Affäre 1962 – das Nachrichtenmagazin wurde des Landesverrats beschuldigt – geiferte er im Bundestag gegen das regierungskritische Blatt. Die Freie Demokratische Partei, auf deren Unterstützung er seit den Wahlen 1961 angewiesen war, wollte den Kanzler nun loswerden. Nicht seine CDU, sondern die FDP-Fraktion war es, die Adenauer zum Rücktritt zwang. Seine Amtszeit endete am 15. Oktober 1963. Mittlerweile waren seine der Senilität geschuldeten Fehlleistungen nicht mehr zu übersehen. Adenauers weitere politische Aktivitäten endeten in Niederlagen.[66] Davon bekam Churchill nichts mit: Er dämmerte dahin, hin und wieder ein lichter Moment.

17. Kapitel

TOD UND VERKLÄRUNG

1 Ein sehr alter Mann mit Zigarre. An der Côte d'Azur im April 1963
2 Seit 2016 zeigen 5-Pfund-Scheine sein Bild und dazu die Worte »Ich habe nichts zu bieten als Blut, Mühsal, Tränen und Schweiß«.
3 Echter als der wirkliche Churchill: Gary Oldman in dem Film »Die dunkelste Stunde« (2017)
4 Im Mai 2020 hat ein weißer Polizist den wehrlosen Afroamerikaner George Floyd in Minneapolis umgebracht. Darauf finden in Britannien etliche Demonstrationen gegen Rassismus statt. In London manifestiert sich der Protest an der Churchill-Statue am Parliament Square: »~~Churchill~~ war ein Rassist«.

3

BLACK LIVES MATTER
CHURCHILL
Was a Racist
Fuck your Agenda
KNW UR RIGHTS
·NO COMME
·NO PERSONAL
·WHAT POW
·NO DUTY SOLICI
·NO CAUTI
GBC: 0794651
FUCK 12
RACISM
THE LAST FIGHT AGAINST
GREAT BRITAIN
BLACK LIVES
BRUTAL-ITY

Dass er ausersehen sei, dachte Churchill schon in Jugendzeiten. Im Sommer 1906 beeindruckte der 32-Jährige die jüngere Violet Bonham Carter mit oberflächlichen geschichtsphilosophischen Weisheiten. Im Gedächtnis hängen blieben ihr seine Schlussworte: »Wir alle sind Würmer. Aber ich glaube, dass ich ein Glühwürmchen bin.«[1] Zu seinem achtzigsten Geburtstag 1954 erklärte die »Times« ihn »zum größten Mann aller Zeiten«.[2] Unter dieser Ehrengrabplatte rumorte es noch, doch wurden die Geräusche schwächer.

»Die Vergangenheit ist ein fremdes Land«, hat der Engländer L. P. Hartley 1953 in seinem nostalgischen Roman »The Go-Between« geschrieben. Für betagte Gentlemen, die sich gern alter Zeiten erinnerten, lag Londons *Clubland* auf halbem Weg dorthin. Solche Ausflüge kamen für Churchill nicht in Frage: Die monatlichen Dinnergesellschaften ausgenommen, die »The Other Club« im Savoy-Hotel abhielt, waren Gentlemen's Clubs nicht sein Habitat. Freude machten dem Ex-Premier seine Pferde, doch füllte das die Tage nicht aus – um das Management kümmerte sich ein Schwiegersohn, der konservative Politiker Christopher Soames, der ihn Ende der 1940er Jahre für den Rennsport begeistert hatte. Oftmals litt Churchill an der Antriebslosigkeit des Beschäftigungslosen und unvermeidlichen Einsamkeitsschüben: »Ich muss die Zeit totschlagen, bis sie mich totschlägt.« Gegen Ende des Jahres 1955 konstatierte Lord Moran: »Wenn nicht der nahende Tod ihn umtreibt, sinniert Winston über den Fortbestand des Königreichs.«[3]

Das Missgefühl des alten Mannes trat während der Suezkrise 1956 hinter seinem belebenden Ärger über Anthony Eden zurück. Eine andere, kleine Abwechslung ergab sich 1958. Einflussreiche Honoratioren wollten Churchill ein Denkmal setzen, das vielsagender sei als die üblichen Standbilder: Die Universität Cambridge sollte um ein neues

College für Naturwissenschaften und Technologie bereichert werden. Churchill gefiel das Vorhaben. »Immerhin«, bemerkte er mit Blick auf das ehrwürdige Trinity-College, »stellt mich das neben die Dreifaltigkeit.« Zur großen Überraschung des Gründungsgremiums verlangte er, das Churchill-College solle gleichberechtigt mit Männern auch Frauen aufnehmen. Das hatte es noch nie gegeben, es war ein Novum in der gesamten Geschichte von Oxford und Cambridge. Clementine hatte ihn dazu gedrängt, und dieses Mal gab er ihr recht. »Wenn ich bedenke«, sagte er, »was Frauen im Krieg alles geleistet haben, bin ich ganz sicher, dass sie es verdient haben, gleich behandelt zu werden.« Vermutlich nahm er Clementines Rat umso lieber an, als er nun gutmachen wollte, dass er vierzig Jahre zuvor gegen das Frauenwahlrecht gewesen war.[4]

1962 erkundigte sich eine Gruppe von Leuten, die Churchills Andenken in ehrendem Gedächtnis bewahren wollten, welchem Zweck eine nach ihm benannte Stiftung dienen solle. Churchill schlug Reisestipendien vor, damit begabte Wissenschaftler sich in fernen Ländern fortbilden konnten, um ihre Erkenntnisse in der Heimat zu verbreiten. Am Tag nach seinem Tod wurde der Churchill Memorial Trust offiziell gegründet. Auf Betreiben des damaligen Labour-Premiers Harold Wilson gab die Regierung zu den schon gesammelten Spenden eine hohe Summe hinzu.[5]

1968 schlug ein konservativer Unterhausabgeordneter vor, den mehr als ein halbes Dutzend bestehenden Standbildern und Plaketten eine weitere hinzuzufügen, damit »jene von uns, […] die ihn noch erlebt haben«, dieses »größten Parlamentariers in Jahrhunderten« besser gedenken könnten. Für »wirklich nicht notwendig«, erklärte das der walisische Labour-Abgeordnete Emrys Hughes: »Den kann niemand vergessen.« Ein anderer Labour-Politiker erinnerte daran, dass Churchill »den letzten Krieg nicht allein gewonnen hat«. Sosehr das zutraf, für eine Mehrheit sprachen die beiden nicht. Die Bronzestatue aus der Werkstatt von Ivor Roberts-Jones wurde 1973 am Londoner Parliament Square in Anwesenheit der Queen aufgestellt. Zuvor hatte der Künstler ein wichtiges Detail an dem Entwurf geändert: Die Auftraggeber wünschten sich einen »jüngeren« Churchill, er sollte etwa so aussehen wie 1940 in Großbritanniens »Finest Hour«.[6]

1995 beschloss die konservative Regierung unter John Major, aus den Einnahmen der staatlichen Lotterie den Erwerb seiner schriftlichen Hinterlassenschaft zu finanzieren. Nicht die Idee als solche erregte die Gemüter und auch nicht die Unklarheit darüber, wem welche Papiere eigentlich gehörten, sondern die exorbitante Kaufsumme, mit der die Erben zufriedengestellt werden sollten: zwölfeinhalb Millionen Pfund. Boris Johnson, damals Kolumnist des »Daily Telegraph«, nutzte die Gelegenheit zur Abwandlung eines Churchill-Diktums: »Selten in der Geschichte menschlicher Habsucht wurde so viel gezahlt von so vielen an so wenige.« Damit die Öffentlichkeit einsehe, was auf dem Spiel stand, kamen die Unterlagen eine Weile lang zur Ausstellung. Das verfehlte die erwünschte Wirkung nicht: Dieser Schatz, befanden die Besucher, musste dem Land erhalten bleiben.[7]

Die Apotheose zu Lebzeiten

Gleich nach dem Zweiten Weltkrieg war Churchills Status als Ikone unangefochten. Großbritannien hatte den Krieg gewonnen, Churchill hatte den Krieg gewonnen. Seine Sprunghaftigkeit, seine Fehlurteile und schlecht beratenen militärischen Entschlüsse verblassten mit dem Sieg über Nazi-Deutschland hinter seiner leuchtenden Aureole. Öffentliche Kritik, die vor 1945 in Meinungsumfragen durchaus geäußert worden war, schien nur mehr Krittelei zu sein, sofern die Leute sich überhaupt daran erinnerten. Um es mit David Cannadine zu sagen: »Der Trinker, Spieler und Verschwender« wurde »zum Nationalhelden«.[8]

Ein spezifisch britisches Phänomen war die wundersame Wandlung nicht: Indem sie ihre Anführer ohne Wenn und Aber hochleben lassen, feiern Nationen sich selbst. Das typisch Englische an der Churchill-Verehrung bestand darin, dass eine mythische Figur zur Verfügung stand, als deren Verkörperung der Kriegspremier nun gesehen wurde. Das war John Bull.

Während der Revolutionskriege als Gegenbild zu den französischen Jakobinern erschaffen, verselbstständigte sich die Karikatur: Frankreich wurde geschlagen – John Bull blieb. Im Rücken der dem

Meer zugewandten herrschaftlichen Britannia lebte dieser wohlbeleibte, dickköpfige, traditionsverbundene, freiheitsliebende Landmann von unbedeutendem Stand bis weit ins 20. Jahrhundert seine Vorstellung von Souveränität genussvoll aus. Und in Churchill wurde er Gestalt. Paradoxerweise hatte Churchill in Wahrheit mit dem volkstümlichen John Bull so viel gemeinsam wie Britannias Dreizack mit einer Heugabel. Dem Kriegspremier gemäßer war denn auch, dass er nicht als der klassische John Bull dargestellt wurde, sondern furchteinflößender, am liebsten gleich als John Bulls Begleiter: die Bulldogge mit den scharfen Fängen und den wilden Augen.*

Churchills aristokratische Herkunft bestimmte seine Weltsicht, die in ihrer konsequenten, alles umfassenden Rückwärtsgewandtheit zunehmend veraltet wirkte. Damit freilich befand er sich in ziemlich großer Gesellschaft: »In seinen inkonsequenten Haltungen, seiner unsicheren Parteiloyalität, seiner Ernüchterung über die Demokratie und seiner Bewunderung für autoritäre Herrschaftsformen verhielt sich Churchill nicht anders als viele desorientierte Adelige, die sich in der unwirtlichen, kalten Welt der Massenpolitik des 20. Jahrhunderts einfach nicht mehr zurechtfanden.« Und trotzdem verkörperte er die britische Nation. Die Person des Premiers stand für die harmonische, solidarische Einheit von Nation und Staat.[9]

So naheliegend es erscheinen mag, einen Nationalhelden mit der Nation, die er vertritt, in eins zu setzen, war das in der Geschichte nicht üblich. Zum Beispiel wäre niemand zu Beginn des 19. Jahrhunderts auf die Idee gekommen, in Admiral Nelson die Verkörperung aller Briten zu sehen. Der Held von Trafalgar stand für die Royal Navy, nicht für die Nation. Was die britische Seeherrschaft angeht, genügte es, dass Nelson sie symbolisierte. Woran zu Nelsons Zeiten nicht gedacht wurde, ergab sich aus der Entwicklung der Ideologie des Nationalstaats im 19. Jahrhundert.

Damit jemand als Verkörperung seiner Nation gesehen werden kann, muss der Nationalbegriff von großer Bedeutung sein. Im Zwei-

* Heute gelten Bulldoggen als friedliche, treue Hunde. Gezüchtet wurde die Englische beziehungsweise Britische Bulldogge allerdings für das in der Frühen Neuzeit beliebte bull-baiting, die Hatz auf Bullen.

ten Weltkrieg gab er den Briten einen Grund, an etwas zu glauben, was größer war als sie selbst und wofür es sich zu leiden lohnte. Den Einzelnen wurde »ein Sinn für Überzeitlichkeit« vermittelt, indem Symbole zur Verfügung standen oder auch bewusst zur Verfügung gestellt wurden, die den ewigen Wert der Nation repräsentierten und in unsicheren Zeiten das Gefühl von Sicherheit gaben.[10]

Das schuf den Mythos von dem Helden Winston Churchill, der im Mai 1940 antrat, Britannien zu retten, und mit der Nation verschmolz. Damit so eine gleichsam magische Verklärung funktioniert, muss sie plausibel sein. Und damit sie plausibel ist, darf der Auserwählte natürlich möglichst keine Fehler haben. Und wenn er welche hat, werden sie ausradiert: Für seine Rolle als die Verkörperung der Nation wurde Churchill zurechtretouchiert.

Dass er den Buckingham-Palast ebenso gegen sich aufgebracht hatte wie die Arbeiterschaft, war 1945 in Vergessenheit geraten; und wer noch daran dachte, konnte es ihm als Beleg für gesellschaftliche Überparteilichkeit anrechnen. Seine haltlosen Reden und unpassenden Auftritte, seine brutalen Aktionen gegen streikende Gewerkschafter, sein ausgeprägtes Klassenbewusstsein und sein Antifeminismus spielten im allgemeinen Bewusstsein keine Rolle. Das galt erst recht für seinen Rassismus, der in jener Zeit nicht auffiel, weil er unter weißhäutigen Briten selbstverständlich war. Auf eine etwas verdrehte Weise bestätigten Churchills Unzufriedenheit mit dem sich wandelnden Geist der Zeit und sein Widerstand gegen die Entwicklung der Massendemokratie die Sonderstellung, die das Vereinigte Königreich für sich beanspruchte, wo man viel auf die Idee vom »free-born Englishman« gab, wo Exzentriker zur Folklore gehörten und wo man sich etwas darauf zugutehielt, militärische Konflikte nicht zu Hause, sondern auf anderen Kontinenten auszutragen.

Dieses kollektive Selbstbild, für das Churchill zum Teil tatsächlich einstand und das zum Teil auf ihn projiziert wurde, beruhte übrigens nicht nur auf insularer Borniertheit. Auch Ausländer, namentlich deutsche Liberale, priesen die freiheitliche publizistische Streitkultur auf den britischen Inseln. Damit einher ging die Annahme, »dass die englische libertäre Tradition Gewaltanwendung in der politischen Auseinandersetzung überflüssig mache oder doch völlig zurücktreten lasse«. Diese Ansicht vertrat noch Jahrzehnte nach dem Zweiten Weltkrieg der aus Wien gebürtige Philosoph Karl Popper (1902 bis 1994), der vor den Nationalsozialisten nach England geflohen war. In England, schrieb er, sei es gelungen, »auf dem Wege der demokratischen Reform ethisch-politische Ziele zu erreichen, die auf dem Wege der Revolution, der Gewalt, des Fanatismus und der Diktatur nicht erreicht werden konnten«.[11]

Alles dieses stand im Hintergrund der Churchill-Vergötterung, die gegen Kriegsende anhob. Erstaunlicherweise nutzte sie sich weniger schnell ab, als rückblickend anzunehmen wäre. Denn allmählich konnten die Briten nicht mehr verdrängen, dass es mit Churchills »zentraler Position« bei der Bekämpfung NS-Deutschlands, Japans und Italiens vorbei war, als die Vereinigten Staaten und die Sowjetunion 1941 in den Krieg eintraten. Doch begründete der Sieg seine ikonische Stellung derart solide, dass sie gegen die Wirklichkeit gefeit war. Ihm selbst wurde der Niedergang der imperialen Macht schmerzlich bewusst: »Bis Juli 1944«, sagte er zehn Jahre später, »hatte England beachtlichen Einfluss.« Mit Beginn der Invasion der Alliierten in der Normandie »wurde klar, dass es Amerika war, das die großen Entscheidungen fällte. Es wird die großen Entscheidungen jetzt fällen.«[12]

Seinem gesundheitlichen Niedergang wohnte er täglich bei und empfand ihn als demütigend. Einigen der zahlreichen verschiedenen Tabletten, die er einnahm, verpasste er Spottnamen. So gab es »Babys«, »Zwerge« und die »Lord Morans«. Oft und nach 1955 immer öfter dachte er an den Tod. Weil der Auszug aus 10 Downing Street für ihn so gut wie dasselbe war, begann er einen Dezembermorgen des Jahres 1954 mit der Ankündigung: »Wenn ich in den Ruhestand gehe, werde ich schnell sterben. Das Leben hätte keinen Sinn, wenn es nichts zu tun gäbe. Ich habe nichts dagegen zu sterben.«[13] Für jemanden, der angab, dem Tod gefasst entgegenzusehen, erwähnte er ihn bemerkenswert häufig. Egozentrisch, wie er war, quälte er seine bedrückte, hilflose Entourage nachgerade gewohnheitsmäßig: Der Tod sei willkommen, ja ersehnt. Im Sommer 1960 bekundete er, seit fünf Jahren nicht die geringste Lust am Leben verspürt zu haben. Der Tod möge nur kommen, ihm wäre es recht: »Ich werde nicht Miau machen.« In einem Moment großer Niedergeschlagenheit sagte er: »Ich wünschte, ich wäre 1945 gestorben.«[14] Mehr als einmal sah er einen 24. Januar als seinen Todestag voraus, den Tag, an dem sein Vater das Zeitliche gesegnet hatte.[15]

Seine Sorge um das Empire war so groß wie seine Nostalgie. Starke Gefühle verleiten oft zu sehr simplen Bekenntnissen. So auch Churchill. Früher, klagte er, war »die Welt noch in Ordnung«.[16] Er meinte seine Jugendzeit, die Epoche Victorias und König Edwards, als Großbritannien noch über allen anderen Mächten thronte und die Weltkarten für den einfachen Hausgebrauch mit zwei Farben auskamen: Pink für die Besitzungen des Empire, Weiß für den Rest. Was nach jener Ära kam, missfiel Churchill. In erster Linie störte er sich an der gesellschaftlichen Entwicklung: Als »ich heranwuchs«, erinnerte er sich, »nahm jedermann es als selbstverständlich hin, dass die Menschen von Geburt ungleich waren«. Mit einem kleinen Grinsen fügte er an: »Ich hatte immer meinen eigenen Diener.« Er hatte auch immer jemanden, der für ihn das Telefon bediente: Zum ersten Mal betätigte er sich an einer Wählscheibe, als er 73 Jahre alt war.[17]

An die Existenz von Telefonen und Schreibmaschinen konnte er sich gewöhnen. Anderes auf dem technischen Sektor fand Churchill überflüssig. Das Privatfernsehen betrachtete er als eine Verirrung: »Die Tories [unter Anthony Eden] waren verrückt, als sie das einführten. Es ist kein Wunder, dass das Land verweichlicht.« Vermutlich meinte er, dass die Briten sich lieber sportlich ertüchtigen sollten. Schwerer wog seine Abkanzelung der Luftfahrt: »Ich wünschte, das Fliegen wäre nie erfunden worden. Die Welt ist kleiner geworden, seit die Wrights in die Luft aufstiegen; es war eine schwarze Stunde für das arme England.«[18] Wir erinnern uns, dass er ein begeisterter Flugschüler gewesen war. Wenn er in den 1950er Jahren die Luftfahrt ablehnte, so lag es daran, dass Flugzeuge schneller sind als Schiffe. Die großen Zeiten der Royal Navy waren vorbei. Was blieb von England überhaupt noch?

Zeit seines Lebens hatte Churchill sich bemüht, das britische Weltreich zu erhalten und mit ihm die tradierte Gesellschaftsordnung. Zuerst wollte er den Anfängen wehren, dann wollte er retten, was er retten konnte – vergebens. Aus dem Empire wurde das »Commonwealth«. Das herrliche Indien ging verloren. Die Dekolonisierung der 1950er und -60er Jahre machte den Traum von einem starken Commonwealth zunichte. Um die Hegemonie auf dem Globus konkurrierten die USA und die Sowjetunion.

Von der amerikanischen Regierung fühlte Churchill sich durchaus nachlässig behandelt. Aber den Trotz der Schwachen und Beleidigten konnte er sich nicht erlauben: Zu seinen konstanten Nachkriegssorgen gehörte die Furcht, die Amerikaner könnten sich aus Europa zurückziehen. Zum Schutz vor der Sowjetunion war der alte Kontinent nun aber auf die Vereinigten Staaten angewiesen. Churchill wollte die US-Regierung keinesfalls verärgern.[19] Manchmal kam er sich machtlos vor. »Wenn ich früher nach Amerika gereist bin«, sagte er 1952, »dann als Gleicher zu Gleichen.« Aber nun? Ein heikler Besuch in Washington stand ihm bevor, wo unter anderem über die britische Verschuldung verhandelt werden sollte. »Sie sind so groß geworden«, sagte er in demselben Gespräch über die Amerikaner, »und wir sind jetzt so klein. Armes England! So viel haben wir 1945 weggeworfen.«[20] Gegen Ende seiner politischen Karriere zog er in einer momentanen Anwandlung ein trauriges Fazit: »Mein Leben lang habe ich hart gearbeitet, und ich habe viel erreicht – und am Ende war es alles NICHTS.«[21]

Das Ende – »ein Triumph«

Churchills ausgezeichnete Konstitution erlaubte ihm, seinen Lebenswandel und schwere Krankheiten zu überstehen. Anlässlich seines achtzigsten Geburtstags zählte der Arzt auf: ein Herzinfarkt 1941, drei Lungenentzündungen (eine davon fast tödlich), schwere Schlaganfälle 1949 und 1953, zwei komplizierte Operationen, seniler Pruritus (ein kaum behandelbares Hautjucken) sowie eine hartnäckige Bindehautentzündung. Vergleichsweise kleine Malaisen wie Verdauungs- und Schlafstörungen kamen hinzu. Und das war nur die Liste von 1954.[22] Ungefähr von da an wurde Churchill auf Treppen üblicherweise getragen. Von 1959 an saß er meist im Rollstuhl; als er 1962 ein paar Schritte gehen wollte, stürzte er und brach sich die Hüfte, was für sehr alte Menschen einem Todesurteil gleichkommen kann. Die Schlaganfälle mehrten sich.

Beizeiten hatte die Queen verfügt, Churchills Beerdigung solle seiner »Stellung in der Geschichte« gerecht werden. Damit war klar, dass sie an Pomp und Kostspieligkeit nur hinter den Leichenbegängnissen von Monarchen zurückstehen würde, allenfalls noch hinter der Grablegung Wellingtons, des Siegers über Napoleon.[23] 1958 begann das Regierungskabinett mit den strategisch umfänglichen Vorbereitungen. Seit Menschengedenken ist es die Pflicht des *Earl Marshal*, die großen Toten des Landes ihrem Stand gemäß zur letzten Ruhe zu bringen. Das erbliche Staatsamt wird seit 1672 vom Herzogsgeschlecht der Norfolks versehen. 2022 haben der jetzige Titelträger und sein Stab ihre Aufgabe anlässlich der Beerdigung von Queen Elizabeth II. zur Zufriedenheit Westminsters und der Fernsehzuschauer in aller Welt bravourös bewältigt. 1958 war der 16. Herzog von Norfolk zuständig, Bernard Marmaduke Fitzalan-Howard (von 1917, als er neun Jahre alt war, bis 1975 im Amt). Als Churchills Sohn Randolph sich bei ihm erkundigte, was ein »Staatsbegräbnis« sei, erhielt er die knappe Erklärung, »eines, für das der Staat zahlt«.[24]

Das planerische Großunternehmen lief unter dem Codenamen »Hoffentlich nicht«. Der Name schien Programm zu sein: Churchill starb nicht, *Hope Not* musste mehrmals aktualisiert werden. 1963 beauftragte Premierminister Macmillan eine von Norfolk geleitete Kommission, *Hope Not* neuerlich bereit zu machen, sodass ein Wort genügte, um die weltumspannende Operation in Gang zu setzen. Sie umfasste laut Montague Browne »Bewegungen« aller Art: »von großen Truppenaufgeboten, von auswärtigen Ehrengästen, von Menschenpulks und Priestern, von Eisenbahnzügen und vielem mehr«. Während debattiert und disponiert wurde, war Churchills Geist unterwegs ins Reich der Schatten.[25]

Des Sommers saß der alte Mann, nun in steter Obhut eines Krankenpflegers, stundenlang im Garten seines Anwesens Chartwell und blickte in die Landschaft. Im Winter saß er vor dem Kamin und schaute ins Feuer. Sein Witz flammte gelegentlich auf, manchmal fielen ihm überraschende Wortspiele und Kalauer ein. Doch wurden die lichten Momente seltener. Als er einmal ganz wach war, nannte er den Ort, wo er begraben werden wollte: auf dem heimischen Krocketplatz. Das Ansinnen brachte Harold Macmillan aus der Fassung: Churchill wollte allen Ernstes die Grundlage für ein Gesellschaftsspiel abgeben; wollte er etwa, dass auf dem Gras, unter dem er lag, hölzerne Kugeln durch kleine, in den Boden gesteckte Tore geschlagen wurden? Macmillan sah viele heikle Zweifelsfragen voraus, damit angefangen, dass der Rasen wohl priesterlich geweiht werden müsse.[26] Er blieb hart. Zur Stätte seiner letzten Ruhe wählte der Nationalheld dann nicht etwa Westminster Abbey, wo zum Beispiel William Gladstone und Clement Attlee begraben sind, sondern den Friedhof in dem Dorf Bladon nahe Schloss Blenheim, wo er zur Welt gekommen war. Dort lagen schon seine Eltern und sein Bruder Jack.

Churchill vom Krocketplatz abzubringen war weitaus einfacher als die Überzeugungsarbeit, die in anderer Sache geleistet werden musste: Der treue Sekretär Montague Browne beschied seine Leser mit dem Hinweis, er werde nicht beschreiben, was an Druck und Drängen nötig gewesen sei, damit Churchill 1963 darauf verzichtete, bei den für das Folgejahr angekündigten Unterhauswahlen wieder zu kandidieren. Wie es kam, sah Churchill schließlich sogar ein, dass er nicht einmal mehr in der Lage war, an den Parlamentssitzungen teilzunehmen: Am 27. Juli 1964 empfing er die abschließende Danksagung des Hauses, 63 Jahre nachdem er erstmals auf den grünen Bänken Platz genommen hatte. Den Vorschlag, ihn auf Lebenszeit zum Unterhausabgeordneten ehrenhalber zu ernennen, hatte die Tory-Parteiführung abgelehnt – sein Nimbus beeindruckte nicht alle und jeden.[27]

Am 10. Dezember ließ Churchill sich zum letzten Mal zu einem Treffen von »The Other Club« bringen. Die Anwesenden waren froh, »dass er wusste, wo er war, und sich freute, da zu sein«. Einen Monat später, in der Nacht vom 9. auf den 10. Januar 1965, erlitt er einen sehr schweren Schlaganfall, nach dem er nicht mehr zu Bewusstsein kam. Am 24. Januar starb er, wie er es vorausgesagt und gewünscht hatte, am gleichen Tag wie sein Vater. In seinem Londoner Haus in Hyde Park Gate wurde der Tote in einen aus Holz von den Eichen um Blenheim Palace getischlerten Sarg gebettet. Die gelbe Katze Jock sprang hinein, schnupperte, sprang wieder hinaus und verließ den Raum, um nicht mehr zurückzukehren.[28]

Am vierten Sonntag im Januar 1965, wenige Wochen nach seinem neunzigsten Geburtstag, ging Churchills Leben zu Ende. »Landesweit standen die Fahnen auf Halbmast, die Zeitungen publizierten ausführliche Nachrufe, die Leute legten schwarze Armbinden an, Fußballspiele wurden verschoben, Geschäfte blieben geschlossen, und die Gewerkschaft der Schullehrer sagte sogar einen Streik ab.«[29]

Am Dienstag wurde der Sarg in Hyde Park Gate geschlossen und, von Soldaten eskortiert, nach Westminster Hall, dem ältesten Gebäudeteil von Westminster Palace, überführt. Tag und Nacht defilierten die Besucher daran vorbei. In der spärlich erleuchteten Halle standen Offiziere an den Ecken des Katafalks »wie Statuen, die Köpfe gesenkt, die Hände an den Griffen ihrer blanken Schwerter. Die Wachablösung nach zwanzig Minuten vollzog sich ohne Kommandoworte und in fast vollständiger Stille.« Die Schlange der Trauernden, die in eisiger Kälte an die vier Stunden lang warteten, zog sich über mehr als anderthalb Kilometer durch die Straßen und über die Lambeth Bridge bis auf die andere Seite der Themse. Mehr als 320 000 Bürger nahmen Abschied von ihrem Idol. Als Teenager hatte seine Tochter Mary, seit 1947 mit dem Politiker Christopher Soames verheiratet, in ihrem Tagebuch den Vater angesprochen: »Du bist unser Fels und unser Wegführer, unsere Inspiration.« In der Biographie ihrer Mutter trug sie für die Allgemeinheit zu seiner Glorifizierung bei: Als er aufgebahrt in Westminster Hall lag, habe die Familie begriffen, »dass er zu anderen ebenso gehörte wie zu uns, vielleicht sogar mehr«.

Am Samstag wurde der Sarg in feierlicher Prozession nach St Paul's Cathedral gefahren. Beim Trauergottesdienst waren etwa dreitausend Gäste versammelt. Elizabeth II. ehrte den Toten auf einmalige Weise: Sie war da. Historisch ungenügend belegt und also protokollarisch eigentlich ausgeschlossen war es, dass britische Monarchen einer Trauerfeier für jemanden beiwohnten, der nicht zur Familie gehörte. Die Anwesenheit der Queen erfüllte Churchills Hinterbliebene mit Stolz. Seine Tochter Mary lauschte ergriffen »den klaren, wunderbaren Stimmen« des Chores: »Ich bin die Auferstehung und das Leben«.

Eines der wenigen Ansinnen, die ihr Vater bei der Ausarbeitung von *Hope Not* geäußert hatte, betraf die musikalische Begleitung und war so ziemlich das Gegenteil von erdentrückt: »Ich hätte gern ganz viele Militärkapellen.« Anders als seine Idee vom Krocketplatz wurde dieser Wunsch verwirklicht: Er bekam neun.[30]

Nach dem Gottesdienst geleiteten Trauernde, Truppen, Musik und neunzig Salutschüsse der Royal Horse Artillery – mehr, als einem untitulierten Adeligen jemals zugemessen waren – den Sarg zur Tower-Pier, wo eine Barkasse wartete. Abfangjäger in Formation düsten ohrenbetäubend über alles hinweg: Dudelsackbläser und Trommler, strammstehende Soldaten und innerlich bewegte Zuschauer, die graue Themse und das Boot mit seiner teuren Fracht. Der Weg führte flussaufwärts zur Festival-Pier in der Nähe des Bahnhofs Waterloo. Kurz nach dem Ablegen vollzog sich ein Schauspiel, das umso eindrucksvoller war, als es unhörbar vor sich ging. London besaß damals noch einen der großen Häfen der Welt, zusammen mit dem Empire war er gewachsen. An den Ufern der Themse, von der Tower-Pier aus gut zu sehen, erstreckten sich ausgedehnte Kaianlagen. Die Barkasse legte ab. Langsam nahm sie Fahrt auf, ganz langsam. Und da, einer um den anderen, senkten sich die Hebebalken der Ladekräne, und es sah aus wie eine konzertierte stumme Verneigung.

Der Labour-Politiker Richard Crossman, Minister für Wohnungsbau und Lokales, empfand die Londoner Feierlichkeiten als Signal für einen Zeitenumbruch: »Es war wie das Ende einer Epoche, vielleicht sogar das Ende einer Nation.«[31]

An der Waterloo Station stand ein Zug bereit, der von einer Lokomotive der »Battle of Britain«-Klasse namens »Winston Churchill« gezogen wurde. Vorsichtige Hände luden den Sarg in den Gepäckwagen, weitere Soldaten stiegen dazu. Die Familie, die engsten Vertrauten, der *Earl Marshal* und andere nahmen in den Abteilen Platz. Für den Weg nach Bladon brauchte der Zug zwei Stunden. Es hatte sich herumgesprochen, für wen die Sonderfahrt unternommen wurde; hier und da in Ortschaften und auf den Feldern standen Grüppchen grüßender Menschen. Leslie Rowan, zu Kriegszeiten der Sekretär des Premierministers, beschrieb seinen Eindruck von der letzten Reise des einstmaligen Chefs: »Zwei vereinzelte Gestalten, auf die ich aus dem Zugfenster sah, versinnbildlichten für mich, was Churchill normalen Leuten wirklich bedeutete.« Zuerst sei da ein Mann gewesen, er trug seine alte Uniform der Royal Air Force, der sich auf dem Flachdach eines kleinen Hauses postiert hatte und salutierte. Dann sah Rowan einen Mann auf einem Acker, der sich von der Arbeit aufrichtete und, die Mütze in der Hand, mit gesenktem Kopf verharrte, bis der Zug vorüber war.

Woher der Privatschulabsolvent Rowan wusste, was die Masse des Volks empfand, erklärte er nicht. Als Medienstar war der verblichene Churchill jedenfalls erwiesenermaßen beliebt: 35 Millionen Zuschauer weltweit verfolgten die Londoner Trauerfeierlichkeiten an den Fernsehgeräten. In den Vereinigten Staaten fand die Ausstrahlung ein größeres Publikum als die Übertragung der Beerdigung John F. Kennedys im November 1963. Auf den Friedhof von Bladon kamen TV-Teams und Reporter auf Bitten von Clementine Churchill nicht, ja sie kamen gar nicht erst in das Dorf: Alle Zufahrtswege waren polizeilich abgeriegelt. Raffinierten Journalisten hätte es gelingen können, die Sperren zu umgehen. Mary Soames indes traute den damaligen Reportern den Anstand zu, ihre Mutter ungestört Abschied nehmen zu lassen von ihrem Mann. Zurück in London, beendete Clementine den langen, anstrengenden Tag mit Jubel: »Weißt du, Mary, das war kein Begräbnis – das war ein Triumph.«[32]

Auch Anthony Montague Browne beschloss den Tag mit erhabenen Gefühlen. Seine Begeisterung ging freilich über Familienstolz hinaus. Schon als er Einsicht in *Hope Not* bekommen hatte, war er beeindruckt gewesen. Dass die Pläne akkurat umgesetzt wurden bis zum letzten blank geputzten Messingknopf, dass alle Beteiligten die ihnen zugewiesenen Rollen mustergültig erfüllten, wärmte ihm das Herz: Da habe sich »the genius of our nation« gezeigt, der Geist der Nation, der auflebte, »wenn Einzelne aus den Reihen der Besten sich eine Aufgabe wirklich zu eigen machen«.[33] Churchills Leichenbegängnis war eine generalstabsmäßig geplante Operation, deren Umsetzung tadellos ablief.

In Wirklichkeit, doch besser noch im Film

Der Schauspieler Richard Burton (1925 bis 1984) war einer der wenigen namentlich Genannten in diesem Buch, der wirklich wusste, was Leute aus der Unterschicht dachten. In der südwalisischen Grafschaft Glamorgan, wo die Kohlebergwerke lagen, wuchs er heran. Seine Mutter starb früh, der Vater war ein Trinker. Bevor Richard Walter Jenkins jr., wie er ursprünglich hieß, auf der Bühne zu Ruhm gelangte, prägte die Armut sein Leben. Burtons tiefer Bariton ließ ihn geeignet erscheinen, Churchill in einigen Fernsehproduktionen aus dem Off seine Stimme zu leihen. 1974 spielte er den Premierminister in einer TV-Verfilmung des ersten Bandes von Churchills Erinnerungen an den Zweiten Weltkrieg, »The Gathering Storm« (»Der Sturm zieht auf«).

Burtons Verhältnis zu dem berühmten Mann wurde als »Hassliebe« beschrieben. Churchills Englisch fand er »bizarr und mitunter unverständlich«. Keine kämpferische »Bulldogge« sei Churchill gewesen, sondern ein »nachtragendes Kind mit einem Haufen Zinnsoldaten«, das den Krieg als ein Spiel betrieb wie so viele andere Herrenreiter auch: »Ich hasse Churchill und seinesgleichen«, bekannte Burton. Kurz, er hielt ihn für einen »schlechten Mann«. Aber, gab er zu, »ein großer Mann« sei er gewesen.[34]

Es ist das Leidige mit der historischen Größe, dass sie schwerlich jenen abzusprechen ist, die sehr viel in Bewegung setzen – vorausgesetzt, dass Meriten und Mankos sich wenigstens einigermaßen die Waage halten. So gesehen, war Churchill ohne Zweifel ein großer Mann. Die zahllosen Aufgaben, vor die er gestellt war, hätte niemand an seiner Stelle bei völliger Wahrung der eigenen moralischen Integrität bewältigen können. Ein besonders bitteres Beispiel ist die erwähnte Hungersnot 1943 in Bengalen, als die Lieferung von Lebensmitteln gegen die Aufrechterhaltung der Kampfkraft im Krieg gegen Nazi-Deutschland abgewogen werden musste. Idealerweise sollte die Kategorie »großer Mann« oder »große Frau« aus dem Sortiment gestrichen werden – aber für diesen Verzicht ist der Mensch nicht gemacht.

So wie Churchills Bekannte ihn wahrnahmen, wirkt er auch heute, wenn man sich näher mit ihm befasst: »Sein Charme machte seine Unhöflichkeit wett; sein Loyalitätssinn versöhnte mit seiner Rücksichtslosigkeit. Seine Herzenswärme und sein großzügiges Wesen wurden von seiner eklatanten Egozentrik und seinen Zornesausbrüchen nie ganz überdeckt.«[35] Auch seinen altmodisch unemanzipierten Umgang mit Frauen mag man ihm nachsehen. In einer Zeit, da die Unterordnung der Frau unter den Mann die Normalität war, hatte dieser Patriarch immerhin zwei Vorzüge: Zum einen erwartete er ohne Ansehen des Geschlechts, dass fast alle sich ihm unterordneten. Zum anderen war er als Haustyrann und Vorzimmerdiktator nicht wirklich überzeugend: Sein Bedürfnis nach Harmonie war am Ende stets übermächtig. Und schließlich fiel die Einsicht leicht, dass der Premier wichtiger war als man selbst und das eigene werte Ich.

Churchills Handlungen in mehr als siebzig Jahren nach guten und schlechten zu trennen und dann eine Bilanz zu ziehen, wäre so sinnvoll wie der moralische Vergleich zwischen unterschiedlichen historischen Epochen. Vielversprechender ist die Frage, ob er nur deshalb »groß« sein konnte, weil er es so oft eben nicht war. Woher stammte die Kraft, mit der er die Nation – trotz der schneidenden Kritik, die er ertragen musste – durch den Zweiten Weltkrieg führte? War sie vielleicht untrennbar von seinen Schwächen, ja waren seine Schwächen womöglich die Quelle seiner Kraft?

Was seinen Charakter angeht, war das sicher der Fall. Egozentriker in Aktion bringen es meistens weiter als liebenswürdige Zeitgenossen, die sich damit aufhalten, auf die Ansichten und Gefühle anderer Rücksicht zu nehmen. Wenn er sich kindisch aufführte, so ging das seiner Umwelt mal auf die Nerven und mal hellte es die Stimmung auf in düsteren Zeiten. Als unbeirrbarer Sturkopf setzte er zwar allerlei Fehlplanungen durch, doch hätte er ohne maßlose Beharrlichkeit seine beispiellos schwierige Rolle als Kriegspremier schwerlich ausfüllen können. Roy Jenkins' Erörterung von Churchills Temperament endet mit einem Satz, der mit einem Körnchen Salz zu verstehen ist: Churchills »Fähigkeit, ob er nun recht hatte oder nicht, ob er Erfolg hatte oder nicht, immer überlebensgroß zu sein«, machte ihn »zum größten Menschen, der je in 10 Downing Street gewohnt hat«.[36]

So weit zu Churchills Wesen. Kommen wir nun zu seiner politischen Haltung und der oben aufgeworfenen Frage: Hätte er die Briten durch den Krieg führen und ein »großer Mann« sein können, wenn er ganz anders gedacht hätte, als er es tat?

Heute ist Churchill bei vielen wegen seines Imperialismus verschrien. In der Tat war der Glaube an das Empire das Fundament seiner Weltanschauung. Damit verbunden sind politisch-gesellschaftliche Einstellungen, die heutzutage unverzeihlich sind, nämlich sein Rassismus und seine Arroganz gegenüber nicht westlichen, insbesondere afrikanischen und asiatischen Nationen. Das Sündenregister wird komplettiert von seinem Monarchismus, seinem traditionellen Frauenbild und seinem Klassendenken. Seine Treue zu Empire und Krone beiseitegelassen, hat er keinen der genannten verwerflichen Standpunkte auf ungebrochene, programmatische, konstante Art und Weise vertreten. Er selbst war das beste Beispiel für seine Charakterisierung der damals allgemein als »Engländer« apostrophierten Bewohner der britischen Inseln: »Die Engländer können keine Linie ziehen, ohne sie sogleich zu verwischen.«[37] Darauf soll es hier aber nicht ankommen; dem Argument zuliebe nehmen wir Churchill für einen Moment als einen idealtypischen Vertreter aller üblen Begleitumstände des Imperialismus.

Während des Zweiten Weltkriegs begann Churchills Stilisierung zur Verkörperung der Nation; nach dem Krieg war er der Retter der Nation, ja sogar der »Freiheit« als solcher.[38] Das Bild, das sich verselbstständigte und vor den leibhaftigen Churchill schob, wurde zum Mythos. Dieser ließ sich in späteren Jahrzehnten an die jeweils aktuellen politischen, ideologischen Bedürfnisse anpassen oder zu einem ganz anderen Mythos abwandeln.

In den 1940er und 1950er Jahren war das Empire weltweit suspekt geworden. Mit einem Begriff aus der Kinderstube räumte Churchill selbst ärgerlich ein, »Empire« sei anscheinend ein »ungezogenes« Wort. Das Empire störte die Amerikaner, ihren Machtanspruch und damit verbunden ihre Vorstellung vom Selbstbestimmungsrecht der Völker. Kanadische Nationalisten drangen auf die Streichung der Begriffe »Empire« und »Dominion« aus dem offiziellen Vokabular. Grausamkeiten, die im Namen des Empire verübt worden waren, kamen zur Sprache. Sein Ansehen als Garant von Fortschritt und Zivilisation in den unterworfenen Ländern war verbraucht. 1964, als Churchill endgültig aus der Politik ausschied und Unterhauswahlen stattfanden, sah ein Entwurf des Tory-Wahlprogramms den Satz vor: »Im Gegensatz zu unseren Gegnern entschuldigen wir uns nicht für das Empire, auf dessen Errungenschaften wir äußerst stolz sind.« In der gedruckten Fassung war der Satz über das Empire einem anderen über das »moderne Commonwealth« gewichen.[39]

Damit Churchills Aureole keine dunklen Stellen aufwies, durfte er nicht als Imperialist gesehen werden: »Solange er fest im Zweiten Weltkrieg verortet wurde, herausgelöst aus dem imperialen Kontext, konnte Churchill als ein Symbol für Standhaftigkeit und Stolz Britanniens dienlich sein.«[40] Diese Trennung der Sphären war schon deshalb unsinnig, weil jede größere Strategieentscheidung im Krieg mit Hinblick darauf getroffen wurde, welche Auswirkungen sie auf das Empire hatte. Aber so ist das mit Mythen: Sie wirken, weil sie die Realität partiell ignorieren. Der Churchill-Mythos kam also ohne das Empire aus.

Bei der Umsetzung der Botschaft erwies der Film sich als führendes Medium. Als wäre es Majestätsbeleidigung, vermieden die BBC und andere britische Produzenten nach dem Krieg, einen Schauspieler als Winston Churchill auftreten zu lassen. In den Spielfilmen »Der Mann, den es nie gab« (»The Man Who Never Was«, 1956) und »Ich war Montys Double« (»I was Monty's Double«, 1958) kommt der Premierminister zwar vor, aber er kommt nicht ins Bild. In »Geheimaktion Crossbow« (»Operation Crossbow«, 1965) sieht man ihn vor allem von hinten und er sagt ein paar Worte; in »Luftschlacht um England« (»The Battle of Britain«, 1969) sitzt er wieder schweigend im Dunkeln. Der Alleslenker hat kein Gesicht.[41]

Die britische Scheu war amerikanischen Sendern fremd. In der 26 Folgen zählenden Dokumentarserie, mit deren Ausstrahlung die BBC 1961 begann, fungierte diese denn auch nur als Juniorpartner neben dem US-Sender ABC: »Winston Churchill: The Valiant Years«, angelehnt an seine Erinnerungen an den Zweiten Weltkrieg. 1965 brachte die BBC die Serie abermals, die bei den Zuschauern so viel Zuspruch fand, dass mit einer dritten Ausstrahlung angefangen wurde, bevor die begonnene zu Ende war. Die Serie zeigte ganz offenbar den Churchill, den das Publikum sehen wollte, den tapferen, kühnen (»valiant«) Anführer der Nation. Entgegen den Prinzipien der BBC wurden Szenen als »dokumentarisch« eingefügt, die Spielfilmen entnommen waren. Während das Publikum gebannt vor dem Fernseher saß, vermisste die Kritik historische Wahrhaftigkeit: Die Darstellung sei »oberflächlich, unkritisch« und »primitiv«. Die kommunistische Zeitung »The Daily Worker« erwähnte – als Einzige –, dass die Serie Churchills Unterstützung für Franco und Mussolini völlig überging.

Churchill und sein Adlatus Montague Browne waren der Auffassung, die Ereignisse des Kriegs seien an sich aufregend genug gewesen. Packende Hintergrundmusik, erfundene Episoden und andere der in Hollywood üblichen Mittel der Dramatisierung gingen ihnen gegen den Strich. Sie bedauerten, dem amerikanischen Produzenten von »The Valiant Years«, Jack Le Vien, keine Vorgaben gemacht zu haben. Bei Le Viens nächstem Projekt, dem biographischen Film »The Finest Hours« (1964) durfte Montague Browne sich in die Arbeit am Drehbuch einmischen. Mit den meisten Einwänden rannte er offene Türen ein, war es doch Le Viens erklärtes Ziel, »die Geschichte des größten Mannes dieser Zeit, ja vielleicht aller Zeiten« zu präsentieren. In dem überarbeiteten Drehbuch kam Churchill in den Szenen über den Generalstreik 1926, die sozialen Unruhen der Zeit und die Abdankung Edward VIII. noch besser weg als in der ursprünglichen Fassung. Dass Churchill irgendetwas mit der katastrophalen britischen Operation in Norwegen 1940 zu tun hatte, sollte sowieso unterschlagen werden. Montague Browne konnte es also verschmerzen, dass er vergeblich anregte, das Desaster weniger peinlich aussehen zu lassen. Allen Werken gemeinsam ist, dass sie mit dem Sieg 1945 enden.

Der historischen Ungenauigkeit verpflichtet sind auch zwei Filmproduktionen der neuesten Zeit. »Die dunkelste Stunde« (»Darkest Hour«, 2018) mit Gary Oldman in der Titelrolle spielt im Mai und Juni 1940. »Die Schlacht zwischen Fiktion und Geschichte« wird in dem mehrfach preisgekrönten Film »mühelos von der Fiktion gewonnen«.[42] In einer Szene steigt der Premier sogar in eine U-Bahn, um mit den Passagieren ins Gespräch zu kommen. Der Regisseur Joe Wright erklärte diese Geschichtsklitterung mit der Begründung, sie zeige eine »emotionale Wahrheit«. Politisch untadelig, hat Churchill in »Die dunkelste Stunde« private Schwächen: Er trinkt, lässt seine Launen an seiner Umgebung aus und benimmt sich insgesamt oft gefühlsbetont. Das kommt dem heutigen Trend entgegen, gute Umgangsformen und Selbstdisziplin im Zweifelsfall für entbehrlich zu halten. Churchill wird in diesem Film ebenso verherrlicht wie vor fünfzig und sechzig Jahren.

Anders als die »Die dunkelste Stunde« zog Jonathan Teplitzkys »Churchill« (2017) kein Millionenpublikum an. Für den Geschmack vieler Churchill-Bewunderer ist der Titelheld nicht mannhaft genug. Der Film spielt kurz vor der Landung in der Normandie 1944. Churchill hat große Angst, dass Operation »D-Day« mit einer fürchterlichen Niederlage enden könnte. Für den Tag der Invasion soll er, ohne zu wissen, was bis zum Abend geschehen wird, eine Radioansprache vorbereiten. Er fürchtet sich, fällt in eine Depression und möchte die Rede am liebsten gar nicht halten. Dann aber erinnert seine junge Sekretärin ihn daran, dass ihr Verlobter auf einem der Schiffe Dienst tut: Sie und Millionen Briten, die alles zu geben bereit seien, bräuchten Aufmunterung und die Gewissheit, dass ihre Opfer einen Sinn haben. Churchill ist von ihren Worten so bewegt, dass er eine glanzvolle Rede entwirft. Und wieder einmal ist seine überragende Größe bestätigt.

In Peter Morgans Erfolgsserie »The Crown« über das Leben Elizabeths II. ist der Premier nur eine Nebenfigur und einigermaßen lebensecht. Allerdings trägt dieses Werk ebenso wie »Die dunkelste Stunde« dazu bei, gewissermaßen salonfähig zu machen, wofür ich das Wort »gefühlte Geschichte« vorschlagen würde. Vertreter der gefühlten Geschichte erheben den Anspruch, mit erfundenen, zumeist sentimentalen Szenen die Wirklichkeit abzubilden. So jemand ist auch Peter Morgan, der Verweise auf historische Fehlinformation in »The Crown« mit dem Hinweis auf »die höhere Wahrheit der Fiktion« pariert.[43] So wird Churchill, der die Londoner Smogkatastrophe 1952 zunächst ignorierte, in »The Crown« eines Besseren belehrt, weil seine junge, entzückende Sekretärin auf vernebelter Straße bei einem Verkehrsunfall ums Leben kommt: Tief erschüttert, lässt der Premierminister dringende Staatsgeschäfte liegen, eilt ans Totenbett und sieht beim Blick auf das liebe, stille Antlitz endlich ein, dass der Smog eine ernste Gefahr darstellt. Neue Filme über »große« Männer betonen ihre menschliche Seite und wissen allzu oft nichts Besseres, als sie agieren zu lassen, als wären sie Herr Soundso von nebenan.[44]

Das hässliche Zusammenspiel: Rassismus und das Empire

Vor Langem schon wurde es als unhistorisch erkannt, Churchill aus der Debatte über Imperialismus und Rassismus herauszuhalten. So einfach können Heutige es sich nicht mehr machen. John Roberts, einer der jüngeren Churchill-Apologeten, nimmt den Imperialismus und den Rassismus des Verehrten denn auch als gegeben. Weil er Churchill nun aber verteidigen will, hat er eine paradoxe Maßnahme ergriffen, die als Flucht nach vorn bekannt ist. In seiner Darstellung *war* Churchill nicht nur ein rassistischer Imperialist, er habe es sein *müssen*. Roberts' Argumentation lohnt die Darstellung, weil sie nebenbei vieles von dem bündelt, was mitschwingt, wenn vom Empire die Rede ist.

Der sowjetische Botschafter Ivan Maisky konstatierte treffend, das Empire sei Churchills »Alpha und Omega«. Darüber geht Roberts weit hinaus: »Churchills Glaube an das Empire«, schreibt er, »war nicht nur politisch, sondern auch spirituell, [...] war seine Konfession.« Das ist eine hübsche Metapher, mehr aber nicht. Denn das Empire, an das der religiös unmusikalische Churchill glaubte, war eine solide weltliche Schöpfung.

Roberts überhöht Churchills Liebe zum Empire aus zwei Gründen ins Transzendente. Zum einen lässt sich damit sein Imperialismus besser rechtfertigen: Churchill habe ihn als Quell der Stärke gebraucht, um allen Anfechtungen während des Kriegs zu widerstehen und der Größe seiner Aufgabe gewachsen zu sein. Zum anderen verträgt sich ein als Glaubenssache verstandener Imperialismus gut mit dem gleichfalls religiös unterfütterten, uralten Mythos von Englands Sendung.[45] Demzufolge war es die schicksalhafte Bestimmung des Landes (»providential destiny«), mit Gottes Segen zu prosperieren.

Churchill ist als »der letzte große Praktiker« in der Tradition der Beschwörung von Englands »providential destiny« bezeichnet worden – nicht als ihr Repräsentant. Der Unterschied ist wichtig. Roberts übergeht ihn. Zwar hielt Churchill sich selbst für ausersehen; auf alle Briten gemünzt, brauchte er den Begriff aber vor allem für rhetorische Zwecke. Dennoch schreibt Roberts über Churchills Idee von Bestimmung, sie entspreche nicht nur seinem Selbstbewusstsein, überdies entstamme sie »seinem tief sitzenden Glauben an das britische Volk –

das er selbst die britische ›Rasse‹ nannte«. In der Tat war Churchill von der Überlegenheit der Briten, genauer gesagt, der »englischsprachigen Völker« über andere Rassen und Nationen überzeugt, aber die Vorsehung brauchte er nicht, um das vor sich zu begründen. Wie dem auch sei, Churchills Hochschätzung der Briten bringt Roberts nun in Verbindung mit seinem Sozialdarwinismus: Nicht anders als die linke Sozialreformerin Beatrice Webb und der sozialkritische Schriftsteller H. G. Wells habe er die natürliche Hierarchie unter Völkern und Rassen für ein biologisches Faktum gehalten, rassistisches Denken sei ihm also vernünftig erschienen.

Was folgt aus dem bisher Gesagten? Es folgt daraus, dass Churchills Sozialdarwinismus, sein Rassismus, sein Vertrauen zum britischen Volk und sein Imperialismus miteinander zu einer Weltanschauung verknüpft waren, die Churchill befähigt habe zu vollbringen, was keinem anderen gelungen wäre: die Briten durch den Krieg zum Sieg zu führen. »Es ist eine unbequeme Wahrheit«, fügt Roberts an, dass Churchills Credo »von der Überlegenheit des britischen Volkes über alle anderen der Sache der Demokratie letztlich geholfen hat, indem es ihn in dem Entschluss bestärkte, weiter gegen die Deutschen zu kämpfen, während seine Umgebung Friedensverhandlungen führen wollte«. »Nicht zufällig« hätten die großen Appeaser, Außenminister Halifax, Finanzminister John Simon und der Lordsiegelbewahrer Samuel Hoare, zu den führenden Köpfen in Chamberlains Kabinett gehört, die Indien den Status als Dominion zuerkennen wollten.[46] Damit will Roberts illustrieren, dass Entschlossenheit im Kampf gegen NS-Deutschland mit dem Verständnis für Nationen, die nach Eigenständigkeit streben, nicht vereinbar gewesen sei.

Roberts' Argumentation ist eine fein ausgetüftelte Konstruktion. Angesichts ihrer Stringenz wäre es fast zu viel verlangt, dass sie auch plausibel sei. Churchill war kein religiöser Mann. Er hätte die Briten für das beste Volk der Welt halten können, ohne gleichzeitig auf die Völker anderer Hautfarbe herabzublicken. In den 1930er Jahren hatte er den pseudowissenschaftlichen Sozialdarwinismus aus den Augen verloren und war sozusagen ein ganz normaler Rassist wie die meisten seiner Landsleute. Als Patriot und Kriegspremier war er gut beraten, den Genius der Briten zu preisen, die für das Empire kämpfen sollten;

das rhetorische Pathos liebte der bei seinen Kollegen als »Romantiker« bekannte Politiker, weil er wie seine literarischen Vorbilder gern überhöhte, was zu sagen war. Spekulative Philosophie interessierte ihn gar nicht. Geschichtsphilosophie, die über Macaulays historiographische Rhapsodien hinausging, interessierte ihn kaum. Was er von Theorien dachte, fasste ein Bekannter in dem Satz zusammen: »Winston fragt: Funktioniert es in der Praxis?«[47]

Als Praktiker beschäftigte er sich mit Einzelfällen, nicht mit Abstraktionen. Und im Einzelfall konnte er zu einem Urteil kommen, das zu seiner bei einer anderen Gelegenheit vertretenen Ansicht nicht passte. Seine Widersprüchlichkeit war nicht nur ein Zeichen für seine »Desorientierung« in der modernen Welt und auch nicht nur für den ihm zu Recht nachgesagten Opportunismus: Er betrachtete tatsächlich jeden Sachverhalt und jedes Ereignis erst einmal für sich und im Licht der Tagespolitik. So erklären sich seine inkonsistenten Meinungen über die Labour Party und Aspekte des Wohlfahrtsstaats, über Diktatoren und die Demokratie, über Stalin und die Sowjetunion, über Aufrüstung und die Atombombe, um ein paar Beispiele zu nennen. Selbst sein Rassismus setzte sich in der Praxis nicht immer durch, wie sich etwa 1905 zeigte, als er sich gegen eine als Strafexpedition deklarierte Militäraktion in Nigeria wandte, die in Wahrheit auf nichts anderes abziele als »Mord an den Einheimischen und Raub ihres Landes«.[48]

Als Churchill seine politische Karriere begann, spottete Premierminister Herbert Asquith: »Winston denkt mit seinem Mund«, womit er meinte, dass dieser seine Politik danach ausrichte, ob sie rhetorisch gut ankomme.[49] Darin steckte mehr als ein Körnchen Wahrheit. In einem Brief an seine Mutter schrieb Churchill 1897: »Die Prinzipien, die ich vertrete, sind mir weniger wichtig als die Wirkung, die meine Worte haben & der Ruf, den sie mir verschaffen.«[50] Damals war er dabei, seine Rhetorik zu entwickeln. Auf seine Technik bildete er sich etwas ein und erging sich in Fachsimpeleien. Die Sprache war sein Werkzeug und das Publikum das zu bearbeitende Stück Holz. Es blieb nicht aus, dass er stets der Erste war, der sich von der eigenen Rhetorik begeistern ließ. In der freien Rede ebenso wie beim Entwerfen seiner Ansprachen konnte er sich in Superlative und Zuspitzungen hineinsteigern, die er vor allem ihrer Auffälligkeit halber wählte. Andere dachten nicht minder rassistisch, nur dass er farbiger und pointierter formulierte als sie. Außerdem wogen seine Worte naturgemäß schwerer als die von anderen. Sein Rassismus lässt sich nicht schönreden, aber er sollte in Bezug zum herkömmlichen Denken seiner Epoche gesetzt werden.

1954 sprach der Premierminister für alle, die dagegen waren, dass »Farbige« aus den Ländern des Commonwealth ihr Recht wahrnahmen und nach England übersiedelten. »Es wird Probleme geben, wenn viele coloured people sich hier niederlassen«, warnte Churchill in der Kabinettssitzung vom 3. Februar. »Sollen wir uns im Vereinigten Königreich mit colour-Problemen belasten? Der Wohlfahrtsstaat zieht sie an. Die öffentliche Meinung im Vereinigten Königreich wird [den Zuzug] nicht tolerieren, wenn er über ein bestimmtes Limit hinausgeht.«[51] Genau dasselbe ist in unseren Tagen zu hören, nur dass heute nicht von »Farbigen«, sondern von »Migranten« gesprochen wird. Über Churchill besagt das nichts, was aber besagt es über die Gegenwart?

Ansätze der Entzauberung

Zu seinem achtzigsten Geburtstag 1954 glorifizierte die »Times« Churchill nicht nur als »größten Mann aller Zeiten«, sie bezeichnete ihn zudem als »Verkörperung der Zeitgeschichte«: »the embodiment of living history«.[52] Anscheinend kam es auf Genauigkeit überhaupt nicht mehr an: Churchill war so groß, dass man ihm die gesamte Weltgeschichte seiner Lebenszeit einschreiben konnte. Andersherum gesagt: Wo Churchill war, da war die Geschichte. Ein Cartoon veranschaulichte, was gemeint war: Churchill und ein anderer Politiker befinden sich auf einer Kreuzfahrt. In bequemen Liegestühlen ruhend, genießen sie die Seeluft. Der Kabinettskollege liest die Zeitung. Churchill: »Gibt's Neuigkeiten?« Der andere: »Wie denn? Sie sind doch *hier.*« Churchill war nicht allgegenwärtig, er musste es nicht sein: In der Phantasie der Zeitgenossen richtete die Gegenwart sich vielmehr nach ihm, sie fand dort statt, wo er war. Was, wenn nicht das, ist die Dimension des »großen« Staatsmanns?

Charles de Gaulle, der von historischer Grandeur etwas verstand, gab sich nach Churchills Ableben ungewöhnlich generös. Von sich selbst meinte er, für »une certaine idée de la France« zu stehen, für eine »gewisse Vorstellung« von Frankreich, die nicht näher definiert werden kann, weil sie über jede präzise Beschreibung hinausgeht. De Gaulle, der Unbeschreibliche, gönnte nun dem Engländer einen ebenfalls unfassbaren Status: Als er die Todesnachricht erhielt, murmelte der französische Präsident: »Jetzt ist Britannien keine Großmacht mehr.«[53] Ganz ohne Genugtuung sagte er das sicherlich nicht, denn das hieß natürlich auch, dass Großbritannien keine gewichtige Konkurrenz mehr darstellte.

Der unaufhaltsame Verlust seiner Weltstellung kam Britannien bitter zu Bewusstsein. Das Empire war zunehmend auf die Erinnerung an seine Glorie reduziert. Das Commonwealth erwies sich als ein Staatenbund von wenig mehr als symbolischem Wert, während die Europäische Wirtschaftsgemeinschaft sich bewährte. Auch wurde immer klarer, wozu die *special relationship* mit den USA eigentlich diente: Die Beschwörung des exzellenten Verhältnisses zu den Vereinigten Staaten erlaubte britischen Politikern, sich für wichtiger zu nehmen, als sie es in den Augen der Amerikaner waren, und sich Zielsetzungen der amerikanischen Freunde mal enthusiastisch, mal immerhin ohne Prestigeverlust zu eigen zu machen.

Der Niedergang des Empire hinterließ nostalgische Gefühle, die im Vereinigten Königreich nicht von allen und von den Übrigen nicht auf die gleiche Weise verspürt wurden. Wie auch immer sie sich auswirkten, waren sie im öffentlichen Gespräch unüberhörbar. Theaterkennern konnte Bertolt Brechts Satz aus dem »Leben des Galilei« in den Sinn kommen: »Unglücklich das Land, das Helden nötig hat.« Das Vereinigte Königreich bedurfte dringend eines Helden, dessen Strahlkraft die Stimmung im Land aufhellte. Wer das sein konnte, war keine Frage. Churchill war mit Harold Wilsons Worten »lange vor seinem Tod« zu »einer Legende« geworden.[54] Und als Legende lebte er nach seinem Tod fort.

Wie zu Lebzeiten hatte Churchill auch in seinem Nachleben viele Gegner. Die meisten standen politisch links. Dass er 1910 als Innenminister Soldaten gegen streikende Arbeiter ins walisische Tonypandy gerufen hatte, wurde ihm nie verziehen. 1954 machte er publik, bei Kriegsende habe er Generalfeldmarschall Montgomery telegraphisch aufgefordert, eroberte deutsche Waffen für einen eventuellen Einsatz gegen die Sowjetunion zu sammeln. Das Telegramm wurde nie gefunden, und Montgomery gab an, so eine Order nicht erhalten zu haben. Churchills Gedächtnis hatte ihm einen Streich gespielt. Aber einige Abgeordnete der Labour-Partei und das Gros der Presse zogen es vor, sich auf sein Wort zu verlassen, und bezichtigten ihn der Kriegstreiberei.[55]

Als einen Kriegsverbrecher schilderte ihn der deutsche Dramatiker Rolf Hochhuth (1931 bis 2020) in dem 1967 uraufgeführten Stück »Soldaten. Nekrolog auf Genf«. Mit der Bombardierung deutscher Städte während des Kriegs und dem Tod von Abertausenden Zivilisten habe Churchill schwere Schuld auf sich geladen. Und noch einen anderen Vorwurf erhob Hochhuth: 1943 kam Władysław Sikorski, der Chef der polnischen Exilregierung in London, bei einem Flugzeugabsturz ums Leben. Ein Attentat konnte nicht ausgeschlossen werden. Hochhuths Stück legt nahe, um einen Anschlag habe es sich gehandelt, und Churchill habe ihn in Auftrag gegeben.

Obgleich das eine gravierende Anschuldigung war, wollte Laurence Olivier, der künstlerische Leiter des National Theatre, »Soldaten« auf die Bühne bringen; er hielt das Stück für ein gelungenes Kunstwerk und die Materie für diskussionswürdig. Aber der Verwaltungsrat legte sein Veto ein, die Verunglimpfung von Churchills Andenken könne er nicht dulden. Was Sikorskis Tod anging, war das berechtigt: Dafür gab es keinen Beleg. Als ein kleineres Theater »Soldaten« ankündigte, gingen Bombendrohungen und Schmähungen ein. Das Publikum blieb aus. Hochhuth korrigierte sich: Churchill habe keine Wahl gehabt, der Sowjetunion zuliebe habe er den Polen umbringen und deutsche Städte bombardieren lassen müssen. Auch für ihn, den Autor, gelte: Churchill sei »der Retter der Zivilisation«.[56]

Mit dem gesellschaftlichen und dem technischen Fortschritt hat die Kritik an Churchill mittlerweile eine breitere Basis gefunden. Viele, die früher das Abfassen von Leserbriefen vielleicht nicht für der Mühe wert erachtet hätten, äußern sich ungezwungen in den sozialen Medien. Moralische Empörung wird großgeschrieben. Vorwürfe wie der des Rassismus, des Imperialismus oder des Klassendünkels sind schon so gut begründet worden, dass nicht wenige Ankläger eine nähere Kenntnis der historischen Umstände für entbehrlich halten. Die pauschale Aburteilung erfreut sich einiger Beliebtheit. Es kommt vor, dass im Eifer versehentlich die befremdliche Anschuldigung erhoben wird, ein Antisemit sei Churchill auch gewesen.

Im Jahr 2000 fand bei den traditionellen Demonstrationen zum 1. Mai eine originelle Aktion statt: Ein junger Mann setzte Churchills Statue am Parliament Square ein längliches Grasbüschel auf den Kopf, sodass es aussah, als trage er einen Irokesenschnitt. Ein anderer sprayte ihr rote Farbe auf den Mund, die von den Lippen nach unten troff, als habe Churchill Blut gesoffen. Die künstlerische Verunstaltung war zur Anprangerung seines Rassismus und seines Militarismus gedacht. Der mittzwanzigjährige Sprayer James Matthews, er hatte beim Militär gedient, erklärte die Aktion: »Churchill war ein Vertreter des Kapitalismus und des Imperialismus und des Antisemitismus. Ein reaktionärer Tory, ein vehementer Gegner der Frauenemanzipation und der Unabhängigkeit Indiens. Die Medien haben diesen dicken, kleinen Mann überlebensgroß gemacht.« In Wirklichkeit, schrieb Matthews, sei er ein »oft irrationaler, manchmal aufgeblasener« Politiker gewesen, »hitzig, egozentrisch und bigott«. Viele Menschen habe er in einen sinnlosen Tod geschickt und vielen anderen »unnötiges, ungerechtfertigtes Leid« beschert.[57]

Ob die zahlreichen abfälligen Meinungsäußerungen darauf hinweisen, dass die Epoche der Churchill-Bewunderung ihrem Ende zugeht, ist schwer zu sagen. Die Stimmen auf den Internetportalen werden nicht gezählt. Und die Umfrage der BBC, in der fast eine halbe Million Fernsehzuschauer ihn zum größten Briten aller Zeiten kürte, liegt mehr als zwanzig Jahre zurück.[58] Wenn sein Stern eines Tages dunkel wird, dann vielleicht nicht in erster Linie aus moralischen Gründen, sondern weil er dem kollektiven Gedächtnis langsam entschwindet. 2008 wurden britische Teenager befragt: Jeder fünfte hielt Churchill für eine fiktive Figur, wohingegen 58 Prozent dachten, Sherlock Holmes habe wirklich gelebt. Der konservative Andrew Roberts meint, das habe man davon, dass Churchill aus den Lehrplänen so gut wie eliminiert worden sei.[59] Mag sein. Aus der Unwissenheit der Teenager kann man aber auch einen völlig anderen Schluss ziehen: Ist sie nicht der beste Beweis für den Erfolg aller, die am Mythos »Churchill« gearbeitet haben? So gründlich wurde der Mann zur Legende stilisiert, dass schließlich die Legende es sein wird, die von ihm bleibt. Was die Arbeit am Mythos anbelangt: Die ist alles andere als abgeschlossen.

Gegen Ende seines Lebens wollte Churchill nicht mehr wissen, wie sehr er sich in den 1950er Jahren um ein friedliches Nebeneinander des Westens und der Sowjetunion bemüht hatte. Der Kalte Krieg war in vollem Gange, und nun sah er sich als seinen Herold. Im Westen bürgerte es sich ein, seine Weitsicht zu preisen, mit der er schon 1946 in Fulton die unausweichliche Notwendigkeit proklamiert habe, die Sowjetunion machtvoll in ihre Schranken zu weisen.

Die Berufung auf seine Autorität erschien und erscheint vielen nützlich. Kaum eine Rolle spielt es mehr, was er tatsächlich gedacht hat. Churchill ist ein Passepartout ohne Bild, mit dem Politiker ihre Visionen rahmen. Mitunter sind eigene Vorstellungen gar nicht einmal nötig. Als die britische Premierministerin Margaret Thatcher 1981 auf Besuch bei Ronald Reagan weilte, witzelte der amerikanische Präsident: »Prime Minister, wussten Sie, dass wir die Angewohnheit haben, Winston Churchill zu zitieren?« Thatcher hatte das möglicherweise nicht gewusst, dürfte es aber gut verstanden haben. Als sie 1983 eine nach Churchill benannte amerikanische Auszeichnung empfing, erging sie sich in Phrasen: Churchill »war ein Riese. Er sah klar. Er warnte klar. Er tat, was getan werden musste. Sein unbeirrbares Einstehen für fundamentale Prinzipien, seine heroische Indifferenz gegenüber dem Druck und den Zweckmäßigkeiten des Augenblicks zusammen mit seiner unbeugsamen Entschlossenheit retteten sein Land und halfen, die Welt zu retten.«[60] Das war glasklares rhetorisches Leergut. Thatchers und Ronald Reagans Churchill-Bild blieb im Rahmen der überkommenen Vorstellung vom siegreichen Kriegspremier im freiheitskämpferischen Wichs.

In 1990er Jahren und zu Beginn der Amtszeit von George W. Bush 2001 versahen Mitarbeiter des Weißen Hauses den Präsidenten mit Churchill-Zitaten, wenn Briten erwartet wurden: Man wollte den Gästen eine Freude machen. Beamte in Whitehall hielten – durchaus zu Recht – die Amerikaner für Fans des britischen Nationalhelden und gaben sich viel Mühe bei der Suche nach diplomatischen Geschenken mit Churchill-Bezug.

Nach den Attentaten vom 11. September 2001 änderte sich Washingtons Einstellung: Man stellte den Apparat auf Kriegsmodus und konnte die britische Bulldogge, die so gut gebellt hatte, nun tatsächlich brauchen. Churchills Rhetorik wurde für die amerikanischen Kriegsziele in Dienst genommen. Am 20. September erklärte Präsident Bush vor dem US-Kongress: »Wir werden nicht nachlassen, wir werden nicht zögern, und wir werden nicht scheitern.« Als die Bush-Regierung den Einmarsch in den Irak vorbereitete, verglich Verteidigungsminister Donald Rumsfeld den Diktator Saddam Hussein mit Adolf Hitler. Mit Bezug auf die Appeasementpolitik der 1930er Jahre sagte er, damals hätten »nur sehr wenige« die drohende Gefahr erkannt. Die Amerikaner wollten es mit Churchill halten und nicht lange fackeln. Was früher der Kalte Krieg gewesen, sei nun »der Krieg gegen den Terror«. Im Februar 2004 tat Präsident Bush kund: »Einen nach dem anderen werden wir die Terroristen aufspüren und um sie herum zusammenziehen, was Churchill das ›Netz der Verdammnis‹ genannt hat.« In der Folge stellte der spätere Präsidentschaftskandidat Pat Buchanan fest, die amerikanische Elite sei einem »Churchill-Kult« verfallen: Als Kriegsherr und als Staatsmann, so ihre Überzeugung, habe er nicht seinesgleichen, alle Politiker sollten sich an ihm ein Beispiel nehmen.[61]

So weit gekommen, wollen wir kurz innehalten und an die scharfe Kritik erinnern, der Churchill unterzogen wird. Bei dem soeben Dargelegten ist Churchills Entzauberung nicht im Ansatz auszumachen, von seiner Entthronung gar nicht zu reden. Das Establishment denkt nicht daran, ihn aufzugeben. Wozu auch? Eines haben viele seiner Anhänger und seiner Gegner gemeinsam: Er ist für sie wenig mehr als eine Chiffre, hier mit positivem, dort mit negativem Vorzeichen.

Seit den 1950er Jahren diskutiert Britannien ausführlich über Europa: Sollen die Beziehungen zu dem Völkermischmasch jenseits des Kanals vertieft oder nicht doch lieber gelockert werden? Den meisten führenden englischen Politikern wäre es insgeheim wohl am liebsten gewesen, wenn es beim jeweiligen Status quo auf dem Kontinent geblieben wäre, sodass sie sich mit dem innenpolitisch heiklen Thema nicht weiter hätten plagen müssen. Premierminister Camerons Beschluss, ein Referendum über den Verbleib seines Landes in der Europäischen Union entscheiden zu lassen, begrüßten nur nationalistische Politkarrieristen und reaktionäre Randfiguren. Die Übrigen waren fast alle alarmiert. Um den antieuropäischen Ressentiments in der Bevölkerung etwas entgegenzusetzen, beriefen sie sich auf Churchill, in dem sie zu diesem Zweck den kosmopolitischen Europäer entdeckten.[62] Die Gegenpartei berief sich auch auf Churchill, mit viel mehr Berechtigung. Denn von seinen proeuropäischen Eskapaden in den späten 1940er Jahren abgesehen, waren das Empire respektive das Commonwealth ihm allzeit wichtiger als Europa. Ob er für den Brexit gewesen wäre, der 2021 in Kraft trat, können wir nicht wissen. Vermuten dürfen wir, dass es ihn gestört hätte, von zwei Parteiungen vereinnahmt zu werden, die gegenteilige Positionen vertraten. Er war zu klug, um das als Zeichen des allseitigen Respekts aufzufassen. Stattdessen hätte er sich wohl dagegen gewehrt, eingesetzt zu werden wie eine Spielmünze.

Coda

Viele pensionierte Staatsleute korrigieren nachträglich in ihren Erinnerungen die Politik, die sie betrieben haben. Eine Rarität ist ein Politiker, der mit seinen amtsinternen Verlautbarungen und öffentlichen Reden schon auf seine Memoiren hinarbeitet. Churchill war immer beides: ein Mann der Tat und das Objekt seiner Selbstbetrachtung. Sein Leben nach der Schule und ihren Zwängen kam ihm vor wie »ein endlos langer Film, in dem man selbst mitspielte«.[63] Vielleicht war er von Natur dazu disponiert, sich selbst wie von außen zu betrachten. Vielleicht entwickelte sich die Gewohnheit während seiner einsamen, freud- und freundeslosen Internatsjahre. Da er schon der Zuschauer seines Lebens war, warum dann nicht gleich sein Biograph.

Am besten gelangen ihm die Reden, die er mit Rücksicht auf beides hielt, die Gegenwart und die Nachwelt. Als das Unterhaus Churchill zum achtzigsten Geburtstag gratulierte und Clement Attlee die historische Bedeutung seiner Ansprachen im Zweiten Weltkrieg herausstrich, antwortete er mit Worten, die selbst Geschichte gemacht haben:

»Es war die Nation samt der über den Globus verteilten Rasse, die das Herz des Löwen gehabt hat. Ich hatte das Glück, dass es mir zufiel, das Brüllen [des Löwen] dazuzugeben.«[64]

So wirkungsvoll er brüllte, war Churchill doch oft genug nach miauen zumute. Er konnte eine siegesgewisse Rede halten und gleich darauf mit einem Anflug von sorgenvoller Kleinmütigkeit kämpfen, von dem nur seine engste Umgebung etwas mitbekam. Die bewusste Aufspaltung in eine öffentliche und eine private Person ist nichts Ungewöhnliches, fast alle machen es, mal mehr, mal weniger. Bei Churchill kam noch etwas anderes hinzu: Er war für sich allein der zunehmenden Gewissheit ausgesetzt, dass die Welt, wie er sie kannte und liebte, zum Untergang verurteilt war. Ja, schlimmer noch: dass er selbst diese historische Entwicklung unwillentlich beschleunigt hatte. Den Gedanken daran konnte er nicht zulassen, aber ignorieren konnte er ihn auch nicht.

Aus dem Ersten Weltkrieg war Großbritannien finanziell gerupft hervorgegangen. Nach dem Zweiten Weltkrieg war es, wie Churchill sagte, »bis auf die Knochen« abgenagt. Das Kriegskabinett hatte verfügen müssen, dass immer neue Kredite bei den Vereinigten Staaten aufgenommen wurden. Und er war es gewesen, der an der Spitze gestanden hatte. Der Sieg im Krieg brachte Großbritannien um das Empire: Das Vereinigte Königreich hatte nicht mehr die wirtschaftliche und auch politische Kraft, die dazugehörigen Staaten zusammenzuhalten.

Der Krieg kostete Großbritannien seine unangefochtene Machtstellung. Wenn Churchill auf den Gebrauch des Wortes »Empire« nicht verzichten wollte, so unter anderem deshalb, weil er alles andere noch viel weniger beeinflussen konnte. Dazu zählte auch die gesellschaftliche Entwicklung, die er selbst unterstützte. Vernünftigerweise gingen die Tories und die Labour Party für die Dauer des Kriegs eine Koalition ein. Churchill hatte dagegen nichts einzuwenden. So konnten die Labour-Politiker beweisen, dass sie nicht minder staatstragend waren als die Konservativen. Nach dem Krieg waren Labour eine etablierte Partei und die Gewerkschaften eine akzeptierte politische Kraft.

Als Kriegspremier erwarb Churchill sich sein bleibendes Verdienst. Der Zweite Weltkrieg machte ihn zum weltberühmten Helden, dessen Stern in höchste Sphären stieg. Die Ironie des Schicksals wollte es, dass der Krieg gleichzeitig zum Niedergang dessen führte, was ihm teuer war. Im Namen des Empire, für das Empire hatte er den Krieg geführt, und mit dem Sieg, seinem Triumph, war es verloren.[65] Dieser »Riese« (Margaret Thatcher), dieser »schlechte Mann« (Richard Burton) war eine tragische Figur. Er wusste es selbst. Wie sagte er? »Ich habe viel erreicht – und am Ende war es alles NICHTS.«

In diesem Buch habe ich versucht, Churchill nahezukommen und dabei Distanz zu wahren. Es ging mir darum, ihn zu verstehen, mochte ich auch für manches, was er tat oder sagte, kein Verständnis aufbringen. Er beging mehr Fehler, als hier resümierend aufgezählt werden können. Viele gute Entscheidungen hat er gefällt, die meisten sogar in voller Absicht. Seine Ehrlichkeit und seine phantasievolle Intelligenz haben etwas Einnehmendes. Als Entertainer ist er unerreicht, jedenfalls in der Welt der Berufspolitiker.

Selbst mit geläuterter Moral käme Churchill heute als Premierminister nicht in Frage. Schon sein aufbrausendes Wesen, seine Aufrichtigkeit beim Austeilen von Beleidigungen und seine Unbedarftheit in der Kunst der Intrige lassen ihn für den Posten ungeeignet erscheinen. Der Historiker David Cannadine, der die britische Aristokratie in toto für eine eher nutzlose Kaste hält, hat für ihren bürgerlichen Abkömmling Churchill wenig übrig. »Unbestritten bleibt jedoch«, hat er geschrieben, »dass dem öffentlichen Leben in Großbritannien mit dem Rücktritt Churchills als Premierminister im April 1955 eine Breite der Sicht, eine Poesie des Ausdrucks und eine Brillanz des Vortrags verloren gingen, wie sie wohl kaum je wieder erreicht werden dürften.«[66]

Zu Churchills Unarten gehörte, dass er immer das letzte Wort haben wollte. Er soll es bekommen: »Wörter sind das Einzige«, schrieb er 1938, »was ewig hält.«[67]

Dank

Zuallererst danke ich meiner Mutter, Maria Carlsson Augstein, der besten Gegenleserin. Churchill nahm gern ein warmes Bad: Das war ihm angenehm und putzte ihn. Genauso ging es dem Manuskript in den Händen meiner Mutter. Peter Brandt, Ute Daniel, Stig Förster und Gerhard Hirschfeld haben viele Kapitel gelesen. Ohne ihre Anregungen und Ratschläge wäre die Darstellung mancher Reformen und mancher Kriegsereignisse ein klein wenig anders ausgefallen. So hätte ich zum Beispiel die Wehrmacht 1940 mit amerikanischen Jeeps in Frankreich einfallen lassen – solche Fahrzeuge besaßen die Deutschen natürlich, nur dass sie dazu nicht »Jeep« sagten. Dem dtv-Verlag danke ich dafür, dass er mich in den Kübelwagen gesetzt hat, mit dem ich auf Churchills Spuren durch die britische Geschichte gereist bin. Mein besonderer Dank gilt den Mitarbeitern und der Freundlichkeit, mit der sie sich meiner und des Manuskripts angenommen haben. Stefan Ulrich Meyer, »mein« Lektor, hat ein feines Verständnis für Technik – das altgriechische Wort »techne« trifft es besser – jeder Art. Die Gespräche mit ihm waren eine Freude. Hinzu kamen unvergessliche Erlebnisse. Ich denke etwa an den Vormittag, als er und ich in einem fensterlosen Abstellraum des Verlags mittels einer riesigen Xerox-Maschine Fotos kopierten. Es war heiß wie einst zur Mittagszeit auf dem britischen Truppenstützpunkt im indischen Bangalore, und ich fühlte mich studentisch jung, wie Churchill es war, als er dort Polo spielte. Thanks!

ANHANG

Anmerkungen

Vorwort

1 Zit. nach David Reynolds: »In Command of History. Churchill Fighting and Writing the Second World War«, London 2005 (2004), S. 217.
2 Violet Bonham Carter: »Champion Redoubtable. The Diaries and Letters 1914–1945«, hrsg. v. Mark Pottle, London 1999 (1998), S. 25.
3 Andrew Roberts: »Churchill. Walking With Destiny«, London 2018, S. 943.
4 Zit. nach Roy Jenkins: »Churchill«, London 2017 (2001), S. 416.
5 Zit. nach Martin Gilbert: »Churchill. A Life«, London 2000 (1991), S. 764.
6 Roberts: »Churchill«, S. 141.
7 Steven Fielding, Bill Schwarz, Richard Toye: »The Churchill Myths«, Oxford 2020, S. 6.
8 Zit. nach Arthur Herman: »Gandhi & Churchill. The Epic Rivalry That Destroyed an Empire and Forged Our Age«, London 2009 (2008), S. 359.
9 Zit. nach Jenkins, S. 105. Der Name der Dame: Pamela Plowden.

1. Kapitel
Eine Familie, ihr Haus und ihr Land

1 Anita Leslie: »Jennie. The Mother of Winston Churchill«, London 1992 (1969), S. 177.
2 Leslie, S. 21.
3 Mary S. Lovell: »The Churchills«, London 2012 (2011), S. 20.
4 Winston Spencer Churchill: »Lord Randolph Churchill«, 2 Vols, Whitefish (Montana) o. J., (Faksimile der Originalausgabe von 1906), Vol. 1, S. 47.
5 Richard Toye: »Winston Churchill. A Life in the News«, Oxford

2020, S. 14. Roberts: »Churchill«, 2018, S. 20, 13. Geschwätzige Leute bezweifelten, dass Lord Randolph der natürliche Vater sei. Jenkins, S. 7.

6 Churchill: »Lord Randolph«, S. 48.

7 Roberts: »Churchill«, S. 101.

8 Leslie, S. 24.

9 Im Deutschen ist dieser Kampf als die Schlacht von Höchstädt bekannt.

10 Roberts: »Churchill«, S. 8.

11 Winston Spencer Churchill: »Lord Randolph Churchill«, 2 Vols, New York 1906 (Faksimile), Vol. 1, S. 1.

12 Roberts: »Churchill«, S. 8.

13 Leslie, S. 177. Herman, S. 15.

14 Churchill: »Lord Randolph«, Vol. 1, S. 1 f.

15 Aus dem Gedächtnis zitiert. F. A.

16 Zit. nach Roberts: »Churchill«, S. 8.

17 Lovell, S. 20 ff.

18 Jenkins, S. 4.

19 David Cannadine: »Winston Churchill. Abenteurer, Monarchist, Staatsmann«, aus dem Engl. v. Matthias Wolf, Berlin 2005, S. 18.

20 Peter Mandler: »The Fall and Rise of the Stately Home«, 1997, S. 8. Leslie, S. 88.

21 Lovell, S. 70.

22 Mandler, S. 80.

23 Churchill: »Lord Randolph«, Vol. 1, S. 117.

24 Winston Churchill: »My Early Life. 1874–1904«, New York 1996 (1930), S. 89.

25 William Manchesters Einleitung zu Churchill: »My Early Life«, S. xii.

26 Erlebnis der Autorin an der London School of Economics 1986.

27 David Thomson: »England in the Twentieth Century«, 2. Ed. mit Ergänzungen von Geoffrey Warner, London 1991 (1981), S. 30.

28 Richard M. Langworth (Hrsg.): »Churchill in his Own Words«, London 2012 (2008), S. 426 (Kommentar von Langworth).

29 Zit. nach Cannadine, S. 59.

30 Journal of the Statistical Society of London, June 1874, Vol. 37, No. 2, S. 193–230. https://www.jstor.org/stable/2338721 (abgerufen am 20. 2. 2022).

31 Für eine luzide Einführung in das britische Parlamentssystem siehe

Ute Daniel: »Postheroische Demokratiegeschichte«, Hamburg 2020, S. 56–112, 119–138.

32 Bézique ist ein Kartenspiel für zwei Personen. Winston Churchill spielte es mit seinen Privatsekretären und anderen an Bord von Schiffen, Flugzeugen und auch am Boden.

33 Daniel: »Demokratiegeschichte«, S. 41–46, 77–125.

34 Sebastian Haffner: »Churchill. Eine Biographie«, Berlin 2001 (1967), S. 12 f.

35 Jenkins, S. 11–18.

36 Lovell, S. 54–57. Piers Brendon: »Winston Churchill. A Brief Life«, London 1984, S. 6.

37 Zit. nach Jenkins, S. 11.

38 Churchill: »Lord Randolph«, Vol. 1, S. 90. Herman, S. 18 ff.

39 Jenkins, S. 12. Möglicherweise mochte Disraeli den wohllautenden Namen »Primrose« mehr als die Pflanze. Ob er wohl eine »Primel« als seine Lieblingsblume benannt hätte? Außerdem war schon zu seiner Zeit Primrose Hill eine begehrte Wohngegend in London.

40 Jenkins, S. 12.

41 Brendon, S. 12.

42 Jenkins, S. 15.

43 Jenkins, S. 17.

44 Jenkins, S. 19. Roberts: »Churchill«, S. 13.

45 Patricia Craig (Hrsg.): »The Oxford Book of Schooldays«, Oxford 1994, S. xvi, 149.

46 Ben Pimlott: »The Queen. A Biography of Elizabeth II«, London 1997 (1996), S. 24, 27.

47 Craig, S. 77 f.

48 Churchill: »My Early Life«, S. 20.

49 Roberts: »Churchill«, S. 23.

50 William Manchesters Einleitung zu Churchill: »My Early Life«, S. xi. Siehe auch eine Bemerkung von Churchills Leibarzt: »Der normale Armeeoffizier« sei frühzeitig auf Norm gebracht worden: »Auf der Schule wurde ihm eingebimst, dass er sich von anderen Jungs nicht unterscheiden dürfe.« Lord Moran [Charles Wilson]: »Winston Churchill: The Struggle for Survival 1940/1965«, London 1968 (1966), S. 86.

51 Friedrich Nietzsche: »Götzen-Dämmerung. Sprüche und Pfeile«, 8. In ders.: »Gesammelte Werke«, Bd. 2, hrsg. v. Karl Schlechta, München 1981 (1966), S. 943.

52 Randolph S. Churchill (Hrsg.): »The Churchill Documents. Volume 1. Youth 1874–1896«, Hillsdale (Michigan) 2017 (1967), S. 81–89. Die Schule gibt es immer noch, heutzutage empfängt sie Mädchen.
53 Churchill: »My Early Life«, S. 11.
54 Churchill: »My Early Life«, S. 12.
55 Roberts: »Churchill«, S. 23.
56 Zit. nach Leslie, S. 82. Jennie Churchills Schwester Leonie war die Großmutter von Anita Leslie.
57 Herman, S. 29.
58 Churchill: »My Early Life«, S. 16 f.
59 R. S. Churchill, Vol. 1, S. 132.
60 Jeremy Paxman: »The English. A Portrait of a People«, London 2007 (1999), S. 125. Das galt jedenfalls bis 2022, als England und Wales von einer Hitzewelle mit 40 Grad im Schatten heimgesucht wurden.
61 Violet Bonham Carter: »Winston Churchill. An Intimate Portrait«, New York (N. Y.) 1995 (1965), S. 15.
62 Zit. nach Jon Meacham: »Franklin and Winston. An Intimate Portrait of an Epic Friendship«, New York 2004 (2003), S. 13.
63 Später hat Churchill Harrow gelegentlich besucht und mit einer Rede beehrt. Brendon, S. 13.
64 Roberts: »Churchill«, S. 23.
65 Churchill: »My Early Life«, S. 15.
66 Roberts: »Churchill«, S. 20.
67 Zitiert nach der Einleitung von William Manchester in Churchill: »My Early Life«, S. xiv (»a vast system of outdoor relief for the British upper classes«).
68 Richard M. Langworth hat sich die Mühe gemacht, Churchills beste Zitate auf 600 Seiten zu sammeln. Bei der Gelegenheit fand er heraus, was Churchill vermutlich nie gesagt hat. »No sports« findet in seinem Buch leider keine Erwähnung.
69 Roberts: »Churchill«, S. 28. John Keegan: »Winston Churchill. A Life«, London 2009 (2002), S. 29. Für Churchills Hände siehe Anthony Montague Browne: »Long Sunset. Memoirs of Winston Churchill's Last Private Secretary«, London 1996 (1995), S. 322.

2. Kapitel
Ehrgeiz und Vorlieben: Das Kriegshandwerk

1 »The Churchill Documents«, Vol. 1, S. 552. Artikel für »Pall Mall Magazine«, Dezember 1896.
2 »The Churchill Documents«, Vol. 1, S. 386.
3 »The Churchill Documents«, Vol. 1, S. 204.
4 »The Churchill Documents«, Vol. 1, S. 390 f.
5 Churchill: »My Early Life«, S. 59.
6 Roberts: »Churchill«, S. 29.
7 Lovell, S. 252.
8 Brendon, S. 18.
9 »The Churchill Documents«, Vol. 1, S. 413.
10 Churchill: »My Early Life«, S. 5.
11 Roberts: »Churchill«, S. 14.
12 Neueren Vermutungen zufolge soll es sich um einen Hirntumor oder um eine seltene Erkrankung des Hirns gehandelt haben, deren Auswirkungen denen der Syphilis ähnlich sind. Herman, S. 45; Roberts: »Churchill«, S. 28 f.
13 Roberts: »Churchill«, S. 18.
14 Lovell, S. x.
15 Roberts: »Churchill«, S. 34.
16 Churchill: »My Early Life«, S. 46.
17 Churchill: »My Early Life«, S. 38.
18 Roberts: »Churchill«, S. 11.
19 Roberts: »Churchill«, S. 28.
20 Jenkins, S. 88. Brendon, S. 16.
21 Bonham Carter: »Churchill«, S. 14.
22 Churchill: »My Early Life«, S. 33, 31, 62. 225. Nicholas Shakespeare: »Six Minutes in May. How Churchill Unexpectedly Became Prime Minister«, London 2017, S. 225.
23 Roberts: »Churchill«, S. 32 f.
24 Roberts: »Churchill«, S. 72; Jenkins, S. 62.
25 Roberts: »Churchill«, S. 278.
26 Roberts: »Churchill«, S. 254.
27 Roberts: »Churchill«, S. 340.
28 Churchill: »My Early Life«, S. 74.
29 Churchill: »My Early Life«, S. 75.

30 Zit. nach Roberts: »Churchill«, S. 35.
31 Zit. nach Roberts: »Churchill«, S. 36.
32 Roberts: »Churchill«, S. 25.
33 Churchill: »My Early Life«, S. 101 f.
34 Churchill: »My Early Life«, S. 83 f.
35 Roberts: »Churchill«, S. 37.
36 Churchill: »My Early Life«, S. 77, 80.
37 Toye: »Life in the News«, S. 22.
38 Jenkins, S. 28.
39 Jenkins, S. 43.
40 Churchill: »My Early Life«, S. 72 f.
41 Churchill: »My Early Life«, S. 89.
42 Churchill: »My Early Life«, S. 93.
43 Churchill: »My Early Life«, S. 93.
44 Churchill: »My Early Life«, S. 107.
45 Churchill: »My Early Life«, S. 210.
46 Herman, S. 97.
47 Roberts: »Churchill«, S. 40 f. Herman, S. 97.
48 Herman, S. 26.
49 Michael Lüders: »Hybris am Hindukusch. Wie der Westen in Afghanistan scheiterte«, München 2022, S. 18 f.
50 Churchill: »My Early Life«, S. 126 ff.
51 Churchill: »My Early Life«, S. 140.
52 Churchill: »My Early Life«, S. 147.
53 Toye: »Life in the News«, S. 27.
54 Langworth, S. 20.
55 Langworth, S. 30. Diese Worte empfahl Churchill nach dem Ersten Weltkrieg für ein Denkmal zu Ehren der Gefallenen. Die Franzosen, die ihn um einen Vorschlag gebeten hatten, lehnten diesen jedoch ab.
56 Roberts: »Churchill«, S. 52 f.
57 Roberts: »Churchill«, S. 43.
58 Langworth, S. 462.
59 Langworth, S. 465.
60 Langworth, S. 460.
61 Moran, S. 440 f. Die Wahrhaftigkeit von Morans Tagebüchern wird in Zweifel gezogen: Moran schrieb etliches auf, nachdem es passiert war. Daraus muss man nicht den Schluss ziehen, dass er Churchills Denken und Reden komplett verfälscht hätte.

62 Churchill: »My Early Life«, S. 150 f. Jenkins, S. 36.
63 Stephen Roskill: »Churchill and the Admirals«, London 1977, S. 26.
64 Winston Churchill: »Savrola. A Tale of the Revolution in Laurania«, Forgotten Books, o. O., 2012 (1900), S. 101, 113 f., 307. Churchill wählte für »die Bühne des Lebens« die aus Shakespeares »Macbeth« bekannte Formulierung »the stage of life«.
65 Churchill: »My Early Life«, S. 163. Herman, S. 106.
66 Roberts: »Churchill«, S. 53 f. Churchill: »My Early Life«, S. 163, 167.
67 Winston Churchill: »Great Contemporaries«, hrsg. v. James W. Muller, Wilmington (Delaware) 2012, S. 395. Den Aufsatz über Kitchener publizierte Churchill unter dem Titel »Kitchener – The Empire's Man of Destiny« (1936).
68 Roberts: »Churchill«, S. 55.
69 Für dies und das Weitere siehe Churchill: »My Early Life«, S. 161–196.
70 Churchill: »My Early Life«, S. 174 f.
71 Churchill: »My Early Life«, S. 189.
72 Churchill: »The River War. An Account of the Reconquest of the Sudan«, zit. nach Roberts: »Churchill«, S. 56.
73 Zit. nach Toye: »Life in the News«, S. 32. »Dulce et decorum …«: »Süß und ehrenvoll ist es, fürs Vaterland zu sterben«.
74 Für die zweite Auflage milderte Churchill seine Anschuldigungen ab: Nachhaltig grollen war ihm nicht gemäß. Brendon, S. 28.
75 Brendon, S. 26.
76 Churchill: »My Early Life«, S. 180.
77 Roberts: »Churchill«, S. 59.
78 Brendon, S. 26 f. Jenkins, S. 40.
79 Theodor Fontane ist an der Übersetzung des Gedichts gescheitert; die Zeile »Someone had blunder'd« übersetzte er mit »s'ward irgendwo geblundert«.
80 Churchill: »My Early Life«, S. 211. Man muss Churchills Einschätzung des Schreibstils von Macaulay und Gibbon nicht teilen.
81 Was den Umrechnungskurs angeht, siehe Roberts: »Churchill«, S. xix, xxx.
82 Richard Steyn: »Churchill & Smuts. From Enemies to Lifelong Friends«, London 2019 (2017), S. 21. Churchill-Biographen sind besessen von der Frage, was er an Alkoholika mitnahm. Ihre Angaben weichen voneinander ab. Roberts: »Churchill«, S. 65; Jenkins, S. 51.
83 Toye: »Life in the News«, S. 42.

84 Jenkins, S. 51 f.
85 Bonham Carter: »Churchill«, S. 37.
86 Toye: »Life in the News«, S. 38.
87 Roberts: »Churchill«, S. 66.
88 Churchill: »My Early Life«, S. 243–253. Jenkins, S. 53. Das Eisenbahnmanöver ist auf widersprüchliche Weise geschildert worden. Hilfreich ist Churchills Zeichnung in »My Early Life«, S. 251.
89 Toye: »Life in the News«, S. 41.
90 Bonham Carter: »Churchill«, S. 40.
91 Roberts: »Churchill«, S. 69.
92 Jenkins, S. 54–61. Es gab unter Zeitgenossen verbale Scharmützel: ob Churchill sein Land mit diesem Versprechen verraten habe; ob er sein Versprechen gegenüber den Buren verraten habe, indem er dann doch seine Kenntnisse an britische Militärs weitergab. Diese Diskussion, die Churchill bewog, vor Gericht wegen Rufmords zu klagen, ist nicht weiter erwähnenswert.
93 Winston Churchill: »London to Ladysmith via Pretoria«, London 1900.
94 Toye: »Life in the News«, S. 49.

3. Kapitel
Das große Pfauenrad: Einstieg in die Politik

1 Churchill: »My Early Life«, S. 301. Jenkins, S. 63.
2 »The Oxford English Dictionary« definiert »Jingo« als einen Ausruf ohne weiteren Sinn, erstmals verbucht im Jahr 1670.
3 Churchill: »My Early Life«, S. 362.
4 Jenkins, S. 71.
5 Roberts: »Churchill«, S. 63.
6 Jenkins, S. 91.
7 Zit. nach Roberts: »Churchill«, S. 63.
8 Jenkins, S. 65.
9 Churchill: »Some Election Memories« in ders.: »Thoughts and Adventures«, hrsg. von James W. Muller et al., Wilmington (Delaware) 2009 (1932), S. 213.
10 Toye: »Life in the News«, S. 35.
11 Toye: »Life in the News«, S. 50.

12 Roberts: »Churchill«, S. 381 (seine Tochter Mary meinte, er habe gern Golf gespielt).
13 Toye: »Life in the News«, S. 10, 54 f.
14 »The Oxford English Dictionary«, Lemma »Hooligans«.
15 Jenkins, S. 77 f.
16 Zit. nach Bonham Carter: »Churchill«, S. 31.
17 Zit. nach Bonham Carter: »Churchill«, S. 65.
18 Toye: »Life in the News«, S. 52.
19 Roberts: »Churchill«, S. 83.
20 Roberts: »Churchill«, S. 81.
21 Jenkins, S. 80 f.
22 Roberts: »Churchill«, S. 49.
23 Reynolds: »In Command«, S. 69.
24 Diesen Scherz verdanke ich einem Ausspruch, den in anderem Kontext der Journalist Giovanni di Lorenzo vor Jahrzehnten tat.
25 Winston Churchill: »Reden in Zeiten des Krieges«, hrsg. v. Klaus Körner, aus dem Englischen von Walther Weibel, Zürich 2014, S. 84. »We shall fight in France, we shall fight on the seas and oceans, we shall fight with growing confidence and growing strength in the air, we shall defend our island, whatever the cost may be, we shall fight on the beaches, we shall fight on the landing grounds, we shall fight in the fields and in the streets, we shall fight in the hills; we shall never surrender.«
26 Roberts: »Churchill«, S. 48 ff.
27 »Consistency in Politics«, in Churchill: »Thoughts and Adventures«, S. 35–40. Stanley Baldwin (zwischen 1923 und 1937 dreimal Premierminister) hat das tatsächlich gesagt. Siehe Matthew Parris (Hrsg.): »Scorn«, Hamish Hamilton, London 1994, S. 101.
28 Bonham Carter: »Churchill«, S. 61, 34.
29 Montague Browne, S. 319. John Keegan nennt als Urheber der Formulierung den amerikanischen Journalisten Ed Murrow. Keegan, S. 143. Die Angabe von Churchills Privatsekretär Montague Browne ist wohl verlässlicher.
30 Jenkins, S. 82.
31 Jenkins, S. 85.
32 Roberts: »Churchill«, S. 84.
33 Roberts: »Churchill«, S. 90 f.
34 Jenkins, S. 86.

35 Im Unterhaus sitzt die jeweilige Opposition, vom Eingang aus gesehen, immer rechter Hand, die regierende Partei immer links.

36 Langworth, S. 465.

37 Herman, S. 145.

38 Roberts: »Churchill«, S. 104. Brendon, S. 43 f.

39 Jenkins, S. 112.

40 Toye: »Life in the News«, S. 57. Jenkins, S. 118 f.

41 Jenkins, S. 113.

42 Brendon, S. 44 f. Churchill: »My African Journey« (1908).

43 Churchill: »My Early Life«, S. 104.

44 Herman, S. 605. Jenkins, S. 817.

45 Zit. nach William Manchesters Vorwort in Churchill: »My Early Life«, S. xv.

46 Das Zitat stammt aus einem kurzen Text von Jörg Friedrich in der Reihe »Der andere Blick auf die Geschichte«, Deutschlandfunk Kultur, 22. Juni 2008 (https://www.deutschlandfunkkultur.de/der-andere-blick-auf-die-geschichte-102.html; zuletzt abgerufen am 5. 9. 2023). Die meisten Churchill-Biographen gehen auf die Hungersnot in Bengalen gar nicht oder nicht näher ein. Eine Ausnahme ist Andrew Roberts (»Churchill«, S. 785–788):

Die »Weisheit der britischen Herrschaft in Indien« illustrierte Churchill gern mit dem Argument, dass unter ihr die Zahl der Einwohner anwachse. Anfang Oktober 1943 wurde der Generalfeldmarschall Archibald Wavell zum neuen Vizekönig Indiens ernannt. Am 7. Oktober instruierte Churchill ihn, zu seinen Pflichten gehöre, »sich um Hunger und Lebensmittelknappheit« zu kümmern. Einen Tag später schrieb er Wavell: »Die harten Bedingungen des Weltkriegs haben […] in einigen Gegenden aktuell zu Hungersnöten geführt. Es muss alles unternommen werden, eingeschlossen die Umleitung von Schiffen, die dringend für Kriegszwecke benötigt werden, um lokalen Engpässen abzuhelfen.« Doch der für Kriegstransporte zuständige Minister hielt es für unmöglich, Frachtraum für Getreide zur Verfügung zu stellen. Hinzu kam, dass am 16. Oktober ein Zyklon die Reisernten in Bengalen und Orissa vernichtete. Im November 1943 bot die kanadische Regierung an, hunderttausend Tonnen Weizen zu spenden. Diesen Vorschlag lehnte Churchill ab: Der Transport würde zwei Monate in Anspruch nehmen, und »unter den gegebenen Umständen wäre es nicht zu rechtfertigen, unsere Schiffskapazitäten unter weiteren Druck zu setzen«. Stattdessen beschloss sein Kriegskabinett, »bei einem baldigen Treffen über Nahrungsmittellieferungen nach Indien zu beraten – vielleicht aus Australien«. Diese Idee wurde zusammen mit weiteren in die Tat umgesetzt. Frühere Lebensmittelknappheiten konnten mit Lieferungen aus Burma und anderen südostasiatischen Reisproduzenten aufgefangen werden. Aber diese Länder wurden 1943 vom japanischen Militär kontrolliert, auch hatte der Zyklon etliche Eisenbahnstrecken unpassierbar gemacht. Die Regionalherrscher anderer indischer Provinzen weigerten sich, von ihren Ernten etwas abzugeben. Die Briten hegten den Verdacht, die Gründe dafür seien »zum Teil politischer Art«, die hinduistischen Anhänger der Kongresspartei würden es darauf anlegen, »die muslimische Regierung von Bengalen zu beschämen«. »Ich helfe Ihnen, so gut ich kann«, telegraphierte Churchill dem Vizekönig im Februar 1944, »aber das Unmögliche dürfen Sie nicht erwarten.«

47 Carlo D'Este: »Warlord. A Life of Winston Churchill at War. 1874–1945«, New York 2009 (2008), S. 173.

48 John Darwin: »Das unvollendete Weltreich. Aufstieg und Niedergang des Britischen Empire 1600–1997«, aus dem Englischen von Michael Bayer und Norbert Juraschitz, Frankfurt a. M. 2013 (2012), S. 359.

49 Langworth, S. 93. Das Pikante an dem Satz bestand auch darin, dass der US-Präsident Eisenhower ihn explizit eingeladen hatte, eine Rede für die Dekolonisierung zu halten.

50 Brendon, S. 44.

51 Herman, S. 112.

52 John Grigg: »Lloyd George. The Young Lloyd George«, London 2010 (1973), S. 264.

53 Jenny Uglow: »Civility and Its Discontents«, in: »The New York Review of Books«, 15. 8. 2019, S. 52.

54 Jenkins, S. 104 ff.

55 Peter Hennessy: »Whitehall«, New York 1989, S. 17–25, 31, 52 f., 4.

56 Langworth, S. 320. Für Churchills Abneigung gegen pralle Sonne siehe Tom Hickman: »Churchill's Bodyguard. The Authorised Biography of Walter H. Thompson«, London 2006 (2005), S. 35.

57 Parris, S. 104.

58 »Herbert Henry Asquith«, in Churchill: »Great Contemporaries«, S. 141 (Churchills Nachruf auf Asquith von 1928).

59 Zit. nach Jenkins, S. 146 f.

60 Für ein Gespräch am 6. Juni 2022 danke ich dem Sozialhistoriker Jürgen Kocka. Siehe auch Kocka: »Arbeiterleben und Arbeiterkultur. Die Entstehung einer sozialen Klasse«, Bonn 2015, S. 391–397.

61 Jenkins, S. 147 f.

62 Brendon, S. 51 f.

63 Jenkins, S. 147. Brendon, S. 52.

64 Langworth, S. 419.

65 Jenkins, S. 92.

66 Parris, S. 101.

67 Roberts: »Churchill«, S. 93.

68 Roberts: »Churchill«, S. 93, 111.

69 Brendon, S. 87

70 Brendon, S. 54. Jenkins, S. 145.

71 »Personal Contacts«, in Churchill: »Thoughts and Adventures«, S. 57.

72 Der Name »Sunny« ist die Verniedlichung eines weiteren Titels, den der 9. Herzog von Marlborough trug: Earl of Sunderland.

73 Brendon, S. 54.

74 Zit. nach Roberts: »Churchill«, S. 111, 127, 138. Brendon, S. 54 f.

75 Roberts: »Churchill«, S. 127.

76 Brendon, S. 53.

77 Jürgen Osterhammel: »Die Verwandlung der Welt. Eine Geschichte des 19. Jahrhunderts«, München 2009, S. 303 f.

78 Roberts: »Churchill«, S. 127.

79 Das Wort »Suffragetten« hatte die »Daily Mail« erfunden, es war als Schmähwort gemeint. Die Aktivistinnen übernahmen es.

80 Roberts: »Churchill«, S. 103. Die irische Nationalistin Constance Markiewicz nahm ihren Sitz allerdings nicht ein, weil sie zusammen mit ihren männlichen Kollegen das Unterhaus boykottierte.

81 Roberts: »Churchill, S. 103. Lovell, S. 260.

82 Brendon, S. 95.

83 »Election Memories«, in Churchill: »Thoughts and Adventures«, S. 221 ff.

84 Lovell, S. 261. Nach der Festnahme soll die Frau sich erkundigt haben: Sie habe Churchill hoffentlich nicht ernstlich wehgetan.

4. Kapitel
Pug und Cat und ihre Kinder

1 Roberts: »Churchill«, S. 117 f.
2 Mary Soames (Hrsg.): »Speaking for Themselves. The Personal Letters of Winston and Clementine Churchill«, London 1999 (1998), S. 5.
3 Seine liebende Tochter Sarah, eine professionelle Tänzerin, meinte, gar zu schlecht sei ihr Papa als Tänzer nicht gewesen. Sarah Churchill: »Keep on Dancing. An Autobiography«, London 1981, S. 100.
4 Mary Soames: »Clementine Churchill. The revised and updated Biography«, London 2002 (1979), S. 37.
5 Lovell, S. 233, 243 f.
6 Lovell, S. 247.
7 Jenkins, S. 113.
8 Wiki-Tree: Eintrag für Henry Hozier.
9 Sarah Churchill: »A Thread in the Tapestry«, London 1967, S. 45.
10 Josh Ireland: »Churchill & Son«, London 2021, S. 19. Brendon, S. 47.
11 Soames: »Clementine Churchill«, S. 28.
12 Lovell, S. 437.
13 Soames: »Clementine Churchill«, S. 482. Lovell, S. 255.
14 Roberts: »Churchill«, S. 123 ff. Soames: »Speaking for Themselves«, S. 646.
15 Toye: »Life in the News«, S. 66.
16 Brendon, S. 48, 114.
17 Reynolds: »In Command«, S. 8.
18 Brendon, S. 128.
19 Sarah Churchill: »Keep on Dancing«, S. 18.
20 Lovell, S. 370.
21 Roberts: »Churchill«, S. 381.
22 Ireland, S. 321. Die »Christina« liegt heute vor der Kykladeninsel Paros vor Anker. Sie ist viel kleiner, als was heutige Multimillionäre sich leisten.
23 Soames: »Speaking for Themselves«, S. 390. Roberts: »Churchill«, S. 384.
24 Soames: »Speaking for Themselves«, S. 26.
25 Zit. nach Roberts: »Churchill«, S. 125.
26 Soames: »Speaking for Themselves«, S. 69.
27 Soames: »Speaking for Themselves«, S. 15.

28 Soames: »Speaking for Themselves«, S. 16.
29 Toye: »Life in the News«, S. 66.
30 Zit nach Roberts: »Churchill«, S. 217.
31 Roberts: »Churchill«, S. 217.
32 Bonham Carter: »Churchill«, S. 172 ff.
33 Brendon, S. 55.
34 Roberts: »Churchill«, S. 243 f.
35 Zit. nach Jenkins, S. 593. Reynolds: »In Command«, S. 179.
36 So z. B. als First Sea Lord während des Ersten Weltkriegs. Siehe D'Este, S. 220.
37 Zit. nach Roberts: »Churchill«, S. 243.
38 Soames: »Speaking for Themselves«, S. 241. »The Oxford English Dictionary«: Eintrag für »dilly«.
39 Zit. nach Anthony Montague Browne, S. 147.
40 Jenkins, S. 208.
41 Ireland, S. 23. Roberts: »Churchill«, S. 125.
42 Soames: »Clementine Churchill«, S. 393.
43 Soames: »Clementine Churchill«, S. 275, 523. Lovell, S. 393, 385.
44 Brendon, S. 128. Lovell, S. 369.
45 Roberts, S. 191. Brendon, S. 90.
46 Sarah Churchill: »Keep on Dancing«, S. 36.
47 Sarah Churchill: »Keep on Dancing«, S. 47, 57.
48 Ireland, S. 117, 201. Roberts: »Churchill«, S. 641. Die Scheidung erfolgte 1945.
49 Sarah Churchill: »Keep on Dancing«, S. 60.
50 Brendon, S. 208.
51 Sarah Churchill: »Keep on Dancing«, S. 19.
52 Sarah Churchill: »Keep on Dancing«, S. 58, 96.
53 Roberts: »Churchill«, S. 153.
54 Ireland, S. 35, 49.
55 Ireland, S. 26. Brendon, S. 60.
56 Ireland, S. 85.
57 Ireland, S. 70, 115.
58 Ireland, S. 99.
59 Ireland, S. 96.
60 Ireland, S. 280.
61 Lovell, S. 382. Ireland, S. 106.
62 Ireland, S. 126.

63 Ireland, S. 119, 172. Pamela Digby war anregend und gut aussehend. Sie war dreimal verheiratet.
64 Zit. nach Ireland, S. 201.
65 Ireland, S. 202–213.
66 John Colville: »The Churchillians«, London 1981, S. 23.
67 Soames: »Speaking for Themselves«, S. 464 f.
68 Zit. nach Montague Browne, S. 148.
69 Martin Stannard: »Evelyn Waugh. No Abiding City 1939–1966«, Volume II, London 1993 (1992), S. 115.
70 Martin Stannard: »Evelyn Waugh. The Early Years. 1903–1939«, Volume I, London 1993 (1989), S. 502. Evelyn Waugh: »The Diaries«, hrsg. v. Michael Davie, London 1995 (1976), S. 569 (erklärender Kommentar von Davie).
71 Waugh: »The Diaries«, S. 585.
72 Stannard : »Evelyn Waugh«, Vol. I, S. 116 f. Roberts: »Churchill«, S. 833.
73 Ireland, S. 240–245.
74 Zit. nach Ireland, S. 117.
75 Ireland, S. 328 ff.
76 Zit. nach Ireland, S. 329.
77 Zit. nach Ireland, S. 54.
78 Emma Soames (Hrsg. in Zusammenarbeit mit The Churchill Archives Centre, Cambridge): »Mary Churchill's War. The Wartime Diaries of Churchill's Youngest Daughter«, London 2021, S. 272.
79 Emma Soames, S. 5, 8, 11, 17, 164, 121.
80 Montague Browne, S. 150.

5. Kapitel
Der Aufmarsch: Die Jahre vor dem Ersten Weltkrieg

1 Jenkins, S. 170 f.
2 Jenkins, S. 172, 174.
3 Jenkins, S. 167.
4 Zit. nach Cannadine, S. 83.
5 Zit. nach Bonham Carter: »Churchill«, S. 146.
6 Roberts: »Churchill«, S. 139.
7 Roberts: »Churchill«, S. 141. Jenkins, S. 181, meint, dass Churchills eigene Erfahrungen seine Gefängnisreformen nicht beeinflusst hätten.

Möglicherweise hat er, der selbst Innenminister war, seine eigene Herangehensweise an das Amt auf Churchill projiziert.

8 Roberts: »Churchill«, S. 137.

9 Roberts: »Churchill«, S. 138. Jenkins, S. 170 f.

10 Roberts: »Churchill«, S. 141.

11 Zit. nach Bonham Carter: »Churchill«, S. 176.

12 Für Churchills Vorgehen 1910 und 1911 siehe Roberts: »Churchill«, S. 143 f. Jenkins, S. 195–199. Fielding et al., S. 69.

13 Zit. nach Roberts: »Churchill«, S. 144.

14 Zit. nach Bonham Carter: »Churchill«, S. 178.

15 Roberts: »Churchill«, S. 147 ff.

16 »The Battle of Sidney Street«, in Churchill: »Thoughts and Adventures«, S. 67.

17 John Lowe: »The Great Powers, Imperialism, and the German Problem, 1865–1925«, London 1994, S. 119, 19.

18 Lowe, S. 54.

19 Lowe, S. 148. John C. G. Röhl: »Wilhelm II. Der Aufbau der Persönlichen Monarchie 1888–1900«, München 2001, S. 265 ff.

20 Robert K. Massie: »Dreadnought. Britain, Germany, and the Coming of the Great War«, New York 1991, S. 367. Lowe, S. 148.

21 Lowe, S. 124 f. Massie, S. 353, 725.

22 David Reynolds: »Britannia Overruled. British Policy and World Power in the 20th Century«, 2. Ed., Harlow (Essex) 2000, S. 75.

23 John Ramsden: »Don't Mention the War. The British and the Germans since 1890«, London 2006, S. 81.

24 Reynolds: »Britannia Overruled«, S. 72.

25 Langworth, S. 463.

26 Edmund Burke: »Reflections on the Revolution in France«, hrsg. von Conor Cruise O'Brien, London 1982 (1962), S. 194 f.

27 Langworth, S. 122.

28 Zit. nach Jenkins, S. 203.

29 Reynolds: »In Command«, S. 180.

30 Cannadine, S. 54.

31 Benedikt Stuchtey: »Geschichte des Britischen Empire«, München 2021, S. 89 f.

32 Langworth, S. 163.

33 Reynolds: »Britannia Overruled«, S. 25 f.

34 Langworth, S. 91.

35 Reynolds: »Britannia Overruled«, S. 27.

36 Gabriel Gorodetsky (Hrsg.): »The Maisky Diaries. Red Ambassador to the Court of St James's 1932–1943«, aus dem Russ. ins Engl. übersetzt v. Tatiana Sorokina und Oliver Ready, New Haven und London 2015, S. 353 (Eintrag vom 7. Mai 1941).

37 Zit. nach Lawrence James: »The Rise and Fall of the British Empire«, London 1994, S. 629.

38 »König Richard II.«, 2. Akt, 1. Szene, in der Übers. v. August Wilhelm Schlegel und Ludwig Tieck.

39 Cannadine, S. 71.

40 Eine interessante Darstellung, wie Engländer jener Zeit ihr Verhältnis zu den Weltmeeren sahen: James A. Williamson: »The Ocean in English History. Being the Ford Lectures«, Oxford 1941.

41 Massie, S. 374.

42 Hew Strachan: »The First World War. Volume I: To Arms«, Oxford 2001, S. 375. Strachan betont, die Angabe sei nicht zuverlässig, aber plausibel.

43 Roger Knight: »The Pursuit of Victory. The Life and Achievement of Horatio Nelson«, London 2005, S. 414.

44 Winston Churchill: »Zum Zeitvertreib. Vom Lesen und Malen«, übers. v. Claus Sprick, Hamburg 2014, S. 57 f.

45 Darwin, S. 312.

46 Peter Wende: »Das Britische Empire. Geschichte eines Weltreichs«, München 2008, S. 216.

47 Massie, S. 89.

48 Zit. nach Jenkins, S. 228, 230. »Ich mag ihn«, sagte Asquith im Oktober 1914.

49 Jenkins, S. 179, 205.

50 Jenkins, S. 153, 209.

51 Brendon, S. 61.

52 Röhl, S. 1123.

53 Ramsden, S. 74.

54 Lowe, S. 153.

55 Für »Militärgarderobe« siehe Cannadine, S. 80. Für das Übrige siehe »The Ex-Kaiser« in Churchill: »Great Contemporaries«, S. 35.

56 Stig Förster: »Deutsche Militärgeschichte von der Renaissance bis zur Gegenwart«, München 2024, S. 322.

57 Zit. nach Jenkins, S. 245.

58 »The Ex-Kaiser« in Churchill: »Great Contemporaries«, S. 41.
59 Carlo D'Este, S. 192.
60 John C. G. Röhl: »Wilhelm II. Der Weg in den Abgrund 1900–1941«, München 2008, S. 260–272.
61 Ramsden, S. 80.
62 Massie, siehe vor allem S. 164, 183, 257, 304, 341, 185, 374–381, 404–415.
63 Massie, S. 164, 183.
64 So etwa der liberale Politiker und, laut Ramsden, »Paranoiker« Ramsay Muir. Ramsden, S. 126.
65 Massie, S. 257, 304.
66 Zit nach Gerhard Hirschfeld, Gerd Krumeich: »Deutschland im Ersten Weltkrieg«, Frankfurt a. M. 2013, S. 15.
67 Massie, S. 341, 185.
68 Massie, S. 402, 374–381. Der höchste Mast von Nelsons Flaggschiff »Victoria« ragte 70 Meter in den Himmel.
69 R. H. Bacon: »The Life of Lord Fisher of Kilverstone«, 2 Vols, New York 1929 (Reprint, o. O., o. J.), Vol. 2, S. 3, 9, 121.
70 Massie, S. 404, 415.
71 Bacon, S. 90, 145.
72 Keegan, S. 79.
73 Bacon, S. 156–159.
74 Roberts: »Churchill«, S. 165.
75 Hirschfeld, Krumeich, S. 18.
76 Bacon, S. 75. Weil der Krieg im Sommer begann, waren die Bauern, die an ihre Ernte dachten, weniger begeistert als viele Städter (Strachan, S. 142).
77 Massie, S. 855.
78 Jenkins, S. 211. Roskill, S. 31.
79 Zit. nach Max Hastings: »Finest Years. Churchill as Warlord 1940–45«, London 2009, S. 9.

6. Kapitel
Churchills Niederlagen 1914 und 1915

1 Franz-Josef Brüggemeier: »Geschichte Großbritanniens im 20. Jahrhundert«, München 2010, S. 109 f.
2 Diese Umstände haben viele geschildert, hier sind sie Massies Buch entnommen, S. 905 ff.
3 Zit. nach Hew Strachan, S. 103.
4 D'Este, S. 211.
5 Bacon, S. 168.
6 Bacon, S. 163–168.
7 Bacon, S. 161, 137.
8 Roskill, S. 22, 90. Strachan, S. 382.
9 Strachan, S. 198 f. Jenkins, S. 246. David Stevenson: »1914–1918. Der Erste Weltkrieg«, aus dem Engl. v. Harald Ehrhardt und Ursula Vones-Liebenstein, Düsseldorf 2006, S. 113.
10 Roberts: »Churchill«, S. 193.
11 Keegan, S. 45.
12 D'Este, S. 216, 214, 228.
13 Siehe auch Robin Prior: »Churchill's World Crisis as History«, London 1983, S. 34. Prior hat Churchills Darstellung des Ersten Weltkriegs und welche Rolle er im Krieg spielte mit den tatsächlichen Ereignissen abgeglichen.
14 D'Este, S. 227.
15 Stevenson: »1914–1918«, S. 74, 80. Strachan, S. 248, 271.
16 D'Este, S. 228. Stevenson: »1914–1918«, S. 102 f.
17 Soames: »Speaking for Themselves«, S. 104 f.
18 D'Este, S. 226.
19 Stevenson: »1914–1918«, S. 102.
20 »In the Air«, in Churchill: »Thoughts and Adventures«, S. 195.
21 Jenkins, S. 349.
22 D'Este, S. 215. Bonham Carter: »Churchill«, S. 267.
23 Roskill, S. 13, 26. In seiner Geschichte des Ersten Weltkriegs gab Churchill an, von Zeppelinen nie viel gehalten zu haben. Churchill: »The World Crisis. Volume I: 1911–1914«, London 2019 (1923), S. 234.
24 D'Este, S. 223.
25 Jenkins, S. 248–251. D'Este, S. 223. Brendon, S. 69.
26 Prior, S. 231–238. Vgl. Bonham Carter: »Churchill«, S. 267.

27 Moran, S. 50.
28 Prior, S. 233–237.
29 D'Este, S. 217–221, 231, 234.
30 Toye: »Life in the News«, S. 99. D'Este, S. 292.
31 Jenkins, S. 747.
32 Zit. nach D'Este, S. 224. In den 1890er Jahren hieß das Regiment The Queen's Own Hussars.
33 D'Este, S. 224.
34 Bonham Carter: »Churchill«, S. 267.
35 Zit. nach D'Este, S. 229 f. Anstelle von »freut sich wie Bolle« steht in Richmonds Tagebuch »pleased as Punch«.
36 D'Este, S. 231.
37 Zit. nach D'Este, S. 215.
38 Jenkins, S. 248–251. In Homers »Ilias« können die Götter sich vor Lachen nicht halten bei der Betrachtung des Menschenwerks.
39 D'Este, S. 232.
40 Brendon, S. 71, 69.
41 »A Second Choice« in Churchill: »Thoughts and Adventures«, S. 11.
42 Ein Beispiel: »Auf hunderttausend Mann kommt es mir nicht an«, schrieb Churchill mit Bezug auf Pläne des First Sea Lord Fisher von 1914/1915, das Osmanische Reich bei der Meerenge der Dardanellen anzugreifen. Siehe Gilbert: »Churchill«, S. 292. Ebenfalls mit Bezug auf die Dardanellen schrieb er an einen Admiral: »Resultate würden schwere Verluste rechtfertigen.« Roberts: »Churchill«, S. 197. Im Zweiten Weltkrieg waren Churchills Empfehlungen ebenso hartgesotten.
43 Bonham Carter: »Churchill«, S. 254.
44 D'Este, S. 217.
45 Zit. nach Jenkins, S. 254. Strachan, S. 167.
46 Zit. nach Jenkins, S. 248.
47 Stevenson: »1914–1918«, S. 115–117.
48 Michael Salewski: »Seekrieg«, in Gerhard Hirschfeld, Gerd Krumeich, Irina Renz, in Verbindung mit Markus Pöhlmann (Hrsg.): »Enzyklopädie Erster Weltkrieg«, Paderborn 2003, S. 829 f.
49 Roskill, S. 36.
50 Zit. nach Jenkins, S. 247.
51 Jenkins, S. 248. Bacon, S. 148.
52 D'Este S. 241.
53 Bacon, S. 187.

54 Prior, S. 41 f.

55 Jay Winter: »Großbritannien«, in Hirschfeld et al.: »Enzyklopädie«, S. 51. Bonham Carter: »Churchill«, S. 257, 259.

56 D'Este, S. 239 f. Damals wussten die Briten nicht, dass die dänischen Meerengen bis 1915 nicht vermint waren.

57 Zit. nach Brendon, S. 69. Prior, S. 48.

58 Churchill stand maßgeblich dahinter. Prior, S. 42 f.

59 Roberts, S. 181 f. Salewski, S. 830. Prior, S. 8.

60 Roskill, S. 51.

61 Zit. nach Jenkins, S. 255.

62 Keegan, S. 175. Der angesehene Militärhistoriker Keegan rechtfertigte fast alle Entscheidungen Churchills. So schrieb er, als Innenminister sei dieser »verpflichtet« gewesen, Soldaten mit scharfen Waffen gegen streikende Bergarbeiter einzusetzen (S. 74). Die Dinge etwas beschönigend, schrieb Keegan, Churchills Politik sei »nicht gegen Arme und Minderbemittelte« gerichtet gewesen (S. 104 ff.).

63 Siehe z. B. Bacon, S. 187. Bonham Carter: »Churchill«, S. 255.

64 Prior, S. 50. Siehe auch Bonham Carter: »Churchill«, S. 287: Die Heeresleitungen in Frankreich und Großbritannien meinten, alles an Soldaten und Feuerkraft müsse an der Westfront konzentriert werden.

65 D'Este, S. 244. Prior, S. 53 ff. Roskill, S. 41.

66 Prior, S. 45.

67 D'Este, S. 250.

68 Bacon, S. 205. Roberts: »Churchill«, S. 207.

69 Bacon, S. 199 ff. D'Este, S. 242.

70 Roberts: »Churchill«, S. 195 f. D'Este, S. 246.

71 D'Este, S. 245 f.

72 D'Este, S. 248.

73 Roberts: »Churchill«, S. 207. D'Este, S. 248. Die Darlegungen der beiden Historiker im Hinblick auf die britischen und französischen Verluste sind nicht übereinstimmend, weshalb hier nicht genau angegeben werden kann, wessen Schiffe von der türkischen Artillerie kampfunfähig gemacht wurden und wie viele auf Minen liefen.

74 Roskill, S. 44. Siehe auch Bacon, S. 208.

75 Bonham Carter: »Diaries«, S. 25.

76 Roskill, S. 39, 44. Es gereicht dem Churchill College zur Ehre, dass es Roskills kritische Forschungsarbeit finanzierte.

77 Zit. nach Roskill, S. 48.

78 Roskill, S. 47.
79 Jenkins, S. 265, 269.
80 5. April 1915. Zit. nach Jenkins, S. 263.
81 Jenkins, S. 269.
82 Roy Hattersley: »The Great Outsider David Lloyd George«, London 2012 (2010), S. 363.
83 Jenkins, S. 275 f.
84 Brendon, S. 79. Jenkins, S. 275 f.
85 Jenkins, S. 287. Roberts: »Churchill«, S. 219. Cannadine, S. 87.

7. Kapitel
Churchills »Schwarzer Hund« und andere Begleiter

1 In den 1960er und 1970er Jahren war die Ferndiagnose in der Psychoanalyse en vogue, auch die beiden berühmten Mitscherlichs, Margarete und Alexander, verstanden sich darauf.
2 Anthony Storr: »Churchill's Black Dog, Kafka's Mice«, New York 1988 (1965), S. 3 ff.
3 Storr, S. 5.
4 Siehe »The Oxford English Dictionary«, Lemma: »black dog«.
5 Langworth, S. 516.
6 Langworth, S. 516.
7 Montague Browne, S. 302.
8 Soames: »Clementine Churchill«, S. 261.
9 Zit. nach Shakespeare, S. 221 (Roosevelt über Churchill: »He was tight most of the time«).
10 Langworth, S. 550.
11 Shakespeare, S. 221.
12 Für »Nachmittagsschlaf« siehe A. J. P. Taylor: »English History 1914–1945«, Oxford 1992 (1965), S. 170.
13 Jenkins, S. 268. John Stevenson: »British Society 1914–45«, London 1984, S. 72.
14 Jenkins, S. 268 f. Hattersley, S. 367 f.
15 Zit. nach Jenkins, S. 279.
16 Churchill: »Zum Zeitvertreib«, S. 13, 17, 22.
17 Churchill: »Zum Zeitvertreib«, S. 28 f. Die Übersetzung des Satzes, der mit dem Wort »Schwupp« beginnt, habe ich leicht geändert.

18 Churchill: »Zum Zeitvertreib«, S. 33–37, 61. Bonham Carter: »Diaries«, S. 237.

19 Bonham Carter: »Churchill«, S. 213.

20 Anne Reimers: »Churchill unter Jungstars«, »Frankfurter Allgemeine Zeitung«, 19. 6. 2021.

21 Zit. nach Jenkins, S. 279.

22 »Kitchener of Khartoum«, in Churchill: »Great Contemporaries«, S. 396 ff.

23 »With the Grenadiers«, in Churchill: »Thoughts and Adventures«, S. 106 f.

24 Zit. nach D'Este, S. 264. Soames: »Speaking for Themselves«, S. 114. Jenkins, S. 290. D'Este, S. 264 f.

25 Soames: »Speaking for Themselves«, S. 115 f.

26 Soames: »Speaking for Themselves«, S. 116–119.

27 Jenkins, S. 272.

28 Jenkins, S. 291 ff. Für »die jungen Offiziere« siehe ebenda, S. 298.

29 D'Este, S. 272.

30 Zit. nach D'Este, S. 273. Die Royal Scots Fusiliers wurden 1959 mit der Highland Light Brigade zusammengelegt.

31 D'Este, S. 273 f.

32 D'Este, S. 274 ff.

33 Soames: »Speaking for Themselves«, S. 176 (Brief vom 15. Februar 1916).

34 D'Este, S. 274–283.

35 Brendon, S. 86.

36 Zit. nach Jenkins, S. 302.

37 D'Este, S. 277–283. Jenkins, S. 302.

38 Zit. nach Jenkins, S. 307. Balfour gehörte übrigens zu den Männern, mit denen Churchill eine neue Regierung bilden wollte.

39 Soames: »Speaking for Themselves«, S. 193 (Brief vom 24. März 1916).

40 Churchills Leibarzt notierte, Churchill habe sich abfällig geäußert über »all diesen psychologischen Nonsens«. Moran, S. 147.

41 Cannadine, S. 44 f.

42 Geoffrey Wheatcroft: »The Limits of Press Power«, in: »The New York Review of Books«, 3. 11. 2022, S. 33.

43 Jenkins, S. 296, 319.

44 Zit. nach Meacham, S. 94.

45 Jenkins, S. 296 f. Ute Daniel: »Beziehungsgeschichten. Politik und Me-

dien im 20. Jahrhundert«, Hamburg 2018, S. 163. Cannadine (S. 43) beschreibt Beaverbrook als »skrupellosen Abenteurer und notorischen Unruhestifter«.

46 Soames: »Clementine Churchill«, S. 280.

47 Jenkins, S. 445.

48 Toye: »Life in the News«, S. 134, 191.

49 Roberts: »Churchill«, S. 302 f. Unwahrscheinlich ist es, dass Churchill bei der Gelegenheit mit dem Taxi fuhr. Er dürfte chauffiert worden sein.

50 Steyn, S. 39, 32, 57 ff., 66. Churchill meinte später, sich daran zu erinnern, dass Smuts an seiner Gefangennahme in Südafrika beteiligt gewesen sei – Wunschdenken für sich und die Nachwelt, siehe Hattersley, S. 442.

51 Zit. nach Steyn, S. 264.

52 Jenkins, S. 740. Steyn, S. 270.

53 D'Este, S. 338. Roberts: »Churchill«, S. 286 f.

54 Soames: »Clementine Churchill«, S. 259. Jenkins, S. 478.

55 Soames: »Clementine Churchill«, S. 259. Roberts: »Churchill«, S. 287. D'Este, S. 338. Roberts: »Churchill«, S. 287.

56 Langworth, S. 543.

57 »Lawrence of Arabia«, in Churchill: »Great Contemporaries«, S. 155.

58 Ibid., S. 161 f. Erst nach Lawrences Tod wurde »Seven Pillars of Wisdom« in einer verlagsüblichen Auflage publiziert. Das Buch hat auch dann nicht Geschichte gemacht. Gegenüber seinem Leibarzt zählte Churchill zu den »größten je auf Englisch verfassten Büchern« neben den »Seven Pillars of Wisdom« auch die allegorischen Erzählungen »The Pilgrim's Progress« des englischen Geistlichen John Bunyan von 1678, »Robinson Crusoe« und »Gullivers Reisen«. Moran, S. 124.

59 Taylor, S. 179.

60 Strachan, S. 1113.

8. Kapitel
Der Krieg und sein Ende – und was nun?

1 Die Papiere wurden in stark gekürzter Form (das gilt im Besonderen für die Unterlagen, die Churchill ungefragt emsig beisteuerte) veröffentlicht. Jenkins, S 315.
2 Jenkins, S. 311. Roberts: »Churchill«, S. 247 f.
3 Hattersley, S. 385, 394. Was die historische Bedeutung des Postamts in Dublin angeht, siehe die Verse von William Butler Yeats »Easter, 1916«.
4 Hattersley, S. 442, 398. Für Churchill siehe Jenkins, S. 523.
5 Hattersley, S. 434.
6 Hattersley, S. 402 f.
7 Brüggemeier, S. 112.
8 Zit. nach Hattersley, S. 406.
9 Jenkins, S. 345.
10 Hattersley, S. 402–407. Brendon, S. 86.
11 Zit. nach Shakespeare, S. 187.
12 Hattersley, S. 424, 448.
13 Hattersley, S. 381 f., 385.
14 Toye: »Life in the News«, S. 103.
15 Hattersley, S. 404, 407.
16 Hattersley, S. 448 ff. Um den Krieg zu finanzieren, ging Lloyd George hohe Schulden für Großbritannien ein, Inflation nahm er in Kauf. Reynolds: »Britannia Overruled«, S. 91.
17 Zit. nach Jenkins, S. 322.
18 Brüggemeier, S. 121 f.
19 Zit. nach Hattersley, S. 485 f. Jenkins, S. 336 f.
20 D'Este, S. 213. Hirschfeld et al. (Hrsg.): »Enzyklopädie«, S. 663–666.
21 Churchill: »The World Crisis. Volume III: 1916–1918«, London 2019 (1927), S. 377, 405.
22 Zit. nach Brendon, S. 91.
23 Toye: »Life in the News«, S. 119.
24 Brendon, S. 91. Jenkins, S. 351. Brüggemeier – S. 133 – meint, auch Lloyd George habe nach dem offiziellen Kriegsende 1918 gegen die Bolschewiken vorgehen wollen. Die dem widersprechenden Angaben von Hattersley und Jenkins sind plausibler.
25 Für »Pestilenz« siehe Langworth, S. 381. Für »haariger Affe« siehe Brendon, S. 92.

26 Churchill: »The World Crisis. Volume IV: The Aftermath 1918–1928«, London 2019 (1929), S. 175.
27 »Shall We All Commit Suicide?«, in Churchill: »Thoughts and Adventures«, S. 262.
28 Langworth, S. 401. Das sagte Churchill 1924 in Edinburgh.
29 Toye: »Life in the News«, S. 136.
30 Taylor, S. 138. Gilbert: »Churchill«, S. 406. Brüggemeier, S. 127.
31 Jenkins, S. 362.
32 Roberts: »Churchill«, S. 281. Jenkins, S. 352.
33 Langworth, S. 431.
34 Hattersley, S. 511.
35 Brüggemeier, S. 135.
36 Brüggemeier, S. 114 f.
37 Stevenson: »British Society«, S. 80, 105, 117 ff.
38 Taylor, S. 123.
39 Roskill, S. 71, 73 f.
40 Roskill, S. 75 f. Taylor, S. 370.
41 Roskill, S. 77. Toye: » Life in the News«, S. 129.
42 Zit. nach Brüggemeier, S. 154.
43 Taylor, S. 192.
44 Zit. nach Jenkins, S. 376.
45 Roberts: »Churchill«, S. 298. 1925 wurde Churchill wieder offiziell Mitglied der Tory Party.
46 Toye: »Life in the News«, S. 139.
47 Brüggemeier, S. 138, 145. Gilbert: »Churchill«, S. 463. Für »Ekel« siehe Langworth, S. 394.
48 Churchill: »The World Crisis. Volume IV«, S. 5.
49 Brüggemeier, S. 125.
50 Churchill »verstand von Finanzdingen gar nichts«, schrieb A. J. P. Taylor, S. 221. Seinem Urteil ist bis heute nicht widersprochen worden.
51 Jenkins, S. 398–402.
52 Den Titel hatte Keynes analog zu seinem Werk »The Economic Consequences of the Peace« gewählt. Siehe dazu Keegan, S. 105. 1945 merkte Churchill gesprächsweise an, die Rückkehr zum Goldstandard sei der größte Fehler seiner politischen Karriere gewesen. Roberts: »Churchill«, S. 314.
53 Taylor, S. 146. Brüggemeier, S. 146.
54 Brüggemeier, S. 153.

55 Für die Auflagenhöhe siehe Jenkins, S. 409. Für »das Beste« siehe Thomson, S. 113. Zur Ergänzung siehe Roberts: »Churchill«, S. 319.
56 Zit. nach Taylor, S. 141 f.
57 Thomson, S. 112–116. In Plymouth fand ein Fußballspiel zwischen Polizisten und Streikenden statt. Churchill, als Herausgeber der Regierungszeitung »British Gazette«, suchte die Berichterstattung darüber zu unterdrücken, siehe Toye: »Life in the News«, S. 145.
58 Zit. nach Jenkins, S. 404.
59 Zit. nach Roskill, S. 79.
60 Hans Woller: »Mussolini. Der erste Faschist«, 2. korr. Auflage, München 2016, S. 113.
61 Soames: »Speaking for Themselves«, S. 295.
62 Soames: »Speaking for Themselves«, S. 298.
63 Hans Woller: »Churchill und Mussolini. Offene Konfrontation und geheime Kooperation?«, »Vierteljahrshefte für Zeitgeschichte«, Jg. 49 (2001), Heft 4, S. 563–594, hier im Besonderen S. 569.
64 Langworth, S. 169 f.
65 Zit. nach Cannadine, S. 60.
66 Siehe für Chartwell vor allem Soames: »Clementine Churchill«, S. 246–264.
67 Brendon, S. 151.

9. Kapitel
Die 1930er Jahre: In der Wüste

1 Zit. nach Jenkins, S. 419.
2 Brendon, S. 118 f. Für den Ghostwriter Adam Marshall Diston siehe Toye: »Life in the News«, S. 157.
3 Ebenda. Von »My Early Life« wurden in Britannien gleich nach Erscheinen 11 200 und in den USA 6600 Exemplare verkauft (Jenkins, S. 421).
4 Siehe das 1. Kapitel.
5 Für die folgenden Absätze, die den 1. Herzog von Marlborough betreffen, siehe Marcus Junkelmann: »Höchstädt. Die europäische Entscheidung von 1704«, in »Schauplätze der Geschichte in Bayern«, hrsg. v. Alois Schmid und Katharina Weigand, München 2003, S. 231–256. Für Macaulay siehe John Hussey: »Marlborough. John Churchill,

Duke of Marlborough, Hero of Blenheim«, London 2004, S. 28 f., 35–37.

6 Gilbert: »Churchill«, S. 508 f. Für »da hat Hitler« siehe Langworth, S. 344. Für »politische Leiche« siehe Junkelmann, S. 231.

7 Martin Gilbert (Hrsg.): »The Churchill Documents. Vol. 12. The Wilderness Years 1929–1935«, Hillsdale (Michigan) 2012 (1981), S. 627. Notiert hat das der Diplomat Robert Bruce Lockhart am 10. Juli 1933. Um ein mögliches Missverständnis zu vermeiden: Der Hohenzollernprinz, der sich bei den Nazis anbiederte, war nicht Louis Ferdinand, sondern sein älterer Bruder Wilhelm von Preußen.

8 Gilbert, »The Churchill Documents«, S. 859.

9 Zit. nach Roberts: »Churchill«, S. 367.

10 Zit. nach Toye: »Life in the News«, S. 116.

11 Jenkins, S. 506. D'Este, S. 296.

12 Zit. nach Roberts: »Churchill«, S. 422.

13 Winston S. Churchill: »Marlborough. His Life and Times. Book One«, Chicago 2002 (1933), S. 132.

14 Hussey, S. 39.

15 Brendon, S. 122. Für »versorgen Sie mich« siehe Roskill, S. 82.

16 Jenkins, S. 538. Toye: »Life in the News«, S. 157.

17 Zit. nach Wikipedia, englisch, Eintrag: »Marlborough. His Life and Times«.

18 Zit. nach Jenkins, S. 393.

19 Langworth, S. 322. Unter Churchills Niveau war sein Satz von 1946 über Baldwin: »Ich wünsche ihm nichts Schlechtes, aber besser wäre es gewesen, wenn er nicht zur Welt gekommen wäre.«

20 Jenkins, S. 454.

21 Zit. nach Meacham, S. 45.

22 Zit. nach Meacham, S. 40.

23 Reynolds: »Britannia Overruled«, S. 118.

24 Für MacDonald siehe Taylor, S. 317. Für Mosley siehe ebenda, S. 286.

25 Privates Gespräch mit der Autorin F. A. in Oxford im Jahr 1997.

26 Für Rothermere siehe Taylor, S. 374. Für Churchill siehe Cannadine, S. 61. Mosley wurde mit dem Gesetz das Wasser abgegraben. Das genügte. Gefangen gesetzt wurde er erst 1940, als Britannien vom Nazireich bedroht war.

27 Jenkins, S. 434.

28 Gilbert: »The Churchill Documents. Vol. 12«, S. 168.

29 Gilbert: »The Churchill Documents. Vol. 12«, S. 185. Für »Natürlich kann es mir nicht …« siehe Brendon, S. 117. Für »Evening Standard« siehe Roberts: »Churchill«, S. 421.

30 Brüggemeier, S. 128.

31 Brüggemeier, S. 158.

32 Herman, S. 317–320. Siehe auch Jenkins, S. 436. Taylor, S. 275.

33 Jenkins, S. 434.

34 Zit. nach Herman, S. 359, 361.

35 Herman, S. 382.

36 Zit. nach Herman, S. 375, 446.

37 Langworth, S. 163. Das sagte Churchill 1931 in London.

38 Jenkins, S. 434 f.

39 Herman, S. 315.

40 Woller: »Mussolini«, S. 137, 140.

41 James Holland: »Burma '44. The Battle that Turned Britain's War in the East«, London 2016, S. 74.

42 Winston S. Churchill: »Der Zweite Weltkrieg«, aus dem Engl. v. Eduard Thorsch et al., Frankfurt a. M. 2007 (1948), S. 97.

43 Roberts: »Churchill«, S. 393.

44 Woller: »Mussolini«, S. 141. Churchill: »Der Zweite Weltkrieg«, S. 98.

45 Brüggemeier, S. 187 f.

46 Roskill, S. 89.

47 Brüggemeier, S. 184.

48 Roskill, S. 73.

49 Taylor, S. 317, 368 (Fußnote).

50 Für »uns fehlen« siehe Brendon, S. 120.

51 Vgl. Reynolds: »In Command«, S. 112 f.

52 Zit. nach Roberts: »Churchill«, S. 364.

53 Taylor, S. 417.

54 Für »unwahrscheinlich« siehe Brendon, S. 125. Reynolds: »In Command«, 7. Kapitel.

55 Zit. nach Franziska Augstein: »Von Treue und Verrat. Jorge Semprún und sein Jahrhundert«, München 2008, S. 27.

56 Augstein: »Semprún«, S. 41 f.

57 Churchill: »Der Zweite Weltkrieg«, S. 115.

58 Zit. nach Richard Wigg: »Churchill and Spain. The Survival of the Franco Regime, 1940–1945«, Brighton 2008, Einleitung, S. x. Für »Evening Standard« siehe Roberts: »Churchill«, S. 421.

59 Gorodetsky, S. 157 (Eintrag vom 27. Februar 1939).
60 Wigg, S. 7, 11, 19, 33, 43 f., 57, 70.
61 Wigg, S. 77.
62 Jenkins, S. 498. Für »der König« siehe Roberts: »Churchill«, S. 25. Brendon, S. 130.
63 Für »die altehrwürdige« siehe Cannadine, S. 97.
64 Brendon, S. 130 f.
65 D'Este, S. 309.
66 Für Wallis Simpson siehe Brüggemeier, S. 185.
67 Zit. nach Taylor, S. 394.
68 Cannadine, S. 15.
69 Brüggemeier, S. 185.
70 Für »alle Naziführer« siehe D'Este, S. 315.

10. Kapitel
Appeasement und der Beginn des Zweiten Weltkriegs

1 Brüggemeier, S. 186.
2 Ian Kershaw: »Hitler 1936–1945«, aus dem Engl. v. Klaus Kochmann, Stuttgart 2000 (im Original ebenfalls 2000), S. 33.
3 Jenkins, S. 491 f. Roberts: »Churchill«, S. 397.
4 Kershaw, S. 59.
5 Reynolds: »Britannia Overruled«, S. 113. Für Churchills Meinung siehe Roberts: »Churchill«, S. 399, 421. In seinen Erinnerungen an den Zweiten Weltkrieg unterschlug Churchill diesen Umstand, der von den Parlamentsakten »Hansard« aber belegt wird.
6 Für »kapitales Rindvieh« siehe Jenkins, S. 476. Mit seinen überzogenen Ziffern stand Churchill nicht allein: 1937 schätzten Experten, dass bei einer 60 Tage währenden Bombardierung mit 600 000 Toten zu rechnen sei (Taylor, S. 411).
7 Zit. nach Roberts: »Churchill«, S. 405.
8 Zit. nach Roskill, S. 88.
9 Zit. nach Roberts: »Churchill«, S. 394, 399, 420.
10 Taylor, S. 417. Hitlers Wirtschaftspolitik war miserabel: Er nahm hohe Kredite auf, die der Staat nicht hätte zurückzahlen können. Hitlers Kalkül war, ein siegreicher Krieg werde das Schuldenproblem aus der Welt schaffen.

11 Kershaw, S. 21. Dass die wirtschaftliche Erstarkung Deutschlands schon vor Hitlers Kanzlerschaft auf dem Wege war, sah man in London nicht.

12 Für »weiße Rasse« siehe Roberts: »Churchill«, S. 390.

13 Roskill, S. 89.

14 Förster, S. 787.

15 Roberts: »Churchill«, S. 387. Für »pazifistische Demokratie« siehe Jenkins, S. 497.

16 Für Chamberlain und sein Verhältnis zu Churchill siehe Shakespeare, S. 159–165.

17 Kershaw, S. 231, 164 f.

18 Für »unerschütterlicher Wille« siehe Kershaw, S. 153.

19 Roberts: »Churchill«, S. 431.

20 Gorodetsky, S. 124 (Eintrag vom 4. September 1938).

21 Gorodetsky, S. 107 (Eintrag vom 23. März 1938).

22 Roberts: »Churchill«, S. 399, 406.

23 Roberts: »Churchill«, S. 434.

24 Churchill: »München 1938 – eine vollständige Niederlage«, Rede vom 5. Oktober 1938, in ders.: »Reden in Zeiten des Krieges«, S. 39 f.

25 Gorodetsky, S. 107 (Eintrag vom 23. März 1938).

26 Shakespeare, S. 167.

27 Gorodetsky, S. 163 (Eintrag vom 15. März 1939).

28 Kershaw, S. 143.

29 Andrew Roberts: »Churchill und seine Zeit«, aus dem Engl. v. Friedrich Griese, München 1998 (1994), S. 22. Später hat Roberts, der von einem gemäßigten Churchill-Kritiker zu einem Churchill-Bewunderer wurde, diese Einschätzung von 1994 nicht wiederholt und sich schärfer gegen die Appeasementpolitik ausgesprochen.

30 Richard Holmes zusammen mit dem Imperial War Museum: »Churchill's Bunker. The Secret Headquarters at the Heart of Britain's Victory«, London 2011 (2009), S. 19.

31 Reynolds: »Britannia Overruled«, S. 126 f.

32 John Colville: »The Fringes of Power. 10 Downing Street Diaries 1939–1955«, New York 1986 (1985), S. 84 (Eintrag vom 15. Februar 1940).

33 Taylor, S. 427.

34 Kershaw, S. 217 f.

35 Kershaw, S. 253.

36 Kommentar von Gorodetsky, S. 207.

37 Kershaw, S. 299.
38 Holmes, S. 33.
39 Colville: »Diaries«, S. 53 (Eintrag vom 22. November 1939).
40 Taylor, S. 456.
41 Shakespeare, S. 214.
42 Colville: »Diaries«, Fußnote auf S. 306.
43 Taylor, S. 455
44 Gorodetsky, S. 206 (Eintrag vom 5. Juli 1939).
45 Martin Gilbert (Hrsg.): »The Churchill Documents. Vol. 13«, S. 1602 f. Tom Hickman, S. 83.
46 Cannadine, S. 61.
47 Roberts: »Churchill«, S. 460.
48 D'Este, S. 329.
49 Dieter Hartwig: »Großadmiral Karl Dönitz. Legende und Wirklichkeit«, Paderborn 2010, S. 103. Förster, S. 773.
50 Gorodetsky, S. 226 (Eintrag vom 17. September 1939).
51 Colville: »Diaries«, S. 89 (Eintrag vom 22. März 1940). Roskill, S. 119.
52 Colville: »Diaries«, S. 91 (Eintrag vom 27. März 1940). Chamberlain hatte schon am 21. September gesagt, Britannien werde sich für einen drei Jahre währenden Krieg in Stellung bringen; siehe Gorodetsky, S. 227 (Eintrag vom 21. September 1939).
53 D'Este, S. 327.
54 Colville: »Diaries«, S. 28 (Eintrag vom 28. September 1939). »Bore war« war ein Kalauer auf »Boer War«, den Burenkrieg.
55 Roskill, S. 93 ff. Jenkins, S. 574.
56 Zit. nach Shakespeare, S. 223, 226.
57 Colville: »Diaries«, S. 63 (Eintrag vom 1. Januar 1940). Für Pownall siehe Shakespeare, S. 124.
58 Colville: »Diaries«, S. 69 (Eintrag vom 11. Januar 1940).
59 Colville: »Diaries«, S. 89 (Eintrag vom 22. März 1940).
60 Für »zusätzliche Komplikation« siehe Hastings: »Finest Years«, S. 9.
61 Für diesen Absatz und die folgenden: Roskill, S. 96–123. Siehe auch Jenkins, S. 574 f.
62 General Ian Jacobs war es, der das feststellte. Siehe Roskill, S. 99.
63 Für »Churchills Tragödie« siehe Shakespeare, S. 77 f.
64 Shakespeare, S. 103
65 Shakespeare, S. 124.
66 Shakespare, S. 106–109. Hastings: »Finest Years«, S. 3.

67 Shakespeare, S. 51.
68 Roskill, S. 104.
69 Roskill, S. 107.
70 Richard Toye: »The Roar of the Lion. The Untold Story of Churchill's World War II Speeches«, Oxford 2015 (2013), S. 38.
71 Churchill: »Der Zweite Weltkrieg«, S. 254 f. Toye: »The Roar of the Lion«, S. 39.
72 Jenkins, S. 583–587. D'Este, S. 371.
73 D'Este, S. 373, 364 f.
74 Zit. nach Shakespeare, S. 396.
75 D'Este, S. 390.
76 Winston S. Churchill: »Memoirs of The Second World War«, Boston o. J. (erste Ausgabe: 1959), S. 227. Das grandios knappe Pathos der entscheidenden Wörter dieses Satzes lässt sich auf Deutsch nicht wiedergeben: »walking with destiny«.
77 Jenkins, S. 587 f. Für »Applaus« siehe Roberts: »Churchill«, S. 270.
78 John Keegan: »Der Zweite Weltkrieg«, aus dem Engl. v. Hainer Kober, Berlin 2004 (1989), S. 93.
79 Keegan: »Der Zweite Weltkrieg«, S. 108–134. Förster, S. 784–794.
80 Zit. nach Keegan: »Der Zweite Weltkrieg«, S. 109.
81 D'Este, S. 330. Keegan: »Der Zweite Weltkrieg«, S. 110. Förster, S. 784 f.
82 Förster, S. 793.
83 Förster, S. 789.
84 Keegan: »Der Zweite Weltkrieg«, S. 83.
85 Shakespeare, S. 151.
86 »Blut, Schweiß und Tränen«, in Churchill: »Reden in Zeiten des Krieges«, S. 60–62.

11. Kapitel
Krieg in Frankreich und England

1 »Blut, Schweiß und Tränen«, in Churchill: »Reden in Zeiten des Krieges«, S. 62.
2 Jenkins, S. 589.
3 Zit. nach Reynolds: »In Command«, S. 172.
4 Colville: »Diaries«, S. 308 (Eintrag vom 11. Dezember 1940), S. 377 (Eintrag vom 23. April 1941).

5 Hankey nannte Churchill »a rogue elephant«; aus dem Gedächtnis zitiert. F. A.

6 Churchill: »Der Zweite Weltkrieg«, S. 274.

7 Colville: »Diaries«, S. 170 (Eintrag vom 25. Juni 1940).

8 Brendon, S. 151.

9 Hastings: »Finest Years«, S. 17.

10 Vgl. Brendon, S. 150.

11 D'Este, S. 380.

12 John Wheeler-Bennett (Hrsg.): »ACTION THIS DAY. Working with Churchill. Memoirs by Lord Normanbrook, John Colville, Sir John Martin, Sir Ian Jacob, Lord Bridges, Sir Leslie Rowan«, London 1968, S. 176.

13 Churchill: »Der Zweite Weltkrieg«, S. 286. Laut Carlo D'Este sagte Dowding, er benötige 52 Staffeln (D'Este, S. 413).

14 Eric Roussel: »Jean Monnet«, Paris 1996, S. 236.

15 Für »Staffeln« siehe Jenkins, S. 595. Für das Übrige siehe Hastings: »Finest Years«, S. 20–25.

16 Ulrich von Hassell: »Von unseren Gegnern kämpften die Belgier am besten.« Keegan: »Der Zweite Weltkrieg«, S. 106, 123. D'Este, S. 419.

17 Roberts: »Churchill«, S. 544.

18 Churchill: »Der Zweite Weltkrieg«, S. 303.

19 D'Este, S. 422 f.

20 D'Este, S. 423.

21 Zit. nach Hastings: »Finest Years«, S. 30.

22 Förster, S. 791.

23 Für das Folgende siehe D'Este, S. 425–431. Keegan: »Der Zweite Weltkrieg«, S. 121–128. Keegans Zahlenangaben sind nicht ganz dieselben wie die hier angeführten von D'Este.

24 Colville: »Diaries«, S. 167 (Eintrag vom 20. Juni 1940).

25 Churchill: »Reden in Zeiten des Krieges«, S. 71–84 (Rede vom 4. Juni 1940).

26 Jenkins, S. 619 f. Roussel, S. 237.

27 Für diesen und den vorherigen Absatz siehe Roussel, S. 226, 231, 236–240.

28 Zit. nach Johannes Willms: »Der General. Charles de Gaulle und sein Jahrhundert«, München 2019, S. 51.

29 Jenkins nennt es »die atemraubendste Desinformation in den sechs Bänden« von Churchills »Der Zweite Weltkrieg«. Jenkins, S. 610.

30 Churchill: »Reden in Zeiten des Krieges«, S. 85–101 (Rede vom 18. Juni 1940).
31 D'Este, S. 431.
32 Hastings: »Finest Years«, S. 43 ff.
33 Zit. nach Roberts: »Churchill«, S. 555.
34 Für die Zahl der Radioreden siehe Hastings: »Finest Years«, S. 93. Toye: »Roar of the Lion«, S. 58–61.
35 Nicholas Stargardt: »Der deutsche Krieg 1939–1945«, aus dem Engl. v. Ulrike Bischoff, Frankfurt a. M. 2015 (Original 2015), S. 143.
36 Förster, S. 800.
37 Gorodetsky, S. 299 (Eintrag vom 12. Juli 1940).
38 Förster, S. 799 f.
39 Richard Overy: »Der Bombenkrieg. Europa 1939–1945«, aus dem Engl. v. Hainer Kober, Berlin 2014 (2013), S. 147. Jenkins, S. 632 f., 645. Keegan: »Der Zweite Weltkrieg«, S. 141. Für Beaverbrooks Rücktrittsdrohungen siehe Walter Reid: »Churchill 1940–1945. Under Friendly Fire«, Edinburgh 2012 (2008), S. 197.
40 Förster, S. 800.
41 Stargardt, S. 144–147.
42 Jenkins, S. 635 ff. General Hastings Ismay war dabei; er sah, wie Churchill »in Schluchzen ausbrach« und wie die Anwohner reagierten: Brendon, S. 153.
43 Zit. nach Stargardt, S. 156.
44 Roy Porter: »London. A Social History«, London 1994, S. 339.
45 Colville: »Diaries«, S. 280 (Eintrag vom 31. Oktober 1940), 297 (Eintrag vom 19. November 1940).
46 Colville: »Diaries«, S. 205 (Eintrag vom 31. Juli 1940).
47 Jenkins, S. 636.
48 Hickman, S. 108.
49 Field Marshal Lord Alanbrooke: »War Diaries. 1939–1945«, hrsg. v. Alex Danchev und Daniel Todman, London 2002 (2001), S. 271.
50 Churchill: »Der Zweite Weltkrieg«, S. 413 f.
51 Stargardt, S. 155.
52 Für »Leitstrahlsystem« siehe Overy, S. 154.
53 Keegan: »Der Zweite Weltkrieg«, S. 141.
54 Jenkins, S. 636.
55 Keegan: »Der Zweite Weltkrieg«, S. 147–151.
56 Overy, S. 11.

57 Brendon, S. 157. Keegan: »Der Zweite Weltkrieg«, S. 166.
58 Churchill: »Never Give In! The Best of Winston Churchill's Speeches«, ausgewählt und hrsg. von seinem Enkel Winston S. Churchill, London 2004 (2003), S. 245 (Rede vom 20. August 1940).
59 Jenkins, S. 641.
60 Holmes, S. 119 f.
61 Willms, S. 67, 56 f.
62 Zit. nach Roberts: »Churchill«, S. 557.
63 Willms, S. 77–80.
64 Roberts: »Churchill«, S. 571.
65 D'Este, S. 468 ff.
66 Zit. nach Churchill: »Der Zweite Weltkrieg«, S. 372.
67 Roberts: »Churchill«, S. 573.
68 Churchill: »Der Zweite Weltkrieg«, S. 372. D'Este, S. 470.
69 Zit. nach Churchill: »Der Zweite Weltkrieg«, S. 373 f.
70 Roberts: »Churchill und seine Zeit«, S. 235.
71 Willms, S. 86 f.
72 Willms, S. 90, 93.
73 Willms, S. 93 ff.
74 Reynolds: »In Command«, S. 197.
75 Keegan: »Der Zweite Weltkrieg«, S. 472. Willms, S. 89. Jenkins, S. 764.
76 Alanbrooke, S. 101. Es gibt einige Editionen der Tagebücher von Alan Brooke. Zitiert wird in diesem Buch aus der jüngsten.
77 Churchill: »Der Zweite Weltkrieg«, S. 316.
78 Toye: »Roar of the Lion«, S. 124. Jenkins, S. 676.
79 Jenkins, S. 741.
80 Gorodetsky, S. 483 (Eintrag vom 9. Februar 1943). Bei einer Besprechung mit Roosevelt soll de Gaulle von sich selbst gesagt haben: »Ich bin die Jeanne d'Arc von heute« (Willms, S. 191).
81 Moran, S. 100.
82 Reynolds: »In Command«, S. 253.

12. Kapitel
Britannien in Bedrängnis

1 Für diesen Absatz sowie die folgenden siehe Giles Milton: »Churchill's Ministry of Ungentlemanly Warfare. The Mavericks who Plotted Hitler's Defeat«, New York 2016, Kapitel 1 bis 6.
2 D'Este, S. 459.
3 Brendon, S. 137.
4 Milton, S. 84, 87 f. Für den Namen »Nellie« siehe D'Este, S. 462.
5 Milton, S. 78, 103, 124.
6 Milton, S. 176 f., 280, 192. Keegan: »Der Zweite Weltkrieg«, S. 306.
7 Reynolds: »In Command«, S. 175.
8 Keegan: »Der Zweite Weltkrieg«, S. 171, 155.
9 Stargardt, S. 326 f.
10 Jenkins, S. 670. Keegan: »Der Zweite Weltkrieg«, S. 318.
11 Die Eheringe wurden nicht eingesammelt. Hastings: »Finest Years«, S. 86. Colville: »Diaries«, S. 229 (Eintrag vom 22. August 1940).
12 Keegan: »Der Zweite Weltkrieg«, S. 314 f. Reynolds: »Britannia Overruled«, S. 99.
13 Zit. nach Hastings: »Finest Years«, S. 138.
14 Zit. nach Reid, S. 152.
15 Reid, S. 138 ff.
16 Reynolds: »In Command«, S. 201.
17 Zit. nach Reid, S. 145 f.
18 D'Este, S. 499 f.
19 Meacham, S. 91.
20 D'Este, S. 499 ff. Jenkins, S 648 ff. Für Churchills Tränen siehe Moran, S. 20.
21 Reid, S. 146–153. Keegan: »Der Zweite Weltkrieg«, S. 163.
22 Keegan: »Der Zweite Weltkrieg«, S. 175.
23 Hartwig, S. 107, 105.
24 Hartwig, S. 101 f., 115. Anfang 1943 hatten die U-Boote eine letzte Erfolgswelle, sie wurde genutzt, um die verheerende Niederlage bei Stalingrad zu überspielen. So schnell sie gekommen war, ebbte sie wieder ab: Im Frühjahr musste der U-Boot-Krieg eingestellt werden (Hartwig, S. 288 f.).
25 Förster, S. 858.
26 Zit. nach Meacham, S. 26.

27 Für Orson Welles siehe Meacham, S. 27. Für Truman siehe ebenda, S. xv.

28 Zit. nach D'Este, S. 497.

29 Churchill: »Der Zweite Weltkrieg«, S. 280. Einige Historiker sind der Auffassung, Roosevelt und Churchill seien befreundet gewesen. Dass ihr Briefwechsel von 1939 an etwa 2000 Briefe umfasst, sagt allerdings wenig darüber aus, wie nah Roosevelt sich dem Briten fühlte.

30 Für »1917 oder 1918 in England« siehe Meacham, S. xvii. Für »Hand im Spiel« siehe ebenda, S. 47. Für »letter from a former naval person« siehe D'Este, S. 498.

31 Zit. nach D'Este, S. 505. Hastings: »Finest Years«, S. 192.

32 Jenkins, S. 664.

33 Reid, S. 189.

34 Gilbert: »Churchill«, S. 706.

35 Gilbert: »Churchill«, S. 705. Jenkins, S. 662–665. D'Este, S. 506.

36 Meacham, S. xii, 5.

37 Zit. nach D'Este, S. 507.

38 Für »Glückwunschtelegramm« siehe Meacham, S. 76 f. Für »Boss« und »Badezimmer« siehe ebenda, S. xvi. Für »Enigma« siehe ebenda, S. 92.

39 Colville: Kommentar in »Diaries«, S. 294.

40 Wikipedia, Eintrag für »Enigma«.

41 Keegan: »Der Zweite Weltkrieg«, S. 238.

42 Colville: »The Churchillians«, S. 58 f. Bei »C« handelte es sich um den Brigadier Stewart Menzies.

43 Colville: »Diaries«, S. 294 f.

44 Keegan: »Der Zweite Weltkrieg«, S. 162. Jenkins, S. 680.

45 Zit. nach Brendon, S. 152.

46 D'Este, S. 459.

47 Keegan: »Der Zweite Weltkrieg«, S. 203.

48 D'Este, S. 489 ff.

49 Keegan: »Der Zweite Weltkrieg«, S. 464–471. D'Este, S. 490 f.

50 D'Este, S. 490, 492. Für Alan Brooke siehe Alanbrooke, S. 154.

51 Churchill: »Der Zweite Weltkrieg«, S. 503 ff.

52 D'Este, S. 511. John Keegan (»Der Zweite Weltkrieg«, S. 206) meint, die Briten hätten Kreta halten müssen, es fragt sich allerdings, wie ihnen das hätte gelingen sollen und vor allem was sie an Truppen und Material dafür hätten andernorts abziehen müssen.

53 Churchill: »Der Zweite Weltkrieg«, S. 480.

54 Für »erste große Luftlandeoperation« siehe Keegan: »Der Zweite Weltkrieg«, S. 244. Für »wildesten« siehe D'Este, S. 524.

55 Keegan: »Der Zweite Weltkrieg«, S. 244.

56 D'Este, S. 523. Roberts: »Churchill«, S. 656.

57 Roberts: »Churchill«, S. 656. Colville: »Diaries«, S. 389 (Eintrag vom 22. Mai 1941). Wenn kapitale Schlachtschiffe versenkt wurden, konnten Churchill angesichts des Verlusts und der damit verbundenen Schande auch die Tränen kommen.

58 Roberts: »Churchill«, S. 656. Für »das verlustreichste« siehe Keegan: »Der Zweite Weltkrieg«, S. 246.

59 D'Este, S. 522.

60 Keegan: »Der Zweite Weltkrieg«, S. 218.

61 Langworth, S. 575. Churchill soll den Satz bei einem Treffen mit Ribbentrop 1937 fallen gelassen haben. Langworth hat das Zitat gefunden, aber keine Quelle, die er für ganz zuverlässig erachtet hätte.

62 Zit. nach D'Este, S. 394.

63 Keegan: »Der Zweite Weltkrieg«, S. 466.

64 Zit. nach Meacham, S. 32.

65 Alanbrooke, S. 187. Gilbert: »Churchill«, S. 708. D'Este, S. 485.

66 Für »Krokodil« siehe Moran, S. 73 (Eintrag vom 12. August 1942 in Moskau). Für Churchills Pantelleria-Obsession siehe Hastings: »Finest Years«, S. 116 sowie D'Este, S. 393. Pantelleria sollte noch von Bedeutung sein, aber erst 1943, als der Flugplatz als Basis für Lufteinsätze über Sizilien benötigt wurde (D'Este, S. 493).

67 Keegan: »Der Zweite Weltkrieg«, S. 514 f.

68 Hastings: »Finest Years«, S. 116, 401 f. D'Este, S. 393 f. Für »hoffnungslos naiv« siehe ebenda, S. 395.

69 Colville: »Diaries«, nachträgliche Ergänzung, S. 125.

70 Zit. nach D'Este, S. 392.

71 Colville: »Diaries«, S. 404 (Eintrag vom 21. Juni 1941).

72 Colville: »Diaries«, S. 125.

73 Zit. nach Hastings: »Finest Years«, S. 141.

74 Alanbrooke, S. 143 (Eintrag vom 3. März 1941). Brendon, S. 136.

75 Reid, S. 202.

76 Zit. nach D'Este, S. 391.

77 Alanbrooke, Einleitung, S. xviii.

78 Alanbrooke, S. 293 (Eintrag vom 6. August 1942).

79 Alanbrooke, S. 214, 247.
80 Zit. nach D'Este, S. 525.

13. Kapitel
Gemeinsam mit der Sowjetunion

1 Gilbert: »Churchill«, S. 701.
2 Reid, S. 227.
3 Colville: »Diaries«, S. 405 (Eintrag vom 22. Juni 1941). Gilbert: »Churchill«, S. 704, 708.
4 Zit. nach Reid, S. 169.
5 Holland, S. 76 f.
6 Keegan: »Der Zweite Weltkrieg«, S. 347.
7 Roberts: »Churchill«, S. 699. Siehe auch Reid, S. 176.
8 Roberts: »Churchill«, S. 700.
9 Reid, S. 188.
10 Simon Sebag Montefiore: »Stalin. Am Hof des Roten Zaren«, aus dem Engl. von Hans Günter Holl, Frankfurt a. M. 2005 (2003), S. 241, 99, 94 f.
11 Sebag Montefiore, S. 115.
12 Sebag Montefiore, S. 153, 381, 261 ff.
13 Sebag Montefiore, S. 283.
14 Sebag Montefiore, S. 357, 345. Ganz falsch lag Stalin damit nicht: In London wartete man nur darauf, dass Hitler-Deutschland und die Bolschewiken einander an die Gurgel gehen würden. Offiziell hat Churchill das aber nicht kundgetan; siehe Hastings: »Finest Years«, S. 346.
15 Keegan: »Der Zweite Weltkrieg«, S. 263 ff. (die Nachricht vom 3. April erreichte Stalin erst am 19. April, das machte aber nichts aus). Für »dieser Schurke« siehe Sebag Montefiore, S. 401. Für »Bismarck« siehe ebenda, S. 397. Für »sondieren wollte« siehe ebenda, S. 427.
16 Sebag Montefiore, S. 408.
17 Sebag Montefiore, S. 474, 447. Keegan: »Der Zweite Weltkrieg«, S. 322 f.
18 Für »ohne zu zögern« siehe Moran, S. 90. Hastings: »Finest Years«, S. 234.
19 D'Este, S. 557 ff. Für »traf mich kein Schlag« siehe Churchill: »Der Zweite Weltkrieg«, S. 571. Für »gegen den Rat« siehe Reid, S. 171. Für »Beherrschung« siehe ebenda, S. 176.

20 Zit. nach Alanbrooke, S. 214 (Eintrag vom 25. Dezember 1941 – in Europa noch der 24. 12.).
21 Roberts: »Churchill«, S. 702.
22 D'Este, S. 562.
23 Reid, S. 189.
24 Für »ist da niemand« siehe Reid, S. 197.
25 Hastings: »Finest Years«, S. 257.
26 Churchill: »Reden in Zeiten des Krieges«, S. 193.
27 Zit. nach Reid, S. 194.
28 Zit. nach Hastings: »Finest Years«, S. 244.
29 Zit. nach Andrew Roberts: »Masters and Commanders. The Military Geniuses who Led the West to Victory in WW II«, London 2009 (2008), S. 89.
30 Reid, S. 235.
31 Max Hastings: »Nemesis. The Battle for Japan, 1944–45«, London 2008 (2007), S. 227.
32 D'Este, S. 567.
33 Gilbert: »Churchill«, S. 717.
34 Hastings: »Finest Years«, S. 238.
35 D'Este, S. 567.
36 Gilbert: »Churchill«, S. 719.
37 Für »Schogunat« siehe Holland, S. 72. Für das Weitere siehe Donald G. Dutton: »The Psychology of Genocide, Massacres, and Extreme Violence«, Praeger Security International. https://www.al-edu.com/wp-content/uploads/2014/05/Dutton-The-Psychology-of-Genocide-Massacres-and-Extreme-Violence.pdf. S. 66f (abgerufen am 5. 7. 2023).
38 Herman, S. 483.
39 Herman, S. 523.
40 Reid, S. 209.
41 Gilbert: »Churchill«, S. 722 f. Keegan: »Der Zweite Weltkrieg«, S. 485.
42 Zit. nach Reid, S. 219.
43 Alanbrooke, S. 329. Für »zutiefst gekränkt« siehe die Einleitung der Herausgeber, S. xxii. Alanbrooke musste sogar seine kostbare Sammlung alter Vogelbücher verkaufen.
44 Reynolds: »In Command«, S. 308.
45 Reid, S. 233 f. Roberts: »Churchill«, S. 763.
46 Alanbrooke, S. 206.
47 Reid, S. 233.

48 Keegan: »Der Zweite Weltkrieg«, S. 490–499.
49 Alanbrooke, S. 206, Fußnote der Herausgeber.
50 Churchill: »Reden in Zeiten des Krieges«, S. 196. Churchill: »The Best of Winston Churchill's Speeches«, S. 342.
51 Alanbrooke, S. 211 (Eintrag vom 15. Dezember 1941).
52 Jenkins, S. 775. Für »ja, gehen« siehe D'Este, S. 379.
53 Für die Zitate siehe Hastings, S. 253 f.
54 Iverach McDonald: »The History of The Times. Volume V. Struggles in War and Peace 1939–1966«, London 1984, S. 114.
55 Für »wann hat der Premierminister« siehe Hastings, S. 253.
56 Für »so schüchtern« siehe Meacham, S. 32.
57 McDonald, S. 111.
58 Jenkins, S. 709.
59 Sebag Montefiore, S. 500.
60 Sebag Montefiore, S. 117.
61 Moran, S. 65 f. (Einträge vom 1. und 3. August 1942).
62 Für »Eisklumpen« siehe Sebag Montefiore, S. 474. Von den Wachleuten berichtet Alan Brooke, S. 301. Die von ihm angegebenen Daten liegen wegen der Zeitverschiebung einen Tag später als in der übrigen Literatur.
63 Moran, S. 72 ff. (Einträge vom 12. und 13. August 1942).
64 Sebag Montefiore, S. 476 f.
65 Moran, S. 75 (Eintrag vom 13. August 1942).
66 Hastings: »Finest Years«, S. 150, 167. Für »die Russen« siehe ebenda, S. 283.
67 Reid, S. 227.
68 Zit. nach Reid, S. 228.
69 Roberts: »Churchill«, S. 757.
70 Alanbrooke, S. 301 (Eintrag nach Alanbrookes Kalender vom 14. August 1942). Für »im Verlauf« siehe Sebag Montefiore, S. 477.
71 Alanbrooke, S. 234.
72 Alanbrooke, S. 300.
73 Keegan: »Der Zweite Weltkrieg«, S. 324, 681.
74 Der T-34 blieb ohne große Verbesserungen von 1941 bis 1944 im Einsatz. Roman Töppel: »Kursk 1943. Die größte Schlacht des Zweiten Weltkriegs«, Paderborn 2017, S. 57.
75 Keegan: »Der Zweite Weltkrieg«, S. 324.
76 Keegan: »Der Zweite Weltkrieg«, S. 324, 316 f.

77 Gilbert: »Churchill«, S. 708.
78 Alanbrooke, S. 306.
79 Für »ich glaube« siehe Moran, S. 79 (Eintrag vom 14. August 1942).
80 Jenkins, S. 701.
81 Anna Aslanyan: »Dancing on Ropes. Translators and the Balance of History«, London 2021, S. 102–105. Für Churchills Satz beanspruchte später Roosevelts Übersetzer Charles Bohlen die Urheberschaft.
82 Zit. nach Reid, S. 226.
83 Keegan: »Der Zweite Weltkrieg«, S. 332–336.
84 Keegan: »Der Zweite Weltkrieg«, S. 337 f., 342 f.
85 Augstein: »Semprún«, S. 184. Pliviers Bestseller erschien 1945.
86 Keegan: »Der Zweite Weltkrieg«, S. 343.
87 Zit. nach Töppel, S. 17.
88 Töppel, S. 13, 83, 206.

14. Kapitel
Der Weg zum Sieg

1 Zit. nach Brendon, S. 178.
2 Die Passage über den Verlauf der Casablanca-Konferenz stützt sich vor allem auf Hastings: »Finest Years«, S. 352–360. Für »Jacob ärgerte sich« siehe Roberts: »Masters and Commanders«, S. 492. Jacob sagte das 1948.
3 Zit. nach Hastings: »Finest Years«, S. 298.
4 Gorodetsky, S. 469 (Eintrag vom 21. Januar 1943).
5 Hastings: »Finest Years«, S. 350.
6 Hastings: »Finest Years«, S. 352, 358. Für »Sardine« siehe Brendon, S. 180.
7 Overy, S. 435–440.
8 Willms, S. 185–192.
9 Moran, S. 101 (Eintrag vom 22. Januar 1943).
10 Churchill: »Der Zweite Weltkrieg«, S. 738.
11 Willms, S. 193 ff.
12 Jean Monnet: »Mémoires«, Paris 1976, S. 268 f.
13 Churchill: »Der Zweite Weltkrieg«, S. 740.
14 Brendon, S. 177.
15 Hastings: »Finest Years«, S. 360.
16 Jenkins, S. 706.

17 Alanbrooke, S. 409 (Eintrag vom 24. Mai 1943). Roberts: »Masters and Commanders«, S. 360–369.
18 Woller: »Mussolini«, S. 271 ff.
19 Roberts: »Masters and Commanders«, S. 391–395. Für »salutieren« siehe Hastings: »Nemesis«, S. 64.
20 Brendon, S. 180 f.
21 Roberts: »Masters and Commanders«, S. 391 f.
22 Dimitri Wolkogonow: »Stalin. Triumph und Tragödie. Ein politisches Porträt«, aus dem Russischen von Vesna Jovanoska, Düsseldorf 1989, S. 662. Wolkogonow (1928 bis 1995) war Mitglied der KPdSU; er arbeitete in der Politischen Hauptverwaltung der sowjetischen Streitkräfte, anschließend war er Leiter des Instituts für Militärgeschichte des Verteidigungsministeriums der UdSSR. Das Buch wurde seinerzeit in Westdeutschland für so wichtig erachtet, dass der Verlag die Übersetzung in demselben Jahr publizierte, in dem die russische Originalversion erschien.
23 Sebag Montefiore, S. 529. Jenkins, S. 722. Für »Big Three« siehe Reid, S. 226.
24 Jenkins, S. 722. Sebag Montefiore, S. 534. Das »Schwert der Ehre« kam in ein Museum in Wolgograd (früher Stalingrad). Für die Beschreibung siehe Wikipedia, English: »Sword of Stalingrad«.
25 Jenkins, S. 723. Für »50 000 oder 100 000« siehe Otfrid Pustejovsky: »Die Konferenz von Potsdam und das Massaker von Aussig am 31. Juli 1945«, München 2001, S. 43.
26 Zit. nach Wolkogonow, S. 664.
27 Roberts: »Churchill«, S. 775.
28 Zit. nach Gorodetsky, S. 509 (Eintrag vom 23. April 1943).
29 Antony Beevor: »D-Day. Die Schlacht um die Normandie«, aus dem Englischen von Helmut Ettinger, München 2010 (2009), S. 11 f.
30 Gilbert: »Churchill«, S. 768.
31 Richard J. Evans: »Das Dritte Reich. Krieg (Band III)«, aus dem Engl. v. Udo Rennert und Martin Pfeiffer, München 2009 (2008), S. 779.
32 Roberts: »Churchill«, S. 821, 824. Evans, S. 778 f.
33 Roberts: »Churchill«, S. 819.
34 Roberts: »Churchill«, S. 490.
35 Jenkins, S. 773.
36 Roskill, S. 133.
37 Förster, S. 853.

38 Reid, S. 200.
39 Hastings: »Finest Years«, S. 247.
40 Zit. nach Evans, S. 823.
41 Reid, S. 200 f.
42 Förster, S. 856.
43 Zit. nach Reynolds: »In Command«, S. 481.
44 Colville: »Diaries«, S. 563 (Eintrag vom 23. Februar 1945).
45 Roberts: »Churchill«, S. 825 ff. Churchill soll auch für den Einsatz der hochtoxischen Milzbrandviren (Anthrax) votiert haben. Dafür habe ich (F. A.) aber keine Quelle gefunden.
46 Hastings: »Finest Years«, S. 307.
47 Evans, S. 699 f. Von anderen KZ-Opfern, von Sinti und Roma, Homosexuellen, Zeugen Jehovas, war damals noch wenig oder gar nicht die Rede.
48 Roberts: »Churchill«, S. 829.
49 Roberts: »Churchill«, S. 829. Hastings: »Finest Years«, S. 502.
50 Zit. nach Roberts: »Churchill«, S. 829. Churchill sagte: »There is no doubt that this is probably the greatest and most horrible crime ever committed in the whole history of the world.«
51 Colville: »The Churchillians«, S. 31–34. Roberts: »Churchill«, S. 839.
52 Zit. nach Cannadine, S. 110.
53 Roberts: »Churchill«, S. 852.
54 McDonald, S. 117 f.
55 Reid, S. 269, 339. Roberts: »Masters and Commanders«, S. 499.
56 Martin Gilbert: »Winston S. Churchill. Volume VII. Road to Victory 1941–1945«, Hillsdale (Michigan) 1986, S. 1044 ff., 1832. Für die Prozentaufteilung siehe Jenkins, S. 759 f.
57 Jenkins, S. 791, 795. Churchill wurde von George VI. mit der Aufgabe betraut, die Regierungsgeschäfte innezuhaben, bis eine neue Regierung gebildet ist.
58 Churchill: »Der Zweite Weltkrieg«, S. 861.
59 Pustejovsky, S. 264. Pustejovsky meint, allenfalls hätte Churchill gelingen können, die Konferenz zum Scheitern zu bringen.
60 Reid, S. 208.
61 Hastings: »Nemesis«, S. 36 f. Montague Browne, S. 179.
62 Holland, S. 73 f., 53.
63 Hastings: »Nemesis«, S. xxi, 39, 486.
64 Hastings: »Nemesis«, S. 483, xix, 491.

65 Hastings: »Nemesis«, S. 510. Gar Alperovitz: »Atomic Diplomacy. Hiroshima and Potsdam. The Use of the Atomic Bomb and the American Confrontation with Soviet Power«, New York 1965.

66 Reid, S. 208. Hastings: »Nemesis«, S. 505 f.

67 Gerhard Hirschfeld, Irina Renz (Hrsg.): »›Vormittags die ersten Amerikaner.‹ Stimmen und Bilder vom Kriegsende 1945«, Stuttgart 2005, S. 193.

68 Moran, S. 272 f. (Eintrag vom 8. Mai 1945).

69 Churchill: »The Best of Winston Churchill's Speeches«, S. 391 (Rede vom 8. Mai 1945).

15. Kapitel
Die Nachkriegsunordnung

1 Zit. nach Jenkins, S. 789, 793.

2 Soames: »Clementine Churchill«, S. 424. Clementine benutzte eine englische Redewendung: »This could be a blessing in disguise.« Churchill gab zurück: »For the moment it is certainly well disguised.«

3 Zit. nach Moran, S. 311 (Eintrag vom 26. Juli 1945).

4 Jenkins, S. 805. Alan Clark: »The Tories. Conservatives and the Nation State 1922–1997«, London 1998, S. 263. Der Tory-Politiker Clark (1928 bis 1999), in mancher Hinsicht ein Reaktionär, verfasste lesenswerte historische Bücher. Für »jolly good« und »Red Flag« siehe Gilbert: »Never Despair. Winston S. Churchill 1945–1965«, London 1990 (1988), S. 117. Für »Edward Bridges« siehe Colville: »The Churchillians«, S. 131.

5 Für »Brot und Kartoffeln« siehe Darwin, S. 369. Clark, S. 264.

6 Thomson: »England in the Twentieth Century«, S. 202–229.

7 Langworth, S. 21.

8 Clark, S. 267.

9 Clark, S. 267 f.

10 Brendon, S. 206.

11 Montague Browne, S. 155.

12 Churchill: »The Best of Winston Churchill's Speeches«, S. 420. Für »diese Wendung« siehe Toye: »Life in the News«, S. 236 f.

13 Montague Browne, S. 153 ff.

14 Moran, S. 229 (Eintrag vom 30. Oktober 1944).

15 Zit. nach Jenkins, S. 811.
16 Moran, S. 341 (Eintrag vom 6. August 1946).
17 Für Churchills Schelte siehe Jenkins, S. 835. Für Churchills einsichtsvolle Selbstkorrektur siehe Gilbert: »Churchill«, S. 901.
18 Zit. nach Jenkins, S. 848.
19 Zit. nach Jenkins, S. 849. Jenkins zitiert aus Colvilles »Diaries«. Diese Sätze habe ich dort nicht gefunden. Weil sie indes plausibel sind, werden sie hier wiedergegeben. Für »Protoplasma« siehe Jenkins, S. 881.
20 Roberts: »Churchill«, S. 955.
21 Churchill: »Reden in Zeiten des Krieges«, S. 373 f.
22 Zit. nach Moran, S. 282 (Eintrag vom 9. Juli 1945).
23 Ramsden, S. 181.
24 Colville: »Diaries«, S. 553 (Eintrag vom 16. Januar 1945).
25 Churchill: »Reden in Zeiten des Krieges«, S. 378.
26 Montague Browne, S. 271 f.
27 Ulrich Herbert: »Geschichte Deutschlands im 20. Jahrhundert«, München 2014, S. 636.
28 Zit. nach Jenkins, S. 855.
29 Clark, S. 273.
30 Brendon, S. 204.
31 Reynolds: »In Command«, S. 498.
32 Reynolds: »In Command«, S. 499.
33 Reynolds: »In Command«, S. 130.
34 Cannadine, S. 71. Für »keine Ahnung« siehe Moran, S. 27 (Eintrag vom 23. Dezember 1941).
35 Reynolds: »In Command«, S. 14 f.
36 Montague Browne, S. 119.
37 Reynolds: »In Command«, S. 69, 74.
38 Reynolds: »In Command«, S. 501.
39 Reynolds: »In Command«, S. 502.
40 Für Balfour siehe Alanbrooke: »War Diaries«, Einl. d. Hrsg., S. xxi. Hastings: »Nemesis«, S. 504.
41 Moran, S. 353 (Eintrag vom 7. Dezember 1947).
42 Montague Browne, S. 142.
43 Für die Sowjetunion und die Rote Armee siehe Reynolds: »In Command«, S. xxiv. Für Japan ebenda, S. 500. Für Dresden ebenda, S. 480 f.
44 Reynolds: »In Command«, S. xxiv. Namentlich erwähnte Churchill Ike Eisenhower, der in den Kriegserinnerungen nichts finden sollte, was ihn störte. Jenkins, S. 864.

Können wir hier 1 Zeile einbringen?

45 Reynolds: »In Command«, S. 501, 505. Im 6. Band schwächte er seine Kritik an Baldwin und Chamberlain ab.

46 Reynolds: »In Command«, S. 138 f. Für »Kopfschmerzen« siehe ebenda, S. 139.

47 Colville: »Diaries«, S. 674 f. Berechtigt war die Kritik laut Roberts: »Churchill«, S. 942.

48 Reynolds: »In Command«, S. 495.

49 Zit. nach Reynolds: »In Command«, S. 137.

50 Reynolds: »In Command«, S. 501, 504.

51 Reynolds: »In Command«, S. 495, 504.

52 Roberts: »Churchill«, S. 915 f.

53 Jenkins, S. 837 f.

54 Jenkins, S. 827.

55 Für »Beweggründe« siehe Jenkins, S. 858. Für »ich hege keinen Groll« siehe Montague Browne, S. 211.

56 Jenkins, S. 880.

57 Colville: »Diaries«, S. 649 (Eintrag vom 23. Mai 1952).

58 Für »wackelte er« siehe Wheeler-Bennett, S. 247 (Beitrag von Sir Leslie Rowan). Für »Hauspantoffel« siehe Moran, S. 377 (Eintrag vom 1. Januar 1952) und S. 496 (Eintrag vom 8. September 1953). Für »Schlaftabletten« siehe ebenda, S. 646 (Eintrag vom 30. November 1954).

59 Jenkins, S. 846.

60 Jenkins, S. 833 f.

61 Darwin, S. 377. Für »Atombombe« siehe Gilbert: »Churchill«, S. 921. Für »Napalm« siehe Gilbert: »Never Despair«, S. 757.

62 Zit. nach Gilbert: »Churchill«, S. 924.

63 Roberts: »Churchill«, S. 920.

64 Roberts: »Churchill«, S. 932.

65 Gilbert: »Never Despair«, S. 756.

66 Darwin, S. 373.

67 Zit. nach Langworth, S. 148.

68 Zit. nach Jenkins, S. 829 f.

69 Montague Browne, S. 157.

70 Reynolds: »In Command«, S. 414.

71 Zit. nach Gilbert: »Never Despair«, S. 1192. Als Beispiel nannte Churchill die Aufteilung von Einflusssphären zwischen dem Westen und der Sowjetunion, die er und Stalin gegen Ende des Zweiten Weltkriegs vereinbart hatten (siehe das 14. Kapitel).

72 Montague Browne, S. 133.

73 Colville: »The Churchillians«, S. 120 f.

74 Für »aber manchmal« siehe Montague Browne, S. 173. Für »Porträtbüste« siehe Cannadine, S. 117.

75 Pimlott, S. 194.

76 Montague Browne, S. 173.

77 Cannadine, S. 69.

78 Für »bis lange über Mitternacht« siehe Jenkins, S. 859. Für »Plattitüde« siehe Moran, S. 683 (Eintrag vom 27. April 1955).

79 Brendon, S. 212 f., 218.

80 Zit. nach Moran, S. 505 (Eintrag vom 10. Oktober 1953).

81 Roberts: »Churchill«, S. 932.

82 Colville: »Diaries«, S. 651 (Eintrag vom 13./15. Juni 1952).

83 Roberts: »Churchill«, S. 935.

84 Zit. nach Gilbert: »Never Despair«, S. 816, 830, 906. Für »Xenophobie« siehe ebenda, S. 817.

85 Roberts: »Churchill«, S. 937.

86 Zit. nach Gilbert: »Never Despair«, S. 827 f., 813. Für Churchills Reisepläne siehe ebenda, S. 868.

87 Zit. nach Brendon, S. 201.

88 Gilbert: »Never Despair«, S. 1026 f. Für Dulles siehe Gilbert: »Churchill«, S. 927.

89 Roberts: »Churchill«, S. 945 f. Jenkins, S. 883 f. Für »Außenminister aller Welt« siehe Jenkins, S. 884.

90 Brendon, S. 201.

91 Roberts: »Churchill«, S. 946. Für »moderne Kunst« siehe Jenkins, S. 889 f. Das Porträt ist nicht mehr auffindbar. Die allgemeine Annahme: Clementine ließ es verbrennen.

92 Alan Clark spekuliert, Churchill habe seinen Rücktritt so lange hinausgezögert, damit Edens schlechte Gesundheit es ihm schließlich unmöglich machen werde, überhaupt Premier zu werden. Derart bösartig berechnend war Churchill m. E. denn doch nicht. Clark, S. 276.

93 Für »hungrige Augen«, »mangelnde Aufmerksamkeit« und »aus dem Außenministerium« siehe Colville: »Diaries«, S. 704 ff. (Eintrag vom 29. März 1955). Für »Ich glaube nicht« siehe ebenda, S. 708 (Eintrag von einem Tag kurz nach dem 5. April 1955). Für Macmillan siehe Jenkins, S. 902. Roberts: »Churchill«, S. 946. Moran, S. 669. Für »das Ende« siehe ebenda, S. 679.

94 Zit. nach Jenkins, S. 893.

95 Gilbert: »Never Despair«, S. 1197. Für »Zeitungen« siehe Moran, S. 673 (Eintrag vom 21. März 1955). Egon Bahr: »Zu meiner Zeit«, München 1996, S. 171.

96 Jenkins, S. 904–907.

97 Die Aufzählung findet sich in Brendon, S. 217. Für »Senilität« siehe ebenda, S. 222.

98 Roberts: »Churchill«, S. 947. Gegen Industriearbeiter per se hatte Churchill nichts einzuwenden, wohl aber gegen die organisierte Arbeiterschaft: 1943 wurden britische Bergwerke öfter bestreikt als in jedem anderen Jahr seit 1900 (Hastings: »Finest Years«, S. 399).

16. Kapitel
Krisen, Kräche, Kalamitäten: die 1950er Jahre

1 Rowans Beitrag in Wheeler-Bennett, S. 242. Dieser Sammelband war die Antwort früherer Mitarbeiter Churchills auf die despektierlichen Tagebücher des Leibarztes Lord Moran.

2 Gilbert: »Never Despair«, S. 1017.

3 Jenkins, S. 513, 883. Für »Kritiker« siehe Colville: »The Churchillians«, S. 162.

4 Zit. nach Jenkins, S. 513. Die Passage findet sich im ersten Band von Churchills Kriegserinnerungen, »The Gathering Storm«.

5 Clark, S. 274.

6 Clark, S. 274 f.

7 Clark, S. 278.

8 Für »Eden bezeugte« siehe Jenkins, S. 856. Für »Empfang« siehe Clark, S. 275.

9 Für »selbst zu regieren« siehe Jenkins, S. 899. Für »Supermächte« siehe ebenda, S. 886.

10 Für »Schadenfreude« siehe Roberts: »Churchill«, S. 955.

11 Vgl. W. Scott Lucas: »Divided We Stand. Britain, the US, and the Suez Crisis«, London 1991, S. 32, 28.

12 Für Ursprünge, Verlauf und Ausgang der Suezkrise siehe Lucas sowie Thomas Freiberger: »Allianzpolitik in der Suezkrise 1956«, Göttingen 2013.

13 Für »Attlee« siehe Darwin, S. 371. Roberts: »Churchill«, S. 928.

14 Brüggemeier, S. 245.

15 Soames: »Speaking for Themselves«, S. 610 (Brief vom 3. August 1956). Lucas, S. 28.

16 Lucas, v. a. S. 161.

17 Gilbert: »Never Despair«, S. 1208.

18 Lucas, S. 250.

19 Lucas, S. 324.

20 Für »strikte Diskretion« und »die ehrenvolle Ausnahme« siehe Montague Browne, S. 210.

21 Lucas, S. 276, 258. Freiberger, S. 326, 464 ff. Chruschtschow kam erst am 4. November dazu, eine Protestnote an Großbritannien und Frankreich zu senden, da die Kremlführung mit der Niederschlagung von Aufständen in Polen und Ungarn vollauf zu tun hatte.

22 Lucas, S. 293.

23 Lucas, S. 275, 327.

24 Lucas, S. 309, 293.

25 Alan Clark verteidigte Eden. Er hielt ihm zugute, erstmals seit 1940 eine konservative Regierung geführt zu haben, die Benjamin Disraelis Ideal von »One Nation« hochhielt: »progressiv« und dabei traditionsverbunden, im Hinblick auf soziale Fragen »human, aber nicht radikal«, paternalistisch und klassebewusst. Bei den Unterhauswahlen im Mai 1955 gewann Eden »den größten Prozentsatz aller Stimmen, die irgendein Konservativer in der zweiten Hälfte des Jahrhunderts errang« (Clark, S. 289).

26 Zit. nach Jenkins, S. 902.

27 Zit. nach Montague Browne, S. 213. Eine andere pointiertere Version des Satzes ist aus zweiter Hand.

28 Moran, S. 744 (Eintrag vom 6. Dezember 1956).

29 Moran, S. 743 (Eintrag vom 22. November 1956).

30 Colville: »Diaries«, »Postscript to Suez«, S. 724 f. Für »Adenauer« siehe Gottfried Niedhart: »Tor zum Westen und Konkurrent im Westen. Zur Wahrnehmung Großbritanniens in Westdeutschland nach dem Zweiten Weltkrieg und zu Beginn der Adenauer-Ära« in derselbe (Hrsg.): »Das kontinentale Europa und die britischen Inseln. Wahrnehmungsmuster und Wechselwirkungen seit der Antike«, Mannheim 1993, S. 212.

31 Lucas, S. 1 f., 330.

32 Darwin, S. 368, 372.

33 Darwin, S. 369, 372.
34 Darwin, S. 370.
35 Darwin, S. 370.
36 Für die Zitate von Bevin und Brooke siehe Darwin, S. 372.
37 Zit. nach Richard Lamb: »The Macmillan Years 1957–1963. The Emerging Truth«, London 1995, S. 102.
38 Für »wir werden« siehe Jenkins, S. 855. Siehe auch Gilbert: »Churchill«, S. 891, 901.
39 Montague Browne, S. 138.
40 Roberts: »Churchill«, S. 917.
41 Roberts: »Churchill«, S. 935.
42 Jenkins, S. 856.
43 Jenkins, S. 857.
44 Lamb, S. 117, 201.
45 Monnet, S. 670. Für De Gaulles »Animositäten« gegenüber Großbritannien siehe Brüggemeier, S. 267.
46 Für »Selbstverstümmelung« siehe Moran, S. 355 (Eintrag vom 7. Dezember 1947). Für »ich hätte das Empire« siehe Montague Browne, S. 161.
47 Cannadine, S. 123.
48 Zit. nach Montague Browne, S. 180. Im Original lautet das Zitat: »Yes, it is an appalling muddle, riddled with faults, dangers, unfairness and contradictions. It is also a perpetual popularity contest. The only trouble is that when you consider alternative systems, they all turn out to be worse.«
49 Boris Johnson: »Der Churchill Faktor«, aus dem Engl. von Norbert Juraschitz und Werner Roller, Stuttgart 2015 (2014). Für Johnsons »übliches« Verhalten siehe »Boris Johnson repeatedly misled Parliament«, YouTube (zuletzt abgerufen am 14. September 2023). Beobachter hatten den Eindruck, Johnson würde sich Churchills Namen unumwunden zunutze machen, um sich als Premier in Vorschlag zu bringen: »Who Will Speak for England?«, »Daily Mail«, 4. Februar 2016.
50 Für die abschätzige Einstellung des in politischen Kreisen maßgeblichen paper of record siehe McDonald, S. 150. Für eine regelrechte britische »Kampagne« gegen Adenauer siehe Roscoe Drummond, Gaston Coblentz: »Duell am Abgrund«, »Der Spiegel«, Nr. 41, 1963, S. 46 ff.
51 Adenauers jüngster Sohn Georg zitierte seinen Vater: »Da ich ent-

schlossen war, die Wahl anzunehmen, hätte ich es für Heuchelei gehalten, wenn ich mich nicht selbst gewählt hätte.« »Der Spiegel«, Nr. 41, 1963, S. 30. Für »dem Kanzler« siehe Arnulf Baring: »Im Anfang war Adenauer. Die Entstehung der Kanzlerdemokratie«, München 1982 (durchgesehene Ausgabe, Orig. 1969), S. 85.

52 Zit. nach Niedhart: »Wahrnehmung Großbritanniens«, S. 206, 211.

53 Konrad Adenauer: »Teegespräche 1950–1954«, bearb. v. Hanns Jürgen Küsters, Berlin 1984, S. 173 (Gespräch im Dezember 1951).

54 Für »anders als wir« siehe Adenauer, S. 172 (Gespräch im Dezember 1952). Für »Selbstsicherheit« siehe Niedhart: »Wahrnehmung Großbritanniens«, S. 210. Für »eine Politik, die ihren eigenen Interessen auf das Stärkste zuwiderläuft« siehe ebenda, S. 208.

55 Für »Bewunderer« siehe Gilbert: »Never Despair«, S. 1075. Für »Bismarck« siehe ebenda, S. 829. Für »beteuerte« siehe ebenda, S. 774. Adenauer, S. 265 f. (Gespräch im Mai 1952).

56 Adenauer, S. 464 (Gespräch im Mai 1953). Für Adenauers generelle diesbezügliche Zurückhaltung siehe Baring, S. 526.

57 Henning Köhler: »Adenauer. Eine politische Biographie«, Frankfurt a. M. 1994, S. 811.

58 Adenauer, S. 466 (Gespräch im Mai 1953).

59 Gilbert: »Never Despair«, S. 1055.

60 Niedhart: »Wahrnehmung Großbritanniens«, S. 212.

61 Köhler, S. 651.

62 Gilbert: »Never Despair«, S. 1197. Für »gehöre zu Europa« siehe ebenda, S. 1225.

63 Jenkins findet Adenauers »romantische« Anwandlung amüsant (S. 817).

64 Moran, S. 799 f. (Eintrag vom 18. November 1959).

65 Rudolf Augstein: »Konrad Adenauer. With a Chronological Introduction compiled by the staff of Der Spiegel«, aus dem Deutschen ins Engl. übersetzt von Walter Wallich, London 1964, Einleitung, S. 54 f. Auf Deutsch erschien das Büchlein unter dem Titel »Die Ära Adenauer. Einsichten und Ausblicke«, allerdings ohne die Einleitung, aus der hier zitiert wird.

66 Köhler, S. 1227.

17. Kapitel
Die letzten Jahre, Tod und Verklärung

1 Bonham Carter: »Churchill«, S. 4.
2 Steven Fielding, Bill Schwarz, Richard Toye, S. 105.
3 Montague Browne, S. 315, 309. Für »Zeit totschlagen« siehe Moran, S. 683 (Eintrag vom 27. April 1955). Für »wenn Winstons Denken« siehe ebenda, S. 721 (Eintrag vom 28. Dezember 1955).
4 Roberts: »Churchill«, S. 956. Für »Novum« siehe Colville: »The Churchillians«, S. 123.
5 Montague Browne, S. 335.
6 Fielding et al., S. 118 f.
7 Fielding et al., S. 90 f.
8 Cannadine, S. 64.
9 Cannadine, S. 16. Für »Bulldogge« siehe ebenda, S. 64. Für »Nation und Staat« siehe Fielding et al., S. 56.
10 Vgl. Fielding et al., S. 104.
11 Gottfried Niedhart: »Einleitung« in derselbe: »Das kontinentale Europa und die britischen Inseln«, S. 6.
12 Zit. nach Moran, S. 607 (Eintrag vom 5. Juli 1954).
13 Moran, S. 651 (Eintrag vom 3. Dezember 1954). Für »wenn ich« siehe ebenda, S. 655 (Eintrag vom 16. Dezember 1954).
14 Zit. nach Reynolds: »In Command«, S. 525.
15 Meacham, S. 9.
16 Zit. nach Cannadine, S. 69.
17 Moran, S. 569 (Eintrag vom 8. April 1954). Für »Telefon« siehe Fielding et al., S. 18.
18 Zit. nach Moran, S. 724 (Eintrag vom 18. Februar 1956), S. 588 (Eintrag vom 24. Juni 1954).
19 Siehe zum Beispiel Moran, S. 632 (Eintrag vom 1. Oktober 1954).
20 Zit. nach Moran, S. 377 (Eintrag vom 4. Januar 1952).
21 Zit. nach Montague Browne, S. 302.
22 Moran, S. 647 (Eintrag vom 30. November 1954).
23 Roberts: »Churchill«, S. 961.
24 So erzählte es Randolph Churchill, siehe Montague Browne, S. 326.
25 Montague Browne, S. 308.
26 Reynolds: »In Command«, S. 524 f. Für »Krocketplatz« siehe Montague Browne, S. 308.

27 Montague Browne, S. 310 f.
28 Montague Browne, S. 325 f. Für die Herkunft des Holzes siehe Roberts: »Churchill«, S. 963.
29 Roberts: »Churchill«, S. 962.
30 Soames: »Clementine Churchill«, S. 541, 543; Roberts: »Churchill«, S. 962.
31 Zit. nach Fielding et al., S. 36.
32 Roberts: »Churchill«, S. 963; Gilbert: »Never Despair«, S. 1363; Soames: »Clementine Churchill«, S. 543 ff.
33 Montague Browne, S. 308.
34 Zit. nach Fielding et al., S. 108 f. (der Film figuriert unter dem Titel »Walk With Destiny«, in Burtons Filmographie wird dieser Titel aber nicht erwähnt).
35 Brendon, S. 150.
36 Jenkins, S. 912.
37 Langworth, S. 76 (Zitat vom 16. November 1948).
38 Für »Freiheit« siehe den letzten Satz in Roberts: »Churchill«, S. 982.
39 Fielding et al., S. 81.
40 Fielding et al., S. 81.
41 Für diesen und die folgenden Absätze siehe Fielding et al., S. 110–114; 120–124; 137–142.
42 Fielding et al., S. 139.
43 Gina Thomas: »Der Geist von Prinzessin Diana«, »Frankfurter Allgemeine Zeitung«, 18. 11. 2023.
44 »The Crown«, 1. Staffel, 4. Folge.
45 Roberts: »Churchill«, S. 976 f. Für Maisky siehe Anm. 36 im 5. Kapitel.
46 Roberts: »Churchill«, S. 976 f. Dem Historiker J. H. Plumb zufolge war Churchill »the last great practitioner of the historic theme of England's providential destiny«, siehe ebenda, S. 976. Für Roberts' Sicht siehe Fielding et al., vor allem S. 43 f., 99. Interessanterweise hat Roberts mit einem früheren Buch (»Eminent Churchillians«, 1994) das Establishment verärgert, in dem er Churchill für seinen Rassismus kritisierte.
47 Zit. nach Moran, S. 597 (Eintrag vom 28. Juni 1954).
48 Siehe das 3. Kapitel.
49 Roberts: »Churchill«, S. 141.
50 Zit. nach Fielding et al., S. 26.
51 Zit. nach Roberts: »Churchill«, S. 943.

52 Fielding et al., S. 112.
53 Zit. nach Roberts: »Churchill«, S. 961. Für »certaine idée« siehe das 14. Kapitel.
54 Zit. nach Fielding et al., S. 112.
55 Toye: »Life in the News«, S. 258. Für Tonypandy siehe das 5. Kapitel.
56 Fielding et al., S. 133 f.
57 Zit. nach Fielding et al., S. 152.
58 Siehe das Vorwort.
59 Roberts: »Churchill«, S. 982.
60 Zit. nach Fielding et al., S. 84.
61 Fielding et al., S. 84, 92–95.
62 Fielding et al., S. 76.
63 Churchill: »My Early Life«, S. 59.
64 Churchill: »The Best of Winston Churchill's Speeches«, S. 490 (Rede vom 30. November 1954).
65 Fielding et al., S. 24 f.
66 Cannadine, S. 166.
67 Zit. nach Reynolds: »In Command«, S. 525. Reynolds meint, das sei ein Zitat aus »Othello«, tatsächlich stammt es von William Hazlitt, einem englischen Schriftsteller der Aufklärungszeit.

Literatur

Winston Churchills offizielle Biographie wurde unter der Ägide seines Sohnes Randolph Frederick Churchill begonnen – die ersten zwei Bände erschienen 1966 und 1967 – und nach Randolphs Tod von dem Historiker Martin Gilbert fast ohne fremde Hilfe bis 1988 vollendet. Die acht Bände umfassende Biographie enthält ungefähr zehntausend Seiten. Hinzu kommen 23 Begleitbände mit Churchills Schriften aller Art, deren ehrfurchtgebietende Umfänge seine ungeheuerliche Produktivität widerspiegeln. Die Arbeit an diesen »Churchill Documents« konnte Martin Gilbert nicht zu Ende bringen, er starb 2015. Der letzte Band erschien 2019.

Die Erwartung, Kritik am Porträtierten gehöre nicht zu den Aufgaben einer offiziellen Biographie, wird von Randolph Churchill und Martin Gilbert vollständig erfüllt. Verdienstvoll sind die acht Bände vornehmlich wegen der Fülle des darin gesammelten Materials. Mit rund jeweils eintausend Seiten sind die Biographien von Andrew Roberts und Roy Jenkins vergleichsweise mager ausgefallen. Um Hagiographien handelt es sich nicht. Zwar ist Roberts' Buch von einer Grundsympathie für Churchills imperiales Denken getragen, aber das hindert ihn nicht daran, Irrtümer und Patzer seines Helden zu würdigen. Der verstorbene linksliberale Politiker Roy Jenkins kommt nicht umhin, vieles, was Churchill anstellte und sich vorstellte, auch ein bisschen für kurios zu halten.

Viele der hier aufgeführten Bücher sind auf Englisch publiziert, einige wenige auf Französisch. Wenn ich aus diesen Büchern zitiere, stammt die Übersetzung ins Deutsche von mir.

Churchills Werke, eine Auswahl

- »Great Contemporaries«, hrsg. v. James W. Muller, Wilmington (Delaware) 2012 (1937). Die zitierten Porträts: »Herbert Henry Asquith« (Nachruf von 1928). »Kitchener of Karthoum« (1936). »Lawrence of Arabia« (Nachruf von 1935). »The Ex-Kaiser« (1930).
- »London to Ladysmith via Pretoria«, London 1900.
- »Lord Randolph Churchill«, 2 Vols, Whitefish (Montana) o. J. (London 1906).
- »Marlborough. His Life and Times«, 4 Bände. Sie erschienen 1933, 1934, 1936 und 1938. Der Londoner Verlag George G. Harrap publizierte das Werk in Großbritannien, der New Yorker Verlag Scribner's in den USA. Für eine neue Ausgabe zog Harrap die vier Bände 1947 in zwei Bänden zusammen. Sie wurden 2002 von University of Chicago Press wieder aufgelegt. Aus dieser Ausgabe wird zitiert.
- »My African Journey«, London 1908.
- »My Early Life. 1874–1904«, New York 1996 (London 1930).
- »Never Give In! The Best of Winston Churchill's Speeches«, Selected and Edited by his Grandson Winston S. Churchill, London 2004 (2003).
- »Reden in Zeiten des Kriegs«, hrsg. von Klaus Körner, aus dem Englischen von Walther Weibel, Zürich 2014.
- »Savrola. A Tale of the Revolution in Laurania«, Forgotten Books, o. O. 2012 (London, 1900).
- »The River War. An Account of the Reconquest of the Sudan«, 2 Vols, London 1899.
- »The Second World War«, 6 Bände. Für die Taschenbuchausgabe wurde der Inhalt auf 12 Bände verteilt. In Großbritannien wurde das Werk erstmals von Cassell & Co publiziert, in den USA von Houghton Mifflin. »The Gathering Storm« (1948). »Their Finest Hour« (1949). »The Grand Alliance« (1950). »The Hinge of Fate« (1950). »Closing the Ring« (1951). »Triumph and Tragedy« (1953).
  Eine einbändige Fassung erschien 1959 unter dem Titel »Memoirs of the Second World War« bei Houghton Mifflin Company. In dieser Biographie wird aus einer späteren, undatierten Auflage dieser Ausgabe zitiert. Eine deutsche Übersetzung der einbändigen Fassung erschien 1961 unter dem Titel »Der Zweite Weltkrieg« in der Übersetzung von Eduard Thorsch u. a.: Zitiert wird aus der 4. Auflage der Taschenbuchausgabe, Frankfurt a. M. 2003.

- »The Story of the Malakand Field Force«, London 1898.
- »The World Crisis«, 5 Bände, New York 1923–1931. Die amerikanische Ausgabe erschien vor der britischen. Zitiert wird aus der bei Bloomsbury Academic, London, erschienenen Ausgabe von 2019. Ursprünglich in sechs Bänden publiziert, waren es bei späteren Ausgaben fünf. Vol. I: »1911–1914« (1923). Vol. II: »1915« (1923). Vol. III: »1916–1918« (1927 in zwei Teilen). Vol. IV: »The Aftermath 1918–1922« (1929). Vol. V: »The Eastern Front« (1931).
- »Thoughts and Adventures«, hrsg. v. James W. Muller et al., Delaware 2009 (London 1932). Der Band versammelt diverse Essays und Reminiszenzen. Zitiert sind: »A Second Choice« (1931). »Consistency in Politics« (1932). »Election Memories« (1931). »In the Air« (1924). »Painting as a Pastime« (1921). »Personal Contacts« (1931). »Shall We All Commit Suicide?« (1924). »The Battle of Sidney Street« (1924). »With the Grenadiers« (eine kürzere Version erschien erstmals 1926).
- »Zum Zeitvertreib. Vom Lesen und Malen«, aus dem Engl. v. Claus Sprick, Hoffmann und Campe, Hamburg 2014. (Der Aufsatz über das Malen findet sich in »Thoughts and Adventures«.)

Sekundärliteratur

Konrad Adenauer: »Teegespräche 1950–1954«, bearb. v. Hanns Jürgen Küsters, Berlin 1984.

Field Marshal Lord Alanbrooke: »War Diaries. 1939–1945«, hrsg. v. Alex Danchev und Daniel Todman, London 2002 (2001).

Anna Aslanyan: »Dancing on Ropes. Translators and the Balance of History«, London 2021.

Franziska Augstein: »Von Treue und Verrat. Jorge Semprún und sein Jahrhundert«, München 2008.

Rudolf Augstein: »Konrad Adenauer. With a Chronological Introduction compiled by the staff of *Der Spiegel*«, aus dem Deutschen ins Englische übersetzt von Walter Wallich, London 1964.

R. H. Bacon: »The Life of Lord Fisher of Kilverstone«, 2 Bände, New York 1929 (zitiert wird aus einem Reprint, o. Ort, o. Jahr).

Egon Bahr: »Zu meiner Zeit«, München 1996.

Arnulf Baring: »Im Anfang war Adenauer. Die Entstehung der Kanzlerdemokratie«, München 1982 (durchgesehene Ausgabe, Orig. 1969).

Antony Beevor: »D-Day. Die Schlacht um die Normandie«, aus dem Engl. v. Helmut Ettinger, München 2010 (2009).

Violet Bonham Carter: »Champion Redoubtable. The Diaries and Letters of Violet Bonham Carter. 1914–45«, hrsg. v. Mark Pottle, London 1999 (1998).

– »Winston Churchill. An Intimate Portrait«, New York (N. Y.) 1995 (1965).

Piers Brendon: »Winston Churchill. A Brief Life«, London 1984.

Edmund Burke: »Reflections on the Revolution in France«, hrsg. v. Conor Cruise O'Brien, London 1982 (1962).

David Cannadine: »Winston Churchill. Abenteurer, Monarchist, Staatsmann«, aus dem Engl. v. Matthias Wolf, Berlin 2005.

Sarah Churchill: »A Thread in the Tapestry«, London 1967.

– »Keep on Dancing. An Autobiography«, London 1981.

Alan Clark: »The Tories. Conservatives and the Nation State 1922–1997«, London 1998.

John Colville: »The Churchillians«, London 1981.

– »The Fringes of Power. 10 Downing Street Diaries 1939–1955«, London 1985.

Patricia Craig (Hrsg.): »The Oxford Book of Schooldays«, Oxford 1994.

Ute Daniel: »Beziehungsgeschichten. Politik und Medien im 20. Jahrhundert«, Hamburg 2018.

– »Postheroische Demokratiegeschichte«, Hamburg 2020.

John Darwin: »Das unvollendete Weltreich. Aufstieg und Niedergang des Britischen Empire 1600–1997«, aus dem Engl. von Michael Bayer und Norbert Juraschitz, Frankfurt a. M. 2013 (2012).

Carlo D'Este: »Warlord. A Life of Winston Churchill at War. 1874–1945«, New York 2009 (2008).

Roscoe Drummond, Gaston Coblentz: »Duell am Abgrund«, »Der Spiegel«, Nr. 41, 1963.

Donald G. Dutton: »The Psychology of Genocide, Massacres, and Extreme Violence«, Praeger Security International. https://www.al-edu.com/wp-content/uploads/2014/05/Dutton-The-Psychology-of-Genocide-Massacres-and-Extreme-Violence.pdf.

Richard J. Evans: »Das Dritte Reich. Krieg. Band III«, aus dem Engl. v. Udo Rennert und Martin Pfeiffer, München 2009 (2008).

Stig Förster: »Deutsche Militärgeschichte von der Renaissance bis zur Gegenwart«, München 2024.

Thomas Freiberger: »Allianzpolitik in der Suezkrise 1956«, Göttingen 2013.

Jörg Friedrich in der Reihe »Der andere Blick auf die Geschichte«, Deutschlandfunk Kultur, 22. Juni 2008 (https://www.deutschlandfunkkultur.de/der-andere-blick-auf-die-geschichte-102.html).

Martin Gilbert: »Churchill. A Life«, London 2000 (1991).

– »Never Despair. Winston S. Churchill 1945–1965«, London 1990 (1988).

Gabriel Gorodetsky (Hrsg.): »The Maisky Diaries. Red Ambassador to the Court of St James's 1932–1943«, ins Englische übersetzt von Tatiana Sorokina und Oliver Ready, New Haven und London 2015.

John Grigg: »Lloyd George. The Young Lloyd George«, London 2010 (1973).

Sebastian Haffner: »Churchill. Eine Biographie«, Berlin 2001 (1967).

Dieter Hartwig: »Großadmiral Karl Dönitz. Legende und Wirklichkeit«, Paderborn 2010.

Max Hastings: »Finest Years. Churchill as Warlord 1940–45«, London 2009.

– »Nemesis. The Battle for Japan 1944–45«, London 2008 (2007).

Roy Hattersley: »The Great Outsider David Lloyd George«, London 2012 (2010).

Peter Hennessy: »Whitehall«, New York 1989.

Ulrich Herbert: »Geschichte Deutschlands im 20. Jahrhundert«, München 2014.

Arthur Herman: »Gandhi & Churchill. The Epic Rivalry That Destroyed an Empire and Forged Our Age«, London 2009 (2008).

Tom Hickman: »Churchill's Bodyguard. The Authorised Biography of Walter H. Thompson«, London 2006 (2005).

Gerhard Hirschfeld, Gerd Krumeich: »Deutschland im Ersten Weltkrieg«, Frankfurt a. M. 2013.

Gerhard Hirschfeld, Gerd Krumeich, Irina Renz in Verbindung mit Markus Pöhlmann (Hrsg.): »Enzyklopädie Erster Weltkrieg«, Paderborn 2003.

Gerhard Hirschfeld, Irina Renz (Hrsg.): »›Vormittags die ersten Amerikaner.‹ Stimmen und Bilder vom Kriegsende 1945«, Stuttgart 2005.

James Holland: »Burma '44. The Battle that Turned Britain's War in the East«, London 2016.

Richard Holmes zusammen mit dem Imperial War Museum: »Churchill's

Bunker. The Secret Headquarters at the Heart of Britain's Victory«, London 2011 (2009).

John Hussey: »Marlborough. John Churchill, Duke of Marlborough, Hero of Blenheim«, London 2004.

Josh Ireland: »Churchill & Son«, London 2021.

Lawrence James: »The Rise and Fall of the British Empire«, London 1994.

Roy Jenkins: »Churchill«, London 2017 (2001).

Boris Johnson: »Der Churchill Faktor«, aus dem Engl. v. Norbert Juraschitz und Werner Roller, Stuttgart 2015 (2014).

Journal of the Statistical Society of London, June, 1874, Vol. 37, No. 2, S. 193–230. https://www.jstor.org/stable/2338721.

Marcus Junkelmann: »Höchstädt. Die europäische Entscheidung von 1704«, in »Schauplätze der Geschichte in Bayern«, hrsg. v. Alois Schmid und Katharina Weigand, München 2003, S. 231–256.

John Keegan: »Der Zweite Weltkrieg«, aus dem Engl. v. Hainer Kober, Berlin 2004 (1989)

– »Winston Churchill. A Life«, London 2009 (2002).

Ian Kershaw: »Hitler 1936–1945«, aus dem Engl. v. Klaus Kochmann, Stuttgart 2000.

Roger Knight: »The Pursuit of Victory. The Life and Achievement of Horatio Nelson«, London 2005.

Jürgen Kocka: »Arbeiterleben und Arbeiterkultur. Die Entstehung einer sozialen Klasse«, Bonn 2015.

Henning Köhler: »Adenauer. Eine politische Biographie«, Frankfurt a. M. 1994.

Richard Lamb: »The Macmillan Years 1957–1963. The Emerging Truth«, London 1995.

Richard M. Langworth (Hrsg.): »Churchill in His Own Words«, London 2012 (2008).

Anita Leslie: »Jennie. The Mother of Winston Churchill«, London 1992 (1969).

Mary S. Lovell: »The Churchills«, London 2012 (2011).

John Lowe: »The Great Powers, Imperialism, and the German Problem, 1865–1925«, London 1994.

W. Scott Lucas: »Divided We Stand. Britain, the US, and the Suez Crisis«, London 1991.

Michael Lüders: »Hybris am Hindukusch. Wie der Westen in Afghanistan scheiterte«, München 2022.

Peter Mandler: »The Fall and Rise of the Stately Home«, New Haven & London 1997.

Robert K. Massie: »Dreadnought. Britain, Germany, and the Coming of the Great War«, New York 1991.

Iverach McDonald: »The History of the Times. Volume V. Struggles in War and Peace 1939–1966«, London 1984.

Jon Meacham: »Franklin and Winston. An Intimate Portrait of an Epic Friendship«, New York 2004 (2003).

Giles Milton: »Churchill's Ministry of Ungentlemanly Warfare. The Mavericks who Plotted Hitler's Defeat«, New York 2016.

Jean Monnet: »Mémoires«, Paris 1976.

Anthony Montague Browne: »Long Sunset. Memoirs of Winston Churchill's Last Private Secretary«, London 1996 (1995).

Lord Moran [Charles Wilson]: »Winston Churchill: The Struggle for Survival 1940/1965«, London 1968 (1966).

Gottfried Niedhart: »Einleitung« sowie »Tor zum Westen und Konkurrent im Westen. Zur Wahrnehmung Großbritanniens in Westdeutschland nach dem Zweiten Weltkrieg und zu Beginn der Adenauer-Ära« in ders. (Hrsg.): »Das kontinentale Europa und die britischen Inseln. Wahrnehmungsmuster und Wechselwirkungen seit der Antike«, Mannheim 1993.

Friedrich Nietzsche: »Götzen-Dämmerung. Sprüche und Pfeile«, 8. In ders.: »Gesammelte Werke«, Bd. 2, hrsg. von Karl Schlechta, München 1981 (1966).

Jürgen Osterhammel: »Die Verwandlung der Welt. Eine Geschichte des 19. Jahrhunderts«, München 2009.

Richard Overy: »Der Bombenkrieg. Europa 1939–1945«, aus dem Engl. v. Hainer Kober, Berlin 2014 (2013).

Matthew Parris (Hrsg.): »Scorn«, London 1994.

Jeremy Paxman: »The English. A Portrait of a People«, London 2007 (1999).

Ben Pimlott: »The Queen. A Biography of Elizabeth II« London 1997 (1996).

Roy Porter: »London. A Social History«, London 1994.

Robin Prior: »Churchill's World Crisis as History«, London o. J. (um 1976).

Otfrid Pustejovsky: »Die Konferenz von Potsdam und das Massaker von Aussig am 31. Juli 1945«, München 2001.

John Ramsden: »Don't Mention the War. The British and the Germans since 1890«, London 2006.

Walter Reid: »Churchill 1940–1945. Under Friendly Fire«, Edinburgh 2012 (2008).

Anne Reimers: »Churchill unter Jungstars«, »Frankfurter Allgemeine Zeitung«, 19. 6. 2021.

David Reynolds: »Britannia Overruled. British Policy and World Power in the 20th Century«, Harlow (Essex) 2000 (1991).

– »In Command of History. Churchill Fighting and Writing the Second World War«, London 2005 (2004).

Andrew Roberts: »Churchill und seine Zeit«, aus dem Engl. v. Friedrich Griese, München 1998 (1994).

– »Churchill. Walking With Destiny«, New York 2018.

– »Masters and Commanders. The Military Geniuses who Led the West to Victory in WW II«, London 2009 (2008).

John C. G. Röhl: »Wilhelm II: Der Aufbau der Persönlichen Monarchie 1888–1900«, München 2001.

Stephen Roskill: »Churchill and the Admirals«, London 1977.

Eric Roussel: »Jean Monnet«, Paris 1996.

Michael Salewski: »Seekrieg«, in Hirschfeld et al. (Hrsg.): »Enzyklopädie«.

Simon Sebag Montefiore: »Stalin. Am Hof des Roten Zaren«, aus dem Engl. v. Hans Günter Holl, Frankfurt a. M. 2005 (2003).

Nicholas Shakespeare: »Six Minutes in May. How Churchill Unexpectedly Became Prime Minister«, London 2017.

Emma Soames (Hrsg. in Zusammenarbeit mit The Churchill Archives Centre, Cambridge): »Mary Churchill's War. The Wartime Diaries of Churchill's Youngest Daughter«, London 2021.

Mary Soames: »Clementine Churchill. The revised and updated Biography«, London 2002 (1979).

– Soames (Hrsg.): »Speaking for Themselves. The Personal Letters of Winston and Clementine Churchill«, London 1999 (1998).

Martin Stannard: »Evelyn Waugh. The Early Years. 1903–1939«, Vol. I, London 1993 (1989).

– »Evelyn Waugh. No Abiding City 1939–1966«, Vol. II, London 1993 (1992).

Nicholas Stargardt: »Der deutsche Krieg 1939–1945«, aus dem Engl. v. Ulrike Bischoff, Frankfurt a. M. 2015.

David Stevenson: »1914–1918. Der Erste Weltkrieg«, aus dem Engl. v. Harald Ehrhardt und Ursula Vones-Liebenstein, Düsseldorf 2006.

John Stevenson: »British Society 1914–45«, London 1984.

Richard Steyn: »Churchill & Smuts. From Enemies to Lifelong Friends«, London 2019 (2017).

Anthony Storr: »Churchill's Black Dog, Kafka's Mice«, New York 1988 (1965).

Hew Strachan: »The First World War. Vol. I: To Arms«, Oxford 2001.

Benedikt Stuchtey: »Geschichte des Britischen Empire«, München 2021.

A. J. P. Taylor: »English History 1914–1945«, Oxford 1992 (1965).

Gina Thomas: »Der Geist von Prinzessin Diana«, »Frankfurter Allgemeine Zeitung«, 18. 11. 2023.

David Thomson: »England in the Twentieth Century«, 2. Ausgabe mit Ergänzungen von Geoffrey Warner, London 1991 (1981).

Roman Töppel: »Kursk 1943. Die größte Schlacht des Zweiten Weltkriegs«, Paderborn 2017.

Richard Toye: »The Roar of the Lion. The Untold Story of Churchill's World War II Speeches«, Oxford 2015 (2013).

– »Winston Churchill. A Life in the News«, Oxford 2021 (2020).

Jenny Uglow: »Civility and Its Discontents«, »The New York Review of Books«, 15. 8. 2019.

Evelyn Waugh: »The Diaries«, hrsg. v. Michael Davie, London 1995 (1976).

Peter Wende: »Das Britische Empire. Geschichte eines Weltreichs«, München 2008.

Geoffrey Wheatcroft: »The Limits of Press Power«, »The New York Review of Books«, 3. 11. 2022.

Sir John Wheeler-Bennett: »ACTION THIS DAY. Working with Churchill. Memoirs by Lord Normanbrook, John Colville, Sir John Martin, Sir Ian Jacob, Lord Bridges, Sir Leslie Rowan«, London 1968.

Richard Wigg: »Churchill and Spain. The Survival of the Franco Regime 1940–1945«, Brighton 2008.

James A. Williamson: »The Ocean in English History. Being the Ford Lectures«, Oxford 1941.

Johannes Willms: »Der General. Charles de Gaulle und sein Jahrhundert«, München 2019.

Jay Winter: »Großbritannien«, in Hirschfeld et al. (Hrsg.): »Enzyklopädie«.

P. G. Wodehouse: »Jeeves and the Feudal Spirit«, London 2008 (1954).

Dimitri Wolkogonow: »Stalin. Triumph und Tragödie. Ein politisches Porträt«, aus dem Russ. v. Vesna Jovanoska, Düsseldorf 1989.

Hans Woller: »Churchill und Mussolini. Offene Konfrontation und geheime Kooperation?«, »Vierteljahrshefte für Zeitgeschichte«, Jg. 49 (2001), Heft 4, S. 563–594.

– »Mussolini. Der erste Faschist«, 2. korr. Auflage, München 2016.

Personenregister

D

V

W

Die Gegenwart der Vergangenheit